Obra Completa de C.G. Jung
Volume 14/2

Mysterium Coniunctionis

Comissão responsável pela organização do lançamento da Obra Completa de C.G. Jung em português:
Dr. Leon Bonaventure
Dr. Leonardo Boff
Dora Mariana Ribeiro Ferreira da Silva
Dra. Jette Bonaventure

A Comissão responsável pela tradução da Obra Completa de C.G. Jung sente-se honrada em expressar seu agradecimento à Fundação Pro Helvetia, de Zurique, pelo apoio recebido.

CIP-Brasil. Catalogação-na-fonte
Sindicato Nacional dos Editores de Livros, RJ.

Jung, C.G. (Carl Gustav), 1875-1961.
  Mysterium coniunctionis: pesquisas sobre a separação e a composição dos opostos psíquicos na alquimia / C.G. Jung, com a colaboração de Marie-Louise von Franz; tradução Valdemar do Amaral; revisão literária Orlando dos Reis; revisão técnica Jette Bonaventure. – 3. ed. – Petrópolis. RJ: Vozes. 2012.
  Título original: Mysterium coniunctionis (Halband 2)
  Bibliografia.

  15ª reimpressão, 2023.

  ISBN 978-85-326-0084-4
  1. Subconsciente. 2. Alquimia. I. Franz, Marie-Louise von, 1915 - 1998 . II. Título. III. Título: Pesquisa sobre a separação e a composição dos opostos psíquicos na alquimia. IV. Série.

                                            CDD – 150.1954
                                                    154.1
                                                    540.112
                                            CDU – 159.964.2
                                                    159.922
89-0503   133.5:54

C.G. Jung

Mysterium Coniunctionis

Rex e Regina; Adão e Eva;

A conjunção

14/2

EDITORA
VOZES

Petrópolis

© 1971, Walter-Verlag AG. Olten

Tradução realizada a partir do original em alemão intitulado
Mysterium Cuniunctionis – Untersuchungen über die Trennung und Zusammensetzung der seelischen Gegensätze in der Alchemie (Band 14/2)

Direito exclusivos de publicação em língua portuguesa:
1990, Editora Vozes Ltda.
Rua Frei Luís, 100
25689-900 Petrópolis, RJ
Brasil

Editores da edição suíça:
Marianne Niehus-Jung
Dra. Lena Hurwitz-Eisner
Dr. Med. Franz Riklin
Lilly Jung-Merker
Dra. Fil. Elisabeth Rüf

Todos os direitos reservados. Nenhuma parte desta obra poderá ser reproduzida ou transmitida por qualquer forma e/ou quaisquer meios (eletrônico ou mecânico, incluindo fotocópia e gravação) ou arquivada em qualquer sistema ou banco de dados sem permissão escrita da editora.

CONSELHO EDITORIAL

Diretor
Volney J. Berkenbrock

Editores
Aline dos Santos Carneiro
Edrian Josué Pasini
Marilac Loraine Oleniki
Welder Lancieri Marchini

Conselheiros
Elói Dionísio Piva
Francisco Morás
Gilberto Gonçalves Garcia
Ludovico Garmus
Teobaldo Heidemann

Secretário executivo
Leonardo A.R.T. dos Santos

Tradução: Frei Valdemar do Amaral, OFM
Editoração: Orlando dos Reis
Revisão técnica: Dra. Jette Bonaventure
Diagramação: AG.SR Desenv. Gráfico
Capa: 2 estúdio gráfico

Publicado originariamente como Tratados Psicológicos XI.
Registro de verbetes: Lena Hurwitz-Eisner (†)
As passagens gregas e latinas do texto original foram traduzidas para o alemão pela Dra. Filol. Marie-Louise von Franz.
Bibliografia: Lilly Jung-Merker e Dra. Filol. Elisabeth Rüf.

ISBN 978-85-326-2424-6 (Obra Completa de C.G. Jung)

ISBN 978-85-326-0084-4 (Brasil)
ISBN 3-530-40714-3 (Suíça)

Este livro foi composto e impresso pela Editora Vozes Ltda.

Sumário

Prefácio dos editores suíços, 7

IV. *Rex e Regina*, 9
1. Introdução, 9
2. Ouro e espírito,13
3. A transformação régia, 18
4. A cura do rei, 29
5. O lado sombrio do rei, 100
6. O rei como *Ánthropos*, 117
7. A relação do símbolo do rei com a consciência, 132
8. A problemática religiosa da renovação do rei, 144
9. *Regina*, 158

V. Adão e Eva, 165
1. Adão como substância do arcano, 165
2. A estátua, 176
3. Adão como o primeiro adepto, 185
4. A natureza contraditória de Adão, 197
5. O "velho Adão", 206
6. Adão como totalidade, 209
7. A transformação, 217
8. O redondo – cabeça e cérebro, 231

VI. A conjunção, 261
1. A concepção alquímica da união dos opostos, 261
2. As etapas da conjunção, 277

3. A produção da quintessência, 287
4. O sentido do processo alquímico, 294
5. A interpretação psicológica do processo, 300
6. O autoconhecimento, 312
7. O *monocolus*, 323
8. Conteúdo e sentido dos dois primeiros graus da conjunção, 341
9. O terceiro grau da conjunção: o *unus mundus*, 358
10. O si-mesmo e a restrição da parte da teoria do conhecimento, 370
Posfácio, 381

Apêndice

Palavras e locuções latinas, 387

Palavras e expressões gregas, 396

Referências (Vols. 14/1 e 14/2), 401

Índice onomástico, 443

Índice analítico, 453

Lista das estampas
1. Do hexástico de Sebastian Brant, 1503, 92
2. Do hexástico de Sebastian Brant, 1503, 93
3. O homem primordial, 553
4. Os dois unípedes, 554
5. A "revelação do oculto", 555
6. O poder civil e o eclesiástico, 556
7. O par régio, 557
8. A nigredo, 558
9. O motivo do olho em representação moderna, 559
10. O motivo do olho em representação moderna, 560

Prefácio dos editores suíços

Na produção volumosa de C.G. Jung representa o *Mysterium Coniunctionis* a obra de maior importância de seus últimos anos. Manifestou ele, certa vez, que sempre lhe foi penoso o fato de a gente, em psicologia profunda, ter de ocupar-se, por necessidade interna, com tantos domínios da cultura do espírito que nunca se consegue chegar a ser completo em um ramo da ciência. Na alquimia, porém, tinha ele achado um campo que valia a pena penetrar até o fundo. A tradição alquímica lhe possibilitava concatenar com um material de existência objetiva as vivências e intuições diretas e subjetivas, adquiridas pela "descida ao inconsciente", bem como a maneira de representá-las. Desse modo se lhe tornou possível a concatenação de seu pensamento com as origens históricas da evolução do pensamento europeu.

Mas a alquimia não representa apenas uma etapa histórica que precedeu à psicologia profunda. Não foi por acaso que Jung empregou os sonhos de um cientista moderno como introdução de sua obra *Psychologie und Alchemie (Psicologia e alquimia)*. A razão é que na simbólica da alquimia certamente se acha antecipada também aquela união entre a psicologia do inconsciente e os resultados da microfísica, tarefa que ainda nos resta explorar. Como Jung suspeitava, seria possível imaginar que a matéria constituísse o aspecto concreto da psique, não da psique individual, mas do inconsciente coletivo. Nesse caso, os arquétipos não seriam apenas dominantes estruturais da psique, mas simplesmente um fator que poderia dar forma ao Universo. De qualquer modo apontam nesse sentido os fenômenos da sincronicidade.

O leitor não acostumado à linguagem da alquimia poderá, de início, sentir-se confuso diante da abundância dos símbolos, cujos significados se sobrepõem de maneira perturbadora. No entanto, se lhe fosse dado manusear alguns escritos originais dos alquimistas, chegaria a pensar de outra maneira e reconhecer que Jung realizou um trabalho imenso ao criar clareza neste setor por meio de seu processo de síntese, realizando uma verdadeira *"extractio animae"* (extração da alma) do caos reinante nesse campo.

Excetuada a obra introdutória *Psychologie und Alchemie* (Psicologia e alquimia), todos os outros escritos que versam sobre a alquimia se encontravam no manuscrito original do *Mysterium Coniunctionis* (Mistério da união). Na presente edição alguns foram separados, sobretudo o tratado *Die Psychologie der Übertragung* (Psicologia da transferência).

Para não atrasar em demasia a edição em andamento das obras de Jung, chegou o grupo editorial a um acordo com a editora e decidiram empregar folhas de impressão idênticas às da primeira edição. Por isso esta edição não sai semelhante à edição anglo-americana *(The Collected Works of C.G. Jung,* vol. XIV). Cuidou-se, porém, de preparar a bibliografia completa, bem como de acrescentar, em apêndice, a tradução alemã das passagens latinas e gregas que ainda não estavam traduzidas; o leitor que tiver interesse especial nisso poderá consultá-las aí.

Verão de 1968

Pelos editores suíços

Marie-Louise von Franz

IV

Rex e Regina

1. Introdução

No decurso das investigações feitas até aqui já nos encontramos muitas vezes com o par régio, sobretudo com a figura do rei, para não falarmos do material que foi compilado para esse tema em *Psychologie und Alchemie (Psicologia e alquimia)*. Segundo o modelo da realeza de Cristo na visão do mundo eclesiástico, também na alquimia o *rex* desempenha um papel central; por esta razão não pode ele ser posto de lado levianamente como simples metáfora. Em *Psychologie der Übertragung (Psicologia da transferência)* (1946) já foram indicados os motivos mais profundos que justificam o fato de tratarmos mais demoradamente deste símbolo. O rei representa a personalidade excelente que se torna o suporte do mito, isto é, do enunciado do inconsciente coletivo, porque se encontra elevado acima da limitação do que é comum. Isto já se acha expresso de modo puramente externo na parafernália da realeza: A coroa estabelece uma relação com o sol fulgurante. O manto cravejado de pedras preciosas corresponde ao céu estrelado. A maçã do reino é uma imagem da esfera do mundo. O assento no trono elevado como que arrebata o rei para o alto acima do povo. O tratamento de "Majestade" o aproxima dos deuses. Quanto mais recuarmos na história, tanto mais manifesta se apresenta a divindade do rei. Até à época mais recente ainda existia o reinado pela graça de Deus. Os césares romanos já usurpavam a igualdade com Deus e exigiam o culto pessoal correspondente. Na Ásia Menor a realeza, de acordo com sua própria essência, apoia-se toda ela muito mais em pressuposições teológicas do que em políticas. A psique do povo se revela aí como a fundamentação verdadeira e única para a realeza de Deus: o rei naturalmente é a fonte mágica do bem-estar e da prosperidade de toda a comunidade vital constituída pelo homem, pelo animal e pela planta útil; dele promana a vida e o crescimento dos súditos, o aumento dos rebanhos e a fertilidade do solo. Esse significado da realeza não é uma invenção feita de acréscimo, mas é um apriori psíquico que alcança a primitividade profunda e a pré-história, e que por isso equivale a uma revelação da estrutura psíquica. O fato de nós fazermos prevalecer os motivos racionais de finalidade representa apenas algo para a nossa maneira de conceber, mas não para a psicologia primitiva, que parte de pressuposições puramente psíquicas e inconscientes, em escala fora de toda previsão e mais elevada do que a nossa formação de imagens orientada para o que é objetivo.

A teologia da realeza, que nos é mais conhecida e apresenta certamente o mais rico desenvolvimento, é a do Antigo Egito; são essas concepções que mais penetraram no desenvolvimento espiritual dos povos do Ocidente, principalmente pela mediação dos gregos. O rei é uma encarnação da divindade[1] e um filho de Deus[2]. Nele reside a força divina da vida e da geração, o Ka, isto é, o deus gera a si próprio em sua mãe humana e nasce dela como homem-deus[3]. Como homem-deus o

---

1. Em Fidji um homem declarou a Hocart: "Acreditava-se somente no chefe: acreditava-se nele, pelo fato de ser um deus humano" (cf. HOCART, A.M. *Kings and Councillors*. (Egyptian University Coll. of Works publ. by the Fac. of Arts, N. 12). Cairo: [s.e.], 1936, p. 61). "Devemos sempre lembrar-nos que o rei é o deus ou deuses"(Op. cit., p. 104).

2. O faraó é o filho do deus-criador. "Em certas solenidades, porém, o 'filho' se une ao 'pai' divino de maneira místico-cultual" (JACOBSOHN. *Die dogmatische Stellung des Königs in der Theologie der alten Ägypter*. (Aeg. Forsch.). [s.l.]: [s.e.], 1939, H. 8, p. 46 [SCHARFF, A. (org.)]).

3. Amon, o deus-pai, se une, por exemplo, com Tutmés I, constituindo uma forma única, para como pai gerar o filho com a rainha (JACOBSOHN. Op. cit., p. 17). Ou o rei continua a viver depois da morte como "Horus, filho de Hator" (Op. cit., p. 20). Um texto das pirâmides diz do faraó: "Merenre é o grande, o filho do grande, e Nut o deu à luz [...]" (Op. cit., p. 26). O Ka-Mutef faz da rainha a mãe de deus (Op. cit., p. 62). Indicam concepções semelhantes também os nomes de reis canaanitas Adoni-bezek e Adoni-zedek, que aludem a uma identificação com Adonis, o deus-filho de Istar. FRAZER. *The Golden Bough*. 12 vols. 3.ed., Londres: [s.e.], 1911-1915, Part IV,14), de quem tomo esses apontamentos, observa ainda: "Adoni-zedek significa 'Senhor de justiça' e portanto equivale a Melquisedec, isto é, 'rei de justiça', o título daquele misterioso rei de Salém e sacerdote do Deus Altíssimo [...]"

Mysterium Coniunctionis — Rex e Regina... 11

rei garante o crescimento e a prosperidade do país e do povo[4], ao aceitar ele a sorte de ser morto quando o tempo estiver completo, isto é, quando sua capacidade generativa estiver esgotada[5].

Pai e filho são iguais na essência[6], e após a morte o rei volta a ser o deus-pai[7], pois seu Ka é da mesma forma igual ao pai na essência[8]. O Ka, por assim dizer, consta das almas dos antepassados do rei, dos

3

---

4. Entre os ilhéus de Fidji o rei se chama "a Prosperidade da Terra". "Ao ser empossado o grande chefe, chamado 'Senhor do Arrecife', eles rezam: [...] 'Ressoem os campos, ressoe a terra [...] os peixes venham à terra; as árvores frutíferas carreguem; a terra prospere'", (HOCART. *Kings and Councillors*. 1936, p. 61).

5. FRAZER. *The Golden Bough*. Part IV, p. 331s. Ao ato de matar, ou respectivamente ao oferecimento, segue o *despedaçamento*. Exemplos clássicos são Osíris e Dioniso. Cf. FIRMICUS MATERNUS, J. Liber de Errore profanaram religionum. In: *M. Minucii Felicis Octavius et Julii Firmici Materni Liber de errore profanaram religionum*. (Corpus Scriptorum Ecclesiasticorum Latinorum II). Viena: [s.e.], 1867 [HALM, K. (org.)], 76; (2) "[...] occidit *Osirim* artuatimque laceravit et per omnes Nili fluminis ripas miseri cor poris palpitantia membra proiecit". [Ela (Ísis) matou Osíris e o dilacerou em pedaços e jogou os membros ainda palpitantes do mísero corpo em todas as margens do Rio Nilo...]. O mesmo autor diz de Dioniso (7,7): "Nam Liberum ad Solem volunt referre commenta Graecorum etc... quis vidit puerum solem? quis fefellit? quis occidit? quis laceravit? quis divisit? quis membris eius epulatus est? [...] sed et errorem istum physica rursum volunt ratione protegere: indivisam mentem et divisam, id est τόν ἀμέριστον καί τὸν μεμερισμένον, hac se putant posse ratione venerari". [Pois os comentários dos gregos querem relacionar Liber (divindade itálica) com o Sol etc. quem viu o jovem (deus) Sol? quem o enganou? quem o matou, quem o dilacerou? quem o dividiu? quem comeu de seus membros? Mas eles querem novamente esconder este erro por meio de uma razão da natureza: deste modo julgam eles poder venerar o espírito (universal) indiviso e diviso, isto é,o indivisível e o que foi dividido]. Faz parte desse contexto certamente também o deus-touro do undécimo nomos Baixo Egito: Ele chama-se o "dilacerado" e em época posterior foi posto em relação com Osíris. O undécimo nomos foi por isso posto fora da lei (KEES. *Der Götterglauber im alten Ägypten*. Leipzig: [s.e.], 1941, p. 12 e 258).

6. "O filho é igual ao pai na essência" (JACOBSOHN. Op. cit., p. 17 e 46).

7. O rei morto e reanimado é apostrofado como Amun, o que bebe o leite de Ísis (JACOBSOHN. Op. cit., p. 41).

8. Deus, rei e Ka formam de certo modo uma trindade como pai, filho e força generativa (JACOBSOHN. Op. cit., p. 58).

quais 14 são venerados regularmente pelo rei[9], em correspondência com os 14 Ka do deus-criador[10]. Como o rei, no plano humano, corresponde ao deus-filho, da mesma forma seu Ka corresponde ao genitor divino, o Ka-Mutef[11], que significa "touro de sua mãe". A mãe-rainha corresponde à mãe dos deuses (por exemplo, Ísis).

Existe, pois, uma peculiar *trindade dupla:* De uma parte uma série meramente divina, deus-pai-deus-filho-Ka-Mutef, e de outra parte uma série humano-divina, deus-pai-homem-deus-filho (faraó)-Ka do rei. No primeiro caso o pai se transforma no filho e o filho no pai por meio da força geradora do Ka-Mutef. *As três figuras são iguais na essência.* A segunda série, a humano-divina, que forma uma unidade pela igualdade da essência, representa o aparecimento de deus no mundo terreno[12]. A mãe de deus não está compreendida na trindade;

---

9. Em correspondência com os 14 Kas de Rê, são carregadas nas procissões as estátuas de 14 antepassados do rei. Elas são as encarnações de deus-pai, que precederam ao rei; e foi deus-pai também por sua vez quem gerou o rei (JACOBSOHN. Op. cit., p. 28, 32, 62 e 67). H.G.Baynes diz a respeito disso: "A força que garante a continuidade da autoridade tribal e da tradição desde os tempos mais antigos é concentrada, mediante projeção de massa, na pessoa do rei. Os distantes ancestrais heroicos, as poderosas figuras do passado mítico, estão vivas e presentes na pessoa do rei. Ele é o símbolo principal precisamente por ser história viva" (*On the Psychological Origins of Divine Kingship. Folklore.* Vol. XLII, [s.l.]: [s.e.], 1936, p. 91).

10. Nesse contexto deve-se mencionar que Typhon dilacera em 14 pedaços a Osíris morto (PLUTARCO. *De Iside.* c. 18). "O despedaçamento de Osíris em 14 pedaços, eles o interpretam como a diminuição da Lua cheia até à Lua nova" (c. 42). Jacobsohn alude á árvore genealógica de Jesus (Mt 1,1-17), onde se diz no v. 17: "Todas as gerações de Abraão até Davi são catorze gerações, e de Davi até à deportação para a Babilônia são catorze gerações, e da deportação para a Babilônia até Cristo são catorze gerações". Essa construção relacionada com o número 14 é um tanto forçada. Dos 14 antepassados de faraó diz Jacobsohn: "Também aí se reconhece claramente a intenção de destacar o número 14." (p. 67).

11. JACOBSOHN. Op. cit., p. 38.

12. Jacobsohn (p. 58) acentua a *homoousia* (igualdade de substância) do pai, do filho, do Ka do rei e do Ka-Mutef (p. 38, 45s., 62). Ele aduz (p. 65) para ilustrar o Ka-Mutef como modelo do ἅγιονπνεῦμα (Espírito Santo) a pergunta 53 do catecismo de Heidelberg: "[...] que ele (o Espírito Santo) é igualmente Deus eterno com o Pai e com o Filho. E de outra parte, que ele também foi dado a mim" (como meu Ka pessoal). Da

Mysterium Coniunctionis – Rex e Regina...

ela fica de fora sob uma forma, que ora é meramente divina, ora meramente humana. Nesse contexto merece menção ainda o amuleto da trindade, do Egito tardio, que foi publicado por Spiegelberg: Horus e Hator estão sentados um diante do outro, e entre eles e acima deles paira uma serpente alada. As três divindades sustentam o sinal "ankh" (vida). A inscrição do amuleto diz: Εἰς Βάιτ, εἰς ᾽Αθώρ, μία τῶν βία, εἰς δὲ, Αχῶρι, χαίρε πάτερ χόσμον, χαῖρε τρίμορφε θεός. "Um é Baït, um é Hator, um é Akori, uma é a força deles. Salve, pai do mundo, salve, deus triforme". Baït é Horus. O amuleto é triangular. Poderia ser do século I ou II depois de Cristo. Diz Spiegelberg: "No meu sentir, este amuleto, não obstante a forma grega, está imbuído de espírito egípcio da espécie helenística, e não contém nada de cristão. Mas ele nasceu do mesmo espírito que cooperou no desenvolvimento do dogma cristão da Trindade"[13]. Devo assinalar que as imagens da conjunção do *Rosarium Philosophorum* (*rex-regina-columba Sancti Spiritus*) correspondem ao esquema do amuleto. (Confira com isso a série completa em *Psychologie der Übertragung* / Psicologia da transferência.)

2. Ouro e espírito

A analogia manifesta de certas concepções alquímicas com a dogmática cristã não é casual, mas condicionada pela tradição. Desta última fonte deriva boa parte da simbólica do rei. Como a dogmática cristã em parte surge da crença popular helenístico-egípcia (e da filosofia helenístico-judaica de um Fílon), o mesmo se dá também com a alquimia. Sua origem não é puramente cristã, mas em parte pagão-gnóstica. Seus tratados mais antigos são dessa esfera, como o

---

mesma forma menciona Jacobsohn a historieta a respeito de Cristo em *Pistis Sophia*, em que o Espírito Santo aparece como sósia de Cristo (isto é, como verdadeiro Ka). Entra ele em casa de Maria, que primeiramente o confunde com Jesus. Mas ele pergunta: Onde está Jesus, meu irmão, para que eu me encontre com ele? Ela o considera um fantasma e o amarra ao pé da cama. Jesus se aproxima e o reconhece, e se torna um com ele. *Pistis Sophia*. Edição alemã de SCHMIDT, C. Londres: [s.e.], 1955,c. 61. 20s.

13. SPIEGELBERG, W. Der Gott Bait in dem Trinitätsamulett des Britisschen Museums. In: *Archiv für Religionswissenschaft*. XXI, Leipzig e Berlim: [s.e.], 1922, p. 225s.

Tratado de Komarios (século I?), os escritos de Demócrito (século I-II) e de Zósimo (século III). O título de um tratado deste último[14]: "Βίβλος ἀληθὴς Σοφε Αἰγυπτίου καὶ θείου 'Εβραίων κυρίου τῶν δυναμέων Σαβαωθ" (Verdadeiro livro do Sophe[15], do egípcio e do Senhor divino dos hebreus das forças de Sabaoth). Berthelot considera Zósimo como o verdadeiro autor, o que é inteiramente possível. Nesse escrito se fala de um conhecimento (ἐπιστήμη) e de uma sabedoria (σοφία), que provêm do *tempo primordial* (ἐκ τῶν αἰώνων): "independente (ἀβασίλευτος) e autônomo (αὐτόνομος) é seu surgimento; ela é imaterial (ἄϋλος) e não procura nenhum dos corpos materiais e totalmente corruptíveis[16]. Ela atua, pois, sem padecer (ἀπαθῶς). Mas, ao pedido de um dom, provém o símbolo químico a partir da criação do mundo para aqueles que salvam e purificam a alma divina acorrentada nos elementos, ou antes o pneuma divino, que está misturado com a carne, assim, por exemplo, o sol que é a flor do fogo, e o sol celeste que é o olho do mundo, da mesma forma o cobre, quando se torna flor por meio da purificação, é um sol terrestre, um *rei* na terra, como o sol no firmamento"[17].

6   Daí se depreende, como do texto seguinte (não indicado aqui), que o "símbolo da química" (τὸ σύμβολον τῆς χημείας) e o rei não são outra coisa senão o ouro, o rei dos metais[18]. Ao mesmo tempo se torna também igualmente claro que somente se consegue o ouro pela

---

14. Cf. BERTHELOT. *Collection des Anciens Alchimistes Grecs.* 3 vols. Paris: [s.e.], 1887/1888, III, XLI. Assim no Cod. Par. 2, 327, fol. 251. (BERTHELOT. *Les Origines de l'alchimie.* Paris: [s.e.], 1885, p. 58).

15. "Sophe", segundo Berthlot, é uma variante de Cheops-Souphis. Berthelot cita uma passagem tirada do Résumé Africanus (século III) em Eusébio: "O Rei Souphis escreveu um livro sagrado, que eu comprei como coisa valiosíssima no Egito" (*Origens de l'Alchimie.* p. 58).

16. O texto tem παναφθόρων, o que conforme o sentido deveria ser substituído por παμφθόρων. Berthelot o traduz então por *corruptibles.*

17. BERTHELOT. *Collection des Anciens Alchimistes Grecs.* 1887/1888, III, XLII, 1.

18. Naturalmente isso também vale para a alquimia tardia. Assim define Khunrath (*Von hylealischen... Chaos.* Magdeburgo: [s.e.], 1597, p. 388) como o ouro obtido a partir da prata.

libertação da alma divina ou do pneuma, a partir das cadeias da carne (σάρξ). Corresponderia melhor à expectativa racional sem dúvida se o texto em lugar de "carne" tivesse talvez "minério" ou "terra". Ainda que os elementos sejam mencionados como prisão da psique divina, com isso apenas se designa a *physis* (natureza) em geral, isto é, não apenas a terra e o minério, mas também a água, o ar e o fogo, ao que se acrescenta ainda a "carne", uma expressão que já no século III significava de modo muito geral o mundo em sentido moral, isto é, em oposição ao espírito e não apenas o corpo humano. Segue daí, sem nenhum equívoco, que a *chryso poee* (fabricação do ouro) deve ser entendida como uma operação que corre paralela ao processo físico, e por assim dizer deve ser imaginada como independente deste. A transformação espiritual-moral não é apenas independente do processo físico, mas se apresenta até como a *causa efficiens* (causa eficiente) dele. A partir disso se explica também a linguagem pneumática (espiritual) mais sublime, que mal conviria a um mero processo químico. A psique, que antes estava aprisionada nos elementos, e o espírito divino, que antes estava revestido da carne, superam as imperfeições físicas e se revestem de certo modo de uma matéria mais nobre, isto é, do ouro régio. Deste modo, o ouro "filosófico" é uma espécie de representação corpórea da psique e do pneuma, na qual ambos significam algo como "espírito de vida". Na verdade é um *aurum non vulgi* (ouro não do vulgo), por assim dizer, um *ouro vivo,* que sob todos os pontos de vista corresponde ao *Lapis* (pedra). Este é de fato também um ser vivo, dotado de *corpus, anima* e *spiritus* (corpo, alma e espírito), e por isso capaz de ser personificado como um homem "excelente", portanto, por exemplo, como um rei, que há longo tempo é considerado um deus encarnado[19]. Justamente Zósimo ofereceu

---

19. *Rex* como sinônimo de *Lapis*: "Philosophorum lapis et Chymicus Rex" (A pedra filosofal e o rei químico). "Aquarium Sap." (*Musaeum hermeticum.* Frankfurt: [s.e.], 1678, p. 119). Nos símbolos de Lambsprinck é ele simplesmente a substância secreta do arcano: "Hostes meos omnes superavi et vici, / Venenosumque draconem pedibus meis subegi, / Sum Rex eximius et dives in terris. / .... / Hinc mihi Hermes nomen *sylvarum domini* tribuit".

(Superei e venci todos os meus inimigos, e calquei aos pés o dragão virulento. Sou o rei exímio e rico na terra... Por isso Hermes me deu o nome de senhor das florestas). –

nesse sentido uma imagem arquetípica sob a forma do *Ánthropos* (homem) divino, que naquela época havia alcançado importância decisiva, tanto do ponto de vista filosófico como religioso, e isso da mesma forma nos círculos de orientação cristã como nos de orientação mítrica (de Mitra). Acerca disso testemunham não apenas a Sagrada Escritura, como também os monumentos mítricos e os fragmentos dos gnósticos. De Zósimo temos enfim dissertações maiores referentes a este tema[20]. As ideias deste autor foram normativas direta e indiretamente para toda a orientação gnóstico-filosófica posterior da alquimia. Como já dissertei sobre isso extensamente em *Psychologie und Alchemie* (*Psicologia e alquimia*), posso agora restringir mais minhas considerações referentes a este tema. Convém, entretanto, indicar que aquela passagem aduzida representa, que eu saiba, a mais antiga menção do rei. Ao egípcio Zósimo era decerto ainda familiar a mística do rei, a qual havia experimentado novo florescimento sob os césares de Roma; por isso devia ser coisa simples para ele transpor aquela identidade do pneuma divino e do rei também para a práxis alquímica, que era simultaneamente física e pneumática, tanto mais que os escritos (mais antigos) do (Pseudo-) Demócrito já lhe tinham preparado o caminho com suas ideias da θεῖα φύσις (natureza divina)[21].

"Lapis Philosophorum est rex de coelo descendens" ("Consilium Coniungii". In: *Ars Chemica*.[s.l.]: [s.e.], 1566, p. 61) (A pedra filosofal é o rei que desce do céu). – Em THEOBALD DE HOGHELANDE. "De Alch. Diffic." In: *Theatrum Chemicum* I, Ursel: [s.e.], 1602, p. 162, encontra-se a designação rara do *lapis* como *homo galeatus et altus* (homem de capacete e alto), ao lado de *Rex diademate rubeo coronatus* (rei coroado com um diadema vermelho). *Princeps lapis* (o príncipe *Lapis*) em MYLIUS. *Philosophia Reformata*. Frankfurt: [s.e.], 1622, p. 17. – "Denique [...] videbis Lapidem Philosophicum Regem nostrum et Dominum Dominantium, prodire ex sepulchri sui thalamo ac throno in scenam mundanam hanc [...] clamantem: Ecce, Renovabo omnia" (Por fim [...] verás a pedra filosofal, nosso rei e o senhor dos dominadores avançar para este palco do mundo, ao sair do tálamo e do trono de seu sepulcro de vidro [...] ao mesmo tempo que clama: Eis que renovarei todas as coisas) (KHUNRATH. *Amphitheatrum sapientiae*. Hanau: [s.e.], 1609, p. 202s.).

20. Remeto à reprodução verbal em *Psychologie und Alchemie* (*Psicologia e alquimia*). 2.ed. Zurique: Rascher, 1952 [OC, 12], p. 492s.

21. Cf. o enunciado de Demócrito, que aparece em muitas variações: "A natureza se alegra com a natureza, a natureza vence a natureza, a natureza domina a natureza". A verdade deste enunciado se verifica de modo singular na psicologia do processo de individuação.

A definição pneumática (espiritual) do rei sobrepujou de longe a
sua interpretação como ouro. No *Lexicon Alchemiae* de Ruland, de
1612, apenas para exemplificar, *rex* é explicado do modo seguinte
(no alemão da época): "*Rex*, alma da água espiritual, que umedece a
terra e é devolvida à mulher das fontes, da qual fora tirada, é o espírito na água e um espírito aquoso". Aqui, pois, *rex* é ainda a alma divina, o úmido Osíris[22], um pneuma (espírito) doador de vida e frutifi-
cante, mas de modo algum é em primeiro plano o ouro físico. De maneira ainda mais expressa aparece a mística do rei em Henricus
Khunrath: "Por fim, diz ele, depois que passaram o cinzento, a alvura
e o amarelado, verás a pedra filosofal, nosso rei, o senhor dos dominadores (*dominus dominantium*) avançar para este palco do mundo,
ao sair do tálamo e do trono de seu sepulcro de vidro[23], em seu corpo
glorificado, isto é, regenerado (*regeneratum*) e mais que perfeito, a
saber: como um rubi brilhante" etc[24]. Na história da gênese de seu *lapis* (pedra) descreve Khunrath também o nascimento místico do rei:
"*Ruach Elohim*" (o Espírito de Deus) penetrou na parte mais profunda e no meio (*meditullium*) da Massa Confusa virginal e espalhou as
faíscas e os raios de sua fertilidade. "A forma se imprimiu (*forma in-
formavit*) deste modo e a *alma* mais pura animou e engravidou (*im-
praegnabat*) o que, como 'Tohu va Bóhu', era o vazio e o desprovido
de seres". Isto era um *Mysterium typicum* (um mistério típico ou
"simbólico"), isto é, a concepção do "conservador e salvador tanto
do macrocosmo como do microcosmo: O Verbo se fez carne... e
Deus se manifestou na carne, o espírito de Deus apareceu no corpo.
Este, o filho do macrocosmo [...] aquele, o Filho de Deus, o Homem-Deus... Um no *uterus* do macrocosmo, o outro no *uterus* do mi-

---

22. Cf. a passagem notável na Distinctio XIV das "Allegoriae Sapientum". *Theatrum
Chemicum* V, 1622, p. 86: "Inquiunt quidam, venerare humiditates, reges namque
sunt magnanimi iniuriam non patientes, parce ergo eis et eorum capta benevolentiam,
et suis oculis tibi dabunt, ut quodvis ab eis habebis". (Dizem certas pessoas que se deve
venerar as umidades, pois elas são reis magníficos que não toleram injustiças; pou-
pa-as, portanto, e capta-lhes a benevolência, e elas te darão sua graça, de modo que
delas obterás tudo o que quiseres).

23. Um circunlóquio da retorta como recinto do nascimento.

24. *Amphitheatrum sapientiae*. Aet. 1604, p. 202.

18   Obra Completa − Vol. 14/2

crocosmo", e em ambos os casos o *uterus* era virginal. *"Jesuh Christi crucifixi, Salvatoris totius generis humani, id est Mundi minoris, in Naturae libro, seu Speculo, typus est, Lapis Philosophorum, Servator Mundi maioris"* (A pedra filosofal, o conservador do macrocosmo é no livro ou espelho da natureza o símbolo de Jesus Cristo crucificado, salvador de todo o gênero humano, isto é, do microcosmo[25]). O *Filius* Μαχροκόσμου (filho do macrocosmo), gerado pelo pneuma (espírito) divino (o Ka-Mutef egípcio é *"consubstantialis similisque parenti"* (igual na essência e semelhante ao genitor). Seu espírito, como sua alma, é universal, um *"katholikón"*. Sua alma é uma *scintilla* (faísca) da alma do mundo. *"Lapis noster trinus existit et Unus, h. e. Triunus, videlicet Terrestris, Caelestis atque Divinus"* (Nossa pedra é trina e una, isto é, triuna, a saber: terrestre, celeste e divina). Esta sequência lembra a correspondente egípcia de rei-Ka-deus. A pedra trina consta de "três substâncias diferentes e distintas, isto é, Sal-mercurius-Sulphur"[26].

3. A transformação régia

8   Como já mostra a mística egípcia do rei, o *rex*, como qualquer outro arquétipo, não significa apenas uma figura estática, mas indica ao mesmo tempo um processo ou um desenrolar-se dinâmico, que consiste no fato de o portador humano do mistério do rei ser também incluído no processo da encarnação da divindade. Isto ocorre no nascimento do faraó, na coroação, na festa do Heb-sed durante o reinado[27], e na morte. Os textos e as figuras da chamada *birth* chambers (câmaras do nascimento) do templo mostram a geração divina e o nascimento do faraó sob a forma do casamento místico da mãe-rainha com deus-pai. A festa do Heb-sed serve para relacionar o Ka do rei com o cultivo da terra e, como se supõe, para conservá-lo e

---

25. Op. cit., p. 197.

26. Op. cit., p. 198s.

27. CAMPBELL, C. *The Miraculous Birth of King Amon-Hotep III and other Egyptian Studies.* Edinburgh e Londres: [s.e.], 1912, p. 82: "A coroação, que conferiu ao ser divino, o rei, as duas coroas do Egito, promoveu-o um passo a mais do que o nascimento, na divina escala da vida".

Mysterium Coniunctionis — Rex e Regina...   19

fortalecê- lo[28]. Na morte se confirma definitivamente e se sela a identidade do rei com deus-pai.

De modo semelhante descreve a alquimia o princípio da transformação do rei, a partir de um estado imperfeito, para formar um ser intacto, perfeito, íntegro e incorruptível. Ela descreve ou sua geração e nascimento sob a forma de um hierósgamos (casamento sagrado) dos pais, ou seu estado inicial imperfeito e seu nascimento posterior na forma perfeita. Quero mostrar, pois, a seguir esta transformação por meio de alguns exemplos.   9

Entre os tratados medievais mais antigos existe a chamada *Allegoria Merlini*[29]. Quanto a esse Merlinus, deixo aberta a questão: se por esse nome é designado o *mago Merlin*[30] ou se isso é uma corrup-   10

---

28. CAMPBELL, C. Op. cit., p. 83s. Descrição da festa de Heb-sed: "O aniversário da coroação foi considerado, ao que parece, um Festival de Sed, quando o rei era visto como Osíris na terra". – P. 94: "O rei não está 'dançando' ou desfilando na presença de seu eu-Osíris, como que adorando o [...] não, o desfilar é um momento da cerimônia, preparatório de sua tomada de posse do trono, que manifesta sua total Osirificação – o ato final do Festival de Sed". – BREASTED, J.H. *Development of ReLigion and Thought in Ancient Egypt*. Nova York e Londres [s.e.], 1912, p. 39, observa a respeito da Heb-sed: "Uma das cerimônias desta festa simbolizava a ressurreição de Osíris, e era possivelmente para associar o Faraó com este auspicioso evento que ele assumia o papel de Osíris". – Acerca da importância da Heb- sed diz FRAZER. *The Golden Bough*. Part IV, p. 380: "A intenção do festival era, ao que parece, proporcionar ao rei o começo duma vida nova, uma renovação de suas energias divinas, um rejuvenescimento". – Nas inscrições de Abidos se diz: "Começas outra vez a renovar-te, te é dado florescer mais uma vez à semelhança da jovem deusa-lua, tu te tornas jovem novamente [...] renasceste na renovação da festa de Sed". (MORET, A. *Du caractère religieux de la royauté pharaonique*. Paris: Thèse, 1902, p. 255s.). – A festa de Sed era celebrada de 30 em 30 anos, decerto em conexão com os quartos do período de Sirius (= Ísis), que dura 120 anos (cf. FRAZER. Op. cit.). É digno de nota que essa festa estava unida também à fertilização das terras de plantio: o rei andava quatro vezes em redor de um campo demarcado, no que era acompanhado pelo touro Apis; recorda isso o costume ainda existente de cavalgar em redor da terra de plantio para afastar malefícios (Bannumritte). (Cf. KEES, H. *Der Götterglaube im alten Ägypten*. Leipzig: [s.e.], 1941, p. 296s.). – Amenófis IV mandou introduzir o símbolo de sua importante reforma, o *Aton*, em sua festa de Sed (KEES. Op. cit., p. 372).

29. Cópia em *Artis Auriferae*... I, Basileia: [s.e.], 1593, p. 392s.

30. O nome Artus, que ocorre algumas vezes e que pode ser relacionado com o rei do mesmo nome na lenda do Gral, é uma corruptela de Horus. Para modelo da "*Allegoria Merlini*" talvez possa entrar em questão a "*Prophetia Merlini*", que era bem conhecida da Idade Média.

tela de Merculinus[31]. Certo rei, assim conta a parábola, preparava-se para a batalha. Quando ia montar o cavalo, sentiu desejo de beber água. Um dos servos perguntou-lhe que água estava querendo, e o rei respondeu-lhe: "Desejo aquela água que mais estimo e que me ama acima de tudo". Quando o servo a trouxe, o rei bebeu tanto dela "até que seus membros ficaram repletos e suas veias dilatadas e ele mesmo mudou de cor (*discoloratus*)". Os soldados instaram com ele que montasse o cavalo, mas ele declarou estar incapacitado de fazer isso: "Sinto-me pesado e a cabeça me dói. E me parece como se todos os meus membros se separassem um do outro". Ele pediu que o pusessem em uma câmara aquecida, onde pudesse suar e perder a água. Quando, porém, após certo tempo abriram a câmara, jazia ele como morto. Chamaram os médicos egípcios e alexandrinos, entre os quais surgiu uma disputa a respeito da competência deles. Os alexandrinos cederam finalmente a precedência aos egípcios. Estes, então, dilaceraram (*dilaniaverunt*) o rei em pedaços mínimos, trituraram esses pedaços, misturaram-nos com seus remédios "umedecedores", e recolocaram o rei em sua câmara quente como antes. Depois de algum tempo retiraram o meio-morto, que tinha apenas ainda um pouquinho de vida. Quando os parentes viram isso, prorromperam em lamentos: "Ai! O rei está morto". Os médicos os acalmaram dizendo que o rei apenas dormia. Em seguida o lavaram com água doce até que o suco dos remédios saísse dele, e então o misturaram com novas substâncias. Eles o recolocaram então em sua câmara como antes. Quando o retiraram pela segunda vez, ele estava realmente morto. Os médicos, porém, disseram: "Nós o matamos para que ele se torne melhor e mais forte neste mundo depois de sua ressurreição no dia do juízo". Os parentes do rei, porém, os tomaram por charlatães, tiraram deles os remédios e os baniram do reino. Queriam então sepultar o cadáver, mas os médicos alexandrinos, que tinham ouvido a respeito do que estava acontecendo, desaconselharam isso e prometeram restaurar o rei. Os parentes, ainda que desconfiados, permitiram que o fizessem. Então os alexandrinos tomaram o cadáver, o tritura-

---

31. Estão conservados os versos de certo Merculinus. Cf. "Rosarium Philosophorum". *Artis Auriferae...* Vol. II, 1953.

Mysterium Coniunctionis — Rex e Regina...

ram (de novo), o lavaram muito bem, para nada restar dos remédios anteriores e o secaram então. Em seguida tomaram eles uma parte de *sal armoniacum* e duas partes de *nitrum* alexandrino, e misturaram isso com o cadáver pulverizado, preparando com isso e um pouco de *oleum lini* uma pasta, colocaram tudo isso em uma câmara em forma de um cadinho (*crucibulum*), cujo fundo estava todo perfurado; embaixo disso colocaram um cadinho limpo e deixaram o cadáver repousar por uma hora. Então eles o cobriram com fogo e o fundiram, fazendo a massa fundida escorrer para o cadinho de baixo. Então o rei ressurgiu da morte para a vida e exclamou em alta voz: "Onde estão meus inimigos? Eu os matarei a todos, se eles não se submeterem a mim". Todos os reis e príncipes de outras regiões lhe prestaram homenagem e o temeram. "E quando eles queriam ver alguma coisa dos milagres dele, colocavam uma onça de *mercurius* muito purificado em um cadinho e espalhavam por cima a quantia de um grão de milho de unhas (*ungulis*) ou de cabelos ou do próprio sangue, e sopravam para acender um fogo leve de brasas (*mercurius*) e o deixavam com isso (unhas, cabelos etc.) se esfriar, e então encontravam a pedra, como eu a conheço".

Esta parábola encerra o motivo primitivo da *morte violenta* ou do *sacrifício do rei,* para renovar a força do rei, a qual era benéfica à fertilidade da terra. A forma originária é a morte violenta do rei que se tornou velho e impotente. Em nossa narração o rei sofre de "hidropisia", da espécie própria e figurada: Sofre ele de uma *plethora* generalizada e de um edema total, porque bebeu demais da "água" especial. Não seria difícil imaginar que se tratasse de "aguardente", que ele muito desejava e lhe fazia bem, e da cirrose correspondente do fígado, se a extração da psique úmida dos elementos não constituísse já uma tarefa da química mais antiga e anterior à época da destilação do álcool[32]. Isso tinha por fim extrair da matéria (por exemplo, do ouro) o pneuma (espírito) ou a psique (alma) ou a *virtus* (virtude) sob a forma de uma substância volátil ou líquida (isto é, capaz de eva-

11

---

32. A destilação do álcool, a partir do vinho, provavelmente foi descoberta no início do século XII (cf. LIPPMANN, E.O. von. *Entstehung und Ausbreitung der Alchemie* II, [s.l.]: [s.e.], 1931, p. 38).

porar-se), e deste modo mortificar o corpo (isto é, a matéria). Essa *aqua permanens*[33] (água eterna) era empregada para reanimar o "corpo" morto e devolver-lhe a alma, e também, ainda que de modo contraditório, para a "extração da alma"[34]. O corpo velho devia morrer ao ser sacrificado (isto é, oferecido) ou simplesmente matado, conforme o velho rei devesse ou morrer por si ou, em vez disso, devesse oferecer sacrifício aos deuses (por exemplo, como faraó que oferece libações à sua própria estátua). Tal coisa era celebrada na festa egípcia do Heb-sed. Moret concebia a cerimônia do Heb-sed simplesmente como uma forma humanizada da morte violenta do rei[35].

12   A água, desde há muito tempo, tem um papel nos sacrifícios, e isso com o significado de "animação". Assim diz um texto de Edfu: "Trago para ti os vasos com os membros de deus (isto é, o Nilo) para que *bebas* disso; refresco teu coração para que estejas satisfeito". A água do Nilo era, de modo geral, o próprio *consolamentum* (consolo) do Egito. Na lenda de Bata, Anúbis encontra o coração de seu irmão falecido Bata, que este havia colocado na flor do cedro, sob a forma do fruto do cedro, e o coloca em um vaso com *água* fria. *O coração se entumesce ao sugar a água* e Bata recomeça a viver. Aqui a água é a distribuidora da vida. Mas da *aqua permanens* se diz: *Quae occidit et vivificat* (que mata e vivifica). Tem ela, pois, efeito duplo e oposto entre si.

13   O rei tem múltiplos relacionamentos com a água. Na parábola do Sulphur, citada mais acima, ele se afoga nela junto com Diana[36]. O hierósgamos muitas vezes se realiza na água. O motivo do afogamento aparece também como afogamento interno, isto é, como *hidropi-*

---

33. A ὕδωρ θεῖον correspondente pode ser traduzida tanto como "água divina" (θεῖον) quanto também como "água sulfúrea" (θεῖον).

34. Por exemplo, "Alleg. Sap." *Theatrum Chemicum V, 1622, p. 67: "Et scito quod aqua est quae occultum extrahit"* (E saiba que a água é a que extrai o oculto).

35. JACOBSOHN. Op. cit., p. 11.

36. A isso se relaciona também o caso do rei que é sepultado ou aprisionado no mar, em MAJER. *Symbola aureae mensae duodecim nationum.* Frankfurt: [s.e.], 1617, p. 380. – Cf. o texto em *Paracelsica.* Zurique: Rascher, 1942, p. 103s.

Mysterium Coniunctionis – Rex e Regina...

sia. A mãe Alquimia é hidrópica nas coxas[37]. Ou o rei é hidrópico e se oculta na "barriga do cavalo" para exsudar a água[38]. A água aparece também como *banho*; nos *Dicta Alani*, onde o ancião está sentado no banho[39]. Lembro também o banho régio em Bernardus Trevisanus, que já citei extensamente mais acima. A *água* também serve para o batismo, para a imersão e para a ablução. Como alegoria deste último caso vem mencionado muitas vezes o leproso Naamã (2Rs 5,10s.)[40].

Em nossa parábola a água miraculosa já tem aquele efeito que decompõe e dissolve[41], e que antecipa o *despedaçamento* que segue. A dissolução da matéria inicial desempenha na alquimia papel importante como parte do processo. Nesse contexto não gostaria de entrar em pormenores, mas tão somente mencionar a interpretação original da *solutio* (dissolução) dada por Dorneus: Em sua *Speculativa Philosophia* trata ele dos *sete graus da obra*. O primeiro grau começa com o "estudo dos filósofos" (sic!), que é o caminho para a pesquisa da verdade. "Mas o verdadeiro é aquilo a que não falta nada, a que nada pode ser acrescentado e de que, muito menos, nada pode ser tirado... deste modo a verdade é uma força suprema (ou capacidade ou *virtus*) e uma fortaleza inexpugnável... e um penhor indisputável para aqueles que a possuem. Neste castelo estão guardados a verda-

14

---

37. *Aurora Consurgens*. Pars II. *Artis Auriferae...* I, 1593, p. 196. "Cave hydropisi et diluvio Noe" (Acautela-te da hidropisia e do dilúvio de Noé) (RIPLAEUS. *Opp*. p. 63).

38. MAJER. *Op. cit.*, p. 261: "Equorum venter secretum est maximum: in hoc se abscondit noster hydropicus, ut sanitatem recuperet et ab omni aqua ad solem se exonoreret" (A barriga dos cavalos é o maior segredo: nela se esconde o hidrópico para recuperar a saúde e para livrar-se de toda a água (expondo-se) ao sol).

39. "Ita senex in balneo sedet, quem in vase optime sigillato et clauso contine, quoad Mercurius visibilis invisibilis fiat et occuletur" (Deste modo o ancião está sentado no banho; guarda-o no vaso muito bem selado e fechado, até que o mercúrio visível se torne invisível e se oculte). *Theatrum Chemicum* III, 1602, p. 820.

40. Por exemplo na *Aurora Consurgens* pars I, onde se diz: "Et ad Naaman dictum est: Vade et lavare septies in Jordano et mundaberis. Nam ipse est unum baptisma in absolutionem peccatorum" (Foi dito a Naamã: Vai e lava-te sete vezes no Jordão e ficarás limpo. Pois este é o único batismo para a remissão dos pecados).

41. "O benedicta aquina forma pontica, quae elementa dissolvis" (Ó bendita forma da água marinha que dissolves os elementos), "Tract. Aur. Hermetis". In: *De Arte Chemica*, 1566, p. 20.

deira e indubitável pedra e o tesouro dos sábios, o qual não pode ser comido pelas traças nem enterrado pelos ladrões, mas permanece para a eternidade quando todo o resto tiver desaparecido, preparado para a ruína de muitos, mas para a salvação de outros. Esta coisa (*res*) é para o populacho extremamente sem valor, é desprezada e odiada (*exosa*) ao máximo, mas, apesar disso, não é odiável, mas é amável e para os filósofos mais preciosa do que pedras preciosas" etc.[42]

15   Na *Recapitulatio primi gradus* (Recapitulação do primeiro grau) diz Dorneus que a aspiração dos "*chemistae*" (alquimistas) consiste "em libertar das cadeias aquela *verdade*[43] não sensível que está nas coisas sujeitas aos sentidos; (aquela verdade) pela qual as virtudes (*virtutes*) celestes possam ser alcançadas pela inteligência muito sutil"[44]. "O conhecimento é a *solução* (ou supressão, *resolutio*) de todas as opiniões formuladas acerca da verdade [...] A *experiência* da verdade é a demonstração (*demonstratio*) manifesta. A solução é a eliminação (*depositio*) da dúvida: acerca de alguma dúvida não podemos obter certeza de outro modo a não ser pela experiência, e a melhor maneira será *dentro de nós mesmos*. Por isso evidenciamos aquilo que dissemos acima sobre a verdade, fazendo com que o começo esteja *dentro de nós*. Dissemos acima que a *piedade* (*pietas*) consiste no *conhecimento si próprio* (*in cognitione sui ipsius*)[45]. Por isso é que o

---

42. *Theatrum Chemicum* I, 1602, p, 266.

43. O conceito de *veritas* (verdade) é em Dorneus sinônimo de *sapientia* (sabedoria), como mostra a passagem seguinte no original. A "verdade" diz aí: "Venite ad me omnes, qui quaeritis" (Vinde a mim todos vós que procurais), o que é uma leve modificação do Eclesiástico 24,19): "Transite ad me omnes, qui concupiscitis me" (Passai para mim vós todos que me desejais).

44. Op. cit., p. 271.

45. A grande importância do *conhecimento de si próprio* para a consecução do *opus alchymicum* (obra alquímica) acentua Dorneus também em outras passagens, por exemplo, p. 307: " [...] igitur homo, caelum et terra unum sunt, etiam aer et aqua. Si homo res in maiori mundo transmutare novit [...] quanto magis id in microcosmo hoc in se ipso noverit, quod extra se potest, modo cognoscat hominis in homine thesaurum existere maximum et non extra ipsum" [... portanto, o homem, o céu e a terra formam uma unidade, também o ar e a água. Se o homem pode transformar as coisas no mundo maior (macrocosmo), tanto mais o poderá no microcosmo, isto é, em si mesmo, o que pode fora de si, contanto que saiba que o maior tesouro do homem está no homem e não fora dele].

conhecimento filosófico começa com este último. Mas ninguém pode conhecer a si mesmo, se não souber o *que* ele *é quem ele é*[46], *de quem* depende ou *a quem* pertence (pois ninguém se pertence a si mesmo – *sui iuris est* – segundo a lei da verdade) e *para que fim* foi criado. Com esses conhecimentos começa a piedade, que se ocupa com duas (coisas), isto é, com o Criador e com a criatura semelhante a ele. É impossível para a criatura conhecer-se a si por si mesma, mas somente pelo conhecimento precedente do Criador"[47]. "Ninguém poderá conhecer melhor o Criador do que pela maneira como o artista é conhecido a partir de sua obra"[48].

"A putrefação (decomposição, *putrefactio*) química é comparada ao esforço dos filósofos, porque, assim como os filósofos são colocados pelo esforço no estado de conhecer as coisas, do mesmo modo as coisas naturais são (levadas) pela decomposição ao estado de *solução* (*ad solutionem*); com isso se compara o conhecimento filosófico, pois os corpos são decompostos (*solvuntur*) pela solução, e do mesmo modo pelo conhecimento são resolvidas (*solvuntur*) as dúvidas dos filósofos"[49]. Na *Physica Trithemii* escreve Dorneus sobre o primeiro grau: "O primeiro grau da subida para as coisas superiores (*ad superos*) é o esforço da fé (*fidei*); pois isso torna o coração do homem inclinado a *dissolver-se na água* (*ad solutionem in aquam*)"[50]. Na *Philosophia Chemica,* por fim, explica Dorneus: "*Solução é o conhecimento* ou a união espagírica[51] do homem com a mulher, pela qual ela recebe dele tudo o que deve receber. Isso é o começo da geração específica (ou criação, *generationis*), pela qual é percebido de modo

---

46. "Quid, non quis ipse sit" (O quê, e não quem é ele) é uma formulação muito acertada: de uma parte a interrogação personalista (quis?) e de outra parte a impessoal e objetiva (quid?). A primeira visa o *eu* e a outra visa o *si-mesmo.* Para mais informações ver *Aion.* Zurique: Rascher,1951 [OC, 9/2], p. 235s.

47. *Theatrum Chemicum.* I, 1602, p. 272.

48. Este é o sentido da sentença obscura: "Nemo creatorem poterit melius cognoscere quam ex opere noscitur artifex", p. 273.

49. Op. cit., p. 303.

50. Op. cit., p. 449.

51. Tanto como alquímico ou oculto.

sensível o efeito da união espagírica (ou casamento, *coniugii*), a união do duplo sêmen para formar o embrião"[52].

17 Depreende-se claramente dessas citações que Dorneus entende a *solutio* (solução) alquímica primeiramente como moral-espiritual e somente em segundo plano como um fenômeno físico. A primeira parte da obra é uma "solução" psíquica de dúvidas e conflitos, produzida pelo conhecimento de si mesmo, o qual não se pode imaginar sem o conhecimento de Deus. A solução moral-espiritual é para ser entendida como *coniugium spagiricum* (casamento alquímico), isto é, como um *tornar-se um* interior e psíquico, a partir do qual resulta, *per analogiam* (por analogia) e pela correspondência mágica, a reconciliação dos elementos inimigos na pedra *una*. Pela pergunta acerca do *"quid"* (quê?) e pela compreensão espiritual se dissolve o egoístico endurecimento do coração, causado inicialmente pelo *peccatum originale* (pecado original) – o coração se dissolve dando água. Com isso se inicia a subida para os graus superiores. O egoísmo[53], ao mesmo tempo que é pecado, é também uma necessidade específica da consciência. Mas o inconsciente se opõe à consciência como um dado objetivo, e às vezes de fato como um dilúvio vingador. A água em todas as suas formas – como mar, lago, rio, fonte etc. – é uma das caracterizações típicas mais usadas para indicar o inconsciente, como também o feminino lunar, que está intimamente ligado à água. A dissolução do coração na água corresponderia, pois, à união do masculino com o feminino, e esta à união da consciência com o inconsciente, o que significa justamente o *"coniugium spagiricum"* (casamento espagírico ou alquímico)[54]. Da mesma forma a fortaleza e o castelo são símbolos femininos; neles se acha contido o tesouro da "verdade", a qual em Dorneus se apresenta como a sabedoria personificada[55]. Esta

---

52. Op. cit., p. 475.

53. Ele é considerado como o mal por excelência. Cf. WEGMANN, H. Das Rätsel der Sünde. In: *Gottesglaube und Welterlebnis* (III). Leipzig: [s.e.], 1937.

54. A água tem o significado de *sponsa* (noiva) e de *dilecta* (amada), como também o de *sapientia* (sabedoria). Cf. Jesus Sirac 24,13s., em que a Sophia (sabedoria) é decantada como palmeira, roseira, vinha etc, à semelhança da deusa do amor Istar.

55. Op. cit., p. 266. A *sapientia* profere aqui um discurso mais longo.

Mysterium Coniunctionis — Rex e Regina...   27

última corresponde ao sal, que é relacionado com a *Luna*. A união "espagírica" gera um embrião que corresponde ao *homunculus* (homúnculo ou homenzinho) da arte e, com isso, também ao *Lapis* (pedra). O *Lapis*, por sua vez, é um símbolo do si-mesmo (*das Selbst*)[56].

Ao retornarmos agora, com alguma compreensão da psicologia da *solutio* (solução), novamente para a parábola de Merlin, diversas coisas se tornam claras para nós: o rei corresponderia ao egoísmo exaltado, que em breve encontrará sua compensação. Ele está pronto para partir para um ato de violência, o que caracteriza seu estado moralmente defeituoso e necessitado de correção. Sua sede corresponde a uma concupiscência desenfreada ou paixão. Entrementes se torna ele subjugado pela água, isto é, pelo inconsciente, e este estado reclama auxílio médico. Os dois grupos de médicos favorecem à solução já existente, por meio de um *despedaçamento* ulterior e mesmo de uma verdadeira pulverização[57]. O despedaçamento de Osíris ou o de Dioniso serviriam de modelo para isso[58]. Evidentemente, trata-se aqui de diversas formas de solução, a saber: despedaçar, pulverizar, dissolver na água[59]. A colocação subsequente na câmara aquecida é o modelo típico para o *laconicum* (banho de suor) do rei, que mais tar-

18

---

56. Cf. *Psychologie und Alchemie (Psicologia e alquimia)*. 1952 [OC, 12], cap. V: O paralelo *Christus-lapis*. Igualmente *Aion*. 1951 [OC, 9/2], contribuição I.

57. O método dos médicos, atenda-se bem, é decerto uma imitação do despedaçamento tifônico de Osíris. Entretanto, o rei já começou antes a beber do mar tifônico para nele se dissolver. A versão II da *Visio Arislei*, que vem reproduzida no "Rosarium Philosophorum", contém do mesmo modo o despedaçamento em partículas mínimas e indivisíveis, mas isso não se refere ao rei e sim ao filho dele. O despedaçamento ocorre dentro do corpo de Beya, e descreve uma verdadeira histólise no estado de crisálida.

58. Para ver maiores conexões, remeto o leitor às minhas preleções sobre "Das Wandlungssymboll in der Messe" (*O símbolo da transformação na missa*). In: *Von den Wurzeln des Bewusstseins (Das raízes da consciência)*. Zurique: Rascher, 1954, Contr. V.

59. Variantes desta última são: o rei que afunda ou se afoga no mar, também "o rei marinho estéril", a hidropisia da *Mater Alchimia* etc. O rei afogado relembra Osíris. Na lamentação de Ísis do *culte journalier* (culto cotidiano) (MORET, A. *Mystères Egyptiens*. Paris: [s.e.], 1922, p. 24) se diz: "Atravessei os mares até os confins da terra, procurando o lugar onde estava meu senhor; percorri *nadit* durante a noite; procurei [...] aquele *que está na água* [...] nesta noite da grande aflição. Encontrei o *afogado* da terra da primeira vez (sobre esta margem de *nadit*) etc."

28 Obra Completa – Vol. 14/2

de aparece muitas vezes representado e constitui um método terapêutico que voltamos a encontrar no *sweat lodge* da Índia. A câmara tem também o significado de *sepulcro*. A diferença entre os médicos "egípcios" e "alexandrinos" parece consistir no fato de os primeiros umedecerem o cadáver, enquanto os últimos o secam (e de certo modo o embalsamam, ou respectivamente o salgam). O erro técnico dos egípcios consistiria em separar de modo insuficiente a consciência e o inconsciente, ao passo que os alexandrinos evitam esse erro[60]. Em todo o caso, conseguiram eles reanimar o rei e certamente também fortalecê-lo (eventualmente: rejuvenescê-lo).

19 Se do ponto de vista da hermenêutica alquímica penetrarmos mais a fundo nessa controvérsia dos médicos, compreederemos mais profundamente as alusões contidas na parábola: os alexandrinos, que manejam de modo tão completo a técnica tifônica, evitam, como foi dito, a água do mar (tifônico), pois até secam o pó do cadáver, usando para isso a outra substância da água pôntica, que é o sal, na forma de sal *amoniacum* (sal mineral, ou sal-gema, também chamado de sal da Arábia) e de *sal nitri* (salitre)[61]. Em primeira linha se pensa na propriedade conservadora dos dois sais, mas em segundo lugar se observa que a "marinagem", ou respectivamente a salsura (salgamento) representa no ânimo dos adeptos aquela penetração (*penetratio*) "formadora" da *sapientia* (sabedoria) (em Dorneus é a *veritas* / verdade)

---

60. Compare com essa separação a visão de Poimandres (*Corpus Hermeticum*. Lib. I, 4): "[...] logo depois vi uma visão imensa: Tudo o que havia sido feito (era) uma luz agradável e alegre, e eu me admirava de seu aspecto. E depois de pouco tempo surgiram (disso) trevas, horrorosas e sombrias, empreendendo um ataque cíclico, como me parecia, ao ver eu como a escuridão se transformava em algo de *úmido*, que estava em grande alvoroço e fazia subir a fumaça como se viesse de um fogo. E eu ouvi como se formava por si um eco *indizivelmente lamentoso*; erguia-se dele um grito inarticulado, como um *clamor por luz*. Mas da luz subia *por sobre a natureza úmida* o santo *Logos*, (que emitia) de modo audível uma voz e um fogo puro e uma palavra espiritual (πευματικὸν λόγον)". – Após isso segue em *Poimandres* a separação dos quatro elementos a partir do *Chaos*. (O texto está em mau estado, razão pela qual o traduzi apenas verbalmente). Quanto ao *clamor* cf. o grito por socorro do rei que se afoga, em MAJER, M. *Symbola aureae mensae duodecim natio*, 1617, p. 380.

61. Cf. RULANDUS. *Lexicon alchemiae sive dictionarium alchemisticum*. Frankfurt: [s.e.], 1612, p. 412 e 416.

na massa desprovida de nobreza durante a qual a forma corruptível é transformada em incorruptível.

Indubitavelmente, nada disso se encontra nesta parábola um tanto rude. Também parece que a transformação do rei apenas indica de maneira primitiva a renovação da força vital, pois o primeiro pronunciamento do rei, após a ressurreição, trai seu gosto de luta nada diminuído. Nos textos posteriores o produto final não é apenas um fortalecimento, rejuvenescimento ou renovação do estado inicial, mas sim de uma mudança para uma natureza superior. Por isso certamente não erraremos ao atribuir a esta parábola uma idade um tanto considerável. Razão para esta suposição fornece o conflito entre os alexandrinos (gregos!) e os egípcios; isso poderia fazer recuar até à época pré-islâmica, quando a medicina mágica do Egito Antigo ainda podia empreender lutas de reconquista diante do avanço da medicina científica dos gregos. Fala ainda a favor disso o erro técnico do método egípcio – confusão entre a consciência e o inconsciente – erro que a consciência mais altamente diferenciada dos gregos conseguiu evitar.

4. A cura do rei *(Cantilena Riplaei)*

Não se deve desconsiderar o fato de não ser indicada nenhuma razão por que o rei esteja necessitado de rejuvenescimento. Na etapa primitiva a renovação é evidente, pois a virtude mágica do rei diminui justamente com o avanço da idade. Nas parábolas mais tardias o caso é outro: aí a imperfeição original do rei passa a constituir o problema.

Assim o autor da parábola seguinte, o cônego Georgius Riplaeus, já tece suas considerações acerca do "rei doente". Devo deixar indecisa a questão: até que ponto a ideia do "rei doente" foi influenciada pela lenda do Gral. Não está fora de cogitação que Riplaeus, como inglês que era, estivesse familiarizado com essa tradição. Fora a expressão *"lapis exilis* (pedra sem valor) *("lapsit exillis"* em Wolfram Von Eschenbach), que assim mesmo é um tanto duvidosa, não consegui encontrar quaisquer vestígios mais prováveis do ciclo do Gral na simbólica alquímica, a não ser que se considere o vaso místico de transformação, cujo *tertium comparationis* (terceiro termo da comparação) se deve procurar no cálice da missa.

30 Obra Completa — Vol. 14/2

23 A 5ª estrofe da *Cantilena Riplaei* [62] diz:

"Existe certa causa natural
E algum defeito original,
Ainda que eu, sem mancha do seio natural,
Tenha sido alimentado sob as asas do sol"[63].

24 O clérigo se trai por sua linguagem: o *"defectus originalis"* (defeito original) é uma paráfrase do *"peccatum originale"* (pecado original), e as *"alae solares"* (asas solares) são as *"pennae solis iustitiae"* (as penas ou asas do sol da justiça) (Ml 4,2): *"orietur vobis* [...] *Sol iustitiae, et sanitas in pennis eius"* (Surgirá para vós [...] o sol da justiça, e a salvação está sob suas asas). É possível que exista aqui uma conexão entre a *Cantilena* e a indicação de Senior, segundo a qual o macho, por não ter asas, está em situação inferior à da fêmea, que tem asas[64]. A *Cantilena* combina, de uma parte, a fêmea alada com o disco solar alado de Malaquias, e, de outra parte, com a ideia da mãe que aleita; isso equivale a uma combinação semelhante à dos sonhos. Na 6ª estrofe trata-se de um crescimento a partir das entranhas da terra. A 7ª estrofe diz:

"Minha natureza se acha muito limitada,
Porque de meu corpo não escorre nenhuma tintura,
Minha natureza é por isso infecunda
E não se prestará muito para o ato de germinar"[65].

25 Também aqui se faz notar a linguagem eclesiástica: a tintura é, pois, idêntica à *aqua permanens* (água eterna), a água misteriosa que efetua a transformação. Ela corresponde à *aquae gratiae* (água da

---

62. *Opera omnia Chemica*. Kassel: [s.e.], 1649, p. 421.

63. "Causa quaedam extitit naturalis / Vel defectus aliquis est originalis, / Quamvis sine maculis alvi naturalis / Eram sub solaribus enutritus alis".

64. *De chemia senioris antiquissimi philosophilibellus*. [s.l.]: [s.e.], 1566, p. 38: "Masculus autem est, qui sine alis existit sub foemina, foemina vero habet alas. Propterea dixerunt: Proiicite foeminam super masculum et ascendet masculum super foeminam". (O macho que existe sem asas está sujeito à fêmea, mas a fêmea tem asas. Por isso se diz: Jogai a fêmea sobre o macho, e o macho trepará na fêmea).

65. "Mea sed restringitur natura, / Quod de meo corpore non fluit tinctura, / Infecunda igitur mea est natura / Nec ad actum germinis multum valitura".

Mysterium Coniunctionis – Rex e Regina... 31

graça) da doutrina eclesiástica. A água "que dimana do corpo" poderia ser análoga aos "*flumina de ventre Christi*" (torrentes do ventre de Cristo), uma figura (tipo) que desempenha papel importante não apenas na metafórica eclesiástica, mas também na alquimia[66]. A respeito da linguagem eclesiástica, remeto o leitor à dissertação sobremaneira instrutiva de Hugo Rahner, *Flumina de ventre Christi* (Biblica. vol. 22, 1941, p. 269s.). Orígenes[67] fala do "*salvator noster fluvius*" (rio nosso salvador). A analogia entre o salvador transpassado e o rochedo do qual Moisés, pela percussão, fez surgir uma fonte também é empregada na alquimia para a extração da *aqua permanens*, ou respectivamente da *anima* a partir do *Lapis* (pedra); ou também o rei é transpassado por Mercurius[68]. Em Orígenes a "água" tem o significado de "*aqua doctrinae*" (água da doutrina) e de "*fons sapientiae*" (fonte da sabedoria). É também uma "fonte de água que jorra no crente". Santo Ambrósio fala da "*fons sapientiae et scientiae*"[69] (fonte da sabedoria e da ciência). De acordo com ele, o *rio do Logos* divi-

---

66. KHUNRATH, H. *Von hylealischen... Chaos.* 1597, p. 268: "Do ventre saturnino do sal fluem águas vivas *salientes in vitam beatam* (que jorram para a vida feliz)" (Cf. Jo 7,38: "flumina de ventre eius fluent aquae vivae" / torrentes de água viva fluem de seu ventre). O sal de Saturno é a *sapientia Saturni* (a sabedoria de Saturno) dos antigos, a pomba branca escondida no chumbo.

67. Numeri hom. 17,4. Apud. RAHNER. Op. cit., p. 274.

68. Cf. fig. 150 em *Psychologie und Alchemie (Psicologia e alquimia)*. 2.ed., 1952 [OC, 12], p. 406. – ORÍGENES (Exodum homiliae. 11,3. In: MIGNE. *P.G.-L.* XII col. 297-396) diz de Cristo: "Haec petra nisi fuerit percussa aquas non dabit" (Se não se bater nessa pedra, ela não dará água) (RAHNER. Op. cit., p. 274).

69. Cant. Cant. Comment. 1. DORNEUS. "Spec. Phl." *Theatrum Chemicum*. I, 1602, p. 267, diz: "Sonora vox suavis et grata philosophantium auribus. O fons divitiarum inexhaustibilis veritatem et iustitiam sitientibus! O desolatorum imperfectioni solatium! Quid ultra quaeritis mortales anxii? cur infinitis animos vestros curis exagitatis miseri? quae vestra vos excaecat dementia quaeso? cum in vobis, non ex vobis sit omne quod extra vos, non apud vos quaeritis". (Esta voz é suave e agradável aos ouvidos dos filósofos. Ó fonte inexaurível de riquezas, a oferecer a verdade e a justiça aos sedentos! Ó consolo para a imperfeição dos tristes! Por que procurais ainda, ó ansiosos mortais? Por que atribulais vossa alma com cuidados, ó míseros? Qual é a demência vossa que vos torna cegos? Pois está em vós e não fora de vós tudo aquilo que procurais fora de vós e não em vós mesmos).

dido em quatro partes é o *fundo da alma*[70], que ele também designa como *"principale"* (a parte principal), χοιλία ou *venter (venire)*, e νοῦς (inteligência), por ser a alma mais interior[71]. Estes poucos exemplos, tirados da abundância que a dissertação de Rahner desenvolve, deverão bastar para colocar na verdadeira luz a significação da *aqua permanens* (água eterna), que é por excelência a substância do arcano. Entre os alquimistas é ela igualmente a *sapientia* (sabedoria), a *scientia* (ciência), a *veritas* (verdade), o *spiritus* (espírito); e sua fonte está oculta no mais íntimo do homem, e simultaneamente seu símbolo é a água difundida por toda a parte ou a água marinha. O que manifestamente paira na mente dos alquimistas é um ser que se acha em toda a parte e que tudo penetra, uma *anima mundi* (alma do mundo) – para usar a terminologia deles – e ao mesmo tempo o *maximus thesaurus* (o maior tesouro), o numinoso mais íntimo e mais secreto do homem. Não existe decerto nenhum outro conceito psicológico que melhor convenha a esse estado de coisas do que o *inconsciente coletivo,* cujo núcleo, centro e princípio ordenador (o *"principale"*) é o *si-mesmo (das Selbst)* (a monas dos alquimistas e dos gnósticos).

26   A 9ª estrofe diz:

"Minha mãe me gerou na casa de forma esférica
Para que eu cuidasse da esfericidade"[72].

27   A casa redonda é o *vas rotundum* (vaso redondo), que pela forma esférica representa o cosmo e também a alma do mundo, a qual envolve pela parte externa o universo físico e o sustenta por si mesma. O conteúdo arcano do *vas hermeticum* (vaso hermético) constitui o caos primordial, a partir do qual se efetua a criação do mundo. Como *filius*

---

70. AMBRÓSIO. Explanatio Psalmorum. 45,12. *Corpus scriptorum ecclesiasticorum Latinorum*. Viena e Leipzig: [s.e.], 1919, T. LXIV, col. 337. – Na Epist. XLV, 3 diz ele: "Paradisum ipsum non terrenum videri posse non in solo aliquo, sed in nostro principali, quod animatur et vivificatur animae virtutibus et infusione spiritus sancti" (Que o próprio paraíso não terreno não pode ser visto em qualquer outra coisa, mas apenas em nosso "principal", que é animado e vivificado pelas forças da alma e pela infusão do Espírito Santo) (*Patrologia Latina*. T. XVI, col. 1.142. RAHNER. Op. cit.).

71. RAHNER. Op. cit., p. 289.

72. "Meque mater genuit sphaerica figura / Domi, quod rotunditas esset mihi curae" etc.

Mysterium Coniunctionis – Rex e Regina...   33

macrocosmi (filho do macrocosmo) e como *primus homo* (primeiro homem), o *rex* (rei) também está destinado à rotundidade, isto é, á totalidade, mas nisso é impedido pelo *defectus originalis* (defeito original). A 10ª estrofe diz: 28

"Contudo, sei somente que se não usar imediatamente
Da ajuda ansiosa dos remédios necessários,
Não poderei gerar porque o tempo é tardio
E eu estou entorpecido por ser o antigo dos dias"[73].

Estes versos comprovam o estado decrépito e necessitado de renovação por parte do rei, que aqui sofre de senilidade, além de seu *defectus originalis*, ou talvez em consequência dele. Para um *canonicus* (cônego) é, pois, um feito ousado identificar o rei com o "antigo dos dias". Esta última expressão provém do livro de Daniel: "Eu continuava olhando: de súbido foram colocados tronos, e o antigo dos dias (ancião) tomou seu lugar. Sua veste branca como a neve, e os cabelos da cabeça puros como a lã. Seu trono eram chamas de fogo e suas rodas fogo ardente. Um rio de fogo brotava dele aos borbotões"(Dn 7, 9-10ª)[74]. Aqui já não se pode duvidar que o alquimista Riplaeus especula além do que lhe convinha como clérigo, e chega a fazer uma afirmação que já parecia blasfema para a Idade Média: a saber, a identificação da substância de transformação com a divindade, pois esta é o *antiquus dierum* (o ancião). Para a inteligência moderna tal alegorização ou simbolização é o cúmulo do absurdo e do incompreensível. Isso também era difícil de aceitar para a Idade Média[75]; mas onde foi aceito, como ocorre mais ou menos na alquimia filosófica, isso também explica a linguagem de seus tratados, a qual   29

---

73. "Modo tamen anxia illud scio verum / Nisi fruar protinus ope specierum / Generare nequeo quia tempus serum / Est et ego stupeo antiquus dierum".

74. "Aspiciebam donec throni positi sunt, et antiquus dierum sedit: Vestimentum eius candidum quasi nix, et capilli capitis eius quasi lana munda; thronus eius flammae ignis; rotae eius ignis accensus. Fluvius igneus rapidusque egrediebatur a facie eius" (Vulgata).

75. Cf. a desculpa do tipógrafo na introdução da *Aurora Consurgens* II em *Artis Auriferae*... Vol. I, 1593, p. 183. – Cf. *Psychologie und Alchemie* (*Psicologia e alquimia*). 2.ed., 1952 [OC, 12], p. 512.

34 Obra Completa – Vol. 14/2

ocasionalmente toma a forma de hinos ou pelo menos assume o tom patético. Trata-se de uma declaração nova: Deus não está apenas no corpo imaculado de Cristo e presente também de modo permanente na hóstia consagrada, mas – aqui aparece algo que em princípio é novo e importante – está oculto na matéria "reles", "desprezível" e espalhada por toda a parte, e até mesmo na "*immunditia huius mundi, in stercore*"[76], e aí somente pode ser encontrado pela arte dos alquimistas, e até mesmo se acha sujeito a ela, ao ser por ela encaminhado a passar por gradativas transformações – "*Deo adjuvante*"[77].

Essa rara formulação teológica (*theologoumenon*) naturalmente nunca foi imaginada pelos alquimistas como se a divindade para eles nada mais fosse do que a substância acessível na transformação química. Tal aberração estava antes reservada para os homens modernos que colocam a matéria e a energia no lugar de Deus. Os alquimistas, se ainda eram pagãos, tinham uma concepção mística de Deus, proveniente da Antiguidade tardia e que poderia ser designada como gnóstica, por exemplo, em Zósimo; se eram cristãos tinham ainda como um acréscimo considerável as concepções mágico-pagãs a respeito de um demônio ou de uma *virtus* (força) ou de uma alma divina ou da *anima mundi* (alma do mundo), que estava inerente à *physis* (natureza) ou nela aprisionada. Imaginava-se esta como sendo aquela parte de Deus que constitui a quintessência e a verdadeira substância da *physis* e que está para Deus assim como – para usar uma expressão acertada de Isidoro[78] – a πσοφυὴς ψυχή está para a alma divina do homem. Pode-se traduzir esta expressão como a "alma acrescida", a saber: uma segunda psique que se eleva através dos reinos mineral, vegetal e animal até atingir o homem; portanto, uma alma que perpassa a natureza inteira e à qual aderem as formas da natureza como um apêndice (προσαρτήματα). Essa curiosa ideia de Isidoro corresponde a tal ponto à fenomenologia do nosso moderno inconsciente coletivo, que se justifica considerá-la como uma projeção deste estado de coisas verificável, sob a forma de uma hipóstase (pessoa) metafísica.

---

76. "Na imundície deste mundo, o esterco".
77. "Com a ajuda de Deus".
78. O filho do gnóstico Basilides.

Certamente não escapou à observação de meus leitores como é primordial essa concepção do *envelhecer de Deus* e de sua necessidade de renovar-se. Realmente, essa concepção tem a idade do Egito, apesar de não se poder atinar com certeza de que fonte o *canonicus* (cônego) de Bridlington, pertencente ao século XV, possa ter tirado tal teologia, a não ser da própria Bíblia. Em todo o caso, os escritos dele não possibilitam qualquer suposição a esse respeito. Certa linha, contudo, já se encontra na própria tradição alquímica, a saber: a ideia de uma substância do arcano corrompida, cuja corrupção muitas vezes é derivada do pecado original. Uma ideia semelhante emerge também na tradição do Santo Gral: a tradição do rei doente, o qual está relacionado muito de perto com o sangue redentor contido no Gral, e deste modo também com o mistério da transubstanciação na missa. Simultaneamente ele (o rei) é também um ancestral de Parcifal, a quem se pode designar como uma figura do Salvador, assim como na alquimia o velho rei tem um filho salvador, ou respectivamente se torna tal (o *Lapis*– pedra filosofal – é sempre o *Lapis*, tanto no começo como no fim). De mais a mais, é preciso considerar certa reflexão medieval acerca da necessidade de melhorar-se: refere-se ela à transformação do Deus irascível do Antigo Testamento no Deus do amor do Novo Testamento; é que Deus, à semelhança do unicórnio, apaziguou-se e transformou no seio da virgem. Ideias dessa espécie, ao que parece, já surgiram em João Fidanza Boaventura († 1274)[79], que é santo franciscano. Deve-se justamente tomar em consideração que a linguagem figurada eclesiástica gosta de imaginar Deus Pai como um velho e seu nascimento como o rejuvenescimento no Filho. Em um hino de Paulino de Nola diz-se da Igreja, tomando-a como uma analogia da Mãe de Deus:

> "Entretanto, a esposa permanece irmã no corpo que ninguém tocou, seu amplexo é espírito, pois seu amado é Deus.
> Esta mãe dá á luz também o ancião na forma delicada de uma criancinha..."[80]

---

79. Mais indicações em *Psychologie und Alchemie* (*Psicologia e alquimia*). 2.ed., 1952 [OC, 12], p. 594s.

80. RAHNER, H. *Mater Ecclesia*. [s.l.]: [s.e.], 1944, p. 47. – Cf. material suplementar em CURTIUS, E.R. *Europäische Literatur und lateinisches Mittelalter*. 2.ed., Berna: Francke, 1955, p. 108s.

31   Ainda que aqui se trate, por exemplo, de alguém que é batizado – *"renatus in novam infantiam"* (renascido para uma nova infância) – contudo, justamente nisso consiste a analogia de que o próprio Deus Pai era venerado como um ancião de barba, e Deus Filho como uma criança recém-nascida.

32   A contraposição do *senex* (ancião) e do *puer* (menino pequeno) decerto toca de leve mais de uma vez no arquétipo da renovação de Deus na teologia egípcia, sobretudo quando a *homoousia* (igualdade de substância) dessa contraposição se destaca nítidamente nos versos de Efrém o Sírio: *"antiquus dierum cum sua celsitate habitevit, ut infans, in útero"*[81] (O antigo dos dias com sua sublimidade habitou no útero como uma criancinha). *"Puerulus tuus senex est, o virgo, ipse est Antiquus dierum et omni praecessit tempora"*[82] (Teu menininho, ó virgem, é um ancião, ele é o antigo dos dias e antecede todos os tempos).

33   Todas essas possibilidades, entretanto, não contêm o motivo específico do envelhecimento, e permanece obscura a questão de onde Riplaeus hauriu o que diz. Em todo o caso, existe decerto a possibilidade do ressurgimento autóctone dos mitologemas (formações mitológicas), a partir do inconsciente coletivo. Jan Nelken publicou um caso recente: O paciente era um professor de escola primária, que adoecera de um tipo de paranoia. Ele criou a doutrina de um *pai primordial* que dispunha de enorme poder generativo. Tinha ele 550 *membra virilia* (membros viris), que com o tempo se reduziram a três. Também tinha dois escrotos com três testículos em cada um. Pela produção de esperma sem medida, definhou ele lentamente e por fim ficou reduzido a um bolo de 50 quintais (2.500 Kg), e foi encontrado acorrentado em um desfiladeiro. Este mitologema encerra o motivo do envelhecer e da perda da capacidade generativa. O próprio paciente é o pai primordial rejuvenescido ou um avatar dele[83]. O preenchimento da forma arque-

---

81. EFRÉM O SÍRIO. *Hymni et sermones*. 4 vols., Mecheln: [s.e.], 1882-1902, II, 620 [LAMY, T.J. (org.)].

82. Op. cit., I, 136.

83. NELKEN, J. Analytische Beobachtungen über Phantasien eines Schizophrenen. In: *Jahrbuch für psychoanalytische und psychopathologische Forschungen*. IV, Leipzig e Viena: [s.e.], 1912, 1.metade, p. 538s.

Mysterium Coniunctionis — Rex e Regina...

típica é de todo original neste caso, de modo que certamente se pode atribuir a ele o valor de um produto autóctone.

No caso de Riplaeus decerto ainda resta a possibilidade próxima de certo acabamento dado à ideia de Deus Pai, o *Antiquus dierum*, e à ideia do Filho, necessariamente mais novo, ou respectivamente do Filho juvenil, o *Logos* (o Verbo), que na visão do gnóstico Valentim, como também em Meister Eckhart, é um menino pequeno. Estas representações imaginativas se relacionam muito de perto com o filho dos deuses, Dioniso, como também com "o menino Horus", com Harpócrates, com Aion etc; e decerto com isso está dado imediatamente também o rejuvenescimento do Deus envelhecido. De fato não é longo o caminho que conduz do mundo cristão das ideias à região do paganismo[84]; e a conclusão naturalística que o pai desaparece quando chega o filho, ou que o pai se rejuvenesce transformando-se no filho, parece ser um dado imediato, a partir de pressuposições antiquíssimas, que atuam com tanto maior vigor quanto mais a persuasão consciente as repele. Tal concatenação de ideias é, pois, quase de esperar da parte de um clérigo como Riplaeus, ainda que o alcance dela dificilmente se tenha tornado consciente para ele, conforme o modo de proceder conhecido dos alquimistas.

34

A 11ª estrofe da *Cantilena* diz:

35

"Em mim completamente privado da flor da juventude
A morte penetrou profundamente, mas escutei do céu
que pela árvore de Cristo, com grande espanto,
Devo nascer de novo não sei por que amor"[85].

Aqui se confirma que o rei, o *antiquus dierum* (o antigo dos dias), deve "renascer pela árvore de Cristo". Esta concepção da *arbor philosophica* (árvore filosófica), que em primeira linha é da alquimia, encontrou-se, por assim dizer, ao alcance de Riplaeus, em um manuscrito do século XV, que apresenta uma espécie de árvore genealógica. A origem é Deus; seguem então *natura, ignis, aer, aqua, terra* (na-

36

---

84. Cf. RAHNER, H. Die Gottesgeburt. In: *Zeitschrift für katholische Theologie*. LIX, Innsbruck: [s.e.], 1935, p. 341s.

85. "Me praedatum penitus iuventutis flore / Mors invasit funditus Christi sed arbore / Me audivi coelitus grandi cum stupore / Renascendum denuo nescio quo amore".

38   Obra Completa – Vol. 14/2

tureza, fogo, ar, água e terra), e por fim o *Lapis*[86] (pedra filosofal), formando como que uma árvore genealógica, como aquela que vai de Adão até Cristo. Esta ideia ocasionou inúmeras representações figurativas, das quais reproduzi certo número em *Psychologie und Alchemie* (Psicologia e alquimia). O próprio Riplaeus representa a árvore em seu célebre *Scroll*[87] (rolo, pergaminho). Aí está fora de dúvida a árvore do paraíso, de cuja fronde desce a serpente, na forma de melusina, para abraçar o *filius regalis* (filho régio), e portanto o rei renascido. A árvore representa a transformação dos elementos, desde o material bruto até o *Lapis* (pedra). Pode-se admitir que Riplaeus estava familiarizado com a alegoria patrística. Aí o próprio Cristo aparece como árvore[88] (e não apenas a cruz); em outra passagem aparece como *arbor fructifera* (árvore frutífera), que deve ser cultivada no coração do homem[89]; e em Cassiodoro[90] aparece como árvore que foi derrubada e foi "multiplicada" durante a ressurreição. A *multiplicatio* (multiplicação) é um motivo usado também pela alquimia: o *aurum non vulgi* (ouro não vulgar) dela é um "ouro vivo" que cresce e se multiplica. Este motivo já se encontra na *Turba;* no *Sermo* (sermão) de Arfultus se diz: "Ó naturezas celestes que separam e transformam os elementos por meio do processo (*regimen*)! Não existe nada de mais precioso do que essas naturezas na tintura que multiplica o que é composto"[91].

---

86. *Museu Brit. Ms Egerton.* 845 f. 19 v.

87. *Museu Brit. Ms. Sloane. 5.025.* Cf. estampa em *Psychologie und Alchemie (Psicologia e Alquimia).* 2.ed., 1952 [OC, 12], p. 617. Uma variante de 1588 em *Paracelsica.* 1942, p. 100. Cf. tb. *Von den Wurzeln des Bewusstseins (Das raízes do inconsciente).* 1954, p. 424.

88. S. GREGÓRIO MAGNO. *Patrologia Latina.* T. LXXVI. col. 97.

89. *Patrologia Latina.* LXXIX. 495.

90. *Patrologia Latina.* LXX, 990.

91. RUSKA. *Turba philosophorum.* Berlim: Julius Springer, 1931, p. 166s. A respeito da *multiplicatio* (multiplicação) indica Mylius (*Philosophia reformata.* 1622, p. 92) a seguinte regra de valor geral: "Proiice ergo supra quodvis corpus ex eo tantum quantum vis, quoniam in duplo multiplicabitur Tinctura eius. Et is una pars sui primo convertit cum suis corporibus centum partes; secundo convertit mille. Tertio decem millia; quarto centum millia; quinto mille millia in solificum et lunilicum verum". (Atira, pois, qualquer corpo (pedaço) dele, quanto quiseres, porque se multiplicará por dois sua tintura. E esta primeira parte dele se mudará da primeira vez em cem; da segunda vez em mil, da terceira vez em dez mil, da quarta em cem mil, e da quinta em mil milhares, transformando-se em verdadeiro gerador de ouro e de prata).

Mysterium Coniunctionis — Rex e Regina... 39

A árvore entra, na *Turba*, em uma relação curiosa para com o ancião onde se diz: "Toma aquela árvore branca e edifica em torno dela uma casa que (a) circunde e seja redonda, escura e coberta de orvalho, e coloca dentro dela[92] um homem de muita idade, um centenário, e fecha (a casa) sobre eles (isto é, a árvore e o ancião) e amarra firmemente de modo que não possa entrar nem vento nem poeira. Então deixa-(os) 180 dias na casa deles. Digo que aquele ancião não cessará de comer dos frutos daquela árvore (até) se completar o número (180), até que aquele ancião se mude em um adolescente. Ó que naturezas miraculosas que transformaram a alma daquele ancião em um corpo juvenil; e o pai se tornou o filho"[93]. Já mencionei em capítulo anterior aquele carvalho de Bernardus Trevisanus situado dentro da banheira do rei ou perto dela; aí se chamou a atenção para o caráter materno-feminino dele. Talvez não seja sem importância mencionar aqui que, de acordo com o relato de Hegemonius[94], a tradição maniqueia designa Jesus como uma árvore do paraíso, a saber: com a árvore do conhecimento, enquanto as outras árvores do jardim representam os desejos e as seduções do homem. Essa concepção considera a árvore do conhecimento como um remédio para a concupiscência, o qual (como árvore) não se distingue das outras árvores (perniciosas). A *arbor philosophica s. sapientiae* (árvore filosófica ou da sabedoria) da alquimia é uma réplica da *arbor scientiae* (árvore da ciência), que os maniqueus identificam com Jesus.

37

---

92. *Impone ei* (impõe-lhe) também poderia referir-se à árvore, pois *imponere* também significa "pôr em cima". No "Scriptum Alberti" (*Theatrum Chemicum*. II, 1602, p. 527) uma cegonha está pousada na árvore, uma espécie de Fênix, como se suspeita, o que indica o renascimento. A própria árvore pode ser o lugar do nascimento. Cf. o antigo motivo do renascimento da árvore.

93. Sermo 58.

94. *Acta Archelai*. Leipzig: [s.e.], 1906, p. 18, I. 15 [BEESON (org.)]: "Arbores quae in ipso (paradiso) sunt, concupiscentiae sunt et ceterae seduetiones corrumpentes cogitationes hominum. Illa autem arbor quae est in paradiso, ex qua agnoscitur bonum, ipse est Jesus et scientia eius quae est in mundo; qua qui acceperit, discernit bonum a maio". (As árvores que estão nele (paraíso) são as concupiscências e as outras seduções que corrompem o pensamento dos homens. Mas aquela outra árvore do paraíso, pela qual se conhece o bem, é o próprio Jesus e o conhecimento dele no mundo; quem toma dela discerne o bem do mal).

40   Obra Completa — Vol. 14/2

38   Se a "árvore de Cristo" devesse ser entendida como a cruz – o que não se depreende com segurança do texto – então isto estaria dizendo que o *rex* (rei) nasce de novo por meio do símbolo clássico do cristianismo; portanto, por exemplo, pela conversão e pelo batismo, ou de modo geral pela fé cristã, Mas como, segundo o espírito da alquimia, trata-se aqui de substância química, então mesmo com o esforço da fantasia mal se poderia representar mentalmente como isso seria possível. Como, porém, a árvore simultaneamente – e isso justamente em Riplaeus – é uma alegoria do processo, então ela decerto deve ser entendida preferivelmente de modo figurado, e isso como simples processo psíquico de crescimento e de transformação; este processo, segundo a analogia do milagre do batismo cristão, é uma transformação pela *immersio* e pela *ablutio* (imersão e ablução) e pela impressão do caráter batismal e conduz a uma transformação simultânea tanto da substância do arcano como do próprio *artifex* (artífice). Essa transformação, mesmo conforme a opinião dos alquimistas, como já vimos, é em si um milagre que necessita da ajuda de Deus.

39   Em um capítulo anterior já mencionei a conexão entre a árvore e a banheira. A árvore tem o significado de maternal, de uma parte como lugar de nascimento e de outra parte como sepulcro (esquife, árvore mortuária, sarcófago etc.); da mesma forma, como *uterus* (útero) e como o líquido amniótico. Essas ideias lembram a "*mater vitae*" (mãe da vida) dos maniqueus, a qual consta dos cinco elementos e circunda o primeiro homem, tendo sido criada pelo bom Pai para combater as trevas[95].

---

95. HEGEMONIUS. *Acta Archelai*, 1906, p. 10, I. 18 [BEESON (org.)]: "Quodcum cognovisset bonus pater tenebras ad terram suam supervenisse, produxit ex se virutem, quae dicitur mater vitae, quae circumdedit primum hominem, quae sunt quinque elementa, id est ventus, lux, aqua, ignis et materia, quibus inductus, tamquam ad adparatum belli, descendit deorsum pugnare adversum tenebras". (Quando o bom pai (Deus) reconheceu que as trevas sobrevieram para as suas terras, extraiu então de si uma virtude (força), chamada mãe da vida, a qual circundou o primeiro homem, e é formada de cinco elementos, isto é, vento, luz, água, fogo e matéria; com eles se revestiu como de um aparato de guerra e desceu para lutar contra as trevas).

Mysterium Coniunctionis — Rex e Regina...

A 12ª estrofe:

40

"De outro modo não posso entrar no Reino de Deus;
Por isso, para nascer de novo,
Quero humilhar-me no seio da mãe e que ela me adote
E em matéria-prima me desagregue"[96].

Para chegar ao "Reino de Deus" o rei deve mudar-se na *prima* 41
materia no ventre materno, portanto deve retornar àquele estado inicial obscuro, que pelos alquimistas foi designado como *caos*. Nesse estado de "massa confusa" estão os elementos em combate entre si e se repelem mutuamente, de modo que qualquer conexão é dissolvida. A *dissolução* é a condição prévia da *redenção*. É aquela morte figurada que deve padecer o iniciado nos mistérios, para poder viver sua transformação. Assim na visão de Arisleu, Gabricus se dissolve em átomos no seio da esposa-irmã. Como já se mencionou mais acima, a analogia cristã serve para tornar mais intuitiva a meta da alquimia. Tanto o *artifex* (artífice) como a substância devem atingir um estado de perfeição, que é comparado ao Reino de Deus. Não examinarei aqui mais demoradamente a justificação desta comparação muito ousada, ao que parece.

A estrofe 13 diz:

42

"Para isso a própria mãe animou o rei
E apressou-se para a concepção dele,
Enquanto o ocultava sob o seu manto
Até que novamente, a partir de si, o encarnou"[97].

Estes versos descrevem "o casamento químico" na forma de um 43
rito antigo de adoção, que, como se sabe, consistia em esconder a criança a ser adotada embaixo da saia da mãe e depois retirá-la[98]. Deste modo Riplaeus evitou o incesto, usual aliás neste caso, e a indecência dele.

---

96. "Regnum Dei aliter nequeo intrare / Hinc ut nascar denuo humiliare / Volo matres sinibus meque adoptare / In primam materiam et me disgregare".

97. "Ad hoc mater propria regem animavit / Eiusque conceptui sese acceleravit, / Quem statim sub chlamyde sua occultavit / Donec eum iterum ex se incarnavit".

98. Em Diodoro 4, 39.

42   Obra Completa — Vol. 14/2

44   A adoção, desde os tempos remotos, era representada por um ato figurado de nascimento ou pelo ato de mamar por parte do adotando. Desta maneira, por exemplo, Hércules foi "adotado" por Hera. Em um hino dirigido a Nebo[99] fala o deus ao Rei Assurbanipal:

> "Eras pequeno, Assurbanipal, quando te deixei junto à rainha divina de Nínive,
> Eras fraco, Assurbanipal, quando estavas sentado no colo da rainha divina de Nínive,
> Das quatro tetas que te foram enfiadas na boca sugaste de duas e nas outras duas escondeste o teu rosto..."[100]

45   A ação de ocultar sob a veste está largamente espalhada, e ocorria ainda em tempos recentíssimos entre os turcos da Bósnia. O motivo de "Nossa Senhora com o manto protetor" tem o mesmo sentido, isto é, a adoção das pessoas piedosas.

46   A cena da adoção em Riplaeus se deriva muito provavelmente da "caçada do leão" de Marchos[101], onde se fala de um fogo que "sobressai das brasas, assim como a mãe pia caminha sobre o corpo do filho" (*sicut graditur mater pia super ventrem filii sui*); e mais adiante: "Ele comparou a delicadeza do calor do fogo com o passo da mãe pia sobre o corpo do filho" (*assimilavit subtilitatem caloris ignis gressui piae matris super ventrem filii sui*)[102]. Estas frases são partes de um diálogo entre o Rei Marchos e sua *mãe*. Diferençando-se da *Cantilena*, aqui não é o rei que se transforma, mas o leão (ver mais abaixo!).

47   A 15ª estrofe descreve como a mãe a seguir penetrou na "câmara de pudor" (*thalamus pudoris*[103]) e se deitou na cama, onde dentro em breve deu a conhecer sinais de seu sofrimento futuro. O veneno (16ª estrofe) do corpo do rei moribundo deformou o rosto da mãe. Ela

---

99. Nebo corresponde ao planeta Mercúrio.

100. ROSCHER. *Lexikon, Ausführliches, der griechischen und römischen Mythologie*. Berlim: [s.e.], 1884s., III, I, 62. Cf. v. Nebo.

101. *De chemia senioris antiquissimi philosophi libellus*, 1566, p. 63.

102. Op. cit., p. 62.

103. O tálamo faz parte do casamento místico. Cf. mais abaixo ao tratar-se do *leo viridis* (leão verde).

Mysterium Coniunctionis – Rex e Regina...   43

afastou todas as pessoas e fechou com o ferrolho a porta do tálamo.
Ela comeu então (17ª estrofe) *carne de pavão* e bebeu o *sangue do leão verde*, que *Mercurius* lhe apresentou em um *vaso babilônico de ouro com o dardo da paixão* (*telum passionis*).[104]

A dieta da gravidez descrita aqui corresponde a chamada "*cibatio*" ou "alimentação" da substância do arcano. O pensamento subjacente era que a substância a ser transformada devia ser impregnada e penetrada, seja pela *tinctura* ou pela *aqua propria* ou pela *anima*, seja pelo comer de "penas" ou asas (dos *spiritus volatile*) ou de sua própria cauda (Uróboro) ou dos frutos da árvore filosófica. Aqui é a carne de pavão. O pavão aparece no termo "*cauda pavonis*" (cauda de pavão). Antes da produção do "branco" (*albedo*) ou do "vermelho" (*rubedo*)[105], aparecem "todas as cores", como quando o pavão abre a roda colorida da cauda. Este fenômeno se baseia decerto no fato de a superfície da massa fundida (por exemplo, chumbo derretido) apresentar muitas vezes as cores espectrais das "lâminas finas"[106]. O "*omnes colores*" (todas as cores) vem acentuado muitas vezes no texto, e com isso se quer indicar a totalidade. Todas as cores se reúnem então para, por exemplo, formar o branco, com o que a obra alcança para muitos o ponto mais alto. Em todo o caso, a *prima pars operis* (primeira parte da obra) está concluída com isso, ao mesmo tempo que a multiplicidade separada, que indica a confusão do caos, foi conduzida à unidade do branqueamento, e surgiu "*ex omnibus unum*" (a partir de muitos o um). Do ponto de vista moral isto significa simultaneamente que a multiplicidade psíquica da desunião original consigo mesmo, o caos interior das partes da alma que colidem entre si, os rebanhos de animais de Orígenes, tornaram-se o *vir unus* (o homem

48

---

104. "Vescebatur interim carnibus pavonis / Et bibebat sanguinem viridis leonis / Sibi quem Mercurius telo passionis / Ministrabat aureo scypho Babylonis".
(Ela comeu entrementes carne de pavão / E bebeu o sangue do leão verde, / Que Mercúrio com o dardo da paixão / Lhe apresentou no vaso babilônico de ouro).

105. A série dos graus das operações alquímicas é completamente arbitrária e varia de autor para autor.

106. Parece que Hoghelande (*Theatrum Chemicum* I, 1602, p. 150) quer aludir a coisa semelhante, quando diz que aparecem as "colores in superficie Mercurii" (cores na superfície do mercúrio).

uno). O comer carne de pavão é, pois, uma medida auxiliar que quer significar que as múltiplas cores (que do ponto de vista psicológico querem indicar outros tantos valores de sentimentos distintos e opostos entre si) chegaram a integrar-se no branco. Assim diz um verso da *Ordinall of Alchimy* de Thomas Norton:

"Pois qualquer Cor que possa ser pensada
Aparecerá aqui diante desse Branco que produzimos"[107].

O *Lapis* (pedra filosofal) contém ou produz todas as cores[108]. Hoghelande fala do "*noster Hermaphroditus*" (nosso hermafrodito) como "*continens in se omnes colores*" (contendo em si todas as cores)[109]. Empregam-se também comparações poéticas, como, por exemplo, íris, arco-íris[110], ou a íris do olho[111]. O olho e suas cores são mencionados por Hipólito em uma conexão importante. Ao expor a doutrina naassênica, lembra ele a analogização dos quatro rios do paraíso com os (cinco) sentidos. O Rio Fison, que banha a região do ouro Hevilat, corresponde à vista: "Este, dizem eles, é a vista, que pela dignida-

---

107. "For everie Colour, whiche maie be thought, / Shall heere appeare before that White we wrought".ASHMOLE, E. *Theatrum Chemicum Britannicum*. Londres: [s.e.], 1652, p. 54.

108. "Illa res... passim apparere colores facit." (Aquela coisa [...] faz aparecerem cores aqui e ali) (*Turba philosophorum*. 1931, Sermo XIII, 9s.) e "hic est igitur lapis, quem omnibus nuncupavimus nominibus, qui opus recipit et bibit, ex quo omnis color apparet" (esta é, pois, a pedra que designamos por todos os nomes e que recebe e bebe a obra, e da qual surge toda a cor) (Op. cit., p. 24s.). – Da mesma forma MYLIUS. *Philosophia reformata*. 1622, p. 119: "Omnes Mundi colores manifestabuntur" (Todas as cores do Mundo se manifestarão).

109. "De Alchemiae Difficultatibus". *Theatrum Chemicum*. I, 1602, p. 179.

110. "Dum autem Quinta Essentia in terra est, id in multiplicibus coloribus contrarii splendoris Solis cognoscis, quemadmodum cernis in Iride dum Sol per pluviam splendet." (Mas enquanto a quintessência se acha na terra, tu podes conhecê-lo nas múltiplas cores do lado contrário ao do esplendor do Sol, do mesmo modo como as distingue no arco-íris enquanto o Sol brilha através da chuva) ("Gloria Mundi". *Musaeum Hermeticum*, 1678, p. 251).

111. «Τὴν κόρην τοῦ ὀθαλμοῦ παράέρει καὶ τὴν ἴριν τὴν οὐρανίά» (OLIMPIODORO. BERTHELOT. *Collection des Anciens Alchimistes Grecs*. II, IV, 38) (A pupila do olho cita ele como a Íris celeste).

112. ABU'L QASIM MUHAMMAD. *Kitab al-' ilm almuktasab fi zira at adh-dhahab*. Paris: Paul Geuthner, 1923 [HOLMYARD, E.J. (org.)], p. 23.

Mysterium Coniunctionis — Rex e Regina... 45

de e pelas cores testemunha a favor do que foi dito". Abu'l Qasim fala da árvore de flores multicoloridas[112]. Mylius diz: "Assim nossa pedra é aquele sol semeado de estrelas, do qual provém cada uma das cores por meio da transformação, como as cores que brotam na primavera"[113], e o *Tractatus Aristotelis* descreve de modo mais extenso ainda: "Tudo o que está contido abaixo do círculo lunar [...] é transformado em uma só coisa dentro do fim quadrangular[114], à semelhança de um prado semeado de flores e ornado de cores, flores e perfumes de naturezas diversas, que na terra foram gerados pelo orvalho do céu"[115].

Aos graus do *opus* (obra) correspondem certas cores, que por sua vez   50
estão relacionadas com os planetas. Já desde tempos antigos, em correspondência com isso, distinguem-se sete cores[116]. Disto resulta a relação das cores para com a astrologia, e com isso naturalmente para com a psicologia, visto que os planetas correspondem a certos elementos constitutivos do caráter individual. Já a *Aurora Consurgens,* em uma frase ambígua, põe as cores em relação com a "alma"[117]. Lagneus põe as quatro cores principais (colores principales) em paralelo com os quatro temperamentos[118]. O significado psicológico das cores se encontra indubitavelmente em Dorneus, que escreve: "Verdadeiramente a forma que constitui o intelecto do homem é o começo, o meio e o fim no processo (*praeparationibus*), e esta (forma) é indicada pela cor amarela (*croceo colore*), pela qual se indica que o homem é a forma maior e a principal no *opus* (obra) espagírico, e uma forma maior do que o céu (*caelo potentiorem*)[119]. De acor-

---

113. *Philosophia reformata*, 1622, p. 121.

114. *In fine quadrangulari*, isto é, na composição dos quatro elementos.

115. "Tractatus Aristotelis Alchymistae ad Alexandrem Magnum [...]". *Theatrum Chemicum* V, 1622, p. 881.

116. Cf. BERTHELOT. *Collection des Anciens Alchimistes Grecs*. Introduction, p. 76. – Heródoto já conta dos sete muros de Ecbátana que cada um deles estava pintado de outra cor. O último era dourado e o penúltimo prateado.

117. "Qui animam meam levaverit, eius colores videbit". [Quem libertar (ou consolar) minha alma, verá as cores dela].

118. Citrinitas = cholera, rubedo = sanguis, albedo = phlegma, nigredo = melancholia (o amarelo = cólera, o vermelho = sangue, o branco = fleuma, o negro = melancolia). (*Theatrum Chemicum* IV, 1613, p. 873).

119. "Phil. Chem." *Theatrum Chemicum* I, 1602, p. 485.

do com o parecer desse autor, a cor amarela do ouro indica o homem, e principalmente a inteligência dele, como principal "*informator*" (formador) no processo alquímico. Pode-se, pois, aceitar que, assim como a cor amarela indica o intelecto do homem, as outras cores (principais) também indicam outras funções psíquicas (fundamentais), do mesmo modo como as sete cores correspondem aos sete componentes astrológicos (ou respectivamente planetários) do caráter. A síntese das quatro ou das sete cores significaria então nada menos do que a integração da personalidade, a união das quatro funções fundamentais, que habitualmente vêm representadas pelo quatérnio (grupo de quatro) das cores: azul – vermelho – amarelo – verde[120].

51   À íris ou arco-íris, como fenômeno colorido, corresponde a *cauda pavonis* (cauda de pavão), objeto apreciado para as representações figuradas nos impressos antigos e nos manuscritos. Trata-se, entretanto, não somente da cauda, mas sempre do pavão inteiro. Como ele significa "*omnes colores*" (todas as cores), isto é, a integração de todas as qualidades, então uma representação do *Amphitheatrum Sapientiae* de Heinrich Khunrath o coloca logicamente em cima das duas cabeças do Rebis, cuja unidade ele manifestamente representa. Traz ela a inscrição "ave de Hermes" e "*benedicta viriditas*" (o verde bendito), as quais indicam o Espírito Santo, ou respectivamente o *Ruach Elohim* (Espírito de Deus), que desempenha papel importantíssimo em Khunrath[121]. Ver-

---

120. Cf. *Psychologie und Alchemie (Psicologia e alquimia)*. 2.ed., 1952 [OC, 12]. p. 230s.; *Gestaltungen des Unbewussten (Configurações do inconsciente)*. Zurique: [s.e.], 1950, p. 135s.

121. *Amphitheatrum Sapientiae*. 1604, p. 221, aí se encontra a oração ingênua do autor: "Oro ex toto corde Misericordiam tuam, ut mittas mihi de caelis sanctis tuis Ruach Chochmah-El, Spiritum Sapientiae tuae, qui mihi familiaris semper adsistat (!), me dextre regat, sapienter moneat, doceat; mecum sit, Oret, Laboret; mihi det bene velle, nosse, esse et posse in Physicis, Physicomedicis" etc. (Peço de todo o coração à tua misericórdia que mandes dos teus santos céus o Ruach Chochmah-El, o espírito de tua sabedoria, para que ele me assista como amigo íntimo, me governe retamente, me admoeste sabiamente, me ensine; esteja comigo e comigo ore e trabalhe; me dê o bem querer, o conhecer, o ser e o poder nas coisas da natureza e da medicina etc.). O Espírito Santo como ajudante de laboratório certamente não deixaria de agradar ao douto Senhor Khunrath.

de é a cor do Espírito Santo. Outras inscrições da *cauda pavonis* desta estampa são *"anima mundi, natura, essentia quinta, res cunctas germinarr facit"*[122]. Aqui o pavão se acha no lugar mais alto como símbolo do Espírito Santo, no qual está integrada a oposição suprema do masculino-feminino, representada pelo *Hermaphroditus* e pelo *Rebis*.

Em outra passagem diz Khunrath que na hora *coniunctio* (conjunção) aparecerão a negrura e a cabeça de corvo e todas as cores do mundo, "também o arco-íris como mensageiro de Deus e a cauda do pavão". A isso acrescenta ele: "Anota os mistérios do arco-íris no Antigo e no Novo Testamento"[123], com o que ele alude de uma parte ao sinal da reconciliação após o dilúvio, e de outra parte a Ap 4,3, isto é, à visão do Um no meio dos 24 anciãos – "Quem estava sentado, parecia uma pedra de jaspe e de sardônica. Um arco-íris semelhante à esmeralda rodeava o trono"[124] – e ao anjo com o arco-íris sobre sua cabeça (Ap 10,1)[125]. O arco-íris como *"nuncia Dei"* (mensageiro de Deus) é naturalmente de importância especial para a compreensão do *opus* (obra), pois a integração de todas as cores, por assim dizer, indica a chegada ou a proximidade ou até mesmo a presença de Deus.

A cor verde, que é destacada aqui, tem algo a ver com Vênus. Assim se diz no *Introitus apertus*: "Em calor brando a mistura por si mesma se fundirá e entumescerá e por ordem de Deus (*iubente Deo*) será dotada de espírito, o qual evolará para cima e levará a pedra consigo; também produzirá ele *novas cores*, principalmente o verde venusino (*viridem venereum*), que se manterá por tempo mais longo"[126]. Pelo final desse processo, a saber do *regimen Veneris* (regime

---

122. Estampa IV no apêndice do *Amphitheatrum Sapientiae*. 1604. Tradução: "Alma do mundo, natureza, quintessência, faz germinar todas coisas".

123. *Amphitheatrum Sapientiae*, 1604, p. 202.

124. *Vulgata*: "Et iris erat in cicuitu sedis similis visioni smaragdinae" (E um arco-íris estava em redor do trono, semelhante a uma visão de esmeralda); com isso fica destacada a cor verde.

125. *Vulgata*: "Et iris in capite eius, et facies eius erat ut sol" (E um arco-íris estava sobre sua cabeça, e seu rosto era como o sol).

126. "Introitus Apertus ad Occlusum Regis Palatium Authore Anonymo Philaletha". *Musaeum Hermeticum*. 1678, p. 693. Philaletha é um autor do século XVII.

48   Obra Completa — Vol. 14/2

de Vênus) (seja o que for que se entenda aqui!), muda-se a cor para um purpúreo lívido e escuro. Neste tempo floresce a árvore filosófica. Segue-se então o *"regimen Martis"* (regime de Marte), que "mostra da maneira mais gloriosa as cores passageiras do arco-íris e do pavão". Nesses dias aparece o *"hyacinthinus color"* (cor de jacinto)[127], portanto a cor azul.

54   A cor purpúrea lívida, que aparece pelo final do regime de Vênus, tem inegavelmente algo de morto em si, o que calha muito bem com a concepção eclesiástica dessa cor, já que ela exprime o *"mysterium dominicae passionis"*[128]. Assim o "regime de Vênus", por meio de alusões, nos leva até à *passio* (paixão) e à morte; isso gostaria eu de acentuar para explicar o *"telum passionis"* (dardo da paixão) da *Cantilena*. Que as cores são meios de expressão de fatos e circunstâncias morais, isso vem confirmado por uma passagem do *Aquarium Sapientum*, em que se diz: "Durante a maceração (*digestio*[129]) e o cozimento do corpo espiritual morto se mostrarão muitas e variadas cores e sinais, o que poderá ser visto do mesmo modo no homem como na obra (*in terreno opere* / na obra terrena); e isto são misérias de toda a sorte, medo e tribulações (*tribulationes*), das quais as mais impor-

---

127. Op. cit., p. 694. Não posso deixar de mencionar que durante o *regimen Martis* (regime de Marte) ocorre uma inversão digna de nota; enquanto no *regimen Veneris* (regime de Vênus) a pedra, isto é, a matéria da transformação está *alii denuo vasi inclusus* (novamente fechada em outro vaso), aqui se diz então: "Hic sigillata mater in infantis sui ventre surgit et depuratur, ut ob tantam [...] puritatem putredo hinc exulet [...] Jam scias Virginem nostram terram ultimam subire cultivationem, ut in ea fructus Solis seminetur ac maturetur [...]" (p. 694) (Aqui surge a mãe, fechada com selo, no ventre de seu filhinho e é purificada, para que por tão grande pureza a podridão saia... Fica sabendo que nossa terra virgem passa pelo último cultivo, a fim de que o fruto do sol seja nela semeado e amadureça [...]). – É muito interessante que no *regimen Martis* a matéria maternal se ache inclusa no corpo do próprio filho; são, pois, transformações que, no máximo, poderão ser expressas pelas operações de yang e yin (WILHELM, V.R. *I Ching, o Livro das transformações*. Jena: Eugen Diederichs, 1924).

128. "O mistério da paixão do Senhor". Cf. CASSIODORO. *Patrologia Latina*. Vol. LXX, 1.071, 1.073, 1.096.

129. RULANDUS. *Lexicon alchemiae sive dictionarium alchemisticum*. 1612, cf. v. Digestio: "Chama-se a mudança de uma coisa causada pela maceração e cozimento da natureza".

Mysterium Coniunctionis — Rex e Regina...   49

tantes são aquelas [...] tentações provenientes do demônio, do mundo e da nossa carne, ou por eles causadas"[130].

Com estas exposições acerca do *regimen Veneris* concorda a tabela dos símbolos de Penotus quanto ao pavão, que aí está ordenado ao *"mysterium coniugii"* (mistério do casamento) e a Vênus, como também quanto ao lagarto *verde (lacerta viridis)*.   55

O verde é a cor do Espírito Santo, da vida, da geração e da ressurreição, que eu menciono porque Penotus atribui ao *coniugium* (casamento) os *"dii mortui"* (deuses mortos), presumivelmente porque eles necessitam da ressurreição, juntamente com a Fênix. Em tábuas de bronze, no labirinto de Meroe, deve ter estado representado como Osíris, depois de restaurado por Ísis, sobre um carro[131] puxado por um pavão, em que ele, à semelhança de Hélio, passeia triufante em sua ressurreição.

O *"spirituale corpus mortuum"* (corpo morto espiritual) é em Dorneus a *"avis sine alis"* (ave sem asas), que se transforma em "cabeça de corvo (*caput corvi*) e finalmente em cauda de pavão, para atingir em seguida a plumagem mais branca de cisne e, por último, a máxima vermelhidão, sinal de sua natureza ígnea"[132]. A última frase contém uma alusão clara à *Fênix*, a qual como símbolo da renovação e da ressurreição, juntamente com o pavão, desempenha papel consi-   56

---

130. *Musaeum Hermeticum*.1678, p. 131. O texto continua: "Quae tamen omnia bonum praenuntiant indicium: quod videlicet tam bene vexatus homo tandem aliquando beatum exoptatumque exitum consecuturus siet: quemadmodum etiam et ipsa SS. scriptura testis est, in qua (2Tm 3, At 14) legitur, quod videlicet omneis, qui beate in Christo Jesu vivere velint, persequutionem pati cogantur, quodque nos, per multas tribulationes et angustias, regnum coelorum ingredi necessum habeamus" (Tudo isso prenuncia um bom sinal, a saber: que o homem tão bem atribulado finalmente conseguirá o êxito feliz e desejado, como também a própria Sagrada Escritura é testemunha, quando nela se lê (2Tm 3,12; At 14,22) que todos aqueles que querem viver beatamente em Cristo são obrigados a padecer perseguições, e que nós precisamos (passar) por muitas tribulações e angústias para entrar no reino dos céus].
131. Manuscrito latino do século XVIII. Inc. Figuraram *Aegyptiorum secretarum* ... fol. 5 (em poder do autor).
132. "De Transmut. Metall". *Theatrum Chemicum* I, 1602, p. 599.

derável[133] na alquimia, e isso principalmente como sinônimo do *Lapis* (pedra).

A íris (arco-íris) como a *cauda pavonis* anunciam o fim do *opus* (obra), assim como o arco-íris é *nuncia Dei* (mensageiro de Deus). O delicioso jogo de cores da roda do pavão descreve a síntese próxima de todas as cores, isto é, de todas as propriedades e de todos os elementos naquele ser "redondo" da pedra filosofal; esta, como já demonstrei em *Psychologie und Alchemie (Psicologia e alquimia)* sempre esteve, durante os 1700 anos de alquimia histórica, em conexão mais ou menos clara com a antiquíssima ideia do *Ánthropos* (homem). Esta relação se estendeu nos anos seguintes também para Cristo, que desde os tempos mais antigos, por assim dizer, é aquele *Ánthropos* ou o υἱὸς τοῦ ἀνθρώπου (Filho do homem), que no Evangelho de João aparece como o *Logos* (Verbo) anterior ao mundo e formador dele, de quem Jo l,2s. diz: "No princípio estava Ele (*Logos*, Verbo) com Deus. Todas as coisas foram feitas por Ele, e sem Ele nada se fez de tudo o que foi feito". De acordo com a doutrina dos basilidanos, como nos é relatada por Hipólito, o "deus não existente" teria "semeado sementes", que à semelhança do "grão de mostarda" conteria a planta toda, ou, como o *ovo de pavão*, teria em si mesmo "a plenitude variegada das cores"[134]. Nesta semente se encontra-

---

133. Honório de Autun (Spelucum de mysteriis Ecclesiae. *Patrologia Latina*. Vol. CLXXII, 936) diz acerca da Fênix: "Phoenix dicitur rubeus, et est Christus de quo dicitur: Quis est iste qui venit de Edom tinctis vestibus de Bosra? (Diz-se que a Fênix é vermelha, e é Cristo de quem se diz: Quem é esse que vem de Edom com as vestes tintas de púrpura?) [Is 63, v. 2 diz: "Quare ergo rubrum est indumentum tuum et vestimenta tua sicut calcantium in torculari?" (Por que tua roupa está vermelha e as tuas vestes estão como a dos que calcam (a uva) no lagar?) O v. 3: "Et aspersus est sanguis eorum super vestimenta mea" (E o sangue deles respingou sobre minhas vestes) também entra em consideração]. Honório continua: "Edom quod dicitur rufus, est Esau appellatus, propter rufum pulmentum quo a fratre suo Jacob est cibatus" [Edom quer dizer vermelho, e assim é chamado Esaú por causa do prato vermelho (de lentilhas) com que foi alimentado por seu irmão Jacó]. Após a narração do mito da Fênix, acrescenta Honório: "Tertia die avis reparatur, quia Christus tertia die suscitatur a Patre" (No terceiro dia a ave é restaurada, porque Cristo foi ressuscitado pelo Pai no terceiro dia).

134. «ᾮΗ ὡς ᾠὸν ταοῦ ἔχον ἐν ἑαυτῷ τὴν τῶν χρωμάτων ποικίλην πληθύν». *Elenchos*. X, 14. (Ou como o ovo de pavão, que encerra em si a plenitude variegada das cores).

Mysterium Coniunctionis – Rex e Regina...   51

ria uma tríplice filiação (υἱότης τριμερής) , a qual seria "da mesma essência que o deus não existente" (τῷ οὐκ ὄντι θεῷ ὁμοούσιος). Na alquimia o aparecimento da *cauda pavonis* significa a conclusão próxima da obra, ou respectivamente o nascimento do *filius regius* (filho do rei). Na doutrina basilidana já estava, pois, o jogo de cores da cauda do pavão no lugar certo. Nesta passagem, como em diversas outras, dever-se-ia levantar a questão: tradição? ou *generatio aequivoca* (geração espontânea)?

O pavão é um atributo de *Juno*, e um cognome de *Íris* é Junônia.   58
Como a mãe-rainha ou a mãe dos deuses dá a renovação, do mesmo modo que o pavão renova anualmente sua plumagem e por isso está relacionado com todas as transformações na natureza. Sobre isso De Gubernatis diz o seguinte: "O céu sereno e semeado de estrelas e o sol brilhante são pavões. O firmamento claro e azul-marinho, que fulge com milhares de olhos cintilantes, e o sol, que resplandece em todas as cores, aparecem como um pavão em todo o esplendor de suas penas salpicadas de olhos. Quando o céu ou o sol de milhares de raios (sahasrânçu) está oculto pelas nuvens ou encoberto pelas chuvas outonais, ainda nesse caso novamente se assemelha ao pavão, que na parte sombria do ano depõe sua bela plumagem e se torna escuro e sem ornamento, como também ocorre com grande número de outras aves que ostentam o ornato das cores cheias de vida; a gralha, que se adornara com penas de pavão, torna a soltar seus gritos desafinados no concerto tristonho das outras gralhas. No inverno o pavão-gralha nada mais tem do que lhe restou senão o grito estridente e desagradável, que não deixa de assemelhar-se ao das gralhas. Em geral se diz do pavão que ele tem penas de anjo, voz de demônio e andar de ladrão. O pavão-gralha se tornou proverbial"[135]. A partir disso poder-se-ia explicar a relação entre o pavão e o *caput corvi* (cabeça de corvo) que vem mencionada por Dorneus.

Merecem ser ainda mencionados certos significados secundários   59
do pavão, como os que ocorrem na literatura medieval. Assim diz Paracelsus que o pavão, quando contraposto ao sol, significa o "homem

---

135. *Die Thiere in der indogermanischen Mythologie.* Leipzig: [s.e.], 1874, p. 587.

52 Obra Completa – Vol. 14/2

justo, que, mesmo adornado com as cores de milhares de virtudes, contudo participa do brilho muito maior da presença divina"; da mesma forma representa ele o homem que, "manchado pelos repetidos pecados, torna a erguer-se para a pureza interior do espírito (*ad animi integritatem*)". O pavão expressa a "beleza interior (*venustas*) e a perfeição da alma"[136]. Merula menciona que o pavão pode esvaziar e destruir um vaso de conteúdo envenenado[137]; esta propriedade talvez se fundamente na posição ocupada pelo pavão na alquimia, pois facilita e representa a transformação do dragão venenoso no remédio salutífero. O mesmo Merula afirma que a fêmea do pavão somente apresenta os filhotes ao pai quando eles já estão crescidos; disso tira Picinellus uma analogia quanto à *Beata Virgo* (Beata Virgem), que também só apresenta a Deus os seus protegidos quando eles já atingiram o estado da perfeição. Com isso se alude novamente ao motivo da renovação por meio da mãe[138].

60   Se a mãe-rainha comer *carne de pavão* durante a gravidez, absorverá ela deste modo um aspecto de si própria, isto é, sua capacidade de fazer renascer, do que o pavão é um emblema. De mais a mais, de acordo com Agostinho, a carne de pavão tem a propriedade de *não apodrecer*[139]. Ela é, pois, como diria o alquimista, um "*cibus immor-*

---

136. Diz-se que o pavão procura um lugar solitário e escondido para chocar os ovos. A isso acrescenta Picinellus: "Et certe solitudo, unicum conservandi spiritualis animi remedium amplissimam internae felicitatis occasionem praebet" (E certamente a solidão, o único remédio para conservar a alma espiritual, oferece amplíssima ocasião de felicidade interna).

137. Tirei essa observação de Picinellus porque, com os meios que estão a meu dispor, não posso determinar de que Merula se trata aqui.

138. *Mundus Symbolicus*. Colônia: [s.e.], 1681, Lib. IV, cap. LI.

139. *De Civit. Dei*. Lib. XXI, cap. 4: "Quis enim, nisi Deus creator omnium dedit carni pavonis mortui, ne putresceret" (Quem, senão o Deus criador de tudo, concedeu à carne do pavão morto o dom de não apodrecer). – Nas *Cirânidas* o pavão é considerado como *avis sacerrima* (ave sacratíssima). Seus ovos são úteis na preparação da cor de ouro. "Si autem mortuus fuerit pavo, non marcescit eius caro nec foetidum dat odorem, sed manet tamquam condita aromatibus" (Quando o pavão estiver morto, sua carne não apodrece nem exala cheiro fétido, mas se conserva como que temperada com aromas). O cérebro dele serve para preparar uma poção de amor. O sangue dele, quando bebido, expulsa os demônios, e seu excremento cura a epilepsia ("Textes Latins et Vieux Prançais relatifs aux Cyranides". Bibl. de la Fac. de Phil. et Lettr. de l'Univ. de Liège. Fasc. XCIII, 1942, p. 171 [LOUIS DELATTE (org.)]).

Mysterium Coniunctionis – Rex e Regina...   53

talis" (alimento imortal), como os frutos da *arbor philosophica* (árvore filosófica) com os quais são alimentados Arisleu e seus companheiros na casa do renascimento, no fundo do mar. A carne de pavão significa para a mãe a alimentação apropriada em sua tentativa não apenas de rejuvenescer o velho rei, mas também de dar-lhe simultaneamente a imortalidade.

Enquanto a carne de pavão[140] constitui a comida sólida da rainha, serve-lhe de bebida o *sangue do leão verde*. O sangue (*sanguis*)[141] é um dos sinônimos mais conhecidos da *aqua permanens* (água eterna) e se apoia muitas vezes na simbólica e na alegórica eclesiásticas do sangue[142]. A *imbibitio*[143] (embebimento) da substância do arcano

61

---

140. Na China (no Tratado de Wei Po-Yang do ano de 142 d.C., *Isis*. VIII, 258) a ave correspondente é "the fluttering Chu-Niao", a ave escarlate; ela traz em si as cinco cores, isto é, a totalidade das cores, a qual tem relação com os cinco elementos e as cinco direções. Dessa ave se diz mais adiante: "Ela é colocada no caldeirão de líquido quente, com prejuízo de suas penas". – No Ocidente depena-se o galo, e aparam-se as asas da ave, ou ela come suas próprias penas.

141. Ripley mesmo entende *sanguis* (sangue) como sinônimo de *spiritus* (espírito). *Opp.* p. 138: "Spiritus vel sanguis leonis viridis" (Espírito ou sangue do leão verde). – no Chymische Hochzeit o leão segura uma tabuleta com a inscrição: "Hermes Princeps. – post tot illata generi humano damna Dei Consilio: Artisque adminiculo, medicina salubris factus heic fluo. – Bibat ex me qui potest; lavet qui vult; turbet qui audet; bibite fratres et vivite" (O príncipe Hermes. – Após tantos danos infligidos ao genêro humano, escorro eu aqui feito remédio salutar, por decisão de Deus e com a ajuda da arte. – Beba de mim quem puder, banhe-se quem quiser, pertube quem ousar; bebei, irmãos, e vivei). (Cf. p. 72 da edição de 1616, p. 58 da edição de Maack de 1913).

142. Cf. o *opus* (obra) colocado em paralelo com a missa. *Psychologie und Alchemie* (*Psicologia e alquimia*). 2.ed., 1952 [OC, 12], p. 538s. Cf. tb. *Von den Wurzeln des Bewusstseins* (*Das raízes da consciência*). 1954, Achega V.

143. Cf. MYLIUS. *Philosophia reformata*. 1622, p. 303. Diz-se aí que Mercurius é o leão verde e "totum elixir albedinis et rubedinis, et est aqua permanens et est aqua vitae et mortis, et lac virginis, herba ablutionis et fons animalis: de quo qui bibit, non moritur et est susceptivum coloris et medicina eorum et faciens acquirere colores, et est illud quod mortifical, siccat et humectat, calefacit et infrigidat et facit contraria" etc. [todo o elixir da brancura e da vermelhidão, e é a água eterna e a água da vida e da morte, e o leite da virgem e a erva da ablução (com o que se alude á Saponaria, Berissa e μῶλυ) e a fonte animal: quem dela beber não morre, e é o receptáculo da cor e o remédio delas, é o que faz adquirir as cores e aquilo que mata, seca, umedece, aquece e resfria e causa os opostos etc.]. Em uma palavra: Mercurius é o artista e o *artifex* (artífice). Por isso Mylius continua com as palavras poéticas: "Et ipse est Draco, qui maritat se ipsum et impraegnat se-

"morta"[144], que encontramos na *Allegoria Merlini*, desenrola-se aqui, como também a *cibatio* ou *nutritio* (alimentação), não no rei, mas na mãe-rainha. O deslocamento e a intersecção das imagens atingem na alquimia um grau tão elevado como na mitologia e no folclore. Uma vez que essas imagens arquetípicas dimanam diretamente do inconsciente, então já será para admirar que elas participem em grau elevado da particularidade dele, isto é, da *contaminação do conteúdo*[145]. É este fator que dificulta de modo especial a compreensão da alquimia. Nela não prevalece a lógica, mas o jogo dos motivos arquetípicos, que mesmo sendo formalmente "ilógico", contudo segue certa legitimidade natural, que nem de longe conseguimos ainda esclarecer satisfatoriamente. Neste ponto os chineses estão decerto muito mais adiantados do que nós, o que mostra um estudo aprofundado do *I*

---

ipsum et parit in die suo, interficit ex veneno suo omnia animalia" etc. (E ele é o dragão que copula a si mesmo, engravida a si mesmo, e pare a si mesmo a seu tempo, mata com seu veneno todos os animais etc). [Em geral, contudo, se diz *interficit seipsum* (mata a si mesmo). O *vivificat seipsum* (vivifica a si mesmo) também foi omitido]. O Uróboro tem, pois, a propriedade admirável da aseidade (existência por si mesmo) em comum com a divindade, razão pela qual ele não pode ser distinguido dessa última. Esta *aqua* (água) é "divina", em oposição à ὕδωρ θεῖον (água divina ou sulfurosa), que é uma expressão ambígua. Assim se torna compreensível a exortação solene de DORNEUS. "Phil. Ref." *Theatrum Chemicum* I, 1602, p. 299: "Accede Corpus ad fontem hunc, ut cum tua Mente bibas ad satietatem et in posterum non sitias amplius vanitates. O admiranda fontis efficacia, quae de duobus unum et pacem inter inimicos facit! Potest amoris fons de spiritu et anima mentem facere, sed hic de mente et corpore *virum unum* efficit. Gratias agimus tibi Pater, quod filios tuos inexhausti virtutum fontis tui participes facere dignatus sis. Amen" (Aproxima-te, corpo, desta fonte para que com tua mente bebas até à saciedade, e para que no futuro já não tenhas sede de vaidades. Ó admirável eficácia desta fonte, que de dois faz um só e cria a paz entre os inimigos. A fonte do amor pode fazer do espírito e da alma uma só mente, mas esta faz da mente e do corpo um *homem uno*. Graças te damos, Pai, porque te dignaste tornar teus filhos participantes da fonte inexaurível de tuas virtudes. Amém).

144. Da *prima materia* é tirada a *anima* (alma), o que equivale à *mortificatio* (mortificação, morte). Depois, durante a *impraegnatio, informatio, impressio, imbibitio, cibatio* etc. (impregnação, doação da forma, impressão, embebição, alimentação etc.) a *anima* (alma) torna a entrar no *corpus* (corpo) morto, pelo que se realiza a revivificação, ou respectivamente o renascimento, para um estado incorruptível.

145. O melhor exemplo para o estar-em-relacionamento com todas as coisas e com cada uma delas é o sonho, que está muitíssimo mais perto do inconsciente do que o mito.

Mysterium Coniunctionis — Rex e Regina...

Ching, essa coleção de "antigas sentenças mágicas", como gosta de exprimir-se a miopia ocidental e também como não podem deixar de arremedar os chineses modernizados. O *I Ching* é um sistema importante que tenta ordenar e tornar "legível" o jogo dos arquétipos, que são *"mirabiles naturae operationes"* ('operações admiráveis da natureza). (Sempre constituiu sinal de burrice desprestigiar aquilo que não se entende.)

O deslocamento e a intersecção das imagens seriam decerto completamente impossíveis, se entre elas não existisse uma igualdade essencial da substância ou uma *homoousia*. Pai, mãe e filho são de uma e mesma substância, e o que se diz de um vale também para o outro em certas circunstâncias; daí se deriva, por exemplo, a variante do incesto, como sendo de mãe-filho, de irmão-irmã, de pai-filha etc. É o mesmo Uróboro, cuja cabeça e cauda aparecem como figuras distintas e são tidas por tais no crepúsculo do inconsciente. É verdade que os alquimistas têm consciência tão clara da *homoousia* (igualdade da substância) de suas substâncias fundamentais, que não apenas designam os dois atores do drama da *coniunctio* (conjunção) como *um único* Mercurius, mas até explicam como sendo a mesma coisa a *prima materia* e o vaso que a contém. Como a *aqua permanens* (água eterna), que é a substância úmida da alma, provém do corpo que ela deve dissolver, da mesma forma também a mãe que se dissolve no filho é o aspecto feminino do filho-pai. Esta opinião corrente entre os alquimistas não pode fundamentar-se em nenhuma outra coisa a não ser na igualdade de essência das substâncias, que justamente não são de natureza química, mas psíquica; e como tais, além disso, não pertencem à consciência, onde seriam conceitos distinguíveis, mas antes fazem parte do inconsciente, onde elas, com o aumento gradativo da escuridão, diluem-se em contaminações cada vez mais abrangentes.

Quando se diz, pois – para retornarmos à simbólica do sangue – que a mãe bebe sangue, essa imagem corresponde completamente e em cada gesto ao beber a água da parte do rei[146], ao *balneum regis*

---

146. Já o *Liber Quartorum* (cerca do século X, *Theatrum Chemicum* V, 1622, p. 157) indica o sangue como um *medium solutionis* (solvente), e igualmente como um fortíssimo solvente o *stercus leonis* (esterco de leão) (Op. cit., p. 159).

(banho do rei) com o carvalho, ao rei que se afoga no mar, ao ato do batismo, à travessia do Mar Vermelho, ao ser amamentado pela mãe dos deuses. Em tudo isso a água, juntamente com o vaso que a contém, significa sempre a mãe, ou respectivamente o feminino, o qual decerto seria otimamente designado pelo *yin* chinês, assim como o rei pelo *yang*, o que de fato ocorre na alquimia chinesa[147].

O sangue que a mãe bebe é o do *leão verde*. Este animal "régio" é um sinônimo de Mercurius[148], ou mais acuradamente uma etapa da transformação dele. É a forma de sangue quente do animal devorador e impetuoso, cuja primeira forma é o dragão. Após ser ele morto e eventualmente despedaçado, segue quase sempre a forma de leão. O leão, por sua vez, é seguido pela águia. As transformações descritas no *Chymische Hochzeit* de Christian Rosencreutz fornecem boa noção das transformações e dos símbolos de Mercurius. Como este, o leão eventualmente aparece também em dupla forma, como leão e leoa[149], ou se indica que ele consta do Mercurius duplo[150]. Os dois leões, ocasionalmente, são identificados como o enxofre vermelho e o branco[151]. A estampa correspondente representa um combate furioso entre o leão sem asas (*sulphur rubeum* / enxofre vermelho) e a leoa alada (*sulphur album* / enxofre branco). Estes dois representam

---

147. Cf. o Tratado de Wei Po-Yang em *Isis*. VIII, 231s. Yin e yang são os "condutores do carro", que levam do interior para o exterior. O Sol é yang e a Lua é yin (p. 233). A imagem ocidental do Uróboro vem aí expressa da seguinte maneira: "Yin e yang *bebem e devoram* um ao outro" (p. 244). "Yang dá e yin recebe" (p. 245), e em outra forma (p. 252): "O *Dragão* insufla nas narinas do *Tigre* e o Tigre recebe do Dragão o espírito. Eles se inspiram e se beneficiam mutuamente". Assim como no Ocidente o Mercurius *duplex* (duplo) é designado como *orientalis* e *occidentalis* (oriental e ocidental), da mesma forma na China e dragão (yang) ocupa o leste e o tigre (yin) ocupa o oeste. "O caminho é longo e obscuramente místico, no fim do qual o Ch'ien (yang) e o K'un (yin) se unem" (p. 260).

148. Cf. a passagem mencionada acima em MYLIUS. *Philosophia reformata*, 1622, p. 303.

149. Figura nos símbolos de Lambsprinck em *Musaeum Hermeticum*, 1678, p. 349.

150. Ao ser, pois, o *leo volans* (o leão que voa) equiparado a Mercurius, e este constar do dragão alado e do dragão sem asas. FLAMELLUS, N. "Summarium Philosophicum". *Musaeum Hermeticum*, 1678, p. 173.

151. MYLIUS. *Philosophia reformata*, 1622, p. 190.

a etapa prévia do par régio, razão pela qual trazem uma coroa na cabeça. Nesta etapa ainda existe muita contenda entre os dois, e é justamente isso que quer representar o leão ígneo, isto é, a *emocionalidade passional*, que significa a etapa prévia do conhecimento de conteúdos inconscientes[152]. Naturalmente o par de leões em luta representam de novo o Uróboro[153]. O leão significa, pois, a substância do arcano, que é designada de uma parte como terra[154], e de outra parte como *corpus*, e mais exatamente como *corpus immundum* (corpo imundo)[155]. Outros sinônimos são ainda *"locus desertus"* (lugar deserto)[156], "veneno, porque ela (a terra) é venenosa", "árvore, porque ela produz frutos", ou *"hyle* (matéria) oculta, porque ela é a base da natureza toda e a substância (*subjectum*) de todos os elementos"[157]. Em contradição aparente com o que já foi dito, cita Majer do *Tractatus duodecim portarum* de Riplaeus que o leão verde é um meio para a união das tinturas entre o sol e a lua"[158]. Mas, do ponto de vista psicológico, é verdade que a emoção tanto une como separa. De igual modo Basílio Valentim concebe o leão no sentido de substância do arcano, razão pela qual ele o considera como a tríade de Mercurius, Sol e Sulphur, e por isso como significando o mesmo que *draco, aquila, rex, spiritus* e *corpus* (dragão, águia, rei, espírito, corpo)[159]. A *Gloria*

---

152. Explosões emotivas ocorrem em geral nos casos de adaptação insuficiente em consequência da inconsciência.

153. A respeito disso cita MAJER, M. *Symbola aureae mensae duodecim nationum.* 1617, p. 427: "Alii appellaverunt hanc terram Leonem viridem fortem in praelio; Alii draconem devorantem, congelantem vel mortificantem caudam suam" etc, (de Lúlio) (Uns chamam essa terra de leão verde valoroso no combate; outros a chamam de dragão que devora, enrijece ou mata sua própria cauda).

154. Cf. nota 153.

155. "Sed nullum corpus immundum ingreditur, excepto uno, quod vulgariter vocatur a philosophis Leo viridis" (Mas nenhum corpo imundo entra, exceto um só, que é vulgarmente chamado pelos filósofos de leão verde). (MAJER, M. Op. cit., p. 464; RIPLEY. *Opp.* p. 39).

156. MAJER (Op. cit., p. 427) acrescenta "quia depopulata (terra) est a suis spiritibus" (porque a terra foi despovoada de seus espíritos).

157. MAJER. Op. cit.

158. "Medium coniungendi tincturas inter solem et lunam", MAJER. Op. cit., p. 464; RIPLEY. *Opp.* p. 39.

159. *Chymische Schriften,* 1700, p. 248.

58   Obra Completa – Vol. 14/2

Mundi chamará de leão verde aquela pedra mineral que "devora" grande quantidade "de seu próprio espírito"[160], com o que se quer indicar a impregnação pela própria alma (*imbibitio, cibatio, nutritio, penetratio* etc. / embebição, alimentação, nutrição, penetração)[161].

65   Ao lado do leão verde, surge na Idade Média mais tardia também um leão *vermelho*[162]. Os dois são Mercurius[163]. O fato de Artefius referir um uso mágico da figura do leão (como da serpente) lança uma luz nova sobre nosso símbolo: ele é "bom" para a "guerra"[164]; aqui recordamos os dois leões em luta e também o fato de, na *Allegoria Merlini*, o rei ter começado a beber a água que lhe era importante, exatamente no momento em que pretendia partir para a guerra. Diante destes aspectos do leão, dificilmente erraremos ao admitir que este animal régio, que já na época helenística era considerado como etapa da transformação de Hélio[165], significa o *velho* rei, e na nossa *Cantilena* até o *antiquus dierum* (antigo dos dias), em certa etapa da renovação; talvez deste modo se tenha chegado à designação singular

---

160. "Qui sui ipsius spiritus tam multa devorat" (que devora tantas coisa de seu próprio espírito). *Musaeum Hermeticum*. 1678, p. 219.

161. Mais comprovações para o *Leo* como substância do arcano encontram-se em "Consilium Coniugii". 1566, p. 64, onde *Leo* significa o *aes Hermetis* (estátua de bronze de Hermes). Outro sinônimo do *Leo* é *vitrum* (vidro), que por sua transparência era também um sinônimo da alma. (Cf. CAESAR VON HEISTERBACH. *Dialogus miraculorum*. 2 vols. Colônia: [s.e.], 1851, I, 32, e IV, 34). Isto em Morienus, que enumera o *Leo* entre as três substâncias que devem ser mantidas em segredo. ("De Transmut. Metall.". *Artis Auriferae*. II, 1593, p. 51s.). O "Rosarium Philosophorum" (*Artis Auriferae* II, 1593, p. 229) diz: "In Leone nostro viridi vera materia [...] et vocatur Adrop, Azoth aut Duenech viride" (Em nosso leão verde existe verdadeira matéria [...] e é chamado Adrop, Azoth ou Duenech verde).

162. O leão vermelho é provavelmente uma correspondência mais tardia para o *Sulphur rubeum* (enxofre vermelho) (ao que parece, desde Paracelsus). Mylius coloca os dois leões em paralelo com *sulphur rubeum et album* (enxofre vermelho e branco) (*Philosophia reformata*. 1622, p. 209, e esquema 23, p. 190).

163. KHUNRATH. *Von hylealischen... Chaos*. 1597, p. 325.

164. "Clavis Maioris Sapientiae", o tratado de Artefius é, como se supõe, de origem harrânica. *Theatrum Chemicum* IV, 1613, p. 238.

165. *Papiro Mágico de Paris* Z. 1645. PREISENDANZ. *Papyri Graecae Magicae*. I, 126. O leão é emblema da 6ª hora.

de "*leo antiquus*" (leão antigo)[166]. Ao mesmo tempo representa ele, na forma teriomórfica, o rei que se transforma, isto é, na forma em que ele, a partir de seu estado inconsciente, dá-se a conhecer. A forma animal exprime que o rei de certo modo foi subjugado ou encoberto pelo leão e que por isso toda a sua manifestação de vida consiste apenas em reações animalescas, que justamente nada mais são do que emoções. Emocionalidade, no sentido de afetos desgovernados, é um assunto essencialmente animal; por isso homens dessa espécie ou em tal estado somente podem ser tratados de modo adequado por meio de regras de educação usadas na mata[167], ou respectivamente pelos métodos do adestrador ou do domador.

Conforme a declaração da alquimia, o velho rei se transforma   66
em seu atributo animal, isto é, retorna à fonte psíquica da renovação, que é a natureza animal. Wieland, em sua lenda *Stein der Weisen* [168] (Pedra dos Sábios), serviu-se desse psicologema e transformou em burro o seu rei depravado Mark; não há dúvida que tenha feito isso apoiando-se conscientemente na transformação de Lúcio no burro de ouro das *Metamorfoses* de Apuleio[169].

Hoghelande coloca o *leo* (leão) no mesmo nível que o *canis*   67
(cão)[170]. O *leo* tem alguma coisa do *canis rabidus* (cão raivoso), que já encontramos antes, e com isso ele se desloca para a proximidade do enxofre, que ficamos conhecendo como a *dynamis* (força) ígnea do sol. Do mesmo modo *leo* é a "*potentia*"[171] (potência, força) do Rei Sol.

---

166. LAURENTIUS VENTURA. *Theatrum Chemicum* II, 1602, p. 289.

167. O trato com a natureza selvagem, seja homem ou animal, seja mata virgem ou um rio entumecido, exige tato, precaução e gentileza. O rinoceronte e o búfalo não gostam de surpresas.

168. De WIELAND, C.M. *Dschinistan, oder auserlesene Feen- und Geistermärchen*. 3 vols. Winterthur: [s.e.], 1786-1789.

169. Como em Apuleio o burro readquire a forma humana ao comer rosas, aqui dá-se isto ao comer um lírio. No *Grande Papiro Mágico de Paris* o burro é o emblema do Sol para a 5ª hora.

170. Além disso também com o grifo, o camelo, o cavalo e o bezerro. *Theatrum Chemicum* I, 1602, 163.

171. DORNEUS. *Theatrum Chemicum* I, 1602, p. 301.

60 Obra Completa – Vol. 14/2

68 Este poder rixento do *leo* (leão) tem o aspecto do *malvado*, como o enxofre. Em Honório de Autun o *leo* é uma alegoria do anticristo e do diabo[172], para o que se apoia em 1Pd 5,9 ("*diabolus tanquam leo rugiens*" / o diabo como um leão a rugir). Mas enquanto *leo* e *leaena* (leão e leoa) também são uma etapa prévia da (incestuosa) união, fazem eles também parte da série dos pares teriomorfos que em parte lutam entre si, e em parte coabitam, como, por exemplo, *gallus* e *gallina*, as duas serpentes (*caduceus*!), os dois dragões etc. A par de outras coisas, o leão tem um aspecto erótico inequívoco. Assim diz o *Introitus Apertus:* "Aprende o que são as pombas de Diana, as quais com carinho (*mulcendo*) vencem o leão[173], o leão verde, digo eu, que é na verdade o dragão *babilônico* a matar tudo com seu veneno. Aprende finalmente o que é o caduceu (*caduceus*) de Mercurius, com o qual ele opera milagres, e o que são aquelas ninfas que ele influencia pelo encantamento (*incantando inficit*), se é que queres realizar o teu desejo[174] (isto é, a conclusão da obra)". A menção do dragão babilônico não é aqui inteiramente casual, pois "Babilônia" é expressão muito ambígua na linguagem eclesiástica[175]. Nicolaus Flamellus alude igualmente à Babilônia em uma passagem em que fala do fedor e do hálito venenoso do Mercurius inflamado. Pois eles não seriam outra coisa senão "a cabeça do dragão, que procede muito rapidamente da Babilônia[176], a qual está circundada por três marcos miliários"[177].

69 Na "caçada do leão" de Marchos[178], como já foi mencionado, o leão toma o lugar do rei. Depois de Marchos ter preparado uma ar-

---

172. *Patrologia Latina*. T. CLXXII, 914. "Draco etiam et leo diabolus appellatur" (O dragão, e também o leão, chama-se diabo), col. 916.

173. Abraão o Judeu menciona que as pombas de Diana despertam o leão que dorme. (ABRAHAM ELEAZAR. *Uraltes Chymisches Werck*. Leipzig: [s.e.], 1760, p. 86).

174. *Musaeum Hermeticum*.1678, p. 654: "Si voto tuo cupis potiri" (se pelo teu voto desejas tomar o poder) poderia talvez significar algo mais, pois *votum* além de "desejo expresso" também significa verdadeiro "voto". Cf. mais abaixo!

175. Ap 17,5: "Mysterium: Babylon magna, mater fornicationum et abominationum terrae" (Mistério: Babilônia, a grande, a mãe das prostitutas e das abominações da terra).

176. Como se supõe, duas ou três milhas distante da cidade.

177. "Summa Philosophica". *Musaeum Hermeticum*. 1678, p. 173.

178. Mencionado entre os árabes como Marqqus, rei do Egito. Cf. RUSKA, J. *Tabula Smaragdina*. 1926, p. 57.

Mysterium Coniunctionis — Rex e Regina... 61

madilha para o leão, ele é atraído pelo perfume de uma pedra, que certamente serve de um charme para os olhos[179], cai na cova e é engolido pela pedra mágica (*quem transglutit lapis*). "E esta pedra que o Leão ama é uma mulher"[180]. A cova da armadilha está coberta por um "*tectum vitreum*" (telhado de vidro). O espaço fechado formado deste modo é designado por Senior como "*cucurbita*" (abóbora ou retorta), e se chama aqui "*thalamus*" (aposento nupcial). O leão, pois, cai como *sponsus* (noivo) dentro do tálamo, onde sobre uma cama de carvões está deitada a pedra mágica, que é "boa para os olhos" e é uma mulher. Esta pedra, ou respectivamente mulher, engole o leão (*transglutit*) "*ita quod non potero videre aliquid de eo*" (de modo que já não poderei ver mais nada dele). Isto corre em paralelo com a *Visio Arislei* (2ª variante), em que Beya faz Gabricus desaparecer em seu corpo.

Na "caçada do leão" o incesto está igualmente oculto, mas transparente. O caso amoroso foi transferido para o leão, isto é, para a natureza animal ou para a προσφυὴς ψυχή (alma acrescida) do rei, isto é, ele se desenrola no inconsciente ou nos sonhos do rei. Em virtude de seu caráter ambíguo, o leão é de todo apropriado para assumir o papel desse amante pouco respeitável. Como o rei está representado pelo seu animal, assim a mãe do Rei Marchos também está por meio da pedra mágica, de maneira que o incesto régio se realiza como se acontecesse fora e em uma esfera inteiramente diversa do mundo pessoal do rei e de sua mãe. Na verdade, este casamento não aparece apenas como *artificium* (artifício), mas foi intencionado como tal. *O incesto, considerado tabu, é transformado em tarefa*, e como mostra a alegórica ricamente desenvolvida, ocorre sempre sob qualquer forma simbólica e jamais na forma própria. Disso tudo tem-se a impressão como se esse ato "sacral", cuja natureza incestuosa de maneira alguma era inconsciente para os alquimistas, não era por eles propriamente exconjurado para dentro da *cucurbita* (retorta) ou casa de vidro, mas de fato já se encontrava dentro dela. Quem, pois, quisesse

70

---

179. "[...] lapidem, quem qui cognoscit, ponit illum super oculos suos" ([...] aquele que a conhece, coloca a pedra acima de seus olhos).

180. "Et hic lapis, quem diligit Leo, est foemia".

propriamente cometer esse ato, já deveria estar fora de si e numa casa de vidro, como se estivesse em um lugar situado além de si próprio, onde a *cucurbita* redonda e vítrea representasse justamente esse espaço microcósmico da própria alma.

Seria bom que certa dose de inteligência nos advertisse que para essa finalidade não é preciso que se saia "para fora de si", mas basta que se olhe um pouco mais a fundo em si mesmo a fim de que se possa experimentar a possibilidade do incesto e de ainda muitas outras coisas, uma vez que o primitivo "bestial" jaz adormecido em cada um e pode ser acordado pelas pombas de Diana. Nesta observação se baseia a concepção geral e a suspeita igualmente generalizada de que da alma não provenha nada de bom. Fora de qualquer dúvida, o hierósgamos (casamento sagrado) das substâncias é uma projeção de conteúdos inconscientes. Esses conteúdos – assim se costuma concluir – pertencem, pois, à alma e, como a alma em si, estão "dentro" do homem, q. e. d. (= *quod est demonstrandum* / o que deve ser demonstrado). Em oposição a isso deve-se estabelecer que apenas para um mínimo de pessoas a posse digna de menção de fantasias incestuosas é consciente ou esteve consciente alguma vez. Se tais fantasias propriamente existem, então elas *ainda não* são conscientes, como se dá com o inconsciente coletivo, em geral. Precisa-se de uma análise dos sonhos e de outros produtos quaisquer do inconsciente para tornar visíveis tais fantasia. Na caminhada para isso muitas vezes é necessário vencer resistências consideráveis, como se a gente entrasse em um domínio estranho, em uma região da alma que a gente já não sentisse como aparentada consigo mesmo, e muito menos ainda como identificada consigo; e quem, por dissipação ou descuido for parar lá, se sentirá como que fora de si mesmo e estranho a si mesmo. Sou de opinião que se devam tomar em consideração esses fatos, e que não se considere como parte integrante da própria alma tudo o que pareça ser conteúdo psíquico. Certamente também não faremos isso com o pássaro que voe atravessando nosso campo visual. Decerto seria um preconceito pretender restringir o psíquico rigorosamente como algo que se situe "dentro do corpo". Por ter a psique um aspecto não espacial, então também deve existir um "fora do corpo" de natureza psíquica, isto é, uma região tão diferente do âmbito da *minha* alma, de modo que, para se chegar até lá, seja preciso sair fora de si ou valer-se da ajuda de qualquer técnica

Mysterium Coniunctionis — Rex e Regina... 63

para isso. Se de algum modo qualquer esta concepção tiver razão, então nesse caso a realização alquímica do casamento régio na retorta pode ser concebida como um processo sintético no "fora do eu" psíquico. (Comparar com isso meu escrito sobre a *sincronicidade!*)

O fato de a gente de qualquer modo ir parar nesse domínio, não precisa, como já ficou dito, fornecer necessariamente a prova de que ele pertença pessoalmente a mim. O "eu" é o "aqui" e o "agora", mas o "fora do eu" é um "ali" e um "mais cedo" ou "mais tarde", um "antes" ou um "depois"[181]. Por isso não é de admirar se o espírito primitivo sinta o "fora do eu" como outra terra, povoada pelos espíritos dos mortos. Em uma etapa mais elevada, toma esse reino mais o caráter de uma semirrealidade envolta em sombras, e na etapa da cultura antiga as sombras da "terra do além" se tornam até ideias. No domínio cristão-gnóstico surge daí um sistema dogmaticamente ordenado, hierárquico, cosmogônico e quiliasta, que o conhecimento moderno concebe como uma declaração da parte da alma, por assim dizer, involuntária e simbólica, acerca da estrutura do "não eu" psíquico[182].

De uma parte aparece este reino como sendo amplo e grande qual o mundo, por ainda não se ter libertado inteiramente do caráter de terra dos espíritos e do além; de outra parte, por ser ele sentido como psíquico e situado no "interior", aparece ele como sendo um microcosmo de mínimas proporções, talvez como aquele gênero de anões no cofrezinho, que Goethe descreve em *Neue Melusine,* ou ainda como aquele espaço apertado dentro da *cucurbita* (retorta), na qual o alquimista enxerga a criação do mundo, as núpcias do par ré-

---

181. Isto ocorre quando tomamos em consideração que o tempo é relativo, do ponto de vista psíquico, como provam os experimentos ESP. (Cf. RHINE, J.B.).

182. Presto contas a mim mesmo acerca da natureza problemática dessa concepção. Os conhecedores do assunto me concederão que não é nenhuma tarefa fácil representar na linguagem conceptual esta distinção, que é justamente tão sutil como importante na prática. Na vivência concreta, esta distinção salta aos olhos, visto que os produtos do "não eu", em relação aos conteúdos pessoais, têm não raro um caráter muito específico de "revelação" e por isso são sentidos como inspiração provinda de uma presença estranha ou como percepção por parte de um objeto independente do eu. Vivências de arquétipos atuam, por isso, como algo numinoso e por esta razão são de máxima importância justamente do ponto de vista da psicoterapia.

gio e o *homunculus* (homúnculo)[183]. Assim como o ἀνθρωπάριον (homenzinho) ou o *homunculus* sob a forma do *lapis* corresponde ao Ἄνθρωπος (homem) na filosofia alquímica, do mesmo modo as *nuptiae chymicae* (núpcias químicas) também têm seu paralelo dogmático nas núpcias do Cordeiro, na união de *sponsus* e *sponsa* (noivo e noiva), e no mundo dos deuses no *hierósgamos* (casamento sagrado) da mãe divina com o filho. Essa digressão aparente do tema me parece indicada, porque ela deve facilitar ao leitor a compreensão da natureza intricada e delicada do símbolo do leão, do qual se falará no trecho mais adiante.

73   O sangue do leão verde, do qual bebe a rainha da *Cantilena*, é apresentado no cálice *babilônico* de ouro. Esse cálice se relaciona com Ap 17,1s., isto é, "a grande prostituta, sentada sobre as grandes águas. Com ela se prostituíram os reis da terra, e os habitantes da terra se embriagaram com o vinho de sua prostituição [...] A mulher [...] tinha nas mãos uma taça cheia de abominação e imundície de sua prostituição [...] Vi que a mulher estava embriagada com o sangue dos santos e com o sangue dos mártires de Jesus"[184].

74   A *meretrix* (meretriz) é uma figura conhecida da alquimia. Ela é uma designação da substância do arcano. O *Introitus Apertus* diz do caos que ele se porta em relação com os metais assim como uma mãe

---

183. Como esta explanação parte do conceito do *Leo* (leão), gostaria aqui de chamar a atenção do leitor para o romance de GOETZ, B. *Bas Reich ohne Raum* (*O reino sem espaço*). Potsdam: [s.e.], 1919. Goetz descreve de maneira acertadíssima aquela disposição febril de ânimo que por fim termina quando o mestre feiticeiro faz aparecer um par amoroso em ponto pequeno dentro da taça. Esta febre erótica parece pertencer ao *Leo*, pois um trecho da conversa na "Caçada do Leão" diz o seguinte: "Dixit enim ei mater sua: O Marchos, oportet ne hunc ignem esse leviorem calore febris? Dixit ei Marchos, ô mater, fiat in statu febris. Revertor et accendo illum ignem etc." (Disse-lhe, pois, sua mãe: Ó Marchos, é conveniente que esse fogo não seja mais brando do que o calor da febre? Marchos lhe respondeu: Ó mãe, aconteça isso no estado febril. Eu retorno e acendo aquele fogo etc). Trata-se do fogo na cova da armadilha, que serve de leito nupcial ao Leo *sponsus* (noivo leão). (Cf. *De chemia senioris*. 1566, p. 63).

184. "[...] meretrix magna, quae sedet super aquas multas, cum qua fornicati sunt reges terrae et inebriati sunt [...] de vino prostitutionis eius [...] habens poculum aureum in manu sua plenum abominatione et immunditia fornicationis eius. Et vidi mulierem ebriam de sanguine sanctorum et de sanguine martyrum Jesu".

Mysterium Coniunctionis – Rex e Regina...

65

(*ut mater*). Aí ela é também chamada de "*Luna nostra*" (nossa Lua), antes que o *Diadema Regale* (diadema real)[185] seja separado "*ex meretricis nostrae menstruo*" (do mênstruo da nossa meretriz), isto é, antes que o rei tenha renascido da mãe-lua. Da substância do arcano (*lapidis materia* / matéria da pedra) se diz no *Tractatus Aureus de Lapide*: "Aquela nobre[186] (*nobilis*) *meretrix* Vênus está revestida e envolvida por um colorido transbordante". Essa cor se aproxima do vermelho (*ad ruborem vergit*)[187]. A nobreza dessa Vênus provém do fato de ela ser ao mesmo tempo a *regina* (rainha), a "*casta sponsa*" (noiva casta) do rei[188]. Em sua *Practica de lapide* diz Basílio Valentim, ao indicar como alegoria da *imbibitio* (embebição) o *pelicano*, que dá de beber aos filhotes seu próprio sangue: "Esta é a *Rosa*[189] de nosso mestre, de cor tiríaca (purpúrea), e o rubro *sangue do dragão*, que foi descrito por muitos, e também o manto purpúreo [...][190] com o qual a *rainha* está vestida"[191]. Em outra variante se diz: "Aquela subs-

---

185. *Musaeum Hermeticum* 1678, p. 653s.

186. Em ABU'L-QASIM AL-JRAQI (HOIMYARD. *Isis*. VIII, 419) tem Vênus os seguintes apelidos: "a nobre, a impura, o leão verde, o pai das cores, o pavão das Plêiades (!), a fênix etc."

187. *Musaeum Hermeticum*, 1678, p. 30s. Citação tirada de Basílio Valentim.

188. A contradição entre *meretrix* (meretriz) e *sponsa* (noiva) é de origem antiquíssima: Istar, a *sponsa* do Cântico dos Cânticos, é de uma parte a prostituta dos deuses, a "hieródula do céu" Belti, a Negra, mas de outra parte é também mãe e virgem (WITTEKINDT *Das Hohe Lied und seine Beziehungen zum Istarkult*. Hannover: Orient-Buchhandlung H. Lafaire, 1926, p. 11, 12, 17, 24). – Khunrath (*Von hylealischen... Chaos*. 1597, p. 62), não obstante ter ele próprio afirmado a identidade da substância do arcano com Vênus, também chama a mãe do *Lapis* de *virgo* (virgem) e *generatio casta* (geração casta) ou fala do "ventre virginal do Chaos" (p. 75). Para isso foi ele motivado não tanto pela tradição cristã, mas muito mais pela insistência daquele arquétipo, que já tinha produzido declarações idênticas a respeito de Istar. – No tipo de *Anima* estão respectivamente unidas mãe, filha, irmã, noiva, esposa e prostituta.

189. Quanto à "rosa" cf. mais abaixo.

190. A riqueza do colorido de Vênus, também a canta BASÍLIO VALENTIM (*Chymische Schriften*, 1700, p. 167) no Tratado sobre os sete Planetas ("De Venere"): "Transparente, verde, de brilho ameno, / É meu colorido inteiramente. / Mas em mim reside um espírito vermelho, / E não sei nenhum dos nomes como o chama".

191. *Musaeum Hermeticum*, 1678, p. 399.

tância preciosa é a Vênus dos antigos, a hermafrodita, que dispõe dos dois sexos"[192]. Michael Majer escreve: "Na *Chemia* (alquimia) existem Vênus e Cupido. A Psique é, pois, o feminino, Cupido é o masculino que é tido como o dragão"[193]. O *opus ad rubeum* (avermelhamento) se realiza na segunda casa de Vênus (*Libra*)[194]. De modo correspondente anota a *Turba* que Vênus "precede ao Sol"[195]. Nicolas Flammel considera Vênus como parte componente importante da substância do arcano; em uma alocução à "Magnesia" diz ele: "Portas em ti a imagem multiforme de Vênus, o copeiro e o servo flamívomo"[196]; com essa última expressão alude-se ao aspecto sulfúreo de Mercurius, e é também Mercurius que faz o papel de copeiro na *Cantilena*. Em Nicolas Flammel o *Lapis* (pedra) corresponde a uma conjunção ou união de "*Venus pugnax*"[197] (Venus combatente) e de Mercurius; com isso decerto se faz alusão à luta que precedeu à união (leões em luta!). Em um poema sobre a *Prima materia Lapidis* (matéria-prima da pedra filosofal) de Basílio Valentim, Vênus é identificada com a "fonte", mãe e noiva do rei:

É uma pedra, mas não é pedra nenhuma,
Nela atua a natureza sozinha,
Para que dela brote uma fontezinha clara,
Sacie a sede de seu pai ligeiro,
Engula-o com corpo e vida,
Até que lhe seja devolvida a alma,
E sua mãe, fugaz igual a ele,
Retorne a seu reino.

---

192. MANGETUS. *Bibliotheca Chemica Curiosa* II, Genebra: [s.e.], 1702, p. 652.

193. *Symbola aureae mensae duodecim nationum*, 1617, p. 178.

194. *Arcanum Hermetic. Phil. Opas.* Genevae: [s.e.], 1553, p. 82.

195. "Venus autem, cum sit orientalis, Solem praecedit" (Mas Vênus, por ser oriental, precede ao Sol). RUSKA, J. 1931, Sermo 67, p. 166.

196. "Annotata quaedam ex Nicolao Flammello". *Theatrum Chemicum* I, 1602, p. 883. Magnesia tem ainda a designação de *aphroselinum Orientis*, op. cit., p. 885.

197. O apelido clássico é *armata* (armada). Segundo Pernety (*Dictionnaire Mytho-Hermétique*. Paris: [s.e.], 1758, cf. v. Vênus) Vênus está ligada a Marte por meio de um fogo que tem a mesma natureza como o Sol. Cf. a Vênus que mata o touro com a espada em LAJARD, F. *Recherches sur le Culte de Vênus*. Paris: [s.e.], 1849. Planche IXs.

Coloca Adão em um banho de água
Para que Vênus tenha o seu igual,
Que tem pronto o velho dragão,
Pois ele perdeu seu vigor e sua força"[198].

Também em outros textos Vênus substitui a rainha no casamento; assim no *Introitus Apertus* em que se diz: "Preocupa-te em preparar cuidadosamente as bodas de Vênus, em seguida deita-a no leito nupcial" etc.[199] Vênus propriamente como o aspecto feminino do rei, ou em expressão moderna como a *Anima* dele. Por isso diz Basílio Valentim sobre Adão e Vênus no banho:

"Não é nada mais, fala o Philosophus,
do que o Mercurius duplex".

O rei no banho e o *connubium* (casamento) com Vênus [200] ou com sua mãe indicam uma e mesma coisa: "*Vir a foemina circumdatus*" (o homem circundado pela mulher); nisso ora ele, ora ela são considerados como *hermafroditos*[201], pois eles no fundo não representam outra coisa senão o *Mercurius duplex* (Mercúrio duplo). Vênus, ou respectivamente a *meretrix*, corresponde ao aspecto erótico do leão, que por sua parte é o atributo e a propriedade do rei. Como no Apocalipse o dragão de sete cabeças é o animal cavalgado pela *meretrix*, assim também aqui o *Mercurius duplex* (representado como mulher) em Basílio Valentim[202]. Khunrath usa Vênus como sinônimo

---

198. BASÍLIO VALENTIM. *Chymische Schriften*, 1700, p. 73s.

199. O texto continua: "Igneque debito videbis Emblema Operis magni, nempe nigrum, caudam pavonis, album, citrinum, rubeumque" (No devido fogo verás o emblema da grande obra, isto é, o negro, a cauda do pavão, o branco, o amarelado, e o rubro). *Musaeum Hermeticum*. 1678, p. 683.

200. Descrito de modo obsceno em BENEDICTUS FIGULUS: *Ros. Nov. Olymp.* I, Basileae: [s.e.], 1608, p. 73.

201. A Vênus andrógina é um modelo muito antigo. Cf. LAJARD, F. Mémoire sur une représentation figurée de la Vênus orientale androgyne. In: *Nouvelles Annales de l'Institut Archéologique*. Section française, I. Paris: [s.e.], 1836, p. 161s., e em suas *Recherdes sur le Culte de Vênus*, 1849, Pl. I, n. 1.

202. *Chymische Schriften*, 1700, p. 62.

de *leo viridis* (leão verde)[203]. Como o *Sulphur* se relaciona com o Sol de maneira semelhante ao *Leo* com o *Rex*, então se torna compreensível se Khunrath concebe Vênus como a *anima vegetativa* (alma vegetativa) no Sulphur[204]. Essa substância sutilíssima, quando está misturada com o Sol, deve ser conservada em uma garrafa, cuja rolha esteja marcada com o sinal da cruz[205], da mesma forma como se fosse um mau espírito que a cruz devesse exorcizar[206]. O relacionamento da pedra com Vênus aparece já cedo nos textos gregos, onde se fala de τῆς κυθερείης λίθος (pedra citérea) e de μαργαρίτης τῆς Κυθήρης (pérola de Cythera)[207]. No *livro de Krates* [208], em árabe, se atribui a Vênus a virtude de tingir; por isso ela se chama "écrivain". Visto que ela simultaneamente segura o vaso, do qual sai constantemente o mercúrio, então "écrivain" poderia com a máxima probabilidade referir-se a Thoth-Mercurius. Na visão, Vênus aparece rodeada de muitos indianos, que apontam seus arcos para Krates. Na alquimia latina reaparece esta figura na visão de Senior acerca de Hermes Trismegistus, para o qual nove águias apontam seus arcos. Mercurius é o *Sagittarius* (flecheiro), que do ponto de vista químico é o único a dissolver o ouro, e do ponto de vista moral penetra a alma como *telum passionis* (dardo da paixão). Como Cyllenius ele é simplesmente idêntico a Cupido, que no *Chymische Hochzeit* (Casamento alquímico) de Rosencreutz também maneja a seta[209].

---

203. *Von hylealischen... Chaos*, 1597, p. 91.

204. *Von hylealischen... Chaos*, 1597, p. 233. São também sinônimos *Sal Veneris, Vitriolum Veneris*, Sal Saturni, *leo rubeus et viridis, sulphur vitrioli* (Sal de Vênus, vitríolo de Vênus, sal de Saturno, leão vermelho e verde, enxofre de vitríolo). Tudo isso é a *scintilla animae mundi* (centelha da alma do mundo) e portanto o princípio ativo, que se manifesta nas tendências poderosas das diversas espécies. (Cf. KHUNRATH. *Von hylealischen... Chaos*, 1597, p. 264).

205. MYLIUS. *Philosophia reformata*, 1622, p. 17.

206. Cf. a lenda de Grimm do Espírito na Garrafa em: "Der Geist Mercurius". *Symbolik des Geistes* ("O espírito de Mercurius". Simbólica do espírito). 1953, p. 71s.

207. BERTHELOT. *Collection des Anciens Alchimistes Grecs*. V, VII, 18 e 19.

208. BERTHELOT. *La Chimie au moyen âge* III, 1893, p. 61s.

209. "Der Geist Mercurius" ("O espírito de Mercurius") I, op. cit.

Mysterium Coniunctionis – Rex e Regina... 69

Rosinus ad Sarratantam destaca a natureza perniciosa de Vênus; a intenção da natureza de fazer ouro e prata é impedida por Vênus, que é um *argentum vivum* (prata viva ou mercúrio) corrompido, que ainda torna o filho leproso[210]. Por fim gostaria de mencionar ainda a filha do rei no espetáculo do *Chymische Hochzeit*, a qual, como *sponsa* escolhida, por causa de sua vaidade é aprisionada pelo *rei dos mouros*. Ela concorda em tornar-se concubina dele, manifesta-se, portanto, como verdadeira *meretrix*. A visita de Rosencreutz à Vênus adormecida mostra que essa deusa ambígua está ligada de qualquer modo à obra[211].

Manifestamente em consequência de seu relacionamento íntimo com Vênus, o leão verde tem, para surpresa, *sangue rosado*, como menciona Dorneus[212] e seu contemporâneo Khunrath[213]. Esse último

76

77

---

210. "Et nota quod natura in principio suae originis intendit facere Solem vel Lunam, sed non potest propter Venerem corruptum argentum vivium, commistum, vel propter terram foetidam, quare sicut puer in ventre matris suae ex corruptione matricis contrahit infirmitatem et corruptionem causa loci per accidens, quamvis sperma fuerit mundum, tamen puer sit leprosus et immundus causa matricis corruptae, et sic est de omnibus metallis imperfectis, quae corrumpuntur ex Venere et terra foetida" (E nota que a natureza já desde o princípio de sua origem pretende fazer ouro e prata, mas não o pode por causa de Vênus, o mercúrio estragado, ou por causa da terra fétida; por isso, como o filho no ventre da mãe, devido a uma doença do útero, contrai casualmente alguma enfermidade do lugar onde está, ainda que o sêmen tenha sido puro, de modo que o filho pode ser leproso ou impuro por causa do útero, da mesma forma acontece com todos os metais imperfeitos que são corrompidos por Vênus ou pela terra fétida). *Artis Auriferae* I, 1593, p. 318.

211. Parece que uma passagem misteriosa em Dorneus (*Theatrum Chemicum*. I, 1602, p. 610) está indicando isso: "Leonem tuum in oriente quaeras et aquilam ad meridiem in assumptum hoc opus nostrum [...] tuum iter ad meridiem dirigas oportet; sic *in Cypro votum consequeris, de quo latius minime loquendum*" (Procura teu leão no oriente e a águia no sul para esta obra assumida [...] Convém que dirijas teus passos para o sul; assim *em Chipre conseguirás teu desejo, do qual não se deve falar mais de maneira alguma*). Para o alquimista Chipre está muito claramente ligada a Vênus. Nesse contexto devo remeter o leitor também ao comentário de Dorneus feito à "Vita Longa" de Paracelsus, de que tratei em minhas *Paracelsica*. Trata ele dos *characteres Veneris* (caracteres de Vênus) dados por Paracelsus, que Dorneus interpreta como *amoris scutum et lorica* (escudo e couraça do amor). Cf. *Paracelsica*, 1942, p. 174s.

212. DORNEUS. *Theatrum Chemicum*. I, 1602, p. 609: "Proinde vobis dico (Paracelsus inquit) [...]" (portanto vos digo / fala Paracelsus). De acordo com isso, parece que a ideia do sangue róseo remonta a Paracelsus.

213. *Von hylealischen... Chaos*. 1597, p. 93 e 196.

70 Obra Completa – Vol. 14/2

também atribui "sangue rosado" ao *filius macrocosmi*[214] (filho do macrocosmo). Essa propriedade do sangue do leão estabelece uma relação não apenas com o *filius*, que forma um paralelo conhecido com Cristo, mas também, e em primeiro lugar, com a rosa, de cujo simbolismo provém não somente o título apreciado de "*Rosarium*" (roseiral), mas igualmente a "cruz de rosas". A rosa branca e a vermelha[215] são sinônimo de *albedo*[216] (brancura) e *rubedo* (vermelhidão). A *tinctura* é "*rosei coloris*" (de cor rosada) e corresponde ao sangue de Cristo, que "*comparatur et unitur*" (é comparado e unido) ao *Lapis* (pedra filosofal). Cristo é o "*coelestis fundamentalis angularisque lapis*" (a celeste pedra fundamental e angular)[217]. O roseiral é um "*hortus conclusus*" (jardim fechado) e tanto como a rosa um apelido de Maria, que é um paralelo para a *prima materia* fechada[218].

78   O relacionamento da deusa do amor com a cor vermelha já é antigo[219], e o escarlate[220] é a cor da grande Babilônia e de seu animal. Vermelha é a cor do pecado[221]. Do mesmo modo a rosa pertence tan-

---

214. Op. cit., p. 276, diz-se: "O sangue rosado e a água etérea [...] jorrados do lado aberto, por violência artificial, do filho unigênito do mundo maior".

215. Em FIGULUS, B. *Rosarium novum olympicum et benedictum*. Basileia: [s.e.], 1808, p. 15, se diz: "Não cessarei de advertir-te que não reveles a ninguém, ainda que seja a pessoa mais querida, os tesouros de nossos mistérios, para que as rosas brancas e vermelhas de nosso roseiral não sejam comidas pelo bode fedorento".

216. "Completur rosa alba tempore aestivali in Oriente" ("A rosa branca se forma completamente durante o estio no Oriente"). MYLIUS. *Philosophia reformata*, 1622, p. 124.

217. "Aquarium Sapientum". *Musaeum Hermeticum*, 1678, p. 118s.

218. "Gloria mundi". *Musaeum Hermeticum*,1678, p. 218, diz: "[...] quomodo hortus aperiendus, et rosae nobiles in agro suo conspiciendae sient etc." (como se deve abrir o jardim e como se devem admirar no jardim as rosas nobres).

219. Cf. a ῥοδίη Παφίη, ᾿Αφροδίτα ῥοδόχρους e κυπρογένεια ῥοδόχρους (Rosa de Paphos, Afrodite rosada e a rosada nascida em Chipre). BRUCHMANN C.F.H. *Epitheta Deorum quae apud poetas Graecos leguntur* (Epítetos dos deuses encontrados nos poetas gregos). Leipzig: [s.e.], 1893.

220. Κόχχινος, *coccineus* (de cor escarlate). Ap 17,3.

221. Is 1,18: "Si fuerint peccata vestra ut coccinum, quase nix dealbabuntur; et si fuerint rubra, quasi vermiculus,velut lana alba erunt" (Ainda que vossos pecados sejam como o escarlate, tornar-se-ão brancos como a neve; se forem vermelhos como o carmesim, tornar-se-ão como a lã branca).

Mysterium Coniunctionis – Rex e Regina...   71

to a Vênus como a Dioniso. Na alquimia, como já vimos, o vermelho e o róseo são a cor do sangue, que é sinônimo da *aqua permanens* (água eterna) e da *anima* (alma), a qual é extraída da *prima materia* e devolve a vida ao corpo "morto"[222]. A *prima materia* também se chama *meretrix* e é colocada em paralelo com a "grande Babilônia", como o leão e o dragão com o dragão da Babilônia, O *Lapis* e *filius regius* é o filho dessa meretriz. Na tradição eclesiástica, porém, o filho da meretriz é o anticristo, gerado pelo diabo, como se lê no *Elucidarium* de Honório De Autun[223].

Como já observamos antes, certos símbolos eclesiásticos se prestam em grau extremo a ter duplo sentido, o que se dá também com a rosa. Ela é antes de tudo uma *allegoria Mariae* (alegoria de Maria) e de diversas virtudes. O perfume da rosa caracteriza o *"incorrupti Sanctorum corporis dulcissimum odorem"* (o dulcíssimo odor do corpo incorrupto dos santos), como em Santa Isabel e Santa Teresa. Ao lado disso, a rosa também significa a *venustas humana* (beleza humana) e até a *voluptas mundi* (voluptuosidade do mundo)[224].

A poesia de Goethe *"Die Geheimnisse"* (Os mistérios) está saturada desse simbolismo cintilante da rosa:

> "Ele é perpassado por um sentido completamente novo,
> Assim como a imagem se lhe coloca diante dos olhos:
> Ele vê a cruz densamente cercada de rosas,
> Quem associou rosas à cruz?
> A coroa intumesce, para por todos os lados
> Cobrir bem de brandura o rude lenho.

---

222. Em concordância acertadíssima com essas conexões, nas lendas alquímicas de Wieland, a rainha adúltera é mudada em uma cabra *cor-de-rosa*.

223. "*Antichristus in magna Babylonia meretrice generis Dan nascetur. In matris utero diabolo replebitur et in Corozaim a maleficis nutrietur*" (O anticristo nascerá na grande meretriz Babilônia, da descência de Dan. No ventre materno será repleto pelo demônio e em Corozaim será alimentado pelos malfeitores). *Patrologia Latina*. CLXXII, col. 1.163.

224. "*Ut Rosa per medias effloret roscida spinas, sic veneris nunquam gaudia felle carent*" (como a rosa úmida de orvalho floresce entre os espinhos, assim as alegrias de Vênus nunca estão isentas de fel). CAMERARIUS, G. Apud. PICINELLUS. *Mundus Symbolicus*, 1687, p. 665s.

....

Três jovens de fachos nas mãos
Vê ele mover-se apressados pelos corredores.
Ele vê exatamente brilhar as vestes brancas,
Que são justas e lhes ficam bem no corpo.
A cabeça cacheada deles com coroas de flores
Pode ele ver e o cinto entrelaçado de rosas;
Parece como se eles voltassem de danças noturnas,
Refrigerados e belos de um esforço alegre.
Apressam-se então e apagam, como as estrelas,
As tochas e desaparecem ao longe".

81   Não apenas a rosa refulge em todas as cores do amor celeste e do terrestre, mas também a figura feminina da amada-mãe, da *casta sponsa et meretrix* (casta noiva e meretriz), que representa a *prima materia*, aquela parte "que a natureza deixou inacabada". Do material apresentado se depreende com facilidade que a esse mitologema corresponde a *anima* em seu sentido psicológico. Ela é aquele pedaço do caos, que se encontra por toda a parte e, no entanto, está oculto, e aquele vaso de contradições e de múltiplas cores, a totalidade sob a forma de um amontoado desordenado, mas uma matéria dotada de todas as qualidades, na qual pode expressar-se a plenitude das divindades misteriosas.

82   A alimentação da mãe-rainha consta de carne de pavão e sangue de leão, e assim dos atributos da deusa, isto é, ela come e bebe a si própria. O *Consilium Coniugii* formula deste modo o fato: "E finalmente conflua isso em um único conteúdo pela embebição por meio de um fermento, que é a água, *porque a água é o fermento da água*"[225]. É sempre a mesma ideia, cuja expressão mais adequada é o *Uróboro*. De modo inesperado, porém não curioso, encontramos a mesma formação no domínio eclesiástico; trata-se da observação de São João Crisóstomo que Cristo foi o primeiro a tomar seu próprio sangue (na

---

225. "Et ita tandem, in unum contentum corruat imbibendo cum uno fermento, id est aqua una, quia aqua est fermentum aquae". "Consilium Coniugii". *Ars Chemica*, 1566, p. 220.

Mysterium Coniunctionis — Rex e Regina... 73

instituição da Eucaristia!)[226]. E Tertuliano diz que o Senhor se revestiu das duas letras gregas A e Ω, isto é, da primeira e da última, como um símbolo do começo e do fim, para que com isso se mostrasse que nele se realiza o desenrolar desde o começo até o fim, e o retornar desde o fim até o começo[227]. Este pensamento mostra exatamente e sob todos os aspectos o que os alquimistas se esforçavam por exprimir pelo Uróboro, o ἕν τὸ πᾶν (o todo uno). Este é um símbolo pagão muito antigo, e não existe nenhuma razão para supor que a ideia de um ser que gera a si mesmo e mata a si mesmo, seja um empréstimo tomado do mundo representativo cristão, por exemplo, justamente de Tertuliano, ainda que salte aos olhos a analogia manifesta com Cristo, que sendo o Deus uno, gera a si mesmo e voluntariamente se sacrifica, e no rito da Eucaristia realiza a *immolatio* (imolação) de si mesmo pelas palavras da consagração. A ideia do Uróboro é certamente mais antiga, e se fundamenta provavelmente na teologia egípcia, a saber, na doutrina de *homoousia* (igualdade de substância de deus-pai com o deus-filho-faraó).

Na *Cantilena* do cônego Ripley o mitologema do Uróboro, de modo inesperado e inusitado, foi trazido para uma forma feminina: não é o pai e o filho que fluem um no outro, mas a mãe que reflui em si mesma, quando ela *"caudam suam devorat"* (devora sua cauda) e *"se ipsam impraegnat"* (engravida a si mesma); dá-se isto de modo semelhante ao rei que, mais acima na *Allegoria Merlini*, bebe a sua "própria" água[228]. O estado atual da rainha é o da "gravidez da

83

---

226. In Matth. Hom. LXXIII. *Patrologia Graeco-Latina*. T. LVII-LVIII, col. 739: Πρῶτος αὐτὸς τοῦτο ἐποίησεν ἐνάγων αὐτοὺς ἀταράχως εἰς τὴν κοινωνίαν τῶν μυστηρίων: Διὰ τοῦτο τὸ ἑαυτοῦ αἷμα αὐτὸς ἔπιεν. (Ele mesmo por primeiro fez isso ao introduzi-los de modo inabalável na comunhão dos mistérios. por isso ele mesmo bebeu o seu próprio sangue).

227. De Monogamia 5: "Sic et duas Graeciae litteras, summam et ultimam, sibi induit Dominus, initii et finis concurrentium in se figuras uti quemadmodum A ad Ω usque volvitur (Ap 1,8) et rursus Ω ad A replicatur, ita ostenderent in se esse et initii decursum ad finem et finis recursum ad initium, ut omnis dispositio in eum desinens per quem coepta est".

228. Esse jogo de palavras não deixa de ser lícito, pois um sinônimo de *aqua permanens* (água eterna) é *urina puerorum* (urina de crianças).

alma", isto é, a *anima* está ativada e envia seus conteúdos para a consciência. Correspondem eles à carne de pavão e ao sangue do leão. Quando os produtos da *anima* (por exemplo, sonhos, fantasias, visões, sintomas, ocorrências etc.) tiverem sido aceitos, digeridos e integrados pela consciência, então isso, por seu turno, favorece o crescimento e o desenvolvimento ("alimentação") da alma. Simbolicamente a *cibatio* (alimentação) e a *imbibitio* (embebição) da *anima-mater* (alma-mãe) significa de modo geral a integração e o aperfeiçoamento da personalidade. A *anima* começa a tornar-se criativa quando o velho rei se renova nela. O rei, do ponto de vista psicológico, corresponde ao *Sol*, que já interpretamos como a consciência. Para além disso o rei torna evidente uma dominante da consciência, isto é, um princípio geralmente aceito ou uma convicção coletiva ou um modo de ser tradicional. Como é sabido, tais sistemas e "representações superiores" "envelhecem" e assim obrigam os deuses a efetuar aquela "mudança de forma" que Spitteler expôs detalhadamente em *"Olympischer Frühling"* (Primavera *olímpica*). A poesia dele é filha do nosso tempo, e o interesse especial de Spitteler, como mostra também seu *"Prometheus"*. A transformação raramente aparece como fenômeno coletivo determinado, mas em geral surge como uma transformação de um indivíduo, a qual em circunstâncias favoráveis pode estender-se à sociedade, se o "tempo estiver completo". Em um indivíduo isso significa apenas que a representação superior dominante se tornou necessitada de renovação e de mudança, a fim de satisfazer certas condições mudadas no exterior ou no interior. A circunstância de o rei, durante vários anos, ter representado na alquimia medieval um papel considerável demonstra que, a partir mais ou menos do século XIII, readquiriram nova importância aqueles vestígios da renovação do rei, que se haviam conservado desde a época egípcio-helenística porque passaram a ter um sentido novo. Na mesma medida, pois, em que o espírito ocidental principiou a interessar-se pela natureza, até então desconhecida, começou também a germinar a doutrina do *lumen naturae* (luz da natureza). A doutrina eclesiástica, tanto quanto a filosofia escolástica, tinha-se mostrado incapaz de lançar qualquer luz sobre a essência das coisas naturais. Impunha-se, pois, a suspeita de que, à semelhança do espírito que desvendava sua essência à luz da revelação divina, também a natureza possuía *"quaedam luminositas"* (certa luminosidade), que poderia tornar-se uma fonte de iluminação. É, pois, compreensível que, da parte de indivíduos isolados, cujo interesse principal consistia na exploração das coisas naturais, o princípio dominante da cosmovisão dogmática fosse perdendo em força de convicção na mesma medida em que o *lumen naturae* ia ganhando em poder de atração, ainda que aquele não fosse diretamente posto em dúvida. Os alquimistas sérios eram pessoas religiosas, até onde podemos considerar verdadeiras as declarações do pensar deles; por isso estava completamente afastada deles qualquer crítica à verdade revelada. Na literatura alquímica, tanto quanto consegui avaliar, não se encontra qualquer ataque ao dogma. A única coisa desse gênero é certo menosprezo da filosofia aristotélica, abonada pelos meios eclesiásticos, em favor da concepção hermético-neoplatônica[229]. Os antigos mestres não tinham nenhuma orientação crítica quanto a doutrina eclesiástica, mas pelo contrário até estavam convencidos de que, por meio de suas descobertas, em parte reais e em parte imaginárias, estavam enriquecendo a doutrina da correspondência das coisas celestiais com as terrestres, ao procurarem verificar que os *mysteria fidei* (mistérios da fé) se achavam como que copiados nas coisas da natureza[230]. Não suspeitavam que a sua paixão tirava da exploração da natureza muito da con-

---

229. DORNEUS. "Specul. Phil." *Theatrum Chemicum*. I, 1602, p. 272): "Quicunque Chemicam artem addiscere vult, philosophiam, non Aristotelicam, sed eam quae veritatem docet, addiscat [...] nam eius doctrina tota consistit in amphibologia, quae mendaciorum optimum est pallium. Cum ipse Platonem et reliquos reprehendisset, quaerendae famae gratia, nullum potuit commodius instrumentum reperisse, quam idem, quo in reprehendendo fuerat usus, amphibologico sermone scilicet, scripta sua contra sinistram oppugnantem, dextro subterfugio salvans et e contra; quod Sophismatis genus in omnibus eius scriptis videre licet" (Quem quiser aprender a arte química, aprenda filosofia, não a aristotélica, mas a que ensina a verdade [...] pois toda a doutrina dele consta de ambiguidades, que é excelente manto para cobrir as mentiras. Quando ele repreende Platão e os outros filósofos, por causa da procura da fama, não pôde encontrar outro instrumento mais cômodo senão o que estava em uso para repreender, isto é, a linguagem ambígua; enquanto ele combate a doutrina do outro com a mão esquerda, ele a salva com a direita por meio de subterfúgio, e vice-versa; pode-se ver tal gênero de sofismas em todos os seus livros).

230. O mundo era para os alquimistas *imago et symbolum dei* (imagem e símbolo de Deus).

76 Obra Completa — Vol. 14/2

centração na verdade revelada, e que seu interesse somente poderia surgir quando a fascinação pelo dogma começasse a desaparecer. Como costuma aparecer no sonho, surgia no inconsciente deles a imagem compensadora da renovação do rei.

84 Após essa ponderação parece muito mais compreensível que fosse justamente um clérigo quem compôs a *Cantilena*. Trata-se de um considerável *descensus ad inferos* (descida aos infernos), quando ele faz Mercurius apresentar "no cálice babilônico" a bebida de sangue "por meio do dardo da paixão" (*telo passionis*), que indica justamente o Cupido[231]. Esse cálice então não é outra coisa senão aquele "*poculum aureum plenum abominatione et immunditia fornicationis*" (Ap 17,4) (taça de ouro cheia de abominação e imundície de sua prostituição). Essa façanha mostra que a mãe-rainha é alimentada e dessedentada com sua própria substância anímica, sem que se poupe sua respeitabilidade. São substâncias animais as que são integradas nela, portanto a προσφυὴς ψυχή (alma acrescida), o pavão e o leão com suas propriedades positivas e negativas – este último sob a forma de bebida na taça da prostituição, acentuando-se assim especialmente a natureza erótica do leão, a *libido* e a *cupiditas* (libidinosidade e a concupiscência). Tal integração equivale à conscientização.

85 Mas por que se devia prescrever à rainha em primeiro lugar tal dieta tão insípida? Muito certamente porque o rei padecia de alguma coisa e porque ele "estava envelhecendo": a saber faltava-lhe o aspecto sombrio e ctônico da natureza. Mas não era só isto, também lhe faltava o relacionamento com a semelhança de Deus na criação, o senso da natureza, que se tinha na Antiguidade e que era conhecido da Idade Média primeiramente apenas como engano e desvio. A Terra, porém, não é apenas tenebrosa e abissal, e por isso os símbolos teriomórficos já mencionados têm não apenas um sentido redutivo, mas também um sentido anagógico e espiritual. Isso deve significar que esses símbolos são paradoxais e apontam tanto para cima como para baixo. Se tais conteúdos da rainha forem integrados, isso significará uma ampliação de sua natureza ou da sua consciência para os dois lados. Esta dieta, naturalmente, deve ser proveitosa à regenera-

---

231. Mercurius é visto igualmente como *sagittarius* (sagitário).

Mysterium Coniunctionis — Rex e Regina... 77

ção do rei; é, pois, o de que ele precisa porque isto lhe estava faltando. Isso não é, como deve ser acentuado, de modo algum apenas a escuridão da região animal, como poderia parecer, mas muito mais uma natureza espiritual, que até tem suas analogias com os *mysteria fidei* (mistérios da fé), assim como a alquimia, não se cansa de acentuar.

Durante a gravidez a rainha como que passa por um tratamento terapêutico, enquanto sua consciência se torna enriquecida por certo conhecimento do inconsciente coletivo e, como se supõe, também por um conflito entre sua natureza espiritual e a ctônica, o qual a preocupa fortemente em seu íntimo. A avaliação dos altos e baixos, além dos limites convencionais, muitas vezes se transforma numa tarefa moral pela lei da ampliação progressiva da consciência. A ignorância daquilo que se faz atua como culpa, e como essa tem um preço muito alto. A aquisição do conflito pode ser considerada uma vantagem especial, pois sem ele não existe nem união nem nascimento de uma terceira coisa que esteja colocada mais acima. De outro modo o rei não poderia nem restaurar-se nem renascer. O conflito se manifesta na longa doença da rainha.

A 18ª estrofe da *Cantilena* conta como a rainha permaneceu doente por nove meses e derramou muitas lágrimas, enquanto o leão verde lhe sugava o leite[232]. A relação de Uróboro, entre a rainha e o leão, manifesta-se claramente aqui: ela bebe o sangue dele, e ele o leite dela. Essa concepção muito curiosa se explica, por uma identificação, chocante para nós, da rainha com a Mãe de Deus, pois ela como personificação da humanidade recebeu em seu seio o Deus que lhe sugou os seios. O *Leo* (leão) como *allegoria Christi* (alegoria de Cristo) dá em troca seu sangue à humanidade. Essa interpretação é confirmada pelos versos seguintes. Uma imagem semelhante apresenta, aliás, também Angelus Silesius em seu epigrama ao "Deus feito homem":

> "Deus bebe o leite da humanidade, deixa o vinho da sua divindade;

---

232. "Impraegnata igitur graviter languebat / Certe novem mensibus in quibus madebat / Fusis lachrymis quam parturiebat / Lacte manans, viridis Leo quod sugebat". (Engravidada, pois, adoeceu gravemente / certamente por nove meses nos quais esteve molhada / pelas lágrimas derramadas antes de dar á luz / e pelo leite a fluir que o leão verde sugava).

78 Obra Completa – Vol. 14/2

Como então não deveria ele estar todo perpassado de humanidade?"[233]

88 19ª estrofe: "Porque a rainha se levantava com frequência e tornava a deitar-se, sua pele colorida ora aparecia preta, ora verde, ora vermelha"[234]. Por esse jogo de cores se revelava sua natureza de Vênus e de pavão (*cauda pavonis*! – cauda de pavão). Do ponto de vista psicológico isso quer dizer que, durante o tempo da conscientização do inconsciente, a personalidade passa por muitas transformações que a fazem aparecer ora nesta, ora naquela luz, e que também da mesma forma se sucedem disposições de ânimo muito variadas. Essas transformações anunciam o nascimento já próximo.

89 20ª estrofe: "Durante 150 dias e 150 noites permaneceu a rainha nesse triste estado, e 30 dias depois voltou o rei à vida, e o nascimento dele espalhou o perfume de flores primaveris[235].

90 A alquimia conhece principalmente dois cheiros: o "*odor sepulchrorum*" ou o cheiro dos sepulcros, e o perfume das flores, vendo nesse último o símbolo da vida que ressurge. Na alegoria, cristã, como na vida dos santos, o odor faz parte das manifestações do Espírito Santo; o mesmo se dá no gnosticismo. *S. Spiritus* e *Sapientia* (Espírito Santo e Sabedoria) são, por assim dizer, idênticos na alquimia, e, por isso, o perfume das flores atesta que o renascimento do rei é como que um carisma do Espírito Santo, ou respectivamente daquela *Sapientia*, graças à qual o processo da regeneração pôde realizar-se.

91 O aposento (*thalamus*) em que nasce o rei é desprovido de quinas salientes (*sine scopulis*) e plano (*planus*) ou respectivamente liso[236], "pois de outro modo não nasceria um filho sadio". Para o aque-

---

233. *Cherubinischer Wandersmann* III,1924, 11.

234. "Eius tunc multicolor cutis apparebat / Nunc nigra, nunc viridis, nunc rubea fiebat, / Sese quod multoties sursum erigebat / Et deorsum postea sese reponebat".

235. "Centum et quinquaginta noctibus languebat / Et diebus totidem moerens residebat, / In triginta postmodum rex reviviscebat, / Cuius ortus vernulo flore redolebat".

236. O texto aqui é obscuro: estrofe 22: "Erat sine scopulis thalamus et planus / Et cum parietibus erectus ut manus / Prolongatus aliter sequeretur vanus / Fructus neque filius nasceretur sanus".
(Era sem ângulos e plano o aposento / E de paredes elevadas como mãos / Prolongadas, pois de outro modo seguiria / Um fruto vão e o filho não nasceria sadio).

Mysterium Coniunctionis — Rex e Regina...   79

cimento do recém-nascido estava colocada uma estufa (*stufa*) tanto por baixo como por cima da caminha (estrofe 23). A porta do aposento (*cubiculi*) estava fechada, como também a chaminé da estufa (*os camini*. Estrofe 24). É a imagem do *homunculus* no *vas Hermetis*! (no vaso de Hermes).

A estrofe 25 tenta descrever a transformação no aposento fechado. Não se tem clareza se a mãe já deu à luz a criança ou se o "aposento" ainda se refere ao útero grávido. Este último caso me parece mais provável, pois a estrofe 25 diz:

"Depois que aí se decompuseram os membros da prole, ela (a mãe) depôs a feiura do peso da carne, depois que Luna, ao imitá-la, (mas) sem o céu, completou a volta para o esplendor do Sol"[237].

Esses versos são de considerável escabrosidade e de igual falta de clareza. Apenas uma coisa parece destacar-se com certa clareza, isto é, a morte e a decomposição do *foetus* (feto) *in utero* ou *in thalamo* (no útero ou no tálamo), e depois a intervenção da Luna em lugar da mãe, com o que desaparece a imperfeição da carne. De qualquer modo, trata-se de um enovelado de pensamentos, como se encontra não raramente em certos textos. Concedamos que o poeta por meio dessa confusão quer exprimir algo ajuizado e que, se não o torna compreensível, é por causa de sua modesta capacidade de pensar e exprimir-se. De fato trata-se de um pensamento muito difícil, que é o da transformação decisiva. A mãe, toda banhada de lágrimas e leite, deve ser entendida, do ponto de vista químico, como uma solução. Ela é a "água" em que o velho rei "se dissolve em átomos", como se diz na *Visão de Arisleu* (2ª versão). Ele vem descrito aí como *foetus in utero* (feto no útero). O dissolver-se significa a morte dele, e o útero, ou respectivamente a *cucurbita* (retorta), toma-se o sepulcro dele, isto é, ele desaparece na solução. Neste momento ocorre algo como um milagre: a solução material se torna independente da força da gravidade, e com isso tanto o solvente como o soluto passam simulta-

---

237. "Postquam computruerunt ibi membra prolis / Carneae tetredinem deponebat molis / Illam Luna similans sine coeli polis / Postquam spirificans in splendorem Solis". Spirificare = spiram facere, formar espira ou volta, serpentear. *Spiritum facere* parece coisa impossível. *Sine coeli polis* é apenas expressão para completar o verso e não indica nada mais que esse processo se realiza não no céu, mas na *cucurbita* (retorta).

neamente para um estado superior, que é o estado posterior à *cauda pavonis* (cauda do pavão), isto é, a *albedo* (brancura). Esse é o primeiro estádio da perfeição e é identificado como a Luna. Luna em si é um *spiritus*, que logo se junta ao seu esposo, o Sol, e então entra no segundo estádio, em geral definitivo, que é a *rubedo* (vermelhidão). Com isso está concluída a obra, isto é, tomou forma e pedra, que agora tem *corpus, anima* e *spiritus* (corpo, alma, espírito) e, portanto, representa um ser vivo, mas de corpo incorruptível.

95   Para modelo dessa transformação pairava sempre na mente do alquimista medieval, como o sabemos, mais ou menos o milagre da transubstanciação (na missa). Era justamente esse o caso do *canonicus* (cônego) Ripley. Já vimos por meio de alguns exemplos como as representações religiosas se imiscuíam na alquimia dele. A rainha da *Cantilena* não é nem esposa nem mãe, mas uma "Madona com seu manto protetor", que realiza com o rei a *adoptio filii* (adoção como filho, a υἱοθεσία); desse modo se dá a entender que a relação dela com o rei é a mesma como a da *mater Ecclesia* (mãe Igreja) com os fiéis. Ele morre e é sepultado como que na igreja ou na terra abençoada, onde fica aguardando a ressurreição em um corpo glorificado.

96   Como a fêmea do pavão somente apresenta seus filhotes ao pai quando eles já estão crescidos, da mesma maneira, como já vimos mais acima, procede a *Beata Virgo* (Beata Virgem Maria) com seus filhos adotivos em relação a Deus Pai. A elevação da *matrix* (mãe ou origem), que é a solução química, a partir do estado de materialidade até tomar-se a Luna, como já mencionei, é a alegoria clássica da Igreja, o que sem dúvida nenhuma era do conhecimento de Ripley. A deusa que aqui entra repentinamente no *opus* (obra), está representada, por exemplo, no *Mutus Liber,* onde também aparece de repente no meio do processo, como uma figura nua de mulher, munida do sinal da Lua e com uma criança nos braços. Dessa maneira se descreve o mistério como uma intervenção dos deuses[238], que como padrinhos tomam o lugar dos pais terrenos e passam a interessar-se pela geração

---

238. *Mutus Liber*. Rupellae: [s.e.], 1677. Desse raro livro ilustrado existe uma reimpressão moderna. A Luna se acha na Pl. 5 e o Sol, ou respectivamente Febo-Apolo, na Pl. 6.

(espiritual) do *foetus spagiricus* (feto espagírico ou alquímico). Na *Cantilena* é inevitável a aceitação da Luna como substituta da *Beata Virgo*, pois o *senex-puer* (ancião-menino) é designado pelo próprio autor como o *"antiquus dierum"* (o antigo dos dias). Por isso entendi a expressão *"illam Luna similians"* como "tomando o lugar da mãe". Como a mãe nesse momento acabou de realizar a histólise (desintegração) do *senex-puer*, de modo a existir agora apenas uma solução homogênea, assim deve-se supor que a Luna, ao substituir a mãe, considere de certo modo a solução como idêntica a si própria e daí em diante carregue o rei em seu ventre, ou respectivamente o tenha adotado escondendo-o embaixo de suas vestes. É daí que o rei recebe a imortalidade em um corpo divino e incorruptível. No *Mutus Líber* se realiza a seguir uma adoção pelo Sol, e por fim ainda uma *coniunctio Solis et Lunae* (conjunção ou união do Sol e da Lua), ocasião em que o filho adotivo está presente na substância do Sol e da Lua e é incluído na cerimônia.

Algo de semelhante parece encontrar-se na *Cantilena*: Luna e seu filho adotivo são de início ainda idênticos na mesma solução. Visto a mãe ser descrita como inclusa em seu aposento, então ela é também invisível para o público. Se a Luna aceita esse estado, então ela se acha provavelmente no novilúnio e se prepara para o σύνοδος (conjunção) com o Sol. A Lua nova está relacionada com o que é sinistro e da natureza da serpente, como vimos acima. Por isso entendo a expressão *"spirificans in splendorem Solis"* como "serpenteando ao esplendor do Sol". A figura feminina se acha moralmente onerada na alquimia e parece ser aparentada proximamente com a serpente do paraíso; assim podia ter surgido inesperadamente ao nosso cônego, por esta e por outras razões ainda, a expressão *"spiram facere"* (fazendo um arco) para indicar sua aproximação do Sol no novilúnio[239]. Não devemos esquecer que um alquimista culto do século XV tinha à disposição um conhecimento dos símbolos na mesma extensão como

---

239. Como já expus acima, a conjunção da Lua nova é um assunto sinistro na concepção alquímica. Lembro aqui principalmente o *viperinus conatus* (tentativa de víbora ou serpente) por parte da mãe; forma ele um paralelo para a morte precoce do deus-filho da mitologia.

a apresentada em nossa exposição (abstraindo-se da psicologia!), ou talvez até maior ainda em caso dado. (Existem ainda muitos manuscritos não publicados e que me são inacessíveis.)

98 Estrofe 26: "Deste modo a mãe, quando chegou o tempo, deu o nascimento ao filho que havia concebido; tinha ela assim um filho que era agradável ao céu e que recuperaria após o nascimento a dignidade de rei".

99 Estrofe 27: "O leito da mãe, que era *retangular*, após certo tempo se torna *circular*, e a coberta (ou tampa) em forma de círculo brilha para toda a parte como o esplendor da Lua"[240].

100 Esta estrofe confirma que a solução toda se transformou em Lua e que não foi apenas ela que se transformou, mas também o vaso em que estava contida a *matrix*. O "leito", antes quadrangular, ou respectivamente quadrado, como podemos acrescentar, torna-se então redondo como a Lua cheia. O *"cooperculum"* (tampa) parece indicar mais um vaso do que uma cama, e é a tampa que brilha como a Lua. Como ela constitui a parte superior do vaso, então decerto ela também significa o lugar onde nasce a Lua, isto é, onde o conteúdo do vaso se torna visível. Realizou-se aqui a quadratura do círculo, que é um sinônimo apreciado para o *Magisterium* (exercício da arte). O anguloso e imperfeito é substituído pelo perfeito, que aparece como círculo[241]. A mãe (na forma de "água-mãe") é ao mesmo tempo conteúdo e vaso, pois este último muitas vezes é identificado como o conteúdo; assim, por exemplo, o *vas* (vaso) é igualado à *aqua permanens* (água eterna)[242]. A obtenção do redondo e perfeito significa que o filho, que procede da mãe, de agora em diante atinge a sua perfeição, isto é, que o *Rex* (rei) atinge a juventude (eterna), e que seu corpo se tornou incorruptível. Como o quadrado representa o quatérnio (quaternidade, grupo de quatro) dos elementos, que são inimigos entre si, da mesma forma a figura circular indica a união deles para for-

---

240. "Lectus matris extitit qui quadrangularis / Post notata tempora fit orbicularis / Cuius cooperculum formae circularis / Undequaque candeat fulgor ut Lunaris".

241. Cf. *Psychologie und Alchemie* (*Psicologia e alquimia*). 2.ed., 1952 [OC, 12], p 130.

242. Op. cit., p. 327s.

Mysterium Coniunctionis — Rex e Regina...   83

mar o um. O um formado pelos quatro é a *quinta essentia* (quintessência).

Não preciso ocupar-me aqui mais pormenorizadamente com o sentido psicológico desse processo, pois esse tema foi tratado extensamente em *Psychologie und Alchemie* (Psicologia e *alquimia*).

Estrofe 28: "Da forma quadrangular do leito surgiu a redonda, e da coisa mais negra surgiu a coisa mais branca e mais pura, (a saber) o filho vermelho que há pouquinho saiu dele (leito) e alegremente empunhou o cetro real"[243].   101

Vaso e conteúdo, e a própria mãe que continha o pai, tudo isso se mudou no filho, o qual se elevou da mais profunda negrura até o albor da Lua e adquiriu sua vermelhidão pela *solificatio* (tornar-se semelhante ao Sol). Nele se acham fundidos todos os opostos.   102

Estrofe 29: "A seguir Deus abriu as portas do paraíso; à semelhança do que se deu com a Lua branca, que ele elevou para colocar na sede do soberano, também ele adornou aquele (o filho) e o coroou dignamente com o Sol que vomita fogo"[244].   103

Nosso autor descreve a renovação do rei e o nascimento do filho como a revelação de um salvador, o que aliás tem aparência muito estranha na boca de um clérigo medieval. A sublimação da Luna "*ad imperii loca*" (à sede do soberano) é uma paráfrase inequívoca tanto da *Assumptio Mariae* (assunção de Maria) como também das núpcias da *sponsa Ecclesia* (noiva Igreja). A abertura do paraíso não significa nada menos do que a irrupção do Reino de Deus na Terra. O fato de lhes dar atribuições do Sol e da Lua faz do *filius regius* (filho do rei) inteiramente o homem primordial ressuscitado, que é o Universo. Seria errado pretender diminuir esses louvores ou declará-los loucura. Não podemos livrar-nos de todos os alquimistas tachando-os de loucos. Parece-me muito mais aconselhável pesquisar os motivos que fizeram com que até clérigos postulassem uma manifestação divina ao lado ou acima do seu Credo. Se o *Lapis* (pedra) fosse apenas o ouro,   104

---

243. "Lecti sic quadrangulus factus est rotundus / Et de nigro maximo albus atque mundus / De quo statim prodiit natus rubicundus / Qui resumpsit regium sceptrum laetabundus".

244. "Hinc Deus paradysi portas reservavit / Uti Luna candida illum decoravit / Quam post ad imperii loca sublimavit / Soleque ignivomo digne coronavit".

84 Obra Completa — Vol. 14/2

então os alquimistas seriam gente rica; se fosse a panaceia, ter-se-ia um bom remédio para todas as doenças; se fosse o *elixir vitae* (elixir da vida), então viver-se-ia até 1.000 anos ou mais. Mas tudo isso nem de longe tornaria necessária a declaração religiosa a respeito do *Lapis*. Se ele é, pois, apesar de tudo, decantado como a segunda vinda do Messias, então deve-se supor que os alquimistas de fato queriam dizer isso mesmo. Na verdade, eles consideravam sua arte como um *charisma* (carisma), como um *donum S. Spiritus* (dom do Espírito Santo) ou a *sapientia Dei* (sabedoria de Deus), mas ela era apenas uma obra humana, e o misterioso filho de Deus era produzido na retorta como por um *artificium* (artifício)[245], ainda que um milagre divino constituísse o momento decisivo.

105 Diante de tais reflexões sentimo-nos impelidos a considerar que a alquimia medieval, a qual começou a desenvolver-se no século XII, depois dos árabes e dos arabizantes, e cuja testemunha eloquente é a *Aurora Consurgens*, enfim nada mais representa do que aquele desenvolvimento da doutrina sobre o Espírito Santo, que na Igreja não foi além de algumas tentativas[246]. O Paráclito é dado a cada homem, e por meio dele o homem é assumido no processo da vida trinitária[247]. E se o Espírito da geração e da vida habita no homem, então Deus também pode nascer nele; este pensamento jamais desapareceu desde Meister Eckhart[248]. Não é nada ambígua nesse sentido a poesia de Angelus Silesius:

---

245. ANGELUS SILESIUS. *Cherubinischer Wandersmann* III, 1924, p. 195, diz sobre a *Sapientia* (Sabedoria): "Por uma virgem foi feito o mundo todo, / Por uma virgem será renovado e refeito".

246. O finado arcebispo de Canterbury, Dr. Temple, me disse *sponte sua* (espontaneamente) em conversa que a doutrina eclesiástica sobre o desenvolvimento dos ensinamentos acerca do Espírito Santo ainda não fez tudo o que dela se poderia ter esperado. Acerca do aspecto psicológico da doutrina do Espírito Santo remeto o leitor a *Symbolik des Geistes* (*Simbólica do espírito*). 1953, achega IV.

247. Essa conclusão é de todo evidente, por exemplo, em Angelus Silesius.

248. Cf. a grandiosa pregação "Dum medium silentium tenerent omnia et nox in suo cursu medium iter haberet etc." (Enquanto um calmo silêncio envolvia todas as coisas e a noite chegava ao meio de seu curso). (Sb 18,14. PFEIFFER. *Meister Eckhart*. Vol. II, 1857, 1,3). Cito apenas as palavras iniciais, que entretanto contêm o tema inteiro (no alemão da época): "Começamos aqui no tempo dos nascimentos eternos, nos quais Deus Pai deu à luz e continua dar a luz sem interrupção na eternidade, e que o mesmo nascimento se deu agora no tempo na natureza humana. Diz Santo Agostinho que o

Mysterium Coniunctionis — Rex e Regina...

"Se o Espírito de Deus te tocar com sua essência,
Nascerá então em ti a criança da eternidade".

"Se tua alma é serva e pura como Maria,
Então ela em um momento deve estar grávida".

"Eu devo estar grávido de Deus: seu Espírito deve pairar sobre mim
E fazer que Deus viva verdadeiramente em minha alma".

"De que me adianta, Gabriel, se tu saúdas Maria,
Mas não és para mim o mesmo mensageiro"[249].

Aqui exprime Angelus como uma vivência psíquico-religiosa o 106
que os alquimistas experimentavam na matéria, e que Riplaeus descreve em bizarras alegorias. A natureza desta vivência explica satisfatoriamente a linguagem escolhida e a comoção íntima que sua *Cantilena* deixa transparecer. Trata-se aqui de uma coisa decerto maior do que a atuação da graça dos sacramentos: Deus mesmo intervém pelo Espírito Santo na obra do homem, tanto na forma de inspiração como na de intervenção direta pela transformação miraculosa. Considerando-se o fato que tal milagre nunca ocorreu na retorta, ainda que sempre de novo se tenha afirmado ter alguém produzido realmente o ouro, e que nem a panaceia nem o *elixir vitae* (elixir da vida) tenham comprovadamente prolongado de modo considerável uma vida humana, e que de modo algum um *homunculus* (homúnculo ou homenzinho) tenha surgido a subir da estufa – então, diante do aspecto desse resultado totalmente negativo, pergunta-se em que estariam fundamentados a comoção e o entusiasmo dos adeptos.

Para dar resposta a essa interrogação difícil, deve-se ter presente 107
no espírito que os antigos mestres em seu impulso de pesquisar se encontravam em caminhos repletos de esperança, pois o fruto que a al-

---

mesmo nascimento ocorre sempre de novo. Mas se ele não acontece em mim, de que me serve isso? Mas se isso acontece em mim, então isso dirige tudo. Agora devemos falar desses nascimentos, como eles ocorrem em nós ou se realizam na boa alma, quando Deus Pai profere sua palavra eterna na alma perfeita [...] Uma palavra diz o homem sábio 'que todas as coisas estavam em meio ao silêncio, que veio de cima para baixo, da sede real, uma palavra oculta para dentro de mim'".

249. *Cherubinischer Wandersmann* II, 1924, 101-104.

quimia deu à luz, após vários séculos de esforços, foi finalmente a química com suas descobertas quase incalculáveis. É a partir do pressentimento de possibilidades inauditas que se poderá explicar não pouco da dinâmica afetiva da alquimia. Apesar de seu trabalho no laboratório ser improdutivo em resultados úteis ou mesmo apenas ilustrativos, contudo parece que isso, deixando de lado esse insucesso crônico, tenha produzido um efeito psíquico de natureza positiva, algo como uma satisfação interior ou até um crescimento sensível de sabedoria. De outro modo seria difícil explicar como é que os adeptos não desistiram entediados desse seu propósito quase sempre tão ingrato. Não é que tais decepções não tenham jamais ocorrido! A ausência de bons resultados, sempre de novo e de maneira crescente, levava a alquimia ao descrédito. Apesar de tudo, sempre resta uma série de testemunhos que permitem reconhecer claramente que esse tatear, sem esperança do ponto de vista químico, tenha de outra parte um aspecto inteiramente diferente, quando considerado do ponto de vista psicológico. Como já mostrei em *Psychologie und Alchemie* (*Psicologia e alquimia*), ocorriam durante o processo químico aquelas projeções psíquicas que levavam a representar conteúdos inconscientes de maneira intuitiva e até mesmo visionária. Como a psicologia médica moderna já reconheceu, tais projeções são, em caso dado, de máximo efeito terapêutico. Não era em vão que os antigos "*artistae*" (artistas) identificavam sua *nigredo* (negrura) com a melancolia e exaltavam seu *opus* (obra) como remédio para o sofrimento psíquico ("*afflictiones animae*"), uma vez que fizeram a experiência, como não podia esperar-se de outra maneira, que na verdade a bolsa do dinheiro murchava, mas a alma tirava proveito disso; pressupondo-se naturalmente que tivessem escapado ilesos de certos perigos psíquicos consideráveis. As projeções dos alquimistas não são outra coisa senão conteúdos inconscientes a aparecer na matéria; a psicoterapia moderna procura torná-los conscientes pelo método da *imaginação ativa*, antes que eles se transformem em projeções inconscientes. A conscientização do inconsciente e o dar forma ao que é disforme têm um efeito psíquico em todos aqueles casos em que a atitude da consciência, diante de um inconsciente transbordante, não lhe oferece qualquer possibilidade de expressar-se. Em tais circunstâncias não resta, por assim dizer, outro recurso ao inconsciente senão engendrar projeções e sintomas neuróticos. O mundo consciente da Idade Média não garantia suficiente possibilidade de expressão para certas coisas. O mundo imenso da ciência natural achava-se então como que dobrado e comprimido em um botão de flor, e na mesma situação se encontrava também certo espírito religioso, que se nos depara em muitíssimos tratados alquímicos e que, como podemos supor, achava-se em conexão estreita com o empirismo da pesquisa das ciências naturais.

O arauto mais perceptível desse espírito é certamente Meister Eckhart, com sua ideia do nascimento do Filho em cada indivíduo humano e da filiação divina do homem daí resultante[250]. Uma parte desse espírito se realizou no *Protestantismo*, outra parte foi pressentida pelos místicos após Boehme, principalmente por Angelus Silesius, que propriamente *"periit in opere"* (encontrou a perdição em sua obra), como dizem os alquimistas. Ele foi cair, por assim dizer, além do protestantismo, em uma atitude espiritual, que necessitaria da filosofia e da religiosidade indiana e chinesa como ponto de sustentação, e que por isso somente teria sido possível pelo fim do século XIX. Mas em sua época Angelus somente podia fenecer, e isso também lhe aconteceu de modo trágico. Mais uma parte desse espírito tomou forma definida em certa atitude das ciências naturais, que independe de qualquer autoridade; uma última parte finalmente se apoderou do espírito oriental e fez com que ele fosse incorporado ao Ocidente, com maior ou menor tato e gosto.

Nenhum homem que pensa pretenderá afirmar que o estado presente seja um estado final e duradouro. Pelo contrário, cada um está convencido que o ritmo das mudanças e transições se acelerou além de toda a medida. Tudo se estilhaçou e se dissolveu, e não se pode ainda calcular como uma síntese necessariamente "superior" possa realizar-se em alguma das organizações dos espíritos ainda existentes

---

250. As passagens decisivas são (PFEIFFER. II, p. 6 e p. 9) (em alemão arcaico): "E, portanto, gera Deus Pai seu Filho em verdadeira união com a natureza divina. Vede que do mesmo modo e de nenhum outro faz Deus Pai seu Filho nascer um fundo da alma, e em seu ser, pois se une com ela". – "São João diz: 'A luz resplandece nas trevas, ela veio ao que era seu próprio, e todos os que a receberam, tornaram-se poderosos filhos de Deus'".

de forma unificada, sem que essa última seja modificada em uma medida ainda suportável. Um dos impedimentos mais difíceis e fatais é sem dúvida o confessionalismo, que sempre tem razão, que não emprega tolerância, que pelos motivos mais sagrados cria e atiça qualquer rixa, que se coloca a si mesmo em lugar da religião, que rebaixa ao menos como ovelha desgarrada qualquer um que pense de outro modo. Será que os homens sequer podem fazer valer reivindicações de totalidade? Essa reivindicação é de tal modo perigosa do ponto de vista da moral, que faríamos melhor se deixássemos a Deus a execução dela do que arriscar-nos a arrogar para nós a semelhança de Deus à custa do nosso próximo.

110 Após esta digressão, retornemos à *Cantilena*.

111 30ª estrofe: "Deus te deu armas dignas e ornadas, distinguidas pelos quatro elementos, em cujo meio se encontrava a virgem redimida que se tinha estabelecido no quinto círculo"[251].

112 Ao rei renovado, que possui as propriedades do *Ánthropos* cósmico, são-lhe dados por Deus os quatro elementos como armas, com o que está expresso que ele deve dominar o mundo justamente por meio dos quatro elementos. Os elementos manifestamente são imaginados como círculos, pois a *quinta essentia* (quintessência), a *"virgo"* (virgem) aparece no quinto deles. A representação dos elementos por meio de círculos é uma forma medieval conhecida[252]. Uma figura singular é a *quinta essentia* (quintessência) imaginada como *virgo*. Ela vem designada como *"redimita"* (redimida), com o que se faz alusão à sua prisão anterior. Nela tornamos a reconhecer a "alma aprisionada nos quatro elementos" da alquimia grega, a *"anima in compedibus"* (alma em grilhões) dos latinos, que outra coisa não é senão a *"anima media natura"* (a alma no meio da natureza) ou a *"anima mundi"* (a alma do mundo). Ela é uma designação para a vida divina que habita no mundo e para aquela parte do *pneuma* (es-

---

251. "Elementis quatuor Deus insignita / Arma tibi contulit decenter polita / Quorum erat medio virgo redimita / Quae in quinto circulo fuit stabilita".

252. Cf. estampa em *Psychologie und Alchemie (Psicologia e alquimia)*. 2. ed., 1952 [OC, 12], p. 190, 237, 317.

Mysterium Coniunctionis — Rex e Regina...

pírito) que chocava as águas, infundindo nelas seus germens de vida, e que desse modo acabou prisioneira da criação. A *anima mundi* é a metade feminina de Mercurius[253].

Na *Cantilena* a *virgo* significa a mãe-rainha rejuvenescida, que daí em diante aparece como *sponsa* (noiva). A redenção se dá por meio do longo sofrimento da mãe, isto é, pelo esforço do *opus* (obra), que pode de certo modo ser comparado à paixão[254]. 113

A "estabilização" da *virgo* no quinto círculo indica que a *quinta essentia*, a qual representa os elementos desarmônicos como unidade, equivale ao éter como substância subtilíssima. Ela está, pois, muito próxima ao mundo do espírito e representa ao mesmo tempo o mundo sublunar. Ocupa ela tal posição que de uma parte corresponde à da *Luna* e de outra à da *Beata Virgo* (Beata Virgem Maria). 114

Estrofe 31: "Dela escorre um bálsamo delicioso após ter sido ela purificada do corrimento menstrual; ela refulge por inteiro, de rosto brilhante e adornada com toda a sorte de pedra preciosa"[255]. 115

Estrofe 32: "No colo dela estava deitado o leão verde, a quem a águia trazia o alimento. Do lado do leão escorria o sangue, que a virgem bebia pela mão de Mercurius"[256]. 116

Estrofe 33: "Um leite maravilhoso oferecia ela de seus seios e o dava de beber ao leão, cuja face ela limpava com uma esponja que umedecia várias vezes com seu próprio leite"[257]. 117

---

253. Op. cit., p. 570s.

254. "In vase nostro fit passio" (Em nosso vaso se realiza a paixão), diz MYLIUS. *Philosophia reformata*. 1622, p. 33. O motivo da tortura já se encontra nas visões de Zósimo.

255. "Et unguento affluit haec delicioso / Expurgata sanguine prius menstruoso / Radiebat undique vultu luminoso / Adornata lapide omni pretioso".

256. "Ast in eius gremio viridis iacebat / Leo, cui aquila prandium ferebat, / De leonis latere cruor effluebat, / De manu Mercurii, quem Virgo bibebat".
A Águia é a etapa imediatamente superior à do Leo. Este, como quadrúpede, ainda está ligado à terra, ao passo que a Águia representa um *spiritus* (espírito).

257. "Lac, quod mirum extitit illa propinabat / Suis de uberibus, quod leoni dabat. / Eius quoque faciem spongia mundabat, / Quam in lacte proprio saepe madidabat".

90 Obra Completa — Vol. 14/2

118   Estrofe 34: "Ela foi coroada com um diadema e retirada da terra por uma corrente de ar ígneo, e em seu manto fulgurante de estrelas foi transportada para o empíreo no meio do céu"[258].

119   Estrofe 35: "Rodeada de signos, tempos e além disso de planetas, após terem sido dissipadas as trevas, que estavam entrelaçadas com seus cabelos formando uma rede, estava ela sentada e o rei a contemplava com olhos de alegre brilho"[259].

120   Estes versos descrevem a apoteose da rainha de tal maneira que não é difícil reconhecer nela o modelo inspirador, isto é, a coroação de Maria. A imagem, porém, é complicada, de uma parte, pela *Pietà*, e de outra parte, pela mãe que amamenta a criança. Da maneira como aliás só costuma ocorrer nos sonhos, aqui se contaminam diversas imagens de situações de Nossa Senhora, em que o leão e a criança representam o corpo morto do crucificado com o ferimento no lado. À semelhança do que ocorre nos sonhos, o simbolismo se impõe, sem se importar com o sentimento estético e religioso, com suas condensações grotescas e superposições de conteúdos contraditórios, como se no mesmo cadinho se fundissem joias de diversos metais, onde elas perdessem sua forma própria, e seus contornos lentamente se diluíssem e se confundissem. Com isso, essas imagens perdem sua expressão original, sua diferenciação e sua significação. Nos sonhos acontece — para nosso espanto — que não raramente nossas melhores convicções e valores sofrem tais mutilações iconoclastas. No entanto, não é apenas no sonho que isso acontece, mas também nas psicoses, as quais produzem ocasionalmente as blasfêmias mais detestáveis e as distorções mais inauditas de representações religiosas. Também a "bela" literatura é capaz de coisa semelhante; lembro apenas o *Ulysses* de James Joyce, livro que E.R. Curtius com razão designou como obra do anticristo. Tais produtos têm a ver muito mais com o espírito da época do que com o dote inventivo e perverso de um autor. De nossa época deve-se mesmo esperar tais "profetas" como Joyce. Algo de semelhante se achava também no espírito da chamada Re-

---

258. "Illa diademate fuit coronata / Igneoque pedibus aere ablata, / Et in suis vestibus splendide stellata, / Empyreo medio coeli collocata".

259. "Signis, temporibus et ceteris planetis / Circumfusa, nebulis tenebrosis spretis, / Quae. contextis crinibus in figuram retis, / Sedit, quam luminibus Rex respexit laetis".

Mysterium Coniunctionis — Rex e Regina...

nascença. Um exemplo contundente disso constituem as contaminações grotescas que o *Hexastichon* de Sebastian Brant ousou fazer com as representações sagradas[260]. Seus produtos, sem mais nada, podem ser comparados com as fantasias de George Ripley, e os dois não têm a mínima suspeita do caráter duvidoso de seu agir. Apesar do caráter semelhante ao do sonho que têm esses produtos, parecem eles ter sido constituídos com plena intencionalidade. Em Brant cada parte é até designada por um número especial, indicativo do capítulo. Também na paráfrase de Ripley se pode, por sua vez, separar facilmente cada item da sagrada legenda retirando-o do contexto. Brant acha que suas figuras até ajudam mnemotecnicamente a conservar a lembrança do conteúdo dos evangelhos, ao passo que o aspecto caricaturístico diretamente diabólico delas imprime à Sagrada Escritura uma marca que realmente se grava muito mais do que as coincidências entre as bodas de Caná e o capítulo 2 do Evangelho de João. Do mesmo modo as imagens da virgem celeste com o leão ferido no colo exerce uma fascinação singular, que provém justamente do afastamento esquisito da imagem oficial e costumeira.

Um pouco acima designei como uma espécie de fusão a tendência para a deformação fantasiosa, e isso dá a impressão de um processo essencialmente destrutivo. Na realidade, porém, no caso da alquimia, trata-se de um *processo de assimilação* entre a verdade revelada e o conhecimento da natureza. Não pretendo examinar aqui que intenções inconscientes tenham movido Sebastian Brant. A respeito de Joyce, que cai em nosso século muito singular, não preciso dizer aqui nada mais, pois isso já o fiz em outro lugar[261]. Todos esses processos de mistura pela fusão, desde que pertençam ao espírito de uma época, significam uma relativização das dominantes que predominam no

---

260. *Hexastichon Sebastiani Brant in memorabiles evangelistarum figuras.* 1503. As ilustrações deste livrinho são de uma loucura tal que não podem ser ultrapassadas. Como figura principal colocam elas cada vez um símbolo dos evangelistas, por exemplo, a águia para João; em seguida colocam ao redor delas alegorias e alusões figurativas para os pontos principais, os milagres, as parábolas, os acontecimentos etc., tratados em cada capítulo (estampas 1 e 2).

261. *Wirklichkeit der Seele (Realidade da alma).* [Vol. IV *der Psychologische Abhandlungen. (Tratados psicológicos).* Zurique: [s.e.], 1948], p. 132s.

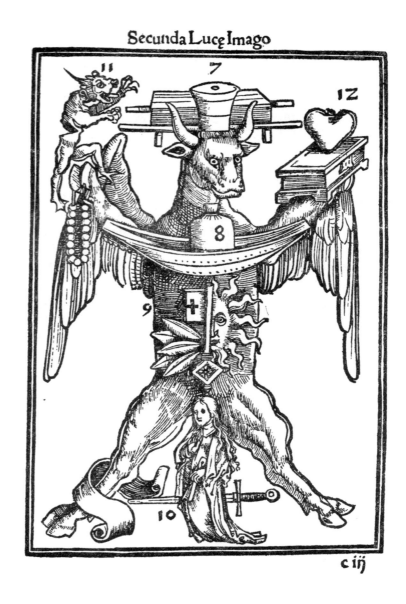

Estampa 1. Do hexástico de Sebastian Brant, 1503

Estampa 2. Do hexástico de Sebastian Brant, 1503

mundo da consciência. Para aqueles que se identificam com essas dominantes ou aderem a elas incondicionalmente, o processo de mistura pela fusão parece ser um ataque inimigo e destruidor, contra o qual devam eles proteger-se na medida do possível. Para os outros, porém, aos quais essas dominantes já não signifiquem o que elas supostamente prometiam, tal processo de mistura pela fusão chega como uma renovação desejada e um enriquecimento da maneira sistemática de considerar as coisas, sistema que envelheceu quanto à sua força vital e se empobreceu quanto à força do espírito. O processo da mistura pela fusão, conforme o ponto de vista do observador, representa algo de pernicioso ou algo de extremamente desejável[262].

122 Para o último caso há duas possibilidades para distinguir: Há, de uma parte, alquimistas que são de opinião que a verdade revelada e divina, como a Igreja a propõe, somente poderá lucrar pela união com o conhecimento de Deus na natureza; de outra parte há adeptos para os quais a transposição do *mysterium fidei* (mistério da fé) cristão para o mundo natural confere a este último, isto é, à natureza, um significado místico, cujo esplendor misterioso sobrepuja em brilho a bela ininteligibilidade das cerimônias eclesiásticas. No primeiro caso espera-se um renascimento do sistema da fé; no outro, porém, aguarda-se uma nova encarnação e transformação dele em uma revelação natural.

---

262. Certo crítico inclui também a mim entre os mestres da fundição, e faz isso porque eu cultivo psicologia comparada das religiões. Essa designação é justificada enquanto eu designo como *psíquicas* todas as representações da fé (nessa tarefa está além de minha competência o significado transcendental que elas possam ter). Eu estabeleço uma relação entre a doutrina cristã e a psicologia; é uma relação que, segundo penso, não precisa necessariamente ser prejudicial à doutrina cristã. Meu crítico deixa entrever uma confiança muito pequena na força assimiladora de seu sistema de fé, ao horrorizar-se desmesuradamente diante do processo de mistura pela fusão que se inicia. A Igreja, todavia, já conseguiu assimilar a Aristóteles que lhe era essencialmente estranho, e quanto não é tudo aquilo que ela tomou de filosofia pagã e – *last bu not least* – também do gnosticismo, sem com isso envenenar-se! Se a doutrina cristã conseguir assimilar a psicologia, com a qual ela está fadada a colidir, isto será um sinal de sua força vital, pois vida é assimilação. O que já não é capaz de assimilar, morre. A assimilação de Aristóteles afastou em sua época o perigo que a ameaçava da parte dos árabes. Conviria que a crítica teológica meditasse sobre tais coisas, antes de confrontar-se com a psicologia, apenas de maneira negativa. A psicologia, como também na época a alquimia, não pretende de modo nenhum rebaixar o sentido dos símbolos religiosos.

Dou importância especial ao fenômeno da assimilação na alqui- [123] mia, porque ele, em certo sentido, representa como que um prelúdio para a aproximação moderna que a psicologia empírica efetua em relação a concepções dogmáticas – uma aproximação que Nietzsche já havia pressentido claramente e expressado. A psicologia, como ciência da natureza, considera o mundo das concepções religiosas sob o aspecto de sua fenomenologia psíquica, sem lhe tocar no conteúdo teológico. Toma ela as imagens desse mundo, levando-as para o domínio dos conteúdos psíquicos, que constituem seu campo de pesquisa. É a própria natureza da psique que lhe impõe esta tarefa; mas ela não a emprega, como procedia a alquimia, para explicar possivelmente de maneira teológica os processos psíquicos; muito mais a usa para aclarar a obscuridade das imagens religiosas, relacionando-as com outros conteúdos semelhantes da psique. Surge daí certa amalgamação ou liga de concepções, aparentemente das mais diversas procedências, o que a leva a estabelecer ocasionalmente paralelismos e comparações, que para uma inteligência não crítica, para a qual são estranhas as considerações das teorias do conhecimento, possam parecer uma desvalorização ou uma falsa interpretação. Se daí alguém quiser construir uma objeção contra a psicologia, certamente também se poderia fazer sem dificuldade a mesma coisa com a hermenêutica dos Santos Padres, que frequentemente se arrisca muito, ou com as dúvidas deixadas pela crítica textual. A psicologia deve confrontar-se com os símbolos religiosos, porque a isso a obriga seu material experimental, que de ordinário é totalmente desconhecido pelo teólogo. Também a química dos protídios vivos não está reservada a outra faculdade, porque eles são vivos, e a pesquisa da vida é assunto da biologia. Esse confronto da ciência empírica com o domínio da experiência religiosa tão somente pode ser frutuoso para ambas. Unicamente resultará em algum prejuízo se por acaso um ou outro dos pontos de vista estiver inconsciente dos limites de sua pretensão à validade. Contra a censura de inconsciência, entretanto, a alquimia não pode defender-se. Constitui enigma, e continuará sendo tal, saber se Ripley refletiu sobre suas monstruosidades teológicas e como pôde ter feito isso. Do ponto de vista das ciências naturais a disposição psíquica dele se aproxima da de um estado onírico propriamente dito.

124	Com a imagem da coroação de Maria ou do matrimônio celestial, chegamos às últimas estrofes da *Cantilena*.
125	Estrofe 36: "Este é o triunfador máximo sobre todos os reis e o grande mediador para os corpos doentes, como também o tão grande reparador de todos os defeitos, a quem obedecem o imperador e o viajante[263].
126	Estrofe 37: "Aos prelados e reis presta ele homenagem, aos doentes e inválidos oferece consolo. Quem é aquele, a quem não ajuda esse remédio, pelo qual é afastado todo o peso da indigência"[264].
127	Esta é a apoteose do *filius regius* (filho do rei), como aparece em forma semelhante nos muitos tratados. Assim diz o antigo *Tractatus Aureus Hermetis*[265]: "Nosso filho, que justamente há pouco foi reanimado, torna-se o combatente do fogo e sobrepuja as tinturas. Pois o filho é um benefício e possui a sabedoria. Vinde, vós, filhos dos sábios, e alegremo-nos, e ainda rejubilemos, pois a morte chegou ao fim, e nosso filho assumiu o poder e se revestiu então com o manto vermelho e carmesim". Esta figura faz lembrar o "primeiro homem" maniqueu, mencionado mais acima, que armado com os cinco elementos se prepara para combater as trevas[266]. O rei renascido é uma maravilha do mundo (*mundi miraculum*), "acima de tudo um espírito puríssimo"[267]; ele é, como assegura o *Aquarium Sapientum*[268], um "espírito escolhido entre todos os espíritos celestiais, um espírito tenebroso nobilíssimo e puríssimo, ao qual todos os outros obedecem como a um rei, que traz para os homens toda a salvação e prosperidade, que cura os doentes concede aos piedosos honra temporal e longa vida, mas que subjuga os maus ao castigo eterno, quando abusam dele. Em tudo isso foi ele achado como que experimentado, perfeito e infalí-

---

263. "Est hic Regum omnium summus trimphator / Et aegrorum corporum grandis mediator, / Omnium defectuum tantus reformator / Illi ut obediant Caesar et viator".

264. "Praelatis et regibus praebens decoramen, / Aegris et invalidis fit in consolamen. / Quis est quem non afficit huius medicamen, / Quo omnis penuriae pellitur giavamen".

265. Ed. 1566, cap. III, p. 22.

266. HEGEMONIUS. *Acta Archelai*, 1906, p. 10 [BEESON (org)].

267. "Introitus Apertus". *Musaeum Hermeticum*, 1678, p. 654.

268. *Musaeum Hermeticum*, 1678, p. 96.

Mysterium Coniunctionis – Rex e Regina... 97

vel... Em resumo (suma) ele é o extremo e o altíssimo, que pode ser visto sob o céu, e o apelidaram de fim maravilhoso e de epílogo de todas as obras filosóficas. Por isso antigamente piedosos filósofos chegaram até a dizer que ele foi revelado do alto a Adão, o primeiro homem, e que em seguida foi esperado com desejo singular por todos os santos patriarcas". "O Onipotente, nota o *Introitus Apertus*, por um sinal especial o tornou conhecido, e o nascimento dele e anunciado pela ascensão filosófica[269] acima do horizonte de seu hemisfério. Os sábios ou magos da época (o) viram e tomados de admiração o reconheceram imediatamente como o Rei sereníssimo que nasceu no mundo. Se avistares as estrelas dele, segue-as até o presépio, que lá verá a bela criança; ao afastares as sujeiras, honra o menino régio, abre o tesouro, oferece o ouro como presente, pois ele após a morte te dará carne e sangue, o maior remédio nos três reinos da terra"[270]. O revestimento do elixir com a "veste régia" já aparece na *Turba*[271]. O *Consilium Coniugii* designa o rei como "descendo do céu"[272]. A parábola do rei aplicada ao *Arcanum* (arcano, mistério) completo já

---

269. Cf. "Rosinus ad Sarratantam". *Artis Auriferae* I, 1593, p. 281: "Deinde fermentum tangit cum corpore imperfecto praeparato, ut dictum est, quousque fiant unum corpore, specie et aspectu et tunc dicitur Ortus; quia tunc natus est lapis noster, qui vocatus est rex a Philosophis ut in Turba dicitur: Honorate regem nostrum ab igne venientem, diademate coronatum etc." (Então o fermento toca o corpo imperfeito preparado, como foi dito, até que se tornem um quanto ao corpo, à espécie e ao aspecto, e então é chamado *Ortus* (nascimento de um astro); porque então nasceu nossa pedra, que é chamada rei pelos filósofos, se diz na *Turba*: Honrai o nosso rei que vem do fogo, coroado com um diadema etc.).

270. *Musaeum Hermeticum*. 1678, p. 654s.: "... quare signo illum notabili notavit Omnipotens, cuius nativitas per Orientem in Horizonte Hemisphaerii sui philosophicum annunciatur. Viderunt Sapientes in Evo Magi et obstupuerunt statimque agnoverunt Regem serenissimum in mundo natum. Tu, cum eius Astra conspexeris, sequere ad usque cunabula, ibi videbis infantem pulchrum, sordes semovendo, regium puellum honora, gazam aperi, auri donum offeras, sic tandem post mortem tibi carnem sanguinemque dabit, summam in tribus Terrae Monarchiis medicinam".

271. "Et videatis iksir vestitum regni vestimento". RUSKA. *Turba philosophorum*, 1931, p. 147, 1.25.

272. "Lapis Philosophorum est rex e coelo descendens, cuius montes sunt argentei et rivuli aurei et terra lapides et gemmae pretiosae" (A pedra filosofal é o rei que desce do céu, cujos montes são de prata, os rios de ouro e a terra gemas e pedras preciosas). Ed. 1566, p. 61.

98   Obra Completa — Vol. 14/2

se encontra em βίβλος Σόφε Αίγυπτίου (Livro do Egípcio Sophe), obra atribuída a Zósimo. Aí se diz: "Assim como há um sol, que é a flor do fogo, e um sol celeste, que é o olho direito do cosmo, da mesma forma o cobre, quando pela purificação se transforma em flor, é um sol, um rei na terra[273], como o sol no céu"[274]. Neste sentido diz Mylius a respeito do rei Sol, que "Febo, com seus cabelos de ouro reluzentes, está sentado no meio como um rei ou imperador do mundo, a segurar o cetro e a roda do leme". Nele estão contidas "todas as forças do celestial"[275]. Em outra passagem menciona ele a citação seguinte: "No fim o rei procederá, coroado com seu diadema, radiante como o sol, claro como um carbúnculo"[276]. Khunrath fala do "admirável filho naturalmente trino do Grande Mundo", que os sábios chamam de "Filho chocado artificialmente *ex Ovo Mundi* (do ovo do mundo) e de rei coroado" [277]. Em outra passagem diz o seguinte do *Filius Mundi Maioris*" (filho do mundo maior):[277a]: "O Filho do Grande Mundo, ou *Theocosmus*, isto é, uma força divina e o mundo (a quem também hoje em dia, infelizmente, rejeitam os que ensinam a natureza a partir de um espírito pagão, e os construtores da medicina nas altas universidades de ensino) é o protótipo daquela pedra, ou

---

273. «Βασιλεὺς ὤν ἐπὶ γῆς».

274. BERTHELOT. *Collection des Anciens Alchimistes Grecs* III, XLII, p. 18s.

275. *Philosophia reformata*, 1622, p. 10.

276. Op. cit., p. 284. Em "Rosarium Philosophorum". *Artis Auriferae* II, 1593, p. 329, é mencionado como citação de Lilius. Uma citação semelhante se encontra no "Rosarium Philosophorum. Op. cit., p. 272, como proveniente de Ortulanus e Arnaldo. "Quod infunditur anima corpori et nascitur Rex coronatus" (A alma é infundida no corpo e nasce o rei coroado). O "Rosarium Philosophorum. Op. cit., p. 378, cita um "Aenigma Hermetis de tinctura rubea" (enigma de Hermes acerca da tintura vermelha): "Ego coronor et diademate ornor et regiis vestibus induor: quia corporibus laetitiam ingredi facio" (Eu estou coroado com um diadema e visto roupas reais, porque faço a alegria entrar nos corpos). O "Tractatulus Avicennae". *Artis Auriferae*. I, 1593, p. 422, tem: "Cinerem ne vilipendas, quia Deus reddet ei liquefactionem et tunc ultimo Rex diademate rubeo divino nutu coronatur. Oportet te ergo hoc magisterium tentare" (Não desprezes a cinza porque Deus a tornará líquida e por último o rei será coroado com o diadema vermelho por ordem divina. Convém, pois, que tentes esta instrução).

277. *Von hylealischen... Chaos*, 1597, p. 236s.

277a. O texto está em alemão da época, que é confusa [N.T.].

Mysterium Coniunctionis — Rex e Regina... 99

Theanthropos, Deus e Homem (a quem, como ensina a a Escritura Bíblica, também rejeitaram os construtores das Igrejas); a respeito dele há no e do Grande Livro Mundial da Natureza uma doutrina constante e duradoura entre os sábios e seus discípulos: Sim, uma grandiosa e viva contrafactura de nosso Salvador Jesus Cristo, no e do Grande Mundo, que naturalmente parece ser muito semelhante a Ele (segundo concepção miraculosa, nascimento, forças inefáveis, virtudes e atuações); assim o Senhor Deus, a par das Histórias Bíblicas de seu Filho, também fez representar para nós singulares imagens e realidades no Livro da Natureza"[278].

Que estes poucos exemplos, além do que já publiquei em *Psychologie und Alchemie* (Psicologia e alquimia), possam dar ao leitor uma ideia de como os alquimistas conceberam o rei triunfante. 128

Estrofe 38: "Que Deus, pois, nos permita o desejo de um pedaço dele[279], para que, graças à multiplicação[280], nos alegremos sempre pela renovação da arte e de seus frutos copiosos três vezes doces. Amém"[281]. 129

Com isso termina a *Cantilena*, que é uma das parábolas mais completas sobre a regeneração do rei. Entretanto, não atinge ela nem de longe a formulação múltipla e rica em sentido do desenvolvimento do mito em Christian Rosencreutz (sua *Chymische Hochzeit* é muitíssimo rica em conteúdo e, por isso, não poderia ser tratada aqui de modo superficial). Do mesmo modo a última parte do *Fausto II* encerra o mesmo motivo da transformação do *senex* (ancião) em *puer* (menino) com todas as alusões necessárias ao casamento celestial, que no Fausto inteiro, como também na alquimia, repetem-se em etapas diferentes (Margarida e Helena), bem como também a reno- 130

---

278. Op. cit., p. 286s. Cf. KHUNRATH. *Amphitheatrum sapientiae*, 1604, p. 197, que citei mais acima.

279. *Illius species* = de certo modo uma amostra do que é o rei, pois agora repentinamente é uma substância.

280. A *Multiplicatio* muitas vezes tem o sentido de uma complementação espontânea de si mesmo, comparável ao pequeno vaso de óleo da viúva de Sarepta.

281. "Nostrum Deus igitur nobis det optamen / Illius in speciem per multiplicamen / Ut gustemus practicae semper regeneramen / Eius fructus, uberes et ter dulces. Amen".

vação do rei, que falha por três vezes (menino Lenker, Homunculus, Euphorion) antes da morte de Fausto.

5. O lado sombrio do rei

131   Além da *Cantilena* há ainda outras renovações do rei, adornadas de muitas particularidades, que não quero tratar aqui[282], para não estender demasiadamente minhas dissertações sobre o rei. O material aduzido certamente bastará para ilustrar de certo modo o processo da transformação do rei, de que aqui se trata. O mito da renovação do rei é tão rico em relacionamentos que as experiências feitas até agora não bastam para apresentar toda a extensão deste símbolo. Por isso, procurarei, a seguir, ilustrar um tanto mais principalmente a fase crítica da *nigredo* (negrura), isto é, a decomposição, a morte e o renascimento. A decadência do rei se deriva de sua imperfeição ou de sua doença. Na *Cantilena*, como já vimos, é a infertilidade dele. A figura do rei estéril poderia provir da *Visio Arislei*[283]. em que o *Rex Marinus* (rei marinho) reina sobre uma terra estéril, ainda que ele mesmo não seja estéril. O rei tem certos relacionamentos com o mundo das trevas. Assim, no *Introitus Apertus* ele é primeiro o "secreto fogo infernal"[284], mas depois, como o renascido *"puer regius"* (menino régio) é uma *allegoria Christi* (alegoria de Cristo). Em Michael Majer o rei está morto e todavia vivo e aprisionado na profundeza da água a pedir socorro[285]. No *Splendor Solis*, a história do rei é contada da ma-

---

282. Seja lembrado aqui o banho do rei em Bernardus Trevisanus (no capítulo sobre a inscrição de Aelia). Uma parábola pormenorizada se encontra no "Tractatus Aureus de Lapide Philosophorum" no *Musaeum Hermeticum*, 1678, p. 41s. Cf. tb. p. 13 e 28 deste volume.

283. "Aenigma ex Visione Arislei". *Artis Auriferae* I, 1593, p. 146s.

284. *Musaeum Hermeticum* 1678, p. 654: "Ignis infernalis, secretus".

285. "Et quamvis exanimis ipse philosophorum Rex videatur, tamen vivit et ex profundo clamat: Qui me liberabit ex aquis et in siccum reducet, hunc ego divitiis beabo perpetius. Hic clamor etsi audiatur a multis nulli tamen eius commiseratione ducti, quaerere regem subeunt. Quis enim, inquiunt, se demerget in aequor? Quis suo praesentaneo periculo alterius periculum levabit? Pauci sunt eius lamentationi creduli et putant vocem auditam esse Scillae et Charybdis resonos fragores et boatus. Hinc otiosi

Mysterium Coniunctionis – Rex e Regina...   101

neira seguinte[285a]: "Os antigos viram surgir ao longe um nevoeiro, que encobriu e umedeceu a terra toda, e viram também a impetuosidade do mar e das ondas de água sobre a face da terra; e viram que elas se tornaram podres e fedorentas nas trevas. E viram também o rei da terra afundar e ouviram que ele gritava com voz ansiosa[286]: Quem me salvar, reinará eternamente comigo, e reinará em minha claridade, no meu trono real. E a noite envolveu todas as coisas, e no dia seguinte viram eles erguer-se sobre o rei algo que parecia ser a estrela da manhã e a luz do dia a iluminar as trevas, o sol claro a penetrar através das nuvens de variadas formas e cores, com suas estrelas e seu brilho. E (sentiram) um gosto aromático superior ao do almíscar subir da terra e a viram brilhar de maneira clara e bonita. E (viram) que o rei estava privado de todas as honras e merecia ser renovado, o que era belo e inteiramente bonito, de cuja beleza se admiravam o Sol e a Lua. Ele estava coroado com três coroas preciosas, uma de ferro, outra de prata e a terceira de ouro. Viram em sua mão direita um corpo com sete estrelas no interior, as quais davam um brilho ígneo" etc.[287]

As sete estrelas se referem ao Apocalipse 1,16: "E ele tinha sete estrelas em sua mão direita". Ele é "alguém semelhante a um Filho do   132

---

sedent domi nec regiam gazam, ut nec salutem curant" (E, ainda que o próprio rei dos filósofos pareça sem vida, assim mesmo ele está vivo e clama da profundeza: Quem me libertará das águas e reconduzirá ao seco? Eu o tornarei feliz para sempre com riquezas. Ainda que esse clamor fosse ouvido por muitos, ninguém, entretanto, movido por misericórdia dele, arriscou-se a procurar o rei. Quem, dizem eles, mergulhará no mar? Quem por seu perigo atual aliviará o perigo de outro? Poucos são os que acreditam na lamentação dele; julgam que a voz ouvida são o clamor e o grito de Cila e Caribdes. Por isso ficaram sentados em casa ociosos, e não se importaram nem com o tesouro real nem com a salvação do rei). *Symbola aureae mensae duodecim nationum*, 1617, p. 380. Cf. *Psychologie und Alchemie* (Psicologia e alquimia). 2.ed., 1952 [OC, 12], p. 449s.

285a. No original o trecho está em alemão arcaico [N.T.].

286. Aqui decerto existe uma relação com o Salmo 69,3s. "Eu afundo no lodo profundo, pois não existe chão firme; eu estou na água profunda e a onda quer afogar-me. – 4. Cansei-me de gritar, minha garganta está rouca, o meu rosto se desfaz por ter eu de esperar tanto por meu Deus. – 5. Salva-me da lama, para que eu não afunde, para que eu me salve de meus perseguidores e das águas profundas. Que a onda de água não me afogue e a profundeza não me devore e o fosso profundo não desmorone sobre mim".

287. In: *Aureum vellus, oder Guldin Schatz und Kunstkammer*. Rorschach: [s.e.], 1598. III Tratado, p. 21. Cf. fig. 166 em *Psychologie und Alchemie* (Psicologia e alquimia). 2.ed., 1952 [OC, 12], p. 448.

homem", em concordância com o *puellus regius* (menino régio) do *Introitus Apertus*. O rei que afunda nas profundezas é a substância do arcano, designada em M. Majer como o "antimônio dos filósofos"[288]. A substância do arcano corresponde à dominante cristã, que originariamente estava presente e viva na consciência, em seguida afundou no inconsciente, e então devia ser trazida de volta para a consciência em forma renovada. Antimônio tem algo a ver com a *negrura*, já que o sulfito de antimônio é um corante oriental (*kohol*) *par excellence!* O pentassulfeto de antimônio, chamado também "sulphur do ouro" (*Sulphur auratum antimonii*), no entanto, é da cor da laranja.

133   O rei da alquimia, que afundou, continua a viver no chamado "rei dos metais", o *Regulus* (reizinho) da metalurgia. É o nome que dão à porção do metal que se aglomera sob a camada de escória. A designação *Sulphur auratum Antimonii*, como a de "Sulphur do ouro", mostra a forte acentuação do enxofre em ligação com o antimônio. Sulphur, como já vimos, é a substância ativa do Sol e significa literalmente algo "que tem cheiro", porque o dióxido de enxofre e o ácido sulfídrico tornam sensível o fedor do inferno. Sulphur pertence ao Sol, como o *Leo* ao *Rex*. Também *Leo* é ambíguo por ser tanto uma *allegoria diaboli* (alegoria do diabo) como também por causa de sua relação (alquímica) com senhora Vênus. Nos compostos de antimônio conhecidos dos alquimistas (Sb_2S_5, Sb_2S_3) está, pois, presente uma substância, que representa claramente a essência do *Rex* e do *Leo*; daí o *"triumphus Antimonii"* (triunfo do antimônio)[289]. Como mostrei em *Psychologie und Alchemie* (*Psicologia e alquimia*) (p. 449s.), o *Rex* que afundou forma um paralelo com a parábola VI da *Aurora Consurgens*. Aí se diz: "Voltai-vos para mim de todo o coração e não me rejeiteis por ser eu preto e escuro, pois o sol me quei-

---

288. "Verum philosophorum Antimonium in mari profundo, ut regius ille filius demersum delitescit" (O verdadeiro antimônio dos filósofos se dissolve mergulhado no mar profundo como o filho do rei). *Symbola aureae mensae duodecim nationum*, 1617, p. 380.

289. MAJER, M. *Symbola aureae mensae duodecim nationum*, 1617, p. 378, com referência ao "carro triunfal do antimônio" de Basílio Valentim, que, como parece, foi publicado primeiro em alemão, 1604. A edição latina apareceu mais tarde (1646). Cf. SCHMIEDER. *Geschichte der Alchemie*. Halle: [s.e.], 1832, p. 205.

Mysterium Coniunctionis — Rex e Regina...   103

mou e os abismos cobriram meu rosto e a terra se corrompeu e se su-
jou em minhas obras, quando as trevas se formaram sobre elas, porque eu afundei na lama da profundeza, e minha substância não foi
aberta. Por isso clamo da profundeza, e do abismo da terra fala minha voz a todos vós que passais no caminho: Tomai cuidado e olhai
para mim; se alguma vez alguém de vós encontrou alguém que se pa-
recesse comigo, eu lhe darei na mão a estrela da manhã".

A "lama da profundeza" se refere à Vulgata Sl 68,3: *"Infixus sum*   134
in limo profundi et non est substantia" (Estou atolado na lama da
profundeza [matéria] e não se encontra o fundo). A palavra de Davi:
"Ενεπάγην εἰς ὕλην βυθοῦ" (*"infixus sum in materia profundi"* /
Estou metido na matéria da profundeza), interpreta-a Epifânio[290] da
seguinte maneira: "Isso é uma matéria formada por "meditação suja"
e por "pensamentos enlameados de pecado". A passagem do Sl
130,1: "Das profundezas clamo a vós, Senhor", que está em conexão
paralela com o Sl 69, indica-a ele, porém, no *Ancoratus* deste modo:
"Uma vez que os santos têm a graça que o Espírito Santo habite neles,
tão logo tenha ele erguido neles sua morada, Ele lhes dá o carisma de
perscrutar as profundezas da divindade, para que eles o louvem das
profundezas, como também Davi o confessa: 'Das profundezas', diz
ele, 'clamo a vós, Senhor'"[291].

Essa natureza de opostos encontrada na interpretação de "pro-   135
funda" se acha na alquimia muito mais próxima uma da outra, e às
vezes até tão próxima que os opostos passam a ser mais os diversos
aspectos de uma e mesma coisa. Naturalmente, na alquimia "profunda" tem tanto uma como outra significação, para desespero de todos
os amantes da univocidade. As verdades eternas são tudo o mais, menos unívocas! É, pois, simplesmente característico para a alquimia
que ela nunca deixa de considerar a oposição existente em seus conteúdos e, com isso, compensa claramente o mundo das representações dogmáticas, que por causa da univocidade repele a oposição
para o domínio das coisas incomensuráveis. A tendência para a separação maior possível dos opostos, isto é, a procura da univocidade, é

---

290. *Panarium.* Haeresis XXXVI, cap. IV [ÖHLER (org.)].
291. *Ancoratus.* Cap. 12.

absolutamente necessária para restabelecer a consciência clara, pois a discriminação faz parte da essência dela. Quando, porém, a separação vai tão longe que se perde de vista o oposto respectivo e já não se enxerga o preto do branco, o mal do bem, o profundo do alto etc., então surge a unilateralidade, que é compensada pelo inconsciente, sem nossa participação. Essa compensação ocorre até contra nossa vontade, que por isso deve portar-se de maneira cada vez mais fanática para produzir a enantiodromia (corrida de um lado para outro) catastrofal. A sabedoria, porém, jamais esquece que todas as coisas têm dois lados; ela saberia como impedir tais desgraças, se tivesse qualquer poder. Mas o poder nunca se encontra na sede da sabedoria, e sim nos centros de gravidade dos interesses das massas, e por isso se associa de modo inevitável à burrice imprevisível do homem da massa.

136   Com o aumento da unilateralidade desfaz-se o poder do rei, que originariamente consistia justamente em que sua dominante era capaz de perceber simbolicamente a oposição contida no ser. Quanto mais nitidamente se destacar essa ideia, tanto mais clara e luminosa se tornará a consciência, e tanto mais válido e monárquico será o conteúdo dela, diante do qual deve afastar-se tudo o que é contraditório. Esse estado extremo quer ser alcançado, apesar de o ponto culminante sempre significar também uma etapa final. A natureza existente no homem, isto é, o inconsciente, procura imediatamente compensar tudo o que é muito contrário a esse estado extremo, porque ele se afigura como ideal, e também porque ele está na situação de fundamentar com os melhores argumentos a sua própria excelência. Não se pode fazer outra coisa senão conceder que esse estado é ideal, mas que apesar disso é imperfeito, porque expressa apenas em parte o ser vivo: Este não quer apenas o límpido, mas também o turvo; não apenas o claro, mas também o escuro; quer mesmo que a todos os dias sucedam as noites, e até que a sabedoria festeje também seu carnaval, e disso justamente a alquimia mostra não poucos vestígios. Por isso o rei necessita sempre de novo de uma renovação, que começa com uma descida em sua própria escuridão, com um mergulhar em sua própria profundeza e com a recordação da consanguinidade do parceiro.

137   Assim como a Fênix altiva, na versão de Epifânio, após a queima de si própria, sai da própria cinza primeiro rastejando como um ver-

Mysterium Coniunctionis — Rex e Regina... 105

me (σκώληξ)[292], da mesma forma também o rei emerge de seu *ignis infernalis* (fogo infernal) primeiro na forma de dragão [293]; daí provém as múltiplas figuras do dragão *coroado!* É decerto a *serpens mercurialis* (serpente mercurial) que tem relação especial com o lugar do fedor (*in sterquiliniis invenitur!* – é encontrado nas estrumeiras).[294] O fato de o *Ancoratus* insistir (cf. nota 292) naquele *um dia* (πρὸς μίαν ἡμέραν ἀφανισθέντα σκώληκα γεννᾷ) merece consideração por talvez lançar alguma luz na locução ἅπαξ λεγόμενον (dita ou encontrada uma única vez): *"filius unius diei"* (filho de um só dia) [295], que ocorre na *Confessio* de Henricus Khunrath (1597, p. 195) como designação do *Hermaphroditus Naturae* (hermafrodito da natureza), isto é, da substância do arcano. Aí ele é indicado como "Saturno" [296],

---

292. *Ancoratus.* Cap. 84. A passagem é: "Ora, depois que a ave já está morta, que foi queimada completamente e que a chama se extinguiu, sobram apenas uns restos grosseiros da carne. Daí surge *em um dia um verme insignificante*, que se cobre de penas e se renova; mas ao terceiro dia entra no processo da maturação e a obtém completamente por meio dos recursos (encontrados) no lugar, elevando-se outra vez apressadamente para a sua própria pátria, onde fica repousando".

293. Cf. fig. 10-12 em *Psychologie und Alchemie (Psicologia e alquimia)*. 2.ed., 1952 [OC, 12], p. 86.

294. Cf. "Der Geist Mercurius" ("O espírito de Mercurius"). *Symbolik des Geistes (Simbólica do espírito).*, 1953. Do mesmo modo: *Paracelsica.* 1942, p. 106.

295. No original esta passagem está impressa assim: "filius unius (SVI) diei, o filho de um dia (seu); no qual se acham quente, frio, úmido e seco" etc.

296. Para a igualdade chumbo = Saturno, deve-se notar, do ponto de vista da astrologia, que ele de fato é um *maleficus* (malfeitor), a quem se atribui o pior, mas que ele ao mesmo tempo é um purificador, pois a verdadeira pureza só é atingida pelo arrependimento e pela expiação do pecado. Assim diz Meister Eckhart na pregação: "Virtutes coelorum movebuntur" (Lc 21,26: As virtudes do céu serão abaladas) (No original no alemão da época): "Então se deve ter por verdade que ele adornou o céu amável com sete planetas, isto é, com sete estrelas nobres, que estão mais perto de nós que as outras. O primeiro é Saturno, depois dele é Júpiter etc. Imagina agora que tua alma se torna um feliz céu espiritual; então nosso Senhor a ornamenta com suas estrelas espirituais, que São João viu como um mistério, pois ele viu nosso rei sentar-se acima de todos os reis no trono de sua glória divina, e ele tinha sete estrelas em sua mão. Agora deveis saber que a primeira estrela, Saturno, é um purificador (fürbar = Reiniger, aparentado com o inglês furbish, fegen, polieren, e o francês arcaico forbir) etc. Portanto no céu da alma Saturno se torna igual à pureza angelical e a leva para a visão da divin-

ambigui sexus Homo Philosophorum Philsophicus (o homem filosófico dos filósofos, de sexo ambíguo), Chumbo dos Sábios, *Mundi Ovum Philosophorum* (ovo do mundo dos filósofos) [...] *summum mundi miraculum* (mistério supremo do mundo), o leão, o verde e o vermelho [...] lírio entre os espinhos"[297].

138   O *filius regius* (filho do rei) é idêntico com o Mercurius, como já foi dito, e nesse estádio especial também com a *serpens Mercurialis* (serpente mercurial). A existência desse estádio é provada por meio de Saturno, que é o *Maleficus* (malfeitor) obscuro e frio, e depois pelo *mundi ovum* (ovo do mundo) dos filósofos, o qual manifestamente indica o estado inicial, e finalmente pelo leão verde e pelo vermelho, que representa, por assim dizer, a alma animal do *rex*. Tudo isso vem expresso pelo dragão ou pela serpente como a *summa summarum* (as coisas supremas das mais elevadas). O *draco* (dragão), sendo a forma mais baixa e inicial da vida do rei, como por toda a parte se repete, é venenoso e mortífero, uma *medicina* (remédio), que primeiro é veneno perigosíssimo e mais tarde o próprio *Alexipharmakon* (contraveneno).

139   No mito da Fênix, como se acha em Plínio[298], encontramos igualmente a versão do verme: a partir da medula e dos ossos da ave, primeiro surge um verme, que depois se transforma numa ave peque-

---

dade, uma vez que nosso Senhor disse: 'Bem-aventurados são os que têm coração puro, porque eles nos verão'" (PFEIFFER. *Deutsche Mystiker*, 1857, t. II, p. 212, 40). Neste sentido é que Saturno deve ser entendido também aqui. Cf. VIGENERUS. "De Igne et Sale". *Theatrum Chemicum* VI, 1661, p. 76: "Plumbum vexationes et molestias significat, per quas Deus nos visitat ad resipiscentiam reducit. Quemadmodum enim plumbum omnes metallorum imperfectiones comburit et exterminat, unde Boethus Arabs illud aquam sulphuris vocat, ita quoque tribulatio in hac vita multas maculas, quas contraximus, a nobis abstergit: unde S. Ambrosius illam clavem coeli appellat etc." (O chumbo significa os sofrimentos e incômodos, pelos quais Deus nos visita e reconduz ao arrependimento. Assim como o chumbo queima e extermina todas as imperfeições dos metais – donde o chama Boeto Árabe de água sulfurosa – assim também a tribulação nesta vida nos tira as máculas que contraímos – donde Santo Ambrósio a chama de chave do céu etc.").

297. Cânt. dos Cânt. 2,2: "Lilium inter spinas" (Lírio entre os espinhos).

298. *Nat. Hist. Lib.* X, Cap. II: "Ex ossibus deinde et medullis eius nasci primo ceu vermiculum, inde fieri pullum etc." [MAYHOFF (org.)] , p. 159.

Mysterium Coniunctionis – Rex e Regina...   107

na. Esta mesma versão é repetida por Clemente Romano[299], Artemidor[300], Cirilo de Jerusalém[301], Ambrósio [302] e Cardano[303]. Mas em nenhum outro lugar, a não ser em Epifânio, insiste-se tanto naquele *um dia.* Para a compreensão do mito da Fênix é importante saber que a hermenêutica cristã, de modo muito adequado, fez da Fênix uma *allegoria Christi* (alegoria de Cristo), o que equivale a uma excelente interpretação do mito[304]. À combustão de si mesma da parte da Fênix corresponde a imolação de si próprio feita por Cristo; à cinza, o corpo dele sepultado; e ao ressurgimento da ave, a ressurreição dele[305]. Segundo a opinião aceita[306] por Horapollo[307], a Fênix também significa a

---

299. *Constitut. S. Apostol.* Lib. V, c. VIII.

300. Lib. IV, c. 47.

301. *Cateches.* XVIII, 8.

302. *De excessu fratr.* Lib. II, c. *59; Hexameron* V, c. 23.

303. *De subtilitate.* c. 30.

304. O fato de se ter lançado mão do mito e de ter o acolhido no cristianismo pela nova interpretação prova algo da vitalidade dele; mas prova também algo da vitalidade do cristianismo, que soube interpretar e assimilar muitos outros mitos. Não se deve menosprezar a importância da hermenêutica: ela exerce um efeito favorável sobre a alma ao unir conscientemente ao tempo de hoje o passado distante, a vida dos antepassados, que sempre ainda conserva viva no inconsciente e que deste modo estabelece a ligação, tão extraordinariamente importante do ponto de vista psíquico, da consciência orientada para o momento presente e da alma histórica, que vive nos espaços de tempo infinitamente longos. As religiões, por serem os mais conservadores de todos os produtos do espírito humano, já formam em si a ponte para o passado, que dura uma eternidade, ao mesmo tempo que ensinam a presença viva dele. Uma religião que já não puder assimilar o mito esquece a sua função mais própria. Mas a vitalidade espiritual se fundamenta na continuidade do mito, e esta somente pode ser mantida, se cada época o traduzir para a sua própria linguagem e fizer dele o conteúdo de seu próprio espírito. A *Sapientia Dei* (sabedoria de Deus) revelada nos arquétipos já se encarrega de fazer retornar à posição média também a oscilação mais selvagem. Assim o fascínio da alquimia filosófica reside não em sua menor parte no fato de ter ela conseguido dar expressão a um número muito grande de arquétipos importantíssimos. Na verdade, como já vimos de sobejo, ela até se atreveu a assimilar o cristianismo.

305. Exemplos mais abundantes dessas paralelas em PICINELLUS. *Mumdus Symbolicus.* 1680. Lib. IV , c. LVI.

306. Cf. a edição de "Hieroglyphica" na obra de CAUSSINUS, N. *De Symbolica Aegyptorum Sapientia.* Colônia: [s.e.], 1623. p. 71.

307. Século IV.

alma e a peregrinação dela para a terra do renascimento[308]. Representa ela também a "restauração duradoura (ἀποκατάστασιν πολυχρόνιον) de todas as coisas", e ela é até mesmo a própria mudança[309]. Os conceitos de ἀποκατάστασις (*restitutio*, restauração – At 3,21) e de *instauratio in Christo* (renovação em Cristo – Ef 1,10; ἀνακεφαλαιώσασθαι τὰ πάντα ἐν τω χριστῷ *instaurare omnia in Christo*[310], renovar todas as coisas em Cristo) poderiam favorecer essencialmente a alegoria da Fênix, a par do motivo principal da renovação de si mesma.

140 Ao mencionar o *"filius unius diei"* (filho de um dia), Khunrath, como já notei acima, intercalou após *"unius"* um *"Sui"* com inicial maiúscula, dando a entender sem ambiguidade de acordo com sua maneira de entender, que ele queria indicar algo de divino. Isto somente pode referir-se a uma analogia com Deus ou com Cristo. A respeito desse "um" dia não se fala, aliás, nos textos alquímicos, senão em uma nota ocasional, que, por uma graça especial de Deus, de certo modo a obra poderia também ser concluída em *um* dia. Este *"Sui"* parece relacionar-se com a divindade, talvez no sentido que o *filius regius* (filho do rei) tenha nascido em "Seu dia", isto é, no dia que pertence a Deus ou que foi escolhido por Ele. Como a Fênix é principalmente uma alegoria da ressurreição, então esse *um* dia do (re-)surgimento deveria cair num dos três dias da permanência como sepultado, ou respectivamente do *descensus ad inferos* (descida aos infernos). A respeito disso, porém, nada se encontra no dogma, a não ser que Khunrath, como um tipo especulador que era, tivesse já se antecipado às dissertações de certos dogmáticos (protestantes), que, em correspondência com Lc 23,43[311], estabeleceram a doutrina que Cristo, após sua morte, não desceu imediatamente aos infernos (como se supõe no dogma católico), mas se deteve no paraíso até a madrugada da Páscoa. Assim como ocorreu um terremoto no momento em que a alma de Cristo se separou do corpo, do mesmo modo também tornou a acon-

---

308. "Hieroglyphica". Lib. I, p. 32.

309. Op. cit. Lib. II, p. 54: "Hic enim dum nascitur, rerum vicissitudo fit et innovatio" (Pois este, ao nascer, torna-se a variação das coisas e a inovação delas).

310. Igualmente em Cl 1,20 e de certo modo Rm 8,19s.

311. "Ainda hoje estarás comigo no paraíso".

Mysterium Coniunctionis — Rex e Regina...

tecer o mesmo na madrugada da Páscoa (Mt 28,2). Foi durante este terremoto que a alma de Cristo voltou a unir-se ao corpo[312], e só então foi que Cristo teria descido aos infernos para pregar aos "espíritos na prisão" (lPd 3,18). Enquanto isso, por assim dizer, o anjo o substituiu no sepulcro e falou às mulheres. A este breve espaço de tempo se restringiria a duração da descida aos infernos[313].

Segundo esta concepção, aquele *um* dia seria o dia da Páscoa. A união do corpo com a alma é o mistério da *coniunctio* (conjunção) na alquimia, pelo qual o *Lapis* (pedra) se torna um corpo vivo. A Fênix significa exatamente esse momento[314]. Gosta-se de comparar a transformação alquímica com o *ortus solis* (nascer do Sol). Mesmo deixando-se de considerar o fato que não se tem o mínimo ponto de apoio para admitir que Khunrath tenha feito considerações desse tipo, assim mesmo a hipótese da madrugada da Páscoa não parece muito satisfatória. Falta aqui, aliás, aquele elemento do *verme* referido por Epifânio, quem justamente acentua aquele *um* dia. Parece que não se pode deixar de considerar esse elemento ao explicar o *filius unius diei* (filho de um dia). Esse *um* dia com certeza se refere a Gn 1,5 (Vulgata): *"Factumque est vespere et mane, dies unus"*[315]. Isto aconteceu após a separação entre as trevas e a luz (ou respectivamente após a criação da luz). Nisso se deve considerar que as trevas prece-

141

---

312. O dogma ensina que Cristo desceu com seu corpo aos infernos (isto é, à região dos mortos).

313. Essas especulações caem no século XVII, ao passo que Khunrath escreveu no século XVI. Cf. o artigo de Koehler sobre a descida aos infernos na *Enciclopédia Real para Teologia Protestante*, 8, 204.

314. Cf. o animal Ortus mais acima, que é idêntico à Fênix. Partilha com ela do *jogo das cores*. Em seus excertos tomados de Epifânio diz CAUSSINUS. *De Symbolica Aegyptorum Sapientia*. 1623, Sap. p. 71: "Phoenix avis pavone pulchrior est; pavo enim aureas argenteasque haber alas; Phoenix vero hyacinthinas et smaragdinas, preciosorumque lapidum coloribus distinctas; coronam habet in capite etc." (A Fênix é mais bela do que o pavão; o pavão tem asas douradas e prateadas, mas a Fênix as tem da cor do jacinto e da esmeralda, distinguidas por cores de pedras preciosas; tem ela uma coroa na cabeça etc.).

315. *Bíblia*: "Fez se tarde e manhã, um primeiro dia".

dem à luz, e que de certo modo são a mãe dela[316]. O filho desse *um dia é a luz,* e (segundo Jo 1,5) é o *Logos* que corresponde ao Cristo joanino[317]. Com isso, o filho desse um dia, interpretado assim, entra num relacionamento imediato com o *Hermaphroditus naturae*[318] (hermafrodito da natureza), ou o *homo philosophicus* (homem filosófico), e até mesmo com Saturno, o tentador e opressor[319], com quem se relaciona também o leão, por ser ele Jaldabaoth e o arconte superior, e finalmente com o próprio leão, a quem devem ser cortadas as patas pelo *artifex* (artífice), a fim de libertá-lo de sua selvageria. (Todas essas figuras são sinônimos de Mercurius!)

142   Existe uma poesia didática "*Sopra la composizione della pietra dei Philosophi*" de Fra Marcantonio Crasselame[320], cuja edição francesa tem o título designativo: "*La Lumière sortant par soimesme des Ténèbres*". O título já deixa entrever que não se trata da luz criada pelo *Logos*, mas de uma *lux spontanea* (luz espontânea), uma luz produzida por si mesma. A poesia começa com a criação do mundo e afirma erroneamente que a Palavra criou o caos[321]:

> "Havia do nada saído
> O tenebroso Caos, massa informe,
> Ao primeiro som do Onipotente Lábio"[321a].

---

316. "Tenebrae erant super faciem abyssi" (As trevas pairavam sobre a face do abismo). Cf. BOEHME, J. *Tab. Princip.* I, 3, que designa as *trevas* como o primeiro dos três princípios.

317. Jo 8,12: "Ego sum lux mundi" (Eu sou a luz do mundo).

318. Entre os valentinianos de Irineu (*Adv. Haer.* I, 51), o demiurgo criado por Achamoth e rei de todas as coisas se chama "mãe-pai", e é pois um *hermaphoditus*. Tais tradições podiam ser do conhecimento dos alquimistas. Mas eu não encontrei vestígios de tais relacionamentos.

319. As figuras alquímicas, principalmente as dos deuses dos metais, sempre devem ser entendidas também do ponto de vista da astrologia.

320. Primeira edição 1686.

321. Edição de 1693, p. 3s.

321a. "Era dal nulla uscito / Il tenebroso Chaos, massa difforme / Al primo suon d'Omnipotente Labro".

Mysterium Coniunctionis — Rex e Regina...

Mas quem é que sabe como todas as criaturas começaram a existir? Hermes é quem sabe isso:

"Ó do divino Hermes
Êmulos filhos, a que a Arte paterna
Faz com que a Natureza apareça sem véu algum,
Vós somente, somente vós sabeis
Como formou a terra e o céu
Do indistinto Caos a Mão eterna.
A grande Obra vossa
Claramente vos mostra
Que Deus, na mesma forma onde produziu
O Elixir físico, compôs o Todo"[321b].

No *opus alchymicum* (obra alquímica) se repete o mistério da Criação, que começou com o choco da água. Assim Mercurius, um espírito vivo e universal, desce para a obra dos filósolos e mistura-se com o enxofre impuro, pelo que se torna sólido;
143

"Embora eu possa entender
Que nada mais é vosso Mercúrio ignoto
Senão um Espírito vivo universal inato
Que do Sol desce
Em etéreo vapor sempre agitado
A encher da Terra o Centro vazio.
O qual depois dali sai
Por entre Enxofres impuros e cresce
De volátil em compacto e, tomada a forma
De umidade radical, a si mesmo dá forma"[321c].

Por seu *descensus* (descida) Mercurius é retido, e somente se liberta por meio da arte:
144

321b. "O del Divino Hermete / Emoli Figli à cui l'Arte paterna / Fà, che Natura appar senza alcun velo, / Voi sol, sol voi sapete, / Come mai fabricio la terra, e'l Cielo / Da l'indistinto Chaos la Mano eterna. / Le grande Opera vostra / Chiaramente vi mostra, / Che Dio nel modo istesso, onde è produtto / Il Fisico Elissir, compose il Tutto".

321c. "Se ben da me s'intende, / Ch'altro non è vostro Mercurio ignoto, / Che un vivo Spirto universale innato, / Che dal Sole discende / In aereo vapor sempre agitato / Ad empier de la Terra il Centro voto. / Che di qui poi se n'esce / Tra Solfi impuri, e cresce / Di volatile in fisso, e presa forma / D'humido radical se stesso informa.

"Mas onde é que está este Mercúrio aurado
Que, dissolvido em Enxofre e sal,
Umidade radical,
Dos metais se torna germe animado?
Ah! está aprisionado
Em cárcere tão duro
Que até a Natureza
Não pode tirá-lo da prisão alpestre
Se não abre caminho a Arte Mestra"[321d].

145   Ele é um espírito de luz, que desce do sol para a criação[322], um
spiritus vivens (espírito vivente), que vive em todas as criaturas como
um *spiritus sapiens* [323] (espírito sábio), que ensina ao homem aquela
arte, pela qual ele pode novamente libertar a "alma aprisionada nos
elementos". De Mercurius provém a iluminação do adepto, e é por
obra dele que é libertado das correntes aquele Mercurius que jaz

---

321d. "Mà doue è mai questo Mercurio aurato, / Che sciolto in Solfo e sale, / Humido
radicale / De' i metalli divien seme animato? / Ah ch'egli à imprigionato / In carcere si
dura / Che per fin la Natura / Ritrar non può da la prigione alpestra, / Se non apre le vie
l'Arte Maestra".

322. Op. cit., p. 112: "Il établit un double mouvement au Mercure, un de descension
et l'autre d'ascension, et comme le premier sert à l'information (o dar a forma) des ma-
tières disposées, par le moyen des rayons du Soleil et des autres Astres qui de leur nature se portent vers les corps inférieurs, et à réveiller par l'action de son esprit vital le feu
de nature qui est comme assoupi en elles, aussi le mouvement d'ascension luy sert naturellement à purifier les corps etc." (Ele estabelece um duplo movimento ao Mercúrio, um de descida e outro de subida, e como o primeiro serve para a informação (o dar
a forma) das matérias dispostas, por meio dos raios do Sol e dos outros Astros que por
natureza incidem sobre os corpos inferiores, e serve também para despertar pela ação
de seu espírito vital o fogo natural que está por assim dizer adormecido nelas, da mesma forma o movimento de subida lhe serve naturalmente para purificar os corpos
etc.). O primeiro *descensus* (descida) ocorre na história de criação, e por isso fica deixado fora de consideração pela maioria dos alquimistas. Eles começam a obra deles
pelo *ascensus* (subida) e a terminam com o *descensus*, que torna a unir a *anima* (*aqua
permanens* – água eterna) com o corpo morto (purificado). Isso significa o nascimento
do *filius* (filho).

323. Op. cit., p. 113: "De luy procéde la splendeur, de sa Lumière la vie, et de son
mouvement l'esprit" (Dele procede o esplendor, de sua Luz a vida e de seu movimento
o espírito).

Mysterium Coniunctionis — Rex e Regina...   113

aprisionado na criação. Este Mercurius *duplex*, que sobe e desce, é o Uróboro, que *per definitionem* (por definição) representa um "*increatum*" (incriado)[324]. É ele o verme (dragão) que gera a si mesmo a partir de si mesmo[325]. Ainda que nossa poesia didática considere o Mercurius de preferência como um espírito de luz, entretanto, o Uróboro é um 'Ερμῆς καταχθόνιος (Hermes subterrâneo). Mercurius é um ser de opostos, com cujo aspecto sombrio se ocupavam em primeiro lugar os alquimistas, e esse lado é a serpente.

É uma concepção mítica antiquíssima que o herói, quando se extingue sua luz, continua a viver na forma de serpente[326]. Também em outro lugar está espalhada a concepção primitiva que os espíritos dos mortos têm forma de serpente. Poderia ela ter ocasionado a versão do verme no mito da Fênix.   146

Em Amente, o inferno egípcio, mora a grande serpente[327] de sete cabeças, e no inferno cristão se acha o verme *par excellence*, isto é, o   147

---

324. Cf. "Der Geist Mercurius" ("O espírito de Mercúrio"). *Symbolik des Geistes* (*Symbólica do espírito*). 2.ed., 1952, p. 493s. – Crasselame está influenciado por Paracelsus. Ele identifica seu Mercurius com o "Illiastes" (cf. *Paracelsica*, 1942, p. 67 e p. 81).

325. A Epístola ad Hermannum (*Theatrum Chemicum* V, 1622, p. 900) diz (do *Lapis*): "Ascendit per se, nigrescit, descendit et albescit, crescit et decrescit [...] nascitur, moritur, ressurgit, postea in aeternum vivit etc." (Sobe por si mesmo, torna-se negro, desce e torna-se branco, cresce e decresce [...] nasce, morre, ressurge, e depois vive eternamente).

326. Trofônio na caverna (ROHDE, E. *Psyche.* I, 1917, p. 121), Erecteu na cripta do Erectêion (eod. 1., p. 136). Os próprios heróis muitas vezes têm forma de serpente (p. 196) ou a serpente é seu símbolo (p. 242). Os mortos, de modo geral, não raras vezes são representados como serpentes (p. 244). Como o herói da alquimia, Mercurius, também outra autoridade antiga deles, o Agathodaemon, tem forma de serpente.

327. Cf. o barco das serpentes de Ra no mundo subterrâneo. BUDGE, W. *The Egyptian Heaven and Hell*, 1905, p. 66 e 86. Uma grande serpente, op. cit., p. 94, 98, 120, 149. O monstro em forma de serpente é *par excellence* a sepertente Apep (BUDGE, W. *The Gods of the Egyptians* I, 1904, p. 269). – No mundo babilônico corresponde-lhe *Tiamat* (Op. cit., I, p. 277). – No livro do apóstolo São Bartolomeu sobre a ressurreição de Cristo (BUDGE, W. *Coptic Apokrypha in the Dialect of Upper Egypt*. 1913, p. 180) se encontra a seguinte exposição: "Now Abbaton, who is Death and Gaios and Tryphon and Ophiath and Phthinon and Sotonis and Komphion, who are the six sons of Death, wriggled into the tomb of the Son of God, on their faces in the form of serpents (? como se supõe, um σκωλήκιον – vermezinho truncado) wriggling in with their great thief in very truth". ["Então Abbaton, que é a Morte, e Gaios, Tri-

114 Obra Completa — Vol. 14/2

diabo, a "antiga serpente"[328]. Propriamente é um par de irmãos que habitam no inferno, a *morte e o diabo*; a primeira é caracterizada pelo verme e o segundo pela serpente. No alemão mais antigo, como também no latim, coincidem os conceitos de verme (Lindwurm!), serpente (Schlange) e dragão (Drache) – *vermis, serpens, draco*. O inferno significa o Hades[329], o mundo inferior, o sepulcro[330]. O verme, ou respectivamente a serpente, é a morte que devora tudo. O mata-

---

fão, Ophiath, Phthinon, Sotonis e Komfion, que são os seis filhos da Morte, introduziram sorrateiramente no túmulo do Filho de Deus, sobre suas faces em forma de serpentes (? como se supõe, um σκωλήκιον – vermezinho truncado) introduziram-se com seu grande ladrão de verdade]. Quanto a isso observa Wallis Budge (Op. cit. Introduct. LXIII): "In the Coptic Amente lived Death with his six sons and in the form of a seven-headed serpent or of seven serpents, they wriggled into the tomb of our Lord to find out, when his body was going into amente. The seven-headed serpent of the Gnostics is only a form of the serpent Nau [...] and the belief in this monster is as old at least as the VI dynasty" (Na Amente cóptica a Morte vivia com seus seis filhos, e na forma de uma serpente de sete cabeças ou de sete serpentes, introduziram-se sorrateiramente dentro do túmulo de Nosso Senhor para descobrir quando seu corpo ia entrar em Amente. A serpente de sete cabeças dos gnósticos é apenas uma forma da serpente Nau [...] e a crença nesse monstro remonta pelo menos à VI dinastia). Os "sete Uraei de Amente" do livro dos mortos (cap. LXXXIII) são decerto idênticos com o "vermezinho de Rastau", que vivem nos corpos humanos e se alimentam do sangue deles (cap. Ib, Pap. de Nektu-Amen. BUDGE. eod. 1.). Quando Ra com sua lança transpassou a serpente Apep, vomitou ela tudo o que tinha devorado (BUDGE, W. *Osiris and the Egyptian Resurrection*. I, 1911, p. 65). – Este é um motivo que muitas vezes se repete nos mitos primitivos do dragão-baleia. Em geral tornam a sair do ventre do monstro os heróis devorados antes, e até o pai e a mãe deles (FROBENIUS. *Zeitalter des Sonnengottes*. I, Berlim: [s.e.], 1904, p. 64s.), ou, de medo geral, tudo o que a morte devorava (FROBENIUS. Op. cit., "Allausschlüpfen" – O escapar de tudo – p. 98, 101, 106, 108s. etc). Como se percebe trata-se neste motivo de uma prefiguração da *Apokatastasis* (restauração de tudo) em uma etapa primitiva.

328. "Eptacephalus draco, princeps tenebrarum, traxit de coelo cauda sua partem stellarum et nebula peccatorum eas obtexit atque mortis tenebris obduxit" (O dragão de sete cabeças, o príncipe das trevas, com sua cauda arrastou uma parte das estrelas e as encobriu com a névoa dos pecados e as encerrou nas trevas da morte) (HONÓRIO DE AUTUN. Speculum de Mysteriis Ecclesiae. *Patrologia Latina*. CLXXII, 937).

329. "In dimidio derum meoram vadam ad portas inferi" (Na metade dos meus dias irei até as portas do inferno) (Is 38,10).

330. "Infernus domus mea est et in tenebris stravi lectulum meum. Putredini dixi: Pater meus et mater et soror mea vermibus" (O inferno é minha casa e nas trevas estendi a minha cama. À podridão eu disse: Tu és meu pai, e aos vermes: minha mãe e irmã) (Jó 17,13s.). "Et tamen simul in pulvere dormient, et vermes operient eos" (E juntos dormirão no pó e os vermes os cobrirão) (Jó 21,26).

Mysterium Coniunctionis — Rex e Regina...		115

dor do dragão é por isso sempre também o vencedor da morte. Também na mitologia germânica o inferno está associado à concepção do verme. Na *Edda* se diz:

"Vi uma sala,
Longe do Sol,
Na praia dos mortos,
A porta está ao norte:
Veneno a gotejar
Pinga pelo telhado;
Corpos de vermes são as paredes da sala"[331].

O inferno (no alemão atual) é *Hölle*, no antigo germânico: *vyrmsele*, no médio alemão: *wurmgarten*[332].

Da mesma forma que os heróis e os espíritos dos mortos, também os deuses (em primeiro plano os χθόνιοι [infernais]) têm relacionamento com a serpente, por exemplo, Hermes e Asklepios (Caduceus!)[333]. Uma inscrição no templo de Hator em Tentyra diz: "O Sol, que existe desde o princípio, sobe como um falcão, saindo do meio de seu botão de lotos. Quando se abrem as portas de suas pétalas no brilho da cor da safira, então separa ele a noite do dia. Tu sobes como a serpente sagrada sob a forma de um espírito vivo, criando os nascimentos (dos astros) e irradiando em tua figura magnífica, na barca do nascer do Sol. O Mestre divino, cuja imagem se acha oculta no templo de Tentyra, torna-se o criador do mundo por sua obra. Vindo como o *Uno*, ele se multiplica milhões de vezes, quando dele surge a luz[334] sob a forma de uma criança"[335]. A comparação do deus com a serpen-

148

---

331. NIEDNER, F. *Thule*. II, Jena: [s.e.], 1920, p. 39.

332. GRIMM. *Deutsche Mythologie*. 4.ed., III, Gutersloh: [s.e.], 1835, p. 240.

333. Cf. NIETZSCHE. *Also sprach Zarathustra*. Leipzig: [s.e.], 1901, p. 99: "Quando foi que alguma vez um dragão morreu por causa do veneno de uma serpente?" disse Zarathustra à serpente que o havia picado. Ele é o herói, e portanto é da estirpe do dragão, como também ele é chamado de "pedra dos sábios" (Op. cit., p. 229).

334. É surpreendente ver como a alquimia se serve das mesmas figuras de acordo com o sentido delas: a obra dela é uma repetição da criação, ela tira a luz a partir das trevas (*nigredo*), o *Lapis* dela é *uno* (*unus est Lapis*.), e ele se forma como *puer*, *infans*, *puellus* (criança, infante, menino). Ele pode multiplicar-se de modo infinito.

335. BRUGSCH. *Religion und Mythologie der alten Ägypter*. Leipzig: [s.e.], 1891, p. 103s.

116 Obra Completa – Vol. 14/2

te lembra a forma ctônica dele no mundo infernal, como aliás também a Fênix rejuvenescida (falcão) tem primeiro a forma de um verme[336]. O cristianismo acolheu muita coisa da religiosidade egípcia. É, pois, compreensível que também a alegoria da serpente tenha penetrado no mundo das concepções cristãs (Jo 3,14) e tenha sido de bom grado retomada pela alquimia[337]. Também o deus grego da saúde parece que, ao sair do ovo, assumiu a forma de serpente[338]. Assim como *leo* (leão) forma uma *allegoria Christi* (alegoria de Cristo), também a forma quanto ao anticristo[339]. Um paralelo curioso de opostos se encontra no escrito anônimo *De promissionibus* (século V)[340]. Trata-se de uma versão da legenda de São Silvestre, segundo a qual o santo teria encerrado um dragão na rocha Tarpeia, tornando-o inofensivo. Outra versão dessa história é contada a respeito de um "*quidam monachus*" (certo monge), o qual descobriu que o suposto dragão, ao qual anual-

---

336. O verme, por assim dizer, representa a forma primitiva e arcaica da vida, a partir da qual se desenvolve então a forma definitiva ou, pelo menos, uma forma oposta a ela; por exemplo, uma ave, em oposição ao animal ctônico. Esse par de opostos – serpente e ave – é clássico. A águia e a serpente, os dois animais de Zarathustra, simbolizam o ciclo do tempo, isto é, o eterno retorno. "Pois teus animais sabem muito bem, ó Zarathustra, quem tu és e deves tornar-te: eis que tu és o mestre do eterno retorno" (*Also sprach Zarathustra*, 1901, p. 321). Cf. "anel do retorno" (Op. cit., p. 335), "A e O" (p. 338). Também o pastor, no qual a serpente se insinuou pela goela, está ligado a ideia do retorno (Op. cit., p. 232). Ele constitui (como o dragão) juntamente com a serpente o ciclo do Uróboro. "O ciclo do tempo não é algo que veio a ser, mas é a lei primordial" (Aph. 29 em HORNEFFER. *Nietzsches Lehre von der Ewigen Wiederkunft*. Leipzig: [s.e.], 1900, p. 78). Cf. tb. a doutrina de Saturninus, segundo a qual os anjos teriam criado *primeiro* um homem que somente podia rastejar como um *verme* (IRINEU. *Adv. Haer.* I, XXIV, 1). Como anota Hipólito (*Elenchos* VII, 28, 3), o homem, devido à fraqueza dos anjos que o criaram, teria sido como um "verme a contorcer-se e a saltar".

337. Cf. fig. 217: *Psychologie und Alchemie* (*Psicologia e alquimia*). 2.ed., 1952 [OC, 12], p. 541. Indiretamente está isso insinuado na serpente suspensa da árvore. Cf. o mito alquímico de Kadmos e a fig. 150, op. cit., p. 406.

338. Cf. a história de Alexandre metido a grande, que por magia faz aparecer um ovo, dentro do qual estava Asklepios. LUCIANO. *Pseudomant.* 12.

339. HONÓRIO DE AUTUN. Speculum de Mysteriis Ecclesiae. *Patrologia Latina*. CI.XXII, 914.

340. *Patrologia Latina* LI, 833, apud CUMONT. *Textes et monuments figurés relatifs aux mystères de Mithra* I, Bruxelas: [s.e.], 1896, p. 251.

Mysterium Coniunctionis — Rex e Regina...

mente se sacrificavam algumas virgens, nada mais era do que um engenho mecânico. São Silvestre prendeu o dragão com uma *corrente*, em correspondência a Ap 20,1. O dragão artificial da história paralela tinha uma espada na boca ("*gladium ore gestans*"), de acordo com Ap 1,16 ("*de ore eius gladius* [...] *exibat*" – de sua boca saía uma espada).

6. O rei como *Ánthropos*

Já destaquei em minhas *Paracelsica* (p. 105s.) aquela passagem de Hipólito, em que se trata da interpretação gnóstica do Sl 24,7-10. A interrogação retórica do salmo "Quem é o rei da glória?" encontra em Hipólito a resposta: "Um verme e não um homem, um opróbrio dos homens e um refugo do povo[341]. É o rei da glória, o poderoso no combate" (σκώληξ καὶ οὐκ ἄνθρωπος, ὄνειδος ἀνθρώπου καὶ ἐξουδένημα λαοῦ αὐτός ἐστιν ὁ βασιλεὺς τῆς δόξης, ὁ ἐν πολέμῳ δυνατός). A passagem do salmo se refere a Adão e ao renascimento dele (ἄνοδος e ἀναγέννησις), "a fim de que ele se torne espiritual e não carnal"[342]. O verme aponta para o segundo Adão, isto é, Cristo. Também Epifânio menciona o verme como *allegoria Christi* (alegoria de Cristo)[343], se bem que não apresente nenhuma fundamentação.

A alquimia, consciente ou inconscientemente, prossegue no rumo desses pensamentos. Assim diz o *Aquarium Sapientum* [344]: "Os filósofos chamaram a essa putrefação cabeça de corvo por causa da cor preta dela. Do mesmo modo o próprio Cristo (Is 53) não tem 'nem formosura nem beleza', o mais desprezado de todos, cheio de dores e enfermidades, e tão desprezado era ele que a gente cobria o rosto dian-

---

341. Isto é mais uma citação do Sl 22,7: "Mas eu sou um verme e não mais um homem, o opróbrio dos homens e o desprezo do povo". É interessante que este salmo seja o mesmo que começa com as palavras: "Meu Deus, meu Deus, por que me abandonaste?", porque é sentida como abandono de Deus a mudança do "rei da glória" em seu oposto extremo, isto é, na mais insignificante das criaturas. É o *lógion* (dito de Jesus): "Eli, Eli, lema sabachthani" (Meu Deus, meu Deus, por que me abandonaste?), Mt 27,46.

342. *Elenchos* V, 8, 18.

343. *Ancoratus*, 45.

344. *Musaeum Hermeticum*, 1678, p. 117s.

te dele e até não lhe dava valor algum. Até mesmo, como lamenta o Sl 22, era ele 'um verme, e não um homem', uma ignomínia dos homens e o refugo da plebe. Assim não é de maneira inadequada que aquela (cabeça de corvo) é comparada com Cristo, quando aquele corpo decomposto do sol, à semelhança da cinza, fica por certo tempo como morto [...] no fundo do vaso, até que a alma dele, em consequência do fogo mais forte, precipite-se de novo a gotejar lentamente e como que perpasse o corpo morto em decomposição e o umedeça, embeba e o preserve da destruição total. O mesmo aconteceu também ao próprio Cristo, quando Ele, pelo fogo da ira divina[345] torturado[346] (Mt 26 e 27), no Monte das Oliveiras e na cruz lamentava estar inteiramente abandonado por seu Pai celeste, e apesar disso era sempre de novo refrigerado e confortado (Mt 4 e Lc 22) e como que perpassado, umedecido e embebido pelo néctar divino. E até enquanto, por fim, lhe foram tiradas totalmente as forças, juntamente com o espírito, durante a paixão e em meio à morte, e Ele atingiu diretamente os lugares mais baixos e profundos da terra (At 1, Ef 1, 1Pd 3), apesar disso foi Ele conservado, refrigerado, novamente levantado, animado e glorificado (Rm 14) pela força e pelo poder da divindade eterna; em seguida conseguiu finalmente o espírito uma união perfeita e indissolúvel com seu corpo morto no sepulcro e por uma alegre ressurreição e uma ascensão vitoriosa ao Céu, foi elevado para ser o Senhor e o Cristo (Mt 28) para estar à direita do Pai (Mc 16). Com este reina e governa Ele sobre todas as coisas em virtude da atuação e da força do Espírito Santo, com o mesmo poder e glória

---

345. "Ignis divinae irae" lembra o "fogo da ira divina" de Boehme. Se há aí uma relação direta, eu ignoro. Na descrição, por parte do nosso tratado, a ira de Deus, ao atingir Cristo, volta-se contra Ele mesmo. Boehme discorre sobre esta questão na *Aurora*. Cap. 8, p. 14s., e nas *Quaestiones Theosoph*. p. 3, 11s., no sentido de que o fogo da ira de uma parte tem sua origem em uma das sete qualidades da criatura, isto é, na "aspereza" ("inflamada"), e de outra parte está ligado ao primeiro princípio da "manifestação divina", isto é, *às trevas* (de acordo com Gn 1,2), as quais "se estendem até ao fogo" (*Tab. Princip*. I, 2s.). O fogo está oculto no centro da luz, como também em todas as criaturas, e foi aceso por Lúcifer.

346. *Assatus*, verbalmente: assado. *Assare* (assar) é empregado pelos alquimistas para designar a ustulação dos minérios.

Mysterium Coniunctionis — Rex e Regina... 119

como o verdadeiro Deus e homem. Por sua palavra poderosa (Sl 8) sustenta Ele e carrega todas as coisas (Hb 1), até mesmo dá Ele a vida a todos os seres (At 17). Essa união maravilhosa, como também a elevação divina, nem no céu nem na terra nem mesmo abaixo da terra (Fl 2; 1Pd 1) pode ser compreendida sem pavor e tremor pelos anjos e pelos homens, e muito menos meditada. Sua (da união) força, poder e tintura rósea[347] pode modificar a nós homens imperfeitos e pecadores, por ora tanto no corpo como na alma, e também tingir, curar e tornar sãos de uma maneira mais que perfeita [...] Consideramos, pois, até agora a celestial pedra fundamental e angular, Jesus Cristo [...] (para compreender) de que modo Ele pode ser comparado com a pedra dos sábios e tornar-se uma só coisa com ela; sua matéria e tratamento é [...] um símbolo proeminente e uma imagem viva da encarnação de Cristo".

Os destinos do rei idoso, seu afundar no banho ou no mar, sua dissolução e decomposição, o extinguir-se da luz em trevas, sua incineração (*incineratio*) pelo fogo e sua renovação no estado de caos, – tudo isso os alquimistas derivavam da dissolução em ácidos, da ustulação dos minérios, da expulsão do enxofre, da redução dos óxidos metálicos etc., como se esses processos químicos formassem uma imagem, que, com algum esforço da fantasia, pudesse ser comparada à paixão e ao triunfo de Cristo. A eles não parecia muito claro que estivessem projetando a paixão (de Cristo) como pressuposição inconsciente nas transformações químicas[348]. Naturalmente é fácil compreender que nessas circunstâncias a verificação de uma concordância entre os supostos observados e a paixão (de Cristo) sempre era coroada de êxito. Apenas não se tratava aqui de observações feitas na matéria, mas de introspecção. Mas, uma vez que as verdadeiras projeções nunca podem ser feitas arbitrariamente e sempre surgem como dados pré-conscientes, então deve ter-se encontrado no inconsciente

151

---

347. A tintura rósea faz a ligação entre Cristo e o leão.

348. Como também mostra de maneira muito graciosa o exemplo de DOM PERNETY. *Les Fables Egyptiennes et Grecques*. 1758: procura ele comprovar a natureza alquímica da mitologia antiga, sem perceber que foi dessa última que se originaram as concepções alquímicas.

dos alquimistas tal estado de coisas que de uma parte se prestasse a produzir projeção (isto é, tinha uma tendência enérgica para tornar-se consciente) e de outra parte encontrasse nas operações alquimicas uma ocasião atraente para de qualquer modo expressar-se. A projeção é sempre uma conscientização indireta, e ela é indireta porque da parte da consciência se exerce um entrave, e sempre pela pressão de representações (de natureza tradicional) que se colocam no lugar da experiência real e desse modo impedem que ela consiga realizar-se. A gente sente estar de posse de uma verdade válida acerca da coisa desconhecida, e com isso se torna impossível um conhecimento verdadeiro a respeito dela. O mencionado estado de coisas inconsciente devia ser de tal espécie que fosse incompatível com a atitude consciente. De que espécie ele era, ficamos sabendo por meio das declarações da alquimia: tratava-se de um mito, que tocava não apenas em muitos mitologemas de origem pagã, mas antes de tudo também no dogma cristão. Se ele fosse idêntico com esse último e assim mesmo surgisse como projeção, então de modo geral dever-se-ia poder demonstrar entre os alquimistas uma atitude anticristã (o que não se consegue). Sem tal atitude seria psicologicamente impossível uma projeção dessa espécie. Se, pelo contrário, o complexo inconsciente apresentar tal conformação que em traços decisivos se afaste do dogma, então será possível a projeção dele; pois nesse caso ele estaria em oposição ao dogma, aprovado pela consciência e teria surgido como compensação.

152 Neste e em outros escritos meus sempre de novo tenho chamado a atenção para a peculiaridade das declarações alquímicas, e por isso posso dispensar-me de uma recapitulação delas. Somente deve ainda ser realçado que a imagem central do *filius Philosophorum* (filho dos filósofos) se fundamenta em uma concepção do *Ánthropos* (homem), na qual o "homem" ou o "filho do homem" não coincide com a figura cristã e histórica do Salvador. O *Ánthropos* alquímico até coincide muito mais com a concepção que Basilides tem a respeito dele, como Hipólito nos transmitiu: "Pois também Ele mesmo (o Salvador), diz ele (Basilides), estava sujeito ao surgimento das estrelas e à hora da restauração, Ele que tinha sido predito na grande plenitude. Segundo a concepção deles, este é o homem espiritual interior no domínio psíquico. Ele é a filiação que lá deixou a alma, não uma (alma) mortal, mas uma que permanece, conforme sua natureza; ao passo que lá em

Mysterium Coniunctionis — Rex e Regina... 121

cima a primeira filiação deixou no lugar apropriado o Espírito Santo, o contíguo – envolvendo-se então em uma alma própria"[349].

O homem espiritual interior é semelhante ao Cristo; isto é o pressuposto inconsciente das declarações sobre o *filius regius* (filho do rei)[350]. Esta ideia está em oposição à concepção dogmática e, por isso, dá ensejo para oue tudo seja recalcado e projetado. Ao mesmo tempo essa concepção é a consequência lógica de uma situação espiritual, na qual a figura histórica já há muito desapareceu da consciência, mas sua presença espiritual é fortissimamente acentuada, e isso na forma do Cristo interior ou do Deus que nasceu na alma do homem. Ao fato externo do Cristo dogmático corresponde, a partir do interior, aquela imagem primordial (arquétipo), que muito antes da Era cristã já produziu um Purusha e um Gajomarde, muito colaborou na assimilação da Revelação. A sorte do desaparecimento gradual da alma ameaça enfim qualquer dogma. A vida quer criar novas formas e, por isso, quando ao dogma se lhe esvai a alma, necessariamente adquire vida o arquétipo que desde sempre possibilitou ao homem dar expressão ao mistério da alma. Queiram considerar que eu não avanço tanto que chegue a afirmar que o arquétipo *gere* a figura divina. Se o psicólogo afirmasse tal coisa, então ele já deveria estar de posse do conhecimento certo das razões de todo o desenvolvimento e ser capaz de também provar esse saber. Mas não é disso que se trata, em absoluto. Eu afirmo apenas que o arquétipo psíquico representa a possibilidade para compreender e para dar a forma. A força necessária para motivar isso e que é importante acima de tudo para por em movimento as possibilidades arquetípicas em certos momentos históricos, essa força não pode ser explicada a partir do próprio arquétipo. Somente partindo da experiência é que se pode constatar qual é o arquétipo que entrou a atuar, mas jamais se poderia predizer que ele devesse necessariamente manifestar-se. Quem, por exemplo, teria podido determinar logicamente com antecedência que o profeta judeu Jesus desse a resposta decisiva à situação criada pelo sincretismo helenístico, ou que a imagem do *Ánthropos* (homem) adormecida, pudesse despertar para uma atuação dominadora do mundo.

153

---

349. *Elenchos*, VII, 27, 4-5.

350. Cf. *Psychologie und Alchemie (Psicologia e alquimia)*. 2. ed., 1952 [OC, 12], p. 485.

154 A limitação do saber humano, que se vê obrigada a deixar sem explicação tanta coisa incompreensível e maravilhosa, nem por isso está de modo algum desobrigada de trazer para mais perto da compreensão aquelas revelações do espírito que são difíceis de entender e que, por exemplo, tomaram corpo no dogma, pois de outro modo cresceria ameaçadoramente o perigo de que, por causa do excesso de luminosidade diurna, o tesouro do mais elevado conhecimento, que justamente jaz oculto no dogma, diluísse-se como um fantasma desprovido de sangue, tornando-se presa fácil de esclarecedores superficiais e de subtilizadores pouco profundos. Seria um grande passo para frente, segundo julgo, se pelo menos se compreendesse até que ponto a verdade do dogma se acha ancorada na alma, que não foi feita por mãos humanas.

155 O "homem espiritual interior" dos gnósticos é o ἄνθρωπος – νοῦς, o homem-inteligência, o homem criado segundo a ideia, o ἀληθινὸς ἄνθρωπος (verdadeiro homem)[351]. A ele corresponde o *chên-yên* (*the True Man*) na alquimia de Wei Po-Yang (c. 142 DC). O *chên-yên* é o resultado do *opus* (obra). De uma parte ele é o adepto, que foi transformado pela obra[352], de outra parte é o *homunculus* (homenzinho) e o *filius* (filho) da alquimia ocidental, que na verdade também descende do "verdadeiro homem"[353]. A respeito dele se diz no Tratado de Wei Po-Yang, no cap. 47: "O ouvido, o olho e a boca constituem as três coisas preciosas. Devem ser fechados para suspender a comunicação. O *verdadeiro homem que vive num abismo profundo flutua ao redor do centro do vaso redondo*... A mente é relegada ao domínio da Não existência, a fim de adquirir um estado permanente de não pensamento. Quando a mente está íntegra, ela não se extravia. No sono, estará no amplexo de Deus, mas nas horas de vigília está apreensiva acerca da continuação ou término de sua existência"[354]. Este verdadeiro homem

---

351. LEISEGANG. *Der heilige Geist*. Leipzig: [s.e.], 1911, p. 78s.

352. WU, L.-C. e DAVIS, T.L. An Ancient Chinese Treatise on Alchemy entitled T'san T'ung Ch'i. In: WEI PO-YANG. *Isis*. XVIII, Bruges: [s.e.], 1932, p. 241.

353. Cf. a doutrina do Ánthropos (homem) em Zósimo. *Psychologie und Alchemie* (*Psicologia e alquimia*). 2. ed., 1952 [OC, 12], p. 492s.

354. *Isis*. XVIII, p. 251.

é o *"vir unus"* (homem uno) de Dorneus e simultaneamente o *Lapis Philosophorum* (pedra filosofal)[355].

O "verdadeiro homem" exprime o *Ánthropos* (homem) no indivíduo, o que parece ser um retrocesso perante a revelação do Filho do Homem em Cristo, pois a unicidade histórica de seu aparecimento como homem era então na verdade *aquele* grande progresso, que reuniu as ovelhas dispersas em torno de *um único* pastor. Mas o "homem" no individuo significa, como se teme, uma dispersão do rebanho. Esta última seria de fato um retrocesso, que, porém, não ocorre por conta do "verdadeiro homem", mas muito antes é causado por todas aquelas más qualidades humanas, que desde sempre têm dificultado e ameaçado a obra da cultura. E neste ponto frequentemente ovelhas e pastores são iguais entre si quanto à inutilidade. O "verdadeiro homem" nada tem a ver com isso. Antes de tudo, não destruirá ele nenhuma forma de cultura. Ele não representa decerto, nem no Oriente nem no Ocidente, o jogo de pastores e ovelhas, porque ele já está suficientemente ocupado em guardar a si mesmo como pastor.

Quando o adepto em sua obra experimenta a si mesmo, isto é, o "verdadeiro homem", então, como mostra nosso texto, se lhe apresenta em forma nova e imediata a analogia do "verdadeiro homem", a saber: Cristo, e ele reconhece na mudança operada nele uma semelhança com a *passio Christi* (paixão de Cristo). Já não se trata, pois, de uma *"imitatio Christi"* (imitação de Cristo), mas sim do inverso, isto é, da assimilação do Cristo ao seu próprio si-mesmo, que é justamente o "verdadeiro homem"[356]. Já não está presente o esforço e o empenho propositado da *imitatio* (imitação), mas sim a vivência involuntária da realidade do que se acha exposto na legenda sagrada. Esta realidade lhe sobrevêm inesperadamente durante o trabalho, como a um santo os estigmas, que ele também não procura conscientemente. Pelo contrário, isso ocorre espontaneamente. A Paixão acontece ao adepto, e isso decerto não na forma clássica – pois nesse caso lhe seria consciente que ele, por exemplo, ocupasse-se com os

---

355. É muitíssimo curioso que também na China existe uma doutrina do *Ánthropos*, onde os pressupostos da história do espírito são de todo diferentes.

356. Que n. b. (*nota bene* – note bem) não deve ser confundido com o eu.

Exercitia Spiritualia (exercícios espirituais ou retiro) –, mas muito antes na forma como o expressa o mito alquímico: trata-se da substância do arcano que padece esses suplícios físicos e morais da crucifixão; trata-se do rei, que morre ou é morto, e jaz morto e sepultado, mas ressurge ao terceiro dia. Não é o adepto quem sofre tudo isso, mas é nele que *alguém outro* sofre, padece, é torturado, passa pela morte e ressuscita. E tudo isso não acontece propriamente ao alquimista, mas ao "verdadeiro homem", que ele tem muito perto de si, até dentro de si, e ao mesmo tempo suspeita estar na retorta. A comoção interior, que vibra em nosso texto, como também na *Aurora Consurgens*, é genuína, mas seria de todo incompreensível se o *Lapis* (pedra) nada mais fosse do que uma substância química. Mas ela (emoção) também não pode ser derivada da Paixão, mas representa a vivência genuína de um homem, que foi parar em meio aos conteúdos compensatórios do inconsciente, por ter tentado explorar o desconhecido (= inconsciente) com seriedade e sacrifício. Ele naturalmente não podia deixar de enxergar a semelhança entre seus conteúdos (projetados) e as concepções dogmáticas, e poderia ter-lhe sido fácil aceitar que suas ideias nada mais eram do que exatamente as conhecidas representações religiosas, que ele já estava empregando para a explicação da química. No entanto, os textos mostram claramente que ocorre o oposto, e que a vivência característica do *opus* (obra) tem a tendência crescente de assimilar o dogma, ou respectivamente de amplificar-se por meio dele. Por isso nosso texto fala também de *comparare* (comparar) e *unire* (unir). A figura do *Ánthropos* alquímico se revela como autônoma em relação ao dogma[357].

O alquimista vivencia a figura do *Ánthropos* em sua forma cheia de vivacidade, frescor e imediatismo, o que se reflete no tom entusiástico dos textos. Compreende-se, pois, neste estado de coisas, que também cada particularidade do drama humano primitivo se tenha realizado em um sentido completamente novo. A *nigredo* (negrura)

---

357. No século XVII iniciou-se, entretanto, um processo retrógrado, que é mais visível em J.Boehme (O Aquarium Sapientum está situado mais ou menos no ponto crítico culminante). A figura do Cristo das confissões religiosas começou a preponderar e se amplificou por meio de concepções alquímicas.

Mysterium Coniunctionis — Rex e Regina... 125

não apenas colocava visível diante dos olhos do experimentador a decomposição, o sofrimento, a morte e o suplício infernal, mas também recobria a alma solitária dele com sua melancolia[358]. Na negrura do desespero, que não era dele e ao qual ele, por assim dizer, apenas estava presente, tinha ele a vivência de que *alguém outro* se transformava no verme e no dragão venenoso[359]. E este, por necessidade interior (*natura naturam vincit* – a natureza vence a natureza), destrói-se a si mesmo e se transforma em leão[360], e o adepto, arrastado involuntariamente para dentro do drama, sente a necessidade de cortar as patas dele[361], senão os dois leões se devorariam mutuamente. Como o dragão comeu suas próprias asas (*alas suas comedens*), também a águia devorou suas próprias penas[362]. Nessas figuras grotescas se re-

---

358. Como diz MORIENUS. *Artis Auriferae* II, 1593, p. 18: "Nam requiri aditus nimis est coarctatus, neque ad illam quisquam potest ingredi, nisi per animae afflictionem" (Pois a entrada para o procurado foi muito estreitada, e ninguém pode chegar a ela, a não ser pela aflição da alma).

359. "Esse in Chemia nobile aliquod corpus, quod a domino ad dominum movetur" (Existe na química certo corpo nobre que passa de dono para dono). MAJER. *Symbola aureae mensae duodecim nationum* 1617, p. 568. – "Verus Mercurii spiritus et sulphuris anima" (O verdadeiro espírito de Mercúrio e a alma do enxofre) estão colocados em paralelo com "draco et aquila, rex et leo, spiritus et corpus" (o dragão e a águia, o rei e o leão, o espírito e o corpo) (*Musaeum Hermeticum*, 1678, p. 11). – o *senex-draco* (ancião dragão) deve renascer como rei (*Verus Hermes*, 1620, p. 16). – Rei e rainha são representados com cauda de dragão (ELEAZAR, A. *Uraltes Chymisches Werck*, 1760, p. 82s.). Aí mesmo se diz (p. 38): do rei e da rainha se forma na *nigredo* (negrura) um verme negro e um dragão. O verme Phyton chupa todo o sangue do rei (p. 47).

360. Como os símbolos alquímicos estão embebidos de astrologia, é importante saber que a estrela principal do signo *Leo* se chama *Regulus* (reizinho) e era considerada pelos caldeus como o coração do leão. (Cf. BOUCHE-LECLERCQ. *L'Astrologie Grecque.*Paris: [s.e.], 1899, p. 438s.). O Regulus é favorável ao nascimento do rei. Cor (coração) tem certo papel como designação da substância do arcano. Significa então "ignis vel maximus ardor" (fogo ou ardor máximo). (RULANDUS. *Lexicon alchemiae sive dictionarium alchemisticum*, 1612, v. cor, p. 170).

361. Figura 4 em *Psychologie und Alchemie* (*Psicologia e alquimia*). 2. ed., 1952 [OC, 12], p. 66. Igualmente *Pandora*. 1588, p. 227, com a inscrição: "Döt den Loewen nun im sihn plutt" (Mata pois o leão em seu sangue). O símbolo provém de SENIOR. *De Chemia*, 1566, p. 64.

362. Águia com cabeça de rei, a devorar suas próprias penas – no Scroll de Ripley. Cf. fig. 228: *Psychologie und Alchemie* (*Psicologia e alquimia*). 2. ed., 1952 [OC, 12], p. 562.

flete o conflito dos opostos, aonde foi parar o adepto por sua curiosidade exploradora. O começo de seu caminhar era uma *katábasis* (*descensio ad inferes* – descida aos infernos), como experimentou Dante[363], mas difere dessa porque aqui o adepto sente que sua alma não é apenas impressionada, porém, alterada de modo muito característico. O Fausto I pode servir de exemplo: a transformação do douto sério, pela tentativa de suicídio e pelo pacto com o diabo, em um cavaleiro mundano e no ambicioso sonhador de grandezas. No jocoso Christian Rosencreutz, a descida até a Senhora Vênus causa apenas um pequeno ferimento na mão por uma seta de Cupido. Mas os textos indicam perigos mais sérios. Assim se diz em Olimpiodoro[364]: "Sem muita fadiga não se conclui esta obra; haverá combate, violência e guerra. E o daimon Ophiuchos[365] insufla desleixo (ὀλιγωρίαν) ao impedir nossos projetos; ele rasteja por toda a parte, por dentro e por fora, ocasionando ora relaxamento, ora temor, ora coisas inesperadas, (ou) certa vez procurando impedir-nos no trabalho (πραγμάτων) por meio de perturbações (literalmente: λύπαις – ofensas) ou danos". Expressões mais fortes emprega o filósofo Petasios (Petesis), citado por Olimpiodoro: "O chumbo[366] é de tão demoníaca possessão (δαιμονοπληξίας) e sem-vergonhice (αὐθαδείας), diz ele, que faz com que todos aqueles que querem pesquisar entrem em lou-

---

363. Até agora ainda não encontrei em nenhum texto um relacionamento com Dante.

364. BERTHELOT. *Collection des Anciens Alchimistes Grecs* II, IV, 28.

365. A interpretação do Ophiuchos (constelação do Ofiúco, Anguitenens, Serpentarius) como *daimon* é difícil. Do ponto de vista astronômico, encontra-se no Escorpião e tem por isso relação com veneno e médico. De fato, na significação da Antiguidade, Ophiuchos é principalmente Asklépios. (ROSCHER. *Lexicon alchemiae sive dictionarium alchemisticum*. 1612, VI, 921s.). – Em Hipólito (*Elenchos*. IV, 17, 5s.) menciona-se que – enquanto a constelação do Engonasi (o que está ajoelhado) representa Adão, e com isso a primeira criação – o Ophiuchos significa a segunda criação, isto é, o renascimento por Cristo, pois ele impede a serpente de atingir a Corona (στέφανος, *corona borealis* – coroa boreal – ou coroa de Ariadne, a amada de Dioniso). Cf. BOUCHE-LECLERCQ. *L'Astrologie Grecque*, 1899, p. 609, nota 1. Essa interpretação não fica mal para o "salvador" Asklépios. Mas em virtude do fato de nascerem sob esse signo os encantadores de serpentes, conforme a concepção da Antiguidade, é possível que tenha penetrado nisso algum sentido nefasto (talvez pelo Escorpião "venenoso").

366. Μόλυβδος, chumbo, significa a substância do arcano.

co furo ou percam o juízo". Que isso não é apenas palavrório vão provam também outros textos, que muitas vezes acentuam a implicação da psique do experimentador. Assim diz Dorneus em relação à citação de Hermes: "*Ideo fugiet a te omnis obscuritas*" (por isso se afastará de ti toda a obscuridade): "Ele diz: de *ti* se afastará toda a obscuridade; ele não diz isso dos metais. Por 'obscuridade' não se entende outra coisa senão doenças e sofrimentos do corpo *e* do espírito (*mentis*) [...] A intenção do autor (*mens auctoris*) simplesmente é a de ensinar que aqueles que conseguirem o remédio espagírico, por meio de uma partícula mínima dele, tomada de qualquer modo, o que também indica a semente de mostarda[367], curam todas as doenças sem distinção, por causa da simplicidade ativa[368] da composição do medicamento, de modo que a ele não pode resistir nenhuma variedade das muitas doenças. Além disso há variados escurecimentos e doenças da mente (*mentis*), como loucura (*vesania*), furor (*mania*), delírio furioso (*furia*), imbecilidade (*stoliditas*) e outras mais de toda a espécie, pelas quais o espírito (*animus*) é obscurecido e danificado; por meio desse remédio espagírico são elas completamente curadas. Não apenas devolve ele a saúde ao espírito (*animo*), mas também de fato aguça o engenho (*ingenium*) e a mente (*mentem*) do homem, de modo que tudo o que se refere ao milagre[369], torna-se para ele fácil, *puncto*

---

367. Alusão a Mt 13,31: "Simile est regnum grano sinapis" (O reino celeste é semelhante ao grão de mostarda).

368. "Unionis simplicitas" (a simplicidade da união) provavelmente se refere à doutrina do *simplex* (simples), isto é, à *ideia*. Simplex "quod vocat Plato intelligibile non sensibile" (O que Platão chama de simples é o inteligível e não o sensível). "Simplex est pars inopinabilis" (O simples é uma parte inimaginável); é o *indivisibile* (indivisível); "est unus essentiae" (é de uma única essência). "Opus non perficitur nisi vertatur in simplex" (A obra não estará completa se não for mudada na coisa simples). "Conversio elementorum ad simplex" (conversão dos elementos na coisa simples). "Homo est dignior animalium et propinquior simplici et hoc propter intelligentiam" (O homem é o mais digno dos animais e o mas próximo da coisa simples, e isto por causa da inteligência). "Liber Platonis Quartorum". *Theatrum Chemicum* V, 1622, p. 120, 122, 130, 139, 179, 189.

369. DORNEUS. "Speculum Philosophorum". *Theatrum Chemicum* I, 1602, p. 298. "Eius [...] (veritatis) talem esse virtutem compererunt, ut miracula fecerit" [Eles descobriram que a força dela (verdade) é tão grande que opera milagres], Da mesma forma, op. cit., p. 497 e p. 507.

128 Obra Completa — Vol. 14/2

(quanto) à compreensão (*intellectu*) e à percepção (*perceptu*), e a estas nada fica oculto do que se encontra nas (regiões) superiores e inferiores"[370]. A frase da *Tabula Smaragdina*: "*quia vincet omnem rem subtilem*" (porque vencerá toda a coisa subtil), Dorneus a interpreta deste modo: a *res subtilis* (coisa subtil) é Mercurius, ou respectivamente as "*spiritales tenebrae mentem occupantes*" (as trevas espirituais que ocupam a mente). O *subtile* (subtil) significa *spiritus* (espírito). As trevas são, pois, na concepção dele, uma possessão espiritual (como mais acima em Olimpiodoro!), que é expulsa (*expellet omnem rem subtilem*) pelo *opus* (obra)[371]. A doença é uma "*impressio mali*" (impressão do mal) e é curada pela "*repressio mali per actum veri centri et universi in corpus*" (repressão do mal por meio da atuação do centro verdadeiro e universal sobre o corpo). O centro é o *Unarius* (unidade) ou o *Unum* (o um), sobre o qual se baseia o *unicus homo* (o homem uno em si). Se, portanto, ele deseja curar-se, "*ad amussim studeam centrum cognoscere ac scire, eoque se totum conferat, et centrum liberabitur ab omnibus imperfectionibus et morbis*[372], *ut ad prioris monarchiae statum restituatur*" (deve procurar diligentemente conhecer o centro e saber a respeito dele, e deve dirigir-se interiormente para ele, [pois] o centro será liberado de todas as imperfeições e doenças para que ele seja restituído ao estado do domínio absoluto anterior)[373].

159   Essas passagens, citadas por Dorneus, referem-se, na verdade, menos ao estado de perigo causado pela obra, e muito mais à cura por meio do resultado da obra. O remédio surge justamente a partir do Mercurius, aquele espírito[374] do qual dizem os filósofos: "*Accipite spiritum nigrum veterem*[375], *et eo corpora diruite et cruciate, quousque alterantur*" (Tomai o velho espírito negro, e por meio dele des-

---

370. "Physica Trismegisti". *Theatrum Chemicum* I, 1602, p. 433.

371. "Physica Trismegisti". Op. cit., p. 434.

372. Portanto, o centro não pode ser simplesmente Deus (como o Um), pois somente no homem pode ele (o centro) ser atacado pela doença.

373. DORNEUS. "Vita brevis". *Theatrum Chemicum* I, 1602, p. 530s.

374. Cf. "Der Geist Mercurius" ("O espírito de Mercúrio"). *Symbolik des Geistes* (*Simbólica do espírito*). 1953.

375. Outra leitura: *et unientem* (e que une).

Mysterium Coniunctionis – Rex e Regina... 129

truí e atribulai os corpos até que eles se alterem)[376]. O destruir os corpos também é apresentado como combate, como se diz no *Sermo 42* da *Turba: "Irritate bellum inter aes et argentum vivum, quoniam peritum tendunt et corrumpuntur prius"* etc. (Suscitai a guerra entre o minério e o mercúrio, pois tendem para a destruição e antes se corrompem). *"Inter ea pugnam irritate aerisque corpus diruite, donec pulvis fiat"* (Suscitai o combate entre eles e destruí o corpo do minério até tornar-se em pó)[377]. Esta luta significa *separatio, divisio, putrefactio, mortificatio et solutio* (separação, divisão, putrefação, mortificação e solução), e ela representa o estado primordial e caótico, isto é, a luta entre os quatro elementos inimigos entre si. Dorneus exprime alegoricamente essa quaternidade, má e pronta para a luta, por meio da serpente de quatro cornos (*quadricornutus serpens*), que o demônio, após ter sido precipitado do céu, tentou imprimir no espírito humano, isto é, "a ambição, a brutalidade, a calúnia e a desavença"[378]. Como se vê, transpõe Dorneus o motivo da guerra[379] para o plano moral[380], e o aproxima do conceito moderno de dissociação psíquica, que, como é sabido, constitui o fundamento das psicoses e neuroses psicógenas. Na "fornalha da cruz" e no fogo, como diz o

---

376. RUSKA. *Turba philosophorum*, 1931, Sermo XLVII, p. 152.

377. Op. cit., p. 149.

378. "Diabolum ista in caelum erexisse decidens ac deiectus ab eo, nec non illa postmodum in mentem humanam infigere conatum fuisse videlicet ambitionem, brutalitatem, calumniam, et divortium". "Vita brevis". *Theatrum Chemicum* I, 1602, p. 531.

379. "Gespräche des Eudoxi und Pyrophili über den Uralten Ritter-Krieg" (Diálogos de Eudoxus e Pyrophilius sobre a guerra antiquíssima dos cavaleiros) é o título de um tratado aparecido em 1604. – Cf. minha dissertação: "Os Aspectos Psicológicos do arquétipo de mãe". In: *Von den Wurzeln des Bewusstseins* (*Das raízes da consciência*). 1954.

380. De modo semelhante diz o "Aquarium Sapientum". *Musaeum Hermeticum.* 1678, p. 129: "Homo a Deo in fornacem tribulationis collocatur et ad instar compositi Hermetici tamdiu omnis generis angustiis, diversimodisque calamitatibus et anxietatibus premitur, donec veteri Adamo et carni (Ef. 4) siet mortuus et tamquam vere novus homo... iterum resurgat" (O homem é colocado por Deus na fornalha da tribulação, à semelhança do composto hermético, e é afligido por toda a sorte de calamidades e ansiedades, até que, morto ele para o velho Adão e para a carne, ressuscite novamente como um homem novo).

130 Obra Completa — Vol. 14/2

Aquarium Sapientum, atinge o homem a cabeça de corvo[381] bem negro, à semelhança do ouro terreno, isto é, ele se torna completamente deformado e escarnecido perante o mundo[382], e isto não apenas por 40 dias e 40 noites ou anos[383], mas muitas vezes pelo tempo todo de sua vida, e de tal modo que ele deva "experimentar mais mágoa do que consolação e alegria, mais tristeza do que prazer em sua vida". "Por meio desta morte espiritual é que sua alma é totalmente libertada"[384]. Por essas palavras se torna claro que a *nigredo* (negrura) provocada pelo adepto significa uma *deformatio* (uma deformação), de si próprio e um sofrimento psíquico, que o autor compara com o do pobre homem Jó. A desgraça de Jó, que não provém de culpa dele, mas é disposta por Deus, significa, como é sabido, o sofrimento do servo de Deus e é uma prefiguração da *passio Christi* (paixão de Cristo). Vê-se aqui como a figura do Filho do Homem lentamente se transfere para o homem comum que se incumbiu da "obra".

160 Já Wei Po-Yang, no século II de nossa era, inteiramente sem ter recebido qualquer influência da alquimia ocidental e sem o peso das pressuposições de nossa psicologia cristã, esboça uma descrição drástica daqueles sofrimentos que se originam de algum erro na obra: "Sobrevirá um desastre à massa negra: gases originados do alimento

---

381. "Rectum nigrum corvi caput sortitur".

382. O autor aduz aqui Sb 5, com o que ele quer indicar manifestamente Sb 5,3-4: "Hi sunt, quos habuimus aliquando in derisum et in similitudinem improperii. Nos insensati vitam illorum aestimabamus insaniam et finem illorum sine honore" (Eis aqueles de quem outrora zombávamos, e a quem tivemos como alvo de ultrajes. Nós insensatos considerávamos loucura sua vida e o fim deles como ignominioso). – O autor aduz aqui também Jó 30, donde se deve destacar ainda V. 10: "Abominantur me et longe fugiunt a me et faciem meam conspuere non verentur" (Detestam-me e se esquivam de mim, e não se envergonham de cuspir no meu rosto).

383. Gn 8,6: Após 40 dias Noé solta um corvo. – Gn 7,7: O subir das águas do dilúvio. – Gn 7,4: "Ego pluam super terram quadraginta diebus et quadraginta noctibus" (Farei chover sobre a terra 40 dias e 40 noites). – Lc 4,1: "(Jesus) agebatur a Spiritu in desertum diebus quadraginta et tentabatur a diabolo" (Jesus foi conduzido pelo Espírito ao deserto durante 40 dias e foi tentado pelo diabo). – Ex 24,28: Moisés permanece com Deus 40 dias e 40 noites. – Dt 8,2: A permanência do povo no deserto por 40 anos.

384. "Per spiritualem istam suam mortem, anima sua omnino eximitur", op. cit., p. 130.

Mysterium Coniunctionis — Rex e Regina... 131

ingerido produzirão ruídos nos intestinos e no estômago. Será exalada a essência certa e inalada a essência funesta. Os dias e as noites transcorrerão sem sono, lua após lua. Então o corpo ficará exausto, provocando uma aparência de insanidade. As cem pulsações agitar-se-ão e ferverão de forma tão violenta a ponto de afugentar a paz da mente e do corpo [...] aparecerão coisas fantasmagóricas, de que ele se maravilhará até mesmo no sono. Então é levado a regozijar-se, pensando que lhe está assegurada a longevidade. Mas de repente é tomado por uma morte prematura"[385]. É, pois, compreensível que Khunrath escreva[386]: "Mas principalmente pede a Deus [...] o bom espírito da discrição, o bom espírito de discernir o bem do mal, para que ele te introduza no verdadeiro conhecimento e na compreensão da luz da natureza, no grande livro da natureza, de modo que te oriente para saíres do labirinto dos muitíssimos livros errados de papiro e de pergaminho, e chegues a alcançar a profundeza da verdade e certamente também aquilo a que tens direito".

Também o *Tractatus Aurens Hermetis* conhece a depressão dos adeptos. Assim diz ele no final do capítulo primeiro: "Meu filho, esta pedra está escondida, (é) policrômica e nascida de *uma só cor,* procura conhecê-la e (a) oculta. Se o Onipotente o permitir, escapareis por isso à maior de todas as doenças, a melancolia [387], e a todas as nocividades e angústias, conseguindo com a ajuda dele chegar das trevas à luz, do deserto à terra habitada, da estreiteza à vastidão"[388].   161

Esses testemunhos devem bastar para esclarecer que o experimentador não apenas estava incluído na obra, mas que *ele também tinha conhecimento disso.*   162

---

385. Isis. VIII, 238. Cf. o motivo da aflição em *Von den Wurzeln des Bewusstseins (Das raízes da consciência).* 1954, cap. VI.

386. *Von hylealischen... Chaos,* 1597, p. 186s. O texto está em alemão arcaico [N.T.].

387. Em vez da palavra *tristitia* (tristeza), os textos trazem geralmente *melancholia* (melancolia) como sinônimo de *nigredo* (negrura). "Consilium Coniugii". 1566, p. 125s.: "Melancholia, id est nigredo" (melancolia, isto é, a negrura).

388. *Ars Chemica,* 1566, p. 14.

7. A relação do símbolo do rei com a consciência

163   A apoteose do rei, o nascer renovado do Sol, vem a significar, de acordo com nossa hipótese, que se conseguiu uma nova dominante da consciência, e que desse modo se realizou uma inversão do potencial psíquico: a consciência deixou de estar sob o domínio do inconsciente, estado em que a dominante se acha oculta no coração das trevas e é inconsciente; mas agora ela avistou e reconheceu uma meta mais elevada. Essa mudança vem expressa pela apoteose do rei, e o sentimento correspondente a essa renovação não se expressa mais claramente em nenhuma outra forma do que em alguns de nossos mais belos cantos corais. Nessa glorificação a *Cantilena* inclui a mãe Luna, que é o aspecto maternal da noite; disso nos lembra a apoteose no final do Fausto II. Parece-nos também como se durante a noite a Lua tivesse nascido no mesmo explendor divino como o Sol. Como nossa rainha está a "escorrer de bálsamo", da mesma forma o aroma se desprende da deusa celeste celebrada nos *Atos de Tomé* (cap. VI). Ela não é apenas a mãe, mas igualmente a "χόρη, τοῦ φωτὸ θυγάτηρ" (moça, filha da luz). Ela é a *Sophia* (Sabedoria) gnóstica[389], que corresponde à mãe alquímica. Se for válida nossa interpretação do *Rex* (rei) Sol, então a mãe Luna, sendo o inconsciente, deve também ter-se deslocado pela apoteose em direção à visibilidade, isto é, deve, por assim dizer, ter-se tornado *consciente*. O que primeiramente parece ser uma *contradictio in adjecto* (contradição causada pela palavra que se acrescenta à primeira), torna-se claro, entretanto, quando observado mais acuradamente, e vem a ser a conscientização de um conteúdo essencial ou principal do inconsciente. Em primeiro lugar e antes de mais nada, é o feminino no homem, a *Anima*, que se torna visível; em segundo lugar é a claridade do luar que nos possibilita enxergar as coisas de noite, isto é, certo aclaramento, ou respectivamente certa penetrabilidade[390]; em terceiro lugar a Lua representa o

---

389. BOUSSET. *Hauptprobleme der Gnosis*, 1907, p. 58s.

390. A *Anima* tem Função de mediadora entre a consciência e o inconsciente coletivo, como a *persona* o faz entre o eu e o mundo ambiente. Cf. *Die Beziehungen zwischen dem Ich und dem Unbewussten* (*O eu e o inconsciente*. 4. ed., 1945, p. 117s. Petrópolis: Vozes, 1985, 5. ed. [OC, 7/2]).

Mysterium Coniunctionis — Rex e Regina... 133

redondo (rotundum), de cuja interpretação mais extensa me dispenso aqui, pois o leitor a encontra em *Psychologie und Alchemie* (Psicologia e alquimia). O redondo (*plenilunium, circulus lunaris* / Lua cheia, círculo lunar)[391]; por corresponder ao Sol como sua imagem no espelho, significa o homem primordial (*Ánthropos*) no mundo sublunar, isto é, o *si-mesmo* psicológico ou a *totalidade psíquica*[392].

A Lua é intermediária entre o conceito de mãe-virgem e o de filho, o qual é redondo, são e perfeitamente provido. O novo nascimento a partir da Lua pode, portanto, ser expresso tanto pela alegria pascal do cristão como pela emoção da aurora mística, a *aurora consurgens* (o surgir da aurora), pois o rei ressuscitado é "a alma infundida na pedra sem vida"[393]. A ideia do redondo se expressa também na coroa, que significa a realeza. *Corona regis* (a coroa do rei) é citada como sinônimo de *cinis* (cinza), *corpus* (corpo), *mare* (mar), *sal* (sal), *mater* (mãe) e *virgo sancta* (virgem santa)[394]; é, pois, identificada claramente como o feminino.

164

---

391. No "Scriptum Alberti" (*Theatrum Chemicum* II, 1602, p. 527) se encontra a passagem seguinte: "Ciconia ibi sedebat, quasi se appellans circulum lunarem" (Aí estava pousada uma cegonha que se chamava de certo modo o círculo lunar). A cegonha tem significado maternal, como também *cygnus* (cisne) e *anser* (ganso).

392. Indica-se a coincidência da apoteose do rei com o *natalis Christi* (nascimento de Cristo): "Postremum vero (opus) in altero regali Jovis solio desinet, a quo Rex noster potentissimus coronam pretiosissimis Rubinis contextam suscipiet, 'sic in se sua per vestigia volvitur annus'" (Por fim a obra termina no outro trono de Júpiter, de quem o nosso rei receberá a coroa entrelaçada de preciosíssimos rubis, assim o ano retorna passando por seus próprios vestígios). *Arcanum Hermetic. Phil. Opus.* Genebra: [s.e.], 1553, p. 82. – Em ELEAZAR, A. *Uraltes Chymisches Werck*, 1760, p. 51, se diz: (no original em alemão da época) "Eu devo ser fixado nessa cruz negra e devo ser lavado ai com vinagre por meio do sofrimento, e serei tornado branco, a fim de que o interior de minha cabeça se torne semelhante ao Sol ou ao Marez (ar ou espírito), e meu coração reluza como um carbúnculo, e de mim proceda novamente o velho Adão. Ó *Adam Cadmon*, como és belo! E ornado com o *riqmah* (veste colorida) do Rei do Universo! Como Kedar (Ct 1,4) sou agora negro" etc.

393. "Exercit. in Turb." *Artis Auriferae* I, 1593, p. 181: "Rex ortus est, id est anima [...] lapidi mortuo infusa est" (Surgiu o Rei, isto é, a alma... foi infundida na pedra morta).

394. Exercit. Op. cit., p. 180.

165 Esta relação singular do redondo com a mãe se explica por ser ela considerada como o inconsciente e, deste modo, ser de certa maneira o lugar no qual e do qual aparece o símbolo da totalidade. O fato que o redondo, por assim dizer, está de certo modo contido na *Anima* e que por ela é anunciado, confere a ela aquele significado extraordinário e fascínio que é próprio do "feminino-eterno", tanto no bom sentido como no mau. Em certa etapa aparece, pois, o feminino como o verdadeiro suporte da totalidade almejada e, de modo absoluto, de quem deve ser salvo.

166 Nossa tentativa de explicação parte do fato de ser o rei no essencial um sinônimo do Sol, e de este ser a *claridade diurna da psique*, isto é, a consciência, que, na qualidade de acompanhante fiel do curso do Sol, surge diariamente a partir do mar do sono e dos sonhos, e juntamente com o Sol torna a apagar-se ao entardecer. Assim como o Sol caminha na ciranda dos planetas e nos espaços celestes repleto de estrelas, à maneira de uma figura isolada e à semelhança de qualquer um dos outros arcontes planetários, do mesmo modo também a consciência, que, "consciente de si mesma", refere tudo a seu próprio "eu", como se ele fosse o centro do cosmos, é um dentre os arquétipos do inconsciente, e pode ser comparada ao Rei Hélio do sincretismo da Antiguidade tardia, na forma como ele se nos depara, por exemplo, em Juliano Apóstata. Tal seria certamente a aparência do "complexo de consciência", se ele pudesse ser observado de um dos outros planetas como, por exemplo, o Sol é visto da Terra. De fato, a personalidade subjetiva do eu – ou em outras palavras a consciência com todos os seus conteúdos – é vista em todos os seus aspectos por um observador inconsciente, ou antes por um observador situado no espaço inconsciente. Que as coisas são assim, provam-nos os sonhos, nos quais muitas vezes a personalidade consciente, ou o "eu" do sonhador, é apresentada de um ponto de vista, que é *"toto coelo"* (literalmente: por todo o céu; tradução livre: inteira e completamente) diverso daquele do sonhador. Tal fenômeno não poderia ocorrer, se no inconsciente não existisse a possibilidade de outros pontos de vista que se achem em contradição ou concorrência com a "consciência do eu". Estas relações se acham admiravelmente expressas na alegoria dos planetas. Nosso rei representa, como objeto, a consciência do eu, o sujeito de todos os sujeitos. Mostra ele por seu destino mítico o

nascimento e o ocaso desses fenômenos mais sublimes e mais divinos da criação toda, sem os quais o mundo nem sequer teria objetividade.

Pois tudo o que existe, subsiste apenas no "fato de ser conhecido" (*Gewusstsein*) direta ou indiretamente, e além disso esse "fato de ser conhecido" ainda se apresenta, em certas circunstâncias de um modo tal que ele mesmo ignora, isto é, como que observado de outro planeta, ora com olhar benevolente, ora com olhar malévolo.

Essa situação, que não é de todo simples, de uma parte provém do fato de o eu ter a propriedade paradoxal de ser tanto o sujeito como o objeto do seu saber, e de outra parte, do fato de a psique não constituir uma unidade, mas uma "constelação", na qual além do Sol existem outros luminares. O "complexo do eu" não é o único complexo psíquico[395]. Não se pode descartar a possibilidade que complexos inconscientes tenham certa luminosidade, isto é, que desenvolvam certo grau de consciência, pois a partir deles podem desenvolver-se uma espécie de personalidades secundárias, como atesta a experiência da psicopatologia. Desde que isso seja possível, então também pode existir uma observação do complexo do eu, feita de outra base que se encontre também na mesma psique. Como já disse, parece-me que nisto se baseia a descrição crítica do complexo do eu, que ocorre nos sonhos e nos estados psíquicos de exceção.

A consciência muitas vezes sabe pouco ou até nada sabe sobre sua transformação, e mesmo também nada quer saber a respeito disso; quanto mais ela se portar como dominadora e como convencida da eterna validade de sua verdade, e quanto mais ela estiver segura de tudo isso, tanto mais ela também se identificará com isso. Deste modo, a realeza se transfere do Sol, que é um deus natural, para o rei humano, que então personifica a concepção suprema que conseguiu chegar ao domínio e de cuja sorte deverá ela partilhar. No mundo

---

395. A asserção primitiva de que existe uma pluralidade de almas num mesmo indivíduo está em harmonia com nossa constatação. Quanto a essa questão cf. TYLOR, E.B. *Die Anfänge der Kultur*. [s.l.]: [s.e.], 1873. p. 426s.; SCHULTZE. *Psychologe der Naturvölker*. Leipzig: [s.e.], 1900, p. 268; CRAWLEY, A.E. *The Idea of the Soul*. Londres: [s.e.], 1909, p. 235s.; FRAZER, J. G. *Taboo and the Perils of the Soul*. Londres: [s.e.], 1911, p. 27 e 80. Idem. *Balder the Beautiful* II, p. 221s.

dos fenômenos vigora a lei do κάντα ρεῖ (tudo flui), da eterna mudança, e parece que o verdadeiro se transforma e que apenas o que se muda permanece verdadeiro. Tudo envelhece e necessita de mudança e renovação.

169   A partir de outro planeta se verifica, sem acatamento algum, que o rei está envelhecendo, antes ainda que ele queira aceitá-lo como verdade: as concepções supremas, as chamadas dominantes, mudam-se, e a mudança, que como já foi dito muitas vezes permanece oculta à consciência, apenas se reflete nos sonhos. O rei Sol, na qualidade de arquétipo da consciência, movimenta-se no mundo do inconsciente como uma das muitas figuras, que talvez sejam igualmente capazes de adquirir consciência. Esses luminares menores, de acordo com a concepção antiga, identificam-se na psique como as correspondências dos planetas postuladas pela astrologia. Se, pois, um alquimista por sua magia faz aparecer o espirito de Saturno como *Páredros* (companheiro), então isso significa uma tentativa para tornar consciente um ponto de vista que não é do eu e, ao mesmo tempo, para tornar relativa a consciência do eu e de seus conteúdos. A intervenção do espírito do planeta é desejada como ajuda, e é considerada como tal. Quando o rei se torna velho e necessitado de renovação, então se prepara como que um banho de planetas, isto é, um banho para o qual os planetas fazem fluir todas as suas "influências"[396]. Com isso se exprime o pensamento que a dominante envelhecida e fraca necessita agora da ajuda e da influência de seus luminares secundários para seu fortalecimento e renovação. Primeiro, ela é de certo modo dissolvida na substância dos outros arquétipos planetários e depois é novamente recomposta. Por meio desse processo da fusão, que ajunta e transforma, surge uma nova liga, que dispõe, até certo ponto, de uma natureza mais abrangente, por ter assumido em si as influências dos outros planetas, ou respectivamente dos metais[397].

---

396. Cf fig. 257 em *Psychologie und Alchemie* (*Psicologia e alquimia*). 2. ed., 1952 [OC, 12], p. 617.

397. Cf. fig. 149 em *Psyehologie und Alehemie* (*Psicologia e alquimia*). 2. ed., 1952 [OC, 12], p. 405.

Mysterium Coniunctionis — Rex e Regina...

Nesta imagem alquímica pode-se reconhecer facilmente a projeção do processo de transformação: o envelhecer de uma dominante psíquica se revela pelo fato de ela abranger e exprimir a totalidade psíquica em grau cada vez menor. Pode-se também dizer que a alma já não se sente totalmente acolhida na dominante, o que se manifesta por esta última sofrer diminuição no fascínio e por ela já não impressionar completamente a alma como antes. De outra parte, também já não é completamente comprendido o conteúdo de sentido que ela tem, ou aquilo que dela se compreende já não toca o coração como antes. A partir desse *"sentiment d'incomplétude"* resulta, pois, uma reação compensatória, que atrai outras regiões do espírito juntamente com seus conteúdos para preencher os lugares vazios. Em geral, este processo é inconsciente e atua sempre aí onde a orientação e a atitude da consciência se mostra ser insuficiente. Estou destacando esse ponto porque a consciência é má juíza em sua própria situação e muitas vezes se aferra à ilusão de que a sua atitude é justamente a acertada e apenas está impedida de atuar por contrariedades externas. Se em tal caso fossem considerados os sonhos, imediatamente seria possível estabelecer por que a pressuposição da consciência se tornou inoperante. Se, por fim, ainda aparecerem sintomas neuróticos, então com isso se enxerga como falsa a atitude da consciência, isto é, sua concepção superior, preparando-se ao mesmo tempo no inconsciente uma revolta daqueles arquétipos que foram mais reprimidos pela consciência. Para a terapia não resta outro recurso senão o de confrontar o eu com seu antagonista, com o que se inicia o processo de mistura e modificação por meio da fusão. No mito alquímico do rei, a confrontação vem expressa pela colisão do mundo paterno espiritual-masculino do *Rex Sol* (rei Sol) com o mundo materno feminino-ctônico da *aqua permanens* (água eterna), ou respectivamente do "caos". A ilegitimidade dessa relação aparece como incesto, e no caso da *Cantilena* se dá isso veladamente pela adoção, que no entanto, e apesar de tudo, tem como consequência uma gravidez para a mãe. Como já expliquei alhures, o incesto exprime a união de parentes, ou respectivamente de seres da mesma espécie; isto significa que o antagonista do Sol é o seu próprio aspecto feminino-ctônico, do qual ele parece ter-se esquecido. O reflexo do Sol é a Luna feminina, que dissolve o rei em sua umidade. É como se o Sol descesse e pene-

170

trasse na profundeza escura do mundo sublunar, para unir as forças do (mundo) superior com as do inferior (cf. a descida do Fausto até as mães!). A dominante da consciência, agora tornada inoperante, desaparece de modo ameaçador nos conteúdos ascendentes do inconsciente, pelo que ocorre primeiramente um obscurecimento da luz. Os elementos do caos primordial, que estão em oposição entre si, desencadeiam sua luta, como se jamais tivessem sido dominados. O combate entre a dominante da consciência do eu e os conteúdos do inconsciente é sustentado primeiramente de modo que a inteligência procura colocar cadeias em seu oponente. Mas, com o tempo, falham essas tentativas, até que o eu aceite sua fraqueza e dê liberdade ao combate furioso das potências psíquicas que se desenrola em seu íntimo. Se o eu não intervier nisso como um arrazoado provocador, tenderão os opostos a aproximar-se entre si justamente por meio da luta, e o que parecia ser morte e perdição lentamente se transforma num estado latente de unidade, expresso adequadamente pelo símbolo da gravidez[398]. Com isso também o *Rex* se modifica, isto é, a dominante anterior da consciência atinge uma unidade real, enquanto antes ela tinha apenas uma reivindicação de totalidade.

171   A Cantilena nos revelou qual é aquela concepção superior que, não apenas em Ripley, mas também em muitos outros alquimistas é sujeitada à transformação: é a cosmovisão cristã medieval. Ora, esse problema é de tal dimensão que na Idade Média não se poderia esperar que ele estivesse consciente, nem mesmo de modo aproximado. Naquela época ele devia desenrolar-se inteiramente na projeção, isto é, de modo inconsciente. Pelo mesmo motivo também hoje mal se chega a compreender por que a interpretação psicológica do *Um,* isto é, do *filius regius* (filho do rei), esbarra nas maiores dificuldades. Considerando a forma literária do hino, em que os alquimistas decantam esse seu "filho", reconhece-se claramente que por meio deste símbolo eles entendiam ou o próprio Cristo ou algo correspondente a Ele. Entende- se de *per si* que aí já não se trata da personalidade his-

---

398. A fase do combate entre os opostos geralmente é representada por animais em luta, como leões, dragões, lobos e cães. Cf., por exemplo, os símbolos de LAMB-SPRINCK. *Musaeum Hermeticum,* 1678.

Mysterium Coniunctionis – Rex e Regina...   139

tórica de Jesus, que então já estava inteiramente recoberta pela figura dogmática da Segunda Pessoa trinitária. Esse símbolo já tinha acabado de formar-se lentamente após as discussões multisseculares, ainda que já estivesse nitidamente pré-formado no *Logos* do Evangelho de João. Também a concepção de Deus como *senex et puer* (ancião e menino) era entendida, não apenas pelos alquimistas, mas até por clérigos não alquimistas, como uma transformação de Deus, isto é, como a revelação do Javé irascível e vingativo do Antigo Testamento como o Deus do amor do Novo Testamento. Deste modo se manifestava o arquétipo da renovação do rei não apenas entre os "filósofos", mas também nos círculos eclesiásticos[399].

Tão somente se poderá falar de uma explicação psicológica do   172
símbolo do *filius regius* (filho do rei) quando essa imagem se libertar da forma projetiva e se tiver tornado mera vivência psíquica. O paralelismo entre *Lapis* (pedra) e Cristo já mostra nitidamente que o *filius regius* era muito mais um fenômeno psíquico do que físico, pois este último nem sequer ocorre, como se pode verificar, e o primeiro, como experiência religiosa, está fora de questionamento. Existem muitas passagens textuais que podem sem dificuldade ser interpretadas como uma vivência psíquica de Cristo na matéria – por mais curioso que isso pareça. Outras passagens, todavia, acentuam de tal forma o *Lapis* (pedra) que não há outro recurso senão ver nelas uma renovação e uma complementação da figura dogmática. Que eu saiba, não aparece em toda a literatura nenhuma substituição inequívoca do *Deus Christus* pelo *filius regis*; em consequência disto a alquimia, ainda que possa ser tachada de herética, contudo deve ser chamada de cristã. O *Cristus-Lapis* (Cristo = pedra filosofal) permaneceu sempre uma figura mista.

Essa verificação é de considerável importância para a concepção   173
psicológica do *filius regius* (filho do rei). Nesta última, em lugar da matéria fascinoso-mágica entra o inconsciente que nela havia sido projetado. No que tange à consciência moderna, a imagem dogmática de Cristo, sob a influência do protestantismo de orientação evangélica,

---

399. Cf. *Psychologie und Alchemie (Psicologia e alquimia)*. 2. ed., 1952 [OC, 12], p. 594s.

modificou-se assumindo a figura da pessoa de Jesus Cristo, a qual no racionalismo liberal, que abominava toda a "mística", desvaneceu-se lentamente, para a forma de um modelo ético. A perda do elemento feminino, isto é, do culto da Mãe de Deus, no protestantismo fez outro tanto para que a espiritualidade da imagem dogmática de Cristo se separasse da sua união com o homem terreno e desse modo deslizasse aos poucos para o inconsciente. Se imagens tão grandes e tão importantes caem no esquecimento, nem por isso desaparecem elas do domínio da humanidade nem ficam privadas de seu poder psíquico. Na Idade Média quem tinha a mística da alquimia, também permanecia em relacionamento com o dogma vivo, ainda que ele fosse protestante. Provavelmente nisso até consiste o motivo por que a florescência máxima da alquimia caiu justamente no final do século XVI e no século XVII: de certo modo ela constituía um último recurso para que o protestante ainda se considerasse católico. Tinha-se ainda no *opus alchymicum* (obra alquímica) um rito de transformação inteiramente válido e um mistério concreto. A alquimia, porém, não floresceu apenas nos países protestantes, mas também nos católicos, atingindo na França ainda no século XVIII especial difusão, como atestam os numerosos manuscritos e obras, como as de Dom Pernety (1716 até 1800 ou 1801) e de N. Lenglet Dufresnoy (1674-1752 ou 1755) e a grande compilação de J. J. Manget (1702). Isso não é de admirar, pois nesse tempo se preparava na França o "cisma" moderno anticristão, que primeiramente deveria culminar na Revolução, esse prelúdio relativamente inócuo do horror de hoje em dia. A decadência da alquimia no tempo do Esclarecimento significou para muitos europeus o *descensus ad inferos* (descida aos infernos) de todas as figuras dogmáticas, que até então estavam presentes de modo imediato pelo menos nos mistérios aparentes da substância química.

174 Como no indivíduo a ruína da dominante da consciência tem por consequência a irrupção do caos[400], assim também sucede com as massas (Guerra dos Camponeses, Anabatistas, Revolução Francesa etc.); como no primeiro caso se inflama a luta de todos os elementos,

---

400. Cf. *Psychologie und Alchemie* (*Psicologia e alquimia*). 2. ed., 1952 [OC, 12], p. 54s. e 77s.

Mysterium Coniunctionis — Rex e Regina...

no segundo desencadeia-se o prazer de matar e a ebriedade de sangue, que vêm desde a origem do mundo. Isso é o langor sofrido pela mãe, descrito de modo palpável na *Cantilena*. A perda das imagens eternas, na verdade, não é nenhuma insignificância para o homem perspicaz. Como, porém, existem infinitamente muito mais homens desprovidos de perspicácia, por isso ninguém toma conhecimento do fato que a verdade expressa no dogma desaparece na névoa da distância, e aparentemente ninguém sente falta de nada. O homem perspicaz sabe e sente que sua alma está acabrunhada e inquieta pela perda de uma coisa que constituía a essência da vida de seus antepassados. Quem é falho de perspicácia (ἄνοος) não dá pela falta de nada e descobre somente pelos jornais (e quando já é tarde demais) os sintomas angustiantes que agora realmente estão por fora, porque antes não foram eles percebidos dentro dele, como também não percebeu antes a presença do símbolo. Se eles tivessem sido percebidos, ter-se-ia então erguido uma lamentação fúnebre pelo deus perdido, como a Antiguidade o fez pela morte do grande Pan[401]. Em vez disso garantiam os bem intencionados que apenas se precisava crer que ele ainda existia, com o que unicamente se favorece a inconsciência. Quando, porém, os sintomas estiverem por fora, sob a forma de uma doença mental de caráter sociopolítico, então já não será possível convencer a ninguém de que o conflito se encontra na alma de cada um, porque agora cada um sabe onde está o inimigo. Então ocorre justamente aquele conflito que na alma do perspicaz permanece como fenômeno intrapsíquico, mas agora, ao nível da projeção, torna-se uma cisão política e um atentado assassino. Para produzir tais consequências precisa-se apenas convencer bem profundamente o homem que sua alma, e mesmo toda a psicologia, são insignificantes e sem valor

---

401. Pelo fim da Antiguidade, Pan já não era o grotesco deus dos pastores, mas já tinha assumido um significado filosófico. Entre os naassenos de Hipólito era ele uma das formas do πολύμορφος Ἄττις (polimorfo Átis) e sinônimo de Osíris, Sophia, Adão, Coribas, Papa, Bakcheus e outros. A história da lamentação fúnebre se encontra em PLUTARCO. *De defectu oraculorum*. 17. – A correspondência moderna é a exclamação de Zarathustra: "Deus está morto". [Verbalmente:"Seria isto então possível! Esse velho santo não escutou ainda em seu bosque que Deus está morto!" NIETZSCHE. *Also sprach Zarathustra* (*Assim falou Zaratustra*), 1901, Prefácio 3].

algum. A partir de todas as cátedras de autoridade, precisa-se apenas procurar esclarecer-lhe que toda a salvação vem de fora e que o sentido de sua vida consiste em "fazer parte do povo", para desse modo levá-lo com facilidade para onde ele já prefere ir por sua natureza, isto é, ao reino infantil, onde se fazem exigências apenas aos outros e onde, quando ocorre uma injustiça, são sempre os outros que a fizeram. Quando ele já não sabe mais o que é que sustenta sua alma, então cresce o potencial do inconsciente, e este assume o comando. A concupiscência se apodera de tal homem, e sua cobiça é excitada por metas ilusórias, que se colocam em lugar dos arquétipos eternos. O animal de rapina o agarrou e o faz esquecer que ele é homem. Por meio da afetividade dele torna-lhe impossível qualquer raciocínio que pudesse estorvar seus sonhos e desejos infantis; e em compensação o enche do sentimento da posse de recém-adquiridas justificações da existência, ao mesmo tempo que o inebria da presa e do sangue.

175   Somente a presença viva dos arquétipos eternos pode conferir à alma aquela dignidade que torna provável e moralmente possível ao homem permanecer junto de sua alma, na convicção de que compensa ficar junto dela. Somente então se tornará claro para ele que o conflito pertence a ele e que a cisão interior constitui sua riqueza repleta de sofrimento, da qual a gente não se desfaz atacando os outros, e que a culpa está de fato nele mesmo, quando o destino reclama dele a culpa. Com isso reconhece ele o valor de sua alma, pois ninguém pode tornar-se culpado a respeito de um nada. Mas, quando o homem perde seus próprios valores, então ele se torna um salteador faminto, um lobo, um leão, ou qualquer animal de rapina, os quais fornecem ao alquimista um símbolo para aquelas concupiscências que se libertam quando as águas negras do caos, isto é, a inconsciência da projeção, tiverem devorado o rei[402].

---

402. "Au milieu du Chaos est un petit globe heureusement distingué, qui est l'endroit éminent du rapport de tout ce qui est utile à ceste recherche. Ce petit lieu plus capable que tout l'entier, ceste partie comprenant son tout, cet accessoir plus abondant que son principal, ouurant le poinct de ses thresors fait apparoistre les deux substances qui ne sont qu'une unique [...] De ces deux se mesle l'vnique parfait, le simple abondant, le composé sans parties, le seul impartible cogneu (machado) des sages, duquel sort le Rainceau du Destin, que s'estend vniment iusques dehors le Chaos, depuis lequel il

Mysterium Coniunctionis — Rex e Regina... 143

É, pois, um traço de delicadeza da *Cantilena* o fato de os desejos 176
da gravidez, da parte do mundo primordial materno, serem saciados
com carne de pavão e sangue de leão, isto é, com sua própria carne e
com seu próprio sangue[403]. Se o conflito projetado deve ser sanado,
precisa ele retornar à alma do indivíduo, onde ele se originou de
modo inconsciente. Quem quiser dominar essa ruína, deve celebrar
uma ceia consigo mesmo, comendo sua própria carne e bebendo seu
próprio sangue, isto é, deve reconhecer e aceitar o outro dentro de si
próprio. Se ele, porém, se mantiver em sua unilateralidade, então os
dois leões se dilacerarão mutuamente. Este é decerto o sentido da
doutrina de Cristo: que cada um tome sobre si o peso de sua cruz. Se
alguém tiver de suportar o peso de si mesmo, como poderá ele então
ainda dilacerar os outros?

Tais considerações estão indicadas no simbolismo alquímico, o 177
que se vê facilmente, contanto que alguém examine um pouco melhor as chamadas alegorias e não as rejeite de antemão como tolice
sem valor. A alimentação maravilhosa com sua própria substância – o
que corresponde de maneira tão especial ao modelo de Cristo – não
significa outra coisa senão a integração das partes da personalidade
que até então ainda deviam manter-se fora da consciência do eu.
Leão e pavão, símbolos da *concupiscentia* (concupiscência) e da *superbia* (soberba) estão indicando a pretensão arrogante da sombra

---

s'avance sans desordre iusques à la fin legitime". Assim descreve Beroalde de Verville o
germe do Um no inconsciente. (Recueil Stéganographique. *Songe de Poliphile*. 1660,
IIs) ("No meio do Caos está um pequeno globo nitidamente perceptível, que é o lugar
eminente do encontro de tudo quanto é útil a esta procura. Este lugarzinho mais capaz
que o todo inteiro, esta parte que compreende seu todo, este acessório mais abundante
que seu principal, abrindo o ponto de seus tesouros faz aparecer as duas substâncias
que não são senão uma única [...] Destas duas se mistura o único perfeito, o simples
abundante, o composto sem partes, o único machado indivisível dos sábios, do qual sai
a Haste do Destino, que se estende uniformemente até fora do Caos, do qual avança
sem desordem até ao fim legítimo").

403. O leão, de acordo com sua natureza ardente, é o "animal afetivo" *par excellence*.
O embebimento com o sangue, que é a essência do leão, significa, pois, uma incorporação dos conteúdos de seu próprio afeto. Pelo ferimento o leão de certo modo foi
aberto, isto é, o afeto o perpassou pelo golpe certeiro da arma, a saber, pelo conhecimento de luz penetrante que percebe a fundo o motivo do afeto. O ferimento, ou respectivamente a mutilação do leão, tem na alquimia de fato o significado de domar a
concupiscência. Cf. BEROALDE DE VERVILLE. Recueil. Op. cit.

humana, que alguém de tão bom grado projeta em seu próximo, a fim de poder descarregar sobre ele os próprios pecados, de modo aparentemente justificado. Já no arquétipo do Uróboro se encontra a ideia do comer-se a si próprio e do formar um círculo consigo mesmo, pois uma coisa já era clara para todo o alquimista um pouco mais inteligente, isto é, que a matéria-prima de sua arte, sob certo ponto de vista, era o próprio homem[404]. O Uróboro, que devora sua própria cauda, é um símbolo drástico para a assimilação e a integração do oposto, isto é, da sua sombra. Simultaneamente esse processo circular é explicado como um símbolo da imortalidade, isto é, da renovação constante de si próprio, pois se diz do Uróboro que ele a si mesmo mata, vivifica, fecunda e pare. Desde muito antigamente ele representa o *Um* que provém da união daquilo que luta contra si mesmo e que por isso constitui o mistério da *prima materia*, a qual, como projeção, provém indubitavelmente do inconsciente humano. Devem existir aí tais fatos psíquicos que deem origem a essas declarações, e de outra parte essas declarações devem de algum modo caracterizá-los, mesmo que elas não devam ser tomadas ao pé da letra. O que, em última análise, constitui o motivo de tais declarações ou manifestações permanece um mistério, mas um mistério tal, cujo parentesco interno com os *mysteria fidei* (mistérios da fé) era suspeitado e pressentido pelo adepto, e que por isso era também identificado com ele.

8. A problemática religiosa da renovação do rei

178   A psicologia médica de nossos dias já reconheceu como necessidade terapêutica, e até mesmo como pressuposição de qualquer metódica psicológica mais exaustiva, que a consciência se confronte

---

404. Assim já se diz no Tratado de Morienus Romanus (século VII-VIII): "Haec enim res a te extrahitur; cuius etiam minera tu existis; apud te namque illam inventunt, et, ut verius confitear, a te accipiunt; quod cum probaveris, amor eius et dilectio in te augebitur. Et scias hoc verum et indubitabile permanere" (Esta coisa, pois, é extraída de ti; tu também existes como minério dela; pois é em ti que a encontram, e, para dizer com mais acerto, a tomam de ti; quando tiveres experimentado isso, crescerá em ti o amor e a estima para com ele. E fica sabendo que isto permanecerá verdadeiro e indubitável). *Artis Auriferae*, 1593, p. 37.

Mysterium Coniunctionis — Rex e Regina... 145

com sua sombra[405], o que afinal deve conduzir a qualquer espécie de ligação, ainda que esta primeiramente e por longo tempo apenas deva porventura consistir em conflito aberto. Esta luta não pode ser eliminada deste mundo por meios intelectuais[406]. Caso se consiga removê-la por meio da vontade, assim mesmo ela continua a existir no inconsciente e se manifesta apenas de maneira indireta, o que de nenhum modo significa uma vantagem. A luta dura até que lhe falte o folego. O que daí deva resultar, a inteligência não o pode prever. Certo é apenas que os dois partidos se transformam. Mas o que finalmente será o produto da união deles, a inteligência não o pode imaginar. De início, fica isso confiado à experiência interna como uma vivência subjetiva, que representa sempre um fenômeno de ordem religiosa, de acordo com o testemunho concorde da história do espírito. Se, pois, o médico acompanhar sem preconceito o desenvolvimento e o decurso de um conflito dessa espécie sustentado conscientemente, chegará ele infalivelmente à situação de poder observar as compensações da parte do inconsciente, que tendem ao estabelecimento de uma unidade. Nessa tarefa encontrará ele muitos símbolos semelhantes aos da alquimia, e não raramente até iguais a eles. Também descobrirá que não poucas dessas formações espontâneas manifestam um caráter numinoso que está em concordância com a qualidade mística dos testemunhos históricos. Também lhe sucederá, não muito raramente, encontrar o caso de um paciente, que até agora não tinha nenhum relacionamento com questões religiosas, desenvolver de modo inesperado interesses nesse sentido. Pode tratar-se aí de uma conversão do ateísmo moderno para o cristianismo, ou de uma confissão religiosa para outra, ou até mesmo de um aprofundamento do pensamento fundamental cristão em tal sentido que seja de imediato inconcebível para um leigo. Não precisarei decerto acentuar que nem todo o tratamento psíquico conduz automaticamente à conscientização do conflito decisivo, como também nem toda a intervenção ci-

---

405. Na versão de Freud dá-se isso pela conscientização de conteúdos reprimidos, na de Adler pela conscientização de uma linha diretriz fictícia.

406. Esta frase precisa de certa limitação por não poder ser simplesmente empregada em tortas as situações conflitivas. Tudo aquilo que a inteligência pode resolver ainda sem perigo, deve ser deixado tranquilamente a sua decisão. Aqui se trata apenas do conflito que a inteligência não consegue resolver sem prejuízo para a alma.

rúrgica signifique uma operação da ordem de uma resseção do estômago. Como existe a chamada pequena cirurgia, da mesma forma existe também a pequena psicoterapia, em que as operações se distinguem pela ausência de perigos, e de modo algum necessitam de considerações dessa espécie que coloquei nestas páginas. Trata-se de um número restrito de pacientes com certas exigências espirituais; apenas estes passam por esse desenvolvimento, que oferece ao médico problemas da espécie dos descritos aqui.

179 A experiência mostra que a união dos opostos em luta constitui uma vivência irracional, que pacificamente pode ser designada como "mística", desde que com isso se entenda uma vivência que razoavelmente já não possa ser reduzida a nenhuma outra, ou que de qualquer modo deva ser concebida em sentido figurado. É decisivo aqui não o preconceito racionalístico ou a consideração a doutrinas reconhecidas, mas tão somente o valor vital da solução encontrada e vivida pelo paciente. Sob esse aspecto está o médico em situação vantajosa, pois a ele está confiada em primeiro plano a conservação da vida; de acordo com o processo de sua formação é ele um empírico, e desde há muito se tem visto obrigado a empregar meios, cuja virtude curativa conhecia, ainda que cientificamente não pudesse compreendê-la. E da mesma forma, até com excessiva frequência, faz ele a experiência que a virtude curativa do medicamento, apesar de estar explicada e comprovada cientificamente, na prática de modo algum se revela eficaz sempre e em toda a parte.

180 Quando, pois, os alquimistas por meio de seu velho rei dão a entender que ele é o próprio Deus, então fica valendo o mesmo para o filho dele. Decerto eles mesmos hesitaram e recuaram espantados ao imaginarem a consequência de sua simbólica, pois nesse caso deviam declarar também que o próprio Deus envelhece e precisa ser restaurado pela arte (alquímica). Tal curso de pensamentos, no máximo, teria sido possível na época alexandrina, quando os deuses eram criados por encantamento e sem nenhum temor. Mas isso era estranho ao homem medieval[407]. Para ele parecia estar mais próxima a consideração que a arte modificava alguma coisa nele mesmo, razão pela

---

407. Em todo o caso, existem tais pessoas que desejam o Espírito Santo como um *spiritus familiaris* (espírito amigo) durante a obra.

qual ele considerava o produto desta como uma espécie de φάρμαχον (remédio). Se ele pudesse dispor do conceito "psicologia", certamente teria designado sua medicina (remédio) como "psíquica", e imaginado a renovação do rei como uma mudança da dominante de sua consciência, pois isso não significaria de modo algum uma intervenção mágica na esfera do divino.

As concepções humanas e definições da divindade se sucedem em uma série variegada no decurso de milênios; o evangelista Marcos decerto estaria não pouco admirado, se lhe fosse possível lançar um olhar na *História dos dogmas* de Harnack. Entretanto, de modo algum é indiferente quais as definições da dominante de sua consciência o homem considera como obrigatórias para si, ou que concepções lhe ocorrem nesse sentido. Depende, pois, disso a questão se a consciência tem ou não o papel de rei. Se domina exclusivamente o inconsciente, então tudo está ameaçado de acabar em ruína, como faz temer a história de nossa época. Se é fraca a dominante, então a vida se consome em um conflito infrutífero, pois o Sol e a Luna não conseguem unir-se. Se o filho constitui a dominante, o Sol lhe será o olho direito e a Luna o esquerdo. A dominante deve conter a ambos, tanto o ponto de vista da consciência como o dos arquétipos do inconsciente. A lei, que sempre está inerente à dominante, não deve ser uma prisão para um deles e uma carta de alforria para o outro, mas dever e direito para ambos.

Mas que qualidades deva ter essa unidade, que de modo incompreensível consegue reunir coisas de tendências opostas, isso escapa ao julgamento humano, pela simples razão de ninguém ser capaz de indicar qual deva ser o aspecto de um ser que una a abrangência da consciência com a do inconsciente. O homem não conhece nada mais que sua consciência, e apenas se conhece a si mesmo até onde ela alcança. Para além disso se estende a esfera do inconsciente, cujos limites não podem ser determinados, e que igualmente faz parte do fenômeno homem. Poder-se-ia, pois, dizer que o *Um* talvez tenha a aparência de um homem, que seja determinado e determinável, e ao mesmo tempo indeterminado e indeterminável. Sempre se acaba chegando a um paradoxo, onde a capacidade de conhecimento atinge seu limite. O eu se sente, não há dúvida, como uma parte desse ser, mas justamente apenas como uma parte. A fenomenologia do inconsciente permite reconhecer que compete à inteligência a dignidade ou o perigo de uma realeza espiritual, mas não consta qual será a espécie de rei, dependendo isso de duas condições: de uma parte, da decisão do eu, e de outra parte do assentimento do inconsciente. Qualquer dominante que não possua uma das coisas ou a outra, revela-se como insuficiente com o passar do tempo. Sabemos, não há dúvida, quantas vezes ao longo da história, a consciência efetuou profundas correções em suas concepções mais centrais e mais elevadas, mas, em contrapartida, pouco ou nada sabemos sobre as modificações seculares do inconsciente ou sobre os decursos rítmicos de natureza arquetípica, que talvez se suspeitem e sobre os quais já se fizeram muitas especulações, sem contudo dispormos de fundamentos confiáveis. Deve-se, entretanto, deixar franqueada a possibilidade de o inconsciente poder sempre seguir o caminho de uma autorrevelação inesperada.

183   Queira o leitor relevar-me a analogia linguística de minhas metáforas com a maneira dogmática de expressão. Quando se tem representações imaginosas de coisas, acerca das quais não se pode ter representações, então a coisa e a representação coincidem aparentemente. Também não se pode distinguir duas coisas que não são conhecidas. Devo, pois, esclarecer expressamente que não estou fazendo nem metafísica nem teologia, mas aqui me ocupo com dados psicológicos que se passam no limite do cognoscível. Se, portanto, me sirvo de certas expressões que lembram a linguagem da teologia, acontece isso apenas por pobreza da linguagem e não porque eu talvez seja de opinião que o objeto da teologia coincida com o da psicologia. De fato, psicologia não é teologia, mas uma ciência natural que tenta descrever os fenômenos psíquicos experimentados. Nessa tarefa toma ela certamente conhecimento da maneira como a teologia concebe e denomina esses fenômenos, pois isso faz parte da fenomenologia dos conteúdos em discussão. Como ciência empírica não tem ela nem a possibilidade nem a competência de decidir sobre a questão da verdade ou do valor deles, prerrogativa que compete à teologia.

184   A figura alquímica do *Rex* deu ensejo a longas dissertações de uma parte porque ela contém o mito todo do herói, inclusive a renovação do rei e de Deus, e de outra parte, como suspeitamos, porque ela representa a dominante que exerce seu domínio sobre a consciência. *Rex Sol* não é acaso um pleonasmo, mas indica uma consciência

que não é simplesmente consciente, mas que é consciente de uma maneira muito especial. Ela é, pois, conduzida e dirigida por uma dominante que decide em última instância sobre concepções e valores. Sol é a luz comum e natural, mas o *Rex*, por ser justamente a dominante, introduz o elemento humano e aproxima o homem do Sol ou o Sol do homem[408].

A consciência se renova pelo mergulho no inconsciente, dentro do qual ela se une a este último. A consciência renovada não contém o inconsciente, mas forma com ele uma unidade, que é representada pelo *Filho*. Não apenas o Pai e o Filho são de *uma única* essência, mas também o *Rex Sol*, como consciência renovada, pois ele representa na linguagem alquímica justamente o Filho; neste caso, pois, a consciência seria simplesmente idêntica ao *Rex*, na sua função de dominante. Para o alquimista não existe essa dificuldade, pois o *Rex* se acha projetado em uma substância postulada, e por isso se relaciona com a consciência do *artifex* (artífice) apenas como simples objeto. Quando, porém, dissolve-se a projeção por meio da crítica psicológica, surge então a dificuldade mencionada: que a consciência restaurada coincide com o rei renovado, ou respectivamente com o Filho. Já expus essa dificuldade em meu livro *Die Beziehungen zwischen dem Ich und dem Unbewussten* (*O eu e o inconsciente*), no capítulo sobre a *"Mana-Persönlichkeit"* (*Personalidade Mana*). Não se consegue compreender essa dificuldade por meio de considerações de pura lógica conceptual, mas unicamente por uma cuidadosa observação e análise do estado psíquico. Para evitar dissertações casuísticas prolongadas, prefiro recordar apenas a expressão muito conhecida de São Paulo (Gl 2,20): "Eu vivo, mas já não sou eu, é Cristo que vive em mim", a qual caracteriza da maneira mais acertada a natureza própria desse estado. Aqui se manifesta que aquele outro estado an-

---

408. Cf. a *solificatio* (transformação em Sol) nos mistérios de Ísis. APULEIO. *Metamorph*. XI: "Et caput decore corona cinxerat palmae candidae foliis in modum radiorum prosistentibus. Sic ad instar solis exornatum et vicem simulacri constituto etc." (E como ornato tinha a cabeça cingida com uma coroa, em que as folhas de bela palmeira se destacavam à maneira de raios. Assim ornado à semelhança do Sol e erguido em lugar de uma estátua etc.).

terior, no qual a dominante envelhecia e definhava, é caracterizado por uma consciência em que um eu assume, criticamente e com conhecimento, o lugar do rei doente, ao mesmo tempo que olha para trás, para um templo "mítico" anterior, quando justamente este eu se sentia ainda na absoluta dependência de um não eu superior e mais poderoso. O desvanecer-se da sensação de dependência e o fortalecimento simultâneo da crítica é percebido como progresso, esclarecimento, libertação, e mesmo como salvação, ainda que um ser unilateral e limitado tenha tomado o trono de um rei. Um eu pessoal arrebata as rédeas do poder para sua própria ruína, pois a simples natureza do eu, não obstante a posse de uma *anima rationalis* (alma racional), não basta para dirigir sua própria vida pessoal, e muito menos os outros homens. Para atingir esse fim, (o eu) necessita sempre de uma dominante "mítica". Tal (dominante) não pode ser simplesmente inventada, para depois crer-se nela. Ao olhar para nossa época, devemos dizer que a necessidade de uma dominante atuante em grande parte já foi reconhecida, mas o que foi oferecido como tal não era mais do que uma invenção momentânea e subtilizada. O fato de ela ter encontrado crédito, de uma parte, prova a credibilidade fácil e generalizada, bem como a ausência de crítica do público, e, de outra parte, revela a existência da profunda necessidade de que haja uma instância espiritual colocada acima da natureza do eu. Tal instância, porém, não surge jamais a partir de uma ponderação racional, ou de uma sensação momentânea, por ficarem estas sempre restritas ao âmbito da consciência do eu, mas procede de uma tradição que se estende muito mais profundamente tanto do ponto de vista histórico como do psicológico. Por isso uma renovação verdadeira e essencialmente religiosa entre nós somente pode estar fundamentada no cristianismo. A reforma extremamente radical do hinduísmo proposta por Buda assumiu em si toda a espiritualidade tradicional da Índia, e não lançou no mundo, para além delas, nenhuma novidade desprovida de raiz. Ele não negou nem ignorou o panteão pululante de milhões de deuses, mas num lance ousado introduziu nele também o *homem*, que antes não se encontrava em nenhuma parte. Jesus, visto primeiramente como um reformador judaico, não destruiu a Lei, mas fez dela um problema da convicção religiosa; e como renovador de seu tempo, contrapôs ao reino greco-romano dos deuses e à especulação filosófica a figura do *homem*, não como uma contradição, mas como a realização de um mitologema já existente muito antes dele, isto é, a ideia do *Ánthropos* (homem) juntamente com o fundo egípcio pérsico do helenismo.

É efêmera qualquer renovação que não tiver suas raízes a penetrar 186 muito profundamente na melhor tradição espiritual. A dominante que provém de raízes históricas se comporta como um ser vivo no homem caracterizado pelo eu. Não é o homem que está de posse dele (ser vivo), mas é ele que possui o homem; por isso diz também um alquimista que o *artifex* (artífice) não é o mestre da pedra (filosofal), mas muito antes o servo (*minister*) dela; e daí se deduz que a pedra de fato é vista como um rei, com o qual o alquimista se relaciona como súdito.

É verdade que ao rei renovado já corresponde uma consciência 187 renovada, mas ela se distingue da anterior da mesma forma como o *filius regius* (filho do rei) se distingue do rei enfraquecido pela idade. Como esse último cede o lugar ao pequeno arrivista, que é o eu, do mesmo modo o eu deve retirar-se da cena diante do rei renovado, quando ele chegar. Ele (o eu), sem dúvida, continua a existir como *conditio sine qua non* (condição sem a qual não...) da consciência[409], mas já não pode vangloriar-se de ser capaz de decidir tudo por sua própria vontade ou de conseguir tudo. Ele (o eu) também já não poderá admitir o provérbio: Onde há uma vontade, também existe um caminho. Ele (o eu) não atribuirá como mérito seu as ideias súbitas felizes que tiver, e mesmo compreenderá por fim o grau perigoso da inflação da qual está acometido. O âmbito de seu querer e poder será novamente reduzido à medida do real, depois que uma quarta-feira de cinzas tiver sobrevindo por sobre a arrogância dele[410].

A simbólica alquímica exprime essa transformação de um modo 188 logicamente correto:

---

409. Consciência é a relação entre um conteúdo psíquico e o eu. O que não estiver associado ao eu permanece inconsciente.

410. Esta situação psicológica, que se repete eternamente, é arquetípica e se exprime, por exemplo, na relação do demiurgo gnóstico para com o Deus altíssimo.

Estado cheio de si, com dominante fraca da consciência.	Rei doente e enfraquecido pela velhice, que se prepara para morrer.
Ascensão do inconsciente, ou respectivamente mergulho do eu no inconsciente.	O rei desaparece no corpo de sua mãe, ou se dissolve na água.
Conflito e síntese entre a consciência e o inconsciente.	Gravidez, leito de doente, sintomas, jogo de cores.
Surgimento de uma nova dominante. Símbolos da redondeza (mandala) do si-mesmo.	O filho do rei, o hermafrodito, O *rotundum* (redondo)[411]. •

189   Esse agrupamento acima corresponde à concepção alquímica média. A simbólica da *Cantilena* distingue se do nosso esquema pelo fato de ocorrer junto com a apoteose do *filius regius* (filho do rei) também a da Rainha Luna, o que corresponde exatamente às núpcias apocalípticas. O modelo cristão foi preponderante em Ripley, enquanto geralmente a conjunção precede à restauração do *Lapis* (pedra), e este é considerado como o filho do Sol e da Luna. Deste modo o *Lapis* corresponde exatamente à ideia psicológica do si-mesmo, produto da consciência e do inconsciente. Na simbólica cristã, entretanto, ocorrem as núpcias do Cordeiro (Cristo apocalíptico) com a noiva (*Luna-Ecclesia* / Lua-Igreja). Como o *Lapis* em si já é andrógino, e portanto uma síntese do masculino e do feminino, torna-se desnecessária uma nova *coniunctio* (conjunção ou união). No entanto, também persiste uma androginia simbólica em Cristo, mas que de modo estranho não elimina as núpcias do Cordeiro. As duas coisas continuam a existir lado a lado. A simbólica de Ripley se apoia, como já foi dito, na concepção cristã, em oposição à encontrada geralmente.

190   Aqui subsiste certa divergência entre a simbólica psicológico-alquímica e a cristã. De fato, é difícil imaginar que outra espécie de *co-*

---

411. A simbólica da conjunção (união) aparece em duas passagens: primeiro na descida à escuridão, onde as núpcias têm, por assim dizer, caráter nefasto (incesto, assassínio, morte), e segundo antes da subida, onde a união apresenta um caráter mais celestial.

niunctio (união) possa existir na dominante renovada, além da união da consciência (masculino) e do inconsciente (feminino), se com a tradição dogmática não se aceitar que a dominante renovada também faz refulgir o *corpus mysticum* (corpo místico) da humanidade (a *Ecclesia* como Luna). No alquimista preponderantemente solitário falta o motivo das núpcias apocalípticas (Ap 19,7s.), denominadas núpcias do Cordeiro, e a acentuação recai na designação como "cordeiro" do animal do sacrifício. O rei, pois, de acordo com a tradição mais antiga e primitiva, apesar da dignidade e do poder, constitui um *sacrifício* para o progresso do país e do povo, e é até comido em sua forma divina. Este arquétipo, como é sabido, adquiriu no cristianismo o mais alto grau de realização. Do ponto de vista da simbólica cristã, falta ao conceito da meta alquímica primeiramente o motivo das núpcias celestiais e depois, o que é mais importante, o do sacrifício e da refeição totêmica. (Os deuses pranteados da Ásia Menor – Tammuz, Adonis, e outros – decerto eram primordialmente sacrifício para a fertilidade do ano). O *Lapis* (pedra) é um ideal pronunciadamente eremítico, uma meta para o indivíduo isolado. É verdade que ele também significa comida (*cibus immortalis* / alimento imortal), e é capaz de infinitas multiplicações, e também é um ser vivo com espírito, alma e corpo, um andrógino de corpo incorruptível etc. Ele é sem dúvida comparado ao *Rex Sol* e denominado como tal, mas ele não é nenhum *sponsus* (noivo), nenhum sacrifício nem pertence a uma comunidade; ele é como o "tesouro no campo, que um homem acha e torna a esconder" (Mt 13,44), ou pode ser comparado a "uma pérola preciosa" pela qual um homem deu tudo o que possuía (Mt 13,45). O *Lapis* (pedra) é o segredo do indivíduo, precioso e muito bem guardado[412]. É verdade que os velhos mestres acentuam que eles não pretendem esconder "por inveja" seu segredo[413], mas expô-lo abertamente para favorecer a todos os que o procuram; mas é coisa de todo manifesta que o *Lapis* (pedra) constituía uma tarefa pessoal do indivíduo.

---

412. Cf. o fragmento 5 de Oxyrhynchos, de 1897 (GREENFELL e HUNT. *New Sayings of Jesus*. Oxford Univ. Press. 1904, p. 38): "Diz Jesus: Onde quer que dois estejam reunidos, eles não estão sem Deus, e onde um esteja sozinho, digo Eu, Eu estarei com ele. Ergue a pedra e ai me encontrarás. Racha a madeira, e aí Eu estou". O texto é fragmentário. Cf. tb. PREUSCHEN. *Antilegomena*. Giessen: [s.e.], 1901, p. 43.

413. Desta forma principalmente na *Turba*.

154 Obra Completa – Vol. 14/2

191   Em vista disso não se deve deixar de considerar que na Antiguidade, manifestamente a partir da doutrina gnóstica do homem primordial hermafrodito[414], penetraram no cristianismo certas influências e aí produziram a concepção que Adão foi criado como um andrógino[415]. Como então Adão é o protótipo de Cristo, e Eva, surgida do lado dele, é o da Igreja, nesse caso se torna compreensível que a partir daí pudesse originar-se uma representação pictográfica de Cristo com caracteres nitidamente femininos[416]. Tal caráter conserva até hoje a imagem de Cristo na arte religiosa[417]. A androginia velada da imagem de Cristo corresponde ao hermafroditismo do *Lapis* (pedra), o qual sob esse aspecto está consideravelmente mais próximo das concepções gnósticas.

192   O tema da androginia recebeu em época recentíssima um tratado especial do lado católico em um livro que merece atenção. É ele *Die Gnosis des Christentums* (*A gnose do cristianismo*) de Georg Koepgen, obra importante, que em 1939 apareceu em Salzburg com o *placet* episcopal, e depois disso, como ouvi, caiu no *Index*. Koepgen fala do conflito apolíneo-dionisíaco da Antiguidade, cuja solução cristã consiste em "que na pessoa de Jesus o masculino esteja unido ao feminino". "Somente nele se encontra esse lado-a-lado do masculino e do feminino em vigorosa unidade". "Se no culto cristão a Deus se encontram reunidos homens e mulheres com direitos iguais, tem isso mais do que um significado casual: é a realização da androginia (*Mannweiblichkeit*) tornada visível em Cristo" (p. 316). A mudança do sexo entre os fiéis se acha insinuada no Ap 14,4: são eles os παρθένοι, virgens. A respeito dessa passagem diz Koepgen: "Aqui se torna visível a nova forma de existência feminino-masculina. O cristianismo não é nem masculino nem feminino, mas é feminino-masculino

---

414. Cf. em Bardesanes a estátua andrógina, em forma de cruz.

415. Ainda Boehme designa Adão como "virgem masculina". (*Três Princípios*. 10,18 e 17,85). – Já Santo Agostinho combatia tais ideias.

416. Cf., por exemplo, a estampa do batismo no Codex Lat. Mon. de Reichenau, 4.453 da Biblioteca do Estado. (GOLDSCHMIDT, A. *Die deutsche Buchmalerei* II, Munique: Kurt Wolff, 1928, estampa 27).

417. Como é diferente o aspecto da estampa do Santo Sudário em Turim! (VIGNON, P. *Le Linceul du Christ*. Paris: [s.e.], 1902).

Mysterium Coniunctionis — Rex e Regina...   155

no sentido que o masculino e o feminino se emparelham na alma de Jesus. A tensão e a luta dos opostos do sexual se acha compensada em Jesus por meio da unidade andrógina". A Igreja quanto à constituição é "hierarquicamente maculina, mas a alma da Igreja é de todo feminina". "O sacerdote virginal [...] realiza em sua alma a unidade andrógina do masculino e do feminino, ele torna novamente visível aquele espaço psíquico que primeiramente Cristo mostrou, ao revelar a 'virgindade viril' de sua alma"[418].

Para Koepgen, pois, não apenas Cristo é andrógino, mas de modo considerável também a Igreja, conclusão cuja lógica não se pode negar. Desta averiguação resulta em primeiro plano como consequência um destaque especial da dupla sexualidade, e depois uma identidade particular da Igreja com Cristo, a qual de fato se apoia também na doutrina do *corpus mysticum* (corpo místico). É verdade que com isso são antecipadas as "núpcias do Cordeiro" do final dos tempos, pois o andrógino "tem tudo de que necessita"[419], e ele já é a *complexio oppositorum* (abraço dos opostos). Quem não se recorda aqui daquele fragmento do evangelho dos egípcios em Clemente de Alexandria, em que se diz: "Ao perguntar Salomé quando se tornaria conhecido o que ela estava perguntando, disse o Senhor: 'Quando vós calcardes aos pés a veste da vergonha, e quando os dois se tornarem um, e o masculino junto com o feminino não forem nem masculino nem feminino'"[420].

Koepgen colocou no início do livro uma dedicatória e um moto; a primeira diz: *"Renatis Praedestinatione"* (aos renascidos pela pre-

193

194

---

418. Koepgen faz aqui a seguinte anotação: "Nem sequer os reformadores, que certamente mudaram o ideal da virgindade a favor de um *ethos* (moral) burguês, modificaram aqui alguma coisa. *Também para eles Jesus é uma unidade andrógina de homem e virgem* [grifo meu!]. Estranha-se apenas como eles podiam reconhecer o Jesus virginal, mas em oposição condenar o sacerdócio virginal (p. 319).

419. SENIOR. *De Chemia*, 1566, p. 108: "Habet enim in se totum, quo indiget". Cf. ἀπροσδεής (não precisando de nada) como atributo da mônada de Valentim (HIPÓLITO. *Elenchos* VI, 29, 4).

420. O texto original do *lógion* (dito, sentença) (*Strom.* III, 13, 93) diz: ὅταν τὸ τῆς αἰσχύνης ἔνδυμα κατήσητε καὶ ὅταν γένηται τὰ δύο ἕν καὶ τὸ ἄρρεν μετὰ τῆς θηλείας οὔτε ἄρρεν οὔτε θῆλυ.

destinação) e o último consta de Jo 14,12: "Quem crer em mim, também fará as obras que eu faço, e até mesmo fará maiores do que elas".

Na dedicatória refulge o motivo do *ser escolhido*, que o autor e os alquimistas têm em comum. Já Morienus diz da alquimia: "Pois esta coisa não é nada mais do que um presente de Deus altíssimo, que Ele concede – como Ele quer e a quem Ele quer". "Pois Deus concede esta ciência divina e pura a seus fiéis e servidores isto é, àqueles aos quais Ele decidiu conceder desde a natureza dos tempos primordiais [...]Pois esta coisa não é outra coisa senão um presente de Deus altíssimo que Ele confia e mostra – conforme Ele quer e a quem Ele quer dentre seus fiéis e servidores [...] Pois o Senhor confia a quem Ele quer e escolhe dentre seus servidores a tarefa de procurar esta ciência oculta aos homens e de conservar para si a que foi procurada"[421]. De modo semelhante se manifesta Dorneus: "Costuma suceder ocasionalmente que após muitos anos, esforços e estudos [...] alguns sejam escolhidos, depois que precederam muitas batidas[422], orações e pesquisas persistentes"[423].

195   A passagem de João mencionada acima pertence ao contexto do capítulo 14, em que Cristo ensina que quem o vê, vê também o Pai. Que Ele está no Pai e o Pai nele. Que Ele está no Pai, e os discípulos es-

---

421. "Confert enim Deus hanc divinam et puram scientiam suis fidelibus et servis illis scilicet quibus eam a primaeva rerum natura conferre disposuit [...] Nam haec res nihil nisi donum Dei altissimi (esse) potest; qui prout vult et etiam cui vult, ex suis servis et fidelibus illud committit et monstrat [...] Praeponit enim Dominus ex suis servis quos vult, et eligit, ut hanc scientiam divinam homini celatam quaerant et quaesitam secum retineant" ("De transmutatione Metallica". *Artis Auriferae* II, 1593, p. 22s.). Esta disposição, aparentemente sem finalidade ou egoística, se torna compreensível quando se considera o *opus* (obra alquímica) como um *mysterium* (mistério) divino. Neste caso já basta sua simples presença no mundo.

422. "Dicit enim primus spagirorum Dux: Pulsate et aperietur vobis" (Diz o primeiro chefe dos alquimistas: Batei e vos será aberto) (Mt 7,7). DORNEUS. "Physica Trismegisti". *Theatrum Chemicum* I, 1602, p. 413.

423. "Nam evenire quandoque solet, ut post multos annos, labores et studia... nonnulli sint electi, multis pulsationibus, orationibus et investigatione sedula praemissis". DORNEUS. Op. cit.; ELEAZAR, A. II, p. 53 diz: "Pois essa pedra pertence apenas aos que foram provados e escolhidos por Deus".

Mysterium Coniunctionis — Rex e Regina...

tão nele, e que além disso eles terão o Espírito Santo como paráclito, e que eles farão obras até maiores do que as suas. Neste capítulo 14 se encontra aquela maneira de formular a questão de modo a conduzir a um desenvolvimento futuro. Aqui é lançado o problema do Espírito Santo, que virá e permanecerá quando Cristo tiver ido, e aquela interpenetração descrita do divino e do humano se acha de tal modo fortalecida que bem se poderia falar de uma cristificação total dos discípulos. No místico cristão essa identidade sempre de novo se efetua, até atingir a estigmatização. Apenas o místico é criativo quanto à religiosidade. Por isso pode ele decerto sentir a presença e a atuação do Espírito Santo, e não lhe é difícil a vivência de sentir-se irmão de Cristo.

Koepgen se movimenta no plano dessa orientação, como indicam a dedicatória e o moto. O que acontece então, quando se tiram as consequências do capítulo 14 do Evangelho de João, pode decerto ser conjecturado facilmente: a *opus Christi* (obra de Cristo) é transferida para o indivíduo. Torna-se este o portador do mistério, e essa mudança de posição, em sua prefiguração e antecipação inconscientes, conduz à problemática da alquimia, a qual mostra indícios bem visíveis de uma tentativa de criar, por assim dizer, uma religião experimental do Espírito Santo e da *Sapientia Dei* (sabedoria de Deus). A posição assumida por Koepgen é a de uma mística criativa, a qual desde sempre tem mostrado um comportamento crítico para com a Igreja. Isso, entretanto, de modo algum é o caso de Koepgen, mas tal se deixa entrever indiretamente pelo conteúdo vivo de seu livro, o qual por toda a parte exerce pressão para o aprofundamento e desenvolvimento ulterior das ideias dogmáticas. Como ele está consciente das conclusões a tirar, detém-se ele apenas um pouco fora do alcance da Igreja, ao passo que a alquimia, por seu caráter inconsciente e involuntário, como também por estar isenta de responsabilidade científica, avança muito mais por meio de seus símbolos. O lugar de origem de ambos é a atuação continuada do Espírito Santo, por sua força geradora e reveladora, pois Ele é um "vento que sopra onde quer", e que vai até além de suas próprias obras "*et maiora horum facit*"[424].

196

---

424. "E ele fará coisas maiores do que estas".

158 Obra Completa – Vol. 14/2

O místico criativo desde sempre tem sido uma cruz para a Igreja. Mas a tais pessoas deve a humanidade o melhor do que possui[425].

9. *Regina*

197 Em nossas dissertações deparamos tantas vezes com a figura da rainha, de modo que poderemos resumir este capítulo dedicado especialmente a ela. Como vimos, a rainha como Luna é a parceira arquetípica do Sol. Juntamente com ele forma ela a *sizigia* (conjunção, união) alquímica clássica, que de uma parte significa ouro e prata (ou algo semelhante)[426], e de outra parte forma um par celestial, como o descreve a *Aurora consurgens* I: "Por isso quero levantar-me e andar

---

425. Posso apenas concordar com Aldous Huxley, quando ele diz: "Pelo final do século XVII perdera o misticismo seu velho significado no cristianismo e está mais do que semimorto. 'Ora, que fazer com ele?' poder-se-ia perguntar. 'Por que não deveria ele morrer? Para que serve quando ele está vivo?' – A resposta a estas perguntas é que onde não há força de imaginação as pessoas perecem; e que, se os que são o sal da terra perdem seu sabor, não há nada para conservar a terra saneada, nada para impedi-la de deteriorar-se completamente. Os místicos são canais por onde ao menos um pouco de conhecimento da realidade filtra-se para dentro de nosso universo humano de ignorância e ilusão. Um mundo totalmente desprovido de mística seria um mundo totalmente cego e demente" (p. 82). "Num mundo habitado por aquilo que os teólogos chamam de homem irregenerado ou natural, provavelmente Igreja e Estado jamais poderão tornar-se sensivelmente melhores do que os melhores Estados e Igrejas que a história tem registrado. A sociedade jamais conhecerá alguma melhora significativa, enquanto a maioria de seus membros não optar por tornar-se santos teocêntricos. Entrementes, os poucos santos teocêntricos que existem em determinado momento conseguem, até certo ponto, minorar e suavizar um pouco os venenos que a sociedade produz dentro dela por suas atividades políticas e econômicas. Como diz o Evangelho, os santos teocêntricos são o sal que preserva o mundo social de uma deterioração irremediável" (p. 248. *Grey Eminence. A Study in Religion and Politics.* Londres: Chatto & Windus, 1943).

426. HOGHELANDE. *Theatrum Chemicum* I, 1602, p. 162 diz: "Sic etiam lapidis compositum Rex et Regina dicuntur [...] Sic vir et mulier dicuntur, Masculus et femina propter copulam videlicet et actionem et passionem. Rosinus: Artis auri arcanum et mare et femina consistit" (Assim a composição da pedra é chamada Rei e Rainha [...] Assim também homem e mulher, o macho e a fêmea por causa da cópula, isto é, por causa do ativo e do passivo. – Rosino: O mistério da arte do ouro consta do macho e da fêmea).

vagueando pela cidade; em todas as ruelas e ruas quero procurar, a fim de casar-me com uma virgem pura, bela de rosto, bela de talhe, e mais bela ainda de vestes. É para que ela remova a pedra do meu sepulcro e me dê asas como as da pomba, e eu junto com ela voe pelo céu para longe. Então eu direi: Viverei eternamente e nela repousarei, pois ela está à minha direita em sua veste de ouro e envolvida em pompa colorida [...] Ó rainha do mundo superior, levanta-te depressa; minha amiga, minha noiva; dize, caríssima, a teu amado quem tu és e de que espécie e de que tamanho [...] Meu amigo rubicundo me falou e me pediu, e o pedido dele foi satisfeito: Eu sou a flor do campo e o lírio dos vales, eu sou a mãe do belo amor, do conhecimento e da santa esperança. Eu sou a videira que produz frutos odoríferos e amáveis, e as minhas flores foram produzidas pela honra e pela decência. Eu sou o leito de repouso do meu amado [...] e feri o coração dele com um dos meus olhos e com um fio de cabelo de minha nuca. Eu sou o perfume do unguento, e de mim se evola um perfume superior a todas as especiarias, como a canela e o bálsamo e a mirra escolhida etc." [427]

Modelo deste amor espiritual é para o alquimista o relacionamento de Salomão com a rainha de Sabá. Johannes Grasseus diz a respeito da pomba branca oculta no chumbo: "Esta é a casta, sábia e rica rainha de Sabá, que está revestida de um véu branco, e não queria submeter-se a nenhum outro senão ao Rei Salomão. Nenhum coração humano pode perscrutar isso tudo de modo satisfatório"[428]. Penotus A Portu diz: "Já tens a virgem Terra, dá-lhe um esposo adequado! Ela é a rainha de Sabá, e por isso precisa de um rei coroado com um diadema – donde o tomaremos? Vemos que o Sol celeste comunica seu brilho aos outros corpos, de modo semelhante também o fará o sol terrestre, se ele for colocado num céu condizente com ele, que é chamado 'rainha de Sabá', a qual veio das extremidades da Terra para ver a magnificência de Salomão; assim deixou nosso Mercurius suas terras e revestiu-se (*induta!*, vestida) com suas vestes brancas mais belas e se submeteu a Salomão e a nenhum outro estranho (*extraneo*) e impuro"[429].

198

---

427. Parab. XII.
428. "Arca Arcani de Consensu Phil." *Theatrum Chemicum* VI, 1661, p. 314.
429. *Theatrum Chemicum* II, 1602, p. 149.

160 Obra Completa — Vol. 14/2

199 Como se percebe, aqui o Mercurius (feminino) é a rainha, e esta significa o céu, onde fulge o Sol. Ela é, pois, imaginada como o meio ambiente que envolve o Sol — *vir a foemina circumdatus* (homem envolvido ou circundado pela mulher), como se diz de Cristo[430], ou como a Shakti indiana, que envolve o Shiva. Esse meio é da natureza do Mercurius, aquele ser paradoxal, cujo único sentido deve ser pesquisado, por ser ele o inconsciente[431]. A rainha aparece em nossos textos como o vaso maternal do Sol e como a auréola do rei, isto é, a *coroa*[432]. No *Tractatus Aureus de Lapide*[433], a rainha em sua apoteose[434] faz um discurso em que, entre outras coisas, diz: "Após a morte me será restituída a vida; a mim, que sou pobre, estão entregues os tesouros dos sábios e poderosos[435]. Por isso também me foi concedida a faculdade de mudar o pobre em rico, de transmitir a graça aos humildes e de devolver a saúde aos doentes. Mas ainda não sou igual a meu irmão caríssimo, o rei poderoso que ainda deve ressurgir dos mortos. Mas quando ele vier, ele de fato provará que minhas palavras são verdadeiras".

200 Nessa "*soror et sponsa*" (irmã e noiva) pode-se ver sem dificuldade a analogia da Igreja, que, sendo o *corpus mysticum* (corpo místico), é também o vaso da *anima Christi* (alma de Cristo). Este vaso, isto é, o céu, em nosso texto é chamado de "Rainha de Sabá",

---

430. GREGÓRIO, S. *Patrologia Latina* LXXIX, 23. — Mylius diz (*Philosophia reformata*. 1622, p. 8) a respeito de Deus: "Quem divus Plato in ignea substantia habitara posuit: intelligens videlicet inenarrabilein Dei in seipso splendorem et circa lipsum amorem" (O divino Platão o fez habitar na substância ígnea: entendendo que isso é o esplendor indizível de Deus e o amor a respeito de si mesmo).

431. "Der Geist Mercurius" ("O espírito de Mercúrio"). *Symbolik des Geistes* (*Simbólica do espírito*) 1948, p. 129.

432. *Aurora Consurgens*. Parab. XII: "Ego corona, qua coronatur dilectus meus" (Eu sou a coroa com a qual é coroado o meu amado).

433. *Musaeum Hermeticum* 1678, p. 50.

434. "Praestantissima corona ex adamantibus meris concinnata decorata" (Uma valiosíssima coroa feita e adornada de puros diamantes significa decerto a coroa de estrelas em sua cabeça).

435. "Mihi pauperi thesauri sapientum et potentium concrediti et traditi sunt".

Mysterium Coniunctionis – Rex e Regina...   161

e isso ocorre em uma frase que se encontra em Mt 12,42 (e Lc 11,31): "[...] pois ela veio das extremidades da Terra para ouvir a sabedoria de Salomão". Aqui, porém, ela é designada como *"regina Austri"* (rainha do Sul). Nesse contexto gostaria ainda de mencionar uma passagem no *Speculum de Mysteriis* de Honório de Autun, em que aparece a *regina Austri*. Diz-se aí[436]: "[...] João abandonou sua noiva e – sendo ele mesmo virgem – se tornou partidário do Filho da Virgem. E porque ele (João) por amor a ela desprezou os laços da carne, Cristo o amou mais que a todos outros apóstolos. Quando, pois, a Rainha do Sul entregou seu corpo e sangue aos discípulos, estava João reclinado no peito de Jesus; e este mistério da Palavra, ele mais tarde o transmitiu ao mundo, a saber, da Palavra que está escondida no Pai, porque estão ocultos no seio de Jesus todos os tesouros da sabedoria e da ciência"[437].

No *Tractatus Aureus de Lapide*, mencionado há pouco, é a Rainha do Sul que se gloria de estar na posse do *thesauri sapientum* (tesouro dos sábios), e aqui a *Regina Austri* dá corpo e sangue a seus discípulos, pelo que ela aparece nos dois casos como identificada com Cristo. Daí se conclui quanto está próxima a ideia da androginia de Cristo, e depois quanto também a rainha se identifica com o rei, e isso da mesma forma como corpo e alma ou espírito e alma[438]. Na verdade, a rainha corresponde à *anima* (alma) e o rei ao espírito, que é a dominante da consciência[439]. Considerando essa importância da rainha, torna-se pois compreensível que ocasional-

201

---

436. *Patrologia Latina* CLXXII, col. 834.

437. Cl 2,3: "In agnitionem mysterii Dei patris et Christi Jesu: in quo sunt omnes thesauri sapientiae et scientiae absconditi" (para conhecerem o mistério de Deus Pai e de Cristo Jesus, no qual estão escondidos todos os tesouros da sabedoria e da ciência).

438. Os alquimistas estão em dúvida quanto ao que deve ser designado como feminino: se é o corpo ou a alma. Do ponto de vista psicológico, em vez do corpo, que é apenas experimentado indiretamente pela psique, entra em consideração apenas a alma, que substitui o corpo; como masculino se considera o espírito.

439. Esta explicação convém unicamente ao *Artifex* (artífice) masculino. Para a mulher, como é sabido, as coisas estão invertidas.

mente o segredo da obra seja designado como *"Reginae Mysteria"* (mistérios da rainha)[440].

202 A relação próxima da rainha para com o rei também se deduz da circunstância que ocasionalmente ela experimenta a mesma sorte como o rei, isto é, ela também se dissolve no banho (enquanto em outra versão ela é o próprio banho!). Assim se diz a respeito do banho do rei em Abraham Eleazar: "[...] pois neste mar ígneo o rei não pode subsistir; pois ele priva o velho Albaon[441] de todas as suas forças e queima sua figura e dela faz um sangue vermelho. Mas a rainha também não está liberta, ela deve perecer neste banho ígneo etc."[442]

203 Já não é mais de admirar se a rainha e o rei formam, por assim dizer, uma unidade, pois eles são considerados como etapa prévia para tal. Somente pela interpretação que lhe damos é que a coisa se torna digna de nota: *Rex*, como dominante da consciência, é pelo mitologema quase que identificado com aquela figura arquetípica que personifica o inconsciente, isto é, a *Anima*. As duas figuras, como também consciência e inconsciente, sob certo aspecto são até diametralmente opostos, mas, como o masculino e o feminino se unem no humano, da mesma forma o material psíquico – se for lícita esta expressão – permanece o mesmo tanto no estado consciente como no inconsciente. Apenas, num caso ele está associado ao eu, no outro não.

204 A *Anima* em seu aspecto negativo, isto é, quando ela, permanecendo inconsciente, oculta-se no sujeito e exerce uma influência possessiva sobre ele. Os sintomas principais dessa possessão são de uma parte caprichos cegos e confusões compulsivas, e de outra parte iso-

---

440. Assim em MAJER, M. *Symbola aureae mensae duodecim nationum*, 1617, p. 336: "Qui per alienum ingenium et manum mercenariam operatur, aliena a veritate opera videbit. Et vice versa, qui alteri servilem praestat operam, uti servus in arte, nunquam ad Reginae mysteria admittetur" (Quem opera por meio de engenho estranho e por mão mercenária, verá também obras estranhas à verdade. E vice-versa quem presta a outro um trabalho servil, como o servo na arte, jamais será admitido aos mistérios da rainha). Para esta realização completa da obra cf. *Psychologie und Alchemie (Psicologia e alquimia)*. 2. ed., 1952 [OC, 12], p. 428.

441. *Materia prima*, Minera, terra negra.

442. *Uraltes Chymisches Werck* II, 1760, p. 72.

Mysterium Coniunctionis – Rex e Regina...   163

lamento, frio e sem nenhum relacionamento, numa atitude de princípios (confusão de ideias). O aspecto negativo da *Anima* significa, pois, uma forma especial de falta de adaptação psicológica. Esta é compensada pela consciência, ou ela mesma compensa a consciência, que se distingue então por um posicionamento oposto (e igualmente errado). Portanto, o aspecto negativo da dominante da consciência, de modo nenhum, é uma ideia "querida por Deus", mas sim o mais alto propósito egoístico de usar uma máscara determinada para representar certo papel e para aparecer como algo vantajoso (identificação com a *persona*!). A *Anima* que corresponde a esse posicionamento é uma pessoa intrigante, que seduz sempre mais o eu para representar seu papel, ao passo que no fundo da cena escava todas aquelas covas, nas quais está destinado a cair aquele que se enamora de seu papel.

Mas um posicionamento consciente, que não apenas de modo   205
imaginário, mas de verdade se afasta dos propósitos egoísticos de tirar vantagem, e se submete a determinações superiores à sua pessoa, certamente poderá gloriar-se de servir a um *Rei*. Esse posicionamento psíquico mais nobre significa também elevação da *Anima* a uma ordem mais alta de dignidade, ao abandonar a posição de sedutora e ascender à de condutora[443]. A mudança sofrida pela substância do *Rei*, ao passar de leão a rei, corresponde à mudança do feminino, ao passar de serpente a rainha. A coroação, a apoteose e as núpcias significam a identificação e a equiparação de consciente e inconsciente, o que se tornou possível na etapa suprema e que é uma *coincidentia oppositorum* (coincidência de opostos).

Seria certamente desejável que existisse uma explicação psicológi-   206
ca e um esclarecimento daquilo que parece estar indicado pelo mitologema do casamento. A psicologia não se sente responsável pela existência do que não pode ser sabido; como serva da verdade deve ela contentar-se com verificar a existência de certos fenômenos, ainda que por ora sejam eles mistérios. A união do consciente e do inconsciente

---

443. "Vem, ergue-te para as esferas mais altas, / Se ele te pressentir, ele te seguirá".
Fausto II.
In *Artis Auriferae* II, 1593, p. 294s. Citação tirada da *Aurora Consurgens*.

como casamento régio, é primeiramente uma imaginação mitológica, que na etapa suprema assume o caráter de um conceito psicológico. Devo aqui acentuar expressamente que o conceito psicológico de modo nenhum surge do mitologema, nem histórica nem casuisticamente, mas antes de tudo se origina da experiência (*empiria*) prática. Qual seja o aspecto desse material tirado da experiência, disso fornece um bom conceito o caso apresentado na forma de paradigma em *Psychologie und Alchemie* (*Psicologia e alquimia*). Constitui ele um modelo exemplar que substitui centenas de casos parecidos, e por isso não deve ser avaliado apenas como uma curiosidade individual.

207 A união psicológica dos opostos é um termo intuitivo, que abrange a fenomenologia deste processo. Não constitui ele uma hipótese explicativa para algo que *per definitionem* (por definição) ultrapassa nossa capacidade de compreensão. Ao dizermos, pois, que consciente e inconsciente se unem, já exprimimos também que se trata de um processo inimaginável. O inconsciente é na verdade inconsciente mesmo e, por isso, não pode ser compreendido nem imaginado. A união dos opostos é um processo que transcende nossa consciência e em princípio é inacessível à explicação científica. O casamento continua a ser o "*Mysterium Reginae*" (o mistério da rainha), o segredo da arte, do qual diz o Rei Salomão, como refere o *Rosarium Philosophorum*: "Esta é a filha, por cuja causa a Rainha do Sul, como se conta, veio do nascer do Sol como a aurora que surge, para ouvir, para compreender e para ver a sabedoria de Salomão; e em sua mão lhe foi dado poder, honra, força e domínio, e em sua cabeça a coroa da realeza com os raios das sete estrelas fulgurantes, adornada como uma noiva para seu esposo; em suas vestes está escrito com letras de ouro em grego, bárbaro e latim: 'Eu sou a filha única dos sábios, inteiramente desconhecida dos tolos'".

208 A Rainha de Sabá, a *Sapientia* (Sabedoria), a Arte Régia e a "Filha dos Filósofos", todas elas se misturam para que se torne visível o psicologema em que se baseiam: A arte e a rainha do coração do *artifex* (artífice), ela lhe é mãe, amada e filha ao mesmo tempo, e em sua arte e em suas alegorias se desenrola seu próprio drama psíquico, seu processo de individuação.

V

Adão e Eva

1. Adão como substância do arcano

Como ocorre com o rei e a rainha, igualmente nossos primeiros   209
pais também pertencem àquelas figuras por meio das quais a alquimia
exprime os símbolos da oposição. Adão aparece incomparavelmente
muito mais vezes do que Eva; por isso teremos de ocupar-nos com ele
primeira e principalmente. Ele nos oferece ricamente motivos para
isso, porque ele cintila em todos os significados possíveis e penetra no
mundo das concepções dos alquimistas pelos lados mais diversos.

Rulandus menciona Adão como *sinônimo de aqua permanens*   210
(água eterna) em oposição a Eva, que significa a terra. A água é a
substância do arcano por excelência, é portanto aquilo que se transforma e simultaneamente aquilo que efetua a transformação. Como a
"água" é sinônimo de Mercurius, então se torna compreensível a declaração de Joannes Dee que "aquele outro Mercurius", que aparece
no decurso do opus, é o "dos filósofos, o microcosmo e o Adão"[1].
Como substância do arcano, Adão aparece também em Rosinus.
Como substância do arcano, está ele associado ao chumbo e a
"Azoch"[2], que são ambos de natureza hermafrodita (isto é, como

---

1. "Monas Hieroglyphica". *Theatrum Chemicum* II, 1602, p. 222. "Iste est Philosophorum Mercurius, ille celeberrimus Microcosmus et Adam" (Este é o Mercurius dos filósofos, aquele celebérrimo microcosmo e Adão.)
2. Azoch = Azoth = Mercurius duplex: Cf. RULANDUS. *Lexicon alchemiae sive dictionarium alchemisticum*, 1612.

Adão)[3]. De modo semelhante diz Dorneus que o *lapis* (pedra) é designado como "Adão, que carrega Eva dentro de si de modo invisível"[4]. Esta comparação arcaica também se encontra ocasionalmente nos produtos do dementes atuais[5]. A *Gloria Mundi* conhece igualmente a duplicidade de Adão: "Quando o Deus onipotente formou Adão e o colocou no paraíso, então mostrou a Adão antecipadamente duas coisas, com as seguintes palavras: Eis que este Adão consta de duas coisas; uma delas é sólida e permanente, e a outra é fugaz"[6].

---

3. "Accipe Adam et quod assimilatur Adam, nominasti hic Adam et tacuisti nomen foeminae seu Evae et nominans eam, quia scis quod nomines qui sunt tui similes in mundo, sciunt quod illud, quod tibi assimilatur, est Eva" (Toma Adão e o que se assemelha a Adão; aqui nomeaste apenas Adão e omitiste o nome da mulher Eva, mas o indicaste porque sabes que os homens que são semelhantes a ti neste mundo sabem que aquilo que se assemelha a ti é Eva). *Artis Auriferae* I, 1593, p. 248.

4. "De Transmut. Met." *Theatrum Chemicum* I, 1602, p. 578: "Qua propter ingenio et intellectu validissimis adseverarunt suum lapidem esse animalem, quem etiam vocaverunt suum Adamum, qui suam invisibilem Evam occultam in suo corpore gestaret ab eo momento, quo virtute summi conditoris omnium unita sunt. Ea de causa merito dici potest Mercurium philosophorum nihil aliud esse, quam compositum eorum abstrusissimum Mercurium et non vulgarem illum [...] est in Mercurio quicquid quaerunt sapientes [...] lapidis philosophorum materia nihil aliud est quam [...] verus hermaphroditus Adam atque microcosmus" (Por isso eles asseveraram com espírito e inteligência poderosíssimos que a pedra deles é um ser animado, o que eles também chamaram de seu Adão que traz oculta em seu corpo a Eva invisível, desde aquele momento em que eles foram unidos pelo poder do criador do mundo. Por isso pode-se dizer com razão que o Mercurius dos filósofos não é outra coisa que o mercúrio mais extraordinário e não o vulgar [...] nele está tudo que os sábios procuram [...] a matéria da pedra filosofal não é outra coisa senão o verdadeiro Adão hermafrodito e o microcosmo) – Op. cit., p. 589: "Natura in primis requirit ab artifice ut philosophicus Adam in Mercurialem substantiam adducatur" (A natureza exige que primeiro o Adão filosófico seja mudado na substância mercurial) – Op. cit., p. 590: "[...] compositio huius sacratissimi lapidis Adamici fit ex sapientum Adamico Mercurio" [...] a composição desta pedra adâmica se obtém do mercúrio adâmico dos sábios (alquimistas)].

5. Adão como "pai primitivo" formando um só corpo com Eva. NELKEN. *Jahrbuch für psychoanalytische und psychopathologische Forschungen*. IV, Leipzig e Viena: [s.e.], 1912, p. 542.

6. Ecce Adam heic duo sunt, fixatum et constans unum, fugax alterum". *Musaeum Hermeticum*, 1678, p. 228.

Mysterium Coniunctionis – Rex e Regina...   167

Como substância do arcano, Adão é o rei[7] que se renova no ba-   211
nho. Em uma poesia de Basílio Valentim se diz:

Adão se achava no banho,
Que havia preparado o velho dragão
E no qual Vênus encontrou alguém
semelhante a ela etc.[8]

Mesmo para uma fantasia barroca não é pequena façanha relacio-   212
nar Adão com *Vênus*. Vênus na poesia corresponde à "fonte que promana da pedra e cobre inteiramente seu pai, absorvendo-o em seu
corpo e em sua vida". Ela é, pois, uma figura paralela à Beya, que em
seu corpo dissolve o Gabricus em átomos. No mesmo trecho em que
Rulandus menciona a Adão como o citado sinônimo da água, ele
aduz que esse também pode ser designado como o "homem alto"[9]. O
autor é um sequaz de Paracelsus; por isso esta expressão bem poderia
coincidir com o "homem grande" de Paracelsus, o *Adech*,[10] que Rulandus designa como "*interiorem hominem nostrum et invisibilem*"[11]
(nosso homem interior e invisível).

A substância do arcano ou da transformação, segundo isso, apa-   213
rece aqui como o homem "interior", o homem primitivo, o que também significa a denominação cabalística de Adām Kadmōn. Adão,
como homem interior, está inundado por Vênus, a deusa do amor, o
que é um psicologema inequívoco, a saber, a expressão de um estado
psíquico determinado e típico, que é também adequadamente simbolizado pelo relacionamento amoroso gnóstico entre *Nous* (inteligên-

---

7. "Et Adamus erat Dominus, Rex et Imperator" etc. (E Adão era o senhor, o rei e o
imperador). "Gloria Mundi". *Musaeum Hermeticum* 1678, p. 239.

8. "Adam in balneo residebat, / In quo Venus sui similem reperiebat, / Quod praepara-
verat senex Draco" etc. Infelizmente não consegui encontrar a formulação alemã primitiva ("*De prima materia* lapidis". *Musaeum Hermeticum* 1678, p. 425).

9. "Homo galeatus et altus" (Homem de capacete e alto), em HOGHELANDE. *Theatrum Chemicum* I, 1602, p. 162.

10. Um neologismo de Paracelsus, formado supostamente de uma combinação de
Adão e Enoc. Cf. *Paracelsica*, 1942, p. 79.

11. Dorneus (*Th. Paracelsi Libri V de Vita Longa*. 1583) o chama de *invisibilis homo
maximus* (o homem máximo invisível).

cia) e *Physis* (natureza). Trata-se do "homem espiritual mais elevado", ou da totalidade superior mais abrangente, que nós designamos como o *si-mesmo* (*das Selbst*). Banho, mergulho, inundação, batismo e afogamento – tudo isso, símbolos alquímicos – simbolizam o estado inconsciente, e, por assim dizer, a encarnação do *si-mesmo* ou, expresso mais exatamente, aquele processo inconsciente, pelo qual o si-mesmo "renasce", ou respectivamente passa para o estado de poder ser percebido. Este é então designado como o *"filius regius"* (filho do rei). Aquele que preparou o banho é o *senex draco* (o velho dragão), como diz o texto. O velho dragão representa um ser primitivo que mora nas cavernas da terra, isto é, em linguagem psicológica, uma personificação da alma instintiva, que geralmente vem simbolizada por répteis. Parece que com isso as concepções alquímicas querem exprimir que o próprio inconsciente prepara o processo da renovação.

214   Em um manuscrito latino também se alude ao banho de Adão. Um ser, que não é designado mais exatamente, se dirige a Adão: "Escuta, Adão; quero falar contigo. Deves ir comigo para o banho; sabes de que modo nós somos influenciados reciprocamente e como deves passar através de mim. Aproximo-me, pois, de ti, de ti com minhas setas afiadas que dirijo para o teu coração" etc.[12]

215   Adão tem aqui novamente o significado de substância do arcano. Ele é o "velho Adão" que deve ser renovado. As *"tela"* (dardos, setas) lembram de uma parte o *telum passionis* (dardo da paixão) que é atribuído a Mercurius, e de outra parte os dardos da Luna, que entre os alquimistas, através da mística de um Hugo de S. Vítor[13] e de outros, remontam àquela conhecida passagem do Cântico dos Cânticos: *"Vulnerasti cor meum"* (feriste o meu coração), como já descrevemos em um capítulo anterior. A pessoa que fala em nosso texto deve ser um ente feminino, pois imediatamente antes se fala da *cohabitatio viri et mulieris* (coabitação do homem e da mulher).

---

12. Membranáceo do século XVIII. "Incipit: Figuraram aegyptiorum, Explicit: laus Jesu in saecula, fol. 17" (Membranáceo do século XVIII. Começa: as figuras dos egípcios; termina: louvor a Jesus nos séculos, folha 17). Na posse do autor.

13. *Patrologia Latina* CLXXVIII, col. 974.

Mysterium Coniunctionis – Rex e Regina...

Nossos dois textos insinuam um *hierósgamos* (casamento sagra- 216
do), que por assim dizer pressupõe um relacionamento mais próximo
de parentesco entre o *sponsus* e a *sponsa* (noivo e noiva). De fato, o parentesco de Adão e Eva é tão próximo quanto difícil de definir. Conforme antiga tradição, Adão era andrógino[14] antes da criação de Eva.
Eva é, pois, mais ele mesmo do que se fosse irmã dele. O casamento de
Adão, que é inteiramente não bíblico, como *hierósgamos* está destacado pelo fato de Deus estar presente como o *paranymphus* (condutor
da noiva)[15]. A tradição cabalística se faz notar muitas vezes nos tratados alquímicos, a partir do século XVI. Nossos dois textos são de data
mais recente, e por isso se acham dentro do alcance desta tradição.

Devemos agora voltar-nos para a questão de como acontece que 217
justamente Adão tenha sido escolhido como símbolo para a *prima
materia*, ou respectivamente para a substância da transformação. Isso
certamente se baseia sobretudo no fato de Adão ter sido formado do
lutum (barro), e portanto a partir daquela *materia vilis* (matéria vil)
"espalhada por toda a parte", que axiomaticamente é considerada
como *prima materia* e que, por isso, é desesperadamente difícil de ser
encontrada, ainda que "esteja diante dos olhos de todos". Ela é um
pedaço do caos primordial, aquela massa confusa que ainda não está
diferenciada, mas é capaz de diferenciação, e que portanto de certo
modo é algo como um tecido embrional ainda não diferenciado.
Dela se pode, pois, fazer ainda tudo[16]. O que há aqui de essencial
para nós na definição da *prima materia* é ser ela designada como
"massa confusa" e "caos", que é o estado primordial da *inimicitia elementorum* (inimizade dos elementos) ou aquela mistura desordenada

---

14. Cf. WUENSCHE, A. Schöpfung und Sündenfall des ersten Menschenpaares im jüdischen und moslemischen Sagenkreise mit Rücksicht auf die Überlieferung in der Ke-
ilschrift-Literatur (Criação e queda do primeiro par humano no ciclo das lendas judaicas e muçulmanas, tomando em consideração a tradição da literatura da escrita cunei-
forme). *Ex Oriente Lux* (*Do Oriente vem a Luz*). Leipzig: [s.e.], 1906, tomo II, p. 10
[WINCKLER, H. (org.)]. Adão tinha dois rostos. Deus o serrou ao meio em duas partes, a saber: Adão e Eva.

15. WUENSCHE. Op. cit., p. 24.

16. Para mais detalhes cf.: *Psychologie und alchemie* (*Psicologia e alquimia*). 2. ed.,
1952 [OC, 12], p. 435s.

que o *artifex* (artífice) vai ordenando aos poucos por suas operações.

Em correspondência com o número quatro dos elementos, há de certo modo quatro etapas no processo (*tetrameria*), caracterizadas pelas quatro cores, por sobre as quais a caótica substância do arcano atinge a unidade final, que é o "*Unum*" (o Um), isto é, o *lapis* (pedra), o qual é simultaneamente um *homunculus* (homúnculo, homenzinho)[17]. Deste modo o filósofo (alquimista) repete *expressis verbis* (expressamente, na expressão da palavra) a obra criadora de Deus do Gênesis 1. Por isso não é de admirar que ele designe sua *prima materia* como Adão e faça tanto este como aquela consistir dos quatro elementos ou deles surgir. "*Ex quatuor autem elementis pater noster Adam et filii eius* [...] *creati sunt*" (Nosso pai Adão e seus filhos foram criados a partir dos quatro elementos), diz a *Turba*[18]. Gab Ir Ibn Hajjan (Dschaber, Dschêbir[19]) diz no *Livre des Balances*: "Diz-se no Pentateuco, a respeito da criação do primeiro ser, que seu corpo foi composto de quatro coisas que em seguida se transmitiram por hereditariedade: o quente, o frio, o úmido e o seco. Com efeito, ele foi composto de terra e de água, de um espírito e de uma alma. A secura lhe vem da terra, a umidade da água, *o calor* do espírito e o frio da alma"[20]. Adão como *compositio elementorum* (composição dos elementos) é mencionado mais vezes na literatura mais tardia[21]. Em vista de sua composição dos quatro elementos cósmicos, Adão é designado como *microcosmus*[22]. Assim diz o *Tractatus Micreris*[23]: "De modo análogo o homem é chamado de mundo menor (*mundus minor*), e isso porque nele se encontra a figura do céu, da terra, do sol e da lua, uma fi-

---

17. "Secundus Adam qui dicitur homo philosophicus" (O segundo Adão que é chamado de homem filosófico) (*Aurora Consurgens* I).

18. Sermo VIII.

19. O Geber latino, o autor da clássica *Summa perfectionis*, era antigamente considerado como idêntico com Dschabir. O estado atual da controvérsia de Dschabir se encontra em LIPPMANN. *Entstehung und Ausbreitung der Alchemie*. Vol. II, 1919, p. 89.

20. BERTHELOT. *La Chimie au moyen-âge* III, 1893, p. 148s.

21. Por exemplo, em MYLIUS. *Philosophia reformata*, 1622, p. 168.

22. O corpo de Adão foi tirado da terra de Babilônia, sua cabeça da terra de Israel e seus membros de outras terras (Talmud. Tr. Sanhedrin, 38a).

23. *Theatrum Chemicum* V, 1622, p. 109.

Mysterium Coniunctionis – Rex e Regina...

gura visível na terra e (simultaneamente) uma invisível, razão por que ele é chamado de 'mundo menor'. Por isso os antigos filósofos disseram dele: 'Quando a água caiu na terra, então foi criado Adão, que é o «mundo menor»'"[24]. Estas concepções a respeito de Adão e ainda outras semelhantes se encontram também em outras passagens: Assim se diz nos *Pirke Rabbi Elieser* que Deus reuniu dos quatro cantos da terra o pó do qual foi feito Adão[25]. Igualmente Rabbi Meir (século II) indica que Adão foi feito do pó tirado do mundo inteiro. Na tradição maometana em Tabari, Masudi e outros se diz que a terra se recusou a fornecer a matéria para a criação de Adão, e que então o anjo da morte trouxe três espécies de terras: negra, branca e vermelha.[26] Na "*Schatzhöhle*" (caverna do tesouro) escrita em sírio vem relatado: "E eles viram como ele (Deus) tomou da terra inteira um grãozinho de pó, e de toda a natureza uma gota de água, e de todo o ar que está por cima um arzinho de vento, e de toda a natureza do fogo um pouquinho de calor do fogo. E os anjos viram como esses quatro elementos fracos, a saber: frio, calor, secura e umidade foram colocados no côncavo de sua mão. E então Deus formou Adão"[27]. Na poesia de Dschelaleddin Rumi a terra da qual foi criado Adão tem até sete cores[28]. Em uma coleção inglesa de enigmas do século XV se en-

---

24. O texto passa para uma comparação da substância do arcano com Adão.

25. "(Deus) incepit autem colligere pulverem primi hominis et quatuor terrae angulis, videlicet rubrum, nigrum, album et viridem. Ruber pulvis factus est sanguis, niger fuit pro visceribus, albus pro ossibus et nervis, viridis factus est corpus" [(Deus) começou a recolher dos quatro cantos do mundo o pó para o primeiro homem, a saber: vermelho, negro, branco e verde. O pó vermelho se tornou o sangue, o negro era para as vísceras, o branco para os ossos e nervos, o verde se tornou o corpo]. GANZ, R.D. *Chronologia sacro-profana*. Lião: [s.e.], 1644, p. 24. Igualmente: *Jewish Encyclopaedia*. Vol. I. 1906, cf. verbete Adam, onde se encontra a indicação de mais literatura.

26. *Jewish Encycl*. Cf. verbete Adam.

27. BEZOLD, C. *Die Schatzhöhle* (A caverna do tesouro). Traduzido para o alemão do texto siríaco de três manuscritos não editados, 1893, p. 3.

28. KOHUT, A. Die talmudisch-midraschische Adamsage in ihrer Rückbeziehung auf die persische Yima- und Meshiasage. *Zeitschr. d. Deutsch. Morgenländ. Gesellsch*. Vol. XXV, Leipzig: [s.e.], 1871.

contram as seguintes perguntas à criação de Adão[29]: "Perguntas entre o Mestre de Oxford e seu discípulo: De que foi feito Adão? De oito coisas: primeiro, de terra; segundo, de fogo; terceiro, de vento; quarto, de nuvens; quinto, de ar por meio do qual ele fala e pensa; sexto, de orvalho por meio do qual ele sua, sétimo, de flores das quais Adão tem seus olhos; oitavo, de sal donde Adão tem lágrimas salgadas"[29a].

218 Este material permite reconhecer a natureza tetraédrica e ogdoédrica de Adão; também não faltam as incertezas características entre o três e o sete (quatro elementos, quatro cores, quatro propriedades, quatro humores[30], e três e sete cores[31]).

219 Dorneus designa o *"ternarius"* (número três) como *"Adamo proprius"* (próprio de Adão). Como, porém, o *ternarius "proles est unarii"* (filho do número um), por isso o demônio, cuja natureza era binária, não podia atacá-lo, mas primeiro devia tentar com Eva, que "estava separada de seu marido[32], da mesma forma como o número

---

29. A respeito disso Grimm (*Deutsche Mythologie* I, 1835, p. 468) apresenta uma versão latina tirada do *Rituale Ecclesiae Dunelmensis* (século X) e mais outro material ainda. O texto acima é uma citação de KOEHLER, R. *Kleine Schriften zur erzählenden Dichtung des Mittelalters*. Vol. II, 1900, p. 2. As "Questions" remontam a um diálogo anglo-saxônico entre Saturno e Salomão (THORPES. *Analecta.* 95).

29a. "Questions bitwene the Maister of Oxinford and his scoler: Whereof was Adam made? Of VIII thingis: the first of erthe, the second of fire, the III[d] of wynde, IIIth of clowdys, the Vth of aire where thorough he speketh and thinketh, the VIth of dewe whereby hi sweteth, the VIIth of flowres wherof Adam hath his ien (= eyes), the VIII is salte wherof Adam hath salt teres".

30. Em ISIDORO DE SEVILHA. *De natura rerum*. Berlim: [s.e.], 1857. IX. Citação na *Jewish Encycl.* sob o verbete Adam.

31. Cf. os sete filhos de Adão e os sete metais do sangue de Gayomart. Há a mesma incerteza na lenda dos sete "dorminhocos" do *Alcorão* (sura 18): Nas diversas versões ora são sete, ora oito jovens, ou o oitavo é um cachorro, ou também são três jovens e um cachorro etc. Cf. minha preleção: "Die verschiedenen Aspekte der Wiedergeburt" ("Os diversos aspectos do renascimento"). In: *Gestaltungen des Unbewussten* (*As formações do inconsciente*). Zurique: [s.e.], 1950, p. 75. Ora Adão tem as três cores: vermelho, preto, branco; ora as quatro: branco, preto, vermelho e verde (*Jewish Encycl.* Cf. Adam).

32. "[...] item non ignoravit Evam a viro suo divisam tanquam naturalem binarium ab unario sui ternarii" (Da mesma forma sabia ele que Eva estava separada de seu marido, como o número natural dois está separado da unidade de seu ternário). *Theatrum Chemicum* I, 1602, p. 527.

Mysterium Coniunctionis – Rex e Regina... 173

natural dois estava separado do número um de seu número três"[33].

Blasius Vigenerus escreve comentando 1Cor 15,47[34]: "Os elementos estão (ordenados) em círculo, como acredita Hermes, de modo que cada um se acha circundado por dois outros, com os quais coincide em uma propriedade característica deles, como (por exemplo) a terra entre o fogo e a água; ela compartilha a secura com o fogo e o frio com a água etc."[35] Ele prossegue: "O homem, pois, que é a imagem do grande mundo e por isso é chamado de microcosmos ou pequeno mundo (como o mundo, que foi feito à semelhança de seu protótipo e é composto dos quatro elementos, e chamado de grande homem), tem seu céu e (sua) terra. Alma e inteligência são, pois, o céu deles, mas o corpo e sua sensualidade são a terra dele. Conhecer o céu e a terra de um homem é exatamente o mesmo que ter um conhecimento total e completo do mundo todo e dos objetos naturais"[36].

A disposição circular dos elementos no universo e no homem indica a *mandala*, que por sua estrutura quaternária simboliza o mundo e o homem. Neste contexto Adão seria o *quaternarius*. Ele é composto, a partir dos quatro cantos da terra, pelo pó de cores preta, vermelha, branca e verde, e "sua figura alcança de uma extremidade do mundo até a outra"[37]. Segundo um targum, Deus tomou o pó das

220

---

33. Em outra passagem te diz do demônio: "Scivit enim per ternarium Adami non patere potuisse aditum unario protegente ternarium, binarium igitur Evae tentavit ingredi" (Ele sabia que pela trindade de Adão não poderia estar aberto nenhum acesso, porque a unidade protegia a trindade; por isso tentou entrar na dualidade de Eva). *Theatrum Chemicum*. I, 1602, p. 542.

34. "O primeiro homem é da terra, terreno; o segundo homem é do céu".

35. "Nam Elementa circularia sunt, ut Hermes sentit, quodlibet a duobus aliis circumdatur, cum quibus convenit in una qualitatum ipsorum sibi apropriata, uti est terra inter ignem et aquam participans de igne in siccitate, et de aqua in frigiditate. Et sic de caeteris". *Theatrum Chemicum*. VI, 1661, p. 3.

36. "Homo, igitur, qui magni mundi est imago, et hinc microcosmus seu parvus mundus vocatus (sicut mundus ad archetypi sui similitudinem factus, et ex quatuor elementis compositus, magnus homo appellatur) etiam coelum et terram habet. Nam anima et intellectus sunt ejus coelum; corpus vero et sensualitas ejus terra. Adeo ut coelum et terram hominis cognoscere, idem sit quod plenam et integram totius mundi et rerum naturalium cognitionem habere", eod. 1.

37. Cf. GANZ, R.D. *Chronologia sacro-profana*, 1644. Aí estão contidos os Pirke (capítulos) de R. Elieser. Nossa citação se acha no cap. XI, p. 24: "Ruber pulvis factus est sanguis, niger fuit pro visceribus, albus pro ossibus et nervis, viridis factus est corpus [...]

quatro partes do mundo e também do lugar sagrado, que é o "centro do mundo"[38]. As quatro partes do mundo tornam a aparecer nas quatro letras do nome *Adam* (Adão): *anatole* (levante, oriente), *dysis* (ocaso, ocidente), *arktos* (a ursa maior, norte), *mesembria* (meio-dia, sul)[39]. A *Caverna do tesouro* síria relata além disso que Adão estava de pé no lugar onde mais tarde foi erguida a cruz, e que esse lugar era o meio da (superfície da) terra, que é o Gólgota. Ele morreu numa sexta-feira, na mesma hora como mais tarde o Salvador[40]. Eva deu à luz quatro filhos ao todo: Caim e Lebhûdhâ, Abel e Kelîmath. Estes mais tarde se casaram entre si ("quaternidade de casamentos"!). A sepultura de Adão é a "Caverna do tesouro". Todos os seus descendentes devem prestar culto diante do corpo dele e não devem afastar-se daí. Quando se aproximava o dilúvio, Noé tomou o corpo de Adão consigo na arca. A arca voava nas asas do vento sobre as águas, do oriente ao ocidente, do norte ao sul, e assim descreveu uma *cruz* sobre as águas.

221   Naquele ponto central, onde Adão foi sepultado, "prendem-se juntos os quatro cantos (da terra); pois quando Deus criou a terra, a força dele correu na frente dela, e a terra correu-lhe atrás, a partir dos quatro cantos como os ventos e a leve aragem; aí ficou parada a força dele e encontrou sossego. Aí será consumada a salvação para Adão e para todos os seus filhos". Em cima da sepultura cresceu uma árvore, no lugar onde mais tarde foi fixada a cruz, e também esteve aí o altar de Melquisedec. Quando Sem tinha colocado na terra o cadáver, "então as quatro partes se separaram e a terra se abriu em forma de uma cruz, e Sem e Melquisedec colocaram dentro o cadáver. E tão logo o haviam colocado, as quatro partes se moveram e cercaram o cadáver de nosso pai Adão, e fechou-se a porta da terra exterior. E

Statura autem eius (Adam) erat ab uno fine mundi usque ad alium" (O pó vermelho se mudou em sangue, o negro foi para as vísceras, o" branco para os ossos e nervos e o verde se tornou o corpo [...] Sua estatura ia de um extremo do mundo ao outro).

38. *Jewish Encyclop.* Cf. verbete Adam. Conforme outras fontes o *verde* se refere também à pele e ao fígado.

39. Mencionado por Zósimo: BERTHELOT. *Collection des anciens alchimistes grecs.* III, XLIX, Id. Sibill. Oráculo, III. 24s.

40. Na sexta hora de uma sexta-feira, "Eva trepou na árvore da *transgressão do mandamento*, e na sexta hora o Messias foi erguido na cruz". Cf. a interpretação da *Crucifixio* (crucificação) como *conjugium* (conjúgio) com a *matrona* em S. Agostinho.

Mysterium Coniunctionis – Rex e Regina...   175

este mesmo lugar era chamado de *lugar da caveira*, porque aí foi posta a *cabeça* de todos os homens, e *Gólgota* porque era *redondo* [...] e *Gábbatha*, porque *nele foi reunido o mundo* todo"[41]. Aí aparecerá a força de Deus: pois os quatro cantos (verbalmente: ângulos) do mundo aí se uniram, tornando uma coisa só, como dizem as *Clementinas etíopes*[42]. Deus falou a Adão: "Eu farei de ti um Deus, mas não agora e sim após passar um grande número de anos"[43]. No escrito apócrifo *A vida de Adão e Eva* diz-se que Adão recebeu o leste e o norte do paraíso, e Eva o oeste e o sul[44]. Os *Pirke Rabbi Elieser* narram que Adão foi sepultado na dupla gruta de Macpela. Aí também Eva, Abraão e Sara, Isaac e Rebeca, Jacó e Lia. Por isso (a gruta) foi denominada *kirath arbah* (τετράπολις, cidade dos quatro), porque nela foram sepultados quatro maridos (e suas mulheres)"[45].

Não quero amontoar provas para a quaternidade de Adão, mas apenas destacar devidamente a quaternidade de sua natureza. Do ponto de vista psicológico, o quatro significa as funções orientadoras da consciência, a saber: as duas perceptivas (irracionais) e as duas julgadoras (racionais). Portanto, poder-se-ia dizer que todas as formações mitológicas que são caracterizadas pela quaternidade, em última linha tem algo a ver com a estrutura da consciência. É, pois, de todo compreensível que Isaak Lurja tenha atribuído todas as qualidades psíquicas a Adão. Ele é a psique por excelência[46].

222

---

41. BEZOLD. *Die Schatzhöhle*, 1883, p. 7s.

42. Op. cit., p. 76.

43. Testamento de Adão. RIESSLER. *Altjüdisches Schrifttum ausserhalb der Bibel*. Augsburgo: [s.e.], 1928, p. 1.087.

44. KAUTZSCH. *Apokryphen und Pseudoepigraphen des Alten Testaments*. Tübingen: [s.e.], 1900, p. 517.

45. GANZ, D. *Chronologia sacro-profana*, 1644. Pirke cap. XX, p. 46: "Idcirco quoque appellatur Kiratharbah (τετράπολις), quia in ea sepulti sunt quaterni conjuges" etc. A gruta não é idêntica com a cidade dos quatro, como me advertiu o Dr. R. Schaerf; Kirjat arba é uma designação para Hebron, onde se encontra a gruta.

46. *De Revolutionibus Animar*. Cap. I, § 10: "In Adamo ergo protoplaste [...] continebantur omnes illae notiones sive Species supradictae a Psyche factiva usque ad singularitatem emanativam" (No homem primordial Adão estão [...] pois contidos todos aqueles conceitos ou as mencionadas designações das espécies, desde a psique factiva até a particularidade emanativa). (*Kabbala denudata*. Frankfurt: [s.e.], 1677, T. II, Pars III, p. 248).

176   Obra Completa — Vol. 14/2

223   O material apresentado aqui é a tal ponto sugestivo que se torna supérfluo um comentário mais extenso. Adão representa não somente a psique, mas também a totalidade dela; a seguir ele, sendo a totalidade psíquica, é também um símbolo do si-mesmo (*Selbst*), e desse modo uma evidenciação da divindade incontemplável. Ainda que todos esses textos não fossem acessíveis ao alquimista, em todo o caso já bastaria o conhecimento dos Tratados de Zósimo ou de certas tradições cabalísticas, para não deixá-lo na incerteza acerca do que ele achava ao designar a substância do arcano chamando-a de Adão. Decerto, mal precisaria eu destacar quão importante são esses enunciados históricos justamente do ponto de vista da psicologia: eles nos dão preciosíssimas indicações sobre a maneira como devem ser avaliados os símbolos oníricos paralelos a esses. Ao averiguarmos a natureza psíquica de concepções que originariamente eram entendidas do ponto de vista da metafísica, verificamos que elas de maneira alguma foram desvalorizadas, mas foram justamente confirmadas em sua objetividade. Pelo fato de com boas razões as concebermos como processos psíquicos, nós as subtraímos do domínio inacessível da metafísica, a respeito do qual, como é sabido, a inteligência humana absolutamente nada pode enunciar que possa ser provado; e com isso liquidamos também a questão impossível da prova da verdade. Nós simplesmente nos colocamos no plano dos fatos, ao reconhecermos que a estrutura arquetípica do inconsciente, situada além do alcance de toda a tradição, sempre de novo gera aquelas imagens, das quais nos dá notícia a história de todos os tempos e de todos os povos, e as distingue com aquela numinosidade e importância, que desde sempre lhe são peculiares.

2. A estátua

224   Seja-me permitido fazer aqui uma inserção, que aparentemente se afasta do tema, mas talvez em sentido mais profundo até pertença a ele: uma "coluna sem vida". Ora, *a estátua* representava um papel misterioso *já* na antiga alquimia. Em um dos mais antigos tratados gregos, que é uma instrução[47] dada por Komarios a Cleópatra, se diz:

---

47. BERTHELOT. *Collection des anciens alchimistes grecs*. IV, XX.

Mysterium Coniunctionis – Rex e Regina... 177

"Depois de o corpo (σῶμα) ter estado escondido nas trevas, (o espírito) o encontrou repleto de luz. E a alma se uniu a ele, depois que ele se tornou divino pelo relacionamento com ela, e ele reside nela. Pois ele se vestiu da luz da divindade e as trevas se afastaram dele, e todos eles se uniram no amor (ἐν ἀγάπῃ), o corpo, a alma e o espírito (πνεῦμα), e eles se tornaram uma só coisa, na qual está oculto o mistério. Por este ato de eles se unirem completou-se o mistério, e a casa foi selada, e foi erigida a *estátua* (ἀνδριάς), *repleta de luz e da deidade*"[48].

A estátua, como é evidente, significa aqui o resultado do processo, o *lapis philosophorum* (a pedra filosofal) ou o equivalente dele.

Com uma significação algo diferente, nós encontramos a estátua no tratado de Senior Zadith[49]: trata-se aqui da "água que é extraída do coração da estátua". Senior é idêntico com o alquimista árabe Ibn 'Umail Al-Tamimi. Conta-se dele que ele no Egito abriu túmulos e sarcófagos e retirou deles as múmias[50]. A estas eram atribuídas forças medicinais, razão pela qual tais partes dos cadáveres, na formacopeia europeia, por longo tempo eram indicadas sob o nome de "múmia"[51]. Não está fora de cogitação que a "múmia" também se prestasse a finalidades alquímicas. Em Heinrich Khunrath ela também aparece como sinônimo de *prima materia*[52]. Em Paracelsus, que bem po-

225

---

48. Op. cit., p. 15.

49. *De Chemia Senioris antiquissimi philosophi libellus*, 1566, p. 64. "Deinde caput, manus et pedes (leonis) colligo et calefacio eis aquam extractam a cordibus statuarum, ex lapidibus albis et citrinis, quae cadit de coelo tempore pluviae" etc. [Libelo de Senior, filósofo antiquíssimo, sobre a Química: Em seguida recolho a cabeça, as patas dianteiras e as traseiras (do leão) e aqueço com isso a água extraída dos corações das estátuas, e tirada (também) das pedras brancas e amareladas que caem do céu no tempo da chuva].

50. STAPLETON. *Memoirs of the Asiatic Society of Bengal*. Vol. 12, Calcutá: [s.e.], 1933.

51. Já nas *Cirânidas* se encontra a observação: (de hirco) "Laudanum autem barbae eius i. e. mumia vel ysopos aut sudor" [(do bode) o *laudanum* é tirado da barba dele, isto é, a múmia, o hissope ou o suor], (DELATTE. *Textes Latins et Vieux Français Relatifs aux Cyranides*. Bibl. Fac. d. Phil. et Lettres, Liège, XCIII, 1942, p. 29).

52. *Von Hylealischen Chaos*. 1598, p. 310s.: "Universae creaturae fundamenta [...] contineantur in [...] Radicali humido, Mundi semine, Mumia, Materia prima" etc. (Os fundamentos de toda a criatura devem estar contidos na umidade radical, no sêmen do mundo, na múmia e na matéria primordial).

deria ser a fonte de Khunrath, a "Múmia Balsamita" de modo característico tem algo a ver com o elixir da (longa) vida, ou até mesmo com o princípio vital psíquico[53]. As estátuas em Senior poderiam, pois, facilmente representar sarcófagos egípcios, que eram estátuas-imagens. No mesmo tratado se encontra a descrição de uma estátua (de Hermes Trismegistus) em uma capela subterrânea. O autor diz: "Eu te revelarei o que naquela casa escondeu o sábio que fez a estátua; (naquela casa) em que ele descreveu toda aquela ciência como que em sua figura e ensinou sua sabedoria em sua pedra e a revelou aos entendidos". Michael Majer (*Symbola*, p. 19) acrescenta. Pois esta é a estátua de cujo coração é extraída a água", e menciona também que em Achaia Pharis também foi dedicada a Hermes uma estátua de pedra, que emitia oráculos.

226   Em Raimundo Lúlio é um óleo que é extraído "do coração das estátuas". Este processo se efetua por meio de "uma lavação da água e uma secagem do fogo"; portanto, por meio de uma operação extremamente paradoxal, na qual o *oleum* (óleo) aparece evidentemente como algo intermediário e unificador[54].

227   Refere-se à maioria das estátuas uma passagem de Thomas Norton, que diz:

> Mas a sagrada Alquimia deve com razão ser amada,
> Que trata duma preciosa Medicina
> Tal que torna realmente fino o Ouro e a Prata:

---

53. Cf. *Paracelsica*. 1942, p. 85 e 119.

54. "Et ideo per ablutionem aquae et disiccationem ignis semper extrahis oleum a corde statuarum" (E por isso sempre extrais óleo do coração das estátuas pela lavação da água e pela secagem do fogo). *Codicillus*, 1563, p. 115. (Cf. ainda MAJER: *Symbola aureae mensae duodecim nationum*. 1617, p. 19.) Para o óleo, diz LÚLIO. *Codicill*. 1563, p. 127: "Hoc oleum est tinctura, auram et anima, ac philosophorum unguentum" (Este óleo é a tintura, o ouro e a alma, como também o unguento dos filósofos). Um seguidor de Lúlio, Cristóvão de Paris ("Elucidarius". I. *Theatrum Chemicum*. VI, 1661, p. 214) diz: "Illud oleum seu aqua divina [...] et vocatur *Mediator*" (Aquele óleo ou água divina [...] é também chamado *Mediador*). Não é, pois, para admirar se finalmente Dom Pernety (*Dict. Mytho-hermétique*. 1758) cita da seguinte maneira nossa passagem do *Codicilo*: "Extrais este Deus dos corações das estátuas mediante um banho úmido de água e um banho seco de fogo".

Do que um exemplo para testemunho
Encontra-se numa cidade da Catilônia.
Que o Cavaleiro Raimundo Lúlio, supõe-se,
Fez em sete Imagens para revelar a verdade;
Três eram de boa Prata, na forma de brilhantes Damas,
Cada um dos quatro era de Ouro e era um Cavaleiro:
Nas bordas de suas vestes aparecem como letras,
Significando em Sentença como aqui se mostra etc.[55]

O número sete se refere aos deuses dos planetas, ou respectiva- 228
mente aos sete metais[56]. A associação dos três (Vênus, Lua, Terra)
com a prata (Luna) e dos quatro com o ouro (Sol) é digna de nota,
visto que o três é considerado masculino e o quatro feminino[57].
Como Lúlio sem dúvida se apoia em Senior, essa lenda parece ser
uma concretização da frase de Senior[58].

A concepção de que uma substância preciosa está escondida den- 229
tro da "estátua" é tradição antiga, e vale particularmente para a estátua de Hermes, ou respectivamente de Mercurius que aqui nos inte-
ressa. Assim diz o (Pseudo-)Dionísio Areopagita[59] que os pagãos fizeram estátuas de Mercurius (ἀνδριάντας), e esconderam dentro delas
um *simulacrum* (imagem), a saber, de um deus. Deste modo eles não
veneram as insignificantes hermas, mas a bela imagem oculta dentro

---

55. NORTON. "Ordinall." *Theatrum Chemicum Britannicum...* 1652, p. 21.
"But holy Alkimy of right is to be loved, / Which treateth of a precious Medicine, /
Such as trewly maketh Gold and Silver fine: / Whereof example for Testimonie, / Is in
a city of Catilony. / Which Raymund Lully, Knight; men suppose, / Made in seaven
Images, the trewth to disclose; / Three were good Silver, in shape like Ladies bright, /
Everie each of Foure were Gold and did a Knight. / In borders of their Clothing Let-
ters like appeare, / Signifying in Sentence as it sheweth here" usw.

56. A respeito disso menciona Norton no trecho seguinte: ferro, cobre e chumbo.

57. "Zur Phaenomenologie des Geistes im Märchen" ("Para a fenomenologia do espírito nos contos de fada"). In: *Symbolik des Geistes* (*Simbólica do espírito*), 1948, p. 3.

58. Visto que existem dúzias de tratados de Lúlio, que de modo algum me são acessíveis, por isso desisto de tentar demonstrar a procedência dessa história.

59. Dionísio é citado na literatura alquímica. Cf. *Theatrum Chemicum* VI, 1661, p. 91.

delas[60]. A menção original de tais hermas se encontra no Simpósio de Platão (215 A), na fala de Alcebíades: "Sócrates se parece com aqueles silenes que encontrais nas oficinas dos escultores. Os artífices os fazem geralmente com uma seta ou flauta na mão e lhes acrescentam duas pequenas portas: Quem as abre, encontra no interior estatuetas (ἀγάλματα) dos deuses"[61].

230   Para a fantasia alquímica deve ter sido especialmente atraente o fato de justamente as estátuas de Mercurius serem as que continham escondido dentro de si o verdadeiro deus. Mercurius é a designação preferida para aquele ser que no *opus* (obra) se transforma a partir da *prima materia* até atingir o *lapis philosophorum* (pedra filosofal). Como um sinônimo bíblico para o Mercurius alquímico se oferecia sem dificuldade a figura de Adão; primeiro como andrógino em correspondência ao *Mercurius hermaphroditus*, e segundo em seu aspecto duplo como *primeiro* e *segundo Adão. Adam secundus* é Cristo, como se sabe, cuja androginia mística também consta na tradição eclesiástica[62]. (Retornarei mais adiante a esse aspecto de Adão.)

231   Deve-se ainda destacar que, segundo a tradição mandaica, Adão foi criado pelos sete como uma "coluna corporal inanimada", que não podia erguer-se por si mesma. Esta expressão característica "coluna corporal" retorna mais vezes na descrição e lembra o mito cal-

---

60. "Faciebant autem in iis (statuis) cum ostia, tum concavitates, quibus deorum quos colebant simulacra imponebant. Apparebant itaque viles eiuscemodi statuae Mercuriales, sed intra se deorum ornamenta (χαλλωπισμούς) continebant" etc. (Eles faziam nas estátuas tanto aberturas como cavidades, em que os veneradores colocavam as imagens dos deuses. Por isso estas hermas eram aparentemente insignificantes, mas encerravam dentro de si as mais belas imagens dos deuses). *De Caelesti Hierarchia*, c. II, § 5 (Paraphrasis Pachymerae).

61. Em seu comentário desta passagem diz BURY, R.G. *The Symposion of Plato*, 1909, p. 143: "Os interiores (das pequenas estátuas) eram ocos e serviam como escrínios para guardar pequenas imagens de deuses feitas de ouro ou outros materiais preciosos". Aí se acham mais outros dados paralelos.

62. Ler as meditações de Santa Teresa de Ávila ou de S. João da Cruz a respeito de Ct 1,1: "Osculetur me osculo oris sui: quia meliora sunt ubera tua vino" (Beije-me com um ósculo de seus lábios, pois teus seios são melhores do que o vinho). Esta passagem está, aliás, traduzida de maneira errada; em vez de "seios" deveria estar "carícias".

Mysterium Coniunctionis — Rex e Regina... 181

daico transmitido pelos naassenos, no qual o corpo do homem criado pelos demônios é chamado de ἀνδριάς (estátua)[63]. Ptahil, o criador do mundo, tentou "lançar a alma na estátua", mas Mândâ d'Hajê, o salvador, tomou-a nos braços e completou a obra sem Ptahil[64]. Seria para anotar aqui que existe uma obra na literatura cabalística que contém uma descrição da *estátua de Adão*[65].

Como, porém, no espírito educado cristãmente a noção do primeiro Adão sempre já indica também o *Adam secundus* (segundo Adão)[66], então sem mais nada se compreende que esta ideia retorne entre os alquimistas. Assim escreve Mylius: "Pois com muito maior dificuldade farias um homem readquirir a vida do que o farias ir ao encontro da morte. Aqui se exige atuação divina: pois é o maior mistério produzir almas e tornar o corpo inanimado em uma *estátua viva*"[67]. Esta statua vivens designa o resultado final da obra. Esta últi-

232

---

63. A passagem correspondente em HIPÓLITO. *Elenchos*. V, 7,6 diz: (os caldeus chamavam o primeiro homem de Adão) "e este era, como diziam, o homem que a terra produziu sozinha. Ele jazia inconsciente (ἄπνουν), imóvel, quieto (ἀσάλευτον) como uma *estátua* (ἀνδριάντα), uma imagem (εἰχόνα) daquele que é superior, o enaltecido homem Adão, gerado pelas muitas potências (δυνάμεων)".

64. BOUSSET. *Hauptprobleme der Gnosis*. 1907, p. 34s. Esta narração de *Genzá* talvez lance alguma luz sobre aquela passagem de Senior, em que ele diz do réptil macho: "proiiciet semen suum supra marmorem in simulachrum" (ele projetará seu sêmen sobre o mármore na imagem). *De Chemia*. 1566, p. 78.

65. KOHEN. *Emek ha-Melech*. Mencionado na *Jewish Encycl*. Cf. verbete Adam.

66. Cf. as declarações expressivas de EFRÉM O SÍRIO. *De Paenitentia*. Colônia: [s.e.], 1616: "Duo Adam efficiuntur: unus, pater noster, in mortem, quia mortalis factus est, peccans: secundus, pater noster, in resurrectionem, quoniam immortalis cum esset, per mortem devicit mortem atque peccatum. Primus Adam, hic, pater: posterior illic, etiam primi Adam est pater" (Foram criados dois Adãos: um nosso pai para a morte, porque se tornou mortal ao pecar; o segundo nosso pai para a ressurreição, porque, sendo imortal, venceu pela morte a morte e o pecado. Ora, o primeiro Adão é pai; mas então o segundo é também pai do primeiro Adão).

67. *Philosophia reformata*, 1622, p. 19. De modo nenhum consta com certeza que Mylius seja o autor desse pensamento, uma vez que ele raramente ou nunca indica suas fontes; bem poderia ele da mesma forma tê-lo copiado de qualquer outro lugar. Eu, entretanto, não posso indicar essa fonte. A passagem toda é: "Restat nunc pars altera philosophicae praxeos, longe quidem difficilior, longe sublimior. In quo omnes ingenii neruos, omnia denique mentis curricula multorum philosophorum elanguisse lema, como se sabe, é imaginada de uma parte como uma repetição da criação do mundo, e de outra parte como um processo de salvação, razão por que o *lapis* (pedra) é parafraseado como Cristo ressuscitado. Os textos às vezes têm certa tonalidade quiliasta, ao se referirem a uma época áurea sem pobreza nem doença, e com vida longa[68]. É curioso que nas concepções maniqueias escatológicas, como transmitiu Hegemonius, apareça a estátua: O mundo será queimado e as almas pecadoras serão acorrentadas, "mas então acontecerá isso quando a *estátua* vier"[69]. Não arrisco decidir se aqui se encontram ou não um influxo maniqueu nos alquimistas; mas acho digno de nota que nos dois casos a estátua sempre aparece relacionada com o estado final ou da meta a atingir. A tradição de Hegemonius é comprovada pela obra original de *Mani*: a *Kephalaia*[70], que foi reencontrada ultimamente. Diz-se aí (p. 72, cap. XXIV, v. 33s.): "Naquele tempo ele (o pai da grandeza) formou o enviado, e a Jesus o esplendor, e a virgem da luz, e a alma da glória, e os deuses" etc. Cap. LIX (p. 149, v. 29s.): "(a) quarta vez, porque chorarão, é a vez, pois a coluna (ἀνδριὰς) será erguida no último dia" etc. Página 150, v. 8: "Naquela mesma hora chorarão, quando se elevar a coluna". Capítulo LXII (p. 155, v.

---

grimus. Difficilius est enim hominem faceres reviviscere, quam mortem oppetere. Hic Dei petitur opus: Maximum quidem mysterium est creare animas, atque corpus inanime in statuam vivam confingere" (Resta então a outra parte da práxis filosófica, que, aliás, é de longe a mais difícil e de longe a mais sublime. Pois lemos que todo o esforço da inteligência e todos os recursos mentais dos muitos filósofos falharam por falta de força. Com muito maior dificuldade farias um homem readquirir a vida do que o farias ir ao encontro da morte. Aqui se exige a atuação divina: pois é o maior mistério produzir almas e tornar o corpo inanimado uma estátua viva).

68. *Paracelsica*, 1942, p. 153s.

69. "[...] et ita demittitur magnus ille ignis qui mundum consumat universum; deinde iterum demittunt animam, quae obiicitur inter medium novi saeculi, ut omnes animae peccatorum vinciantur in aeternum; tunc autem haec fient, cum statua venerit" ([...] e assim é mandado para baixo aquele grande fogo para que consuma o mundo universo; então é enviada novamente uma alma, que fará frente no meio do novo século para que todas as almas dos pecadores sejam acorrentadas para sempre; mas só então essas coisas acontecerão quando vier a estátua). *Acta Archelai* XIII, 1906, p. 21, 1. 20s. [BEESON (org.)].

70. Manuscritos maniqueus do Museu Oficial de Berlim. Organizados sob a direção do Prof. Carl Schmidt, 1935.

Mysterium Coniunctionis — Rex e Regina...

10s.): "O primeiro rochedo é a coluna (στῦλος) da glória, o homem perfeito que foi chamado pelo magnífico enviado" [...] "Ele sustentou o mundo inteiro e se tornou o primeiro de todos os portadores de carga" etc. Cap. LXXII (p. 176, v. 3s.): "O νοερόν (intelectual) (se reuniu) para formar a coluna da glória, e a coluna da glória para formar o homem primordial" etc. Página 177, v. 2s.: "As vestes, as que foram chamadas 'grandes vestes', são as cinco νοερά que (tornaram completo) o corpo da coluna (στῦλος), da glória, do homem perfeito" etc. Dessas citações se deduz que a coluna significa ou o homem primordial (o homem perfeito, τέλειος ἄνθρωπος) ou ao menos o corpo dele, e isso tanto no início da criação como no final dos tempos.

A "estátua" se encontra na alquimia com mais um significado, que merece ser lembrado: no tratado *De igne et sale* de Blasius Vigenerus, ele denomina o sol como "olho e coração do mundo dos sentidos e imagem do Deus invisível", e observa ainda que São Dionísio "o designa como a estátua manifesta e clara de Deus"[71]. Esta indicação decerto se refere à obra dele *De divinis nominibus*, cap. IV: (ἥλιος) ἡ τῆς θείας ἀγαθότηρος ἐμφανὴς εἰχών (O sol é a imagem clara da bondade de Deus)[72]. Nesta passagem Vigenerus evidentemente exprimiu εἰχών não por *imago* (imagem), mas por *statua* (estátua), o que não concorda com o texto da edição das obras completas de Marsilius Ficinus, em latim, feita em 1502, texto que poderia estar à disposição dele. Também não seria tão compreensível assim que ele traduzisse εἰχών por *statua*, a não ser que ele talvez quisesse evitar a repetição da palavra *imago* no fim da frase anterior (cf. o texto na nota de rodapé). Em outro caso poderia também a palavra *cor* (coração) ter-lhe despertado na memória a lembrança da expressão

---

71. "Nunc de igne terreno ad coelestem ut ascendamus, qui est sol, mundi sensibilis oculus et cor et Dei invisibilis imago. S. Dionysius manifestam et claram Dei statuam illum vocat" (Agora subamos do fogo terreno para o celeste, que é o sol, olho e coração do mundo sensível e imagem do Deus invisível. S. Dionísio o chama de manifesta e clara estátua de Deus): *Theatrum Chemixum* VI, 1661, p. 91.

72. Uma autoridade mais antiga que Dionísio é Teófilo de Antioquia (século II), que diz: «Ἥλιος ἐν τύπῳ θεοῦ ἐστιν ἡ δὲ σελήνη ἀνθρώπου» (O sol está como uma imagem de Deus, mas a lua como a do homem). *Ad. Autolycum.* Lib. II (*Lutetiae Par.* 1605, p. 94c).

de Senior "a *cordibus statuarum*" (do coração das estátuas), o que muito facilmente poderia ocorrer a um alquimista tão ilustrado. Tratando-se de Vigenerus ainda entra em consideração outra fonte: depreende-se, pois, do texto citado acima que ele era conhecedor do *Sohar*. No *Sohar*, Chaje Sarah ad Gen 28,22 se menciona que *Malchuth* é chamada de *statua*, por estar ela unida a Tipheret[73]. A passagem bíblica é (Vulgata): "*Et lapis iste quem erexit in titulum, vocabitur domus Dei*" etc[74]. Esta pedra evidentemente deve lembrar que aí o superior (Tipheret) se uniu ao inferior (Malchuth). Tipheret é o "filho"[75] que se une com a "matrona" (Malchuth)[76] em um *hierósgamos* (casamento sagrado). A *statua*, portanto, se estiver correta a suposição, poderia em sentido cabalístico significar o *lapis philosophorum* (pedra filosofal), que representa igualmente a união do masculino com o feminino. Na mesma alínea do tratado de Vigenerus aparece de fato o sol como o *sponsus* (noivo)[77]. Como algumas linhas adiante é citado Santo Agostinho, existe a possibilidade de o autor ter-se lembrado daquela passagem de Santo Agostinho, onde vem referido o "noivo que procede de sua câmara": "Cristo procede de sua câmara como um noivo; com pressentimento das núpcias saiu para o campo do mundo, correu como um gigante exultando pelo caminho: subiu até o leito nupcial da cruz e pelo subir confirmou o matrimônio; aí ao sentir a criatura anelante em suspiros, numa troca de piedade se en-

---

73. *Kabbala Denudata*, 1677, T. I, Pars I, p. 546.

74. "Esta pedra que erigi em estela será transformada em casa de Deus" (tradução do texto original). Trata-se da pedra de Betel que Jacó erigiu após o sonho da escada do céu.

75. "(filius) Clarissimum est quod ad Tiphereth pertineat" [(o filho) é o mais glorioso que pertence a Tiphereth], op. cit., p. 202. *Sponsus* (noivo), op. cit., p. 366.

76. Malchuth = sponsa (noiva), op. cit., p. 366, 477. Também a *ecclesia Israël* (comunidade de Israel) é designada desta maneira. Além disso Tiphereth e Malchuth são irmão e irmã, op. cit., p. 120. – Aí mesmo: "Matris quoque nomine vocatur Malchuth, quia mater est omnium sub ipsa existentium usque ad finem totius Abyssi" (Malchuth é também chamada pelo nome de mãe, porque ela é a mãe de tudo o que existe abaixo dela até o fim do abismo todo).

77. Pulchritudo eius (solis) cum sponso ex camera sua nuptiali prodeunte comparata. Et ipse tanquam sponsus procedens de thalamo suo" [A beleza dele (sol) é comparada ao noivo que procede de sua câmara nupcial. Ele é como o noivo que procede de seu tálamo], *Theatrum Chemicum* VI, 1661, p. 92.

Mysterium Coniunctionis — Rex e Regina...   185

tregou ao castigo em lugar da noiva. Entregou também a pedra preciosa como a gema do seu sangue, e uniu a si para sempre a esposa. 'Eu vos desposei, diz o apóstolo, com um só marido, apresentando-vos a Cristo como virgem pura'" (2Cor 11,2)[78].

Uma vez que Adão, como vimos, significa não apenas o começo do *opus* (obra), a *prima materia*, mas também o fim, e portanto o *lapis philosophorum*, e este último é o resultado das núpcias reais, então a expressão "*statua Dei*" (estátua de Deus), que nos textos substituiu geralmente a "*imago Dei*" (imagem de Deus), bem pode ser uma ligação com a pedra de Betel, na interpretação cabalística, a qual por sua vez é novamente uma união de Tipheret com Malchuth. A *statua* descreve a materialidade inanimada de Adão, que ainda precisa de alma vivificante, e deste modo simboliza a tarefa mais importante da alquimia.

234

3. Adão como o primeiro adepto

Não é sempre que na alquimia Adão e criado a partir dos quatro elementos. Assim narra o *Introitus Apertus* que no chumbo a alma do ouro é unida ao mercúrio, "para que depois eles produzam Adão e sua mulher Eva"[79]. Aqui Adão e Eva ocupam visivelmente o lugar de *rex* e *regina*. Em geral, porém, Adão em vista de sua composição dos quatro elementos, ou é a *prima materia* e a substância do arcano[80], ou

235

---

78. *Appendix*. Sermo CXX, 8 (Ed. Parisina, 1838, T. V, 2662): "Procedit Christus quasi sponsus de thalamo suo; praesagio nuptiarum exiit ad campum saeculi, cucurrit sicut gigas exsultando per viam: pervenit usque ad crucis thorum, et ibi firmavit ascendendo conjugium; ubi cum sentiret anhelantem in suspiriis creaturam, commercio pietatis se pro conjuge dedit ad poenam. Tradidit quoque carbunculum, tanquam sui sanguinis gemmam, et copulavit sibi perpetuo jure matronam. 'Aptavi vos', inquit Apostolus, 'uni viro virginem castam exhibere Christo'" (2Cor 11,2).

79. *Musaeum Hermeticum*, 1678, p. 688.

80. A *materia prima* como "caos" consta igualmente dos quatro elementos (*Theatrum Chemicum* VI, 1661, p. 228), que estão em luta entre si. A tarefa do *opus* é reconciliar os elementos entre si, de modo a surgir daí o Uno, isto é, o *filius philosophorum* (filho dos filósofos). De modo completamente semelhante já pensavam os gnósticos de Hipólito: eles falavam da ascensão e do renascimento de Adão. [(«Περὶ δὲ τῆς ἀνόδου αὐτοῦ, τουτέστι ἀναγεννήσεως, ἵνα γένηται πευματιχός, οὐ σαρχιχός χτλ») (Sobre sua ascensão, isto é, renascimento, para que ele se torne espiritual e não carnal etc.).

ele a trouxe do paraíso, desde o começo do mundo, e isso de certo modo na qualidade de *primeiro adepto*. Michael Majer menciona que Adão trouxe consigo do paraíso[81] o *antimonium* (que naquele tempo era considerado como arcano)[82]. Com ele começa a longa série dos filósofos. Assim diz a *Gloria mundi:* "Deus dotou Adão com tão grande sabedoria que ele, sem mestre algum, a partir da simples atividade de sua inteligência original (*efficacia originalis iustitiae /* eficácia da justiça original), conhecia perfeitamente as sete artes liberais, e sabia (e igualmente tinha) conhecimento a respeito de todos os animais, ervas, pedras, metais e minerais. E, o que é ainda maior, ele tinha um conhecimento claro da Santíssima Trindade e da encarnação de Cristo"[83]. Esta curiosa opinião é uma antiga tradição que se alimenta sobretudo de fontes rabínicas[84]. Assim, por exemplo, opina Tomás de Aquino que Adão, em virtude de sua perfeição, também deveria ter tido conhecimento de todas as coisas naturais[85]. Mas as

---

Elenchos. V, 8, 18]. – Ele é chamado de "poderoso na guerra", mas a guerra é no corpo que consta dos quatro elementos belicosos. [(«Πόλεμον δὲ λέγει τὸν ἐν σώματι, ὅτι ἐχ μαχίμων στοιχείων πέπλασται τὸ πλάσμα») (Ele chama de guerra a que está no corpo, porque a figura é plasmada de elementos belicosos). *Elenchos*. Op. cit., 19].

81. "Latere in antimonio plus virtutis medicinalis quam in ullo alio simplici ideoque etiam plus virtutis tingentis seu tincturae" etc. (No antimônio está oculta mais virtude curativa do que em qualquer outra substância simples, e por isso também mais virtude de tingir ou de tintura). *Symbola aureae mensae duodecim nationum*, 1617, p. 368.

82. Da mesma forma diz Mylius: "Et ideo dicitur quod lapis in quolibet homine. Et Adam portavit secum de paradiso, ex qua materia in quolibet homine lapis noster vel Elixir eliciatur" [E por isso se diz que a pedra (filosofal) está em qualquer homem. E Adão a trouxe consigo do paraíso, e desta matéria se extrai em qualquer homem nossa pedra ou elixir]. (*Philosophia reformata*, 1622, p. 30).

83. *Musaeum Hermeticum*. 1678, p. 268.

84. Conforme o pensar dos naassenos, os caldeus teriam identificado o Oannes dos assírios com Adão. Eles o consideravam como a imagem do homem adâmico superior (εἰκόνα ὑπάρχοντα ἐχείνου τοῦ ἄνω, τοῦ ὑμουμένου 'Αδάμαντος ἀνθρώπου) (que existia uma imagem daquele homem de cima, o Adão primordial, muito celebrado). *Elenchos*. V, 6, 6.

85. *Summa theologica*. I, Paris: [s.e.], 1868, 94. Concepção semelhante encontra-se também na cabala: "E como a figura do homem (Adam) contém a figura do superior e do inferior, que nele estão contidas, e porque naquela figura o superior e o inferior estão contidos, por isso o santo ancião foi formado segundo ela, e da mesma forma o de pouco ânimo (se'ir anpin, microsopus)". *Sohar*. III, 1932, 141b.

Mysterium Coniunctionis — Rex e Regina... 187

fontes judaicas ainda são mais explícitas. Os *Pirke R. Elieser* fazem remontar até Adão a descoberta do ano bissexto[86]. Maimônides refere que este (Adão) compôs um livro sobre as árvores e as plantas[87]. Na tradição árabe se diz que Schîth' (Seth) herdou dele (Adão) a medicina[88]. Dele provêm igualmente, segundo os *Pirke*, as tábuas (de pedra) sobre as quais Deus gravou mais tarde a Lei[89]. Desta fonte provém decerto também o relato na obra do alquimista Bernardus Trevisanus que Hermes Trismegistos achou no vale de Hebron sete tábuas de pedra que provinham de uma época anterior ao dilúvio. Nelas estavam descritas as sete artes liberais. Adão as tinha colocado aí após sua expulsão do paraíso[90]. Além disso, Dorneus conhece outra versão, segundo a qual Adão foi o primeiro "*professor ac inventor artium*" (primeiro mestre e inventor das artes). Ele tem o conhecimento de todas as coisas, "antes e depois da queda"; também ele tinha profetizado a renovação, ou respectivamente a destruição, do mundo pela água do (dilúvio)[91]. Seus sucessores tinham erguido duas tábuas de pedra, nas quais inscreveram em escrita hieroglífica todas as "artes naturais". Noé encontrou mais tarde uma dessas tábuas ao pé do monte Ararat, e nela estava inscrita a astronomia[92].

Esta lenda remonta decerto da mesma forma a uma tradição judaica, a saber, as histórias como as relatadas, por exemplo, no *Sohar*: "Quando Adão ainda estava no paraíso, Deus lhe mandou entregar

236

---

86. GANZ, D. *Chronologia sacro-profana,* 1644, p. 16: "Adam tradidit Enocho, qui introductus in mysterium embolysmi intercalavit annum" [Adão o transmitiu a Enoc, que, depois de introduzido no mistério da intercalação, intercalou o ano (bissexto)].

87. CHWOLSOHN. *Die Ssabier und der Ssabismus,* I, Petersburgo: [s.e.], 1856, p. 189.

88. Op. cit., p. 601.

89. GANZ. *Chronologia sacro-profana,* 1644, p. 46. "Dixit Adam: haec sunt tabulae, quibus inscripturus est Sanctus benedictus digito suo" [Disse Adão: estas são as tábuas, nas quais o Santo benedito (Deus) inscreverá com seu dedo].

90. "De Alchemia". *Theatrum Chemicum,* I, 1602, p. 774s.

91. "Mundum per aquam esse renovandum vel potius castigandum, pauloque minus quam delendum" (Que o mundo deve ser renovado pela água, ou antes castigado e por pouco quase destruído).

92. *Theatrum Chemicum* I, 1602, p. 617s.

pelo santo anjo Rasiel[93], o preposto aos mistérios superiores, um livro no qual estava a santa e superior sabedoria. Neste livro estavam descritas setenta e duas espécies de sabedoria em seiscentos e setenta parágrafos. Por meio deste livro lhe foram entregues mil e quinhentas chaves para a sabedoria, que não eram conhecidas a nenhum dos santos superiores, e todas permaneceram secretas até que o livro chegou a Adão [...] A partir daí ele conservou esse livro escondido e oculto, utilizava diariamente este tesouro do Senhor, que lhe desvendava os mistérios superiores, dos quais nem os anjos mais excelentes sabiam alguma coisa, até que ele foi expulso do paraíso. Quando, porém, ele pecou e transgrediu o mandamento do Senhor, esse livro saiu de sua posse [...] ele o deixou como herança a seu filho Seth. Deste passou ele para Chanoch, e dele [...] até Abraão" etc[94].

237   Nas Homilias de Clemente de Roma (século II) aparece Adão como o primeiro na série das oito encarnações do ἀληθὴς προφήτης (verdadeiro profeta). O último é Cristo[95]. Esta ideia de um sapiente preexistente poderia ter surgido da tradição judaica, ou respectivamente judaico-cristã; mas também na China encontrou ela uma realização plástica na figura de P'an Ku[96]. Ele é representado como um anão vestido com uma pele de urso ou com folhagem. Tem dois chifres na cabeça[97]. Ele proveio de yang e yin, deu forma ao caos e criou

---

93. Do aramaico: "ras" = mistério, segredo.

94. BEER, P. *Geschichte, Lehren und Meinungen aller bestandenen und noch bestehenden religiösen Sekten der Juden und der Geheimlehre oder Kabbalah.* 2 vols. Brünn: [s.e.], 1822/23, I, p. 11s. O livro místico Sefer Rasiel é um dos escritos mais antigos da cabala (Primeira impressão, Amsterdã, 1701). Ele é identificado com o "Sifre de Adam Kadmaa", citado no *Sohar*. Cf. *Jewish Encycl*. Cf. verbete Adam. Conforme outra versão, o livro constava de uma pedra preciosa e continha os nomes sagrados que fazem parte dos sete meios de encantamento, que Deus deu de presente a Adão. GRUNWALD, M. *Monatsschrift für Geschichte und Wissenschaft des Judentums*. Dresden: [s.e.], 1933, p. 167, F.N. 4.

95. A série consta de *Adão*, Enoc, Noé, Abraão, Isaac, Jacó, *Moisés*, *Cristo* (XVIII 14, XVII, 4).

96. P'an significa "casca de ovo", e Ku é "firme, firmar", "não desenvolvido e inculto, isto é, o Embrião" (HASTINGS. IV, 141a).

97. Também Moisés é representado com chifres.

Mysterium Coniunctionis — Rex e Regina...

o céu e a terra. Neste trabalho ele teve a ajuda de quatro animais simbólicos: o unicórnio, o fénix, a tartaruga e o dragão[98]. Ele também é representado com o sol em uma das mãos e a lua na outra. Segundo outra versão, ele tinha cabeça de dragão e corpo de serpente. Ele se transformou na terra com todas as suas criaturas, e se apresenta como o verdadeiro *homo maximus* (o homem máximo) e o *ánthropos* (o homem). P'an Ku é do taoísmo e parece não ser encontrado antes do século IV d.C.[99] P'an Ku se reencarnou em Yuan-shih Tien-tsun, a causa primeira e o altíssimo céu[100]. Como fonte da verdade anuncia ele em cada nova época a doutrina secreta que promete a imortalidade. Ele gerou a si mesmo em nova forma da seguinte maneira: quando ele, após a conclusão da criação, desistiu de sua forma corpórea, encontrou-se ele no vácuo onde pairava sem destino certo. Por isso desejava ele o renascimento em forma visível. Encontrou finalmente uma santa virgem de 40 anos, que vivia solitária em uma montanha, onde se alimentava do ar e das nuvens. Ela era de natureza hermafrodita e representava simultaneamente yang e yin. Ela recolhia diariamente a quintessência do Sol e da Lua. P'an Ku se sentiu atraído pela pureza virginal dela, e, quando ela certa vez inspirava o ar, ele entrou nela sob a forma de um raio de luz, com o que ela engravidou. A gravidez durou doze anos, e o nascimento se realizou a partir da coluna vertebral. Desde então a mãe foi denominada T'ai-yuan Shêng-mu, "a santa mãe da causa primeira"[101]. O surgimento relativamente tardio da lenda de P'an Ku deixa aberta a possibilidade de influência cristã. Todavia a analogia da lenda com concepções cristãs e persas ainda não prova a dependência de tais fontes.

A série das oito encarnações do "verdadeiro profeta" se distingue pela posição peculiar do oitavo, que é Cristo. O oitavo profeta

238

---

98. Cf. a relação cristã do Ánthropos com o Tetramorfo (anjo, águia, leão, touro).

99. Consta que ele foi por assim dizer inventado pelo filósofo taoísta Ko Hung no século IV d.C.

100. Ele é constituído por um *increatum* (incriado), a saber, o ar incriado e incorruptível.

101. Para essas indicações cf. WERNER, E.V.C. *Myths and Legends of China*, 1922, p. 76s. KRIEG, C.W. *Chinesische Mythen und Legenden*. 1946, p. 7s., dá uma belíssima reprodução narrativa da lenda de P'an Ku, em que reúne numerosos motivos taoísta-alquímicos.

não apenas se agrega à série, mas é simultaneamente uma correspondência para com o primeiro, como também uma realização dos sete e significa a entrada em uma nova ordem. Em *Psychologie und Alchemie* (Psicologia e alquimia) (p. 218), ao comentar um sonho moderno, chamei atenção para o fato de que, enquanto os sete formam uma série ininterrupta, o passo para o oitavo significa uma vacilação ou incerteza, e uma repetição do mesmo fenômeno encontrado no três e no quatro. Este último é o conhecido *axioma de Maria*. Ora, é curioso que a série taoísta dos "oito imortais" (hsien-yên) apresenta o mesmo fenômeno: sete são grandes sábios ou santos, que moram de modo imortal no céu ou na terra, enquanto o oitavo é uma *moça*, que varre diante da porta do céu[102]. Como paralelo para isso pode-se mencionar a lenda de Grimm dos sete corvos. Aí são sete irmãos que têm *uma* irmã[103]. Nesse contexto vem igualmente à lembrança a *Sophia*. Irineu (I, V, 3) diz a respeito dela: "A esta mãe chamam eles ogdôade, Sofia, Terra, Jerusalém, Espírito Santo e, na forma masculina, Senhor". Ela se acha "abaixo e fora do Pléroma". A mesma ideia aparece em ligação com os sete planetas em Celso, que é combatido por Orígenes, e isto na descrição do chamado diagrama dos ofitas[104], que é utilizado por ele. Este diagrama corresponde ao que eu designo como "mandala"; por esta noção entendo eu aquele esquema de ordem, que ou é inventado de maneira consciente ou também aparece como produto de processos inconscientes[105]. A descrição que Orígenes dá do diagrama, infelizmente, não se distingue por clareza especial. Pode-se, entretanto, reconhecer que se trata de dez círculos. Supõe-se que eles sejam concêntricos, pois ele fala de uma circunferência e um centro[106].

---

102. WILHELM, R. *Chinesische Volksmärchen*. 1921, p. 69s.

103. *Kinder- und Hausmärchen. ges. durch die Brüder Grimm*. I, 1912, p. 44s.

104. ORÍGENES. *Contra Celsum*. Lib. VI, cap. 24.

105. Cf. *Psychologie und Alchemie* (*Psicologia e alquimia*). 2. ed., 1952 [OC, 12], em muitas passagens (cf. índice: verbete mandala). Ainda: WILHELM e JUNG. *Das Geheimnis der goldenen Blüte* (*O segredo da flor de ouro*). Munique: Dorn V, 1929, como também minha apresentação de casos em: *Gestaltungen des Unbewussten* (*Formações do inconsciente*), 1950.

106. ORÍGENES. Op. cit., cap. 25: "Decem circulos a se invicem disiunctos complectebatur alter circulus, qui huius universitatis anima esse ferebatur, et cuius nomen erat Leviathan" (A dez círculos separados entre si abrangia outro círculo, que era considerado a alma dessa totalidade e cujo nome era Leviatã).

O círculo mais externo é designado como "Leviatã", e o mais interno como "Behemoth"; mas este último deveria coincidir com o Leviatã, ao ser este designado como circunferência e centro[107]. Simultaneamente ele também é explicado como uma *anima mundi* (alma do mundo), que "se movimenta através de todas as coisas"[108].

Orígenes tinha conseguido para si um tal diagrama, como Celso utilizava em seu tratado, e neles descobriu os nomes daqueles sete anjos, a que este tinha aludido. O príncipe destes anjos era chamado "deus maldito", e eles mesmos em parte eram designados como anjos da luz e em parte como "arcônticos" (como diz Celso). O deus maldito se refere ao criador do mundo, o que Orígenes anota devidamente. Jeová aparece aqui manifestamente como príncipe e pai dos sete arcontes[109]. O primeiro tem forma de leão (*leonina forma*) e se chama Miguel; o segundo é um touro e se chama Suriel, o que tem forma de touro; o terceiro é Rafael, que tem forma de serpente; o quarto é Gabriel, que tem forma de águia; o quinto tem forma de urso e o nome de Thauthabaoth; o sexto é como um cão e se chama Erataoth; o sétimo finalmente tem forma de burro e se chama Onoel ou Taphabaoth ou Thartharaoth[110].

Como se supõe, estes nomes estavam distribuídos nos oito círculos interiores. Os sete arcontes correspondem aos sete planetas e significam tantas esferas com portões, que o *myste* (o iniciado) deve percorrer em sua ascensão. Aí está a origem da *ogdôade,* que como se percebe deve consistir dos sete e de seu pai Jeová. Nesta passagem então menciona Orígenes como "o primeiro e o sétimo" a *Jaldabaoth*, de quem antes nada tínhamos ouvido. Este arconte supremo, como o

---

107. A passagem (cap. 25) diz: "In eodem (diagrammate) reperi eum, qui vocatur Beemoth sub infimo circulo collocatum. Leviathanis nomen ab impii diagrammatis auctore bis erat scriptum, in superficia scl. et in centro circuli" [No mesmo (diagrama) encontrei aquele que se chama Beemoth abaixo do círculo inferior. O nome de Leviatã foi marcado pelo autor do ímpio diagrama duas vezes, a saber, na circunferência e no centro do círculo].

108. "Animam tamen omnia permeantem impium hoc diagramma esse ponit" (Este ímpio diagrama estabelece uma alma que tudo penetra) (cap. 25).

109. Cap. 27.

110. ORÍGENES. Op. cit., cap. 30.

sabemos também de outras fontes, tem cabeça ou forma de leão[111]. Ele corresponde ao Miguel do diagrama dos ofitas, e é nomeado em primeiro lugar na lista dos anjos. "Jaldabaoth" quer dizer "filho do caos", e por isso é o primogênito de uma nova ordem, que substitui o estado original do caos. Como primogênito tem ele em comum com Adão o fato de ser também o último da série[112], e o mesmo com Leviatã, que, como vimos, forma ao mesmo tempo o centro e o círculo extremo. Estas analogias parecem indicar que se deva pensar em uma ordem de círculos concêntricos no diagrama[113]. A antiga imagem do mundo, na qual a Terra representa o centro imóvel do universo, consta de céus, isto é, de esferas que se agrupam de maneira concêntrica em torno do centro comum e são designadas conforme os planetas. A mais externa das esferas dos planetas ou dos arcontes é a de Saturno. A esta segue para fora a esfera das estrelas fixas, a qual no diagrama como décimo círculo corresponde a Leviatã, a não ser que deva ser postulado espaço para o demiurgo ou para o pai e a mãe dos arcontes, isto é, para a *Ogdôade*. Trata-se aqui, como se depreende do texto, de uma *Ogdôade*[114], como é referida por Irineu[115] no sistema de Ptolomeu. Neste último a oitava esfera é Achamoth (= *sophia*, *sapientia*, sabedoria)[116], portanto de *natureza feminina,* como de resto também em Damáscio é atribuída a Crono a hebdômade, e a Reia a ogdôade[117]. Também em nosso texto a virgem Prunicus é posta em

---

111. Cap. 31: "Nunc autem angelum leoni similem aiunt habere cum astro Saturni necessitudinem" (Dizem então que o anjo semelhante ao leão tem relações de amizade com o planeta Saturno). Além disso BOUSSET. *Hauptprobleme der Gnosis*, 1907, p. 351s.

112. Na oração dirigida a Jaldabaoth deve o *myste* (iniciado) dizer: "Tibi, prime et septime [...] opus filio et patri perfectum" (A ti, primeiro e sétimo [...] obra perfeita para o filho e o pai).

113. LEISEGANG. *Die Gnosis*. 1924, p. 169, dá uma reconstrução de outra espécie. Mas ele não considera as sete esferas dos arcontes.

114. ORÍGENES. Op. cit., cap. 31.

115. *Adversus Haereses*. I, IVs.

116. O demiurgo é hebdômade, mas Achamoth é ogdôade. Cf. LEISEGANG. *Die Gnosis*. 1924, p. 317.

117. «Τῷ μὲν Κρόνῳ προσήκει ἡ ἑβδομάς μάλιστα καὶ πρῶτος... τῇ δὲ ῾Ρέᾳ ἡ ὀγδοάς» [A Crono (Saturno) pertence a hebdômade em primeiro lugar, mas "a Reia a ogdôade]. DAMASCIUS. *De Principiis*. § 266 [RUELLE (org.)].

Mysterium Coniunctionis – Rex e Regina...

relação com a mandala dos sete: "*Isti autem aliis alia addunt, Prophetarum dicta, circulos circulis inclusos* [...] *virtutum ex quadam Prunico virgine manantem, viventem animam*"[118] etc.[119]

Os círculos dos planetas "incluídos em círculos" indicam decididamente uma disposição concêntrica, como a tornamos a encontrar de modo característico, também em Heródoto (I, 90) na disposição descrita dos sete muros de Ecbátana[120]. Os parapeitos desses muros são todos de cor diferente; dos dois mais internos e mais altos, um é prateado e o outro dourado. Evidentemente representam os círculos concêntricos dos planetas, que são caracterizados por cores diferentes. 241

Como introdução ao diagrama, Celso refere a concepção, insinuada pelos persas e pelos mistérios de Mitra, da existência de uma escada como sete portões embaixo e um oitavo portão em cima. O primeiro portão é Saturno, e está relacionado com o chumbo etc. O sétimo portão é o ouro e significa o Sol. Em conexão com isso são também mencionadas as sete cores[121]. A escada representa a "passagem da alma" (*animae transitus*)[122]. 242

O arquétipo dos sete se repete na divisão e denominação dos dias da semana e na *oitava* musical, em que sempre o último degrau da série é novamente o começo de um novo ciclo. Deveria haver uma razão essencial para que o oitavo termo aparecesse como *feminino*: ele é a *mãe* de uma nova sequência. Na série dos profetas das *Homilias Clementinas* o oitavo é *Cristo*. Como *Adam primus et secundus* (Primeiro e segundo Adão) abrange ele num caso a série dos sete (como na série 243

---

118. Irineu (I, IV, 2) diz que (segundo os valentinianos) a "alma toda do mundo e do criador do mundo" proveio do desejo da Sophia (sabedoria) para o Vivificador (Cristo).

119. Tradução: "Estes acrescentam uma coisa a outra, palavras dos profetas, círculos inscritos em círculos [...] uma virtude que emana de uma certa virgem Prunicus, uma alma vivente" etc., cap. 34. Esta Prunicus, conforme anota Orígenes, os gnósticos a comparam com a "mulher de fluxo sanguíneo", que sofria há *doze anos* desse mal. T'ai yuan, a santa mãe da primeira causa, permaneceu grávida por doze anos (cf. acima!).

120. Relativamente à mandala como plano de colonização, cf. minhas dissertações em: "Psychologie der Übertragung" ("Psicologia da transferência"), 1946, p. 105.

121. "Quia Solis et Lunae colores haec duo metalla referunt" (Porque esses dois metais trazem as cores do Sol e da Lua).

122. ORÍGENES. Op. cit., cap. XXII.

clementina dos profetas), e no outro caso as sete forças do Espírito Santo, como em Gregório Magno: "Nosso Salvador, ao aparecer na carne, uniu as (sete) Plêiades, porque ele, simultaneamente e para sempre, possuía em si todas as operações do Espírito septiforme"[123].

244 A conhecida natureza dupla de Adão reaparece em Cristo: ele é tanto masculino como feminino. Em Boehme mostra-se essa ideia na concepção que Cristo seria "uma virgem quanto ao ânimo (*Gemüt*)"[124]. Ela seria uma semelhança de Deus, uma imagem do santo número três[125], eterna, incriada, ingênita[126]. Onde está o "Verbo", aí também está a virgem, pois o "Verbo" está nela[127]. Ela é a "descendência da mulher"[128] que deve esmagar a "cabeça da serpente" (Gn 3,5)[129]. "O esmagador da serpente" é Cristo, que segundo isso aparece como idêntico com a descendência da mulher, ou respectivamente com a virgem. A virgem tem em Boehme o caráter da *anima*, pois ela "foi dada como companheira"[130] à alma, e ao mesmo tempo se encontra ela no céu ou no paraíso[131], como uma força divina ou a "Sabedoria". Deus a tomou por seu "esposo"[132]. Ela exprime toda a profundidade da divindade em sua infinitude[133] e corresponde à Shakti[134] indiana. A unidade

---

123. "Redemptor autem noster in carne veniens, pleiades iunxit quia operationes septiformis Spiritus simul in se et cunctas et manentes habuit". Expositio moralis in tricesimum octavum caput Job (Exposição moral do trigésimo oitavo capítulo de Jó). Lib. XXIX, cap. 16.

124. *Drey Principia Göttlichen Wesens*. [s.d.], cap. 13, 22.

125. *Vom Dreyfachen Leben des Menschen*. [s.d.], cap. 5, 41.

126. Op. cit., cap. 11, 15. Cf. o *Increatum* (incriado) de Paracelsus e dos alquimistas (*Psychologie und Alchemie* [*Psicologia e alquimia*]. 2. ed., 1952 [OC, 12], p. 439s.

127. Op. cit., cap. 6, 73.

128. *Zweyte Apologia wider Balthasar Tilken*. II, Amsterdã: [s.e.], 1632, 227.

129. *Mysterium Magnum*. [s.d.], cap. 9, 11 e cap. 23, 38.

130. *Drey Principia*. [s.d.], cap. 17, 81.

131. Op. cit., cap. 13, 9s.

132. *Von der Menschwerdung Jesu Christi*. I, Amsterdã: [s.e.], 1682, cap. 11, 10.

133. *Vom Dreyfachen Leben des Menschen*. [s.d.], cap. 5, 56.

134. AVALON, A. *The Serpent Power*. Londres: [s.e.], 1919.

Mysterium Coniunctionis — Rex e Regina...

andrógina de Shiva e Shakti na iconologia tântrica é representada pela *"cohabitatio permanens"*[135] (cópula permanente).

O pensamento de Boehme influenciou fortissimamente a Franz von Baader, que apoiado nele estabeleceu a asserção de que Deus deu a Adão um "auxiliar" *(adjutor)*, por meio do qual Adão "teria de dar à luz sem uma mulher exterior", como Maria sem o homem. Mas Adão "se apaixonou"[136] pela cópula dos animais e entrou em perigo de ele próprio rebaixar-se à natureza animal. Deus, conhecendo essa possibilidade, criou Eva imediatamente "como uma *instituição salvadora oposta*, para afastar uma queda do homem, aliás inevitavelmente maior [...], na natureza animal".[137] Quando Adão estava ameaçado de afundar, afastou-se dele o androginismo divino, mas ele foi conservado em Eva como "sêmen da mulher", com cujo auxílio o homem se libertaria do sêmen da serpente. Aquele, pois, "que nasceu da Virgem Maria é o mesmo que teve de afastar-se de Adão por causa da queda dele[138].

A ideia da presença de um par divino ou andrógino na alma humana já está lançada em Orígenes: "Diz-se que, do mesmo modo que o Sol e a Lua como dois grandes luminares estão no firmamento do céu, assim também em nós *Christus et Ecclesia* (Cristo e a Igreja)"[139]. E da mesma forma também Adão e Eva estão em cada um, como diz Gregório Magno, sendo que Adão representa o espírito e Eva a carne[140].

245

246

---

135. Quanto a este motivo cf.: *Symbole der Wandlung (Símbolos de transformação)*. 1952, p. 350s., 353s., 356, 365, 395s., 691.

136. A expressão provém de PARACELSUS. *Liber Azoth*. XIV, p. 574 [SUDHOFF (org.)].

137. BAADER, F. von. *Werke*. VII, p. 229.

138. Tomei essas exposições sobre Franz von Baader do escrito de BAUMGARDT, D. *Franz von Baader und die philosophische Romantik*, 1927, para o qual a Sra. A. Jaffe me advertiu de modo muito gentil.

139. *In Genesis Hom*. I, 7.

140. "Habet in se unusquisque Adam et Evam. Sicut enim in illa prima hominis transgressione suggessit serpens, delectata est Eva, consensit Adam: sic et quotidie fieri videmus dum suggerit diabolus, delectatur caro, consentit Spiritus" (Cada um tem em si Adão e Eva. Assim como na primeira transgressão do homem a serpente sugeriu, Eva deleitou-se e Adão consentiu: assim também vemos acontecer diariamente como o diabo sugere, a carne se deleita e o espírito consente). *In Septem Psalmos poenitentiales* IV.

196 Obra Completa — Vol. 14/2

Essas indicações deveriam bastar para comprovar, também na gnose cristã, a natureza especial do oitavo e a inclinação dele para a mulher.

247 Após essa digressão um tanto longa sobre a natureza humano-divina de Adão, pela qual se acham fundamentados seu saber e sua sabedoria, retornamos à continuação da descrição de suas propriedades.

248 Adão era entendido em todas as artes[141]; ele descobriu a escrita, aprendeu dos anjos o cultivo da terra e todas as profissões, como também a arte de ferreiro[142]. Em um escrito do século XI, são mencionadas trinta espécies de frutas que ele trouxe do paraíso[143]. O *Aquarium Sapientum* afirma que foi revelado do alto a Adão o mistério do *lapis* (e *supernis revelatum*), que depois disso os santos patriarcas com singular desejo (*singulari desiderio*) se esforçaram por conseguir[144]. Segundo a tradição árabe, Adão construiu a Caaba, para o que o Anjo Gabriel lhe deu a planta e uma pedra preciosa. Esta mais tarde se tornou preta por causa dos pecados da humanidade[145].

249 Orígenes atribui, como Clemente Romano, a Adão o dom da profecia, ele predisse a relação de Cristo para com a Igreja. Deve ele ter dito: "Por isso o homem deixará pai e mãe e aderirá à sua mulher, e os dois serão uma só carne". Isso deve referir-se a Cristo e à Igreja[146].

250 A descrição da excelente dotação do primeiro homem gostaria eu de encerrá-la com uma lenda árabe, que não deixa de ter sentido profundo: Quando Adão abandonou o paraíso, Deus lhe enviou o Anjo Gabriel, por quem mandou oferecer-lhe três dons, dos quais poderia escolher um: pudor, inteligência e religião. Adão sem hesitar escolheu a inteligência. Em seguida ordenou Gabriel ao pudor e à religião que

---

141. KOHUT, A. Die talmudischmidraschische Adamssage in ihrer Rückbeziehung auf die persische Yma- und Meshiasage. *Zeitschr. d. Deutschen Morgenländ. Gesellsch.* Leipzig: [s.e.], 1871, T. XXV, p. 80.

142. *Jewish Encycl.* Cf. verbete Adam.

143. "Alfabet des Ben-Sira". SCHEFTELOWITZ, J. *Die altpersische Religion und das Judentum.* Giessen: [s.e.], 1920, p. 218.

144. *Musaeum Hermeticum*, 1678, p. 97.

145. WUENSCHE, A. Salomos Thron und Hippodrom. Abbilder des babylonischen Himmelsbildes. *Ex Oriente Lux.* 1906, vol. II, p. 50 [WINCKLER, H. (org.)].

146. *In Cant. hom.* II.

Mysterium Coniunctionis – Rex e Regina...   197

retornassem imediatamente ao céu. Mas estes se recusaram, reportan-do-se a uma ordem (de Deus) de jamais se separarem da inteligência, onde quer que se encontrassem. Pois o profeta havia dito: "Não vos sujeiteis jamais a quem não tem um vestígio de inteligência"[147].

4. A natureza contraditória de Adão

Havia em vasto domínio a necessidade de imaginar o primeiro homem como "claro". Com isso já é dada a comparação com o Sol e seu brilho. Os alquimistas não insistem nesse aspecto, e por isso posso usar de concisão nesta parte. Em geral, em toda a outra literatura, se atribui a Adão uma figura luminosa, cujo brilho sobrepuja até o do Sol. Pela queda no pecado perdeu ele o brilho[148]. Com isso está indicada sua dupla natureza: de uma parte é ele uma criatura radiante e perfeita, de outra parte ele é de natureza tenebrosa e terrena. A interpretação agádica faz o nome dele derivar-se de *adamah* = Terra[149].

251

Em Orígenes aparece também a natureza dupla de Adão: um deles é feito de barro, mas o outro "conforme a imagem e semelhança de Deus. Ele é nosso *homem interior* invisível, incorpóreo, imaculado e imortal"[150]. Concepções semelhantes já se encontram em Fílon o

252

---

147. Le livre des balances. BERTHELOT. *La Chimie au moyen-âge* III, p. 140.

148. IRINEU. *Adv. Haer.* I, 30, 9. BOUSSET. *Hauptproblemer der Gnosis.* 1907, p. 198. BEZOLD. *Schatzhöhle*, p. 3. KOHUT, A. *Adamssage*, 1871, p. 72 e 87. *Jewish Encycl.* Cf. verbete Adam. WUENSCHE, A. Schöpfung und Sündenfall des ersten Menschenpaares im jüdischen und moslemischen Sagenkreise mit Rücksicht auf die Überlieferung in der Keilschriftliteratur. *Ex Oriente Luz*, t. II, 1906, p. 11 [WINCKLER, H. (org.)].

149. GRUENBAUM, M. *Jüdisch-deutsche Chrestomathie*, 1882, p. 180. – Em adamah também se encontra uma relação com o hebraico dam = sangue. Adão seria então o que provém da terra vermelha.

150. ORÍGENES. *In Gen. Hom.* I, 13: "Plasmavit Deus hominem, id est, finxit de terrae limo. Is autem qui ad imaginem Dei factus est et ad similitudinem, interior homo noster est, invisibilis et incorporalis et incorruptus atque immortalis" [Deus plasmou o homem, isto é, ele o formou do barro da terra. Mas este (outro), que foi feito à imagem de Deus e à sua semelhança, é nosso homem interior, invisível, incorpóreo e imortal].

198   Obra Completa – Vol. 14/2

Judeu[151]. Merece nossa atenção o fato de Jesus Cristo, segundo Cl 1,15, ser justamente essa "imagem de Deus": *"qui est imago Dei invisibilis, primogenitus omnis creaturae"* (Ele é a imagem do Deus invisível, primogênito de toda a criatura).

253   Sua natureza dupla se reflete também na concepção de seu hermafroditismo. Assim diz Dorneus que os alquimistas teriam chamado seu *lapis* (pedra) de Adão, que carregava dentro de si sua "Eva invisível oculta". O Mercurius "ígneo e perfeito" é o "verdadeiro Adão hermafrodito"[152]. Já entre os naassenos se encontra essa concepção. "Estes, escreve Hipólito, veneram de acordo com sua doutrina o homem e o filho do homem como (princípio) de todas as outras coisas. Mas este homem é masculino-feminino (ἀρσενόθηλυς); e é por eles chamado Adão ('Αδάμας). Surgiram muitos belos hinos em louvor dele". Como exemplo aduz ele: "De ti (provém) o pai, por ti a mãe, estes dois nomes imortais, geradores (γονεῖς) dos éons, ó cidadão do céu, ó homem de grande nome (μεγαλώνυμε)"[153]. Na tradição judaica Adão aparece também como masculino-feminino[154]. No midraxe (século III) citado abaixo ele é um ἀνδρογύνης (andrógino), ou nele o homem e a mulher cresceram juntos para formar *um só* corpo que, porém, tinha dois rostos. Mais tarde Deus serrou esse corpo e a cada metade deu também as costas[155]. Androginia aproxima Adão ao ser

---

151. Fílon distingue do Adão feito de barro e mortal aquele outro criado à imagem de Deus, e diz dele: «Ὁ δὲ χατὰ τήν εἰχόνα ἰδέα τις ἤ γένος, ἤ σφραγίς, νοητός, ἀσώματος οὔτε ἄρρεν οὔτε θῆλυ, ἄφθαρτος φύσει» [O que foi formado segundo à imagem (de Deus) é uma ideia ou um gênero ou um sinete, espiritual, incorpóreo, nem homem nem mulher, de natureza incorruptível]. (*De opificio mundi*, § 134).

152. *Theatrum Chemicum*, I, 1602, p. 578.

153. *Elenchos*, V, 6, 4.

154. *Midrasch Bereschith Rabba*. VIII, e em outras passagens, cf. BOUSSET. *Hauptprobleme der Gnosis*, 1907, p. 198.

155. SCHEFTELOWITZ. *Die altpersiche Religion und das Judentum*. 1920, cap. 19, p. 27. As costas de Adão são muito importantes. Assim se diz em uma lenda islâmica: "Deus firmou também uma aliança com os descendentes de Adão; ele, pois, o tocou nas *costas*, e eis que todos os homens que nascerão até o fim do mundo saíram das costas dele, do tamanho de uma formiga, e se enfileiraram à direita e à esquerda dele" (WEIL. *Biblische Legenden der Musulmänner*. Frankfurt: [s.e.], 1845, p. 34). Deus fez com que essas pequenas almas retornassem para a *coluna vertebral* de Adão, onde elas

Mysterium Coniunctionis — Rex e Regina...

primitivo redondo de Platão, como também à concepção persa de Gayomart. Esta ideia deixou poucos vestígios na alquimia. Assim encontramos, por exemplo, em J.R. Glauber que ele a atribui a Adão o sinal do *círculo*, mas a Eva o do *quadrado*[156]. O círculo em geral é o sinal indicativo do ouro e do sol. No último sentido aparece ele em união com Adão na *Schatzhöhle* (Caverna do tesouro) síria, onde se diz: "Então Deus formou Adão [...] E quando os anjos perceberam a aparência grandiosa dele, sentiram-se movidos pela beleza do rosto dele, enquanto ele estava luminoso, no grandioso brilho como o da *esfera do Sol*, e a luz de seus olhos como o Sol, e a imagem do seu corpo como a luz do cristal"[157]. Um texto árabe de Hermes conta sobre a criação de Adão que, quando a virgem (Eva) chegou ao governo, surgiu o espírito e anjo Hārūs (Horus) por vontade geral dos planetas. Da virgem recebeu ele o corpo. Esse Hārūs tomou 60 espíritos dos planetas, dos Zodiaca 83, do mais alto do céu 90, da terra 127, ao todo 360 espíritos, misturou tudo, e a partir daí criou Adāmānūs, o primeiro homem "segundo a forma do céu altíssimo"[158]. O número 360, como também a "forma do céu", sugerem a figura do círculo.

Abstraindo-se da oposição da androginia, há ainda no ser de Adão uma natureza radical de opostos, isto é, a contradição entre as naturezas corpórea e espiritual, que já foi sentida muito cedo. Isso vem expresso, por exemplo, na opinião de R. Jeremia Ben Eleazar que Adão tinha um *rosto duplo*, conforme a interpretação do Salmo 139,5: "vós me cercais por trás e pela frente"[159], ou na concepção islâmica de que a alma de Adão tinha sido criada milhares de anos antes de seu corpo, e que então ela se recusou a entrar naquela figura de barro, mas Deus usou de violência para obrigá-la a entrar[160].

---

morreram e foram reunidas em *um único* espírito (GHAZALI. *Die kostbare Perle im Wissen des Jenseits*. Hannover: [s.e.], 1924, p. 7 [BRUGSCH, M. (org.)]). Tiro essas notas de APTOWITZER. *Arabisch-jüdische Schöpfungstheorien*. Vol. VI, Hebrew Union College Annual, 1929, 217.

156. *Tract. de Natura salium, metallorum et Planetarum*, 1658, p. 12.

157. BEZOLD. *Schatzhöhle*, p. 3.

158. REITZENSTEIN, R. & SCHAEDER, H. *Studien zum antiken Synkretismus aus Iran und Griechenland*. Bibl. Warburg, 1926, p. 114.

159. *Jewish Encycl*. Cf. verbete Adam.

160. Op. cit.

255 Conforme uma opinião rabínica, Adão até tinha uma cauda[161]. O primeiro estado dele não era de modo algum favorável. Quando ele ainda inanimado jazia na terra, era de cor esverdeada e estava rodeado pelo zumbido de milhares de espíritos impuros querendo todos entrar nele. Deus, porém, os espantou a todos, exceto um, a saber: Lilith, a "soberana dos espíritos", que conseguiu prender-se ao corpo de Adão de tal forma que engravidou. Ela fugiu somente quando Eva apareceu[162]. A demoníaca Lilith parece ser em certo sentido um dos aspectos de Adão, pois corre a lenda que ela foi criada da mesma terra junto com ele.[163] Algo lança péssima luz sobre a natureza de Adão: do sêmen[164] dele provieram numerosos demônios e fantasmas. Isso aconteceu enquanto ele teve de viver separado de Eva por 130 anos e excluído da comunhão divina (*sub Anathemate Excommunicationis*)[165]. No seio do gnosticismo o homem primordial *Adamas*, que não é outra coisa senão uma paráfrase de Adão[166], é colocado em paralelo com o itifálico Hermes como também com Korybas, o sedutor pederasta de Dioniso[167], e ainda com os cabiros itifálicos[168]. Na Pistis Sophia encontramos enfim um Sabaoth Adamus, soberano (τύραν - νος) dos éons, que luta contra a luz da Pistis Sophia[169], e desse modo já se acha totalmente do lado mau. Conforme a doutrina dos bogomilos, Adão foi criado do barro por Satanael, o primeiro filho de Deus e

---

161. Op. cit.

162. *Sohar*. I, 34 e III, 19.

163. Conforme Ben Sira, cf. DALE, A. van. *Dissertationes de origine et progressu Idolatriae et Superstitionum*. Amsterdã: [s.e.], 1696, p. 112.

164. "Ex nocturno seminis fluxu" (Do fluxo noturno do sêmen).

165. Op. cit., p. 111s.

166. Na doutrina dos barbeliotas, em Irineu (I, 29, 2s.), o Autogenes, enviado pela Ennoia e pelo Logos, em torno do qual se achavam quatro luminárias, foi quem produziu "o homem perfeito e verdadeiro, que se chama Adamas".

167. Cf. *Schol.*, in: LUCIANO. *De Dea Syria*. (cap. 23), 187, cf. verbete κόρυβος (Kórybos), 1.392b [RABE, H. E ROSCHER (org)].

168. HIPÓLITO. *Elenchos*. V, 8, 9s.

169. SCHMIDT, C. *Pistis Sophia*. Ein gnostisches Originalwerk. Leipzig: [s.e.], 1925, p. 17,2 e 27,8. Adão como "o cabeça do éon". Cf. LIDZBARSKI. *Das Johannesbuch der Mandäer*. Giessen: [s.e.], 1905, p. 93, 94.

Mysterium Coniunctionis – Rex e Regina...   201

anjo decaído. Mas Satanael não conseguiu infundir nele a vida. Deus então o fez por ele[170]. Uma relação interna de Adão para com Satã está sugerida na tradição rabínica, segundo a qual Adão algum dia se sentará no trono de Satã[171].

Como o primeiro homem Adão é o *homo máximus* (homem máximo) ou o Άνθρωπος (homem), do qual provém o macrocosmo, ou que até é ele mesmo. Ele não é apenas a *prima materia*, mas também a *anima universalis* (alma universal), a qual no mínimo é a alma de todos os homens[172]. Conforme a opinião dos mandeus ele é o *"mysterium dos mundos"*[173]. Esta concepção está de tal modo espalhada, que posso contentar-me com algumas poucas indicações que precisam ser

256

---

170. EUTHYMIOS ZIGADENOS. Panoplia. *Patrologia Graeco-Latina* 130. A mesma ideia se encontra na Genza mandaica.

171. WUENSCHE, A. *Die Sagen vom Lebensbaum und Lebenswasser*. Leipzig: [s.e.], 1905, p. 23.

172. Sou devedor ao Sr. Dr. S. Horwitz pela amável indicação do trabalho de Murmelstein, no qual se acha compilado em uma apresentação clara e ordenada o material a respeito de Adão (MURMELSTEIN, B. Adam. Ein Beitrag zur Messiaslehre. *Wiener Zeitschrift für die Kunde des Morgenlandes*. Vol. XXXV, Viena: [s.e.], 1928, p. 242s. e XXXVI (1929), p. 51s.). – Quanto à alma universal remeto a XXXV. 269 e XXXVI, 52, como também a APTOWITZER, V. Arabisch-jüdische Schöpfungstheorien. *Hebrew College Annual*. Vol. VI, Cincinnati: [s.e.], 1929, p. 205s., p. 214 (agadá): 1. "Enquanto Adão ainda jazia como corpo inanimado, Deus lhe mostrou (isto é, ao espírito dele) todos os justos que um dia proviriam dele. Cada um dos justos tem sua origem nas diversas partes de Adão, um da cabeça de Adão, outro no cabelo dele, outro ainda na testa, nos olhos, no nariz, na boca, no ouvido, no queixo. Prova para isso é Jó 38,4, onde Deus diz a Jó: Dize-me quais as tuas propriedades, de que parte do corpo de Adão tu provéns, de sua cabeça, de sua testa e de qualquer outra parte do corpo; se me disseres isto, então poderás discutir comigo". – 2. "O primeiro Adão era grande, e ia de uma extremidade do mundo até a outra; por isso os anjos queriam dizer 'santo' na presença dele; então Deus o diminuiu tirando pedaços de seus membros, que ficaram espalhados ao redor de Adão. Adão disse a Deus: 'Por que estais a despojar-me?' Deus lhe respondeu: 'Eu repararei muitas vezes o teu prejuízo. Isto é o que foi dito: o filho de Davi não virá antes que todas as almas estejam nos corpos sobre a terra. Toma estes pedaços e leva-os para todas as regiões da terra; onde os atirares, eles se transformarão em pó, e aí a terra será habitada por teus descendentes; os lugares que determinares para Israel pertencerão a Israel; os lugares que determinares para outros povos, pertencerão aos outros povos'". Nesta agadá se diz que em Adão estava contido todo o gênero humano: na alma de Adão todas as almas, no corpo dele todos os corpos.

173. LIDZBARSKI. *Das Johannesbuch der Mandäer*, 1915, p. 168,7.

consideradas para a determinação de conceitos psicológicos. A ideia do *Ánthropos* entrou na alquimia em primeiro lugar decerto por Zósimo; aí Adão já é uma figura dupla, a saber: o homem carnal e o homem luminoso[174]. Em *Psychologie und Alchemie* (Psicologia e alquimia) já tratei pormenorizadamente da importância da ideia do *Ánthropos* na alquimia, de modo que se torna aqui dispensável acumular mais comprovações para o caso. Por isso, limitar-me-ei àquele material que do ponto de vista da história das ideias está na origem do desenvolvimento do pensar alquímico.

257   Já em Zósimo[175] se podem distinguir três domínios de fontes: o judaico, o cristão e o pagão. Na alquimia mais tardia passa para o plano posterior o elemento do sincretismo pagão, a fim de conceder maior destaque ao elemento cristão. No século XVI finalmente torna-se de novo muito mais intensamente perceptível o elemento judaico em consequência do influxo da cabala, que se tinha tornado acessível a círculos mais amplos, primeiramente por Johannes Reuchlin[176] e Pico Della Mirandola[177]. Um pouco mais tarde são os humanistas que trazem a contribuição das fontes hebraicas ou respectivamente aramaicas, e isso principalmente a partir do *Sohar*. No século XVIII surge um tratado, tido supostamente como judaico, com emprego de abundante terminologia hebraica, a saber, o de Abraham Eleazar[178], pretendendo esse escrito ser o misterioso *"Rindenbuch"* (livro feito de córtex de árvores) de Abraão o Judeu, que devia revelar a Nicolas Flamel (1330-1417) a arte de ourives. Neste[179] escrito se

---

174. Cf. o texto de Zósimo in: *Psychologie und Alchemie* (*Psicologia e alquimia*). 2. ed., 1952 [OC, 12], p. 492s.

175. BERTHELOT. *Collection des anciens alchimistes grecs*, III, XLIX, 4-12.

176. REUCHLIN. *De verbo mirifico*. Lião: [s.e.], 1552; *De arte cabbalistica*. Hagenau: [s.e.], 1517.

177. *Apologia*, 1496.

178. ELEAZARIS, A.R. *Uraltes Chymisches Werck...*, 2. ed. Leipzig: [s.e.], 1760. [SCHWARTZBURG, J.G. von (org.)].

179. Cf. o prefácio do tratado. O manuscrito teria estado em poder do Cardeal Richelieu. O livro, que estava escrito no "córtex de uma árvore", teria sido comprado por Flamel de um desconhecido por dois florins. O tratado é uma falsificação tardia do começo do século XVIII. A primeira edição apareceu em 1735.

Mysterium Coniunctionis — Rex e Regina... 203

acha a passagem seguinte: "Pois Noé deverá lavar-me no mar profundo com grande esforço e trabalho, para que desapareça minha negrura; devo jazer aqui no deserto entre muitas serpentes, e não há ninguém que tenha pena; devo estar cravada nessa cruz negra e devo ser lavada disso com miséria e vinagre[180] e ser feita branca, para que o interior de minha cabeça se torne igual ao ⊙ (sol, *aurum*) ou a Marez[181], e meu coração brilhe como um carbúnculo, e o velho Adão proceda novamente de mim. Oh! Adām Kadmōn, como és belo! E ornado com o Rickmah[182] do rei do mundo! Como Kedar sou agora[183] preta; ai! há quanto tempo! Oh! vem enfim meu Mesech[184] e despe-me para que apareça minha beleza interior [...] Oh! como a serpente atraiu Eva! O que devo mostrar com minha cor negra e pegajosa, e me aconteceu da maldição desta persuasão, e por isso me tornou sem valor para todos os meus irmãos. Sulamita atribulada por dentro e por fora, os guardas da cidade hão de te achar e te ferir, despojando-te de tuas vestes, e te bater muito e tirar-te o véu [...] Mas outra vez serei feliz, quando de novo for libertada do veneno que me veio pela maldição e em lugar disso venha meu sêmen interior e meu primeiro nascimento. Pois o pai é o Sol e a mãe a Lua. Na verdade não sei mais de nenhum outro esposo que me devesse amar, porque eu sou negra. Ah! que rasgues o céu e derretas as minhas montanhas! Pois antigamente reduziste a pó os reinos poderosos de Canaã, e com a serpente de bronze de Josué esmagaste e ofereceste Δ ao Algir para que fosse libertada aquela que está cercada de muitos montes".

Como se depreende fala nesse trecho a personificação feminina   258
da *prima materia* no estado de negrura. Do ponto de vista psicológi-

---

180. Esta frase se encontra em MAJER, M. *Symbola aureae mensae duodecim nationum*, 1617, p. 568: "Esse in Chemia nobile aliquod corpus, quod de domino ad dominum movetur, in cuius initio sit *miseria cum aceto*, in fine vero gaudium cum laeticia". (Há na química certo corpo nobre que passa de dono em dono, em cujo princípio está a *miséria com vinagre*, mas no fim gaudio com alegria.)

181. Conforme indicação do autor, Marez ∇ significa terra, em hebraico erez.

182. Em hebraico riqma = veste multicor ou tecida de muitas cores.

183. Os cedarenos moravam em tendas pretas.

184. Porção de misturas, vinho temperado.

co, essa figura significa a *anima* no estado inconsciente. Ela corresponde nesta forma à *nephesh* dos cabalistas, que é uma "anima vegetativa seu plástica" (alma vegetativa ou plástica), análoga ao "ἐπιθυμητικόν" ou concupiscibile (concupiscível) de Platão. Ela é o "desejar", como acertadamente diz Knorr: *"Mater enim nil est nisi propensio Patris ad inferiora"*[185]. A negrura provém do pecado de Eva. Sulamita, Eva = Chawwa, Terra estão contaminadas em uma única figura, que de uma parte contém em si o (primeiro) Adão, como a mãe traz em si mesma o filho, e de outra parte como amado e noivo o segundo Adão, isto é, *Adam ante lapsum* (Adão antes da queda) ou o homem primordial perfeito. Ela espera ser por ele libertada de sua negrura. Trata-se aqui da mística do Cântico dos Cânticos, como ela também se nos apresenta na *Aurora Consurgens*. Aqui coincidem no mesmo ponto a gnose judaica (cabala) e a mística cristã: de uma parte chamam-se *sponsus et sponsa* (noivo e noiva) ou Tiphereth e Malchuth e de outra parte *Christus et Ecclesia* (Cristo e a Igreja)[186]. A

---

185. "A mãe não é outra coisa senão a propensão do pai para as coisas inferiores". "[...] Psyche, quae ipsis nephesch dicitur, sit spiritus vitalis, non quatenus plane corporeus sed insitus ille atque primitivus et seminalis, quem recentiores *Archeum* vocant, cum quo correspondet Philosophorum anima vegetativa seu plastica, et Platonicorum τὸ ἐπιθυμητικὸν seu concupiscibile" [A psique, que para eles se chama *nephesh*, é o espírito vital, não por ser inteiramente corpóreo, mas por ser aquele (espírito) inato primitivo e seminal, que os mais recentes chamam de *Archeu*; a ele corresponde a alma vegetativa ou figurativa dos filósofos ou a concupiscível dos platônicos]. – Anotação de Knorr ao § 7 do "Tractatus de Revolutionibus Animarum". *Kabbala Denudata*, 1677, T. II, P. III, p. 247. *Nephesh* é uma espécie de alma sob a forma de sangue; daí a proibição de usar o sangue como alimento (Lv 17,14).

186. "(Adam) a Cabbalistis Adam Kadmon dicitur, *ad differentiam Adami Protoplastae* [...] eo quod inter omnia a Deo emanata primum occupet locum, prout protoplastes in specie hominum: ita ut per illum nihil commodius intelligi queat, quam anima *Messiae*, quem et *Paulus* ad I Corinth. 15, vers. 45-49 indigitat" (Este Adão é chamado de Adam Kadmon pelos cabalistas para distingui-lo do *homem primordial Adão* [...] porque entre tudo o que foi emanado de Deus ocupa ele o primeiro lugar, assim como os primeiros pais na espécie humana; por isso ele não pode ser entendido de outra forma senão como sendo a alma do *Messias*, que também Paulo indica em 1Cor 15,45-49). Anotação de KNORR. "Tractatus de Revolutionibus Animarum". *Kabbala Denudata*. 1677, T. II, P. III, p. 244.

Mysterium Coniunctionis – Rex e Regina...

mística do Cântico dos Cânticos[187] aparece nos círculos gnóstico-judaicos dos séculos III a V d.C., conforme indicam os fragmentos de um tratado intitulado *Schiur Koma* (a medida do corpo). Trata-se de "uma mística judaizada apenas superficialmente por relacionar-se com a descrição do "amado" no Cântico dos Cânticos"[188]. A figura de Tiphereth pertence ao sistema das Sefiroth, que é imaginado como uma árvore. No meio dela está Adām Kadmōn, ou ele é imaginado como a árvore inteira ou como o mediador da instância suprema En Soph com as Sephiroth[189]. A Sulamita negra de nosso texto corresponde a Malchuth como viúva a aguardar sua união com Tiphereth, e com isso o restabelecimento de sua inteireza primordial. Adām Kadmōn está assim aqui em lugar de Tiphereth. Já ocorre ele em Fílon e no *Midraxe*. Nesta fonte se baseia a distinção entre um

---

187. "O amor do 'rei' à 'rainha' é o amor de Deus a Sião, ou o daquele poder primordial, que também é chamado de *shalom* ou paz ou consumação, dirigido à 'Sulamita', que é decantado no Cântico dos Cânticos". MUELLER, E. *Der Sohar und seine Lehre*. 2. ed., 1923, p. 48.

188. SCHOLEM, G.G. Kabbala. *Encyclopaedia Judaica*, IX, col. 630s. Devo esta nota à Srta. Dr. phil. R. Schaerf.

189. *Kabbala Denudata*. 1677, p. 28, cf. verbete homo. WUENSCHE, A. *Realencycl. f. prot. Theologie*. 9, 676, 14, diz: "Sobre Adam Kadmon não existe clareza total nos escritos cabalísticos. Às vezes ele é concebido como a totalidade das Sefiroth, outras vezes ele aparece como uma primeira radiação, perante as Sefiroth e elevada acima delas, pela qual Deus [...] se manifestou e [...] de certo modo se revelou como protótipo (macrocosmos) de toda a criação. Neste caso tem-se a impressão como se Adam Kadmon fosse uma primeira manifestação de Deus, intercalada entre Deus e o mundo, por assim dizer *um segundo deus* (δεύτερος θεός) ou o Verbo divino (λόγος)". Esta última concepção corresponde à da *Kabbala Denudata*, que sobretudo sofreu a influência de Jizchak Lurja. Adam Kadmon é aqui "a mediator between the en sof and the sefiroth" ("um mediador entre o en sof e as sefiroth"). (*Jewish Encycl*. Cf. verbete Cabbala). – Dr. S. Hurwitz me remete à passagem do *Sohar*. III, 1932, 48a: "Logo que o homem foi criado, tudo já estava formado, os mundos superiores e os inferiores, pois tudo está contido no homem". O Adam Kadmon, conforme essa concepção, é o *homo maximus* (homem máximo), que representa o próprio mundo. O homem e seu protótipo celeste são de certo modo "gêneros" (Sanhedrin 46b). Adam Kadmon é o "homem máximo" do carro-trono divino, a "coroa máxima" (Kether), a *anima generalis* (alma geral). Conforme Jizchak Lurja, contém ele em si as 10 Sefiroth. Elas partiram dele sob a forma de 10 círculos concêntricos, e eles significam sua *nephesh* (alma). Cf. o diagrama dos ofitas em ORÍGENES. *Contra Celsum*.

Adão celeste e outro terrestre, em Paulo (1Cor 15,47): "O primeiro homem, feito de terra, é terreno; o segundo homem é do céu" e v. 45: "O primeiro homem, Adão, foi feito alma vivente; o último Adão, espírito vivificante". Com isso um homem inicialmente psíquico-hílico (psíquico-material) é contraposto a um homem pneumático (espiritual) mais tardio.

259 Nas fontes pagãs deve-se certamente distinguir primeiramente três origens: uma origem egípcia que está ligada ao homem-deus Osíris e à antiquíssima tradição acerca dele, bem como à teologia acerca do rei; em seguida a de origem persa, que se deriva de Gayomart; e a indiana que se prende a Purusha[190]. A fonte cristã para as ideias da alquimia é a já mencionada doutrina paulina do *primus et secundus Adam* (primeiro e segundo Adão).

5. O "velho Adão"

260 Após estas observações prévias, queremos agora voltar-nos novamente para o texto de Abraham Eleazar, e precisamente para a parte média importante, em que aparece Adão. Aqui imediatamente chama a atenção do leitor a expressão "o velho Adão", que evidentemente é equiparado a Adām Kadmōn. Aqui seria de esperar que em vez de "velho" estivesse de preferência "o segundo" ou "o primordial", e isso principalmente porque o "velho Adão" significa em todas as circunstâncias o "velho" homem, carregado de pecados e ainda não redimido, conforme o modelo de Rm 6,6: "Sabemos, pois, que nosso *velho* homem foi crucificado como ele (Cristo), para que fosse destruído o corpo de pecado e já não servíssemos ao pecado". Que essa passagem tenha estado presente na mente do autor, mostra-se pela frase: "Devo estar cravada nessa cruz negra e devo ser lavada disso pela miséria com vinagre" etc.

---

190. Para o primeiro caso remeto o leitor à descrição na obra de BOUSSET. *Hauptprobleme der Gnosis*, 1907; e de REITZENSTEIN & SCHAEDER. *Studien zum antiken Synkretismus aus Iran und Griechenland*, 1926; e para o último a DEUSSEN. *Geschichte der Philosophie*, I, 1906, 1, 228; e para as relações com a crença no Messias a ABEGG, E. *Der Messiasglaube in Indien und Iran*, 1928.

O autor dá a si mesmo a aparência de ser judeu, mas mostra-se 261
bastante inábil, não apenas em cometer anacronismos, mas também
em deixar perceber sua psicologia indubitavelmente cristã. Revela-se
bom conhecedor da Bíblia e familiarizado com a linguagem "bíblica". A linguagem de sua obra é o alemão estilística e gramaticalmente
fluente do século XVIII. O autor tem forte tendência para a retórica
edificante. (Será que no final ele não era até teólogo?) Em todo o caso
algo está claro: A expressão "velho Adão" na boca de tal personalidade geralmente só pode ter uma significação; trata-se do "velho homem" de que deveríamos despojar-nos (Ef 4,22) conforme a exortação de Cl 3,9: "Pois já vos despojastes do velho homem com todas as
suas obras". Esta circunstância certamente não devia ter estado oculta a nosso autor, e ele teria facilmente evitado a contradição daí surgida, ou respectivamente a ambiguidade causada por isso, contanto
que tivesse dito, por exemplo, "primordial" em lugar de "velho", o
que decerto estaria completamente ao alcance dele.

Devo pedir desculpa a meus leitores de estar eu fazendo algo 262
como logomaquia e de estar criticando com pedantismo uma pequena incorreção de estilo em um autor que não é excessivamente
cuidadoso. Contudo, trata-se aqui de algo mais que um simples *lapsus calami* (descuido da caneta): um texto cambiante em múltiplas
cores, que cria uma relação inesperada (Adão e a Sulamita!), e contamina as situações mais estranhas entre si, aproxima-se inconfun-
divelmente da estrutura do sonho e assim reivindica para si cuidadosa consideração e ponderação de seu conteúdo cifrado. Uma expressão tão solidamente cunhada como "o velho Adão", que não
permite supor qualquer outra significação, decerto não estará sem
nenhuma razão no "texto onírico", ainda que o sonhador quisesse
desculpar-se falando apenas de um "engano". Ainda que o autor –
como parece ser o caso aqui – quisesse indicar o Adão "primordial"
com a expressão "o velho Adão", assim mesmo outra intenção ainda não transparente o obriga simultaneamente a escolher "o velho
Adão", expressão fundamentalmente equívoca, porque ela nessa
linguagem tem sentido unívoco. Caso se tratasse aqui de um verdadeiro sonho, cometeria um erro manifesto de arte o interpretador
que quisesse passar por alto sobre essa suposta falha para descul-
pá-la. Como a experiência sempre de novo ensina, acontecem tais

quiproquós (equívocos) principalmente nas passagens críticas, onde se cruzam duas tendências opostas.

263 Nas linhas seguintes queremos acompanhar essa suspeita despertada, supondo que a expressão "o velho Adão" não deva a sua existência ao mero acaso, mas que no mínimo ela representa uma daquelas ambiguidades irritantes, que de forma alguma são raras nos textos alquímicos. São excitantes porque raramente ou quase nunca se consegue averiguar com certeza se eles provêm de uma intenção consciente de enganar ou de uma conflitância inconsciente.

264 O "velho" Adão manifestamente pode um dia "tornar a provir" da Sulamita, a mãe negra, porque alguma vez de qualquer modo ele conseguiu entrar nela. Mas somente pode tratar-se aqui do velho Adão pecador, pois a negrura da Sulamita é uma expressão para o pecado, e o *peccatum originale* (pecado original) como mostra o texto. Por trás dessas concepções naturalmente está à espreita o arquétipo do *Ánthropos* (homem) que caiu em poder da *physis* (natureza), mas cujo conhecimento consciente parece problemático em nosso alquimista. Se nosso autor, como conhecedor, estivesse verdadeiramente no terreno do pensar cabalístico, então saberia ele também que Adām Kadmōn como o homem primordial espiritual significa um *eidos* (imagem) em sentido platônico, que jamais pode ser confundido com o homem pecador. Na igualdade: velho Adão = Adām Kadmōn, *contamina o autor uma oposição*. A interpretação dessa passagem deveria ser: Provém da Sulamita negra a oposição do "velho Adão" para com Adām Kadmōn. A relação manifesta da Sulamita negra para a terra como mãe de todos os viventes permite parecer compreensível que seu filho seja o Adão pecador, mas não o Adām Kadmōn, o qual representa o desenvolvimento daquela instância suprema, que é o En Soph. Apesar disso, o texto faz com que os dois provenham da Sulamita por se contaminarem entre si. O "velho" Adão e o homem primordial aparecem aí como uma e mesma coisa, e o autor pode sem mais nada desculpar-se que justamente com esse "velho" se quer indicar exatamente o primeiro ou primordial, o que também não se pode simplesmente contestar-lhe.

265 A procedência do Adām Kadmōn não fica sem consequências características para a Sulamita: significa, como mostra o texto, uma *solificatio*, isto é, uma iluminação do "interior da cabeça", o que consti-

Mysterium Coniunctionis — Rex e Regina...

tui indicação velada, mas característica para a psicologia alquímica, da iluminação e "glorificação" (*glorificatio*) do adepto, ou respectivamente do *homem interior* dele. Adão é justamente o "*interior homo noster*" (nosso homem interior), o homem primordial em nós.

6. Adão como totalidade

O *Tractatus de Revolutionibus Animarum*, § 10, contém uma passagem importante para a significação psicológica de Adão: "Ez 34,31 diz: 'Vós sois Adão'[191]. Isto é, com razão vos chamais pelo nome de Adão. O sentido é este: Se o texto devesse ser entendido no sentido literal, com razão poder-se-ia objetar que então todos os homens do mundo ou os gentios seriam homens da mesma maneira como os israelitas, isto é, de estatura ereta. Mas neste caso também deveria ter sido dito: Vós sois homens. Mas na verdade (o sentido é este: O microcosmo de Adão era formado pelas vossas almas) [...]"[192]. § 11: "Vós sois Adão. (Ele quase que diz que as almas de todos os israelitas outra coisa não foram senão o Adão formado por primeiro!) E vós exististes como faíscas e membros dele"[193]. Aqui Adão aparece de uma parte por assim dizer como o corpo do povo de Israel[194] e de outra parte a *anima generalis* (alma geral) dele. Esta concepção pode ser entendida como a projeção do Adão interior: o *homo maximus* (homem má-

266

---

191. Ezequiel 34,31 não contém aparentemente nada disso. A *Vulgata*, porém, traz: 31. "Vos autem greges mei, greges pascuae meae, *homines* estis". A passagem diz verbalmente: "Vós sois meus rebanhos, rebanhos da minha pastagem, vós sois homens ('Adam'). Eu sou vosso Deus, diz meu Senhor, Javé". "Adam" é aqui um termo coletivo.

192. Os parênteses provêm do organizador Knorr von Rosenroth.

193. *Kabbala Denudata*. 1677, t. II, P. III, p. 248s.: "[...] inquit Ezechiel 34, v. 31: Vos Adam estis. Id est, vos merito vocamini Adami nomine. Sensus enim est: si literaliter textus intelligendus esset, obiectio merito fieret, omnes etiam populos mundi sive gentiles eodem modo esse homines, quo Israelitae; statura nempe erecta. Ubi porro quoque dicendum fuisset, vos homines estis. Verum enim vero (sensus hic est, ex animabus vestris consistebat microcosmus Adami)"... § 11: "Vos estis Adam. (Quasi diceret omnes Israelitarum animas nihil aliud fuisse quam Adamum nimirum protoplasten:) Et vos scintillae illius atque membra eius extitistis".

194. Cf. tb. Op. cit., cap. III, § 1, p. 255s.

ximo) aparece como uma *totalidade,* ou como o "si-mesmo" do povo; como o *homem interior,* entretanto, corresponde ele à totalidade do indivíduo, isto é, à centralização de todas as partes da alma, e em primeiro plano, portanto, do consciente e do inconsciente. O tratado § 20 diz: "Por isso também nos disseram vossos mestres: O Filho de Davi não virá antes que tenham saído completamente todas as almas que estavam no corpo (isto é, do formado do primeiro)"[195]. O fato de as almas saírem do homem primordial pode ser entendido como a projeção de um processo psíquico de integração: a totalidade salvadora do homem interior (isto é, do "Messias") não pode realizar-se enquanto todas as partes da alma não se tiverem tornado conscientes. Por essa razão é explicável por que demora tanto até aparecer o segundo e definitivo Adão.

267   Na concepção cabalística Adām Kadmōn, não é apenas a alma universal, ou respectivamente o "si-mesmo" psicológico, mas também o próprio processo de transformação, isto é, a trimeria ou tetrameria dele, pelo que devemos entender sua formação de três ou de quatro etapas. A fórmula alquímica para isso é o *axioma de Maria* (copta ou judia): "O um torna-se dois, o dois torna-se três, e do terceiro o um torna-se quatro"[196]. No tratado de r. Abraham Cohen Irira[197] se diz: "Ora, Adām Kadmōn proveio da unidade simples, e por isso ele é a unidade; mas ele desceu como também caiu em sua natureza, e por isso ele é o dois. E novamente ele é reconduzido ao um, que ele tem em si, e ao Altíssimo, e por isso ele é o três e o quatro"[198]. Essa especulação se refere ao *"nomen essentiale"* (nome essencial), isto é, ao

---

195. Op. cit., p. 251. O parêntese é de Knorr. § 20: "Hinc quoque dixerunt Magistri nostri: Non veniet filius David, donec plene exiverint omnes animae, quae fuerunt in corpore (nimirum protoplastae)".

196. BERTHELOT. *Collection des anciens alchimistes grecs.* VI, V, 6: «Τὸ ἕν γίνεται δύο, καὶ τὸ δύο γ᾽, καὶ τοῦ γ (του) τὸ ἕν τέταρτον». Cf. *Psychologie und Alchemie (Psicologia e alquimia).* 2. ed., 1952 [OC, 12], p. 24s.

197. Grafia melhor: R. Abraham Hacohen Herrera.

198. *Kabbala Denudata.* 1677, T. I, Pars III, "Porta Coelorum". Cap. VIII, § 3, p. 116: "Jam Adām Kadmōn,emanavit ab ino simplici, adeoque est unitas: sed et descendit et delapsus est in ipsam naturam suam, adeoque est duo. Iterumque reducitur ad unum, quod in se habet, et ad summum; adeoque est tria et quatuor".

Mysterium Coniunctionis — Rex e Regina...   211

tetragrammaton ou às quatro letras do nome de Deus (em hebraico), das quais "três são diferentes, mas uma é tomada duas vezes"[199]. Isso se refere à maneira de escrever não vocalizada (em hebraico) JHWH (Jahweh, Javé), que consta de três consoantes, das quais uma aparece duas vezes. He (H) é de natureza feminina e está associada como esposa ao Jod (J)[200] e ao Vav (W). Daí resulta de uma parte que o Jod[201]

---

199. Op. cit., § 4: "Et haec est causa, quod nomen essentiale habeat quatuor literas, tres diversas, et unam bis sumptam: quoniam He primum est uxor τοῦ Jod; et alterum uxor τοῦ vav. Primum emanavit a Jod, via directa et alterum a Vav, via conversa et reflexa" [E esta é a razão por que o nome essencial (de Deus) tem quatro letras, três diferentes e uma tomada duas vezes; pois o primeiro He é a mulher do Jod, e o segundo a mulher do Vav. O primeiro emanou do Jod por via direta e o segundo do Vav por via refletida e reflexa].

200. Outra maneira de conceber o Jod se encontra no *Sohar*, III, 1932, f. 191: "Na hora em que a amada (do Cântico dos Cânticos 1,5s.) está diante do amado com grande amor, quando não pode suportar o sofrimento que nasce do amor, então ela se faz indizivelmente pequena até que dela nada mais possa ser visto senão a insignificância de um *ponto* ou de um *Jod*. Desse modo ela se conserva oculta a todos os seus grupos. E porque esse sinalzinho não tem nada de branco como as outras (letras), pode ela dizer: 'Sou negra [...] como as tendas da escuridão'. Aprendemos que o sinal do Jod não tem espaço interno branco" (MUELLER, E. *Der Sohar*, 1932, p. 350).

201. "Jod, quia simplex est, est unum et primum quid, et simile uni, quod numeris et puncto, quod corporibus omnibus prius est. Punctum autem, secundum longitudinem motum producit lineam, nempe Vav" (O Jod, por ser simples, é o um e a primeira coisa, e é semelhante ao um, que é anterior aos números, ao ponto e aos corpos. Mas o ponto corforme a distância do movimento produz a linha, a saber, o Vav). Op. cit., p. 142. – "Litera Jod quae *punctum* ipsum, facta est principium, medium et finis; imo ipsa etiam principium Decadum et finis unitatum atque ideo redit in unum" (A letra Jod, que é o próprio ponto, foi feita começo, meio e fim; e até mesmo o princípio das décadas e o fim das unidades e por isso retornou ao um). Introductio in Librum Sohar, sect. I, cap. XXXVII, § 1. *Kabbala Denudata*, 1677, T. II, Pars I, p. 203). – Para a função do Jod é importante, op. cit., Sect. VI, cap. I, p. 259: "Quoniam Sapientia Benedicti videbat quod etiam in splendore hoc non possent manifestari mundi, cum Lux ibi adhuc nimis magna esset atque tenuis; hinc iterum innuit literae huic Jod, ut denuo descenderet et perrumperet sphaeram splendoris atque emitteret lucem suam, quae paulo crassior erat" [Porque a Sabedoria do Bendito (Deus) via que mesmo com esse esplendor os mundos não podiam manifestar-se, porque a luz aí era excessivamente extensa e tênue, por isso ela mandou esta letra Jod descer novamente e romper a esfera de esplendor e emitir a sua luz, que era um pouco mais densa]. O *ponto* é o *punctum*

no primeiro lugar e o Vav[202] no terceiro lugar são masculinos, e que o feminino He, que aparece duas vezes mas se conserva idêntico a si próprio, é portanto o um. Deste modo o *nomen essentiale* é uma tríade. Como, porém, o He realmente é duplo, trata-se também de uma tétrade ou quaternidade[203]. Esta perplexidade curiosamente concorda com o axioma de Maria. De outra parte o tetragrámmaton encerra um duplo matrimônio, e por isso concorda de modo curioso com o diagrama de Adão citado mais acima. A duplicidade do feminino He é igualmente arquetípica[204], visto que a *quaternidade matrimonial* pressupõe de uma parte a diversidade das figuras femininas e de outra parte também a identidade delas; isso aliás vale também para os dois homens, como vimos acima. Quanto a esses últimos prevalece, via de regra, a diversidade, o que não é de admirar por tratar-se nestas coisas em primeiro plano de produtos da imaginação masculina. Em consequência disso a figura masculina coincide com *consciência masculina,* em cujo domínio as diferenças são naturalmente como

---

internum (ponto interno), que coincide com a *rosa interior* (rosa interior) como *congregatio Jisraelis* (congregação de Israel) e *Sponsa* (noiva). Outros atributos da rosa: soror, sócia, columba, perfecta e gemella (irmã, companheira, pomba, perfeita e gêmea) ("Tres Discursus initiales Libri Sohar". Comm. in Disc. I, § 12s. *Kabbala Denudata.* 1677, T. II, Pars II, p. 151). – O Jod adere à *summitas coronae* (ponto mais alto da coroa) e desce para a *Sapientia* (Chochmah, sabedoria) ("Lucem atque Influentiam vibrabat in illam Sapientiam" / Fazia a luz e a influência vibrar para dentro da sabedoria / Theses Cabbalisticae I, *Kabbala Denudata,* 1677, T. I, P. II, p. 151). – O Jod é o *vas* (vaso) ou *vasculum* (vasinho) no qual jorra a *scaturigo maris* (a fonte do mar) e do qual provém a *fons scaturiens sapientiam* (fonte que jorra sabedoria). (Cf. "Pneumatica Kabbalistica". Diss. I, cap. I, § 7 e 10. *Kabbala Denudata,* 1677, T. II, Pars III, p. 189s.).

202. "Vav denotat vitam, quae est emanatio et motus essentiae, quae in se ipsa manifestatur: estque medium uniendi et connexionis, inter essentiam et intellectum" (ABRAHAM COHEN IRIRA. "Porta Coelorum". Diss. VII, cap. I, § 3. *Kabbala Denudata,* 1677, T. I, Pars III, p. 141). (O Vav indica a vida que é uma emanação e um movimento da essência, que se manifesta em si mesma; e o meio da união e da conexão entre a essência e o intelecto).

203. Ao tetragrammaton se agrega toda uma série de quatérnios. Cf. o tratado "Porta coelorum". Op. cit., Diss. VII, cap. III, § 5, p. 145.

204. "He designat ens, quod est compositum ex essentia et existentia" (O He designa o ser que é composto de essência e existência). "He ultimum est imago et similitudo intellectus vel mentis" (O último He é a imagem e a semelhança do intelecto ou da mente), op. cit., § 2 e 4.

Mysterium Coniunctionis — Rex e Regina...   213

que absolutas. Mas o feminino, mesmo sendo duplo, contudo é tão pouco distinto entre si que a identidade dele se impõe. Esta figura dupla, e entretanto idêntica, corresponde inteiramente à imagem da *anima*, a qual em virtude de seu estado preponderantemente "inconsciente" traz em si o sinal característico de não ser distinguível.

O mesmo tratado VIII, § 9, menciona: "O universo foi produzido por En-Soph, o generalíssimo Um, que é Adām Kadmōn. Adām Kadmōn é o um e o múltiplo, e tudo provém dele e está nele". A "distinção dos *genera* (gêneros) é apresentada por círculos concêntricos", que partem dele ou estão contidas nele. Ele é, pois, algo como uma estrutura psíquica (cf. o texto latino na nota abaixo), no qual as "diferenças específicas" (isto é, as que caracterizam as espécies) são expressas pela linha reta, isto é, pelos raios em um sistema concêntrico[205]. "Deste modo Adām Kadmōn representa a ordem de todas as coisas, o gênero como as espécies, e também os indivíduos"[206].

Tão alto como de uma parte estava o homem primordial, tão baixo estava de outra parte o homem pecador e empírico. O fenômeno

---

205. As chamadas *diferentiae numericae* têm algo a ver com os *opostos*. O texto diz: "Differentias autem numericas referri ad dispositionem bilanciformem, ubi facies faciei obvertitur, et duo vel plu a ejusdem perfectionis, et speciei, tantum distinguuntur, ut *mas* et *foemina*. Quae differentiae numericae etiam denotantur per id, quod dicitur anterius, et posterius" etc. (As diferenças numéricas referem-se a uma disposição em forma de balança, em que uma face está voltada para a outra e onde duas ou mais coisas da mesma perfeição e da mesma espécie se distinguem como *macho* e *fêmea*. Essas diferenças numéricas também se distinguem por dizer-se que uma é anterior e a outra posterior).

206. Op. cit., § 9, p. 118: "Ab Aen-Soph, i. e. Uno generalissimo, productum esse Universum, qui est Adām Kadmōn, qui est unum et multum, et ex quo et in quo omnia [...] Differentias autem genera notari per círculos homocentricos sicut Ens, substantiam, haec, corpus, hoc vivens, istud sensitivum; et haec rationale continet [...] Et hoc modo in Adām Kadmōn repraesentantur omnium rerum ordines, tum genera, quam species et individua" (O universo foi produzido por Aen-Soph, o generalíssimo Um que é Adām Kadmōn, o qual é o um e o múltiplo e do qual tudo provém [...] As diferenças e os gêneros são representados por círculos concêntricos, da mesma forma como o ser, a substância, este corpo, este vivente, esse sensitivo, e este racional [...] E deste modo em Adām Kadmōn são representadas todas as ordens de coisas, tanto os gêneros como as espécies, e também os indivíduos). Cf. SCHOLEM, G. *Major Trends in Jewish Mysticism.* Jerusalem: Schocken Publishing House, 1941, p. 211, e em outros lugares.

da contaminação, que se nos apresenta tão frequentemente na psicologia do sonho e na dos homens primitivos, não é apenas uma formação do acaso, mas se baseia no fato de haver na psique um estado de certa comunhão: em um ponto qualquer *os opostos se revelam como idênticos*, com o que está dada também a possibilidade de uma contaminação. Um dos casos mais comuns é a identidade de animal e Deus. A possibilidade de tal paradoxo se baseia no fato de tanto a psicologia do divino como a do animal estarem fora do alcance do homem. Assim como a psique divina atinge muito acima da humana, também a alma animal está em profundezas abaixo da humana.

270 O "velho Adão" corresponde ao homem primitivo, *sombra* de nossa consciência atual, e o homem primitivo repousa sobre o homem-animal (o Adão de cauda[207]), que já há muito desapareceu para a nossa consciência. O homem primitivo também já se tornou um estranho para nós, de modo que é preciso descobrir de novo a psicologia dele. Para a psicologia analítica não foi pequena a surpresa quando ela encontrou tanto material arcaico nos produtos do inconsciente do homem moderno, e não apenas tais coisas, mas também até escuridões pavorosas do mundo animal dos instintos. Os "instintos" ou "impulsos" podem decerto ser formulados na terminologia fisiológica e biológica, mas não se deixam nem banir nem abranger, pois são *existências psíquicas,* que se documentam como tais em um mundo fantasioso peculiar delas. São apenas manifestações fisiológicas ou univocamente biológicas, mas simultaneamente são também formações da fantasia, importantes pelo conteúdo e de caráter simbólico. O "impulso" se apodera de seu objeto certamente não de maneira cega e obrigatória, mas com certa compreensão psíquica ou interpretação, isto é, com cada impulso está por assim dizer conectada *a priori* a imagem correspondente à situação, o que pode ser mostrado indiretamente, por exemplo, nos casos de simbiose planta-animal. Quanto aos homens temos visão imediata naquele mundo curioso das chamadas ideias "mágicas", que quais trepadeiras se enroscam em torno dos impulsos naturais e que não apenas exprimem, mas tam-

---

207. Para os valentinianos o homem tinha sido vestido com uma "veste feita de pelego" (IRINEU. *Adv. Haer.* I, 5, 5).

Mysterium Coniunctionis – Rex e Regina...   215

bém produzem a forma e os modos de eles se manifestarem[208]. O mundo dos instintos, que aparece como extremamente simples à mente do homem racionalista de nossa cultura, se desvenda, em etapa primitiva, como um jogo complicado em que atuam juntos fatos fisiológicos com tabus, ritos, sistemas de classes e doutrinas tribais, os quais de certo modo *a priori*, isto é, estando ainda inconscientes, impõem ao instinto formas coercitivas e o colocam a serviço de fins mais elevados[209]. Juntamente com a ausência de barreiras da parte do impulso, que consideramos como apenas capaz de satisfazer unicamente a si próprio, está entretanto em circunstâncias naturais dada também uma limitação espiritual dele mesmo, que o torna diferenciado e apto para usos diversificados.

A partir da união primordial entre imagem e impulso, explica-se   271
a união entre impulso e religião no sentido amplíssimo. Essas duas esferas estão entre si em relação recíproca compensatória, e aqui não se trata apenas do chamado Eros, mas de tudo que merece o nome de "impulso"[210]. Em etapa primitiva "religião" designa o sistema psíquico regulador associado ao dinamismo do impulso. Em etapa mais elevada essa conexão primordial pode ocasionalmente desaparecer, e neste caso a religião facilmente se transforma em antídoto ou contraveneno do impulso; com isso a relação primordial de compensação degenera em conflito e a religião se enrijece, tornando-se mera formalística, e o impulso se torna envenenado. Tal estado de tensão decerto não é mero acaso nem talvez catástrofe sem sentido. Essa tensão reside muito antes na própria natureza da coisa, isto é, ocorre na linha dos acontecimentos que conduzem a maior expansão e diversificação da consciência. Como não existe energia sem tensão dos opostos, da mesma forma não é possível haver consciência sem a per-

---

208. Cf. "Instinkt und Unbewusstes". In: *Über die Energetik der Seele*. Zurique: Rascher, 1948 ("Instinto e inconsciente". In: *A energia psíquica*. Petrópolis: Vozes, 2011 [OC, 8/1].

209. Em etapa primitiva os ritos são primeiramente gestos não interpretados. Em etapa um pouco mais elevada são eles mitizados.

210. Aqui não tem importância se a definição e a classificação dos impulsos constitui assunto extremamente controverso. Seja como for, a palavra "impulso" significa algo de modo geral conhecido e compreensível.

cepção da diversidade. Toda a acentuação mais forte da diversidade leva à oposição e finalmente àquele conflito que sustenta a necessária tensão dos opostos. Esta última é necessária tanto para a crescente produção de energia, como também para a crescente diferenciação das distinções; tanto uma como a outra são pressupostos indispensáveis para o "desenvolvimento" da consciência. Apesar dessa indubitável utilidade do conflito, tem este também como sequela prejuízos evidentes, que algumas vezes crescem, tornando-se sérios danos. Nestes casos surge um movimento oposto, que procura acalmar a luta dos partidos. Como tais processos, no decurso de um desenvolvimento multimilenar da consciência, se repetiram inúmeras vezes, formaram-se usos ou ritos correspondentes para estabelecer ligações entre esses opostos. Nesses processos de apaziguamento trata-se decerto de um rito executado por homens, mas que tem por conteúdo um ato de ajuda ou de reconciliação que provém ou proveio da parte divina. O mais das vezes esses ritos se prendem ao estado primitivo do homem e a acontecimentos que se deram na época heroica da Antiguidade ou do tempo dos antepassados. Em regra, trata-se de um estado de penúria ou de calamidade da humanidade, que é remediado por intervenção divina. Essa intervenção é repetida no rito. Um exemplo simples: Se o arroz não quer medrar direito, então um representante do totem do arroz constrói uma cabana no arrozal e aí conta ao arroz como ele em sua origem descende de um antepassado do arroz. Desse modo o arroz começa a lembrar-se de sua origem e retoma o crescimento. A anamnese do antepassado significa o mesmo que uma intervenção dele.

272   A situação calamitosa por excelência consiste no afastamento da parte dos deuses favoráveis e no aparecimento de deuses prejudiciais, ou também no alheamento dos deuses por causa de uma falha ou um sacrilégio por parte dos homens, ou na separação (como na concepção taoísta) entre o céu e a terra[211], que por incompreensíveis razões somente poderão de novo encontrar-se se o sábio por meio de inclinações rituais restabelecer o Tao em seu próprio interior. Isto quer dizer: ele faz harmonizarem-se novamente o céu e a terra dele.

---

211. Cf. acima: A separação de Tiphereth e Malchuth como a causa do mal.

Assim como na situação calamitosa o arroz se tornou enfezado, do 273 mesmo modo o homem degenera, seja por maldade dos deuses, seja por causa de sua própria bobice ou culpa, caindo em contradição com sua natureza original. Ele se esquece de sua origem a partir dos antepassados humanos e precisa da anamnese acerca deles. Deste modo o arquétipo do homem, o *ánthropos*, é constelado e constitui o conteúdo essencial de várias grandes religiões. Na ideia do *homo Maximus* (homem máximo) une-se de novo o superior e o inferior da criação.

7. A transformação

Observado do ponto de vista acima, nosso texto final adquire 274 certo aspecto, que não é desinteressante; por conter uma sequência de pensamentos característicos para as ideias fundamentais da alquimia, adquire também um sentido que irradia para múltiplos lados: existe uma situação calamitosa que corresponde à *nigredo* (negrura) da alquimia. É a negrura da culpa, que cobriu como de cor preta a noiva terra. A Sulamita está na mesma série com aquelas deusas negras (Ísis, Ártemis, Parvati, Maria) cujo nome significa "terra". Eva, como Adão, comeu da árvore do *conhecimento* e desse modo irrompeu no espaço das prerrogativas divinas – *eritis sicut dii, scientes bonum et malum* (sereis iguais a deuses, conhecendo o bem e o mal) –, isto é, ela descobriu inopinadamente a possibilidade de uma consciência *moral*, que então ainda estava fora do âmbito da consciência. Com isso se rasgou um caminho para uma situação de opostos cheia de consequências. Surge a separação do céu e da terra, o paraíso primordial é perdido, apaga-se o brilho do homem primordial luminoso, Malchuth se torna viúva, o Yang rutilante em cor de fogo se retira de volta para cima e a úmida e escura Yin envolve a humanidade em trevas, e se degenera pelos crimes que crescem continuamente e avolumam-se até tornar-se as águas negras do dilúvio, as quais se de uma parte ameaçam afogar tudo, porém de outra parte devem também ser entendidas anagogicamente como a ablução da negrura. Também Noé adquire novo aspecto: ele já não aparece como aquele que escapou da catástrofe, mas sim como o senhor das águas, que as administra para ablução. Mas esta operação parece não ser suficiente, pois a Sulamita se desencaminha simplesmente para o oposto, indo para o deserto, onde o mal a ameaça e também ao povo de Israel, sob a forma de serpentes venenosas[212]. Com isso se alude às labutas do Êxodo, que em certo sentido representa a repetição da expulsão do paraíso, pois a despedida das panelas de carne do Egito era tão dolorosa como a perspectiva do solo pedregoso para os primeiros pais, que daí deveriam desde então tirar o sustento para a vida. Mas também com esse outro extremo a meta não foi atingida, pois a Sulamita deve ainda *ser cravada em uma cruz negra*. A ideia da cruz passa para além de uma simples oposição e indica uma duplicidade, isto é, um quatérnio (quaternidade). No espírito dos alquimistas isso significa em primeira linha os quatro elementos dispostos em cruz

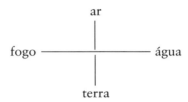

ou as quatro propriedades dos quatro elementos também dispostas em cruz

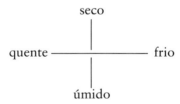

Já ficamos conhecendo a crucifixão como um estado de suspensão cheio de tormentos, senão até como um desmembramento por tração nas quatro direções[213]. Por isso a alquimia propôs a si mesma

---

212. Neste contexto Abraham Eleazar emprega o símbolo (apenas importante do ponto de vista cristão) da serpente de bronze, a qual representa uma prefiguração de Cristo (crucificado), conforme Jo 3,14.
213. Entre os índios, o castigo para um pajé que erre, segundo dizem, consiste em ser ele amarrado a quatro cavalos, que puxando-o para as quatro direções o despedaçam. (Informação oral, cuja autenticidade não posso garantir. O importante nisso é apenas a ideia.)

Mysterium Coniunctionis — Rex e Regina...

como meta apaziguar os quatro elementos em luta recíproca e levá-los à união. Em nosso texto esse estado é eliminado pela ablução da tormentosa negrura pela "miséria com vinagre". Isso é uma alusão evidente ao Crucificado, a quem foi dado de beber pelo "hissopo com vinagre". No texto de Michael Majer a "*miseria cum aceto*" representa a melancolia da *nigredo*, em oposição ao "*gaudium cum laetitia*" (gozo com alegria) do estado redimido. A *ablutio* (ablução) "com miséria e vinagre" efetua enfim o levar até branquear, e além disso uma *solificatio* (iluminação) do "interior da minha cabeça", o que deve ser entendido como o cérebro ou até mesmo a alma. Visto que esta transformação deve suceder à Sulamita, como não se pode interpretar de outra forma, acontece então a ela em certo sentido algo semelhante ao que à Parvati indiana, que estava aflita por causa de sua cor negra e recebeu dos deuses uma pele de cor dourada. Deve-se destacar aqui que é o *lapis* (pedra) ou o *hermaphroditus* (hermafrodito) quem de uma parte tanto representa e padece a desunião dos elementos, por seu estado de tortura como esquartejado ou dilacerado ou como Deus crucificado no quatro, mas de outra parte também é ele quem tanto efetua a união dos quatro como é simultaneamente idêntico com o produto da união. Os alquimistas não podiam senão identificar o homem primordial deles com Cristo, em cujo lugar nosso texto coloca Adām Kadmōn. Em um manuscrito francês do século XVIII (Bibl. Nat. P.R. 14765, p. 123) se encontra uma estampa dessa figura: é o Cristo apocalíptico (Ap 1,12s.) "*le fils de l'homme*, ♀" e "*Jezoth le Juste*", a quem sob a forma de 16 pontos é atribuído o número importante 4 x 4 (cf. estampa 3). De maneira não ortodoxa está ele vestido como mulher, como muitas vezes acontece também com o Mercurius hermafrodito em estampas do séculos XVII e XVIII. Modelo para tal figura são as visões de João (Ap 1 e 4), como também as de Daniel (7,9s.). A nona Sefira da árvore cabalística, chamada *Jesod,* é interpretada como a força geradora e criadora no universo. Do ponto de vista alquímico, corresponde ela ao *spiritus vegetativus* (espírito vegetativo) ou Mercurius[214]. Como este tem

---

214. "In naturalibus Jesod sub se continet argentum vivum quia hoc est fundamentam totius artis transmutatoriae" [Na esfera natural Jesod encerra em si a prata viva (mercúrio), porque este é o fundamento de toda a arte da transmutação]. (*Kabbala Denudata*, 1677, T. I, p. 441).

na alquimia aspecto fálico, também é assim Jesod no Sohar, e até o "Justo" ou "Tsaddik". Jesod também é chamado diretamente de órgão genital[215]. Tais comparações seduzem o homem moderno a fazer interpretações unilaterais, por exemplo, que Jesod não é nada mais que o pênis, ou vice-versa; o manifesto sexualismo da linguagem não se baseia na sexualidade. No terreno da mística deve-se considerar que nenhum objeto "simbólico" é unívoco. É sempre tanto um como o outro. Sexualidade não exclui o espírito e vice-versa, pois em Deus estão desfeitos todos os opostos. Compare-se, por exemplo, a *unio mystica* (união mística) de Simeon Ben Jochai no *Sohar* III, a que Scholem (op. cit.) apenas alude! O número 4 anotado aí refere-se aos quatro animais da visão de Ezequiel, em que cada um deles novamente contém o número quatro (Ez 10,14)[216].

---

215. (Jesod) "in personis denotat membrum genitale utriusque sexus" [Nas pessoas (Jesod) indica o membro genital de ambos os sexos] (Op. cit., I, p. 440). O nome divino atribuído a ele é El-chai: "Quapropter pervolare semper Adonai ad Mensuram El-chai *continua aestuat cupidine*" [Por isso Adonai (o Senhor) sempre se apressa para atingir a medida de El-chai e arde em contínuo desejo] (Op. cit., p. 441). – Jesod também se chama o "que é firme" e o "que é fiel", porque ele canaliza o "influxo" (*influxum*) de Tiphereth para Malchuth: "Ipse autem hic gradus firmas est inter Illum et Illam, ut natura seminis subtilissima et supernis demissa non dimoveatur" (Ele é esse passo firme entre ele e ela, para que a subtilíssima natureza do sêmen não se espalhe ao ser lançado para baixo) (Op. cit., p. 560). – Seus apelidos são, entre outros: "angelus redemptor, fons aquarum viventium, arbor scientiae boni et mali, Leviathan, Salomon, Messias filius Joseph" etc. (mensageiro redentor, fonte das águas vivas, árvore da ciência do bem e do mal, Leviatã, Salomão, Messias filho de José). – A nona Sefira (Jesod) é designada simplesmente como "Membrum foederis (seu circumcisionis) (membro da aliança ou da circuncisão) (Op. cit., I, II, "Apparatus in Librum Sohar" p. 10). – "O Zohar faz uso abundante do simbolismo fálico em conexão com especulações acerca da Sefirah Yesod" (SCHOLEM, G.G. *Major Trends in Jewish Mysticism*, 1941, p. 224). O autor ainda acrescenta: "Existe evidentemente ampla margem aqui para interpretações psicanalíticas" (Op. cit.). – Enquanto a psicanálise (de Freud) traduz conteúdos psíquicos para a linguagem da sexualidade, aqui não há justamente nada para ela fazer, pois o autor do *Sohar* já fez esse trabalho. Esta escola mostra apenas quanta coisa pode ser um pênis. Mas para que o *phalus* serve de símbolo, isto a psicanálise não descobriu. Supunha-se que em tal caso o censor tivesse "falhado". Como Scholem mesmo mostra e ainda destaca especialmente, neste caso a sensualidade (apesar de sua realidade crua) deve ser entendida como um símbolo do *fundamentum mundi* (fundamento do mundo).

216. Cf. *Aion*, 1951 [OC, 9/2], p. 370s.

Como o sol e o ouro representam na alquimia conceitos equiva- 275
lentes, assim também a *solificatio* (solificação, iluminação) significa
que "o que está dentro" da cabeça – seja o que for que se entenda por
isso – é mudado em luz, substância preciosíssima e terra branca.
Também o coração brilha "como um carbúnculo" (pedra preciosa).
O carbúnculo desde a Idade Média vale como sinônimo do *lapis philosophorum* (pedra filosofal)[217]. Neste caso a alegoria é clara: com a
cabeça iluminada, o coração se inflama de amor.

A diferença entre a Parvati e a Sulamita consiste em que a primeira 276
foi mudada no exterior e a segunda no interior. Exteriormente continua ela, aliás, tão negra como antes. Em contraste com a Sulamita do
Cântico dos Cânticos, cuja pele é escura, a nossa afirma que ela está
pintada de preto e que apenas se deve despi-la, para que sua "beleza interior" seja visível. Por causa do pecado de Eva caiu ela por assim dizer
na tinta, ou na *"tinctura"*, e se coloriu de negro, como aconteceu na
lenda islâmica com a pedra preciosa dada por Alá a Adão, a qual se tornou preta pelo pecado dele. Quando dela for tirado o veneno da maldição, o que evidentemente ocorrerá quando o amado aparecer, então
mostrar-se-á sua "semente interior", seu "primeiro nascimento". Esse
nascimento, conforme nosso texto, apenas pode referir-se ao aparecimento de Adām Kadmōn. Ele é o único que a ama, *apesar da negritude
dela*. Esta negrura, porém, parece ser algo mais que simples pintura,
pois não quer desaparecer de modo algum, ela somente é compensada
pela iluminação interior e pela beleza do esposo. Como a Sulamita representa a terra em que Adão jaz sepultado, então também compete a
ela inversamente a significação de geratriz maternal. Como tal a negra
Ísis recompõe seu esposo-irmão Osíris, que está morto e despedaçado,
fazendo-o voltar à forma anterior. Adām Kadmōn aparece aqui na forma clássica como amante-filho, que no *hierósgamos* do Sol e da Lua se
gera de novo a si próprio (no corpo) de sua amante-mãe. A Sulamita se
apresenta aqui, em seu papel mais primitivo de todos, como a *hieródula* (meretriz sagrada) *de Ištar*. Ela é a *meretrix*, denominação pela qual
o alquimista designa a substância do arcano.

---

217. Em Wolfram von Eschenbach o carbúnculo é uma pedra de poderes curativos,
que estava situada abaixo do chifre do unicórnio. Cf. *Psychologie und Alchemie* (*Psicologia e alquimia*). 2. ed., 1952 [OC, 12], p. 631.

222 Obra Completa — Vol. 14/2

277 A acertada redução da Sulamita a seu estado anterior não é talvez um golpe de mestre de nosso Pseudo-Abraham, mas apenas a opinião tradicional da alquimia que o *infans noster* (nossa criancinha), o filho dos filósofos, é Filho do Sol e da Lua. Enquanto esse nascimento representa o próprio homem primordial hermafrodito, que em si mesmo une o Sol e a Lua, então o filho é simultaneamente o pai de seus próprios pais. A alquimia está de tal modo impregnada da ideia do incesto mãe-filho, que esse modo de pensar até reduz automaticamente a Sulamita do Cântico dos Cânticos a seu denominador comum original.[218]

278 Mais acima anotamos devidamente que a negrura da Sulamita parece ser de natureza mais pertinaz. A isso corresponde agora o aparecimento do *velho* Adão justamente onde se esperava evidentemente o Adão perfeito *ante lapsum* (antes da queda), o luminoso homem primordial. Assim como no caso da Sulamita negra sentimos a falta da *albedo* (brancura) definitiva e total, e portanto da apoteose, também aqui nos falta a constatação necessária da transformação do *Adam primus* (primeiro Adão) no *Adam secundus* (segundo Adão), que é também pai do primeiro. Por isso não se pode eliminar a suspeita de que, assim, como a negrura não quer desaparecer, também o velho Adão não quer transformar-se de modo definitivo. Aqui deve estar a razão mais profunda para o fato de a expressão "velho Adão" não se apresentar ao autor como inconveniente, mas ao contrário como bem-vinda. Infelizmente, é até infinitamente mais verdadeiro que na transformação para melhor não há uma mudança total do escuro no claro e do mal no bem, mas no mais favorável dos casos isso significa um compromisso, no qual o melhor supera o menos bom por pouca coisa. Esta complicação com o "velho" Adão não parece ter sido puro acaso, pois com ela surge um *quaternio* (quaternidade) que se constitui da seguinte maneira:

---

218. Este pedaço de nosso texto decerto decide também a questão sobre a origem e o surgimento do Tratado. Robert Eisler, sem ter lido o livro, põe em dúvida que o Tratado representa uma falsificação tardia, contrariando a opinião de SCHOLEM. *Monatsschrift für Geschichte und Wissenschaft des Judentums*, 1926, 70. Jg., H. 5/6, p. 194 e 202). – Cf. tb. KOPP. *Die Alchemie in älterer und neuerer Zeit*. I, Heidelberg: [s.e.], 1886, p. 314s., que estabelece existir uma primeira edição de 1735, e de resto considera como autor o organizador Gervasius von Schwartzburg.

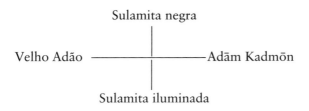

ou

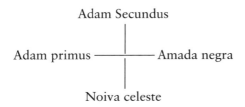

Esta composição corresponde em certo sentido ao *quaternio* de 279
casamentos que descrevi e expliquei em *Psychologie der Übertragung*
(Psicologia da transferência)[219]. É uma estrutura esquemática, que se
fundamenta em certos fatos psíquicos e tem a aparência seguinte:

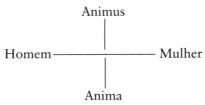

ou

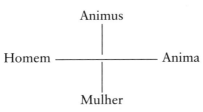

Mesmo que este *quaternio* não represente na alquimia papel de 280
pouco valor, contudo ele não é nenhum resultado de especulação al-

---

219. *Die Psychologie der Übertragung* (Psicologia da transferência), 1946, p. 97s.

química, mas é um *arquétipo* que permite ser seguido para trás até atingir o sistema primitivo de classes de casamentos (*four-kin-system*). Como quaternidade é ele um *juízo* de *totalidade* e formula simplesmente a estrutura psíquica da totalidade própria do homem. Esta última exprime de uma parte a estrutura do indivíduo, a saber: um eu (masculino ou feminino) em união com o inconsciente do sexo oposto, e de outra parte o fato de cada sexo estar orientado para o outro, sem o que o indivíduo psicológico não estará completo. (Entendo aqui em primeiro lugar o relacionamento psíquico.) Mas neste esquema falta a *ideia da transformação*, que se apresenta como tão importante para a alquimia. A prática concreta da psicologia como disciplina das ciências naturais não está em condições de estabelecer se o eu consciente está "mais acima" ou "mais abaixo" do que a *anima*. Tanto o eu como a *anima* têm um aspecto positivo e outro negativo. A ciência simplesmente não atribui ordem de valores, ainda que a psicologia tenha um conceito de "valor", que aliás outra coisa não é que um conceito de *intensidade*: um complexo de concepções tem neste caso um valor mais alto quando sua força assimiladora se revela mais intensa do que a de algum outro[220]. Uma vez que a ideia alquímica da transformação opera com um conceito espiritual de valor, e o que foi transformado deve ser entendido como mais valioso, melhor, mais elevado e mais espiritual, então a psicologia como ciência experimental não pode oferecer nada que corresponda a isso. Como, porém, valoração, avaliação etc., incondicionalmente recaem na psicologia por tratar-se de uma função do sentimento, então o valor deve ser tomado em consideração. Dá-se isto pelo fato de (o valor) como declaração ou juízo ser apreendido juntamente com a descrição do objeto.

O valor tanto energético como moral da personalidade consciente e da inconsciente está sujeito às maiores variações no indivíduo. De modo geral prevalece a consciência, mas com muitas restrições. O esquema estrutural psicológico deveria ser modificado pelo acréscimo da ideia da transformação, para tornar-se comparável ao

---

220. "Über die Energetik der Seele" ("Energia psíquica"). In: *Über psychische Energetik und das Wesen der Träume* (*Sobre a energia psíquica e a essência dos sonhos*). Zurique: Rascher, 1948.

esquema alquímico. Em princípio, tal operação não é impensável, já que o processo da conscientização do *animus* e da *anima* de fato realiza certa transformação da personalidade. Cabe, pois, justamente à psicoterapia ocupar-se em primeira linha com essas situações. Faz parte de seus princípios terapêuticos antes de tudo a conscientização da personalidade. O aspecto favorável da mudança é considerado *melhora*, e isso em primeira linha na base da declaração do paciente. A melhora se refere primeiramente ao estado psíquico da saúde, mas também pode tratar-se de uma melhora moral. Tais averiguações se tornam cada vez mais difíceis, ou respectivamente até impossíveis, visto que com tais valorações se avança de maneira insensível para o domínio que está pré-julgado pela visão espiritual que cada um tem do mundo, e onde o ponderar objetivo está em desvantagem diante da decisão arbitrária. Toda essa questão de "melhora" é uma situação tão delicada que até poderá ser resolvida com facilidade infinitamente maior pela parcialidade ingênua do que por um penoso ponderar e comparar, que escandaliza à direita e à esquerda aqueles *"terribles simplificateurs"* dados a cultivar de preferência tais domínios.

Ainda que não se possa duvidar da realidade da transformação e da melhora, contudo torna-se difícil achar para isso uma expressão adequada, que não seja equívoca demais para poder ser enquadrada no esquema. A Idade Média era bastante ingênua, como igualmente nossos *simplificateurs*, para conhecer o que era o "melhor". Nós não estamos tão seguros assim, e além disso nos sentimos de certo modo responsáveis perante as pessoas que têm outra opinião. Não podemos entregar-nos à alegre crença de que todos os outros não tenham razão. Por isso decerto devemos também renunciar a indicar, pela terminologia de nosso esquema, a espécie de transformação que está ligada à conscientização e à totalização (individuação) nela baseada.

Para uma consideração ingênua, ao velho Adão imperfeito e até mesmo corrompido se contrapõe o homem primordial perfeito, e à Eva tenebrosa contrapõe-se um ser luminoso e elevado. Mas a maneira moderna de considerar as coisas é consideravelmente mais realista, por retirar da projeção o esquema originalmente talhado para as condições míticas, e por ocupar as posições dele com homens reais e com almas reais, em vez de preenchê-las com figurantes mitológicos. Aí contrapõe-se ao homem e à consciência masculina um *animus*, isto é, a imagem masculina do inconsciente da mulher, pelo qual esta última se sente motivada a superestimar o homem, ou a protestar contra ele.

À mulher e ao feminino corresponde da parte do homem a *anima*, uma imagem de mulher, que representa a fonte de todas aquelas ilusões, e daquelas supervalorizações ou infravalorizações, de que o homem se torna culpado diante da mulher. A partir desse esquema não se deduz de nenhuma parte que o homem seja melhor do que o *animus*, ou vice-versa que a *anima* seja um ser superior à mulher. Dele também não se deduz para que sentido esteja dirigido o declive de um desenvolvimento. Somente uma coisa é certa, a saber: quando por meio de um processo prolongado, tanto técnico como moral, se tornar realidade um saber acerca dessa estrutura, baseado na experiência, e também se tornar realidade o reconhecimento da responsabilidade decorrente desse saber, então resultará daí uma *complementação* do indivíduo, que desse modo se aproximará da *totalidade*, mas não da *perfeição*, que constitui um ideal de certa cosmovisão. Na Idade Média a cosmovisão superava a objetividade dos fatos a tal ponto que se atribuía ao insignificante e ignóbil chumbo a possibilidade de, em certas circunstâncias, se mudar no nobre ouro, e se imaginava também que o homem "psíquico" sombrio tinha a capacidade de poder elevar-se até o homem luminoso e "pneumático" (espiritual). Mas assim como o chumbo, que na teoria decerto pode ser mudado em ouro, todavia *in praxi* (na prática) nunca se tornou tal, da mesma forma também o homem mais sóbrio de época mais recente espreita em vão a possibilidade de uma perfeição definitiva. Por isso também a consideração objetiva dos fatos, como compete a uma ciência, se vê obrigada a baixar o nível de sua pretensão e a contentar-se com uma integridade aproximada e possível, em vez de tender para o ideal da perfeição. O progresso possibilitado dessa maneira não conduz de modo algum ao estado elevado da espiritualização, mas apenas a uma sábia limitação e sobriedade, que compensem a desvantagem do menos bom com a vantagem do mal menor.

284   Portanto, o que nos impede de estabelecer um esquema psicológico completamente correspondente ao alquímico é, em última análise, a diferença entre a antiga visão do mundo e a moderna, e entre a romântica medieval e a objetividade científica.

285   A opinião mais crítica, que desenvolvi aqui a partir da objetividade da psicologia científica, já está, contudo, indicada no esquema al-

químico: Assim como o velho Adão torna a aparecer e por isso está presente da mesma forma que o Adām Kadmōn, assim também não desaparece a negrura da Sulamita; com isso se antevê que o processo da transformação no mínimo não está completo, mas tem toda a aparência de estar ainda em andamento. Nessas circunstâncias ainda não se despiu o velho Adão, nem tampouco a Sulamita se tornou branca.

Ao aplicarmos essas considerações ao esquema alquímico, fazemos nele aquelas modificações que não conseguíamos obter no esquema psicológico. Chegamos assim a uma fórmula que reduz os dois esquemas a um denominador comum, a saber:

O ponto decisivo, isto é, o fato de que a transformação não está ainda terminada, resulta do texto que transfere a conclusão para o futuro como um *desideratum*, "a fim de que possa ser libertada a que está circundada de muitas montanhas". Para isso se faz ainda necessária uma atuação do milagre divino, a saber, o esmagamento e queima de Canaã, o despedaçamento do céu, a fusão dos montes, o que evidentemente significa o emprego de força bem considerável. Daí se pode concluir para a grandeza das dificuldades que ainda devem ser vencidas até o término da perfeição.

Da menção das *montanhas* que mantém presa a Sulamita resulta um paralelo curioso com *Parvatî*, pois ela significa "habitante da montanha" e é considerada a filha de Himavat (Himalaia)[221]. Na tris-

---

221. A respeito da Sulamita diz o Cântico dos Cânticos 4,8: "Vem comigo do Líbano, minha noiva! / Vem comigo do Líbano! / Desce do cume do Amaná, / Dos cimos do Senir e do Hermon, / Das cavernas dos leões, / Das montanhas das panteras!" Líbano, leões e panteras referem-se a Ištar, conforme WITTEKINDT. *Das Hohe Lied*, 1925, p. 166.

teza por causa da negrura, de que seu esposo Siva a acusava, Parvati o tinha abandonado e se retirado para a solidão da mata. A Sulamita negra diz em sua solidão e seu retiro: "Que devo dizer? Eu estou solitária no meio das coisas ocultas; mas apesar disso me alegro, e aliás de coração, porque posso viver oculta e me recreio em mim mesma. Mas sob minha negrura trago escondida a mais bela cor verde"[222].

O estado da transformação incompleta, apenas desejada e esperada, parece segundo isso ser não apenas tormento, mas também felicidade positiva, ainda que oculta. Com isso se descreve o estado de uma pessoa, que em sua peregrinação pelas peripécias da transformação psíquica, a qual muitas vezes se parece antes com o sofrimento do que com qualquer outra coisa, encontra uma alegria oculta que a reconcilia em seu isolamento aparente. No trato consigo mesma não acha ela enfado mortal nem melancolia, mas encontra um parceiro com quem se pode conviver, e, até mais ainda, um relacionamento que se parece com a felicidade de um amor secreto[223], ou uma primavera oculta, em que brota do chão aparentemente ressecado uma verde sementeira, promissão de futura colheita. Do ponto de vista alquímico, trata-se da *"benedicta viriditas"* (verdor abençoado), que de uma parte como *"leprositas metallorum"* indica o azinhavre, mas de outra parte também (significa) a morada oculta do espírito divino da vida em todas as coisas. "O *benedicta viriditas, quae cunctas res generas!*" ("Verdor abençoado que geras todas as coisas!") exclama o autor do *Rosarium*[224]. "Não foi o Espírito do Senhor, escreve Mylius, o qual é um ígneo amor inflamado, quem deu às águas, ao pairar sobre elas, certa força ígnea, pois nada pode ser gerado sem o calor? Deus insuflou em todas as coisas criadas certa força germinativa, isto é, o *verdor*, por meio do qual todas as coisas se multiplicassem. Estar verde significa o crescer.

---

222. ELEAZAR, A. II, p. 52.

223. "Viriditate enim videtur praefgurari virginitas" (pela cor verde parece ser prefigurada a virgindade). (GUILELMUS MENNENS. "Aurei Velleris..." Libri III. *Theatrum Chemicum*, V, 1622, p. 434.

224. "Rosarium Philosophorum. *Artis Auriferae*, II, 1593, p. 220: "Ó bendito verdor, que geras todas as coisas!"

Poder-se-á designar como '*Anima Mundi*' (alma do mundo) essa capacidade de produzir e conservar as coisas"[225].

A cor verde significa esperança e futuro, e nisso está a razão para a alegria interior oculta, que de outro modo seria difícil de justificar. A cor verde, porém, na alquimia significa também "perfeição" (*perfectio*). Assim diz Arnaldo De Villanova: "Por isso diz Aristóteles em seu livro: *Nosso* ouro, não o ouro *vulgar*: porque aquela cor verde que está neste corpo representa toda a perfeição dele, uma vez que a cor verde pelo nosso processo é mudada depressa era verdadeiríssimo ouro"[226]. De acordo com isso continua o texto: "Eu devo ser como uma Jona (isto é, pomba) com asas, e virei e serei livre no tempo das vésperas, quando tiverem passado as águas da impureza, com uma folha verde do oliveira; então minha cabeça será do mais belo Asophol[227] e meus cabelos brilharão em cor cinzenta como a ☽. E Jó diz (Jó 27,5)[228] que da minha ⁻ [229] sairá sangue. Pois eia é como puro Δ[230], Adamah[231] vermelha brilhante, misturada com Δ brilhante. Por fora aliás estou envenenada, negra e feia; quando eu tiver sido purificada, então me tornarei comida de heróis, como no caso do leão que Sansão sufocou e do qual depois escorreu mel; por isso diz Jó 27,7:

290

---

225. *Philosophia reformata*, 1622, p. 11: "Nonne spiritus Domini, qui est amor igneus quum ferebatur super aquas, edidit eisdem igneum quendam vigorem, cum nihil sine calore generari possit? Inspiravit Deus rebus creatis [...] quendam germinationem, hoc est viriditatem, qua sese cunctae res multiplicarent [...] Omnes res dicebant esse virides, cum esse viride crescere dicatur [...] Hanc ergo generandi virtutem rerumque conservationem Animam Mundi vocare libuit".

226. "Unde Aristoteles ait in libro suo: Aurum nostrum, non aurum vulgi: quia illa viriditas, quae est in eo corpore, est tota perfectio eius, quia illa viriditas per nostrum magisterium cito vertitur in aurum verissimum". "Speculum Alchimiae". *Theatrum Chemicum*, V, 1622, p. 605.

227. *Asophol* significa ouro.

228. Deve tratar-se aqui de Jó 28,5: "A terra que produz o pão é convulsionada, como por um fogo, em suas entranhas". A *Vulgata* traz: "Terra de qua oriebatur panis in loco suo, igni subversa est".

229. Terra.

230. Δ significa fogo.

231. *Adamah* significa terra vermelha, e é sinônimo de *Laton*.

230 Obra Completa – Vol. 14/2

'A vereda, ignora-a a ave, nem a viu o olno do abutre'[232]. Pois esta pedra pertence somente aos provados e escolhidos por Deus"[233].

291 A esperança da Sulamita escura é, pois, que ela um dia na "hora das Vésperas", isto é, decerto pelo fim da vida, se torne semelhante à pomba de Noé, que por meio do ramo de oliveira no bico anunciou o fim do dilúvio e apareceu como sinal da reconciliação de Deus com o gênero humano.[234] Da Sulamita diz o Cântico dos Cânticos (2,14):

"Pomba minha, nas fendas da rocha,
No esconderijo escarpado,
Mostra-me teu semblante,
Deixa-me ouvir tua voz!"

A cabeça dela será dourada como o Sol e seu cabelo[235] como a *Lua*. Com isso a Sulamita por assim dizer se declararia como uma *coniunctio Solis et Lunae* (união do Sol e da Lua). Corresponde a isso que a cabeça de ouro e o cabelo crespo são atributos da amada (Ct 5,11). Ela se acha aqui de mistura com o amado, donde se conclui que o estado perfeito de *sponsus et sponsa* (noivo e noiva) significa a fusão de dois para formar *uma só* figura, a saber, o filho do Sol e da Lua[236]. A Sulamita

---

232. *Vulgata*: "Semitam ignoravit avis, nec intuitus est eam oculus vulturis". O texto aqui não segue a *Vulgata*, mas parece tirado da tradução de Lutero. O texto original diz: "Sua vereda não a conheceu o abutre, nem a enxerga o olho do falcão".

233. "Lapis candens fit ex tribus / Nulli datur nisi quibus / Dei fit spiramine". A pedra candente é feita de três, / Não é dada a ninguém senão aos quais / Se faz por inspiração de Deus. TETZEN, J. de. Processus de Lapide Philosophorum. *Johannis Ticinensis, Anthonii de Abbatia, Edoardi Kellaci Chymische Bücher*. Hamburgo: [s.e.], 1691, p. 64.

234. Gn 8,11.

235. Cântico dos Cânticos 5,11: "Sua cabeça é ouro puro, / A cabeleira é como leques de palmeira, / É negra como um corvo".

236. O termo hebraico *shemesh* (Sol) é tanto masculino como feminino. No livro *Bahir* se diz: "E por que o ouro se chama ZaHaB? É porque nele estão resumidos três princípios: o masculino (Zakhar), e isso indica a letra Zayin; a alma, e isso indica a letra He. E qual é a função dela? O He é um trono para o Zayin. [...] e a letra Beth (garante) a estabilidade". SCHOLEM, G. *Das Buch Bahir*. Ein Schriftdenkmal aus der Frühzeit der Kabbala auf Grund der kritischen Neuausgabe. Leipzig: [s.e.], 1925, p. 39, § 36. – Para a conjunção de Sol e Lua cf. a mulher (coroada) de estrelas do Apocalipse.

Mysterium Coniunctionis – Rex e Regina... 231

negra, a quem não assenta mal o cabelo crespo, se muda em Lua, que desta maneira alcança o cabelo "que rebrilha em cor cinzenta"[237].

8. O redondo – cabeça e cérebro

Ainda que a passagem citada no Cântico dos Cânticos seja responsável em primeira linha pela expressão "cabeça de ouro", contudo é preciso mencionar que este motivo também aparece na alquimia sem ligação direta com o Cântico. "Sua cabeça era de ouro fino" é o que se diz no *Splendor Solis* a respeito do homem despedaçado, cujo corpo era branco "como um sal"[238]. Na alquimia grega os adeptos se apresentam como τῆς χρυσέας κεφαλῆς παῖδες (filhos da cabeça de ouro)[239]. A substância "simples", isto é, a substância do arcano, é designada como "Χρυσέα κεφαλή κατὰ τὸν θεσπέσιον Δανιὴλ τὸν θεηγόρον.[240] A respeito do Papa Silvestre II († 1003), conhecido como mediador da cultura árabe conta a lenda que ele possuía uma cabeça de ouro conferida pelo oráculo[241]. Esta lenda possivelmente remonta ao rito harrânico da cabeça de oráculo[242]. A cabeça tem também a significação de *corpus rotundum* (corpo redondo), que representa

292

---

237. Remeto ao motivo dos cabelos crespos em minhas dissertações sobre Aelia Laelia Crispis no cap. 2 desta obra.

238. TRISSMOSIN, S. *Aureum Vellus*. Rorschach: [s.e.], 1598.

239. BERTHELOT. *Collection des anciens alchimistes grecs*. III, X, 1.

240. "Cabeça de ouro conforme o enviado de Deus, Daniel, que fala divinamente". Isso se refere a Dn 2,32, onde se descreve a visão onírica de Nabucodonosor a respeito da estátua com os pés de barro. Cf. BERTHELOT. *Collection des anciens alchimistes grecs*. IV, VI, 1.

241. THORNDIKE. *A History of Magic and Experimental Science*. I, Nova York: [s.e.], 1934, p. 705; Silvestre II, chamado antes Gerbert von Reims, ao que parece se ocupou também com a alquimia. Testemunho disso, entre outras coisas, é a carta dirigida a Gerbert (começos do século XII) sobre a quadratura do círculo, no manuscrito *Bod. Digby* 83. Thorndike atribui a carta ao próprio Gerbert.

242. "Das Wandlungssymbol in der Messe" ("O símbolo da transformação na missa"). In: *Von den Wurzeln des Bewusstseins* (*As raízes do inconsciente*). 1954. Aí mesmo há mais material.

232   Obra Completa − Vol. 14/2

a substância do arcano[243], o que é especialmente importante para o nosso texto porque o conteúdo da cabeça se muda em ouro ou (e?) em terra branca. Esta última é a conhecida *terra alba foliata* (terra branca folheada), que neste caso corresponderia ao cérebro. Esta suposição se baseia primeiramente no fato de que o "interior da cabeça" por assim dizer representa uma tradução verbal do grego ἐγκέφαλος μυελός (miolo contido na cabeça). Além dessa relação externa, há também uma interna, por representar o cérebro um sinônimo da substância do arcano, como se deduz de uma citação de Hermes tira-

---

243. Cf. *Psychologie und Alchemie (Psicologia e alquimia)*. 2. ed., 1952 [OC, 12], p. 237s., e ainda *das runde Ding*, das *des Mohrenkopf ist* (a coisa redonda que é a cabeça do mouro), em: ROSENCREUTZ, C. *Chymische Hochzeit*. Estrasburgo: [s.e.], 1616, p. 111; a bola de ouro que é aquecida pelo Sol, p. 113; *Cibatio* (alimentação) com o sangue dos decapitados, p. 117; crânio de defunto (caveira) e a esfera, p. 120; *Cranium* (crânio) como lugar de origem da *materia prima* em VENTURA, L. *Theatrum Chemicum*, II, 1602, p. 271. − Igualmente "Platonis Lib. Quart." *Theatrum Chemicum*. V, 1622, p. 151: "Vas [...] oportet esse rotundae figurae: Ut sit artifex huius mutator firmamenti et testae capitis" (O vaso deve ser de forma redonda, de maneira que o artífice seja um transformador deste firmamento e da caixa da cabeça). − No "Scriptum Alberti super arborem Aristotelis". *Theatrum Chemicum*, II, 1622, p. 525, se diz: "Caput enim vivit in aeternum et ideo caput denominatur vita gloriosa et angeli serviunt ei. Et hanc imaginem posuit Deus in paradiso deliciarum et in ea posuit suam imaginem et similitudinem" etc. (Pois a cabeça vive eternamente, e por isso ela é chamada de vida gloriosa, e os anjos lhe servem. E esta imagem, Deus a colocou no paraíso de delícias, e nela pôs sua imagem e semelhança), e na p. 526: "[...] quousque caput nigrum aethiopis portans similitudinem fuerit bene lavatum" etc. ([...] até que a cabeça negra do etíope, que traz a semelhança, seja bem lavada). − Entre os naassenos de Hipólito a cabeça do homem primordial significa o Éden do paraíso, e os quatro rios que dele partem (significam) os quatro sentidos (*Elenchos*, V, 9, 15). − O mesmo autor refere acerca do crânio falante como sendo um truque de mágica (*Elenchos*, IV, 41). − Entre o texto de Alberto e o relato de Hipólito existe um relacionamento, ao menos quanto ao sentido; talvez 1Cor 11,3 seja a fonte comum: "[...] quod omnis viri caput Christus est: caput autem mulieris vir: caput vero Christi, Deus" ([...] que a cabeça de todo o homem é Cristo, e a cabeça da mulher é o homem, mas a cabeça de Cristo é Deus). − Para o texto de Alberto cf. 7: "Vir quidem non debet velari caput suum: quoniam *imago* et *gloria Dei est*" (O homem não deve cobrir a cabeça porque é a imagem e a glória de Deus). − A cabeça como sinal da vingança em *Peredur* do *Mabinogion*, 1848 [GUEST, C.E. (org.)]. − Já entre os antigos alquimistas gregos a "coisa simples" (ἁπλοῦν), isto é, a *materia prima* se chama χρυσέα κεφαλή (cabeça de ouro). (BERTHELOT. *Collection des anciens alchimistes grecs* IV, VI, 1).

Mysterium Coniunctionis — Rex e Regina...   233

da do *Rosarium*: "Toma o cérebro dele, esfrega-o com vinagre acérrimo [...] até que escureça"[244]. O cérebro é tão importante para o alquimista porque é a sede daquele "espírito das águas supracelestes"[245], a saber, daquela "água superior" do Gênesis 1. Na *Visio Arislei* o cérebro do *rex marinus* (rei marinho) é o lugar donde surge o par irmão-irmã[246]. As *tetralogias platônicas* apelidam o cérebro de "*mansio partis divinae*"[247]. O cérebro possui uma "*vicinitas cum anima rationali*" (vizinhança com a alma racional), e esta por sua vez tem a simplicidade (*simplicitas*) em comum com a divindade[248]. Porque parece aos alquimistas que o cérebro participa de modo misterioso do processo[249], já o mais antigo dos mestres chineses do século II d.C., Wei

---

244. "Accipe cerebrum eius, aceto acerrimo terite [...] quousque obscuretur". "Rosarium Philosophorum". *Artis Auriferae* II, 1593, p. 264.

245. "Cum igitur spiritus ille aquarum supracoelestium in cerebro sedem et locum acquisierit" etc. (Quando, pois, aquele espírito das águas supracelestes tiver tomado sua sede e lugar no cérebro). STEEBUS. *Coelum Sephiroticum Hebraeorum*. Mogúncia: [s.e.], 1679, p. 117.

246. *Artis Auriferae*, I, 1593, p. 147.

247. "A mansão da parte divina". "Lib. Platonis Quartorum". *Theatrum Chemicum*. V, 1622, p. 124, 127, 187.

248. "Lib. Plat. Quart. " Op. cit., p. 124. Na p. 128 se diz: "[...] oportet nos vertere membrum (scl. cerebri s. cordis) in principio operis in id ex quo generatum est, et tunc convertimus ipsum per spiritum *in id quod volumus*" ([...] convém mudarmos no início da obra o membro (a saber, do cérebro ou do coração) naquilo do qual foi gerado, e então o convertemos pelo espírito *naquilo que queremos*]. *Membrum* (membro) é empregado aqui como parte do corpo (*membrum cerebri*, membro do cérebro, p. 127). De acordo com as palavras, trata-se aqui de uma mudança do cérebro no *simplex* (coisa simples), para o qual ele já tem de qualquer modo uma relação, "nam est triangulus compositione et est propinquius omnibus membris corporis ad similitudinem simplicis" (pois é triangular pela forma, e está mais próximo de todos os membros do corpo, à semelhança da coisa simples).

249. Parece que Alberto Magno estava especialmente impressionado com isso, pois ele julgava ter algumas provas para o *aparecimento do ouro na cabeça*. Diz ele: "Maxima virtus mineralis est in quolibet homine, et maxime in capite inter *dentes*, ut suo tempore inventum est aurum in granis minutis et oblongis [...] propter hoc dicitur quod lapis est in quolibet homine" [A força mineral máxima está em qualquer homem, e principalmente na cabeça entre os dentes, como a seu tempo foi encontrado ouro em grãos pequenos e alongados [...] por isso diz-se que a pedra (filosofal) está em qualquer homem]. ("Alia Axiomata Philosophica". *Theatrum Chemicum* II, 1602, p. 134). Tratar-se-ia talvez de antigas obturações com curo?

234 Obra Completa – Vol. 14/2

Po Yang, dá a instrução que "se conseguirá certamente alcançar o milagre, caso o cérebro seja treinado durante o tempo necessário"[250].

Alusões ao cérebro se encontram também na alquimia grega nomeadamente a λίθος ἐγκέφαλος (pedra cerebral), que é equiparada à λίθος οὐ λίθος (pedra não pedra), desempenha papel importante[251]. Zósimo chama ao κεφάλαιον (cérebro) a "pedra que não é pedra e o ἀδώρητον καὶ θεοδώρητον" (a não dada e dada por Deus), e o "mistério mítrico"[252]. No tratado sobre a "pedra filosofal" diz-se que o alabastron é "a pedra cerebral mais branca" (λίθον τὸν ἐγκέφαλον)[253], Na tabela dos símbolos de Penotus o cérebro está atribuído entre outros à *Lua,* ao *mysterium baptismale* (mistério batismal) e aos *dii infernales* (deuses infernais)[254]. A Lua como plenilúnio significa *albedo* (brancura) e a pedra branca[255]; o batismo tem um paralelo nos filhos do rei marinho, que são reunidos na casa de vidro no fundo do mar e aí transformados[256]; a atribuição aos deuses infernais poder-se-ia colocar em conexão com o cérebro por ser ele a sede da consciência e da inteligência, uma vez que a consciência tem existência contrária à divindade por ter escapado para fora da totalidade divina[257].

---

250. Isis. XVIII, 260.

251. BERTHELOT. *Collection des anciens alchimistes grecs*, I, III, 1.

252. Op. cit., III, II, 1.

253. Op. cit., III, XXIX, 4.

254. PORTU AQUITANUS, B.A. (aliás PENOTUS). "Characteres secretorum celandorum". *Theatrum Chemicum* II, 1602, p. 123.

255. A "pedra branca" foi posta pelos alquimistas em relação com Ap 2,17: "Vincenti dabo manna absconditum, et dabo illi calculum (ψῆφον) candidum: et in calculo nomen novum inscriptum, quod nemo scit, nisi qui accipit" (Àquele que vencer darei do maná escondido, eu darei uma pedrinha branca com um nome novo inscrito, que ninguém conhece senão quem a receber).

256. "Visio Arislei". *Artis Auriferae* I, 1593, p. 143.

257. É justamente por isso que o diabo se chama "Lúcifer". Em correspondência com isso Penotus atribui ao cérebro também a *serpente*, pois a este fator deve a existência o primeiro movimento independente da parte de nossos primeiros pais. A Naas (serpente) do gnosticismo e a *serpens mercurialis* (serpente mercurial) da alquimia estão na mesma linha.

Zósimo forma a ponte da alquimia para o gnosticismo, onde encontramos concepções semelhantes. O cérebro (ou respectivamente o *cerebellum*) é igual à cabeça da serpente (τὸ σχῆμα τῆς παρεγκεφαλίδος εἰοικὸς κεφαλῇ δράκοντος)[258] (A forma do parencéfalo é semelhante à cabeça da serpente ou do dragão). Aquele mau Korybas, que de uma parte está relacionado com Adão e de outra parte com o Hermes Kyllênico[259], provém "da cabeça em cima e do cérebro não caracterizado" (ἀπὸ τοῦ ἀχαρακτηρίστου ἐγκεφάλου)[260] e perpassa todas as coisas; não se sabe "como nem de que maneira". Em relação com isso cita Hipólito (Jo 5,37): "Nós decerto ouvimos sua voz, mas não vimos sua forma", com o que se alude a um fator parcialmente inconsciente. Para acentuar ainda mais esse aspecto, acrescenta ele que este se encontra na "figura de barro" (ἐν τῷ πλάσματι τῷ χοϊκῷ), com o que se quer indicar o homem[261]. "Este é, prossegue o autor, o Deus que habita no dilúvio e de quem o Saltério diz que clama e grita a partir das muitas águas"[262]. Com isso se alude ao desejo do inconsciente para a concretização. Se considerarmos que esta descrição provém de uma época (cerca do século II) em que não havia a mais remota ideia de psicologia em nosso sentido hodierno, deve-se, pois, conceder que com os meios escassos daquele tempo se realizou, entretanto, uma considerável descrição do estado de coisas da psicologia. Este Adão, do qual falam os naassenos de Hipólito, é um "rochedo". "Este Adão (ἀδάμας), a pedra angular (λίθος ὁ ἀκρογωνιαῖος), que se tornou a cabeça (κεφαλήν) do vértice. Na cabeça (κεφαλῇ) está o cérebro assinalado (ou assinalante, χαραχτηριστιχόν), a essência (οὐσία), a partir da qual é formada (χαρακτηρίζεται) a família inteira, o Adão que eu intercalo no fundamento de Sião"[263]. Como ele

293

---

258. HIPÓLITO. *Elenchos* IV, 51, 13.

259. A série dos paralelos inclui Átis, Osíris, a serpente e Cristo.

260. Verbalmente: "não marcado com nenhum Sinal".

261. O texto acrescenta aqui: «γιγνώσκει δὲ αὐτὸ (εἶδος) οὐδείς» (Mas ninguém o conhece), com o que se alude novamente ao estado de inconsciência.

262. Sl 29,3: "A voz do Senhor sobre as águas!", e 10: "O Senhor tem o trono sobre as águas do alto". Um paralelo alquímico para isso em Michel Majer, aduzi-o em *Psychologie und Alchemie (Psicologia e alquimia)*, 2. ed., 1952 [OC, 12], p. 149. A passagem acima se encontra em *Elenchos*, V, 8, 13s.

fala em alegoria, quer ele indicar a formação (πλάσμα) do homem. Mas o intercalado é Adão (ἀδάμας), (o homem interior, o fundamento de Sião). O "homem interior" é, no entanto, o Adão que decaiu do homem primordial (ἀρχανθρώπου)[264].

294   Estes exemplos mostram em que fundamentos originais se baseiam as ideias alquímicas. Se neste caso e em outros semelhantes não se pudesse porventura verificar a continuidade da tradição, então vernos-íamos forçados a admitir que em base arquetípica exatamente as mesmas ideias podem surgir sempre de novo espontaneamente.

295   Após essa digressão sobre o cérebro e a terra lunar, retornamos ao comentário de nosso texto, que abandonamos mais acima ao tratar do motivo da terra branca.

296   Na "terra branca folheada" semeia-se o ouro, como dizem os alquimistas: "*Seminate aurum in terram albam foliatam*"[265] (Semeai o

---

263. Esta pedra nos fundamentos de Sião refere-se talvez a Zc 4,9s.: Manus Zorobabel fundaverunt domum istam, et manus eius perficient eam [...] 10: et laetabuntur et videbunt lapidem stanneum in manu Zorobabel. Septem isti oculi sunt Domini, qui discurrunt in universam terram" (As mãos de Zorobabel lançaram os fundamentos deste templo; suas mãos o terminarão [...] 10: e eles se alegrarão vendo a pedra escolhida na mão de Zorobabel. Estes sete são os olhos do Senhor, que discorrem por toda a terra). Esta passagem foi aplicada por um alquimista ao *lapis philosophorum* (pedra filosofal) em vista da suposição de que "os olhos do Senhor" tivessem sido encontrados na pedra fundamental.

264. *Elenchos* V, 7, 35s. A parte em parênteses se refere a uma incerteza do texto.

265. O "Rosarium Philosophorum". *Artis Auriferae* II, 1593, p. 336: "Seminate ergo *animam* in terram albam foliatam" (Semeai, pois, a *alma* na terra branca folheada). Quanto à terra foliata cf. "Emblema", VI, in: MAJER, M. *Secretioris naturae secretorum scrutinium chymicum*. Frankfurt: [s.e.], 1687, p. 16s. O símbolo bem pode provir de SENIOR. *De Chemia*, 1566, p. 25: "Similiter" nominant hanc aquam Nubem vivificantem, mundum inferiorem et per haec omnia intelligent Aquam foliatam, quae est aurum Philosophorum, quod vocavit dominus Hermes Ovum habens multa nomina. Mundus inferior est corpus et cinis combustus, ad quam reducunt Animam honoratam. Et cinis combustus, et anima sunt aurum sapientum, quod seminant in terra sua alba, et terra margaritarum stellata, foliata, benedicta, sitiente, quam nominavit terram foliorum et terram argenti et terram auri". "In quo dixit Hermes: Seminate aurum in terram albam foliatam. Terra alba foliata est corona victoriae, quae est cinis extractus a cinere" (p. 41) (De modo semelhante chamam esta água de nuvem vivificante, de mundo inferior, e por isso tudo entendem a água folheada, que é o ouro dos filósofos, que o Senhor Hermes denominou ovo de muitos nomes. O mundo inferior é o corpo e a cinza queimada, ao que eles reduzem a alma honrada. E a cinza queimada e a

Mysterium Coniunctionis – Rex e Regina...

ouro na terra branca folheada). Deste modo coincidem ouro e terra branca (lunar)[266]. Na concepção cristã a Terra e a Lua, unidas pela fi-

alma são o ouro dos sábios, que eles semeiam em sua terra branca e na terra estrelada de pérolas, folheada, bendita, sedenta, que ele denominou terra das folhas e terra da prata e terra do ouro. Neste ponto diz Hermes: Semeai o ouro na terra branca folheada. A terra branca folheada é a coroa da vitória, que é a cinza extraída da cinza). – O "Liber de Magni Lapidis Compositione". *Theatrum Chemicum*, III, 1602, p. 33, menciona *stella Diana* como sinônimo de terra.

266. O uso dos termos Luna e Terra na alquimia frequentemente não faz nenhuma distinção entre os dois. O "Clangor Buccinae" coloca as duas frases seguintes quase imediatamente uma depois da outra: "Ergo Luna mater et ager in quo solare seminarique debet semen [...]", e (ait sol): "Ego enim sum sicut semen seminatum in terram bonam" etc. [Portanto, a Lua é a mãe e o campo em que se deve semear a semente do Sol . – E (diz o Sol): Eu sou como a semente semeada em terra boa [...] etc.]. (*Artis Auriferae*, I, 1593, p. 464). – O par gerador é quase sempre o Sol e a Lua, mas com igual frequência aparece a Terra como a mãe. Parece que de fato a Lua é a amada e a noiva, mas a Terra é o maternal. – No *Introitus Apertus* se diz: "Jam scias Virginem nostram terram, ultimam subire cultivationem, ut in ea fructus Solis seminetur ac maturetur" (Fica sabendo agora que a nossa Terra virgem recebe o último preparo para que nela seja semeada e amadureça a semente do Sol). – A Terra é a *mater metallorum* (mãe dos metais) e mesmo a de todas as criaturas. Como terra alba (terra branca) ela é o *lapis albus perfectus* (a pedra branca perfeita) ("Epistola Arnaldi". *Artis Auriferae*, II, 1593, p. 490); mas este estado de *albedo* (brancura) se chama *luna plena* (lua cheia) e *terra alba fructuosa* (terra branca frutífera) (MYLIUS. *Philosophia reformata*, 1622, p. 20). – Como a Luna anseia pelo amado, assim a terra atrai para baixo a alma dele (RIPLEY. *Opp.* 1649, p. 78). – Luna diz ao Sol: "Recipiam a te animam adulando" (Com adulação receberei de ti a alma) (SENIOR. *De Chemia*, 1566, p. 8). – O "Tractatus Micreris" diz: "Aqua supra terram incidente, creatus est Adam, qui et mundus est minor" [Pela água que cai na terra foi criado Adão, que é o mundo menor (ou microcosmo)] (*Theatrum Chemicum*, V, 1622, p. 109); isto lembra a atividade de Noé e do dilúvio, em nosso texto. – Para o significado do *mundus minor* (mundo menor ou microcosmo) é essencial a seguinte passagem do mesmo tratado (eod. 1.): "Similiter homo dictus est mundus minor, eo quod in ipso est coeli figura, terrae, solis et lunae, ac visibilis super terram ac *invisibilis figura*, quare mundus minor dictus est". "Terra dicitur mater elementorum, quia portat filium in ventre suo" (De modo semelhante o homem foi chamado de mundo menor, porque nele está a figura do Céu, da Terra, do Sol e da Lua. E esta figura é visível sobre a terra e é também invisível; por isso foi ele chamado de mundo menor. – A Terra se chama a mãe dos elementos porque os carrega como um filho em seu ventre) (MYLIUS. 1622, p. 185). – A *Gloria Mundi* quase que dá dois nascimentos ao *filius* (filho), como convém a um herói: "Quamvis in primo suo partu per Solem et Lunam generatur, et de terra in accretione sua postulatus siet" (Ainda que ele em seu primeiro nascimento fosse gerado pelo Sol e pela Lua, contudo para seu crescimento ele precisa da Terra) (*Musaeum Hermeticum*, 1678, p. 221). – "Pater suscipit filium, hoc est, terra retinet spiritum" (O pai acolhe o filho, isto é, a Terra retém o espírito) (MYLIUS. 1622, p. 137). – Esta identificação de Terra e Lua já se en-

238 Obra Completa – Vol. 14/2

gura da Mãe divina, estão em relacionamento muito íntimo, como também ocorre na alquimia. *A conjunção se dá na cabeça*, o que aponta para a natureza psíquica desse acontecimento[267]. Como já foi dito, na Idade Média ainda não existia o conceito de "psíquico" no mesmo sentido como usamos hoje. Além do mais, também hoje em dia não é nada fácil para as pessoas cultas entender da "realidade psíquica" ou da "realidade da alma". Não é, pois, de admirar que a Idade Média tivesse muito maiores dificuldades para fazer uma ideia de algo entre *esse in re* (existir realmente) e *esse in intellectu solo* (existir somente no intelecto)[268]. A saída era o "metafísico"[269]. Por isso o alquimista era por assim dizer forçado a formular também metafisicamente seus fatos quase químicos. Assim a terra branca corresponde àquela terra que significa a humanidade, que está elevada sobre todos os "círculos do mundo"[270] e tem seu lugar no céu espiritual da Santíssima Trinda-

---

contra na Antiguidade: "Quia totius mundi pars una pars terra est, aetheris autem una pars luna est: Lunam quoque terram, sed aetheream vocaverunt" (Porque do mundo uma parte é a Terra, mas do éter uma parte é a Lua; chamaram a Lua de Terra etérea) (MACRÓBIO. *In Somn. Scip.* I). – Já em Pherenkydes a Lua é a Terra celeste, da qual nascem as almas. – Em FIRMICUS MATERNUS. *Matth.* V, praef. 7, a Lua é até *humanorum corporum mater* (mãe dos corpos humanos). – Relativamente à conexão entre a Lua e a fertilidade terrestre cf. RAHNER, H. *Zeitschrift für katholische Theologie.* 64. Jg. 1940, p. 61s.

267. Cf. minhas dissertações em "Psychologie der Übertragung" ("Psicologia da transferência"), 1946, *passim* (em diversos lugares).

268. A demonstração disso está na disputa acerca dos universais, que, como se sabe, Abelardo procurou acalmar com seu *Conceptualismus*. Cf. *Psychologische Typen (Tipos psicológicos)*. Nova edição, 1950 [OC, 6], p. 64s.

269. Neste princípio se baseia ainda a teosofia, e mesmo toda a metafísica.

270. O presbítero Jodocus Greverus (*Theatrum Chemicum*, III, 1602, p. 785) diz: "Accipe itaque tu, charissime, verborum meorum legitimum sensum, et intellige, quia philosophi similes sunt hortulanis et agricolis, qui primum quidem semina deligunt, et delecta *non in vulgarem terram*, sed in excultos agros aut hortorum iugera seminant [...] (Aceita, pois, o sentido legítimo de minhas palavras e compreende que os filósofos [alquimistas] são semelhantes aos hortelãos e camponeses, que primeiro escolhem as sementes e as semeiam *não na terra vulgar*, mas nos campos preparados e nos canteiros[...]). "Habito autem Sole et Luna philosophorum tanquam semine bono, terra ipsa ab omnibus suis immunditiis et herbis inutilibus expurganda est et diligenti cultura elaboranda, in eamque sic elaboratam Solis et Lunae praedicta semina mittenda sunt [...]" (Considerando-se o Sol e a Lua dos filósofos como boa semente, deve a própria terra ser expurgada de suas imundícies e hervas inúteis, e preparada por diligente cultivo, e então ser lançada nela assim preparada a semente do Sol e da Lua [...]).

Mysterium Coniunctionis – Rex e Regina...   239

de"[271]. Aí esta (terra branca), como podemos acrescentar, evidentemente se associa à Trindade como a "quarta coisa" para somente então formar a totalidade[272]. Mas esta alegre heterodoxia permanecia inconsciente, e suas consequências não apareciam na superfície. A conclusão, que Abraham Eleazar (v. acima!) tira, precisa de esclarecimento. Já é em si algo curioso que ele cite justamente essa passagem em conexão com a descrição do estado perfeito, isto é, da *coniunctio Solis et Lunae* (conjunção ou união do Sol e da Lua). Isto somente é possível se a *coniunctio* significa a produção do *Adam secundus* (segundo Adão) andrógino, a saber: do Cristo e do *corpus mysticum* (corpo místico) da *Ecclesia* (Igreja). No rito eclesiástico é a *com-*

297

---

271. "Ubi terra, hoc est humanitas, exaltata est supra omnes circulos Mundi, et in coelo intellectuali sanctissimae Trinitatis est collocata" (Logo que a terra, isto é, a humanidade foi exaltada acima de todos os círculos do mundo, também foi ela colocada no céu espiritual da Santíssima Trindade). ("De Arte Chimica". *Artis Auriferae* I, 1593, p. 613). Esta terra é verdadeiramente o *paraíso*. Ela é o *hortus felicitatis et sapientiae* (jardim da felicidade e da sabedoria). – "Donum namque Dei est, habens mysterium individuae unionis sanctae Trinitatis. O scientiam praeclarissimam, quae est theatrum universae naturae, eiusque anatomia, astrologia terrestris, argumentum omnipotentiae Dei, testimonium resurrectionis mortuorum, exemplum resurrectionis peccatorum, infallibile futuri iudicii experimentum et speculum aeternae beatitudinis!" (É, pois, um dom de Deus, que contém em si o mistério da união indivisível da santa Trindade. Oh! ciência preclaríssima, que és o teatro da natureza toda e a anatomia e a astrologia terrestre, o argumento infalível da onipotência de Deus, o testemunho da ressurreição dos mortos, o exemplo do reerguimento dos pecadores, a experiência do juízo futuro e o espelho da eterna beatitude). JODOCUS GREVERUS. *Theatrum Chemicum*, III, 1602, p. 809.

272. *Sohar.* I, 1932, 55b: "Macho e fêmea, Ele os criou. Por isso uma figura que não contiver em si tanto o masculino como o feminino não é nenhuma figura superior (celeste). Isso é confirmado pela tradição secreta. Vem e vê! Em um lugar onde não se encontrarem unidos o masculino e o feminino, o Santo – louvado seja Ele – não há de morar" (informação do Dr. S. Hurwitz). – Cf. ainda o *Lógion Jesu* (dito de Jesus) no evangelho dos egípcios: « Ὅταν τὸ τῆς αἰσχύνης ἔνδυμα κατήσητε καὶ ὅταν γένηται τὰ δύο ἕν καὶ τὸ ἄρρεν μετὰ τῆς θελείας οὔτε ἄρρεν οὔτε θῆλυ» (Quando tiverdes lançado fora a veste da vergonha e os dois tiverem se tornado uma só coisa, e o masculino com o feminino, não haverá mais nem masculino nem feminino). (CLEMENTE DE ALEXANDRIA. *Strom.* III, 6, 45). – Conforme o *Sohar.* III, 1932, 7b, distingue-se na própria divindade um princípio masculino e um feminino (WUENSCHE, A. *Realencycl. f. Prot. Theol.* 9, 679, 43).

mixtio (mistura) das substâncias ou a *communio* (comunhão) sob as duas espécies. A passagem de Jó deve, pois, ser entendida como se Cristo dissesse: "De minha terra, isto é, de meu corpo escorrerá sangue". No rito ortodoxo-grego o pão grande representa o corpo de Cristo. O sacerdote faz um furo no pão com uma pequena lança de prata, para assim representar analogicamente a chaga do lado doadora de sangue e de graça, e talvez também a ação de matar a vítima (*mactatio Christi* / a imolação de Cristo).

298 A terra alquímica, como vimos, é a substância do arcano, que aqui é relacionada de uma parte com o *corpus Christi* (Corpo de Cristo) e de outra parte como *adamah* também com a terra vermelha do paraíso. De *adamah* se deriva há longo tempo o nome de Adão, razão pela qual aqui a terra do paraíso está ligada ao *corpus mysticum* (corpo místico). (Estas ideias especificamente cristãs combinam mal com sua autoria pretensamente judaica!). Fato curioso, entretanto, como foi destacado, é que essa *adamah* deva ser "*misturada com fogo*". Decerto se deve em primeiro lugar pressupor que se trate aqui de uma concepção alquímica, a saber, daquela ideia do "*ignis gehennalis*" (fogo da geena), um fogo central[273], por cujo calor e força a natureza se mostra verde e cresce, ao mesmo tempo em que nele reside a *serpens mercurialis* (serpente mercurial), que é aquela salamandra que o fogo não queima, e aquele dragão, que se alimenta do fogo[274]. Este fogo, aliás, é uma parte

---

273. "Quamobrem in Centro terrae ignis est copiosissimus aestuantissimusque (ex Radiis solaribus ibi collectus), qui Barathrum sive orcus nuncupatur, nec Alius est ignis sublunaris: faeces enim sive terrestres reliquiae principiorum praedictorum, videlicet caloris solaris et aquae, sunt ignis et terra: damnatis destinata" [Por isso há no centro da Terra um fogo abundantíssimo e quentíssimo (concentrado a partir dos raios solares), que é chamado de *bárato* (abismo ou inferno) e de *orcos* (região dos mortos ou inferno), e não existe outro fogo sublunar. A borra, pois, ou os resíduos terrestres dos preditos princípios, a saber: o calor do sol e o da água são o fogo e a terra destinados aos condenados], (MENNENS, G. "Aurei Velleris..." *Theatrum Chemicum* V, 1622, p. 370).

274. "Ipsum enim est, quod ignem superat, et ab igne non superatur: sed in illo amicabiliter requiescit, eo gaudens" (Ele é o que vence o fogo e não é vencido pelo fogo; mas repousa amigavelmente nele e se alegra por causa dele). (GEBER. *Summa perfectionis*, 1541, cap. LXIII, p. 139).

Mysterium Coniunctionis – Rex e Regina... 241

do fogo do espírito de Deus (o fogo da "ira divina", como o formulou Jakob Boehme), mas também significa algo como Lúcifer, que era o mais belo dos anjos de Deus, para depois tornar-se o próprio fogo infernal. Abraham Eleazar diz a respeito disso: "Este velho pai gerador[275] será um dia extraído do caos primordial[276], e isso significa o dragão que vomita Δ (fogo)". O dragão que paira no ar significa o universal "Phyton[277], o princípio de todas as coisas"[278].

Outra fonte para a *adamah* misturada com fogo poderia facil- 299 mente ser a imagem do Filho do Homem de Apocalipse 1,14s.: "A cabeça e os cabelos eram brancos como a lã *branca* e como a neve. Os olhos eram como chamas de fogo. Os pés, semelhantes ao bronze[279] incandescente no *forno,* e a voz como a voz de muitas águas. Na mão direita tinha sete estrelas, e da boca saía uma espada afiada de dois gumes. O aspecto do rosto era como o Sol, quando resplandece em sua plenitude". Aqui se compara a cabeça ao Sol, e se une com o branco (*albedo*) da *luna plena* (Lua cheia). Mas os pés, como a parte mais baixa da figura, estão por assim dizer no fogo e estão em brasa como o bronze fundido. O fogo "inferior", vamos encontrá-lo em Jó 28,5: *terra igne subversa est* – a terra foi derrubada ou arruinada pelo fogo. Em cima, porém, cresce o pão – uma imagem da união dos maiores opostos! De fato, na imagem apocalíptica dificilmente se reconheceria o Filho do Homem, que é verdadeiramente a encarnação do amor de Deus. Esta imagem se acha mais próxima do paradoxo alquímico do que da imagem de Cristo nos Evangelhos: neste, desde o *"apage Satanas"* (retira-te, Satanás), tornou-se quase invisível a presença de

---

275. Albaon = Plumbum nigrum = Chumbo negro.

276. Esta expressão provém de KHUNRATH. "Confessio". Cf. *Von hylealischen... Chaos*, 1597.

277. Cf. "Der Geist Mercurius" ("O espírito de Mercúrio"). *Symbolik des Geistes (Simbólica do espírito)*, 1948, p. 99.

278. ELEAZAR, A. I, p. 63.

279. Χαλκολιβάνῳ, traduzido na *Vulgata* por *aurichalcus* (bronze de ouro). Este termo latino provém de ὀρείχαλκος = certa liga de cobre.

242   Obra Completa – Vol. 14/2

oposições internas. Mas isso reaparece no Apocalipse e no espírito dele[280], e se torna verdadeiramente visível nos símbolos da alquimia.

300   Nossa suposição de que na mente do autor pairava o Filho do Homem do Apocalipse é confirmada pelo fato de que no manuscrito parisiense P.R. 14.765 se encontra realmente uma ilustração do *"fils de l'homme* ☿*"*. A figura traz a inscrição *Jezoth Le Juste* (ver acima). *Jesod* é a nona sĕphira e simultaneamente a média da tríade inferior das Sĕphiroth. Em Jesod se realiza o *Mysterium* da *"Unitio"*[281], isto é, "o ato da união" do superior, Tiphereth, com o inferior, Malchuth. Jesod tem muitos significados, que o manuscrito põe em relacionamento com Mercurius. Do ponto de vista alquímico, este é como anima o *ligamentum* (ligamento), que reúne *spiritus* e *corpus* (espírito e corpo), função que corresponde à de Jesod. A natureza dupla de Mercurius o torna capacitado para o papel de mediador; ele é corporal e espiritual, e forma mesmo a união dos dois princípios. De acordo com isso, Jesod se chama *"foedus pacis"*[282], aliança da paz. Designação semelhante é *"panis"* ou *"princeps facierum"*, pão ou príncipe das faces, a saber, da superior e da inferior[283], ou *"apex"*, culminância, que toca na terra e no céu[284], ou *"propinquus"*, o próximo, porque ele está mais próximo do brilho (*Shechinah*), a saber, de Mal-

---

280. Cf. o aspecto duplo do Tiphereth cabalístico, que corresponde ao Filho do homem. Dele se diz (*Kabbala Denudata*, 1677, T. I, P. I, p. 348): "Ad dexteram vocatur Sol justitiae Mal 4,2, sed ad sinistram (Sol) a calore Ignis Gebhurae" (À direita chama-se Sol da justiça, mas à esquerda sol do calor do fogo da Gebhurah). A respeito do segundo dia (da criação), relacionado com Gebhurah, se diz: "In illo creata est gehenna" (Nele foi criada a *geena*), p. 439.

281. Op. cit., p. 165, cf. verbete Botri.

282. Op. cit., p. 210, 5: "Foedus Pacis autem seu perfectionis propterea dicitur, quia iste modus pacis et perfectionis autor est inter Tiphereth et Malchuth [...] Quia [...] modus ille, qui vocatur Col, est in Coelo et in terra, ubi Targum hac utitur paraphrasi, quod uniatur cum coelo et cum terra" (A aliança da paz ou da perfeição se chama assim, porque esta medida da paz e da perfeição é o autor entre Tiphereth e Malchuth [...] Porque [...] esta medida, que se chama Col, está no céu e na terra, onde o Targum usa a paráfrase dizendo que o céu e a terra estão unidos).

283. Op. cit., p. 500.

284. Op. cit., p. 674 e 661.

Mysterium Coniunctionis — Rex e Regina... 243

chuth, do que de Tiphereth[285], ou *"robustus Jisraël"* (o forte de Israel).[286] Ele reúne a emanação do lado direito, masculina (*Nezach* = força vital) com a do esquerdo, feminina (*Hod* = beleza)[287]. Jesod quer dizer *"firmum, fidum, stabile"* (o firme, o confiável, o estável)[288], por conduzir a emanação de Tiphereth para Malchuth[289].

Mercurius muitas vezes é simbolizado como *árvore;* Jesod como *"frutex"* (tronco de árvore) e *"virgultum"* (arbusto)[290]. O primeiro é considerado *spiritus vegetativus* (espírito da vida e do crescimento); Jesod tem o apelido de *vivus* (vivo)[291], ou é designado como *"vivens per eones"*[292] (vivente pelos séculos). Como Mercurius representa a *prima materia*, e desse modo a base do processo todo; assim Jesod é "o fundamento"[293]. Diz-se que nas "coisas naturais" Jesod inclui em si o mercúrio "porque este é o fundamento de toda a arte de transfor-

301

---

285. "Propinquus [...] et melior quam frater e longinquo, qui est Tiphereth" (Próximo [...] e melhor que o irmão de longe, que é Tipphereth), op. cit., p. 677.

286. "[...] quod robustus Jisrael sit nomen medium inter Nezach et Hod" ([...] que o forte de Israel é o nome entre Nezach e Hod), op. cit., p. 14.

287. Como *castella mu*nita (castelos fortificados) (op. cit., p. 156) e como *botri* (bagos de uva), Nezach e Hot têm o significado de *testiculi* (testículos).

288. Do mesmo modo tanto Jesod como Tiphereth são chamados de *amicus fidelis* (amigo fiel), (p. 247): "In Sohar, in historia illius Puelli, dicitur, quod Iustus (Jesod) vocetur Amicus ad locum Ct. 7,10. Vadens ad dilectum meum" etc. "Et hinc Jesod dicitur Amicus, quia unit duos dilectos et amicos: quia per ipsum fit unio Tiphereth et Malchuth" [No Sohar, na história daquele menino, se diz que o Justo (Jesod) é chamado de amigo fiel segundo a passagem do Ct 7,10: Irei ao meu amado etc. E por isso Jesod é chamado de amigo, porque une dois amados e amigos: pois por ele se realiza a união de Tiphereth e Malchuth].

289. Op. cit., p. 560. O simbolismo é de fundo sexual: "Ipse autem hic gradus firmus est inter illum et illam, ut natura seminis subtilissima e supernis demissa non dimoveatur" (Ele, porém, é a etapa firme entre ele e ela, para que a natureza subtilíssima do sêmen derramado de cima não seja desviada). O atributo *fortis, validus"* (forte, poderoso) vale tanto para Tiphereth como para Jesod, op. cit., p. 13.

290. Op. cit., p. 710.

291. Op. cit., p. 340.

292. Op. cit., p. 165.

293. Op. cit., p. 660: "Pr. 10,25: Et Justus fundamentum mundi" (E o Justo é o fundamento do mundo).

mação"[294]; entretanto, não é o *argentum vivum* (prata viva, mercúrio) ordinário, mas aquele "que a gente designa, não sem mistério, como estrela"[295]. Dessa estrela escorre a "água do bom Deus"[296] (El) ou do mercúrio, a "*aqua sphaerica*" (água esférica) ou a "água da subversão". "Ela (água) é chamada de *filia Matredi*, isto é, do ourives, que faz esforços sem cessar. A mulher dele se chama água do ouro ou a água que produz o ouro. Se o adepto se unir a ela, gerará uma filha, que será a água do banho régio"[297]. A *aqua auri* (água do ouro), por meio de especulações *isopsephicas*[298], é identificada com Jesod. Parece que está indicando isso a tabela com os dezesseis sinais do ouro (ou do Sol) ⊙, que se encontra sob os pés da figura do Filho do Homem no manuscrito de Paris. A *Kabbala Denudata* reproduz uma "*camea*"[299], que não contém 2 x 8, mas 8 x 8 = 64^{300} números, "que representam a soma do nome da água do ouro[301].

---

294. "In naturalibus Jesod sub se continet argentum vivum, quia hoc est fundamentum totius artis transmutatoriae", op. cit., p. 441.

295. "Hoc est illud quod non sine mysterio vocatur stella [...] et ab hac stella fluit influentia haec, de qua loquimur. Hoc argentum vivum [...] vocatur Aqua Sphaerica" etc. [Isto é o que não se pode, sem mistério, chamar de estrela [...] e desta estrela dimana aquela "influência" da qual falávamos. Isto é a prata viva (mercúrio) [...] e se chama água esférica etc.], op. cit., p. 441s.

296. Aquae El boni, seu Argenti vivi" [Água do bom El (Deus) ou da prata viva], op. cit., p. 442.

297. "Haec (aqua) dicitur filia Matredi, id est [...] Viri aurificis laborantis cum assidua defatigatione; nam haec aqua non fluit e terra nec effoditur in mineris, sed magno labore et multa assiduitate elicitur et perficitur. Huius uxor appellatur Aqua auri sive talis Aqua, quae aurum emittit. Cum hac si desponsatur artifex, filiam generabit, quae erit Aqua balnei regii", op. cit., p. 442. Estas explanações provêm, ao que parece, do tratado alquímico de Aesch Mezareph, que Knorr reelaborou em seu *Apparatus*.

298. Se o valor numérico de uma palavra coincide com o de outra, então isto se chama *Isopsephos*.

299. Do italiano *cameo*, que provém do latim medieval *cammaeus* e significa pedra preciosa lapidada.

300. O número 64 representa a totalidade máxima como múltiplo de quatro. De modo análogo decerto se deve entender o número 64 dos Hexagramas do I Ching, que representam o caminho do "Espírito do Vale" ou do Tao, o qual serpenteia como um dragão (serpente) ou um curso de água. Cf. ROUSSELLE, E. Drache und Stute. *Eranos-Jahrbuch*, 1934, p. 28. Igualmente TSCHARNER, E.H. von. Das Vermächtnis des Laotse. In: *Der Bund*. 13 e 20 junho, Berna: [s.e.], 1934, p 11.

301. *Kabbala Denudata*. Op. cit., p. 443.

Uma vez que a *prima materia* é também designada como chumbo   302
e Saturno, é preciso mencionar que o *Sabbath* está relacionado com Jesod, e ainda com a letra Teth, que está sob a influência do planeta
Schabtai = Saturno[302]. Desde que o Mercurius, como substância volátil, é chamado de *"avis, anser, pullus Hermetis"* (ave, ganso, pintinho
de Hermes), ou de *"cygnus"* (cisne), *"aquila"* (águia), *"vultur"* (abutre)
e *"Phoenix"* (fênix), igualmente Jesod é designado como *"pullus avis"*
(filhote de ave) (da mesma forma também Tiphereth[303], e ainda como
"penna, ala" (pena, asa)[304]. A pena e a asa desempenham papel também
na alquimia: a águia que devora suas penas ou asas[305], ou as penas da
fênix em Michael Majer[306]. A concepção da ave que devora suas próprias penas é uma variante do Uróboro, que de sua parte também se relaciona com Leviatã. Leviatã e *"draco magnus"* (grande dragão) são designações tanto de Jesod como de Tiphereth[307].

A designação de Jesod como *"le Juste"* coincide com o cognome   303
Tsaddik, *"Justus"* (o justo) (cf. nota 303), que também é simbolizada

---

302. Op. cit., p. 439 e 366: "In Sohar haec litera dicitur scaturigo vitae" (No Sohar
esta letra é chamada de fonte de que jorra vida).

303. Op. cit., p. 144: "Haec appellatio dicitur referenda ad *Justum* sub mysterio Lucis
reflexae ab imo ad summum. Verba sunt haec: Aephrochim sunt flores, qui fructum
nondum praebent perfectum. Suntque Sephiroth sub notione arboris, quae ab imo sursum conversa est, et quidem circa Jesod" (Esta designação deve referir-se ao *Justo*, no
mistério da luz refletida de baixo para cima. As palavras são estas: Aephochim são flores que ainda não apresentam o fruto perfeito. E são as Sephiroth, sob a figura de uma
árvore, que está virada de baixo para cima, e isso em torno de Jesod).

304. Op. cit., p. 22: "Penna, ala: it membrum, et quidem genitale [...] hoc nomen ex-
ponit Jesod, cui cognomen Justi tribuitur" (Pena, asa: ele é um membro, e o genital [...]
este nome indica Jesod, a quem foi dado o cognome de Justo).

305. Cf. *Psychologie und Alchemie* (*Psicologia e alquimia*). 2. ed., 1952 [OC, 12],
fig. 228.

306. "Phoenix [...] ex cuius pennis circa colum aureolis [...] Medicina ad omnes affec-
tiones humanae naturae contrarias in temperiem sanitatis optatam reducendas utilissi-
ma [...] inventa et usurpata est" (A fênix [...] de cujas penas douradas em torno do pes-
coço [...] foi descoberto e posto em uso um remédio muito útil para fazer regredir todas as afecções contrárias dando a proporção desejada da saúde). *Symbola aureae
mensae duodecim nationum*, 1617, p. 599.

307. *Kabbala Denudata*, 1677, T. I, Pars I, p. 499 e 737.

pelo *Phalus* (falo). Como tal ele é designado *"effusorium aquarum"* (vertedor de água)[308], ou *"fistula"* e *"canalis"* (cano, canudo)[309] e *"scaturigo"* (fonte em jato)[310]. Alusões semelhantes se encontram também na alquimia, pois Mercurius é colocado em relacionamento com Cyllenius[311].

304   Jesod se relaciona como a parte para o todo, e o todo é Tiphereth, que é designado como *Sol*[312]. Os pés do Filho do Homem apocalíptico, que eram como que incandescentes pelo fogo, talvez tenham alguma relação com Malchuth, pois os pés são aquele órgão que toca a terra. A terra, a saber, Malchuth, é o *"scabellum pedum eius"* (escabelo dos pés dele)[313] (Jesod). Malchuth também se chama *fornax* (fornalha), "o lugar designado para ferver e cozinhar o influxo que do esposo é dirigido para ela, para a alimentação das multidões"[314].

305   A cabeça de ouro com os cabelos lunares de prata e o corpo de terra vermelha misturada com fogo representam o interior de uma figura negra, venenosa e feia, que aparece então como a Sulamita. Evidentemente essas propriedades devem ser entendidas em sentido *moral*, ainda que signifiquem simultaneamente o *plumbum nigrum* (chumbo negro) do estado inicial. O interior é o *Adam secundus* (se-

---

308. Op. cit., p. 330. "Iste enim est effusorium aquarum supernarum: Et duae olivae super illud, sunt Nezach et Hod, duo testiculi masculini" (Este é a passagem por onde são derramadas as águas superiores: E as duas olivas em cima dele são Nezach e Hod, os dois testículos masculinos).

309. Op. cit., p. 544, *fons* (fonte), p. 215.

310. Op. cit., p. 551.

311. Cf. "Der Geist Mercurius" ("O espírito de Mercúrio"). *Symbolik des Geistes* (*Simbólica do espírito*), 1948.

312. *Kabbala Denudata*. Op. cit., p. 348.

313. Op. cit., p. 156, 266, 439.

314. "Sic vocatur Malchuth ex parte Gebhurah quae illam accendit, fervore iudicii [...] estque locus destinatus ad coctionem et elixationem influentiae, a marito demissae ad nutritionem catervarum" [Assim Malchuth é chamada da parte de Gebhurah (fogo), que a inflama com o fervor do julgamento [...] e é o lugar destinado à cocção e à purificação do fluxo que desce do seu marido para a alimentação das multidões]. "Sicut notum est: foeminam calore suo excoquere semen ad generandum" etc. (Como é conhecido, a mulher com seu calor "cozinha" o sêmen para a geração etc.), op. cit., p. 465.

Mysterium Coniunctionis – Rex e Regina...   247

gundo Adão), um Cristo místico, como se evidencia pela alegoria do leão que Sansão sufoca e que se tornou a morada de um enxame de abelhas preparadoras de mel. Com isso se alude ao enigma de Sansão: "Do que come saiu comida e do forte saiu doçura"[315]. Estas palavras indicam o *corpus Christi* (corpo de Cristo), a hóstia, que é o "alimento dos heróis"[316]. Esta expressão curiosa e a concepção mais curiosa ainda do "Cristo" presente na hóstia estão a indicar o mistério alquímico. Por isso o autor pode afirmar com Jó 28,7 que o caminho é desconhecido e que também não pode ser descoberto pelo olho da água: ele é um mistério escuro, a saber, aquela "pedra", que está destinada aos "provados e escolhidos de Deus".

O *lapis* (pedra) desempenha certo papel na cabala: "muitas vezes Adonai, o nome da última Sĕphira, e mesmo Malchuth, o reino, são chamadas assim (isto é, *lapis*), porque este último é o fundamento de toda a criação do mundo"[317]. A pedra tem assim a máxima importância porque ela por assim dizer realiza a função de Adām Kadmōn como "pedra principal, pela qual na obra da criação foram trazidas à existência todas as multidões superiores e inferiores"[318]. Ela se chama

306

---

315. Jz 14,14.

316. "[...] De Dei filio intelligit, qui in castigandis mundi sceleribus formidandum Leonem sat diu imitatus paulo post, morte propinquante, dum SS. Eucharistiae Sacramentum instituit, in melleos favos longe suavissimos se Ipsum convertit" (Ele pretende indicar com isso o Filho de Deus, que por tempo bastante longo imitou o temível leão, ao combater os crimes do mundo, mas, ao aproximar-se a morte, instituiu o sacramento da SS. Eucaristia e transformou-se em favos de mel suavíssimos). PICINELLUS. *Mundus Symbolicus*, 1680, Lib. V, cap. XXII, p. 456.

317. "Saepius Adonai nomen Sephirae ultimae, et ipsa Malchuth. Regnum, ita dicitur; quonian ipsum totius mundanae fabricae fundamentum extat". *Kabbala Denudata*, 1677, T. I, P. I, p. 16.

318. "[...] lapis capitalis, a quo omnes catervae superiores et inferiores in opere creationis promuntur in esse". – No *Sohar* 231a se diz em tradução exata: "E o mundo somente foi criado quando se tomou uma pedra. Esta pedra se chama pedra fundamental. Tomou-a o Santo – louvado seja Ele – e atirou-a no abismo (*tehom*). Ela penetrou nele de cima para baixo. A partir daí plantou Ele o mundo. Aí está o centro do mundo. Neste ponto está o Altíssimo. Assim se diz: 'Quem assentou sua pedra angular' (Jó 38,6) ou 'uma pedra fundamental comprovada e preciosa' (Is 28,16) ou 'a pedra que os construtores rejeitaram, tornou-se a pedra angular' (Sl 118,22). Vem e vê: 'Esta pedra foi criada do fogo, do ar e da água [...]', 'esta pedra tem sete olhos' (Zc 3,9). Ela é o rochedo de Moriá, o lugar do sacrifício de Isaac. Ela é também o 'umbigo' do mundo".

de (pedra) safírica, porque ela toma do superior variegadas cores e atua nas criaturas, ora de um modo, ora do modo oposto, pois às vezes concede o bem, às vezes o mal, ora a vida ora a morte, ora a enfermidade ora a cura, ora a indigência ora a riqueza"[319]. O *lapis* (pedra) aparece aqui como a *força do destino*, e até mesmo como o próprio Deus, como mostra a indicação de Deuteronômio 32,39 no texto ("Vede, pois, que eu, e só eu sou Deus, e não há outro Deus além de mim. Eu causo a morte e restituo a vida, sou eu que firo e sou eu que curo etc."). *Knorr von Rosenroth*, do qual provêm as palavras acima[320], era ele mesmo alquimista e se declara aqui com consciente nitidez[321]. A pedra é aquela "que os construtores rejeitaram e tornou-se pedra angular"[322]. No sistema das Sĕphīroth ocupa ela uma posição intermediária, pois se diz que ela une em si as forças do superior e as distribui ao inferior[323]. De acordo com a posição, corresponde ela mais ou menos ao Tiphereth[324].

---

319. "Sapphireus, quia varium a supernis gradibus colorem trahit et in creatis *mox hoc, mox contrario modo operatur*: nam bonum nonnunquam, quandoque malum, nunc vitam, nunc interitum, nunc languorem, nunc medelam, nunc egestatem, nunc divitias ministrat".

320. Op. cit., p. 16 e 18.

321. Ele aconselha sua obra aos "filósofos, teólogos de todas as religiões e aos filoquímicos" ("Philosophis, Theologis omnium religionum atque Philochymicis"). Cf. a página do título, T. I, Pars I.

322. Op. cit., p. 16 e 18.

323. Op. cit., p. 16s.

324. A "pedra" não se refere unicamente ao "superior", mas também a Malchuth: "In hoc nomine perpetuo mysterium literae ' (Jod) involvitur, et quidem ut plurimum in Malchuth, quatenus in ista existit litera Jod. Informis enim massa et figura τοῦ ' figuram habet lapidis; et Malchuth est fundamentum et lapis cui totum aedificium superius superstruitur. De ea dicitur Zach 3,9: Lapis unus Septem oculorum" [Neste nome está envolvido perpetuamente o mistério da letra ' (Jod), e primeiramente o mais das vezes em Malchuth, porque nela existe o Jod. A massa informe e a figura do ' tem a forma de uma pedra (angular); e Malchuth é o fundamento e a pedra, sobre a qual é edificado todo o edifício. Dela se diz em Zc 3,9: Uma pedra de sete olhos]. (*Kabbala Denudata*, 1677, Pars I, p. 17). – Cf. tb. o cap. II desta obra: Os paradoxa, em que tratei a χεραία de Monoimos, que é o "Jod" (hebraico). – A "pedra inferior" adquire mau sentido na lenda midráxica de Armillus, o "filho da pedra". No midraxe dos dez reis se diz: "E

Mysterium Coniunctionis — Rex e Regina...   249

Não consegui verificar a existência da safira como o arcano na   307
literatura alquímica anterior ao tempo de Paracelsus. Parece que
este termo tirado da cabala tenha entrado por esse autor na alquimia como sinônimo da substância do arcano. Esta significação da
safira provém de uma passagem de *Paragranum* (no alemão da época): "A virtude, assim como ela está na safira, dá-a o céu por meio
de soluções, coagulações e fixações. Assim são as três coisas que o
céu criou em seu efeito, até consegui-lo. Da mesma forma deve novamente ser a fragmentação nos tais três pontos. Esta fragmentação
é o que faz também que os corpos se separem e o arcano fique. Pois
antes disso e de que a safira existisse, não havia nenhum arcano. Em
seguida, como a vida no homem, foi portanto também o arcano
dado pelo céu a esta matéria"[325]. Esta descrição permite reconhecer
ligações com concepções cabalísticas. O discípulo de Paracelsus,
Adam von Bodenstein, declara em seu *Onomasticon:* " 'Materia
saphyrea' (matéria satírica): Aquele líquido no qual não há nenhuma matéria nociva"[326]. Dorneus[327] coloca a *"sapphiricum Anthos"*
(flor safírica) no grupo do Arcanum Cheyri de Paracelsus[328]. A *Epistola ad Hermannum* cita um G.PH. Rhodochaeus De Geleinen Husio[329]: *"Tunc exsurgit Hermaphroditi flos Saphyricus, admirandum*

Satã descerá e terá relações com a pedra em Roma. A pedra conceberá e dará à luz
Armillus". "Esta pedra é a mulher de Belial, e, depois de ele dormir com ela, ela engra-
vidará e dará à luz Armillus". Ele tem "olhos vesgos e vermelheos, duas cabeças e pés
verdes". "O cabelo dele é vermelho como o ouro". Ele é uma figura tifônica, que está
prevista como o antagonista do segundo Adão. "Ele irá aos edomitas e lhes dirá: Eu
sou o vosso salvador". A pedra em Roma, segundo dizem, "tem a forma de uma moça
bonita, que foi criada ainda nos seis primeiros dias da criação". Armillus corresponde
na lenda persa ao Azi-Dahaka de três cabeças, que vence a Yma (*ánthropos*, homem).
Cf. MURMELSTEIN. Adam. *Wiener Zeitschr. f. d. Kunde d. Morgenl*, 1928, Tomo
XXXVI, p. 75s. Outras variantes em HURWITZ, S. *Die Gestalt des sterbenden Messias* (ainda em manuscrito não impresso).

325. O livro *Paragranum*, 1903, p. 77 [STRUNZ (org.)].

326. "Materia saphyrea: liquidum illud in quo non est materia peccans". *Theophr. Paracelsi de Vita Longa*, 1562.

327. Cf. *Paracelsica*, 1942, p. 86s.

328. *Paracelsi De Vita Longa*, p. 72.

329. "Corollarium de Hermaphrodito". *Theatrum Chemicum*, V, 1622, p. 899.

250 Obra Completa — Vol. 14/2

Maioris Mundi Mysterium. Cuius pars, si in mille liquati Ophirizi partes infundatur, id omne in sui naturam convertit"[330]. Esta passagem é dependente de Paracelsus.

308 O *Lapis Sapphireus* ou *Sapphirinus* tem sua origem de uma parte em Ezequiel 1,22 e 26, onde o *firmamentum* (firmamento) por sobre as cabeças dos "seres vivos" é comparado com *"crystallus horribilis"* (cristal esplêndido) e com uma safira (igualmente em Ez 10,1) e de outra parte em Êxodo 24,10: *"Et viderunt Deum Israel: et sub pedibus eius quasi opus lapidis sapphirini et quasi caelum cum serenum est"* (Eles viram o Deus de Israel. Debaixo dos pés havia uma espécie de pavimento de ladrilhos de safira, límpidos como o céu sereno). Na alquimia o *aurum nostrum* (nosso ouro) é *"crystallinum"* (cristalino)[331]; o *"thesaurus philosophorum"* (tesouro dos filósofos) é certo céu de vidro semelhante ao cristal, dúctil como o ouro"[332]; a *tinctura auri* (tintura de ouro) é transparente como cristal e frágil como o vidro"[333]. *A caverna do tesouro síria* diz que o corpo de Adão brilha "como a luz do cristal"[334]. O cristal, *"qui intus et extra ex aequo purus apparet"* (que se mostra igualmente puro por dentro e por fora), é referido na linguagem eclesiástica ao *"candor illaesus"* (candura ilesa) de Maria[335]. O trono da visão de Ezequiel, diz Gregório Magno, com

---

330. "Então surge a flor safírica do hermafrodito, o Mysterium admirável do Macrocosmus. Se uma parte dela for derramada em mil partes de Ophirizum líquido, ela converterá tudo em sua própria natureza". O "Ophirizum" como tal não pude encontrá-lo; possivelmente é um derivado de Ophir, cujo ouro era proverbialmente puro (Jó 22,24; Is 13,12). A *Pandora* (ed. 1588, p. 304) dá para *purum aurum* (ouro puro) o termo *obrizum aurum*. Isso em concordância com ISIDORO DE SEVILHA. *Liber Etymologiarum*. Lib. XVI c. XVII: "Obrycum aurum". Lat. obrussa. Grego: ὄβρυξον χρυσίον: ouro puro. Mencionado também em MIRANDULA, J.F. *Theatrum Chemicum*, II, 1602, p. 392.

331. MYLIUS. *Philosophia reformata*, 1622, p. 151.

332. Com o que decerto está relacionado o "ouro como cristal" do Ap 21,21. *Theatrum Chemicum* II, 1602, p. 526.

333. HELVETIUS, J.F. "Vitulus Aureus". *Musaeum Hermeticum*, 1678, p. 826.

334. BEZOLD, C. *Die Schatzhöhle*, 1883, p. 3.

335. PICINELLUS. *Mundus Symbolicus*, 1680, Lib. XII, n. 93.

Mysterium Coniunctionis – Rex e Regina... 251

razão é comparado à safira, porque essa pedra tem a cor do *ar*[336]. Mas ele compara também Cristo com o cristal, e isso de maneira tal, que é modelar para a linguagem e a concepção alquímica[337]: O corpo do Salvador, diz ele, é semelhante à *água* que "movendo-se percorreu" todas as vicissitudes de sua vida até a paixão. Saindo da corruptibilidade se encaminhou ele para a constância do incorruptível, como a água se endurece tornando-se *cristal*. Esse cristal é um belo espetáculo para os justos, mas horrível para os malfeitores[338].

---

336. Super Ezechielem Lib. I, Hom. VIII: "[...] quoniam lapis sapphirus aerium habet colorem. Virtutes ergo coelestium lapide sapphiro designantur, quia hi spiritus [...] superioris loci in coelestibus dignitatem tenent" (Sobre Ezequiel: "[...] porque a pedra safira tem a cor do ar. As virtudes celestes são simbolizadas pela pedra safira, pois estes espíritos [...] têm uma dignidade de lugar superior entre os celestes). – Do mesmo modo a Expositio mor. in Job. Lib. XVIII, cap. XXVII.

337. Cf. *Aurora Consurgens*, I.

338. Super Ezechielerm. Lib. I, Hom. VII: "Crystallum [...] ex aqua congelascit, et robustum fit. Scimus vero quanta sit aquae mobilitas, corpus autem redemptoris nostri quia usque ad mortem passionibus subiacuit, aquae simile iuxta aliquid fuit: quia nascendo, crescendo, lassescendo, escuriendo, sitiendo, moriendo usque ad passionem suam per momenta temporum mobiliter decucurrit [...] Sed quia per resurrectionis suae gloriam ex ipsa sua corruptione in incorruptionis virtute convaluit, quasi crystalli more ex aqua duruit ut in illo et haec eadem natura esset. Aqua ergo in crystallum versa est, quando corruptionis eius infirmitas, per resurrectionem suam ad incorruptionis est firmitatem mutata. Sed notandum quod hoc crystallum horribile, id est, pavendum, dicitur [...] omnibus vera scientibus constat quia redemptor humani generis cum iudex apparuerit, et speciosus iustis, et terribilis iniustis" [O cristal (gelo) [...] se forma a partir da água e se torna sólido. Sabemos quão grande é a mobilidade da água; pois o corpo de nosso redentor se assemelha a ela, porque até a morte esteve sujeito aos padecimentos: porque nascendo, crescendo, cansando-se, sentindo fome e sede, e morrendo ele percorreu todos os momentos de sua vida até a paixão com grande mobilidade [...] Mas porque pela glória de sua ressurreição ele se fortaleceu pela sua virtude, passando da corrupção para a incorrupção, como que à maneira do cristal solidificou-se partindo da água, a fim de que nele também estivesse esta mesma natureza sua. A água, pois, se muda em cristal, quando se muda da fraqueza de sua corrupção na firmeza de sua incorrupção por meio da sua ressurreição. Mas deve-se notar que este cristal é horrível, isto é, deve ser temido, como se diz [...] consta a todos os que conhecem a verdade que o redentor do gênero humano, quando aparecer como juiz, será belo para os justos, mas terrível para os injustos].

252   Obra Completa – Vol. 14/2

309   A ligação da água e o cristal também se encontra na *Siphra de Ze-niutha* cabalística[339]. Diz-se aí (§ 178): "A segunda forma é chamada de *orvalho cristalino*, e é formada pela severidade do reino do primei-ro Adão, a qual entrou na sabedoria do *macroprosopos*[340] (de rosto comprido): por isso aparece no cristal certa cor, um vermelho pro-nunciado, E esta (forma) é aquela sabedoria da qual se dizia estarem nela radicados os juízos [...]"[341] Ainda que a alquimia esteja influenci-ada indubitavelmente por tais parábolas, entretanto a pedra não pode ser reduzida a Cristo apesar de todas as analogias[342]. Ela (a pe-dra) é possessão mística da alquimia, esta λίθος οὐ λίθος, "pedra que não é pedra", ou "a pedra que tem um espírito" ou a encontrada "na correnteza do Nilo"[343]. Este símbolo de forma alguma permite que o

---

339. Commentarius generalis. *Kabbala Denudata*, 1677, T. II, Pars II, Tract. IV, p. 61.

340. O Macroprosopos (de cara comprida) corresponde à primeira tríade do sistema azilútico, a saber: Kether (*corona*, coroa), Binah (*intelligentia*, inteligência) e Choch-mah (*sapientia*, sabedoria). Comm. gen. § 166 (op. cit., p. 56s): "Certum quidem est, quod macroprosopos, Pater et Mater, sint Corona, Sapientia et Intelligentia mundi Emanativi post restitutionem" [É certo que o macroprosopos (En-Soph) é pai e mãe, a coroa, a sabedoria e a inteligência depois da restauração do mundo emanativo]. Esta tríade é *verdadeira Trindade*: "[...] e tribus punctis primis mundi inanitionis constituta sint tria capita superna, quae continentur in *Sene Sanctissimo*. Omnia autem *tria nu-merantur pro uno* in mundo Emanativo, qui est macroprosopus" [...] a partir dos três primeiros pontos da vacuidade do mundo foram constituídas as três cabeças dos três superioies, que estão contidos no *ancião sacratíssimo*. Todos os três, porém, são con-tados como um mundo emanativo, que é o de rosto comprido (En-Soph)]. O λόγος μακρόκοσμος ou μακροπρόσωπος já se encontra em Fílon.

341. "Forma secunda vocatur *Ros crystallinus*; et haec formatur a Severitate Basiliae, Adami primi, quae intrabat intra Sapientiam Macroprosopi: hinc in crystallo color quidam emphaticus rubor apparet. Et haec est Sapientia illa, de qua dixerunt, quod in illa radicentur Iudicia [...]" (A segunda forma é chamada de *orvalho cristalino*; e ela é formada pela severidade do governo do primeiro Adão, que entrou na sabedoria do macroprósopo: por isso aparece no cristal uma cor vermelha acentuada. E esta é a sa-bedoria, da qual disseram que nela se fundam os juízos [...]). A "Basilia" se refere a Malchuth. *Kabbala Denudata*, 1677, T. II, Pars II, p. 61.

342. Cristo é designado como *lapis* (pedra) na linguagem dos Santos Padres. Por exemplo, GREGÓRIO MAGNO. *Expos, in Reg.* Lib. IV, cap. VII: "Lapis in sacro elo-quio Dominum et redemptorem nostrum significat" (A pedra na linguagem sacra sig-nifica nosso Senhor e Salvador).

343. BERTHELOT. *Collection des anciens alchimistes grecs* III, VI, 5. Cf. *Psychologie und Alchemie* (*Psicologia e alquimia*). 2. ed., 1952 [OC, 12], p. 404.

Mysterium Coniunctionis – Rex e Regina...

tornem inócuo como um obscurecimento reiterado e de todo desnecessário do mistério cristão. Ele se apresenta em oposição ao mistério cristão como uma formação nova e singular, que nos tempos antigos adquiriu lentamente sua forma pela aceitação de ideias cristãs no material gnóstico; em tempos posteriores, entretanto, surgem tentativas evidentes para aproximar lentamente do pensamento cristão as ideias alquímicas, mas nisso tudo se percebe sempre ainda, como mostra claramente nosso texto, que continua a existir uma diferença intransponível. A razão para isto é que o símbolo da "pedra", apesar de toda a analogia, contém um elemento incapaz de se coadunar com os pressupostos meramente espirituais do mundo cristão das concepções. Já o conceito de "pedra" indica a natureza peculiar deste símbolo. "Pedra" é um conceito de algo sólido e terreno. É a ideia da matéria feminina que penetra na simbolização espiritual. Neste processo as alegorias hermenêuticas da Igreja acerca do *lapis angularis* (pedra angular) e do *lapis de monte sine manibus abscissus*[344] (pedra desprendida da montanha sem a intervenção de mãos humanas), as quais são interpretadas com relação a Cristo, não atuaram de maneira causal, mas apenas foram utilizadas pelos alquimistas e empregadas para justificar seus símbolos, pois o λίθος οὐ λίθος (pedra que não é pedra) não provém de fonte cristã. A pedra é mais do que uma "encarnação" de Deus, é uma concretização, um tornar-se matéria, que atinge o domínio anorgânico e mais sombrio da matéria ou surge diretamente daí, daquela parte da matéria que se colocou em oposição ao Criador, porque ela, como se expressam os basilidanos, permaneceu latente na *Panspermia* (seminalização universal) como um princípio modelador dos cristais, dos metais e dos seres vivos. Nisso foram ainda incluídos aí domínios como o do *ignis gehennalis* (fogo da geena ou do inferno), que pertencem ao diabo. A *tricephale serpens mercurialis* (serpente mercurial tricéfala) é até mesmo uma triunidade da matéria[345] (a chamada "tríade inferior" em oposição à Trindade divina[346].

---

344. Dn 2,34.

345. Cf. "Der Geist Mercurius" ("O espírito de Mercurius"). *Symbolik des Geistes* (*Simbólica do espírito*), 1948.

346. Op. cit., p. 39s.

310   Pode-se, pois, suspeitar que na alquimia se encontre uma tendência para a *integração simbólica do mal*, e isso por meio da localização do drama salvífico divino no próprio homem. Esse processo aparece ora mais como uma extensão da salvação para além do homem até atingir a matéria, ora mais como uma ascensão do ἀντίμιμον πνεῦμα, o espírito imitador ou Lúcifer, e como a reconciliação dele com o Espírito que lhe vai ao encontro, quando os dois, o superior e o inferior, percorrem um processo de transformação condicionado alternadamente. Acerca disso o texto de Abraham Eleazar, como me parece, nos dá certa noção, ao fazer a Sulamita negra transformar-se passando por aquelas três etapas, que já Dionísio Areopagita indica como características para a ascensão mística, a saber: *emundatio* (κάθαρσις, purificação), *illuminatio* (φωτισμός, iluminação) e *perfectio* (τελεσμός, perfeição)[347]. Dionísio indica para a "purificação" o Salmo 50,9 (Vulgata): "Lavai-me e ficarei mais branco que a neve"[348]; para a "iluminação" o Salmo 12,4 (Vulgata): "Iluminai meus olhos"[349]. As duas luminárias do céu, Sol e Lua, correspondem aos dois olhos, conforme antiga concepção. Para a "perfeição" aduz ele Mateus 5,48: "Sede perfeitos, portanto, como o Pai celeste é perfeito"[350]. Assim se representa um dos aspectos da aproximação; o outro aspecto é ilustrado pela imagem apocalíptica do Filho do Homem, descrita acima.

311   A transformação da Sulamita, descrita em nosso texto, deve ser entendida como uma etapa prévia e simbólica, que de certo modo, sem mediação alguma, provém do inconsciente; é ela comparável a um sonho, que procura esboçar o *processo de individuação* e para este fim se serve ora de imagens religiosas, ora de imagens "científicas". Assim, quando se considera isso deste modo e do ponto de vista psicológico, resulta o seguinte estado de coisas:

312   A *nigredo* (negrura) corresponde à escuridão do inconsciente, que encerra em primeira linha a personalidade inferior ou a *sombra*. Esta se torna uma personalidade feminina, que de certo modo está

---

347. *De Caelesti Hierarquia*. Cap. III, § 3.

348. Sl 51,9: "Lavabis me et super nivem dealbabor".

349. Sl 13,4: "Illumina oculos meos".

350. A citação não é exata. "Estote perfecti sicut et Pater vester coelestis".

por trás dela e a domina, isto é, a *anima*, cuja representação esclarecedora e característica é a Sulamita. "Sou morena, porém formosa"[351], e não por certo "feia", como nosso Pseudo-Elieser quer fazer-nos acreditar, após ter ele novamente refletido. Pois a natureza está deformada pelo pecado de Adão, e por isso a negrura deve ser vista como feiura, como a feiura do pecado, como o estado inicial sombrio e saturnino, tão pesado e negro como o chumbo. A Sulamita, a servidora de Ishtar, significa terra, natureza, fertilidade, tudo o que cresce bem sob a luz úmida da Lua, também a pretensão natural de nada além da vida. A *anima* é na verdade pura e simplesmente o arquétipo do vivente, e está situada além do que representa sentido e responsabilidade. O que de imediato nos parecia incompreensível, isto é, que em uma sequência criadora invertida o velho Adão devesse novamente provir dela, torna-se agora compreensível, pois se *alguém* sabe viver a vida natural, esse é certamente o velho Adão. Mas aqui não se trata tanto do "velho" Adão, mas de um Adão renascido de uma filha de Eva, um Adão restaurado em sua naturalidade original. O fato de Eva gerar novamente a Adão e de uma Sulamita negra fazer aparecer o homem primordial no estado de sua união com a natureza e anterior ao de sua salvação exclui qualquer suspeita de que o "velho" Adão deva sua existência a um *lapsus calami* (engano do lápis) ou a um erro de imprensa. Há nisso um sistema que nos faz adivinhar o que possa ter movido o autor a ocultar-se sob um pseudônimo judaico. Justamente o judeu era o exemplo mais próximo de um não cristão, que vivia à vista de todos, e por isso constituía um receptáculo que continha todas aquelas coisas das quais o cristão não podia ou não queria lembrar-se. Parecia, portanto, a coisa mais natural pôr nos lábios de um suposto autor judeu aquelas ordens de ideias apenas semiconscientes que tiveram início com o movimento do "espírito livre" e da religião do Espírito Santo, que deveria suceder ao cristianismo, e constituíam o espírito e a seiva da Renascença. Como os profetas do Antigo Testamento começam com Oseias, o amante de uma Sulamita por ordem de Deus, da mesma forma os *cours d'amour* de um René D'Anjou e a lírica dos amores profano e divino coincidem quanto ao

---

351. Ct 1,5: "Nigra sum, sed formosa".

tempo com os "irmãos" do espírito livre. Nosso texto nada mais é que o ressoar tardio desses acontecimentos seculares, que modificaram tão profundamente a face do cristianismo. Mas em tal ressoar tardio já se acha o pressentimento de evoluções futuras: nesse mesmo século nasce o autor do *Fausto*, aquela obra de graves consequências. Juntamente com o velho Adão, a Sulamita também permanece inalterada. E contudo, já nasceu Adām Kadmōn, um *Adam secundus* (segundo Adão) não cristão, e isso se deu justamente no instante em que se devia esperar a transformação. Essa contradição extraordinária por ora parece ser insolúvel. Mas ela se torna compreensível se considerarmos o teor das palavras do texto: *a transformação ocorre internamente*, e não é ela a primeira, mas a segunda. A primeira é pressuposta. A modificação não ocorre no homem comum, por mais que ele queira identificar-se com o "velho Adão", mas se dá no *homem primordial*, o arquétipo que a ninguém falta. A primeira modificação é o tornar-se consciente da *anima* negra, que representa o aspecto feminino do homem primordial. Todo o homem se sente idêntico com ele, sem o ser realmente. É para o homem incomparavelmente mais difícil tornar-se consciente do aspecto masculino do *ánthropos* (homem) do que do feminino. A razão é que há aí muito mais negrura do que se gostaria de imediatamente aceitar para si por conta própria, como também há muito mais de bom e positivo, com que alguém poderia resistir à tentação de identificar-se. É, pois, mais fácil enxergar a negrura em forma de projeção: *"Mulier, quam dedisti mihi sociam, dedit mihi, et comedi"*[352] (A mulher que me deste por companheira, foi ela que me deu e eu comi); isso continua válido até mesmo na psicologia mais esclarecida. Na verdade a natureza abissal do aspecto feminino corresponde, entretanto, à do masculino. Não conviria ao homem empírico, aliás, por mais inchado que estivesse seu sentimento do eu, atribuir a si a plenitude de Adão em sua total profundeza e altitude. Mesmo que alguém seja homem, nem por isso terá razão e ensejo para atribuir a si próprio o que de mais elevado e belo um homem possa conseguir; da mesma forma alguém igualmente recusaria indignado reconhecer para si mesmo como culpa toda a

---

352. Gn 3,12.

Mysterium Coniunctionis — Rex e Regina... 257

miserabilidade e infâmia que rebaixa o homem abaixo dos animais, a não ser que alguma perturbação psíquica o tenha deixado completamente doido, por atingir até o arquétipo.

Se, porém, "novamente surgir" o aspecto masculino do homem, então será ele decerto o "velho Adão", que é igualmente negro como a Sulamita, mas apesar de tudo será ele também o *Adam secundus* (segundo Adão), isto é, o *Adão ainda mais velho ante lapsum* (antes da queda), e portanto o Kadmōn. A ambiguidade desta passagem é decerto tão perfeita que não podia ter estado consciente ao autor, o qual aliás não se destaca como hábil falsificador. A conscientização, como facilmente se compreende, significa uma grande *iluminação*, uma percepção íntima da ideia do homem primordial, que constitui uma unidade arquetípica, que transcende os sexos. Até o ponto em que este homem for divino, poder-se-á falar de uma *teofania*. Por esperar a Sulamita tornar-se uma "pomba branca", com isso se aponta para um estado futuro e perfeito. A pomba branca dá a entender que a Sulamita se torna a *Sophia*[353] (a sabedoria) e o *Espírito Santo,* ao passo que Adām Kadmōn forma um paralelo transparente com Cristo.

Se o curso do pensamento alquímico consistisse apenas nestas três etapas correspondentes a *emundatio, illuminatio e perfectio* (purificação, iluminação e perfeição), seria difícil entender em que consista a justificativa para com elas parafrasear as concepções cristãs análogas, ou respectivamente para torná-las diretamente irreconhecíveis, uma vez que elas se revelam tão claramente, por exemplo, na fixação na "negra cruz". A razão para uma simbólica completamente diversa da cristã se torna evidente pelo fato de o processo da transformação não culminar no *Adam secundus* (segundo Adão) e na pomba, mas na *pedra,* que provém de fato do homem empírico, ainda que com o auxílio de Deus. Ela é um derivado físico-metafísico do homem, que em linguagem psicológica constitui um *símbolo,* que significa para o homem de uma parte uma coisa produzida por ele e de outra parte um ser superior a ele. Este paradoxo certamente só poderá ser algo como o símbolo do si-mesmo (*das Selbst*), que é produzido pelo esforço humano,

314

315

---

353. A sorte da Sulamita corresponde de certo modo ao estado de Sophia (sabedoria) entre os gnósticos de Irineu.

258 Obra Completa – Vol. 14/2

isto é, que pode ser tornado consciente, e simultaneamente *per definitionem* (por definição) representa uma totalidade que *a priori* inclui tanto a consciência como o inconsciente[354].

316 Este pensamento, não obstante toda a analogia, ultrapassa o mundo cristão das concepções, e significa um mistério que se realiza pelo homem e no próprio homem. É como se o drama da vida de Cristo de agora em diante fosse transposto para dentro do homem e tivesse o homem como seu portador vivo. Em consequência deste deslocamento, o acontecimento formulado no dogma é deslocado para o domínio atingido pela experiência psíquica e deste modo se torna reconhecível como processo de individuação.

317 Naturalmente não é tarefa de uma ciência empírica analisar o valor de tais desenvolvimentos psíquicos do ponto de vista transcendente da verdade. Deve ela (ciência) contentar-se com averiguar a existência desses processos e compará-los com observações paralelas no homem moderno. Também está ela autorizada para arriscar-se na tentativa da estruturação lógica de tais psicologemas. O fato de a ciência avançar até os domínios em que a fé e a dúvida lutam entre si em torno da questão da verdade não prova de modo algum tencione ela intervir nesse combate ou reclame para si o direito de decidir sobre a verdade. A "verdade" dela consiste tão-somente na verificação dos fatos e na explicação deles, sem nenhum preconceito, dentro do quadro de uma psicologia empírica. De maneira alguma compete a ela querer decidir sobre a validade ou invalidade dos fatos ou até mesmo determinar o valor moral ou religioso deles. Devo acentuar isso tão extensamente porque meu método sempre de novo parece suspeito de ser teologia ou metafísica mais ou menos disfarçadas. A dificuldade para esses críticos parece consistir na incapacidade deles para adquirir o *conceito da realidade psíquica*. Ora, um processo psíquico é algo de realmente existente, e um conteúdo psíquico é tão real como uma planta ou um animal. Apesar de o ornitorrinco, por exemplo, de modo algum poder ser obtido a partir de pressupostos gerais da zoologia, no entanto a existência dele é certamente indubi-

---

354. Cf. *Psychologie und Alchemie* (*Psicologia e alquimia*). 2. ed., 1952 [OC, 12], p. 397s.

Mysterium Coniunctionis — Rex e Regina...

tável, por mais improvável que isso possa parece a um pré-julgamento. Isso não é nenhuma fantasia nem apenas uma opinião, mas um fato inabalável. É certo que se pode fazer metafísica com os fatos psíquicos, e isso se dá facilmente em se tratando de concepções que sempre foram consideradas como metafísicas. As concepções como tais não são de modo algum metafísicas, mas constituem fenômenos empiricamente verificáveis e apropriados inteiramente para ser objeto da metódica das ciências naturais.

Com as declarações da cabala que, como acabamos de mostrar, também penetraram na alquimia, atingimos tal abragência e profundidade na interpretação inclui o conceito de Adão que muito dificilmente poderiam ser sobrepujadas. Essa interpretação inclui o conceito de Eva, considerada simplesmente como mulher. Ela aparece principalmente como "o inferior" (*inferiora*), a saber, como *Malchuth* (reino), *Shechinah* (habitação de Deus) ou *atarah* (coroa), sendo essa última a correspondência no inferior a Kether, que é a coroa superior. Ela também está presente no "*Hermaphroditus*" do sistema das Sĕphīrot, no qual a metade direita é designada como masculina e a esqueda como feminina. Por isso, Adām Kadmōn, como personificação da "árvore" inteira (*arbor inversa*, árvore invertida) é andrógino, e o sistema em si é um símbolo extremamente diferenciado da união, e como tal é formado de três partes (três colunas para cada três Sĕphīroth). Assim também os naassenos, como relata Hipólito, dividem o Adão hermafrodito em *três partes*, como fazem com *Geryones*[355]. Tinha ele três corpos[356], a partir da região estomacal, e era o possuidor de magníficos rebanhos de gado na ilha Erythia (no ocidente feliz). Hércules o matou com uma flechada, e nesta ocasião Hera foi ferida no peito. Nessa mesma viagem Hércules também ameaçou com suas flechas a Hélio, que irradiava calor demais. A morte deste Geryones é, portanto, o último da série de três sacrilégios. "A respeito deste (Geryones), dizem eles, continua Hipólito, que uma parte é espiritual (νοερόν), outra é psíquica (ψυχικόν), e outra é

318

---

355. Geryones é o filho de Chrysaor, que surgiu do sangue de Gorgo, e da oceânida Kallirhoë.

356. *Elenchos* V, 8, 4.

terrena (χοικόν), e eles consideram que o conhecimento dele é o começo (ou princípio, ἀρχήν) de uma possibilidade do conhecimento de Deus, ao dizerem: 'O começo da perfeição é o conhecimento do homem; mas o conhecimento de Deus é a perfeição completa (ἀπηρτισμένη τελείωσις)'. Tudo isto, dizem eles, o espiritual, o psíquico e o terreno, se pôs em movimento e desceu entrando em um homem que é *Jesus* nascido de Maria. E, dizem eles, por meio disso (cf. espiritual, psíquico, terreno) falavam esses três homens (o Geryones de três partes) de suas essências características, cada um aos seus. Em correspondência com estes, há três espécies de todas as coisas: a angélica (ἀγγελικόν), a psíquica e a terrena; e três igrejas: a angélica, a psíquica e a terrena. Seus nomes são: a escolhida, a chamada e a aprisionada"[357].

319   A semelhança dessa concepção com o sistema das Sĕphīroth salta aos olhos[358]. De modo especial o Geryones concorda com o Adām Kadmōn cosmogônico: ele é "o homem hermafrodito (que se acha) em todas as coisas", que "os gregos chamavam de corno celeste da Lua"[359]. Pois tudo, dizem eles, se formou por ele e sem ele nada se fez[360]. O que se formou por ele é a vida. Esta, dizem eles, é a vida, a inefável geração (γενεά) dos homens perfeitos (τελείων), que era desconhecida das gerações anteriores"[361].

---

357. *Elenchos* V, 6, 6s.

358. Concepções semelhantes se encontram nas Panaria de EPIFÂNIO. *Haer.* XXX, cap. III: "Os elquesaítas afirmam que Adão foi o Cristo. Ele desceu e entrou em Adão, e revestiu-se do corpo dele, ele foi a Abraão, Isaac e Jacó. A respeito do sepulcro de Abraão no Gólgata cf. Contra Tatianos. *Haer.* XLVI, cap.V.

359. "Osíris, celeste corno da Lua", é o apelido de Átis. *Elenchos. V,8,4.*

360. Jo 1,3.

361. *Elenchos* V, 8, 4s.

VI

A conjunção

1. A concepção alquímica da união dos opostos

Com razão H. Silberer denominou conjunção a "ideia central"
do processo alquímico[1]. Este autor reconheceu corretamente o caráter simbólico por excelência da alquimia, ao passo que o historiador
da alquimia, o químico Von Lippmann, nem sequer registra o termo
"coniunctio" (união) em seu índice de matérias[2]. Quem tiver um conhecimento ainda que escasso da literatura alquímica sabe que para
os adeptos se tratava sempre de uma união, como eles a designam.
Por meio dessa união esperavam eles atingir a meta da obra, a saber, a
produção do ouro ou de um equivalente simbólico dele. A conjunção
(*coniunctio*) é sem dúvida o protótipo do que hoje designamos *combinação química*. Mas talvez nem seja possível provar inequivocamen-
te que o antigo adepto pensasse de modo tão concreto assim como o
químico moderno. Quando ele falava de uma união das φύσεις ou
"naturezas", ou de uma "liga" de ferro e cobre, ou de uma combinação de S e Hg, então queria indicar ao mesmo tempo algo de simbólico: Fe é Marte e Cu é Vênus, e assim a fusão dos dois é simultaneamente um caso amoroso. A união das "naturezas" que se abraçam
não é tanto uma coisa física e concreta, pois são *"naturae coelestes"*
(naturezas celestes) que se multiplicam *"nutu Dei"* (por ordem de
Deus)[3]. Quando o "chumbo vermelho" é ustulado junto com o ouro,

320

---

1. *Probleme der Mystik und ihrer Symbolik*. Viena e Leipzig: [s.e.], 1914, p. 79.
2. Entstehung und Ausbreitung der Alchemie. [s.l.]: [s.e.], 1919.
3. RUSKA. *Turba philosophorum*, 1931, p. 119, 1. 27.

surge um "espírito", isto é, o composto se torna "espiritual"[4], e do "espírito vermelho" procede o *principium mundi*[5] (o princípio do mundo). À combinação de Hg e S segue o "banho" e a "morte"[6]. Ao combinar-se o Cu com a *aqua permanens* (água eterna), que normalmente é o mercúrio, imaginamos hoje um amálgama. Para os alquimistas, porém, isso significava um mar misterioso e "filosófico", pois a *aqua permanens* era para eles em princípio um símbolo ou um postulado filosófico, que esperavam descobrir nos mais diversos "líquidos" ou julgavam já ter descoberto. As substâncias que eles *realiter* (realmente) procuravam combinar tinham para eles (por causa do desconhecimento da natureza delas) constantemente um caráter de certo modo numinoso, que de modo claro ou velado visavam a personificação de algum espírito. Eram elas substâncias que, à semelhança de seres vivos, "se fecundavam reciprocamente e desse modo geravam o ser vivo (ζῶον) procurado pelos filósofos[7]. As substâncias se lhes afiguravam como de *natureza hermafrodita,* e a união que procuravam alcançar era uma operação filosófica, isto é, *a união de forma e matéria*[8]. A partir dessa duplicidade inerente às substâncias se explicam as duplicações que frequentemente aparecem, como, por exemplo, os dois *Mercurii* (mercúrios), os dois *Sulfura* (enxofres)[9], como também a *Venus alba et rubea*[10] (branca e vermelha), e o *aurum*

---

4. Op. cit., p. 127.

5. Op. cit., p. 127.

6. Op. cit., p. 126.

7. BERTHELOT. *Collection des anciens alchimistes grecs* III, XI, 2.

8. "Dialogus inter Naturam et Filium Philosophiae". *Theatrum Chemicum*, II, 1602, p. 99: "Mineralia tamen atque vegetabilia Hermaphroditae sunt naturae, eo quod utrumque sexum habeant. Nihilominus fit ex seipsis coniunctio formae et materiae, quemadmodum fit de animalibus" (Mas os minerais e também os vegetais são de natureza hermafrodita, por terem os dois sexos. Apesar disso se efetua, a partir deles, a união de forma e matéria, como acontece com os animais).

9. "Rosinus ad Sarratantam". *Artis Auriferea* I, 1593, p. 302: "Unde duo sulphura et duo argenta viva dicuntur et sunt talia, quod unum et unum dixerunt, et sibi congaudent, et unum alterum continet" [Daí se diz que existem dois mercúrios e duas pratas vivas (mercúrios) e que são tais que foram chamados de um mais um, e alegram-se entre si, e um contém o outro].

10. Op. cit., p. 302.

Mysterium Coniunctionis – Rex e Regina...

nostrum (nosso ouro) e o *aurum vulgi* (ouro vulgar). Nessas circunstâncias não é de admirar que os adeptos, como vimos até à saciedade na parte anterior, amontoassem uma multidão quase interminável de sinônimos, para exprimir a natureza misteriosa das substâncias; ao químico deve parecer isso uma ocupação completamente sem proveito, mas para o psicólogo representa ela, em contrapartida, um esclarecimento bem-vindo acerca da natureza dos conteúdos projetados. Como todos os conteúdos numinosos, também os que aqui são considerados manifestam uma tendência para a *autoamplificação,* isto é, eles formam os *nuclei* (núcleos) para a acumulação de sinônimos. Eles representam o que deve ser unido sob a forma de um par de opostos[11], como, por exemplo, homem e mulher, deus e deusa, filho e mãe[12], vermelho e branco[13], *agens et patiens* (agente e paciente), corpo e espírito[14] etc. O par dos opostos que devem ser unidos em geral é derivado do quatérnio (grupo de quatro)[15] dos elementos, e isso de modo mais claro certamente, no tratado anônimo *De Sulphure* (do enxofre), onde se diz: "Assim o fogo começou a atuar sobre o ar e produziu o *enxofre.* Em seguida o ar começou a atuar sobre a água e produziu o *mercúrio.* Depois a água começou a atuar sobre a terra e produziu o *sal.* Mas a terra, como nada tinha sobre que atuar, nada produziu, mas o produto permaneceu nela: resultaram assim apenas três princípios, e a terra se tornou a nutriz e o lugar maternal dos outros. Desses três procedem o masculino e o feminino, isto é, manifestamente o primeiro provém do enxofre e do mercúrio, e o úl-

---

11. A mistura e a combinação dos elementos é a *ordo compositionis* (ordem da composição). ("Platonis Liber Quartorum". *Theatrum Chemicum* V, 1622, p. 182). No tratado de Wei Po-Yang (século II d.C.) se diz: "O caminho é longo e obscuramente místico, no fim do qual o Ch'ien (yang) e o K'un (yin) se unem" (LU-CH'IANG WU e TENNEY L. DAVIS: "An ancient Chinese Treatise on Alchemy [...]" *Isis,* Vol. XVIII, p. 210s.).

12. MAJER, M. *Symbola aureae mensae duodecim nationum,* 1617, p. 178.

13. Homem vermelho e mulher branca, ou areia vermelha do mar e *sputum* (saliva) da Lua. *Musaeum Hermeticum,* 1678, p. 9.

14. *Musaeum Hermeticum,* p. 11.

15. Isto já na *Turba* (Op. cit., p. 117).

timo do mercúrio e do sal[16]. Mas os dois produzem o um incorruptível *(unum incorruptibile)*, a saber, a *Quinta Essentia* (quintessência), "e assim o quadrilátero corresponde ao quadrilátero"[17].

321   A síntese do um incorruptível, ou respectivamente da *Quinta Essentia*, realiza-se de acordo com o *Axioma de Maria*, no qual o quarto corresponde à terra. O estado de separação cheio de inimizade da parte dos elementos corresponde ao caos e às trevas. Das sucessivas uniões provêm um *agens* (agente: *Sulphur*, enxofre) e um *patiens* (paciente: Sal), como também um intermediário, um ambivalente, a saber, o *Mercurius*. Dessa clássica trindade alquímica resulta a relação de homem e mulher como a oposição suprema e essencial. O fogo se acha no início e não é produzido por nada, e a terra se encontra no fim e não atua sobre nada. Entre o fogo e a terra não reina nenhuma *interactio* (interação), e por isso os quatro não formam um círculo, isto é, nenhuma totalidade. Esta apenas é produzida pela síntese do masculino e do feminino. Assim ao quadrilátero inicial corresponde no final um *quaternio* (grupo de quatro) dos elementos unidos pela *Quinta Essentia* – *respondebit quadrangulus quadrangulo* (o quadrilátero corresponderá ao quadrilátero).

322   A qualificação alquímica do início corresponde no mundo psíquico a uma consciência primitiva que constantemente ameaça separar-se em processos afetivos singulares e, de certo modo, para as quatro direções. Como os quatro elementos representam a totalidade do mundo físico, a separação deles significa uma dissolução das partes constituintes do mundo, isto é, um estado apenas físico e com isso também inconsciente. Inversamente, a combinação dos elementos, como também a síntese final do masculino e do feminino, significa um êxito da arte, isto é, um produto do esforço consciente. O resultado da composição é entendido pelo adepto corretamente como *autoconhecimento*[18], sendo esse necessário para a preparação do *Lapis*

---

16. A *copulatio* (copulação) se realiza *in mercurio menstruali* (no mercúrio menstrual), ("Exercit. in Turbam". *Artis Auriferae*. I, 1593, p. 161) ou no banho da *aqua permanens* (água eterna), que é igualmente o próprio mercúrio. Mercurius é masculino e feminino, e ao mesmo tempo o filho que provém da união.

17. *Musaeum Hermeticum*, 1678, p. 622s.

18. Remeto o leitor à minha Exposição em: "Beiträge zur Symbolik des Selbst" ("Contribuições para a simbólica do si-mesmo"). *Aion*, 1951 [OC, 9/2], p. 237s.

Mysterium Coniunctionis — Rex e Regina...   265

Philosophorum (pedra filosofal) além do conhecimento de Deus[19]. Para a execução da obra é necessária a *pietas* (piedade), que não representa outra coisa senão a *cognitio ipsius*, o autoconhecimento[20]. Este pensamento não é porventura apenas próprio da alquimia mais tardia, mas já se esboça na tradição grega, como, por exemplo, no tratado alexandrino (transmitido em árabe) de Krates, em que se diz que o conhecimento completo da alma capacita o adepto a entender os muitos nomes diferentes que os filósofos (alquimistas) deram à substância do arcano[21]. As Tetralogias de Platão acentuam que na obra deve ser considerado também o autoconhecimento, como ainda a medida do tempo[22]. Daí se depreende claramente que o processo químico da *coniunctio* (conjunção) também representa uma síntese psíquica; parece que nisso ora o autoconhecimento efetua a união, ora o processo químico é a *causa efficiens* (causa eficiente) dela. Este último caso é decisivamente o mais comum, isto é, a *coniunctio* (conjunção) se realiza na retorta, *in vitro*[23] (no vidro), ou de modo menos determinado no *vas naturale*, "vaso natural", ou na *matrix* (matriz,

---

19. "Si enim homo ad summum bonum pervenire cupit, tunc [...] primo Deum, dein seipsum [...] agnoscere illum oportet" (Se o homem deseja atingir o sumo bem, então [...] convém que ele conheça [...] primeiro a Deus [...] depois a si mesmo). *Musaeum Hermeticum*. 1678, p. 105.

20. DORNEUS. *Theatrum Chemicum* I, 1602, p. 467. – "Pietas autem est gratia divinitus prolapsa, quae docet unumquemque seipsum, vere ut est, cognoscere" (A piedade é uma graça vinda de Deus, que ensina a qualquer um a conhecer-se a si mesmo verdadeiramente como é), op. cit., p. 462. – "[...] ad amussim studeat centrum cognoscere ac scire, eoque se totum conferat" etc. ([...] esforce-se por conhecer o centro e dele ter ciência, e se dirija todo para ele etc.), op. cit., p. 462.

21. BERTHELOT. *La Chimie au moyen-âge* III, 1893, p. 50.

22. "Sit ergo diligens inspicio in tempora casus rei, sicut inspectio eius in ipsum et perficitur opus" (Deve haver, pois, diligente inspeção na medida do tempo da coisa, assim como uma inspeção em si mesmo, e assim a obra é concluída). *Theatrum Chemicum* V, 1622, p. 144. – De modo semelhante, p. 141: "[...] oportet inquisitorem sapientiae custodire seipsum [...]" ([...] é importante que o inquisidor da sabedoria se guarde a si mesmo [...]).

23. "[...] cum in vitro tuo conspexeris naturas insimul misceri..." [... quando vires que no teu vidro (ou retorta) as naturezas (ou substâncias) se misturarem ao mesmo tempo [...]. *Musaeum Hermaticum*, 1678, p. 685.

266 Obra Completa – Vol. 14/2

útero)[24]. O vaso também é designado como sepulcro, e a união como a morte em comum[25]. Este estado é chamado "eclipse solar"[26].

323 A *coniunctio* (conjunção) nem sempre representa uma união imediata e direta, porque necessita de certo meio, ou respectivamente se acha em tal meio, conforme o axioma: "*Non fieri transitum nisi per medium*" (Não ocorre a passagem a não ser por um meio)[27]. "*Mercurius est medium coniungendi*" (O mercúrio é o meio de união)[28]. Ele é "aquela alma" (*anima*) que constitui a mediadora entre o corpo e o espírito[29]. O mesmo vale para os sinônimos de *Mercurius*, como *leo viridis* (leão verde)[30] e a *aqua spiritualis sive permanens* (água espiritual ou eterna)[31], que também são *media coniungendi* (meios de união). O *Consilium Coniugii* menciona como meio de união o perfume ou o "vapor em forma de fumaça"[32], o que lembra a concepção de Basilides acerca do odor do Espírito Santo[33]. Evidentemente com isso se indica a natureza "espiritual" do *Mercurius* como

---

24. Vas naturale scl. matrix (vaso natural, a saber, a matrix ou o útero). "Exercit. in Turbam". *Artis Auriferae*, I, 1593, p. 159. – Da mesma forma *Theatrum Chemicum*, I, 1602, p. 180.

25. RIPLEY, G. *Opera*, 1649, p. 38 e 81. – Da mesma forma em Laurentius Ventura: "Effodiatur ergo sepulchrum et sepeliatur mulier cum viro mortuo [...]" (Cave-se, pois, o sepulcro e seja enterrada a mulher com o marido morto). (*Theatrum Chemicum* II, 1602, p. 291). A passagem se refere ao Sermo LIX da *Turba*. Lá, porém, é a mulher que é enterrada com o dragão.

26. "Magna Illa Eclipsis Solis et Lunae" (Aquele grande eclipse do Sol e da Lua). *Musaeum Hermeticum*, 1678, p. 868. – Cf. ainda *Psychologie der Übertragung* (*Psicologia da transferência*), 1946, p. 153s.

27. DORNEUS. *Theatrum Chemicum* I, 1602, p. 48. De modo semelhante, op. cit., p. 577: "tertium esse necessarium" (é necessária uma terceira coisa).

28. VENTURA, L. *Theatrum Chemicum* II, 1602, p. 320.

29. VENTURA. Op. cit., p. 332.

30. RIPLEY, G. *Theatrum Chemicum* II, 1602, p. 125. O mesmo em *Musaeum Hermeticum*, 1678, p. 39.

31. "Rosinus ad Sarratantam". *Artis Auriferae* I, 1593, p. 281.

32. 1566, p. 74. Como expressão contraposta a *Luna odorifera* (Lua odorífera) tem-se em geral o *odor sepulchrorum* (cheiro dos sepulcros).

33. Μύρον εὐωδέστατον (bálsamo perfumosíssimo). HIPÓLITO. *Elenchos* VII, 22, 19.

Mysterium Coniunctionis – Rex e Regina...

meio de união, assim como de modo semelhante a *aqua spiritualis* (água espiritual), chamada também *aqua aeris* (água do ar) é um princípio vital e efetua a união entre o masculino e o feminino[34]. Um sinônimo frequente da água é o "mar" como o lugar onde se realiza o casamento químico (*Chymische Hochzeit*). O *Tractatus Micreris* menciona como outros sinônimos ainda *Nilus Aegypti* (Nilo do Egito), mare Indorum (mar dos indianos) e *mare meridiei* (mar do meio-dia ou do sul). Os "*miracula*" (milagres) deste mar consistem no seu poder para moderar os opostos e uni-los[35]. Faz parte do casamento régio a *viagem marítima*, como a descreve Christian Rosencreutz[36]. Este motivo alquímico, como se sabe, foi incluído por Goethe na segunda parte do Fausto, onde serve de base para expor o sentido e a aparição da festa egeia. K. Kerenyi elaborou daí o conteúdo arquetípico da festa em uma brilhante interpretação amplificada. O cortejo das nereidas em sarcófagos romanos faz destacar-se "o nupcial e o sepulcral". "Faz justamente parte das concepções fundamentais dos antigos mistérios [...] de uma parte a identidade de casamento e morte, e de outra parte de nascimento e surgimento da vida, a partir da morte"[37].

O *Mercurius*, pois, não é apenas o *medium coniungendi* (meio de união), mas, simultaneamente, é também aquilo que deve ser unido, porque ele forma a essência ou a "*materia seminalis*" (matéria seminal) do masculino como do feminino. O *Mercurius masculinus* e o *Mercurius foemineus* se unem no *Mercurius menstrualis* (mercúrio menstrual) (a "*aqua*", água) e por meio dele[38]. Em sua *Physica Tris-*

324

---

34. Aqua aeris inter caelum et terram existens est uniuscuiusque rei. Ipsa enim aqua solvit corpus in spiritum, et de mortuo facit vivum, et facit matrimonium inter virum et mulierem (A água do ar, existente entre o céu e a terra, é a vida de qualquer coisa. Essa água, pois, dissolve o corpo no espírito, e do morto faz o vivo, e efetua o matrimônio entre o homem e a mulher). MYLIUS. *Philosophia reformata*, 1622, p. 191.

35. "[...] Siccum humectare, et durum lenificare, et corpora coniungere et attenua re [...]" (Umedecer o seco, e abrandar o duro, e unir e atenuar os corpos). *Theatrum Chemicum* V, 1622, p. 112.

36. *Chymische Hochzeit*. Estrasburgo: [s.e.], 1616.

37. KERENYI, K. *Das Aegaeische Fest*. 3. ed., 1950, p. 55.

38. "In Turbam Philosophorum Exercitationes". *Artis Auriferae* I, 1593, p. 160s.

megisti Dorneus dá a explicação "filosófica" para isso: No princípio Deus criou *um só* mundo. Depois Ele o dividiu em dois, a saber, o céu e a terra. Nisto está oculto algo terceiro e médio, a saber, a unidade original, que toma parte nos dois extremos. Estes não podem existir sem o terceiro, nem o terceiro sem os dois outros. Este terceiro é a unidade original do mundo, o *"vinculum sacrati matrimonii* (vínculo do sagrado matrimônio). Mas a divisão em duas partes era necessária *para levar o mundo "uno" do estado da potencialidade ao estado de realidade*. A realidade consta de uma multiplicidade de coisas. O um ainda não é número. O dois é o primeiro número, com o qual principia a multiplicidade e com ela a realidade[39].

325   Desta explicação se infere que o *Mercurius*, desesperadamente evasivo e universal, aquele Proteu que rebrilha em mil formas e em todas as cores, nada mais é do que o *"unus mundus"* (o mundo uno), isto é, aquela unidade original do mundo ou do ser, que em si mesma é desprovida de diferença, e portanto é a ἀγνωσία (ausência de conhecimento) dos gnósticos, a inconsciência primordial[40]. Dediquei ao "espírito de *Mercurius*" uma investigação especial[41], e, por isso, não gostaria de fazer repetição aqui. Quero apenas destacar que o *Mercurius* dos alquimistas é uma personificação e ilustração plástica daquilo que hoje em dia designamos como o *inconsciente coletivo*. Ao passo que o termo *"unus mundus"* (mundo uno) é uma especulação metafísica, o inconsciente, entretanto, pode ser percebido, ao

---

39. "Sub isto binario spirituali et corporeo tertium quid latuit, quod vinculum est sacrati matrimonii. Hoc ipsum est medium usque huc in omnibus perdurans, ac suorum amborum extremorum particeps, sine quibus ipsum minime nec ipsa sine boc medio esse possunt, quod sunt, ex tribus unum" (Sob este binário espiritual e corpóreo estava oculto certo terceiro, que é o vínculo do sagrado matrimônio. Este mesmo é o médio que perdura até agora e participa de ambos os seus extremos, sem os quais ele de forma alguma pode existir, como também os dois sem ele, pois é o um formado dos três). *Theatrum Chemicum* I, 1602, p. 418.

40. Cf. o "monte", no qual se encontra todo o saber, mas nenhuma distinção ou oposição. [ABU'L-QASIM MUHAMMAD. *Kitab al-'ilm al-muktasab...* 1923, p. 24 [HOLMYARD, E.J. (org.)]. Mais explicações em *Psychologie und Alchemie* (*Psicologia e alquimia*). 2. ed., 1952 [OC, 12], p. 584].

41. *Symbolik des Geistes* (*Simbólica do espírito*), 1948, p. 71s.

Mysterium Coniunctionis — Rex e Regina...						269

menos indiretamente, por meio de suas exteriorizações. Ele é em si decerto uma hipótese, que entretanto tem no mínimo a mesma probabilidade como a do átomo. Da grande quantidade de material empírico, disponível hoje em dia para nós, depreende-se que os conteúdos do inconsciente, em oposição aos da consciência, acham-se de tal modo contaminados que eles se distinguem muito pouco uns dos outros e, por isso, se substituem mutuamente com facilidade, o que decerto se pode observar de modo claríssimo nos sonhos. Por causa da relativa falta de distinção entre os conteúdos, tem-se a impressão de que, mais ou menos, tudo está relacionado com tudo e que, por isso, apesar de toda a variedade de modos de apresentação, no fundo, existe algo como uma unidade entre eles. Os poucos conteúdos relativamente nítidos são formados por motivos ou tipos, em torno dos quais se agrupam ordenadamente as diversas associações. Como mostra a história do espírito, esses arquétipos apresentam elevado grau de constância, e são tão distintos que permitem ser unificados e denominados, ainda que seus contornos sejam um tanto diluídos, ou respectivamente se cruzem com as esferas dos outros tipos e até troquem entre si algumas de suas propriedades. De modo especial o símbolo do mandala mostra tendência pronunciada para concentrar a totalidade dos arquétipos em um centro comum, comparável à referência do eu da parte de todos os conteúdos da consciência. A analogia chama tanto a atenção que um leigo, que não está familiarizado com esta simbólica, facilmente cede à ilusão de considerar o mandala como um produto artificial de consciência. Naturalmente os mandalas podem também ser imitados artificialmente, o que, porém, não prova que todos os mandalas sejam imitações. Muito antes surgem eles espontaneamente e sem ser influenciados, e isso tanto em crianças como em adultos, que jamais entraram em contato com tais ideias[42]. Poder-se-ia considerar o mandala precariamente como um reflexo do esforço de concentração da consciência; é uma opinião que somente estaria justificada se fosse possível provar que o inconsciente tivesse uma natureza secundária. Mas está fora de toda a dúvida que o inconsciente é mais antigo e mais primordial do que a consciência; por

---

42. *Gestaltungen des Unbewussten (Formações do inconsciente)*, 1950, p. 199s.

270 Obra Completa — Vol. 14/2

isso o egocentrismo dela poderia perfeitamente ser designado como um reflexo ou uma imitação do centrismo do inconsciente.

326 O mandala simboliza, por meio de seu centro, a última unidade de todos os arquétipos como também a multiplicidade do mundo dos fenômenos, e forma por isso a correspondência empírica para o conceito metafísico do "*unus mundus*" (mundo uno). A correspondência alquímica é o *Lapis Philosophorum* (pedra filosofal) e seus sinônimos, principalmente o *Microcosmus*[43] (microcosmo).

327 A explicação de Dorneus é até certo ponto esclarecedora por oferecer uma visão profunda no *mysterium coniunctionis* (mistério da conjunção) da alquimia. Por tratar-se aqui de algo nada inferior ao restabelecimento do estado cósmico primordial e da inconsciência divina do universo, pode-se compreender a fascinação descomunal que emanava desse mistério; ele é na verdade a correspondência ocidental aos princípios fundamentais da filosofia chinesa clássica, isto é, da combinação de *yang* com *yin* no *Tao;* e simultaneamente também é ele uma antecipação cheia de pressentimentos daquele "*tertium quid*" (terceira coisa), que designei como sendo a *sincronicidade,* com base na experiência psicológica, e também de acordo com os experimentos de Rhine[44]. Se a simbólica do mandala representa a correspondência *psicológica* para a ideia metafísica do "*unus mundus*" (mundo uno), a sincronicidade será a correspondência *parapsicológica.* Os fenômenos sincronísticos acontecem sem dúvida no tempo e no espaço, mas mostram uma notável independência desses dois determinantes indispensáveis do ser físico, e com isso também uma não conformidade com a lei da causalidade. O causalismo de nossa cosmovisão científica dissolve tudo em fenômenos singulares e procura ainda separá-los cuidadosamente de todos os outros fenômenos paralelos. Esta tendência é, sem dúvida, incondicionalmente necessária, por visar um conhecimento confiável, mas, do ponto de vista da cos-

---

43. *Psychologie und Alchemie* (*Psicologia e alquimia*). 2. ed., 1952 [OC, 12], p. 438.

44. "Die Synchronizität als ein Prinzip akausaler Zusammenhänge" ("Sincronicidade: um princípio de conexões acausais"). *Naturerklärung und Psyche* (*A natureza da psique*). Studien aus dem C.G. Jung-Institut (Estudos do Instituto C.G. Jung). Zurique: [s.e.], 1952, tomo IV.

movisão, tem a desvantagem de afrouxar a conexão universal dos acontecimentos, ou respectivamente de torná-la invisível, pelo que o conhecimento das grandes conexões, isto é, da *unidade do mundo,* fica progressivamente impedido. Entretanto, tudo o que acontece, ocorre neste mesmo mundo e faz parte dele. Por esta razão devem os acontecimentos possuir um aspecto apriorístico de unidade, que porém mal pode ser averiguado pelo método estatístico. Até onde alcança nossa compreensão atual, parece que Rhine conseguiu esta prova por meio de seus *Extrasensory Perception Experiments* (ESP)[45]. A independência de tempo e espaço efetua, em visão fenomenológica, um encontro, ou respectivamente uma *coincidência plena de sentido* de acontecimentos distantes e sem conexão causal, que até então eram reunidos sob os conceitos meramente descritivos de telepatia, clarividência e *"precognition"*. Naturalmente esses conceitos não têm nenhum valor explicativo, pois cada um deles representa por si um X que não permite ser distinguido do X do outro. A nota característica que compete a todos esses fenômenos, inclusive ao *efeito psicocinético* de Rhine e a outros fenômenos que indiquei em meu escrito acima, é a coincidência cheia de sentido que defini como o princípio sincronístico. Este princípio indica que existe uma conexão, ou respectivamente uma unidade, de acontecimentos que não têm entre si nenhuma ligação causal, e, desse modo, representam um aspecto da unidade do ser, que se pode designar como o *"unus mundus"* (mundo uno).

O *Mercurius* representa via de regra a substância do arcano, cujo sinônimo é a *Panacea* (remédio universal) e o *"medicamentum spagiricum"* (remédio alquímico). Este último Dorneus identifica como o *"balsamum"* (bálsamo) paracélsico[46], e ele forma um análogo próximo do μύρον (bálsamo) dos basilidanos. Além disso o conceito de *balsamum*, considerado como um *elixir vitae* (elixir da vida), une-se

---

45. Exposição geral em RHINE, J.B. *New Frontiers of the Mind.* Nova York-Toronto: Farrar & Rinehart, 1937; *The Reach of the Mind.* Londres: Faber & Faber, 1948. – Discussão dos fenômenos que entram em consideração em: *Naturerklärung und Psyche* (*A natureza da psique*), 1952, p. 15s.

46. *Balsamum* (bálsamo) já ocorre em Zósimo como sinônimo da *aqua permanens* (água permanente ou eterna). (BERTHELOT. *Collection des Anciens Alchimistes Grecs* III, XXV, 1).

em Paracelsus no Tratado *De Vita Longa* (vida longa) com a designação *"gamonymus"* que se poderia traduzir por "denominado de nupcial"[47]. O *balsamum*, que "está acima da natureza", deve encontrar-se também no corpo humano, como pensa Dorneus, e deve ser semelhante a uma substância etérea[48]. Ele conserva e assegura a persistência das partes elementares dos corpos vivos e é o melhor remédio não apenas para o corpo, mas também para o espírito (*mens*). Ainda que ele seja de natureza corpórea, contudo ele é essencialmente espiritual, por ser uma união do espírito (*spiritus*) e da alma (*anima*) do remédio espagírico[49]. A essência da *"meditativa philosophia"* (filosofia meditativa) consiste na superação do corpo pela *"unio mentalis"* (união mental). Contudo esta *unio* (união), meramente espiritual, ainda não faz ninguém sábio, mas somente a união do espírito (*mens*) com o corpo manifesta um filósofo que possa esperar e aguardar a união completa com o *"unus mundus"* (mundo uno), que é a unidade latente do mundo. Deus tem em vista que nos desenvolvamos em direção a essa meta e que Ele seja um em todos[50].

---

47. *Paracelsica*, 1942, p. 85s.

48. "Est enim in humano corpore quaedam substantia conformis aethereae, quae reliquas elementares partes in eo praeservat et continuare farit" (Existe no corpo humano certa substância semelhante à etérea, que preserva as outras partes elementares e as faz perdurar). *Theatrum Chemicum* I, 1602, p. 456.

49. "Spagiricam autem nostram medicinam esse corpoream non negamus, sed spiritalem dicimus esse factam, quam spiritus spagiricus fnduit [...]" [Não negamos que nosso remédio espagírico (ou alquímico) seja corporal, mas dizemos que ele foi feito espiritual, uma vez que o espírito espagírico com ele se vestiu]. *Theatrum Chemicum* I, 1602, p. 456. – Um sinônimo do *balsamum* (bálsamo) é o *vinho*, que é *duplex* (duplo), *philosophicum et vulgare* (filosófico e vulgar). Op. cit., p. 464.

50. "Concludimus meditativam philosophiam in superatione corporis unione mentali facta consistere. Sed prior haec unio nondum sophum efficit, nec nisi mentalem sophiae discipulum: unio vero mentis cum corpore secunda sophum exhibet, completam illam et beatam unionem tertiam cum unitate prima sperantem et expectantem. Faxit omnipotens Deus ut tales efficiamur omnes et ipse sit in Omnibus unus" [Concluímos que a filosofia meditativa consiste na dominação do corpo, depois de feita a união mental. No entanto, esta primeira união ainda não faz o sábio, mas apenas um discípulo espiritual da sabedoria; é, porém, a segunda união do espírito (já unificado) com o corpo que forma o sábio, que espera e aguarda aquela união bendita e completa com a unidade primordial. Que Deus conceda que todos nós sejamos tais e que Ele seja um em todos]. *Theatrum Chemicum* I, 1602, p. 456.

É significativo não apenas para a concepção de Dorneus, mas de modo geral para a alquimia, que a *unio mentalis* (união mental) não representa o ponto culminante, mas somente a primeira etapa do processo. A segunda etapa se atinge quando a *unio mentalis* (união mental), isto é, a unidade formada pelo espírito e pela alma, une-se também ao corpo. Mas a consumação do *mysterium coniunctionis* (mistério da conjunção) somente poderá ser esperada depois de a unidade espírito-alma-corpo ter-se unido com o *unus mundus* (mundo uno) dos primórdios. Esta terceira etapa da *unio* (união) se tornou objeto de representações figurativas[51], no estilo da *assunção e coroação de Maria,* nas quais Maria representa o corpo. A *assumptio* (assunção) é propriamente uma festa de núpcias, a versão cristã do *hierósgamos* (casamento sagrado), cuja natureza incestuosa primordial desempenhou grande papel entre os alquimistas. Pelo incesto tradicional já se alude sempre ao fato que a suprema união de opostos exprime uma composição de parentes de espécies diferentes[52]. Pode tratar-se primeiro de mera *"unio mentalis"* (união mental) intrapsíquica do intelecto e da razão com o Eros, que representa o sentimento. Uma operação interna dessa espécie sem dúvida não significa pouco, por representar um grande progresso tanto do conhecimento como do amadurecimento pessoal, mas sua realidade é apenas potencial e se torna verdadeiramente real somente depois de sua união com o mundo físico dos corpos. Por isso os alquimistas representaram a *unio mentalis* (união mental) pelo Pai e pelo Filho, e a união deles pela Pomba (Espírito Santo) (a *spiratio* ou espiração comum ao Pai e ao Filho), mas o mundo corpóreo pelo feminino ou o *"patiens"* (passivo), a saber, Maria. Assim prepararam eles, a seu modo, pelo espaço de mais de um milênio, o caminho para o dogma da *Assumptio* (Assunção). Entretanto, a partir do dogma e de sua fundamentação, não é ainda evidente, por si só, a implicação amplíssima de um

329

---

51. Assim na *Pandora*, 1588. Cf. *Psychologie und Alchemie* (*Psicologia e alquimia*). 2. ed., 1952 [OC, 12], estampa 232, p. 567.

52. Cf. *Psychologie der Übertragung* (*Psicologia da transferência*), 1948, p. 96s. A simbólica do incesto se explica pela imiscuição da libido endógama. O casamento inicial entre parentes (*cross-cousin-marriage*) cedeu lugar a uma pura exogamia, que deixa insatisfeita a exigência endógama. Esta última se impõe na simbólica do incesto.

casamento do princípio espiritual paterno com o que é "material", isto é, com a corporeidade materna. Mas o dogma como que lança uma ponte sobre o abismo, cuja profundeza parece insondável, isto é, sobre a separação aparentemente irreconciliável do espírito e da natureza, ou, respectivamente, do corpo. Sobre os fundamentos subjacentes disso tudo jorra, a partir da alquimia, uma luz brilhante: um novo dogma exprime, em forma simbólica, exatamente o que os adeptos já tinham reconhecido como o mistério da *coniunctio* (conjunção) deles. A correspondência na verdade é tal que os antigos mestres poderiam declarar, com toda a razão, que a definição do novo dogma escreveu no céu o mistério hermético (ou alquímico). De outra parte, entretanto, poder-se-ia afirmar que foram os alquimistas que já tinham misturado com seus processos obscuros o matrimônio místico, ou respectivamente teológico. A isto, porém, opõe-se o fato de que o matrimônio alquímico não apenas é mais antigo do que a formulação correspondente da parte da liturgia e dos Padres da Igreja, mas até se apoia também na tradição da Antiguidade pré-cristã[53]. A tradição alquímica não se deixa colocar em relação com as núpcias apocalípticas do Cordeiro. A simbólica altamente diferenciada deste último (cordeiro e cidade) já é uma derivação do *hierósgamos* arquetípico, do qual também surge a concepção alquímica da *coniunctio* (conjunção).

330   Os adeptos tentaram ou pelo menos consideraram desejável realizar suas ideias especulativas sob a forma de um corpo químico, que imaginavam como dotado de toda a espécie de forças mágicas. Esta era a significação verbal da união proposta por eles da *unio mentalis* (união mental) com o *corpus* (corpo). Hoje em dia, entretanto, não é nada fácil para nós fazer relacionar-se com essa união considerações morais e filosóficas, assim como manifestamente faziam os alquimistas. A razão é que de uma parte sabemos muitíssimo sobre a natureza real das combinações químicas, e de outra parte temos igualmente

---

53. Isto já se encontra no alquimista Demócrito, que decerto pertence ao menos ao século I d.C. Ele fala do amplexo matrimonial das φύσεις (naturezas ou substâncias). (Texto em BERTHELOT. *Collection des Anciens Alchimistes Grecs*. II, Is.). – É significativo que o último e maior exemplo de um *opus* (obra) alquímico, o do Fausto de Goethe, termina com a apoteose da Virgem-Mãe, rainha e deusa Maria-Sophia. A designação *dea* (deusa) se encontra também em Mectildes de Magdeburgo.

um conceito também muitíssimo abstrato acerca do espírito; assim de modo algum poderíamos ser capazes de entender como uma *"veritas"* (verdade) pudesse estar oculta na matéria, ou que qualidade devesse ter um *"balsamum"* (bálsamo) real. Considerando-se o desconhecimento da química e da psicologia na Idade Média, como também a própria falta de qualquer crítica do conhecimento, é compreensível que os conceitos pudessem facilmente mesclar-se a tal ponto que certas coisas se relacionassem entre si, entre as quais, para nós, não existe nenhuma ponte reconhecível.

Tanto o dogma da *Assumptio* (Assunção) como o mistério da união por parte dos alquimistas exprimem a mesma ideia fundamental, ainda que em simbólicas muito diferentes. Assim como a Igreja insiste, ao pé da letra, na assunção do corpo físico ao céu, da mesma forma a alquimia também acreditava na possibilidade ou até mesmo na realidade de seu *lapis* (pedra) ou do ouro (filosófico). Nos dois casos a fé supre a realidade empírica que falta. Mesmo que a alquimia proceda de modo muito mais materialista do que o dogma, entretanto ambos permanecem de fato na segunda etapa da *coniunctio* (conjunção), a saber, a *unio mentalis* (união mental), que é uma antecipação espiritual. O próprio Dorneus não ousa afirmar que ele ou qualquer outro adepto tenham realizado em vida a terceira etapa. Naturalmente, como sempre e por toda a parte, havia numerosos adeptos trapaceiros ou por demais crédulos, que afirmavam estar eles de posse do *lapis* (pedra) ou da tintura do ouro, ou poderem produzi-las. As pessoas honestas entre os alquimistas admitiam não ter ainda desvendado o último mistério.

Tanto no dogma como no mistério da união ninguém deve escandalizar-se com as impossibilidades físicas, pois se trata de símbolos, perante os quais não são de maneira alguma oportunas as exigências arrogantes de esclarecimento. Estar-se-ia assim errando o alvo visado. Se os símbolos, de mais a mais, pretendem significar alguma coisa, então se trata de tendências que procuram atingir um fim determinado, ainda não reconhecível e que, em consequência disso, apenas podem ser expressos por meio de analogias. Nesta situação de incertezas devemos contentar-nos em deixar a coisa ficar como está, e desistir de querer saber algo que vá além do símbolo. À desistência disso, no caso do dogma, vai ao encontro certo receio de possívelmente ferir a santidade de uma concepção religiosa, mas no caso da alquimia parecia até há pouco tempo nem sequer valer a pena quebrar a cabeça com absurdos medievais. Em todo o caso, estamos hoje em situação de penetrar com compreensão psicológica também no sentido de seus símbolos mais esquisitos, e, no caso de ter conseguido isso, não haverá nenhum motivo considerável para deixar de aplicar o mesmo método também ao dogma. E, por fim, ninguém poderá negar que este (o dogma) consiste de concepções que brotam do imaginar e do pensar humano. A questão de saber até onde esse pensar poderia ser inspirado pelo Espírito Santo nem de leve é tocada pela investigação psicológica e, muito menos, é decidida, como também de modo algum se nega que por trás disso, possivelmente, haja um fundo metafísico. A psicologia é uma ciência que absolutamente nada tem a avir-se com pressupostos ou possibilidades metafísicas. Ela examina seu objeto quanto ao conteúdo psicológico dele, e se abstém de qualquer usurpação especulativa para além de seu domínio. Ela não desenvolve fantasias a respeito dos fundamentos desconhecidos da psique, não faz nenhuma mitologia sobre o cérebro, não narra lendas fisiológicas, e, sobretudo, não tem pretensões de estar capacitada a apresentar quaisquer argumentos, a favor ou contra a validez de quaisquer concepções metafísicas. Já repeti esta averiguação em diversos lugares, a fim de me opor à opinião tão teimosa quão absurda de que uma explicação psicológica seja necessariamente um psicologismo ou o oposto dele, uma afirmação metafísica. O psíquico é, por si, um mundo de fenômenos, que não pode ser reduzido nem ao cérebro nem à metafísica.

333   Disse acima que os símbolos são tendências cuja meta é ainda desconhecida[54]. Pode-se decerto pressupor que na história do espírito valham as mesmas regras fundamentais como na psicologia do indivíduo. Na psicoterapia ocorre frequentemente que certas tendências inconscientes, ainda muito antes de se tornarem conscientes, deixam perceber sua presença por meio de símbolos que surgem o mais das vezes nos sonhos, mas também nas fantasias durante a vigília e nas ações simbólicas. Muitas vezes se tem a impressão como se o incons-

---

54. Isso não está em contradição com a explicação que o símbolo é a melhor formulação possível de uma intuição que não conhece claramente seu objeto. Uma intuição desse tipo sempre se baseia em uma tendência para concretizar seu objeto à sua maneira.

Mysterium Coniunctionis — Rex e Regina... 277

ciente tentasse, por meio de alusões de todo o tipo e de analogias, penetrar na consciência, ou como se ele empreendesse exercícios lúdicos, mais ou menos preliminares, a fim de conseguir ganhar a consciência para a sua causa. Pode-se observar facilmente estes fenômenos em uma série de sonhos. A série que descrevi em *Psychologie und Alchemie* (*Psicologia e alquimia*) é bom exemplo para isso[55]. Na sociedade humana as coisas poderiam portar-se de modo semelhante ao que ocorre no indivíduo. As ideias se desenvolvem a partir de pequenos germes, dos quais primeiramente não se sabe ainda para que concepções se desenvolverão no decorrer da história. Um exemplo em formato grande presenciamos em um passado muito próximo: a *Assumptio Mariae* (Assunção de Maria) não é atestada nem pela Sagrada Escritura nem pela Tradição dos primeiros quinhentos anos da Igreja cristã. Por muito tempo até foi ela recusada oficialmente, mas se desenvolveu lentamente como *pia sententia* (opinião piedosa) com a convivência de toda a Igreja medieval e moderna, e ganhou em poder e influência, de modo a conseguir finalmente (como já acontecera antes com as precursoras, *Conceptio Immaculata* [Imaculada Conceição] e a infalibilidade) que fosse posta de lado a necessidade crida até então da comprovação da Escritura e da Tradição até os primeiros tempos, e, desse modo, chegasse à sua definição solene, apesar de seu conteúdo, evidentemente, nem sequer poder ser definido[56]. A declaração papal tornou realidade o que já há muito tempo se vinha tolerando. O passo dado para além das fronteiras do cristianismo histórico, que deste modo se tornou irrevogável, constitui a prova mais forte da existência autônoma das imagens arquetípicas.

2. As etapas da conjunção

A ideia da conjunção apresenta outro exemplo para o desenvolvimento gradual de um pensamento ao longo dos milênios. Sua his-

334

---

55. Mais um exemplo em: *Gestaltungen des Unbewussten* (*Formações do inconsciente*), 1950, p. 95s.

56. Maiores informações em HEILER. *Das neue Mariendogma im Lichte der Geschichte und im Urteil der Ökumene* (Ökumenische Einheit). Heft 2. Munique e Basileia: E. Reinhardt, 1951.

tória decorre em duas correntes, na maior parte independentes entre si, das quais uma pertence à teologia e a outra à alquimia. Enquanto a última há cerca de 200 anos se extinguiu, deixando restos insignificantes, a segunda produziu nova floração no dogma da Assunção, donde concluímos que a corrente do desenvolvimento, de modo algum, já se estacionou. Entretanto, a diferenciação dos dois ramos ainda não ultrapassou a moldura do *hierósgamos* (casamento sagrado), isto é, a *coniunctio* (conjunção) é sempre ainda a união dos pares filho-mãe ou irmão-irmã. Em todo o caso deve-se mencionar, desde agora, que no século XVI já Gerardus Dorneus reconheceu o aspecto psicológico do casamento alquímico e o entendeu claramente como aquilo que hoje concebemos como o processo de individuação. Conforme penso, e esta tentativa significa um passo dado para além dos limites traçados à concepção pela simbólica arquetípica, tanto na doutrina eclesiástica como na alquimia. A concepção de Dorneus também me parece ser uma compreensão lógica sob duplo aspecto; primeiramente porque era impossível que a diferença entre a operação química e o acontecimento psíquico ligado a ela permanecesse por muito tempo oculta a um observador atento e crítico, e, em seguida, porque a simbólica do casamento manifestamente jamais satisfazia inteiramente ao pensador alquímico, de modo que ele se sentia impelido a utilizar, além das variantes do *hierósgamos* (casamento sagrado), mais outros "símbolos de união" para exprimir a natureza dificilmente concebível de seu mistério. Assim a conjunção também é representada pelo dragão que envolve a mulher no sepulcro[57], ou pelos dois animais em luta entre si[58], ou pelo rei que se dissolve na água[59], ou por outras coisas mais. De modo semelhante acontece na filosofia chinesa, que com o masculino de maneira nenhuma esgota o sentido do *yang*; ele ainda tem o significado de o seco, o claro, o lado sul do monte. De modo análogo, ao feminino *yin* corresponde o úmido, o escuro e o lado norte do monte.

---

57. Emblema L em MAJER, M. *Scrutinium Chymicum*, 1687, p. 148.

58. *Scrutinium Chymicum*, 1687, p. 46; *Musaeum Hermeticum*, 1687, p. 351, 57.

59. "Merlini Allegoria". *Artis Auriferae* I, 1593, p. 393.

Ainda que a simbólica esotérica da *coniunctio* (conjunção) ocupe   335
um lugar destacado, nem por isso ela apresenta o aspecto total do
mistério. Ao lado dela entram ainda, em medida considerável, a simbólica da morte e do sepulcro, e não em último lugar o motivo da
luta. Manifestamente eram necessários simbolismos muito diversos e
até mesmo opostos para descrever a essência paradoxal da ideia da
conjunção. Sempre que houver um estado de coisas semelhante, poder-se-á concluir com segurança que nenhum dos símbolos usados
bastará para exprimir o todo. Por isso nos sentimos impelidos a procurar uma fórmula que permita unir em si, sem contradição, os aspectos diversos. Dorneus ousou fazer esta tentativa com os meios que
naquela época tinha à disposição. Ele podia fazer isso mais facilmente porque a ideia da *correspondência*, ainda em voga na época, era favorável a essa sua tentativa. Para aquela época não significava nenhuma dificuldade lógica aceitar uma *veritas* (verdade) que era a mesma
em Deus, no homem e na matéria. Apoiado nessa ideia, podia ele entender, sem mais nada, que a reconciliação dos elementos, e, de
modo geral, a união dos opostos alquímicos, formavam uma correspondência para a *unio mentalis* (união mental), que se realizava simultaneamente não apenas no homem, mas também na divindade
("ut ipse [Deus] sit in omnibus unus" / Como Deus é um em todas as
coisas). Como o ser no qual se realizava a união, reconheceu Dorneus
já muito claramente aquela instância, que a partir da psicologia deno-
minei como o *si-mesmo*. A *unio mentalis* (união mental), o tornar-se
o "um" interior, que hoje em dia designamos como individuação,
Dorneus a imaginava como uma compensação dos opostos "*in superatione corporis*" (na superação do corpo), portanto como uma espécie de *aequanimitas* (igualdade de ânimo), situada além da afetividade e da instintividade[60]. O espírito (*animus*), que na *unio mentalis*
(união mental) deve unir-se com a alma (*anima*), ele o chama de "*spiraculum vitae aeternae*" (verbalmente: respiradouro da vida eterna),
portanto uma "janela para a eternidade", enquanto a alma representa

---

60. "Mens igitur bene dicitur esse composita, quoties animus cum anima tali vinculo
iunctus est, ut corporis appetitus et cordis affectus fraenare valeat" (Com justeza se diz
que a mente é composta, uma vez que o ânimo se une à alma por tal vínculo que possa fre-
ar os apetites do corpo e os afetos do coração). *Theatrum Chemicum*, I, 1602, p. 451.

um órgão do espírito, como, por sua vez, o corpo é uma ferramenta dela. Ela está entre o bem e o mal, e tem a livre escolha (*optionem*) de ambos. Por meio da "*unio naturalis*" (união natural) ela dá vida ao corpo, como ela de sua parte "*per supernaturalem unionem*" (pela união sobrenatural) é dotada de vida pelo espírito (*spiritus*)[61]. Para possibilitar a nova união futura, o espírito (*mens*) deve ser separado do corpo (*distractio*), o que equivale a uma morte voluntária (*voluntaria mors*)[62], pois somente se pode unir o que está separado. Dorneus imagina com essa "*distractio*" (separação), manifestamente, uma distinção e separação do que está misturado; este último significa o estado em que a afetividade aprisionada no corpo influencia perturbando a razão (*ratio*) do espírito. Mas a separação tem em vista subtrair o espírito e a afetividade (*Gemüt*) ao influxo das emoções, e com isso estabelecer uma *positio* (posicionamento) espiritual superior à esfera turbulenta do corpo, o que conduz primeiro a uma dissociação da personalidade e a uma violenta correspondente do homem meramente natural. Este primeiro passo significa tanto filosofia estoica como psicologia cristã, e é imprescindível em vista da diferenciação da consciência[63]. Também a moderna psicoterapia se serve dessa distinção, ao objetivar afetos e instintos e confrontá-los com a consciência. A separação das esferas espiritual e vital, e a subordinação desta última a pontos de vista racionais, entretanto, não agrada, uma vez que a *ratio* (razão) sozinha não é capaz de avir-se de maneira abrangente e satisfatória com os dados irracionais do inconsciente. Não compensa mutilar por muito tempo o ser vivo pelo primado do espi-

---

61. Eodem loco (no mesmo lugar).

62. Dorneus cita neste contexto o *verbum Dei*: "Qui diligit animam suam, perdet eam, et qui odit animam suam, in aeternum custodit eam" [A "palavra de Deus" (Jesus): Quem ama sua vida, perdê-la-á; mas quem odeia sua vida, guardá-la-á para a eternidade]. Op. cit., p. 453. – Cf. Mt 16,25; Lc 17,33 e Jo 12,25.

63. Cf. uma exposição paralela em WEI PO-YANG. *Isis*. Vol. XVIII, p. 238: "Fechado por todos os lados, seu interior é composto de labirintos intercomunicantes. A proteção é tão completa de modo a repelir tudo que é diabólico e indesejável [...] A suspensão do pensamento é desejável e as preocupações são absurdas. O divino ch'i (ar, espírito, essência etérea) enche todos os espaços. Quem o retém há de prosperar e quem o perde há de perecer".

ritual, razão pela qual mesmo o piedoso não pode impedir de sempre de novo pecar uma vez ou outra, e o racionalista deve sempre de novo aborrecer-se com suas irracionalidades. À insuportabilidade desse conflito somente consegue escapar quem puder cobrir o outro lado com inconsciência artificial. Nestas circunstâncias o duelo crônico entre o corpo e o espírito parece ser uma solução, que, mesmo parecendo a melhor, não é de modo algum a ideal. Mas ela tem a vantagem de os dois lados se conservarem conscientes. Tudo aquilo que estiver consciente pode ser corrigido. Mas o que escapar para o inconsciente se subtrairá para sempre à correção e poderá degenerar em crescimento desordenado, sem ser perturbado. Felizmente a natureza cuida de fazer com que os conteúdos inconscientes, mais cedo ou mais tarde, despontem na consciência para aí provocar as perturbações correspondentes. Uma espiritualização duradoura e livre de complicações é, por isso, tão rara que seus detentores são canonizados pela Igreja.

Os alquimistas com razão conceberam a "unio mentalis in superatione corporis" (a união mental na superação do corpo) apenas como a primeira etapa da união, ou respectivamente da individuação, assim como Heinrich Khunrath queria que se considerasse Cristo como "*servator microcosmi*" (salvador do microcosmo), não porém como o do macrocosmo. Na sua totalidade os alquimistas procuraram alcançar (simbolicamente) uma "união total dos opostos" e a consideravam como indispensável para a cura de todos os males. Por isso não só postulavam, mas, de fato, procuravam encontrar os meios e o caminho para preparar aquele ser que une em si todos os opostos. Ele devia ser espiritual e material, vivo e não vivo, masculino e feminino, velho e jovem, e (como se supõe) moralmente neutro. Ele devia ser criado pelo homem, mas simultaneamente como um "*increatum*" (não criado) devia ser a própria divindade ("*Deus terrestris*" / deus terrestre).

Como o segundo passo no caminho para a produção desse ser se entendia a reunião da posição espiritual com a esfera corporal. Para este processo a alquimia conhece muitos símbolos. Um dos símbolos principais é o "casamento alquímico" que se realiza na retorta. A alquimia mais antiga estava a tal ponto inconsciente da implicação psicológica de seu *opus* (obra) que entendia seus próprios símbolos como meras alegorias ou até, do ponto de vista da semiótica, como nomes secretos para as combinações químicas; nessa tarefa ela como que desfolhava de seu sentido próprio a mitologia ricamente empregada, e a utilizava como pura terminologia. Mais tarde, entretanto, alterou-se este estado, e já no século XIV começou a surgir vagarosamente a compreensão de que o *lapis* (pedra) significava mais do que uma combinação química. Esta consciência se expressava principalmente na analogia com Cristo[64]. Gerardus Dorneus, porém, é decerto o primeiro que reconheceu a implicação psicológica como tal, até o ponto em que isso lhe era possível, quando considerados os meios intelectuais de sua época. Isto se mostra primeiramente em sua exigência de boa constituição corporal e especialmente da estrutura moral do aluno[65]. É indispensável uma atitude religiosa[66]. É no indivíduo que está a *"substantia caelestis naturae"* (a substância de natureza celeste) conhecida de poucos, o *"medicamentum incorruptum"* (medicamento incorrupto), que pode "ser libertado de suas cadeias", e isso por meio daquilo "que é semelhante e não oposto a ele". O "remédio espagírico", por meio do qual ocorre a libertação daquilo que está oculto no homem, deve corresponder a isso (*conforme substantiae* / conforme à substância). Pelo remédio nosso corpo físico é preparado de modo a poder ser feita a "separação" (*separatio*). Quando, pois, o corpo estiver preparado, poderá ele ser separado mais facilmente das outras coisas (*reliquis partibus*), ocasião em que, pela alma, lhe é negado tudo o que ultrapasse a necessidade absoluta. Acompanhando o estilo de todos os alquimistas, Dorneus também não indica em que consiste o *medicamentum spagiricum* (medica-

---

64. As menções anteriores estão compiladas em *Psychologie und Alchemie* (*Psicologia e alquimia*). 2. ed., 1952 [OC, 12], p. 488s.

65. "Impossibile est enim vitae malae hominem possidere thesaurum sapientiae filiis reconditum, et male sanum ad eum acquirendum vel inquirendum, multo minus ad inveniendum aptum esse" (É, pois, impossível que um homem de má vida possua o tesouro escondido para seus filhos, e que alguém de má saúde esteja apto para adquiri-lo ou procurá-lo, e muito menos para encontrá-lo). *Theatrum Chemicum*, I, 1602, p. 457.

66. "Admonendos esse discipulos putavi auxilii divini implorationis, deinceps accuratissimae diligentiae in disponendo se ad eiusmodi gratiam recipiendam" (Acho que os discípulos devem ser exortados a implorar o auxílio divino, e depois a se disporem com esforço acuradíssimo a receber tal graça). Eodem loco (no mesmo lugar).

Mysterium Coniunctionis — Rex e Regina...

mento espagírico ou alquímico). Pode-se apenas supor que ele era imaginado como algo de físico, ao menos de maneira aproximada. Além disso ele também insinua ser aconselhável certa *ascese,* com o que estar-se-ia possivelmente indicando também uma natureza, entendida como moral, do meio misterioso. Em todo o caso, ele se apressa a acrescentar que o "leitor esforçado" desde então, partindo da filosofia meditativa, atingiria a sabedoria espagírica e depois chegaria à verdadeira e perfeita Sabedoria. Parece como se o *"lector studiosus"* (leitor esforçado) desde o início já estivesse ocupado em ler e meditar, e que, justamente nisso, consistisse o remédio ou a preparação do corpo[67]. Como em Paracelsus a *"theoria"* certa também faz parte do remédio, assim entre os alquimistas acontece com *o símbolo,* que exprime as projeções inconscientes. São estas que na verdade tornam a matéria magicamente ativa, e por isso não podem ser separadas do processo químico, do qual fazem partes integrantes.

Conforme antiga tradição, a alma anima o corpo, como ela, por sua parte, é animada pelo espírito. Ela tende para o corpo e para tudo o que é corpóreo, sensível e emocional. Ela está aprisionada "nas cadeias" da *Physis* (natureza) e almeja *"praeter physicam necessitatem",* isto é, para além da necessidade física. Ela deve, a conselho do espírito (*suasu animi*), ser chamada de volta de seu estado de "perdição" na matéria e no mundo. Por meio disso o corpo é aliviado do peso, pois ele não apenas goza da vantagem de ser animado pela alma, mas também padece da desvantagem de ser obrigado a servir de instrumento para os *"appetitus"* ou os desejos da alma. As fantasias dos desejos dela o movem a executar ações para as quais ele não se encorajaria, pois a inércia material lhe é inata e decerto constitui seu único interesse para além da satisfação dos impulsos fisiológicos. A separação significa, pois, o desprender-se, por parte da alma e de suas projeções, da esfera corporal e de todos os condiciona-

338

---

67. "Ego sum (diz a Sabedoria) vera medicina, corrigens ac transmutans, id quod non est amplius, in id quod fuit ante corruptionem, et in multo melius, item id quod non est, in id quod esse debet" [Eu sou (diz a Sabedoria) o verdadeiro remédio, que corrige e transforma, o que já não é naquilo que ele era antes da "queda" e em algo muito melhor, e, do mesmo modo, o que ainda não é naquilo que deve ser]. *Theatrum Chemicum* I, 1602, p. 459.

mentos do mundo ambiente relacionados com o corpo. Expresso em linguagem moderna, isso quer dizer o mesmo que o afastamento da realidade sensível, o retraimento das projeções fantasiosas que a alimentam e que conferem às "dez mil coisas" uma aparência tanto atraente como falaz, e, portanto, o mesmo que introversão, introspecção e meditação, isto é, perscrutação e conhecimento dos desejos e de seus motivos. Uma vez que a alma, como diz Dorneus, ocupa uma posição intermediária entre o bem e o mal, tem o discípulo, por ocasião deste processo, toda a sorte de oportunidade para descobrir o lado sombrio de sua personalidade, os desejos e motivos de menor valor, as fantasias infantis e os ressentimentos, enfim, todos aqueles traços do temperamento que a gente procura esconder de si próprio. Por meio disso ele se confronta com sua *sombra*, mais raramente, entretanto, com suas boas qualidades, com as quais de qualquer modo a gente já costuma brilhar. Ele reconhecerá sua alma, isto é, a *anima* e a *shakti*, que por artes mágicas faz aparecer-lhe um mundo de coisas. Ele chega a esse conhecimento, como Dorneus acredita, com a ajuda do espírito (*animus*), pelo que se entendem todas as capacidades morais mais elevadas, como inteligência, conhecimento e decisão moral. Mas, por ser o espírito algo como "uma janela aberta para a eternidade" e imortal como *anima rationalis* (alma racional), confere ele à alma certo *influxus divinus* (influxo divino) e o conhecimento de uma ordem superior do mundo; é justamente nisso que consiste a vivificação da alma atribuída a ele. Esta ordem superior no mundo tem caráter impessoal e consiste, de uma parte, na totalidade dos valores intelectuais e éticos transmitidos, os quais conferem ao indivíduo cultura e educação, e, de outra parte, nas atitudes do inconsciente, as quais se apresentam à consciência como concepções arquetípicas. Via de regra, têm as primeiras precedência em relação às últimas. Mas, se as primeiras se encontrarem abaladas em sua força de convicção pela senilidade e pela crítica, então as últimas entram na brecha e predominam. Freud reconheceu corretamente esse estado de coisas, e denominou as primeiras de "superego", enquanto que as últimas permaneceram desconhecidas para ele, porque o racionalismo e o positivismo do século XIX não lhe permitiam libertar-se desse encantamento deles. A cosmovisão materialista não combina com a realidade e a autonomia da alma.

Mysterium Coniunctionis — Rex e Regina...   285

O arcano da alquimia é uma das concepções arquetípicas que   339
preenche uma lacuna na cosmovisão cristã, a saber, o abismo intransponível entre os opostos, nomeadamente entre o bem e o mal. Como
eu já disse também em outros lugares, somente a lógica conhece um
"*tertium non datur*" (não há uma terceira coisa); a natureza, porém,
consta exclusivamente de tais "terceiras coisas", pois ela é representada por tais efeitos, que, de sua parte, formam a coisa intermediária
entre dois opostos, como, por exemplo, a queda de água que tem por
pressuposto um "em cima" e um "embaixo". A alquimia empe-
nhou-se em investigar aquele efeito que iria remediar não somente a
desarmonia da *physis* (natureza), mas também os conflitos psíquicos
interiores, as "*afflictio animae*" (aflição da alma), e dar-lhe o nome
de *lapis Philosophorum* (pedra dos filósofos ou filosofal). Para chegar
até esse efeito devia ela romper o aprisionamento da alma no corpo,
e desse modo tornar consciente o conflito reinante entre o homem
puramente natural e o homem determinado pelo espírito. Ela tornou
a descobrir nisso a antiga verdade que cada operação dessa espécie
significa ao menos uma *morte* figurada[68], o que explica a forte aversão que sente cada um que se dispõe a entender suas projeções, e com
isso a natureza de sua *anima*. Exige-se um extraordinário domínio de
si mesmo para questionar a imagem fictícia da própria personalidade. No entanto, essa é a exigência de qualquer psicoterapia que pene-
tre um pouco mais a fundo, a qual somente se tornará consciente de
sua ingenuidade na ocasião em que o médico precise experimentar
em si mesmo sua terapia. Pode-se, porém, facilitar o difícil ato do autoconhecimento, como a experiência mostra muitas vezes, pondo
fora de ação a atividade do critério moral por meio do chamado cientificismo objetivo ou por cinismo sem nenhum retoque. Deste modo
se adquire certo conhecimento à custa da repressão de um valor moral. O resultado desse logro é que o conhecimento fica privado de sua
atuação, por estar ausente a reação moral. Com isso se lança a base
para uma dissociação neurótica, o que de modo algum corresponde à

---

68. A *distractio* (separação) significa algo, que *voluntariam mortem nonulli vocant*
(alguns chamam de morte voluntária). Cf. a morte do par régio na sequência das figuras do "Rosarium Philosophorum". 1550, e comentada em: *Psychologie der Übertragung* (*Psicologia da transferência*), 1946, p. 154s.

intenção terapêutica. A meta desse empreendimento é na verdade a *unio mentalis* (união mental), a saber, a obtenção de um conhecimento que abranja as alturas e as profundezas do próprio caráter.

340 Se o destino se encarregar de fazer a uma pessoa a exigência do autoconhecimento, e essa pessoa se recusar, neste caso a atitude negativa pode significar a morte real. Esta exigência não teria sido feita a ela se ela pudesse seguir algum outro caminho lateral que prometesse sucesso. Mas ela entrou num beco sem saída, do qual somente o autoconhecimento a poderá salvar. Se ela o recusar, já não terá nenhum outro caminho franqueado. Em regra, ela também não estará consciente de sua situação, e quanto mais inconsciente ela estiver, tanto mais estará ela entregue a perigos imprevistos: não se consegue desviar-se com a rapidez necessária de um automóvel, ao escalar uma montanha dá-se em algum lugar um passo em falso, ao esquiar espera-se poder atravessar ainda uma ladeira crítica de neve, em uma doença perde-se repentinamente o ânimo para viver. O inconsciente tem mil caminhos para extinguir com surpreendente rapidez uma existência já sem sentido. É, pois, evidente a ligação entre a *unio mentalis* (união mental) e o motivo da morte, mesmo que a morte conste apenas de uma paralisação do progresso espiritual.

341 A segunda etapa da *coniunctio* (conjunção), diz Dorneus, consiste em reunir a *unio mentalis* (união mental) novamente com o corpo. Este passo parece ser de importância especial, porque somente a partir daí se pode alcançar a *coniunctio* (conjunção) completa, a saber, a união com o *"unus mundus"* (mundo uno). O unir novamente a posição espiritual com o corpo quer dizer, manifestamente, que o conhecimento adquirido deve tornar-se real. Um conhecimento também pode permanecer suspenso, quando simplesmente não é aplicado. A segunda etapa da *coniunctio* (conjunção), porém, consiste na realização do homem, que esteja aproximadamente informado sobre sua totalidade paradoxal.

342 A grande dificuldade da segunda etapa consiste no fato de não se saber como se poderá realizar um dia a imagem paradoxal da totalidade do homem. Esta é a *crux* (cruz) da individuação, que entretanto somente existe para quem não trilhou o caminho de saída do cinismo "científico" ou de outra natureza qualquer. Uma vez que a realização da totalidade consciente constitui um problema aparentemente inso-

lúvel e a psicologia moderna se encontra diante de questões, das quais se aproxima apenas com hesitação e incerteza, é certamente de máxima importância que se veja como o pensar simbólico e despreocupado de um "filósofo" medieval tenta resolver estes problemas. Os textos transmitidos não nos encorajam a aceitar que Dorneus tenha estado consciente da extensão total de seu empreendimento. Ainda que de modo geral ele tenha compreendido claramente o papel do adepto no processo alquímico, contudo o problema não se apresenta aos olhos dele em todo o seu rigor, porque para ele o problema apenas se realiza em parte no domínio psicológico-moral, enquanto que de outra parte se acha hipostasiado por certas propriedades misteriosas do corpo vivo ou por uma substância mágica escondida nele. Esta última projeção espalha uma névoa que como a velar os vértices e as arestas muito agudas do problema. Acreditava-se então ainda geralmente na possibilidade de provar asserções metafísicas (e também no presente em parte ainda não nos libertamos totalmente dessa suposição um tanto pueril), e desse modo se podia estabelecer aparentemente posições seguras no além, das quais se esperava não serem elas molestadas por nenhuma dúvida. Desse modo podia-se conseguir para si facilidades consideráveis. Pense-se apenas no que significa, no aperto e na incerteza de um dilema de moral ou de cosmovisão, ter por assim dizer ao alcance da mão uma *quinta essentia* (quintessência), um *lapis* (pedra), uma panaceia! Pode-se, porém, compreender com facilidade esse recurso, quando se considera o ardor com que a época atual crê poder fazer desaparecer miraculosamente complicações psíquicas por meio de hormônios, narcóticos, choques de insulina e de outra natureza. Os alquimistas tampouco podiam entender a natureza simbólica de suas concepções do arcano, assim como nós não somos capazes de reconhecer como um símbolo a crença atual nos hormônios e nos choques. Tal interpretação, nós a repeliríamos indignados como uma impertinência ridícula.

3. A produção da quintessência

A argumentação de Dorneus se movimenta, na maior parte, na esfera dos símbolos e caminha de pés alados sobre nuvens. Isso, contudo, não impede que seus símbolos indiquem um sentido oculto por

343

trás deles, o qual se apresenta mais ou menos compreensível à nossa psicologia. Assim é de conhecimento dele que o sábio não poderia reconciliar os opostos, se não lhe viesse em socorro "certa substância celeste que está oculta no corpo humano", a saber, o *"balsamum"* (bálsamo), a *quinta essentia* (quintessência), o *"vinum philosophicum"*[69] (vinho filosófico), um "poder e uma força celeste"[70], ou simplesmente a "verdade"[71]. Esta última é a panaceia (remédio universal). Esta "verdade", entretanto, somente de modo indireto está oculta no corpo porque ela realmente consiste na *imago Dei* (imagem de Deus) impressa no homem. Esta é na verdade a *quinta essentia* (quintessência) e a *virtus* (virtude, força) do vinho filosófico. Este último constitui, pois, um sinônimo adequado, porque ele, sob a forma de um líquido físico, representa o corpo, mas como álcool indica o espírito (*spiritus*). Este último parece corresponder à *virtus caelestis* (força celeste). Esta é universal, ainda que esteja dividida na multiplicidade dos indivíduos. Ela é *única* e retorna a seu estado de unidade, sempre que for libertada. "Isto é um dos mistérios da natureza por meio do qual os (filósofos) espagíricos têm relacionamento com as coisas mais elevadas"[72]. O "vinho" pode ser preparado a partir dos grãos[73], e igualmente também de todas as outras sementes[74]. A essência extraída daí é finalmente levada ao estado de sua "máxima simplicidade" pelo movimento circular continuado[75], ocasião em que o puro se separa do impuro. Então se verá "o primeiro flutuar bem em cima como algo transparente, luminoso e da cor mais pura do ar (portan-

---

69. O *vinum philosophicum* (vinho filosófico) contém a *essentia caelestis* (essência celeste). *Theatrum Chemicum*, I, 1602, p. 464.

70. "Virtus caelestisque vigor". Op. cit., p. 457.

71. "At veritas est summa virtus et inexpugnabile castrum" (Mas por outro lado a verdade é a virtude suprema e uma fortaleza inexpugnável). Op. cit., p. 458.

72. "Libera tamen ad suam unitatem redit. Hoc est unum ex arcanis naturae, per quod ad altiora pertigerunt spagirici" Op. cit., p. 464.

73. *Grana* (grãos) designa também a semente da uva.

74. Cf. mais abaixo os pormenores do processo.

75. "Assiduis rotationis motibus, rotae circulo" [Por contínuos movimentos de rotação na circunferência de uma roda (centrifugação)]. Op. cit.

to: azul)"[76]. "(Assim) verás o céu até então espagírico (isto é, secreto), o qual poderás adornar com as estrelas inferiores, assim como o (céu) superior está encoberto de estrelas superiores"[77]. "Então, continua Dorneus, será que não se admirarão os incrédulos, que imitaram os físicos, (ao verem) que podemos pegar com as mãos o céu e as estrelas? [...] Para nós as estrelas inferiores são todas indivíduos sem distinção produzidos pela natureza neste mundo inferior por meio da conjunção (*coniunctione*) daquelas (estrelas) e do céu, de modo igual (à conjunção) das superiores[78]. Já escuto como se levanta a voz de muitos a murmurar contra nós. 'Quê? (dizem eles) Fora contigo! Tais homens que afirmam poder unir o céu e a terra, deveriam ser exterminados'"[79].

"O céu é, pois, uma matéria celeste e uma forma universal, que contém em si todas as diversas formas. Estas últimas, contudo, procedem de uma única forma universal. Por isso achará facilmente a panaceia (remédio universal) qualquer um que saiba reduzir os indivíduos (isto é, os seres distintos) ao gênero (*genus*) mais geral por meio da arte espagírica, e então depois inserir nele as forças (*virtutes*) específicas, uma ou mais delas [...] Como na verdade toda a corrupção (*corruptio*) tem sua origem em um único ponto, assim também é universalmente única (*universaliter una*) a fonte de todas as forças reno-

344

---

76. Em JOANNES DE RUPESCISSA. *La vertu et la propriété de la quinte essence*. Lião: [s.e.], 1581. A quintessência corresponde ao céu (p. 15). Ela se chama também *esprit du vin* (espírito do vinho) e *eau de vie* (água de vida, aguardente). Ela é o *ciel humain* (céu humano) (p. 17) e "de la couleur du ciel" (da cor do céu) (p. 19).

77. Dorneus com certeza se refere aqui ao método de encantamento da segunda parte do Tratado de ARTEFIUS "Clavis maioris sapientiae". *Theatrum Chemicum* IV, 1613, p. 236s.; MANGETUS. *Bibliotheca chemica curiosa* I, 1702, p. 507s. Trata-se de obrigar a baixarem os espíritos dos planetas, que são necessários para a união do espírito, ou respectivamente da alma, com o corpo, e para a transformação deste último. – Cf. as representações da *coniunctio* (conjunção), durante o banho, no *scroll* (rolo) de Ripley e em suas variantes. [Um exemplo se acha em: *Psychologie und Alchemie* (*Psicologia e alquimia*). 2. ed., 1952 [OC, 12], p. 617].

78. "Sunt igitur stellae nobis inferiores individua quaevis a natura hoc in mundo inferiori producta coniunctione videlicet earum et caeli tanquam superiorum cum inferioribus elementis". DORNEUS. *Theatrum Chemicum*, I, 1602, p. 466.

79. DORNEUS. Op. cit., p. 465s.

290 — Obra Completa — Vol. 14/2

vadoras, restauradoras e vivificadoras. Quem porá em dúvida tal remédio, a não ser que esteja fora do juízo?"

345 Pelo tratamento alquímico dos "grana" (grãos, sementes da uva) é preparado "nosso *Mercurius* pela mais elevada sublimação (*exaltatione*). Pode ser feita a mistura do novo céu, do *mel*[80], da *chelidonia*[81],

---

80. "O elixir do mel conserva e purifica o corpo humano de todas as imperfeições, tanto interior como exteriormente". PENOTUS, B.G. "De Medicamentis Chemicis". *Theatrum Chemicum*, I, 1602, p. 730. – O primeiro capítulo do "Lumen Apothecariorum Spagyrorum" de Paracelsus é dedicado ao mel. A *prima materia* (matéria-prima) do mel consiste na "doçura da terra [...] aí está reunido tudo o que pertence às plantas". Mel é a *resina terrae* (resina da terra), um "espírito índico", que pela "influência estival" é mudado em um *spiritum corporale* (espírito corporal). Mel era o alimento de João Batista. (1590, VII parte, p. 222s. [HUSER (org.)]).
Na "terceira elevação" o mel se torna "mortífero", um veneno, que como o "Tartarus mortalis" (tártaro mortal) conduz à morte (*Von den Tartarischen Krankheiten*. Cap. XIV, 1589, II parte, p. 239 [HUSER (org.)]). O mel contém *Tartarum* (tártaro) (Op. cit., p. 223). Como *Aqua permanens* (água eterna, ὕδωρ θεῖν) ele já aparece em Zósimo (BERTHELOT. *Collection des anciens alchimistes grecs* III, XXV, 1). Tanto aqui como na *Turba* forma ele um par de opostos junto com o azedo (vinagre) (Sermo XXXVII, 16).

81. A "Chelidonia" (celidônia ou erva de andorinha) aparece como nome secreto em uma redação da *Turba*, que se afasta consideravelmente do texto oferecido por Ruska (impresso em *Artis Auriferae* I, 1593, 1s.): "Quidam Philosophi nominaverunt aurum Chelidoniam, Karnech", "Geldum" etc. Ruska explica Geldum como Chelidonium maius L. (*Turba philosophorum*, 1931, p. 28). – Dioscorides (*Mat. Med.* II, 1554, p. 172) menciona que as andorinhas curam com essa erva a cegueira de seus filhotes. – No *Livro das Ervas* de Tabernaemontanus (1731, p. 106) aparece ainda mencionada como colírio (por exemplo, contra a cegueira noturna). – Em Rulandus (*Lexicon alchemiae sive dictionarium alchemisticum*, 1612) Chelidonia é um pseudônimo para o ouro (provavelmente por causa das flores amarelas). – Diz-se que no estômago dos filhotes de andorinha se encontram duas pedrinhas, as lapides Chelidonii (pedras da andorinha), uma preta e a outra vermelha. Como colírio (Succus Chelidoniae, suco de celidônia) é empregado para a extração da *humiditas* (umidade – anima ou alma) Mercurii (do mercúrio), por causa de sua cor (DORNEUS. "De Transmut. Metall." *Theatrum Chemicum*. I, 1602, p. 582). – Sal Chelidoniae (sal de celidônia) como Emmenagogon (emenagogo) e Resolvens (resolvente) (Op. cit., p. 759). – Chelidonia como nome do *Lapis* (pedra) (*Theatrum Chemicum* IV, 1613, p. 822), como remédio para as doenças mentais (*Theatrum Chemicum* V, 1622, p. 432). – Em Paracelsus (*Paragranum*. II parte. De Philosophia) as quatro celidônias são sinônimos de *Anthos* (flor). (Cf. "Cheyri". *Paracelsica*, 1942, p. 86s. – Chelidonia como *Praeservativum* (preservativo) contra as tempestades (HUSER. *De Phil. Occulta*, 1590, IX parte, p. 361).

Mysterium Coniunctionis — Rex e Regina... 291

das *flores do alecrim*[82], da *mercurialis*[83], do *lírio vermelho*[84], do *sangue humano*[85], com o céu do vinho vermelho ou branco, ou do *Tartarus* (tártaro) [...][86] Pode-se também preparar outra mistura, a saber, a do céu com a chave filosófica[87] pelo processo da geração (*generationis artificio*)".

---

82. Ros (orvalho) = aqua permanens (água permanente ou eterna; mercúrio). Alecrim como Alexipharmacum (contraveneno) em Tabernaemontanus (p. 312).

83. *Mercurialis testiculata* (a mercurial), como dizem, foi achada por Mercurius, assim como também a Moly; apresenta sexos separados e é usada como Emmenagogon (emenagogo) (TABERNAEMONTANUS. Op. cit., p. 940s.). – Segundo Dioscorides (Lib. IV, p. 169) a Mercurialis determina o sexo da criança, quando colocada *per vaginam* (pela vagina). – "Mercurialis saeva est aqua aluminum in qua Mercurius generatur [...] est aurei coloris" (A mercurial selvagem é a água de alúmen, na qual é gerado o mercúrio [...] é da cor do ouro). (RULANDUS. Op. cit., p. 334).

84. Lilium (lírio) = Mercurius (mercúrio) e quinta essentia sulphuris (quintessência do enxofre); por isso vermelho (RULANDUS. Op. cit.). – "Lilii Alchemiae et Medicinae [...] nobilissimum hoc omne quod ex altissimi conditoris manifestatione meditationibus hominum obtingere potest" (O lírio da alquimia e da medicina é o mais nobre de tudo isso que pode ser obtido da manifestação do altíssimo Criador pela meditação dos homens). (DORNEUS. "De Transmut. Metall." *Theatrum Chemicum* I, 1602, p. 608). – *Anthera* (supostamente: antera ou sacos polínicos) *liliorum* (dos lírios) como *Alexipharmacum* (contraveneno). (PARACELSUS. *Scholia in poëmata Macri*, 1590, VII parte, p. 268 [HUSER (org.)]). – O *succus liliorum* (suco dos lírios) é *mercurialis* (mercurial) e *incombustibilis* (incombustível). (GRASSEUS, J. "Arca Arcani". *Theatrum Chemicum* VI, 1661, p. 327). – *Coniunctio* (união) do lírio branco e do vermelho (Op. cit., p. 335).

85. Sangue é sinônimo da tintura vermelha (*Aqua permanens*, água eterna), uma etapa prévia do *Lapis* (pedra) (RULANDUS. *Lexicon alchemiae sive dictionarium alchemisticum* 1612, p. 421). – Sanguis hominis ruffi (sangue do homem ruivo) = Sulphur (enxofre) = Mercurius Solis (mercúrio do Sol) (Op. cit., p. 422).

86. O tratado "De Medicamentis Chemicis". *Theatrum Chemicum* I, 1602, p. 749, diz do *Tartarus* (tártaro): "Miranda praestat in spagyrica arte, nam eo mediante lux diei in primam materiam reducitur" [Ele faz coisas admiráveis na arte espagírica (alquímica), pois por intermédio dele a luz do dia é reduzida a matéria-prima]. – O *Saturnus calcinatus* (saturno ou chumbo calcinado), como dizem, foi chamado por Ripley de "tartarus ex uvis nigris" (tártaro de uvas negras). ("Discursus Orthelii". *Theatrum Chemicum* VI, 1661, p. 471).

87. Isso bem poderia referir-se ao Tratado de Artefius mencionado acima.

Dorneus anota aqui que até para a respiração do leitor, e logo acrescenta: "Está certo que essas coisas dificilmente sejam compreendidas (*vix intelligibilia*) quando não se tem conhecimento completo dos termos técnicos (*vocum artis*); definimos estas, de acordo com nossa persuasão, na etapa seguinte, onde antes tínhamos tratado do conhecimento meditativo. O conhecimento meditativo é certa solução (*resolutio*) indubitável graças à experiência de quaisquer opiniões acerca da verdade. A opinião, porém, é uma antecipação (*praesumptio*) inerente ao espírito e indubitável. A experiência, ao contrário, é uma prova manifesta da verdade, e a solução é a eliminação (*depositio*) da dúvida. A respeito de qualquer dúvida não podemos obter certeza de outra maneira do que pela experiência, que não pode ser feita melhor (em nenhum outro lugar) do que em nós mesmos [...] Há pouco dissemos que a piedade (*pietas*) consiste no autoconhecimento, por isso começamos (partindo dela) para explicar o conhecimento meditativo. Mas ninguém pode conhecer a si mesmo a não ser que, por assídua meditação, primeiro veja e saiba [...] o *que* ele próprio é, (e isto até antes de saber) *quem* ele é, de quem depende ou a quem pertence e para que fim foi feito e criado, assim como por quem e por meio de quem". Deus fez o homem participante de sua glória e o criou segundo sua imagem. "Assim como fomos criados do barro mais vil, desprezado e desdenhado de todos, somos também por causa da matéria-prima (*prima materia*) de que constamos inclinados antes para tudo o que é vil do que para Ele, que de vil (matéria) nos tornou preciosas criaturas e nos adornou de honra e glória um pouco menos que os anjos". Da matéria mais vil faz Deus o ouro e as pedras preciosas. Por isso, pelo conhecimento de nossa natureza e de nossa origem, deveríamos abster-nos de toda a soberba (*elationis superbia*), pois Deus não olha para a pessoa, mas para a pobreza e a humildade e odeia a soberba. Somente aquele que criou a água e o vinho pode também mudar um no outro, e, da mesma forma, a terra em alma vivente (*animam viventem*), e Ele a dotou com sua imagem e semelhança para a certeza de nossa salvação. Apesar disso, pelo pecado de Adão nos tornamos rebeldes, mas Deus se reconciliou conosco. "Quem, pois, será tão empedernido (*lapideus*) que não se reconcilie com seu inimigo". Quem reconhecer a Deus, reconhecerá também seu irmão. Esta é a base da verdadeira filosofia. Quem considerar

Mysterium Coniunctionis — Rex e Regina...   293

tudo isso consigo mesmo e libertar seu espírito de todos os cuidados mundanos e distrações[88], "este aos poucos e de dia para dia verá com seus olhos espirituais (*oculis mentalibus*) brilhar as faíscas da iluminação divina (*scintillas divinae illustrationis*) [...]". Movida por isso, a alma se unirá ao espírito. "*O corpo, enfim, será obrigado a se entregar e a obedecer à unidade dos dois unidos (anima et animus)*[89]. Esta é a admirável transformação filosófica do corpo em espírito (*spiritum*), e do espírito em corpo, a respeito da qual nos é dito pelos sábios: "*fac fixum volatile et volatile fixum*" (faze o fixo volátil, e o volátil fixo)[90]; *nisto tens nosso mistério*. Entende isso do seguinte modo: faze do corpo inerte (*pertinax*) o flexível (*tractabile*), de maneira que pela excelência do espírito (*animi*), que se adapta à alma, surja um corpo resistente, que possa tomar sobre si todas as provações. Pois o ouro é experimentado no fogo. Vinde cá, vós que por caminhos tão diversos procurais os tesouros, ficai conhecendo a pedra que foi rejeitada e (depois) se tornou a pedra angular [...] Em vão trabalham todos os exploradores dos mistérios ocultos da natureza, se escolherem outro caminho e empreenderem descobrir as forças das coisas terrenas por meio do que é terreno. Aprendei a reconhecer o céu, não por meio da terra, mas a reconhecer as forças desta pelas forças daquele. Procurai o remédio incorruptível, que não apenas transforma o corpo, do estado da corrupção para o da verdadeira natureza dele (*temperamentum*), mas também conserva por muitíssimo tempo os (assim) dotados (*temperata*). Tal remédio não encontrareis em nenhum outro lugar, senão no céu. Pois o céu penetra, produz e nutre por meio de raios invisíveis que se reúnem no centro da Terra, todos os elementos e tudo o que deles se originou. O filho de ambos os pais, a saber dos elementos e do céu, conserva em si a natureza (deles), de modo que ambos os pais, tanto na possibilidade como na realidade (*potentia et actu*), podem ser encontrados nele. Quem se manterá até hoje aí dentro (a saber, no centro da Terra), senão a pedra na geração

---

88. Op. cit., p. 470.

89. "Corpus tandem in amborum iam unitorum unionem condescendere cogitur et obedire".

90. Talvez esta expressão sirva de base para "espagírico", formada de σπάειν (= rasgar, separar) e de ἀγείρειν (= recolher, reunir).

espagírica?[91] Aprende a reconhecer por ti mesmo que o que quer que seja, tanto no céu como na Terra, principalmente que todo esse universo foi criado por causa de ti. Não sabes que o céu e os elementos antigamente eram *uma só coisa* (e então) por alguma atuação divina foram separados um do outro, para que pudessem gerar de modo natural tanto a ti como todo o resto? Se souberes isto, o resto não te escapará. Em toda a geração é necessária uma separação (*separatio*) destas [...] Nunca poderás das outras coisas fazer o 'um' que procuras, se antes não te tornares o *um* [...]"[92].

4. O sentido do processo alquímico

347   Assim descreve Dorneus o mistério da segunda etapa no processo da união. Tais formações de ideias, no entanto, querem parecer à inteligência moderna como produtos nebulosos de uma fantasia sonhadora. Em certo sentido elas também o são, e por isso são apropriadas para a decifração pelo método da psicologia complexa. Em sua tentativa para tornar compreensível o estado de coisas manifestamente confuso, nosso autor chega a uma dissertação, como vimos acima, sobre a maneira como deve ser produzida a *quinta essentia* (quintessência), que é necessária para a união da *unio mentalis* (união mental) com o corpo. Naturalmente cada um pergunta a si próprio como foi que esse processo alquímico veio parar aqui. A *unio mentalis* (união mental) significa tão manifestamente uma atitude espiritual e moral, que já não se pode, de maneira alguma, duvidar da sua natureza psicológica. Com isso já se ergueu para nossa inteligência uma parede divisória, que separa o processo psíquico do químico. Para nós essas duas coisas são incomensuráveis, mas isso ainda não era assim para o espírito medieval. Este na verdade absolutamente nada conhece da natureza das substâncias químicas e de suas combinações. Ele vê apenas substâncias enigmáticas que, combinadas entre si, produzem novas substâncias inexplicáveis, e por isso também da mesma

---

91. "Quis haerebit adhuc nisi *lapis* in generatione spagirica?" Isto significa que são coisas correspondentes ao centro da Terra e à pedra filosofal.

92. *Theatrum Chemicum* 1602, p. 466s.

Mysterium Coniunctionis — Rex e Regina...

forma misteriosas. Nesta profunda escuridão a fantasia tem o campo livre e pode nesse jogo combinar o impensável. Ela pode então ocupar-se sem barreiras e até retratar-se a si própria, sem disso tomar conhecimento. A psique do adepto, reinando com liberdade plena, serve-se das substâncias químicas e dos processos, à semelhança de um pintor que dá formas à imagem de sua fantasia por meio das tintas de sua paleta. Portanto, quando Dorneus, para descrever a união da *unio mentalis* (união mental) com o corpo, lança mão de substâncias químicas e de seus instrumentos, isso não quer dizer outra coisa senão que ele procura tornar plásticas suas fantasias por meio de processos químicos. Para este fim escolhe ele as substâncias adequadas, como o pintor as tintas apropriadas. Assim, por exemplo, o mel deve entrar na mistura por causa de suas propriedades purificadoras. Como paracelsista sabe ele, pelos escritos do mestre, que excelso louvor rende este ao mel, o "doce da terra", a "*resina terrae*", a qual penetra todas as plantas, o "espírito índico", o qual pela "influência estival" se transforma no "*spiritus corporalis*" (espírito corporal). Por meio disso sua mistura adquire a propriedade não apenas de eliminar o impuro, mas também de transformar o espírito em corpo, o que parece ser especialmente promissório para a planejada "*coniunctio spiritus et corporis*" (união do espírito e do corpo). Entretanto, o "doce da terra" (como era conhecido em geral) não deixa de ter seu risco; pois o mel, como já vimos, pode transformar-se em um veneno mortífero. Segundo Paracelsus, ele contém o "*tartarum*", que, como indica o nome, tem algo a ver com o Hades, e "reduz a luz do dia ao estado de *prima materia*" (matéria-prima). Ele é também um "*Saturnus calcinatus*" (saturno calcinado), e portanto um parente deste *Maleficus* (maléfico). Em seguida toma Dorneus também a *Chelidonia*, que cura as doenças dos olhos e especialmente a cegueira noturna, e ainda mais até o anoitecimento do espírito (a *afflictio animae*, a melancolia etc.). Ela também protege contra a "tempestade", e portanto contra o ataque humano dos afetos. Ela é um ingrediente precioso porque, pelas suas flores amarelas, insinua o ouro filosófico, aquele altíssimo tesouro. Ela também extrai do *Mercurius* a *humiditas* (umidade), a "*anima*" (alma)[93], o que é especialmente importante aqui.

---

93. A saber, a essência.

Ela auxilia também na "espiritualização" do corpo e torna visível a essência do espírito ctônico por excelência, isto é, o *Mercurius*. Mas este último também é o diabo[94]. Certamente por isso, o título do parágrafo de David Lagneus, em que é definida a natureza do *Mercurius*, consiste nas palavras: *"Dominus vobiscum"* (o Senhor esteja convosco)[95].

348 Além disso, é indicada ainda a planta *Mercurialis*. Ela foi achada antigamente por Hermes, como também Moly, a planta mágica de Homero, e por isso ela não está destituída de efeito mágico. Ela mostra antes de tudo como auxiliar na *coniunctio* (conjunção), por ser encontrada tanto na forma masculina como feminina e, por isso, poder determinar antecipadamente o sexo da criança a ser concebida. No entanto dela pode até surgir o *Mercurius*, portanto aquele espírito que está determinado para ser um mediador (porque ele é *"utriusque capax"* (capaz de ambas as coisas) e um *Servator Macrocosmi* (salvador do macrocosmo), e por isso também presta os melhores serviços na união dos *superiora* (coisas superiores) com as *inferiora* (coisas inferiores). Como Hermes Kyllenios (isto é, *ithyphallikós*, itifálico ou de falo ereto) está ele na situação de contribuir com a força atrativa da *sexualidade,* que desempenha papel importante na simbólica da conjunção[96]. Como o mel também ele não deixa de ser perigoso, por causa de um possível envenenamento; por esta razão nosso autor acrescenta a mistura ainda, de maneira compreensível, o alecrim como *alexipharmacum* (contraveneno) e simultaneamente como sinônimo de *Mercurius* (*aqua permanens* / água eterna), talvez de acordo com o axioma: *similia similibus curantur* (coisas semelhantes são curadas por coisas semelhantes). Dorneus mal pode resistir à tentação de explorar a alusão alquímica ao *"ros marinus"* (orvalho marinho). Em concordância com a simbólica eclesiástica, também existia na alquimia um "orvalho da graça", isto é, a *aqua vitae* (*perpetua, permanens*) (água da vida ou perpétua ou permanente) (a ὕδωρ θεῖον de duplo sentido: água divina ou água sulfurosa). A água era designada também como *aqua pontica* (água do mar) ou simplesmente como

---

94. Cf. *Symbolik des Geistes* (*Simbólica do espírito*), 1948, p. 118.

95. "Harmonia Chemica". *Theatrum Chemicum* IV, 1613, p. 820.

96. *Symbolik des Geistes* (*Simbólica do espírito*), 1948, p. 121.

mare (mar). É o grande mar, no qual navega o alquimista durante sua *"peregrinatio"* (peregrinação) mística, orientado pelo "coração" de *Mercurius* situado no polo norte do céu, para onde aponta a própria natureza por meio da bússola magnética[97]. Ela é igualmente o banho da regeneração, a chuva da primavera, que produz a vegetação, e a *"aqua doctrinae"* (água da doutrina).

O *lírio* é igualmente um *alexipharmacum* (contraveneno). Mas isto ainda não é tudo. Ele é muito mais: seu suco é *"mercurialis"* (mercurial) e até *"incombustibilis"* (incombustível), o que sempre alude a uma natureza incorruptível e "eterna". Isso se confirma pelo fato de o lírio ser concebido como o *Mercurius* e como a própria *quinta essentia* (quintessência), a coisa mais elevada que a "meditação humana" pode alcançar. O lírio vermelho representa o masculino, como o branco o feminino na conjunção, e desse modo representa o casal divino que se une no hierósgamos (casamento sagrado). Ele é um verdadeiro *"gamonymus"* (que tem o nome de casamento) no sentido de Paracelsus.

Finalmente não deve faltar na mistura o que muito propriamente mantém unidos o corpo e a alma, a saber, o *sangue humano*, que é tido como a sede da alma[98]. Ele é um sinônimo da "tintura vermelha", uma etapa prévia do *lapis* (pedra), e sobretudo um meio mágico há muito comprovado, um "ligamento" que prende a alma a Deus ou ao diabo, e portanto um remédio fortíssimo, que pode ligar a *unio mentalis* (união mental) ao corpo. A ideia do adicionamento do *sanguis humanus* (sangue humano) me parece coisa incomum, quando se imagina que a receita poderia ser entendida verbalmente. A gente se movimenta aqui em terreno incerto. Ainda que os ingredientes vegetais sejam aduzidos evidentemente por seu valor simbólico, contudo não se sabe com certeza quanto sua simbólica também indique alguma propriedade mágica. Neste último caso dever-se-ia tomar a receita verbalmente. Quando ao sangue cresce a dúvida, pois ele pode ser tomado

---

97. Cf. *Psychologie und Alchemie* (*Psicologia e alquimia*). 2. ed., 1952 [OC, 12], p. 504 e estampa 97, p. 279; como também *Aion*, 1951 [OC, 9/2], p. 194.

98. Assim também em Paracelsus, onde sua *Anima* (alma), a *Melosina*, vive no sangue (*Paracelsica*, 1942, p. 102).

simplesmente como sinônimo da *aqua permanens* (água eterna) e desse modo pode significar qualquer líquido, ou ele deve ser considerado como verdadeiro sangue, e aí se deve então perguntar donde vem esse sangue. Será que é do adepto? Este problema não me parece tão descabido assim, pois Dorneus neste escrito está consideravelmente influenciado pelo *Liber Quartorum sabeico*, que ele manifestamente conhece, sem contudo citá-lo, como veremos ainda mais adiante. Os sabeus tinham a fama de haver sacrificado seres humanos para finalidades mágicas[99], e o sangue humano serve até hoje para a assinatura de contratos com o diabo. Não faz ainda muito tempo que embebedaram um vagabundo e o jogaram na escavação para uma construção, sepultando-o rapidamente aí para garantir a solidez do fundamento. Uma prática mágica do século XVI facilmente poderia ter usado realmente sangue humano como *pars pro toto* (a parte pelo todo).

351 A mistura toda é então unida "com o céu do vinho vermelho ou branco ou com o *Tartarus*" (tártaro). O "céu", como já vimos acima, é o produto do processo alquímico, que neste caso consiste em destilar primeiro o *vinum philosophicum* (vinho filosófico). Por este processo a *anima* (alma) e o *spiritus* (espírito) são separados do corpo, e sublimados tantas vezes até que eles sejam libertados de toda a "*phlegma*" (fleuma), isto é, de todo o líquido, que já não contenha nenhum "espírito"[100]. Este resíduo, o chamado *corpus* (corpo), é in-

---

99. Cf. a informação tirada de Fihrist-el-U'lum de MOHAMMED BEN ISH'AQ EN-NEDIM apud CHWOLSOHN. *Die Ssabier und der Ssabismus*, 1856, tomo II, p. 19s., onde se descreve a maceração de um corpo humano em óleo e bórax. A cabeça do cadáver serve então para fazer oráculos. Cf. o relato de Laurens van der Post in: *Von den Wurzeln des Bewusstseins* (*Das raízes da consciência*), 1954, p. 274s.

100. Cf. a descrição da *caput mortuum* (cabeça morta), em Christianos: μέλαν καὶ ἄψυχον καὶ νεκρὰ καὶ ὡς εἰπεῖν ἄπνους (negra e sem alma e morta por assim dizer sem hálito). (BERTHELOT. *Collection des anciens alchimistes grecs*, VI, XII, 1). – A *phlegma* (fleuma) tem ao mesmo tempo significado moral: "Item sapientiam tuam semina in cordibus nostris, et ab eis phlegma, choleram corruptam et sanguinem bullientem expelle, ac per vias beatorum perducas" (Da mesma forma semeia tua sabedoria em nossos corações e expele deles a fleuma, a bile estragada e o sangue fervente, para conduzi-los pelos caminhos dos bem-aventurados). ("Allegoriae Sapientum". *Theatrum Chemicum* V, 1622, p. 66). – O resíduo, a "terra negra" é a cinza, da qual diz o "Tractatus Micreris": "Ne cinerem vilipendas [...] in eo enim est Diadema quod permanentium cinis est" (Não menosprezes a cinza [...] pois nela está o diadema, que é a cinza dos resíduos). (*Theatrum Chemicum*, V, 1622, p. 104).

Mysterium Coniunctionis — Rex e Regina...

cinerado "com fogo ardentíssimo", e depois pelo acréscimo de água quente é transformado em um *"lixivium asperrimum"* (lixívia fortíssima), o qual então é separado cuidadosamente da cinza por uma inclinação do vaso. Com o resto ou borra procede-se novamente da mesma maneira, e por tanto tempo até não restar na cinza mais nenhuma *"asperitas"* (aspereza ou caráter de base). A lixívia é então filtrada e a seguir evaporada em um vaso de vidro. Deste modo se obtém o *"tartarum nostrum"* (nosso tártaro), o *calculus vini* (ou a pedrinha do vinho), o "sal natural de todas as coisas". Este sal, se colocado sobre uma placa de mármore[101] em lugar úmido e fresco, pode deliquescer, formando água tartárica". Isto é a quintessência do vinho filosófico ou também do comum, a qual é submetida em seguida à rotação mencionada acima. Como em uma centrifugação o puro é separado do impuro, e por cima fica flutuando um líquido *"aeris colore"* (da cor do céu). Isto é chamado de *céu.*

Relatei por extenso o processo, para transmitir a meus leitores uma impressão imediata do processo alquímico. Decerto não se pode supor que isso seja apenas palavreado, pois Dorneus é um homem que toma a sério sua causa. Como tudo indica, ele pensa conforme fala, e ele mesmo experimentou isso em laboratório. Não sabemos, entretanto, com que resultado no campo da química; mas estamos suficientemente informados do resultado de seus esforços meditativos.

Este "céu" representa para ele a *substantia caelestis* (substância celeste), que está oculta no homem, a *veritas secreta* (verdade secreta), a *"summa virtus"* (a virtude mais elevada), o "tesouro que as traças não comem, nem os ladrões escavam". Para o mundo é a coisa mais vil, mas *"amabilis sapientibus supra gemmas et aurum"* (para os sábios é mais amável do que as pedras preciosas e o ouro), um bem

---

101. Há nos homens um *marmoreus tartarus* (tártaro marmóreo), um *lapis durissimus* (pedra duríssima). (RULANDUS. *Lexicon alchemiae sive dictionarium alchemisticum*, 1612, p. 322). – Cálices de mármore ou de serpentina têm a fama de protegerem contra o veneno (HELLWIG. *Neu eingerichtetes Lexicon Medico-Chymicum, oder Chymisches Lexicon*. Frankfurt e Leipzig: [s.e.], 1711, p. 162). – "Item scitote, quod spiritus est in domo marmore cicundata, aperite igitur foramina, ut spiritus mortuus exeat [...]" (Deveis saber que há um espírito na casa cercada de mármore; fazei pois buracos para que saia o espírito morto [...]). ("Allegoriae Sapientum". Op. cit., p. 66).

imperecível, "que é tirado daqui após a morte"[102]. Daí conclui o afeiçoado leitor que o adepto não representa outra coisa que o reino celeste na terra. Admito que nosso autor não queira exagerar, mas transmitir a seu público algo de muito essencial: Ele acredita na necessidade da operação alquímica, como também no êxito dela; ele está convencido de que a quintessência é indispensável na "*praeparatio*" (preparação) deste corpo[103], e que este último por meio desse remédio é melhorado a tal ponto que possa realizar-se a *coniunctio* (conjunção) do espírito e da alma. Se já a produção do *caelum* (céu) a partir do vinho é um fantasma químico de arrepiar os cabelos, então acaba toda e qualquer inteligência, quando quer então misturar o "céu" até mesmo com seus "*gamonymis*" e outras ervas mágicas. Mas, como uma das coisas consta principalmente de fantasias, assim se dá também com a outra. Isso torna a coisa interessante. Pois fantasias sempre indicam alguma coisa quando são espontâneas. Por isso surge agora a pergunta: Que significa todo esse processo, do ponto de vista psicológico?

5. A interpretação psicológica do processo

354   Responder a essa pergunta é de especial interesse para nós, porque aqui esbarramos em algo, que representa também um assunto importante para a psicologia moderna: o adepto produz um processo fantasioso que para ele tem significado especial. Ainda que ele nisso tudo se movimente na moldura geral das concepções alquímicas tradicionais, contudo ele não repete nenhum esquema pré-traçado, mas, seguindo suas próprias ideias espontâneas e livres, produz uma série interminável de conceitos e ações correspondentes que, como se pode ver facilmente, têm caráter simbólico. Ele começa com a produção do remédio que deve servir para prender a *unio mentalis*

---

102. *Theatrum Chemicum* I, 1602, p. 458. Portanto, manifestamente o que há de imortal no homem.

103. "Ad corporis igitur bonam dispositionem artificiatam, utimur spagirico medicamento [...]" (Para criar artificialmente a boa disposição do corpo usamos o remédio espagírico [...]), op. cit., p. 457.

(união mental), ou sua posição espiritual, ao corpo. Já aqui começa a ambiguidade: quanto ao corpo, trata-se aqui do próprio corpo dele ou de uma substância química? Aparentemente é em primeiro lugar o corpo vivo dele, que, como se sabe, quer outra coisa que o espírito. Mas apenas começa o processo químico, e já o corpo é o que resta na retorta após a destilação do vinho, e esta *"phlegma"* (líquido viscoso) é então tratada assim como o corpo aéreo da alma no purgatório. Como este, também o resíduo do vinho deve passar por muitos fogos sublimadores, até que ele esteja tão purificado que daí possa ser separada a quintessência da "cor do ar ou do céu".

Essa estranha identidade, que simplesmente é pressuposta e nunca é considerada como problemática, representa aquela *"participation mystique"* que Lévy-Bruhl com muitíssima razão destacou como característica para o espírito primitivo[104]. O mesmo vale também para o estado de coisas indubitavelmente psicológico da *unio mentalis* (união mental), que ao mesmo tempo é a *veritas* (verdade) substancial e oculta no corpo, a qual por seu turno coincide novamente com a quintessência sublimada a partir da *phlegma* (líquido viscoso). Mas nunca, nem de longe, ocorreu ao espírito alquímico pôr em dúvida essa monstruosidade intelectual. Naturalmente, pensamos que uma coisa dessas somente podia acontecer na "obscura" Idade Média. Em contraposição devo acentuar que também nós, nesse ponto, ainda não acabamos de sair da "mata", pois um filósofo, em meio a uma discussão, me assegurou com toda a seriedade que "o pensar não pode enganar-se", e um professor muito célebre, contra cujas afirmações eu apresentei algumas objeções críticas, proferiu a grande sentença: "Isto deve estar certo, pois eu o pensei".

Todas as projeções são identificações inconscientes, e cada projeção existe simplesmente como algo muito natural e aceito sem crítica alguma; e somente muito mais tarde, se isso acaso ocorrer, será compreendida como tal e então retirada. Tudo isso que hoje em dia

---

104. A concepção de Lévy-Bruhl, entretanto, é contestada ultimamente por etnólogos; mas acontece não porque tal fenômeno não possa ser verificado entre os primitivos, mas porque eles não o entenderam direito. Como tantos outros especialistas, também esses críticos preferem desconhecer a psicologia do inconsciente.

designamos como espírito e conhecimento, nos milênios e nos séculos anteriores estava projetado nas coisas, e ainda hoje sincrasias pessoais são pressupostas por muita gente como tendo valor universal. A inconsciência original, ainda meio animal, era conhecida ao adepto como *nigredo* (negrura), caos, massa confusa e como um entrelaçamento difícil de desfazer entre a alma e o corpo, com o qual ele forma uma unidade sombria (*unio naturalis*). Justamente dessas cadeias queria ele libertá-la pela *separatio* (separação) e estabelecer uma posição contrária, de natureza psíquico-anímica, isto é, uma compreensão consciente e conforme à razão, que se apresentasse como superior às influências do corpo. Mas tal compreensão, como já vimos, somente é possível quando se pode retirar as projeções enganosas, que encobrem como um véu a realidade das coisas. Com isso se suprime a identidade inconsciente com o objeto, e a alma é "libertada de suas cadeias". Este processo é bem conhecido da psicologia, pois uma parte essencial do trabalho psicoterapêutico consiste justamente na conscientização e no trabalho de desprender essas projeções, que falsificam a imagem do mundo visto pelo paciente e impedem seu autoconhecimento. Faz-se isto a fim de trazer ao controle da consciência certas condições psíquicas anômalas e certos estados de natureza afetiva, isto é, sintomas neuróticos. A intenção terapêutica expressa é fazer frente à turbulência emocional, estabelecendo uma posição psíquico-espiritual superior.

357 As projeções somente podem ser retiradas dentro do alcance da consciência. Onde esta não atinge, também nada pode ser corrigido. Assim vemos, por exemplo, que os esforços de nosso autor não foram suficientes para reconhecer como tais as projeções de conteúdos psíquicos em substâncias químicas, o que para nós salta aos olhos, e deste modo resolvê-las. Daí se torna evidente que o conhecimento dele, ao menos neste ponto, ainda se movia dentro da moldura da consciência da época; ainda que, sob outro aspecto, ela atingisse maior profundidade do que a "opinião do dia a dia" daquele tempo. Assim aconteceu que a esfera psíquica, que está representando o corpo, afigure-se ao adepto de modo admirável como idêntica ao preparado químico que se encontra na retorta. Por isso ele acredita também que a modificação que ele efetua neste último aconteça igualmente no primeiro. De modo significativo escuta-se raramente algo

Mysterium Coniunctionis — Rex e Regina... 303

sobre a aplicação da panaceia ou da pedra (filosofal) no corpo humano. Em geral parece que a execução do processo alquímico se basta a si própria. Em todo o caso isso é assim com Dorneus, e por isso o "céu" químico dele coincide com a substância celeste no corpo, a saber, a "verdade". Para ele isso não significa uma duplicidade, mas uma identidade; para nós, porém, isso é uma incomensurabilidade incompatível, pois, graças a nosso conhecimento dos processos químicos, podemos separar suficientemente estes dos psíquicos, isto é, nosso conhecimento atual possibilita a retirada dessa projeção.

A enumeração dos ingredientes que devem ser acrescentados ao "céu" possibilita uma visão na natureza daqueles conteúdos psíquicos que estão projetados na substância química. No *mel,* o "doce da terra"[105], reconhecemos facilmente o *"spiritus corporalis"* (espírito corporal), o bálsamo da vida, que penetra todo o vivente, o verdejante e o crescente. Nisso se expressa, do ponto de vista psicológico, a alegria da existência e o impulso da vida, que eliminam e superam tudo o que impede e é escuro. Onde reinam alegria primaveril e expectativa, aí decerto o espírito pode abraçar a natureza, e a natureza o espírito. A *Chelidonia* (isto é, *Chelidonium maius /* Celidônia), este sinônimo do ouro filosófico, corresponde à planta mágica paracélsica *Cheyri (viola petraea lutea).* Como esta, tem o *Chelidonium* flores amarelas de quatro pétalas. Cheyri também é posta em relação com o ouro e é considerada como *"Aurum potabile"* (ouro potável). Ela pertence por isso também às "Aniada" paracélsicas, "aquelas-que-aperfeiçoam-para-cima", as plantas mágicas que são colhidas na primavera e prometem vida longa[106]. O próprio Dorneus em um escrito especial comentou o tratado paracélsico *De Vita Longa,* no qual se encontram essas indicações. O *Chelidonium* (como a Cheyri) deve sua importância extraordinária à *quaternidade* de suas flores da cor do ouro, às quais se refere Paracelsus[107]. A analogia com o ouro sempre significa um desta-

358

---

105. Cf. *Thereniabin,* o *Manna* (maná) ou respectivamente o mel silvestre ou o *Maientau* (orvalho de maio) em Paracelsus (*Paracelsica,* 1942, p. 119s.).

106. Op. cit., p. 86s.

107. "[...] Und der Spugyrus aus den vieren ein temperierts wesen macht wie flos cheiri inhalt" [E o espagiro (alquimista) faz dos quatro um ser temperado como possui a flor do Cheyri]. (SUDHOFF. Parte I, tomo 3, p. 301).

que do *valor*, isto é, com a Chelidonia é projetado na mistura o valor mais elevado, que é idêntico com a *quaternidade do si-mesmo*. Quando se diz dela que ela do *Mercurius* extrai a alma, então isso significa, do ponto de vista psicológico, que a imagem do si-mesmo (a quaternidade áurea) tira do espírito ctônico uma quintessência.

359 Juntamente com Dorneus devo aqui concordar com o leitor que este último período é *"vix intelligibilis"* (dificilmente compreensível). Somente posso explicar isso pela extraordinária dificuldade, em que infalivelmente nos metemos quando devemos ocupar-nos seriamente com uma disposição de espírito que ainda não sabe distinguir direito entre matéria e psique. Trata-se aqui da ideia alquímica do *Mercurius*, esse ser duplo tanto espiritual como material. Dediquei a esta figura um estudo especial, para o qual devo remeter o leitor[108]. Comprovei aí que *Mercurius* corresponde externamente ao mercúrio (elemento químico), mas internamente é um *"deus terrenus"* (deus terreno) e uma *anima mundi* (alma do mundo), e portanto, em outras palavras, que ele representa aquela parte da divindade que, ao "imaginar" a criação do mundo, ficou por assim dizer inerente à sua criação[109], ou que ele é algo como a *Sophia* (Sabedoria) entre os gnósticos de Ireneu, a qual se perdeu em meio a *physis* (natureza). *Mercurius* tem o caráter que Dorneus também atribui à alma. Ele é *bonus cum bonis, malus cum malis* (bom com os bons, mau com os maus) e tem deste modo uma posição moral média. Como a alma é condescendente para com os corpos terrenos, da mesma forma *Mercurius* aparece muitas vezes como o espírito na matéria, e portanto como sendo ctônico (terrestre) ou até καταχθόνιος (infernal), como, por exemplo, em nosso texto. Ele é então o espírito (não humano) que aprisionou a alma da *physis*, razão pela qual ela deve ser libertada dele.

360 Do ponto de vista psicológico, *Mercurius* representa o *inconsciente*, pois este, conforme indica toda a aparência, é aquele "espírito" que está mais próximo da matéria viva e possui todas aquelas qualidades paradoxais, que são ditas de *Mercurius*. No inconsciente estão todas aquelas "faíscas de luz" (*scintillae*), isto é, os arquétipos, dos

---

108. *Symbolik des Geistes* (*Simbólica do espírito*). 1948, p. 68s.

109. Cf. entre outras coisas *Musaeum Hermeticum*, 1678, p. 112.

Mysterium Coniunctionis − Rex e Regina...

quais se pode "extrair" um sentido superior[110]. O "magneto", que atrai para si o oculto, é o si-mesmo, ou respectivamente neste caso a "theoria" ou o símbolo dela imaginado, que o adepto, por assim dizer, usa como instrumento[111]. A *extractio* (extração) é representada figurativamente em uma estampa de Pandora: uma figura, coroada e com um halo em torno da cabeça, levanta de um torrão de terra um *spiritus* (espírito), isto é, um ser alado, com halo, rabo de peixe e com braços em forma de serpentes[112]. Esse *monstrum* (monstro) significa o *spiritus mercurialis* (espírito mercurial), a alma da matéria ou do mundo liberta das cadeias, o *filius macrocosmi* (filho do macrocosmo), o filho do Sol e da Lua, cuja gestação ocorreu dentro da Terra, o *homunculus hermaphroditus* (homúnculo hermafrodito) etc. Todos esses sinônimos, considerados a fundo, querem descrever o homem interior em paralelo ou em complementação de Cristo. O leitor que quiser aprender algo mais a respeito dessa figura, devo remetê-lo às minhas dissertações em *Psychologie und Alchemie* (*Psicologia e alquimia*), como também em *Beiträge sur Symbolik des Selbst*[113] (Contribuições para a simbólica do si-mesmo). A celidônia (*Schellkraut*) era uma das plantas medicinais e mágicas mais populares da Idade Média, principalmente por causa de seu suco amarelo e leitoso – remédio contra a falta de leite materno. Chamava-se também erva das bruxas (*Hexenkraut*)[114].

Voltemo-nos agora para mais outro ingrediente da mistura, a saber, para as flores *rosis marini* (alecrim). O alecrim (*Rosmarinus Officinalis*) é considerado na medicina antiga como contraveneno; ocorre isto supostamente por motivos simbólicos que poderiam estar ligados ao nome curioso, como mencionei acima. O *orvalho* que vem do

---

110. Cf. *extrahere cogitationem* (extrair um pensamento). ("Liber Quartorum". *Theatrum Chemicum* V, 1622, p. 144).

111. Cf. *Aion*, 1951 [OC, 9/2], p. 228s.

112. Ed. 1588, p. 253, e estampa 232, p. 567, in: *Psychologie und Alchemie* (*Psicologia e alquimia*). 2. ed., 1952 [OC, 12].

113. *Aion*, 1951 [OC, 9/2].

114. Cf. BAECHTOLD-STAEUBLI. *Handwörterbuch d. deutsch. Aberglaubens*. 1935/36, verbete: Schellkraut.

mar significa para o alquimista uma analogia bem-vinda para a *aqua permanens* (água eterna), que por sua vez outra coisa não é senão o próprio *Mercurius*[115]. Mas o que acima de tudo faz do alecrim algo tão importante é o aroma e o sabor. O "perfume" do Espírito Santo se encontra não apenas entre os gnósticos, mas também na linguagem eclesiástica[116], e da mesma forma naturalmente entre os alquimistas. Entre estes, aliás, encontramos ainda com maior frequência o *fedor* característico do mundo inferior (inferno), a saber, o *odor sepulchrorum*, o cheiro dos sepulcros. O alecrim era usado frequentemente em ritos matrimoniais, e em *encantamentos amorosos,* e tem por isso (na alquimia) força unitiva, o que é especialmente favorável para os fins da *coniunctio* (conjunção)[117]. Assim o Espírito Santo representa a *spiratio*

---

115. Também mencionado como *ros Gideonis* (orvalho de Gedeão) com referência a Jz 6,36s. É uma concepção antiga. Cf. MACRÓBIO. *Sat.* VII, 16: "[...] quaedam inest lumini (lunae), quod de ea defluit, quae humectat corpora et velut *occulto rore* madefaciat" ([...] certa umidade está inerente na luz da lua e dela escorre e umedece os corpos à semelhança de um orvalho oculto). – Orvalho ressuscitador de mortos e alimento dos santos no *Sohar.* 1932, fol. 128b. – Orvalho luminoso no gnosticismo em IRINEU. Ref. I, 30, 3; III, 17, 3. – Orvalho como Cristo em S. Romanus (PITRA, J.B. *Analecta Sacra.* I, 1876, p. 237). – Como graça de Deus em RABANUS MAURUS. *Patrologia Latina.* T. CXII, col. 1.040. – O orvalho contém *mellifluum coeli nectar* (o néctar melífluo do céu) em STEEBUS, J.C. *Coelum Sephiroticum,* 1679, p. 139. – Hermes Trismegistus deve ter pensado no orvalho, quando diz na *Tabula Smaragdina*: "Pater eius est Sol, Mater Luna" (O pai dele é o Sol, e a mãe a Lua) (Op. cit.). – Aparece mais vezes na *Turba* (por exemplo, Sermo 58).

116. S. Teodoro Estudita (PITRA, J.B. Op. cit., I, 337): "Rectam fidem super unguentum olere fecisti" (Fizeste a verdadeira fé exalar mais perfume do que o bálsamo). "Odore scientiae totum perfudit orbem" (Inundou o mundo com o odor da ciência), (Op. cit., p. 341). No mandeísmo "Odor da vida poderosa" (LIDZBARSKI, M. *Ginza, der Schatz oder das Grosse Buch der Mandaeer,* 1925, p. 110, 13). – Quanto ao aroma da *Sapientia* (Sabedoria) compare o odor da deusa-mãe no templo de Hierápolis e ao redor dele (LUCIANO. *De Dea Syria*), bem como o odor da árvore da vida no *Livro de Enoc* (KAUTZSCH, E. *Apokryph. u. Pseudepigr. d. Alt. Test.* II, 1900, p. 254). – Cf. ainda: NESTLE, E. Der süsse Geruch ais Erweis des Geistes. *Zeitschrift für die neutestamentliche Wissenschaft,* 1906, p. 95; LOHMEYER, E. Vom göttl. Wohlgeruch. *Sitzungsberichte der Heidelberger Akademie der Wissenschaften.* Phil.-Hist. KL, IX. Heidelberg: [s.e.], 1919, IX, Abh. p. 41s.).

117. BAECHTOLD-STAEUBLI. *Handwörterbuch d. deutsch. Aberglaubens.* 1935/36, cf. verbete Rosmarin.

Mysterium Coniunctionis — Rex e Regina...

(espiração), que une o Pai e o Filho, e aparece ocasionalmente entre os alquimistas como o *ligamentum* (ligamento) do corpo e da alma. Estes aspectos diversos do alecrim significam tantas outras propriedades que são conferidas à mistura pelo acréscimo de remédio físico.

Na *Mercurialis* encontramos uma erva mágica, que em oposição ao alecrim tem algo a ver não com o amor, mas com a sexualidade; portanto tem algo a ver com outra força unitiva, que é capaz até de determinar o sexo da criança, como já vimos acima. O *lírio vermelho,* por ser a quintessência do enxofre, representa o parceiro masculino no casamento alquímico, e é o *servus rubeus* (criado vermelho) que se une com a *foemina candida* (mulher branca). Com esta figura o adepto se imiscui de certo modo na beberagem, e, para corroborar esta união como inviolável, emprega ele o *sangue humano* como mais um ingrediente. Com esse "suco especial", com o qual é selado também o pacto com o diabo, deve o *ligamentum matrimonii* (ligamento do matrimônio) ser fortificado magicamente.

Essa estranha mistura nosso autor a quer unir com o "céu do vinho vermelho ou do branco ou do *Tartarus*" (tártaro). O "céu", ou respectivamente a tintura azul, foi sublimado a partir da *phlegma* (líquido viscoso) do vinho, ou respectivamente do tártaro, como já vimos acima. Como a *phlegma* significa o resto do vinho evaporado no fundo da vasilha, da mesma forma o *Tartarus,* como mundo inferior e reino dos mortos, representa de certo modo o resto ou o precipitado de um mundo que acabou de florescer, mas que antigamente era vivo. Em *Heinrich Khunrath* o *sal tartari mundus maioris* (sal do tártaro do mundo maior) é idêntico com o *sal Saturni* (sal de chumbo) e com o *sal Veneris* (sal de cobre)[118]. Ele contém a "*scintilla Animae Mundi*" (faísca ou centelha da alma do mundo) ou até mesmo esta última[119]. Tartarus é também o sal sapientiae (sal da sabedoria)[120]. O "*sal Saturni*" (sal de chumbo) mencionado aqui alude ao Crono acorrentado no Tártaro. Plutarco identifica Tifon com o Tártaro[121]. Com

362

363

---

118. *Von hylealischen... Chaos,* 1597, p. 263s.

119. Op. cit., p. 264.

120. Op. cit., p. 260.

121. *De Iside et Osiride.* Cap. 57, 3.

308   Obra Completa – Vol. 14/2

isso concorda decerto *Saturnus* como o *Maleficus* (maléfico). O *"sal tartari"* (sal de tártaro ou tartarato duplo de sódio e de potássio) tem, pois, uma ressonância infernal e tenebrosa, que recorda a morte e o inferno. *Saturnus*, sob o nome de *chumbo*, é um dos sinônimos mais conhecidos da *prima materia* (matéria-prima) e, por isso, também a Matrix (matriz ou útero), da qual provém o *filius philosophorum* (filho dos filósofos). Este é a *Substantia caelestis* (substância celeste), o *"caelum"* (céu) etc.

364   Como se poderá explicar essa mistura extravagante? Acredita Dorneus realmente que devemos misturar tais ervas mágicas e destilar a quintessência da cor do céu, a partir do Tártaro, ou ele apenas se serve desses nomes e processos secretos para por meio deles exprimir algum sentido moral? Suspeito que ele queira as duas coisas. Consta seguramente que o alquimista de fato trabalhava no laboratório com substâncias desse tipo e com tais ordens de ideias, como também que o médico, nomeadamente o paracélsico, praticava terapia com meios e considerações dessas espécies. Mas se o adepto prepara tais beberagens na retorta, certamente ele escolhe os ingredientes conforme a importância mágica deles. De acordo com isso, ele opera com *ideias*, isto é, com processos e estados psíquicos, indicando-os pelas substâncias correspondentes. Com o mel entrava na mistura o prazer dos sentidos e a alegria da existência, e com isso também o cuidado oculto e o temor por causa do "veneno", isto é, do perigo mortal do enredamento no mundo. Com a Celidônia entrava o sentido e o valor mais elevado dos "filhos da Terra", o si-mesmo como o todo da personalidade, o remédio "curador", isto é, o remédio unificante que é até reconhecido pela psicoterapia moderna, a união com o amor espiritual conjugal, expresso pelo alecrim, e para que não faltasse o inferior ou o ctônico, a *mercurialis* acrescenta a sexualidade juntamente com o *rubeus* (vermelho), o homem movido pelas paixões[122], sob o símbolo do lírio vermelho. Quem dá a isso tudo também o seu sangue, "coloca também toda a sua alma no prato da balança". Tudo isso é unido com a quintessência azul, ou com a *anima mundi* (alma do

---

122. É isto o que significa o *Rubeus* (vermelho) na arte geomântica frequentemente exercida naquela época.

mundo), extraída da matéria inerte, ou com a imagem de Deus impressa no mundo, ou com o Mandala, produzida por um movimento circular[123], isto é, o homem consciente total é confiado ao si-mesmo, que se torna o novo centro da personalidade em substituição ao eu atuante até agora. Assim como Cristo assume a direção na consciência e põe fim à vida governada unicamente pelo eu, da mesma forma o *filium macrocosmi* (filho do macrocosmo), o filho das grandes luminárias e do seio escuro da Terra, porta-se no domínio do psíquico e arrebata a personalidade humana não apenas na altura luminosa da consciência espiritual, mas também nas profundezas escuras, que até agora não haviam ainda compreendido a luz que apareceu no Cristo. A alquimia estava decerto consciente da grande sombra, que o cristianismo manifestamente não havia ainda dominado e se sentia impelida a fazer com que um salvador proviesse do seio da Terra, e isso em analogia e em complementação do Filho de Deus que veio do alto.

A produção do céu é um rito simbólico, que se realiza no laboratório. Ele deve produzir, sob a forma de uma substância, aquela *veritas* (verdade), aquela *substantia caelestis* (substância celeste), aquele *balsamum* (bálsamo) ou princípio vital, que é idêntico com a *imago Dei* (imagem de Deus). Do ponto de vista psicológico, isto não significa outra coisa senão uma representação plástica do processo da individuação, por meio de substâncias e processos químicos, e portanto o que hoje em dia designamos como *imaginação ativa*. Esta última representa por assim dizer um método usado espontaneamente pela própria natureza ou ensinado ao paciente pela instrução do médico. Por via de regra surge ela e é indicada, quando o processo de "dissolução" (análise!) tiver constelado os opostos em tal medida que a união ou composição (síntese!) da personalidade se tornar necessidade imperiosa. Tal situação aparece necessariamente, quando pela análise dos conteúdos psíquicos, das atitudes, e principalmente dos sonhos, os motivos e as imagens do inconsciente – que são complementares ou respectivamente compensatórios, e com frequência até diretamente opostos tiverem sido mudados para conscientes, e a

---

123. Para a rotação do mandala cf. *Gestaltungen des Unbewussten (Formações do inconsciente)*, 1950, p. 225s.; *Aion*, 1951 [OC, 9/2], p. 370.

conscientização atingir tal ponto que o conflito aparentemente insolúvel entre a personalidade consciente e a inconsciente se torne manifesto, e desta forma também crítico. Onde essa confrontação se restringir a certos aspectos parciais do inconsciente, o conflito é mais ou menos de pouca monta, e a solução é simples: a pessoa se coloca do lado da razão e da convenção por meio da compreensão e de um pouco de resignação, ou até mesmo com certo ressentimento correspondente. Deste modo os motivos inconscientes são decerto novamente reprimidos como antes, mas se satisfaz o inconsciente ao menos de certo modo, ao fazer-se um esforço consciente para viver os princípios dele, e além disso a pessoa é sempre de novo advertida por um ressentimento incômodo quanto à existência do que foi recalcado. Se o reconhecimento da sombra for tão perfeito quanto possível, então surgirá um conflito e uma desorientação, um sim e um não de igual intensidade, que já não podem ser separados por meio de uma decisão racional. A neurose clínica já não pode então ser transformada na neurose menos manifesta do cinismo, da resignação ou do ressentimento, isto é, já não se pode dissimular para si mesmo a antítese por trás dessas máscaras. O conflito reclama então uma solução real e exige uma terceira coisa na qual as oposições possam unir-se. Aqui costuma falhar o intelecto com sua lógica, pois em uma oposição lógica não existe um terceiro termo. O que traz a solução somente pode ser de natureza irracional. Na natureza a compensação dos opostos constitui sempre um processo, isto é, um acontecimento energético: age-se de *maneira simbólica* conforme o sentido mais verdadeiro da palavra. Faz-se, pois, aquilo que exprima os dois lados, assim como uma queda de água ilustra de modo palpável o "em cima" e o "embaixo" e intermedeia entre eles. Neste caso ela é o "meio-termo" incomensurável. No estado de conflito manifesto e indeciso, surgem sonhos e fantasias que, à semelhança da queda de água, tornam como que palpável a tensão e a espécie dos opostos existentes, e desse modo iniciam e põem em andamento a síntese. Este processo, como foi dito, pode ocorrer espontaneamente ou ser provocado por meio de ajuda técnica. Neste último caso, escolhe-se adequadamente um sonho ou qualquer outra imagem da fantasia e a pessoa se concentra nisso, simplesmente retendo-o e contemplando-o. Pode-se utilizar como ponto de partida um aborrecimento afetivo. Neste caso se aconselha descobrir qual é a imagem da fantasia que brota dessa situação afetiva, ou respectivamente qual é a imagem que a exprime. Em seguida retém-se a imagem e se fixa nela a atenção. Por via de regra ela (a imagem) se modifica, adquirindo vida pelo simples fato da observação. As mudanças devem ser adotadas cuidadosa e continuadamente. Elas refletem, pois, os processos psíquicos ocorridos no fundo inconsciente da cena, e isso sob a forma de imagens formadas do material das recordações conscientes. Neste modo se une o consciente e o inconsciente, como a queda de água une o "em cima" e o "embaixo". A partir daí se desenvolve uma cadeia de imagens da fantasia, que aos poucos toma aspecto dramático, isto é, do simples processo surge a ação. Esta é por ora representada por figuras projetadas, e as imagens são vistas como as cenas no palco. Em outras palavras, sonha-se de olhos abertos. Quase regularmente existe uma inclinação pronunciada para deixar acontecer essa distração do sentido interior. Mas neste caso não existe, aliás, nenhum progresso real, mas variações infinitas do mesmo tema, o que, entretanto, não é a finalidade do exercício. O que é representado no palco é sempre ainda um processo realizado no fundo da cena, que propriamente não diz respeito ao observador, e quanto menos for ele tocado interiormente, tanto menor é também a atuação catártica desse teatro particular. A peça representada não quer apenas ser observada sem participação pessoal, mas procura convencer a tomar parte nela. Se o observador compreender que nesse palco interior está sendo representado seu próprio drama, então a peripécia e o desfecho não podem permanecer indiferentes para ele. Ele notará que as figuras que aparecem e os nós dos problemas que se emaranham estão em relação intencional para com a situação de sua consciência, e que ele está sendo interpelado pelo seu inconsciente, o qual faz com que lhe surjam espontaneamente essas imagens da fantasia. Por isso ele se sente impelido, ou é advertido por seu médico, a se imiscuir ele próprio no espetáculo e a fazer da peça de teatro inicial um verdadeiro confronto com seu próprio opositor interior. Na verdade, nada permanece em nós sem que sofra alguma contestação, e não existe nenhuma posição da consciência que não provoque, em qualquer ponto nos recantos escuros da alma, uma negação ou uma complementação compensatória, uma aprovação corroboradora ou algum ressentimento. Essa confrontação com "o outro" em nós é compensadora, pois deste modo ficamos conhecendo aspectos de nosso ser, que não permitiríamos que outros nos mostrassem e jamais admitiríamos perante nós mesmos[124]. Não é apenas útil, mas importante e inteiramente oportuno fixar por escrito o processo todo no momento em que ele se origina, pois cada um precisará perante si próprio de provas escritas para, em caso dado, ter com que opor-se eficientemente à tendência sempre pronta para iludir-se a si próprio. O processo verbal é absolutamente necessário no trato com a sombra, para que se conserve a realidade. Somente desta maneira penosa é que se consegue obter uma visão positiva da natureza complexa da própria personalidade.

6. O autoconhecimento

366 Expressa na linguagem dos filósofos herméticos, a confrontação da consciência (isto é, da personalidade do eu) com o que se acha no fundo da cena, a chamada sombra, corresponde à união do espírito e da alma na *unio mentalis* (união mental), a qual representa o primeiro grau da *coniunctio* (conjunção). O que eu designo como confrontação com o inconsciente, significa para o alquimista a "meditação", da qual diz Rulandus[125]: "Fala-se de meditação quando alguém mantém diálogo interior com algum outro que seja invisível, por exemplo, com Deus, que ele invoca, ou consigo mesmo ou com seu próprio anjo bom". Essa definição um tanto otimista deve ainda ser completada, indicando-se a relação do adepto para com seu *spiritus familiaris* (espírito amigo e prestativo), de que se espera que seja bom. *Mercurius*, por exemplo, é sob esse aspecto um auxiliar pouco confiável, como mostram os testemunhos alquímicos. Para entender psicologicamente o segundo grau, a saber, a união da *unio mentalis* (união mental) com o corpo, deve-se ter presente qual é o aspecto deste estado psíquico, que resulta de um conhecimento aproximadamente completo da sombra. Como se sabe, a sombra por princípio

---

124. Cf. *Die Beziehungen zwischen dem Ich und dem Unbewussten* (*O eu e o inconsciente*). 4. ed., 1945 [OC, 7/2], p. 159s.

125. *Lexicon alchemiae sive dictionarium alchemisticum*, 1612, cf. verbete meditatio.

está geralmente em oposição à personalidade consciente. Esta oposição é o pressuposto para que haja aquela queda de nível da qual provém a energia psíquica. Sem isto faltaria a tensão necessária. Onde estiver atuando uma considerável energia psíquica, não apenas se pode, mas até se deve esperar uma tensão correspondente e a devida oposição interna. As oposições são necessariamente de natureza caracterológica. A existência de uma virtude positiva se fundamenta em uma vitória sobre o oposto, a saber, o vício correspondente. Sem seu oposto a virtude seria pálida, inoperante e irreal. A oposição extrema da sombra em relação à consciência é moderada e mediada pelos processos complementares e compensatórios ocorridos no inconsciente. Do impacto deles sobre a consciência resultam por fim os símbolos unitivos.

A confrontação com a sombra causa primeiramente um equilíbrio morto ou uma parada que impede decisões morais, e torna ineficazes as convicções, e mesmo as impossibilita. Tudo se torna duvidoso, e por isso os alquimistas denominam adequadamente esse estado inicial como *nigredo* (negrura), *tenebrositas* (escuridão), caos e melancolia. É com razão que o *magnum opus* (grande obra) principia aqui, pois é realmente uma questão quase irrespondível como se deverá enfrentar a realidade nesse estado de divisão e ruptura interiores. Devo, entretanto, chamar agora a atenção de meu leitor, que talvez não esteja bem familiarizado nem com alquimia, nem com a psicologia moderna do inconsciente, para o fato de que hoje em dia só com extrema raridade alguém entra em tal situação. Já nenhuma pessoa tem simpatia para com a perplexidade de um pesquisador que manipula substâncias mágicas, e existem extremamente poucos que experimentaram no próprio corpo os efeitos de uma análise do inconsciente, e, por assim dizer, ninguém incorre na ideia de tomar para meditação aquelas alusões *objetivas* que os sonhos fazem. Se ainda hoje em dia é exercitada a velha arte da meditação, então ocorre em certos círculos filosófico-religiosos, em que se medita *sobre* alguma coisa, a saber, sobre um tema escolhido conscientemente pelo meditador de *maneira subjetiva* ou proposto a ele por um mestre, como, por exemplo, nos exercícios inacianos ou em certos exercícios teosóficos influenciados pela Índia. O valor destes últimos métodos está apenas em aumentar a concentração e fortalecer a consciência, mas eles não têm importância quanto à síntese da personalidade. Ao contrário, eles têm por finalidade proteger a consciência contra o inconsciente e reprimir este último. Entretanto, são eles também importantes do ponto de vista terapêutico-médico nos casos ou estados em que a consciência está ameaçada de ser inundada pelo inconsciente e assim exista o perigo de um intervalo psicótico.

368 Meditação e contemplação em geral têm má fama no Ocidente. São tidas como formas especialmente repreensíveis de ociosidade ou como forma doentia de espelhar-se a si próprio. Não se tem nenhum tempo para o autoconhecimento, e também não se acredita que ele possa servir a qualquer finalidade sensata. Também absolutamente não vale a pena, como já se sabe de antemão, conhecer-se a si próprio, pois na verdade se acha que é fácil saber quem é que somos. Acredita-se exclusivamente na ação, e não se pergunta pelo sujeito da ação. Este último apenas será julgado após certos êxitos avaliados coletivamente. Que existe uma psique inconsciente, disso sabe o público em geral mais que as autoridades, mas, contudo, ainda não foram tiradas as conclusões do fato que o homem ocidental é para si próprio um estranho, e que o autoconhecimento é uma das artes mais difíceis e mais exigentes.

369 Quando a meditação se ocupa com os produtos objetivos do inconsciente, que espontaneamente se vão tornando conscientes, então ela une os conteúdos conscientes com "os inconscientes", isto é, com tais conteúdos que não provêm de uma cadeia causal consciente, mas que parecem surgir de um processo inconsciente. Não podemos conhecer a psique inconsciente, senão ela seria de fato consciente. Nós apenas suspeitamos que ela exista, pois para isso há boas razões. Uma parte dos conteúdos inconscientes está projetada, mas a projeção como tal não é reconhecida. Para comprovar a existência de projeções requer-se então a meditação, isto é, de uma parte a introspecção crítica e de outra parte o conhecimento mais objetivo possível do objeto. Para fazer o inventário do sujeito é indispensável ver as projeções como tais, pois elas falsificam a natureza do objeto, e além disso encerram pedaços pertencentes à própria personalidade e que deveriam ser integrados a ela. Esta é uma das etapas mais importantes do demorado processo do autoconhecimento. Visto que pelas projeções a pessoa se sente de maneira inadmissível em coisas estranhas, recomenda Dorneus com certa razão uma atitude quase ascética para com o mundo, a fim de libertar a alma de seu envolvimento e de sua prisão no mundo dos corpos. Aí lhe vem em auxílio o "espírito", isto é, o

Mysterium Coniunctionis — Rex e Regina... 315

impulso para o conhecimento do si-mesmo, avançando para além de toda a ilusão e ofuscamento causados pela projeção.

A *unio mentalis* (união mental) representa, pois, tanto na linguagem alquímica como na psicológica a *"cognitio sui ipsius"*, ou o conhecimento de si mesmo. Distanciando-se do preconceito moderno que o autoconhecimento nada mais é do que um conhecimento a respeito do eu, concebe o alquimista o si-mesmo como uma substância incomensurável com o eu, oculta na escuridão do corpo e idêntica com a *imago Dei* (imagem de Deus)[126]. Esta concepção é congruente de modo perfeito com a ideia indiana do *Purusha-Atman*[127]. A preparação psíquica para o *Magisterium* (aprendizado e exercício da arte), como Dorneus a apresenta, significa, pois, uma tentativa não influenciada pelo Oriente para encaminhar uma união de opostos conforme as grandes filosofias orientais, e para estabelecer com essa finalidade um princípio libertado dos opostos, à semelhança do *Atman* ou do *Tao*. Ele o chama de *Substantia caelestis* (substância celeste), e nós hoje o designaríamos como um *princípio transcendental*. Este "um" é *nirdvandva* (livre dos dois, isto é, dos opostos) como o *Atman* (o si-mesmo).

Dorneus não tornou a descobrir esta ideia, mas somente expressou mais claramente o que há muito já era um saber secreto da alquimia. Assim já lemos no *Liber octo capitulorum de lapide philosophorum* (livro de oito capítulos sobre a pedra filosofal) de Alberto Magno[128] a respeito do *argentum vivum* (prata viva que é o *Mercurius non vulgi*, ou o mercúrio não vulgar, isto é, o mercúrio filosófico): "O *argentum vivum* é frio e úmido, e Deus com ele criou todos os *'minerae'* (minerais), e ele mesmo é aéreo e fugaz no fogo. Porque ele aguenta algum tempo no fogo, fará ele obras admiráveis e sublimes, e

370

371

---

126. Cf. *Aion*, 1951 [OC, 9/2], p. 63s.
127. Na Alquimia chinesa isto é o *chên-yên*, o *homem perfeito* (τέλειος ἄνθρωπος). "O verdadeiro homem é o máximo da excelência. Ele é e não é. Assemelha-se a uma grande *vasilha de água*, que subitamente afunda e subitamente flutua. Logo ao ser (a água) recolhida, pode ser classificada como branca. Trata-a e ela se torna vermelha [...] O branco mora dentro como uma *virgem*. O *quadrado*, o *redondo*, o diâmetro e as dimensões se misturam e se delimitam mutuamente. Existindo antes do começo dos céus e da terra: nobre, elevado e venerado" (WEI PO-YANG. *Isis*, XVIII, p. 237s.).
128. *Theatrum Chemicum*, IV, 1613, p. 948s.

somente ele é o espírito vivo, e no mundo nada há de semelhante a ele que pudesse produzir aquilo que ele pode [...] Ele (*argentum vivum*) é a água eterna (*aqua perennis*), a água da vida, o leite da virgem, a fonte, o '*alumen*'[129], e quem dele bebe não incorre na morte. Quando ele está vivo, cria obras, e quando está morto, cria as maiores obras. Ele é a serpente (dragão) que se alegra de si mesma, fecunda-se a si mesma, e naquele dia em que estiver nas dores do parto matará todos os metais com seu veneno. Ele foge do fogo, mas os sábios conseguiram por sua arte que ele suportasse o fogo, alimentando-o com a terra dele até que ele aguentasse o fogo, e então ele criou as obras e as transformações. Como ele é transformado, ele também transforma [...] Ele é encontrado em todos os minérios e tem com todos um *symbolum* (símbolo)[130]. Ele se forma do térreo médio e do aquoso ou no meio entre (*mediocriter*[131]) o frio e vivo e um espírito muito tênue (*multum subtili*). Do térreo aquoso tem ele seu peso (*ponderositatem*), e o seu movimento de cima para baixo, a claridade (*luciditatem*), a liquidez e a cor argêntea [...] O *argentum vivum*, contudo, parece ter uma substância densa, como o '*Monocalus*'[132], que na

---

129. Aqui é sinônimo de mercúrio. Cf.: RULANDUS. *Lexicon alchemiae sive dictionarium alchemisticum*, 1612.

130. No sentido próprio da palavra: uma moeda partida em dois pedaços, que se encaixam novamente quando unidos. Cf. "Dialogus inter naturam et filium philosophiae" (*Theatrum Chemicum* II, 1602, p. 107): "[...] concordantia et [...] discordantia, quam symbolizationem intelligimus" ([...] concordância e [...] discordância, o que entendemos por simbolização). – O *symbolum* (símbolo) significa a capacidade de combinação dos elementos; é o *retinaculum elementorum* (o laço dos elementos). (LULLI, R. "Theorica et practica". *Theatrum Chemicum* IV, 1613, p. 133).

131. Em lugar de *medioxime*, estando no meio.

132. Suspeita-se vir de μονόχαυλος (monocaule): de um só caule. Provavelmente houve erro de imprensa em vez de *monocolus* (μονόχωλος): de um só pé, ou lido como latim tardio: monocaleus, isto é, que tem um só testículo, semicastrado. (DU CANGE. *Glossarium ad scriptores mediae et infimae Graecitatis*. Acc. Etymologicum linguae Gallicae. 2 vols. Lião: [s.e.], 1688, cf. o verbete respectivo. – Isso poderia ser uma alusão à natureza andrógina do Mercurius. – A conjectura *monocerus* (μονόχερως) pode ser considerada, pois o Unicórnio significa o Mercurius e é da alquimia do século XVI e principalmente do XVII muito conhecido. (Cf. *Psychologie und Alchemie* (*Psicologia e alquimia*) 2. ed., 1952 [OC, 12], p. 587s.). – Segundo Horapollo, o unicórnio é também o Scarabaeus (escaravelho), que é idêntico com *Osíris*, conforme um dos papiros de Leyden (PREISENDANZ. *Papyri Graecae magicae* II, 1928, p. 60).

gravidade de seu imenso (*immensi*) *peso* supera até o ouro[133]. Se isso está em sua natureza[134], então ele é tanto *de composição fortíssima* (*fortissimae compositionis*[135]), como também *de natureza uniforme* (*uniformis naturae*), *pois ele não é dividido* (isto é, não pode ser dividido). *Ele não se deixa dividir em partes de maneira nenhuma,* porque ele, com toda a sua substância, ou se afasta do fogo ou permanece no fogo. Por isso se vê nele (*argentum vivum*) necessariamente a causa do aperfeiçoamento". Como o *Mercurius* é a alma do ouro e, pode-se acrescentar, também da prata, assim também deve ser feita a união entre os dois. "Nosso mistério final consiste em receber-se a 'medicina' (remédio) que escorre antes de o *Mercurius* se evaporar [...] Não existiu nenhum corpo mais digno e mais puro do que o Sol e sua sombra, a Lua, sem a qual não seria produzido o *argentum vivum* capaz de tingir [...] Quem souber unir isso com o Sol ou com a Lua, chega ao '*Archanum*' (substância secreta), que é chamada de enxofre da arte". O *Mercurius* é a *prima materia* (matéria-prima). No início da obra esta deve ser dissolvida, e os corpos dissolvidos devem ser transformados em "espíritos" (*spiritus*). A transformação se efetua pela putrefação, que significa o mesmo que *nigredo* (negrura), sepulcro e morte. Os espíritos estão unidos como *sponsus* e *sponsa* (noivo e noiva). "Nossa pedra é de natureza aquosa, porque ela é fria e úmida. Pois tal qualidade (*dispositio*) do corpo é designada como manifesta ou patente. A largura é esta qualidade média (*media*) pela qual se chega à profundidade. Ela está no meio entre a profundidade e a largura, como também entre os dois extremos ou opostos, e é impossível a transição de um oposto para o outro, a não ser por uma qualidade média. (Isto é possível) porque a pedra é de natureza fria e úmida." O *Mercurius* não é apenas o *lapis* (pedra) como *prima materia* (matéria-prima), mas também a última, isto é, a meta do *opus* (obra). Por isso Alberto cita Geber: "Pois uma é a pedra, um o remédio (medicina), e nisto consiste o Magisterium (aprendizado e exercício da alquimia) todo".

---

133. O texto não está em muito bom estado. Por isso coloco um ponto depois de "praeponderat" e recomeço com "dum in sua natura" uma nova frase.

134. Por essas palavras evidentemente se deve entender sua natureza de arcano.

135. Certamente se deve entender algo como coesão.

318 Obra Completa – Vol. 14/2

372   Com estas palavras descreve Alberto Magno, mais de 300 anos antes de Dorneus, a *substantia caelestis* (substância celeste), o *balsamum vitae* (bálsamo da vida) e a *veritas occulta* (verdade oculta). Também esta descrição tem raízes que se estendem muito para trás na alquimia grega, mas não gostaria de entrar nesse assunto. A descrição abrangente, feita por Alberto, é suficiente para nossa finalidade, pois ele descreve uma substância transcendental com grande número de antinomias, como convém a tal caso. Pois declarações unívocas somente podem ser feitas sobre objetos imanentes, ao passo que sobre transcendentais somente se pode declarar algo sob a forma de antinomias. Assim, por exemplo, eles são e não são (a saber na experiência). Até a física se vê obrigada pela experiência a fazer declarações opostas, quando pretende dar uma ideia plástica sobre o estado de fatos transcendentais, como, por exemplo, sobre a natureza da luz ou das mínimas partículas materiais, que são representadas como corpúsculos e como ondas. Assim o *argentum vivum* (prata viva, mercúrio) é tanto o mercúrio material como um "espírito vivo", que deve ser assinalado por todos os sinônimos simbólicos possíveis; este último, no entanto, apenas com a ajuda da arte, é tornado resistente ao fogo. O *argentum vivum* é matéria e não é matéria, porque a substância que existe naturalmente não tem resistência ao fogo; pode ela, no entanto, conseguir isso pelo mistério da arte, e tornar-se um corpo mágico que de sua parte é a tal ponto admirável que não há nenhuma esperança de encontrá-lo em nossa realidade. Com isso se exprime claramente que o mercúrio é um símbolo para uma ideia transcendental, a qual supostamente se manifesta nele, quando a arte lhe tiver conferido a resistência ao fogo. Além disso aceita-se também que essa *qualitas occulta* (qualidade oculta), ao menos potencialmente, já reside no mercúrio por representar ela a *prima materia* (matéria-prima) de todos os metais, ser o *pater omnium metallorum* (pai de todos os metais) e poder ser encontrado em todos os minérios. Ele constitui não apenas o material donde se parte para o processo, mas também o resultado, a saber, o *lapis Philosophorum* (a pedra filosofal). Deste modo ele já é de antemão uma exceção importante entre os metais e mesmo entre qualquer dos elementos químicos. De certo modo ele representa a matéria primordial da qual Deus criou todos os seres materiais. A transformação que a arte executa nele consiste,

entre outras coisas, em atribuir-se a ele uma "enorme gravidade" e uma integridade indivisível. Este enunciado, que parece primeiro tão esquisito, recebe entretanto novo aspecto se o compararmos com a concepção moderna: A matéria consta de corpúsculos elementares extraordinariamente, e até mesmo "enormemente" pesados, que em certo sentido são *uniformis naturae*" (de natureza uniforme) e aparentemente indivisíveis. Eles constituem as pedras usadas na construção da natureza, e contêm por isso tudo o que a natureza também tem, e assim cada um deles representa a totalidade do universo. Deste ponto de vista, quase nos quer parecer como se estivéssemos lidando aqui com uma antecipação da grande descoberta da física de nosso tempo. Com isso teríamos apenas reconhecido a verdade física dessa intuição, não porém as implicações simbólicas ligadas a ela no espírito medieval.

Se ousamos colocar a descontinuidade do *próton* e do *quantum* de energia em paralelo com a ideia de Alberto, parece-nos também que temos a incumbência de tentar o mesmo relativamente aos enunciados simbólicos. Estes mostram, como a grandiosa interpretação de Dorneus, o aspecto psicológico de *Mercurius*. Para evitar repetições desnecessárias, devo remeter aqui meu leitor a meus estudos anteriores sobre o *Mercurius* e o simbolismo do si-mesmo na alquimia. Quem conhece a importância extraordinária desse conceito de uma totalidade psíquica tanto prática quanto teórica na psicologia do inconsciente, já não se admirará ao ver que também a filosofia hermética dá a esta ideia, sob a forma do *lapis Philosophorum* (pedra filosofal), a primazia entre todos seus conceitos e símbolos. Dorneus esclareceu isso de modo abrangente e inequívoco, baseando-se em fontes antiquíssimas. De modo algum dá-se o caso de a alquimia somente pelo fim do século XVI ter refletido sobre tal interpretação de seu *arcanum* (arcano); mas muito antes a ideia do si-mesmo forma a chave para os símbolos centrais da arte em todos os séculos, tanto na Europa como no Oriente Próximo e como na China. Também aqui devo remeter a meus trabalhos anteriores[136]. Infelizmente não é possível esgotar em um único livro a riqueza do mundo alquímico de ideias.

---

136. "Beiträge zur Symbolik des Selbst" ("Contribuições para a simbólica do si-mesmo"). *Aion*, 1951 [OC, 9/2].

374   Devo contentar-me aqui com indicar que, a meu ver, existe uma relação indubitável entre o símbolo do *lapis* (pedra) e o conceito empírico do si-mesmo. Se colocarmos na equação o conceito moderno do si-mesmo, então sem grande dificuldade se tornam claras todas as enunciações paradoxais de nosso texto. *Mercurius* é espírito e matéria; o si-mesmo, como indica sua simbólica, abrange tanto a esfera psíquica como a corporal. Este fato se exprime de modo particularmente evidente nos mandalas[137]. Mas *Mercurius* é também a "água", que, como acentua o texto, ocupa uma posição intermediária entre o volátil (ar e fogo) e o fixo ou sólido (terra), por aparecer tanto no estado de agregação líquido como gasoso, e até mesmo na forma sólida do gelo. O *Mercurius* tem em comum com a água a *aquaeositas* ("aquosidade") por ser de uma parte um metal e se amalgamar com metais na forma sólida, e de outra parte líquido vaporizável. O fato de ele ser frequentemente comparado com a água tem sua razão mais profunda no fato de ele reunir em si todas as propriedades numinosas que ela possui, em virtude de sua semelhança com ela. Assim acontece que a ideia do ὕδωρ θεῖον (água divina ou água sulfurosa) e da aqua permanens (água eterna) domina a alquimia como o *Arcanum* (arcano) central, desde o tempo distante em que ela era ainda a água sagrada e rica em bênçãos do Nilo até atingir parte do século XVIII. No decorrer dos séculos cristãos, ela primeiro, por influência hermético-gnóstica, assumiu a significação do *Nous* (espírito do universo), do qual estava cheio aquele vaso divino para que os homens que quisessem adquirir a consciência pudessem renovar-se neste banho batismal, e depois a significação da *aqua doctrinae* (água da doutrina), como também a de uma água mágica capaz de realizar milagres. A identificação dela com o *Hydrargyrum*, ou respectivamente com *Mercurius*, ocorrida já muito cedo, trouxe consigo toda a tradição de *Hermes Trismegistus* para a esfera do significado da água, que já era de qualquer modo numinosa desde tempos antiquíssimos. Isso pôde ocorrer tanto mais facilmente porque seu aspecto materno primordial como *Matrix et nutrix omnium* (matriz e nutriz de tudo) representa uma analogia para com o *inconscien-*

---

137. Cf. a verificação feita em: *Gestaltungen des Unbewussten* (*Formações do inconsciente*), 1950.

te que dificilmente será superada. Deste modo a concepção da água podia desenvolver-se aos poucos para formar o enorme paradoxo do *Mercurius*, que é o espírito hermético, por ser o "filho extremamente velho da mãe", e é também um mercúrio preparado magicamente, por ser uma substância química.

A "serpente que se delicia em si mesma" (*luxurians in se ipso*) é a natureza proposta por Demócrito, "que se abraça a si mesma"[138], simbolizada pelo "devorador da cauda", o Uróboro da alquimia grega, que representa um tipo de mercúrio conhecido de todos. Ele é o símbolo por excelência da união dos opostos e a representação alquímica palpável da expressão proverbial: os extremos se tocam. É deste modo que o Uróboro simboliza a meta do processo, mas não o início, constituído pela massa confusa ou o caos, que não é caracterizado pela união, mas pela luta dos elementos entre si. A designação "*in uno die parturiens*" (estando nesse dia em dores de parto) se refere igualmente a *Mercurius* por ser este (na forma do *lapis* / pedra) chamado de "*filius unius diei*" (filho de um dia)[139]. Esta designação se relaciona com Gênesis 1,5: "*Factumque est vespere et mane dies unus*" (Fez-se tarde e manhã, um dia) (Neste dia foi criada a luz). Como "filho deste um dia" é, pois, *Mercurius* a *luz*. Por isso ele é exaltado também como *lux moderna* (luz moderna), e como luz acima de todas as luzes[140]. Ele é um *felizardo* (*Sonntagskind*) (por ter sido criado em um *dies solis* / dia do Sol ou domingo), assim como ele também é o planeta mais próximo do Sol, sendo por isso considerado como *filius Solis* (filho do Sol). De modo semelhante emprega o *Seraphicus Doctor* (doutor seráfico) S. Boaventura (1221-1274) a expressão "um dia" em seu *Itinerarium,* em que ele trata das três etapas da iluminação (*triplex illustratio*). A primeira etapa consiste em desistirmos do "corporal" (*corporale*) e do "temporal" (*temporale*); a fim de chegar-

375

---

138. BERTHELOT. *Collection des Anciens Alchimistes Grecs*, II, I, 3.

139. Verbalmente: *filius vnius (SVI) diei* [filho de um (SEU) dia]. KHUNRATH, H. *Confessio*, 1597, p. 195.

140. Por exemplo, MYLIUS. *Philosophia reformata*, 1622, p. 244; "Rosarium Philosophorum". *Artis Auriferae*, II, 1593, p. 381: "Et illumino omnia luminaria lumine meo" (E ilumino todas as luminárias com a minha luz).

mos ao *"primum principium"* (primeiro princípio), que é espiritual e eterno e se encontra "acima de nós", "isto é, ser conduzido no caminho do Senhor". "É preciso entrarmos em nossa mente (inteligência, *mind*), que é a imagem de Deus eviterna e espiritual, e que está dentro de nós, e isto é o mesmo que entrar na verdade do Senhor; é preciso irmos além, até o eterno e espiritualíssimo, que está acima de nós [...] esta é a tríplice ilustração *de um dia*"[141]. Este um dia é justamente aquele em que a luz brilhou sobre as trevas. Cito esta passagem não apenas por isso, mas também porque é uma alusão aos três graus da união em Dorneus, que manifestamente tem sua origem nos exercícios espirituais de contemplação dos inícios da Idade Média. O paralelo é facilmente reconhecível: primeiro no afastamento do mundo dos sentidos; segundo no voltar-se para o mundo mental interior e para o *"substantia caelestis"* (substância celeste) oculta, a *imago* e *veritas Dei* (imagem e verdade de Deus); e terceiro no dirigir-se para o *Unus Mundus* (mundo uno) transcendental, o mundo potencial e extratemporal, sobre o qual ainda voltaremos a falar mais adiante. Antes disso precisamos ainda ocupar-nos com os enunciados de Alberto sobre a natureza do *argentum vivum* (prata viva ou mercúrio).

376   A posição intermediária atribuída ao *Mercurius* oferece a nosso autor ocasião para uma consideração digna de nota: Parece a ele que o conceito de *latitudo* (largura) exprime a "qualidade média" (*dispositio media*), pela qual se possa chegar à *profundidade*. É o "meio entre a profundidade e a largura (media inter profunditatem et latitudinem) como se fosse entre dois extremos os opostos (*contraria*). A concepção que lhe paira no espírito é manifestamente a de uma *cruz,* pois à profundidade pertence também a altura[142]. Com isso se alude portanto à quaternidade, que pertence ao *Mercurius quadratus*. Este também foi formado pelos quatro elementos sob a forma do *lapis*

---

141. "Oportet nos intrare ad mentem nostram quae est *imago Dei* aeviterna spiritualis et intra nos, et hoc est ingredi in *veritatem Domini*; oportet nos transcendere ad aeternum spiritualissimum et supra nos [...] haec est triplex illustratio unius diei". S. Bonaventurae Itinerarium Mentis in Deum (BONAVENTURAE, S. *Tria Opuscula in Theologiam Spectantia*. Ed. a PP. Collegii S. Bonaventurae. Ad Claras Aquas, 1925, p. 295).

142. Cf. Ef 3,18: "[...] quae sit latitudo et longitudo et sublimitas et profundum [...]" ([...] qual é a largura e o comprimento, a altura e a profundidade [...]).

Mysterium Coniunctionis – Rex e Regina...   323

(pedra)[143]. Ele sustenta o centro da quaternidade cósmica e representa a *quinta essentia* (quintessência), que é a umidade e o extrato do mundo físico, e portanto a *anima mundi* (alma do mundo). Como mostrei em outro lugar, este símbolo corresponde às descrições modernas do si-mesmo.

7. O *monocolus*

Manifestamente para destacar a unidade do *Mercurius*, emprega   377
Alberto a expressão *"monocolus"* (como se deve ler mais corretamente), o *unípede*. Quase me parece que se trate aqui de um ἅπαξ λεγόμενον[144], pois não o encontrei em nenhum outro lugar na literatura alquímica. O emprego de uma palavra rara ou estranha serve geralmente aos alquimistas para destacar o caráter extraordinário do objeto expresso por ele. (Como se sabe, por esse artifício pode-se fazer aparecer como extraordinária a coisa mais banal!) Se *monocolus* como palavra aparece uma única vez, o mesmo não ocorre com a figura dele, pois o unípede se encontra em vários manuscritos alquímicos, ilustrados principalmente no já mencionado Cod. Par. P.R. 14.765, intitulado *Abraham le Juif*[145], que de acordo com o título devia representar ou substituir, como se presume, o livro de casca de árvore (*Rindenbuch*) do mesmo autor, que estava tão lamentavelmente desaparecido quanto era ardorosamente procurado pelos alquimistas, mas ao qual se referia Nicolas Flamel em sua biografia. Esta obra mítica, jamais encontrada, foi reinventada também na Alemanha, mas essa invenção nada tem a ver com nosso manuscrito[146]. Nela se encontra, à p. 324, a primeira de uma série de representações de unípedes (cf. estampa 4). À esquerda um homem coroado, que traja uma veste amarela; à direita, como se supõe, um sacerdote trajado de branco e com mitra na cabeça. Cada um deles tem somente um pé. A inscrição abaixo da figura começa com um sinal que significa ☿ e é

---

143. O símbolo alquímico para os quatro elementos é a cruz.

144. Expressão que aparece uma única vez.

145. Cf. os dados na p. 455s.

146. ELEAZARIS, R.A. *Uraltes Chymisches Werck...* Leipzig: [s.e.], 1760.

"*La n'en font qu'un*" (Aí eles não são mais que um). Isto se refere ao texto anterior: "Pois não existe senão uma só coisa, uma medicina, e na qual consiste todo o nosso ensinamento; não existem senão dois coadjutores que se aperfeiçoam aqui"[147]. Trata-se obviamente do *Mercurius duplex* (Mercúrio duplo). Mais acima, no capítulo sobre o enxofre, já indiquei que ele, principalmente na forma "vermelha", é por assim dizer idêntico com o ouro. Este é geralmente visto como "*rex*" (rei). O cetro vermelho do rei bem podia indicar isto. Existe, como já indiquei, um enxofre vermelho e um branco; ele é igualmente duplo e idêntico com o *Mercurius*. O enxofre vermelho representa o princípio masculino e ativo do Sol, o branco o da Lua. Como o enxofre em geral é de natureza masculina e forma o oposto para o sal feminino, então as duas figuras masculinas representam provavelmente os *animi* (ânimos) da substância do arcano, que frequentemente é designada como rex (rei), como, por exemplo, em Bernardus Trevisanus.

378   Essa curiosa separação ou união se encontra várias vezes em nosso manuscrito. Na estampa 5 à p. 555: o rei à esquerda tem veste azul e pé preto, o da direita tem veste preta e pé azul. O cetro de ambos é vermelho. A inscrição diz: "É assim que isso se faz: de sorte que se torna manifesto aquilo que estava oculto"[148]. Isso se refere, como indica o texto precedente, à *nigredo* (negrura) que começa a surgir. Esta tem a significação de *mortificatio* (mortificação), *putrefactio* (putrefação), *solutio* (solução), *separatio* (separação), *divisio* (divisão) etc., e, portanto, o sentido de um estado de dissolução ou de decomposição, que precede à síntese. Esta figura vem seguida de uma representação na qual as duas figuras estão separadas e com os dois pés cada uma. A figura à esquerda tem a coroa espiritual e a da direita

---

147. "Car il n'y a qu'une seule chose, une medecine, et en Laquelle consiste tout nôtre magistère; Il n'y a que deux coadjuteurs qui se perfectionnent icy". O manuscrito latino "Figurarum aegyptiorum", que se acha em poder do autor, diz (fol. 19): "Duo tantum sunt coadjutores qui hic perficiuntur (São apenas dois os coadjutores que se aperfeiçoam aqui). – A estampa 4 não é do Cod. Par., onde se encontra na p. 324, mas foi tirada do Ms. "Figurarum aegyptiorum" fol. 20. As estampas dos dois manuscritos correspondem uma à outra.

148. O Ms. "Figurarum aegyptiorum" traz a inscrição para a estampa: "Sic fit, ut quod latuit, pateat" (Deste modo acontece que se manifesta o que estava oculto).

a secular, correspondendo à natureza do enxofre que, no capítulo sobre ele, vem mencionado de uma parte como espiritual-oculto e de outra parte como corpóreo-terreno. A figura da esquerda traja uma veste que é azul do lado direito e preta do lado esquerdo; a figura à direita traja-se de modo inverso. Logo, as figuras se relacionam de maneira complementar. O texto explica: "As cores do 9° ano e $^1/_2$ este mês de janeiro de 1772 são representadas por estas duas figuras. Igualmente pela mortificação de nosso ☿ natural e da água morta e reduzida a outra forma [...]" Embaixo da estampa está:

"Um tempo muito longo
{
e pela Putrefação, Calcinação,
incineração, fixação, coagulação
as Coisas são fixadas,
mas isso se faz naturalmente
Um tempo muito longo"[148a].

Segundo isso, decerto se trata de aperfeiçoamento de uma *nigredo* (negrura), que se iniciou após a duração de uma gravidez, isto é, após a separação completa do *Mercurius*, ou respectivamente dos dois enxofres, o que por sua vez representa a natureza corpórea e a espiritual; isso corresponde em Dorneus à extração da alma para fora do corpo e à *unio mentalis* (união mental). Conforme nossa estampa, uma figura é a *imagem especular* da outra, quanto ao colorido. Por meio disso se quer indicar *que entre a* Physis *(natureza física) e o Espírito existe uma relação complementar, e que um representa a imagem especular do outro*[149]. Este é decerto o sentido da alusão à revelação

---

148a. "Les couleurs de la 9ème année et $^1/_2$ ce mois de Janvier 1772 sont représentées par ces deux figures. De même aussy par la mortification de nôtre ☿ naturel et de l'eau morte et reduitte en une autre forme [...]"

"Un trés long temps
{
et par la Putrefaction, Calcination, incineration,
fixation, coagulation les Choses sont rendues
fixes, mais cela se fait naturellement par
Un trés long temps."

149. De acordo com o que Alberto supõe, o ouro se acha "dentro" da prata e vice-versa. Gostaria de chamar aqui a atenção para o sonho dos magos, um negro e outro branco, que descrevi acima (Tomo I, § 76).

do oculto, isto é, por meio da *unio mentalis* (união mental) torna-se consciente o que pela projeção estava oculto na *Physis*. Na *nigredo* (negrura), a "noite escura da alma", os conteúdos psíquicos se separam do aprisionamento no corpo, e se torna conhecida a natureza e o significado do que perfaz a relação.

380   Na figura seguinte, as duas pessoas se aproximam novamente (estampa 6). As cores e os demais atributos são os mesmos. Cada uma delas tem apenas *um* pé azul. A inscrição diz: "É por isso que diz o Filósofo: obtém a Arte aquele que é capaz de manifestar o oculto, e ocultar o manifesto". Abaixo está: *"Hic artem digne est consecutus"* (Este – ou aqui – seguiu dignamente a arte), e "A cor Azul depois da cor de Açafrão que conduzirá até à total negrura ou putrefação após um tempo muito longo"[149a].

381   Na p. 557 o rei (espiritual) da estampa anterior está à esquerda de uma rainha coroada de modo semelhante (estampa 7). Ele traja um manto externo preto e um interior azul. Sua coroa é igualmente negra, enquanto a parte semelhante a uma mitra conservou a cor dourada. Ele tem *um* pé, que é preto na ponta, como se ele tivesse sido mergulhado em tinta preta. A rainha, vestida de verde, enfia a mão na manga esquerda do rei, que parece estar vazia; isto indica, como se supõe, que ela se junta ao lado do rei como sua "metade melhor", substituindo por assim dizer a outra metade, a (corporal-)secular. Os pés dela são pretos. O texto diz[150]: "Faz-se atualmente uma fixação inconstante, logo o mole endurece. O úmido (*aquosum*) se faz terrestre e seco: é assim que ocorre uma mudança de natureza de um ao outro; e uma mesma cor em forma dum *Corvo* negro e que o ♀ (enxofre) do macho ☿ e da fêmea se tornaram de uma mesma nature-

---

149a. "C'est pourquoy dit le Philosophe: celuyla obtient l'Art qui peut manifester le caché, et cacher le manifeste". "Hic artem digne est consecutus". "La couleur Bleu après la Saffranée qui conduira Jusques à l'Entière noirceur ou putrefaction après un très long temps."

150. Dom Pernety (*Les Fables Egyptiennes et Grecques*, I, 1758, p. 179) diz da Putrefação: "Elle nous découvre l'intérieur du mixte [...] elle fait [...] l'occulte manifeste. Elle est la mort des accidentelles, le premier pas à la génération" (Ela nos descobre o interior do que é composto [...] ela torna o oculto manifesto. Ela é a morte das coisas acidentais, o primeiro passo para a geração).

za". A inscrição abaixo diz: "Toma, portanto, em nome de Deus to-do-poderoso *esta terra negra,* reduze-a muito sutilmente e ela se tor-nará como a cabeça de um corvo". No texto ao lado das duas figuras refere-se, como para explicar o *caput corvi* (cabeça de corvo), que o Silene (*silène endormy*) foi atado pelos pastores com guirlandas de todas as cores do arco-íris, e que depois de ele ter tomado seu vinho ele disse: *"Eu rio de meu laço.* Por isso dizem os filósofos que, quan-do aparece a negrura, é preciso alegrar-se"[150a], e a isto ajuntou a ob-servação que Troia foi reduzida a cinzas após um sítio de dez anos.

Esta estampa representa a união do unípede (*monocolus*) com a terra (= corpo). Como o *sulfur* (enxofre) do *Mercurius* masculino, significa ele uma potência muito ativa[151], a saber, a do enxofre ver-melho do ouro, ou respectivamente a parte ativa do Sol. O rei de ves-te amarela de açafrão era originariamente o ouro e o Sol, mas mu-dou-se em negrura total, em *sol niger* (sol negro), e mesmo a veste azul dele, que representa o céu, está envolvida na negrura[152]. Apenas a parte mais alta da coroa ainda mostra o ouro do Sol. Porque a se-nhora Terra traz a mesma coroa (apenas toda de ouro), está ela indi-cando que sua natureza é equivalente à do rei: ambas são *sulfura* (en-xofres): Poder-se-ia designar o enxofre do rei como *espírito,* que se une à rainha, escondendo na escuridão sua natureza luminosa.

Esta terra é de natureza aquosa, em correspondência com o *quid-proquo* (equívoco) de Gênesis 1,2 e 6: *"Terra autem erat inanis* [...] *et*

150a. "Il se fait actuellement une inconstante fixation, tantôt le mol s'endurcit. L'aqueux (aquosum) se fait terrestre et sec: c'est ainsy qu'il se fait un Changement de nature de l'un a l'autre; et une même couleur en forme d'un noir *Corbeau* et que le ♃ (sulfur) du mâle ☿ et de la Femelle sont devenus d'une même nature". "Prenez donc au nom de D'eu tout puissant *cette terre noire,* reduisez la très subtilement et elle devien-dra comme la tête d'un Corbeau". *"Je ris de mon lien.* Aussi les philosophes disent que quand la noirceur paroit Il faut se rejouir."

151.O pé do rei é o *direito.* Desde sempre este é considerado *masculino* e promissor da felicidade. Por isso se deve começar a caminhada com o pé direito. O pé, além disso, tem uma significação *fálica* inegável. (Cf. AIGREMONT. *Fuss- und Schuhsymbolik und -Erotik.* Leipzig: [s.e.], 1909.)

152. Ele próprio se tornou "terra negra". A isso se refere o que está acima: "Prenez cet-te terre noire" (Toma essa terra negra).

328   Obra Completa – Vol. 14/2

Spiritus Dei ferebatur super aquas" e "*Fiat f irmamentum in medio aquarum*" (Mas a terra estava vazia [...] e o Espírito de Deus pairava sobre as águas. Faça-se o firmamento no meio das águas). Assim, em vez da Terra o céu abraça o mar. Isso lembra o mito de Ísis-Osíris: Ísis se une com o espírito de Osíris morto, e da união dos dois procede o deus dos mistérios Harpócrates. Osíris representa certo papel nos textos alquímicos. Assim o par irmão-irmã ou mãe-filho é designado simplesmente como Osíris e Ísis[153]. Em Olimpiodoro[154] Osíris é o chumbo da substância do arcano e o princípio do úmido[155], em Firmicus Maternus é o princípio vital[156]. Para a interpretação alquímica como *Mercurius* deve-se considerar a identificação naassênica de Osíris com Hermes[157]. Como acontece com este, ele é representado como itifálico (de falo erguido), o que é característico para o unípede[158]. Ele é o Homem-Deus, que morre e ressuscita, e por isso é um paralelo para Cristo. Ele é da *cor tendente para o preto* (μελάγχρους)[159], e por isso se chama *Aithiops* (etíope, ou respectivamente negro)[160], no uso eclesiástico é o diabo[161] e no alquímico é a *prima materia* (matéria-prima)[162]. Esta oposição caracteriza o *Mercurius duplex* (duplo). O vinho,

---

153. MAJER, M. *Symbola aureae mensae duodecim nationum,* 1617, p. 344s.

154. BERTHELOT. *Collection des anciens alchimistes grecs* II, IV, 42.

155. Corresponde ao ὑγροποιὸς ἀρχή (Princípio umedecente), em PLUTARCO. *De Iside et Osiride*. C. 33.

156. "Frugum semina Osirim dicentes esse" (Dizem que a semente do trigo é Osíris). "Liber de errore profanarum religionum". *Corp. Script. Eccl. Lat.* II, 2, 6.

157. Igualmente emparelhado com o *Logos*, com o cadáver e com o sepulcro (HIPÓLITO. *Elenchos* V, 8, 10; V, 8, 22; V, 9, 5; V, 9, 8).

158. HIPÓLITO. *Elenchos* V, 8, 10. Ainda que na mitologia grega não exista nenhum unípede, contudo aludem a algo semelhante os nomes como Édipo, Melampo, e concepções como a do um dente e de um olho das Fórcides.

159. PLUTARCO. *De Iside et Osiride*. C. 22.

160. DOELGER, F.J. *Die Sonne der Gerechtigkeit und der Schwarze*. Liturgiegesch. Forsch. H. 2, Münster i. W.: [s.e.], 1919, p. 64.

161. FRANZ, M.-L. von. "Die Passio Perpetuae". *Aion*, 1951 [OC, 9/2], p. 467s.

162. *Theatrum Chemicum* III, 1602, p. 854. No "Scriptum Alberti super arborem Aristotelis" (*Theatrum Chemicum* II, 1602, p. 526) a *nigredo* (negrura), ou respectivamente a *caput corvi* (cabeça de corvo), é designada como *caput nigrum aethiopis* (cabeça negra do etíope).

Mysterium Coniunctionis – Rex e Regina... 329

como sangue de Osíris, desempenha certo papel nos textos mágicos antigos[163]. Osíris, já nos textos egípcios, é de natureza solar e lunar, e portanto hermafrodito como *Mercurius*[164].

Corvo (*corvus*) ou cabeça de corvo (*caput corvi*) é a designação tradicional da *nigredo* (*nox, melancholia* etc. / negrura, noite, melancolia etc.), isto é, do estado negro da *putrefactio, mortificatio, separatio, solutio* etc. (putrefação, mortificação, separação, solução etc.). Pode ter a significação de *pars pro toto* (a parte pelo todo), ou também indicar a "parte principal", o princípio, como, por exemplo, *caput mortuum* (cabeça morta), que originariamente indica a cabeça de Osíris "tendente para o preto"[165], e mais tarde o *Mercurius philosophorum* (mercúrio dos filósofos alquimistas), que, como o primeiro, é caracterizado pela morte e ressurreição, ou pela transformação em um estado incorruptível. Assim esse último é apostrofado pelo *Anonymus* do *Novum Lumen Chemicum:* "*O coelum nostrum! O aqua nostra et Mercurius noster!* [...] *o caput mortuum seu faeces maris nostri* [...] *Et haec sunt aviculae Hermetis*[166] *epitheta, quae numquam quiescit*"[167]. (Ó nosso céu! Ó nossa água e nosso mercúrio! Ó cabeça morta ou escória de nosso mar [...] E estes são os apelidos da avezinha de Hermes que nunca descansa). Esta *avis Hermetis* (ave de Hermes) é o corvo, do qual se diz: "*Et scitote quod caput artis est corvus, qui in nigredine noctis et diei claritate sine alis volat*"[168]. (E sabei que a cabeça ou princípio da arte é o corvo que voa sem asas na escuridão da noite e na claridade do dia.) Ele é um *espírito* inquieto que não dorme, o "*lapis aereus et volatilis*" (a pedra aérea e volátil), e portanto um ser

384

---

163. Cf. REITZENSTEIN, R. *Die hellenistischen Mysterienreligionen*, 1910, p. 204.

164. JACOBSOHN, H. *Die dogmatische Stellung des Königs in der Theologie der alten Ägypter* (Ägyptologische Forschungen). Cf. SCHARFF, A. 1939, p. 23: (A respeito de Osíris) "Saudação a ti [...] que subindo ao céu com Re e restaurando a forma como Lua [...]"

165. Cf. LIPPMANN, E.O. von. *Entstehung und Ausbreitung der Alchemie*, 1919, p. 180, 303, 326.

166. A ave de Hermes é aliás o ganso.

167. *Musaeum Hermeticum*, 1678, p. 581s.

168. "Rosarium Philosophorum". *Artis Auriferae* II, 1593, p. 258.

330 Obra Completa — Vol. 14/2

de natureza formada de opostos[169]. Ele é o "céu" e ao mesmo tempo a "escória do mar". Visto ser ele também designado como água, pensa-se na água da chuva, que vem do mar e cai do céu. A concepção de nuvem, chuva e orvalho de fato aparece não raramente nos textos e tem grande antiguidade[170]. Já no texto de um papiro se diz: "Eu sou a mãe dos deuses, chamada céu; eu sou Osíris, chamado água; eu sou Ísis, chamada orvalho [...] eu sou Eidolos, assemelhado aos verdadei-

---

169. *Artis Auriferae*, II, 1593, p. 259.

170. (A respeito da água) "Vocatur quoque *rotunda aliqua nubes, mors* itidem *nigredo*, utpote tenebrae et *umbra* [...]" (Chama-se também *uma nuvem redonda*, e da mesma forma *morte, negrura* por ser trevas e *sombra* [...]) ("Liber Alze". *Musaeum Hermeticum*, 1678, p. 327). – Jo. de Rupescissa a chama de "une nuee perse" (de cor azul-escuro). (*La Vertu et la Propriété de la Quintessence*, 1581, p. 29). – Mencionada igualmente na *Turba* (RUSKA, 1931, p. 120s.) junto com a *sombra*. – "Istud opus fit ita subito sicut veniunt nubes de caelo" (Esta obra se realiza tão subitamente como vêm as nuvens do céu). (*Theatrum Chemicum*, 1602, p. 204). – "Aqua nubis" (água da nuvem) = Mercurius (MYLIUS. *Philosophia reformata*, 1622, p. 108 e 304), como também em AL-IRAQUI. *Isis*. VIII, p. 42. – "Nebulae nigrae" (nuvens negras) = nigredo (negrura) (MYLYUS. Op. cit., p. 234, e também no "Tractatus Hermetis", 1566, p. 15). – Ἐκ θαλάσσης ἀναβαίνει ἡ νεφέλη (do mar levanta-se a nuvem), τὰ νέα ὕδατα (as novas águas) τὸ φανρμακον τῆς ζωῆς (o remédio da vida), "que acorda os que dormem", isso é o que se diz no antiquíssimo tratado de Komarios (BERTHELOT. *Collection des Anciens Alchimistes Grecs* IV, XX, 8), e de modo semelhante em Rabanus Maurus, onde a nuvem representa "a consolação do Espírito Santo e a ascensão de Cristo" (*Patrologia Latina*. T. CXII, col. 1.007). – Corresponde a essa última parte a observação de Komarios que as "nuvens que se levantam do mar carregam τὰ ὕδατα τὰ εὐλογημένα (as águas abençoadas" (BERTHELOT. Op. cit., IV, XX, 12). – Agostinho compara os apóstolos à nuvem de chuva, e ela também representa a "occultatio creatoris in carne" (a ocultação do criador na carne) (En. in Ps. LXXXVIII, 7). Da mesma forma Cristo é prefigurado pela *columna nobis* (coluna de nuvem) que conduziu os judeus no deserto (En. in Ps. XCVIII, 10; como tb. em EPIFÂNIO. *Ancoratus*). – "De te nubes fluunt" (De ti fluem as nuvens) diz Hildegard von Bingen a respeito do Espírito Santo (GOURMONT, R. de. *Le latin mystique*. Paris: Crès & Co., 1913, p. 136). – É possível que a concepção alquímica tenha sido influenciada pelo texto litúrgico: "Rorate coeli de super, et nubes pluant justum: aperiatur terra et germinet salvatorem" (Céus orvalhai de cima, e nuvens chovei o justo; abra-se a terra e germine o salvador). Pense-se na passagem eleusina ὕε, χύε (chove, gera) (HIPÓLITO. *Elenchos* V, 7, 34). – No mandeísmo a nuvem significa o feminino. Assim se diz em um texto: "Do outro lado, do outro lado estou eu, eu e a nuvem que surgiu comigo" (LIDZBARSKI, M. *Ginza. Der Schatz oder das grosse Buch* der *Mandaeer*, 1925, p. 399).

Mysterium Coniunctionis – Rex e Regina...

ros *fantasmas*". Assim fala o mago que por encantamentos quer fazer aparecer um *Paredros* (*familiaris*, amigo): ele mesmo é um espírito e assim aparentado com a *nocturna avis* (ave noturna). Na tradição cristã o corvo é uma alegoria do *diabo*[171].

Deparamos aqui com a forma primitiva e arquetípica do espírito, que é ambivalente, como mostrei em outro lugar[172]. Esta ambivalência ou natureza feita de opostos aparece também no par egípcio de irmãos Osíris-Seth, ou no oposto ebionita de Cristo e Satã. O corvo noturno (*nkytíkorax*) é na verdade uma *allegoria Christi*[173] (alegoria de Cristo). 385

O *caput mortuum* (cabeça morta) ou *Colcothar* significa hoje uma combinação *vermelha* de ferro, enquanto que o *caput Osiridis* (cabeça de Osíris) é preto, e por isso chamado de *caput corvi* (cabeça de corvo). O *Aquarium Sapientum* o compara com Cristo, cujo rosto esteve "*deformis omnino speciei*" (de aspecto completamente disforme) de conformidade com Is 53,2)[174]. O enegrecimento se realiza o mais das vezes em 40 dias, para corresponder aos 40 dias entre a Páscoa e a Ascensão, ou ao jejum de Cristo durante 40 dias no deserto ou aos 40 anos da peregrinação dos israelitas no deserto[175]. No calor da 386

---

171. Hugo Rahner, em uma conferência no Congresso Eranos de 1945, descreveu o corvo como alegoria do diabo na literatura patrística, mas o texto não foi impresso no Anuário da Sociedade.

172. "Zur Phänomenologie des Geistes im Märchen" ("Para a fenomenologia do espírito nos contos de fada"). *Symbolik des Geistes* (*Simbólica do espírito*), 1948.

173. Com base no Sl 102,6:῾Ωσεὶ νυκτικόραξ ἐν οἰκοπέδῳ (Septuaginta) e "sicut nycticorax in domicilio" (*Vulgata*). (Como a coruja no seu ninho). – Por exemplo, em S. EUQUÉRIO DE LIÃO. *De Spiritualibus Formulis*, V; igualmente em RABANUS MAURUS. *Patrologia Latina*. T. CXII, col. 1.006). – Cf. a *crucificação* do corvo em: *Symbolik des Geistes* (*Simbólica do espírito*), 1948, p. 36.
Com base na narração referida por Aelianus, que o corvo envelhecido, ao não poder mais alimentar a seus filhotes, se entrega a eles como alimento, diz Caussinus: "Corvus se pullis senio confectum praebet in pabulum: at Phoenix noster Christus Dominus [...] se nobis in coelestem alimoniam praebuit" (O corvo debilitado pela velhice se entrega como alimento aos filhotes; mas a Fênix, Cristo Senhor nosso, se entregou a nós como alimento celeste). (*Polyhistor Symbolicus*. Paris: [s.e.], 1623, p. 271). O corvo se presta como uma alegoria de Cristo, ou respectivamente da hóstia.

174. *Musaeum Hermeticum*, 1678, p. 117.

175. Op. cit., p. 91 e 117.

nigredo (negrura) "a *anima media natura* (alma no meio da natureza) exerce o domínio". Os antigos filósofos alquimistas chamaram essa negrura de "cabeça de corvo" ou de "sol negro" (*solem nigrum*)[176]. A *anima media natura* corresponde à alma do mundo platônica ou à *Sophia* (Sabedoria) do Antigo Testamento[177]. Aqui o Sol está de certo modo envolvido por ela, e por isso é negro. É o tempo da incubação ou da gravidez. Por ser a negrura princípio e ponto de partida da obra, compete a ela grande importância [178]. Ela é designada simplesmente como "corvo"[179]. Importante em nosso contexto é a interpretação da *nigredo* como terra[180]. Esta, como a *anima media natura* ou como a *Sophia* (Sabedoria), é por princípio um *feminino*. Ela é a terra, que (conforme o Gênesis) aparece para fora das águas[181]. Mas ela é também a "*terra damnata*", a terra maldita[182].

---

176. O "Liber de Arte Chimica" (*Artis Auriferae* I, 1593, p. 610) menciona nesse contexto uma imagem trinitária: três sóis, negro, branco e vermelho. – No comentário do "Tractatus Aureus Hermetis" (*Theatrum Chemicum* IV, 1613, p. 703) se diz que há três corvos no monte dos filósofos: "Niger qui caput est artis, albus qui medium et rubeus qui finem rerum omnium imponit" (O preto, que é o começo da arte, o branco que é o meio, e o vermelho que põe fim a todas as coisas). – O "Consilium Coniugii" (1566, p. 167) menciona até uma pluralidade de corvos. – No livro El-Habib (BERTHELOT. *La Chimie au moyen-âge* III, 1893, p. 100) diz Maria que no corvo vermelho se deve reconhecer "a cabeça do mundo".

177. A respeito disso observa Mylius (*Philosophia reformata*, 1622, p. 19) que se Lúcifer tivesse em si a *anima media natura* (alma no meio da natureza ou a alma do mundo) ou a Deus, não poderia ter sido banido para o inferno.

178. "Cum videris materiam tuam denigrari, gaude: quia principium est operis" (Quando vires tua matéria tornar-se negra, alegra-te, pois isso é o princípio da arte). (*Artis Auriferae* II, 1593, p. 258). – "Caput corvi artis est origo" (a cabeça do corvo é a origem da obra). (*Theatrum Chemicum* I, 1602, p. 166).

179. "Antimonium, pix, carbo, caput corvi, plumbum, aes ustum, ebur ustum dicitur" (Ela é chamada de antimônio, pixe, carvão, cabeça de corvo, chumbo, minério ustulado, marfim ustulado). (*Theatrum Chemicum* I, 1602, p. 166).

180. "Ista nigredo nuncupatur terra" (Esta negrura é chamada terra). (*Artis Auriferae* II, 1593, p. 265).

181. "Et sic habes duo elementa, primo aquam per se, dehinc terram ex aqua" (E assim tens os dois elementos, primeiro a água por si, depois a terra tirada da água). Op. cit.

182. "Terra damnata seu caput mortuum" (Terra amaldiçoada ou cabeça morta). (STEINER, H *Dissertatio chymico-medica inauguralis de Antimonio*. Basileia: [s.e.], 1699, p. 2).

Mysterium Coniunctionis – Rex e Regina...

O *caput mortuum* (cabeça morta), ou respectivamente *corvi* (de corvo), é, como mencionamos acima, a cabeça de Osíris "enegrecido" ou também a do etíope, ou respectivamente do *mouro* no *Chymische Hochzeit*[183] (Casamento Químico). A cabeça é fervida em uma caldeira e a massa é despejada em uma *bola de ouro*. Com isso se estabelece a conexão com a χρυσέα κεφαλή (cabeça de ouro) da alquimia grega, o que aqui vai apenas mencionado, pois em outro lugar já me ocupei com isso. O mouro do *Chymische Hochzeit* bem poderia ser idêntico com o *carrasco negro*, que nessa obra *degola* as personagens régias. No final também lhe cortam a cabeça[184]. No decurso posterior dos acontecimentos é degolado um *pássaro negro*, e uma figura de transformação mais tardia sofre a mesma sorte[185]. A decapitação é importante como símbolo, por ser uma separação da *"intelligentia"* (inteligência) da *"passio magna et dolor"* (grande sofrimento e dor), que a natureza causa à alma. Ela é como uma emancipação do pensar residente na cabeça, que é a *"cogitatio"* (cogitação) ou uma libertação da alma "das cadeias da natureza"[186]. Ela corresponde à intenção de Dorneus de estabelecer uma *"unio mentalis in superatione corporis"* (união mental por meio da superação do corpo).

O mouro (ou respectivamente o etíope) é o homem negro, isto é, pecador, que já S. Hilário († 367) compara com o corvo (*"corvus in formam peccatoris constitutus"*)[187] (o corvo tomado como o modelo para o pecador). No *Chymische Hochzeit* aparece um *rei negro*, e Mylius no esquema 24 representa a relação entre o rei e a rainha pelo símbolo de dois corvos em luta[188]. Assim como o corvo representa a

387

388

---

183. ROSENCREUTZ, C. *Chymische Hochzeit*, 1616, p. 111.

184. Op. cit., p. 92.

185. Op. cit., p. 117 e 120.

186. Cf. "Platonis Liber Quartorum" (*Theatrum Chemicum* V, 1622, p. 186). – Quanto ao rito sabeu da separação da cabeça, cf. meu estudo sobre as visões de Zósimo [*Von den Wurzeln des Bewusstseins (Das raízes da consciência)*, 1954, p. 160s.].

187. Tract. in CXLVI Ps. 12.

188. *Philosophia reformata*, 1622, p. 190. São as almas negras do rei e da rainha, que aqui entram em contenda. Cf. a história de Aristeas, de quem se narra que a alma dele, sob a forma de um corvo, saiu voando pela boca afora (PLINIUS. *Naturalis historiae*. Leipzig: [s.e.], 1875, lib. VII, cap. LII). – Como o corvo é o símbolo negro da alma, a *pomba* é o luminoso. Uma luta entre o corvo e a pomba se acha em *Chymische Hochzeit*, 1616, p. 18.

alma negra do homem, do mesmo modo a *caput corvi* (cabeça de corvo) indica a *cabeça do homem*, ou respectivamente a cápsula craniana (*testa capitis*), que serve de vaso de transformação na alquimia dos sabeus[189]. Os sabeus eram suspeitos de práticas mágicas que pressupunham o sacrifício humano. A "*testa capitis videlicet capitis elementi hominis*" (cápsula craniana, a saber, da cabeça do elemento homem) tem por isso um aspecto um tanto sinistro, pois eles precisavam de um crânio humano, porque ele continha o cérebro e este era a sede da inteligência. "E a inteligência existe naquele órgão, e ela governa a alma e a ajuda na libertação dela"[190]. "O *corpus rotundum* (corpo redondo) construiu em torno de si o crânio como um castelo, cercou-se dessa proteção e abriu nele janelas", a saber, os cinco sentidos. Mas o "corpo redondo", o "ser vivente", a forma das formas e o gênero dos gêneros é o homem[191]. Por causa do "*rotundum*" (redondo)[192] trata-se evidentemente não do homem empírico, mas do primordial "redondo", isto é, perfeito, ou ο τέλειος ἄνθρωπος (*téleios ánthropos*). "Posteriormente atraiu ele a alma para o mundo superior, a fim de ajudá-la a conseguir a liberdade. O mundo superior sempre produz um efeito no homem, que consiste em uma perfeita inspiração dele, isto é, do homem por ocasião da morte; e não falta o atingir até o firmamento e chegar de volta até o seu lugar aquilo que partiu do mundo superior [...]"[193] O mundo superior (*mundus superior*) é o

---

189. "Vas autem necessarium in hoc opere oportet esse *rotundae* figurae: ut sit artifex huius mutator *firmamenti et testae capitis* [...]" (É preciso que o vaso necessário para essa obra seja de forma redonda, a fim de que o artífice seja o mudador do céu e da cápsula craniana [...]). "Lib. Quart." *Theatrum Chemicum* V, 1622, p. 150s.

190. Op. cit., p. 187: "Locus superior est cerebrum, et est sedes intelligentiae" (O lugar superior é o cérebro, e é a sede da inteligência).

191. Op. cit., p. 186: "Et animal forma formarum et genus generum est homo".

192. "Vas autem factum est rotundum ad imitationem superius et inferius. Est namque aptius rerum ad id cuius generatio quaeritur in eo, res enim ligatur per suum simile" (O vaso é feito redondo, à imitação do superior e do inferior. Assim ele é a mais apta das coisas para aquilo, cuja produção se quer realizar dentro dele, pois a coisa se prende por seu semelhante). Op. cit., p. 150.

193. "Mundus superior habet semper effectum in homine, et perfecta inspiratio eius scilicet hominis in morte sua, usque ad firmamentum, nec deest perventio, donec revertatur, quod egressum est de mundo superiori, ad locum suum [...]" (Op. cit., p.

mundo dos mundos (*mundus mundorum*), evidentemente o *mundus potentialis* (mundo potencial) de Dorneus, que se fez inspirar por esse texto, que ele aliás não menciona; a isso aludem também as concepções do castelo "*castrum sapientiae*"[194]; e da janela ("*spiraculum vitae aeternae*" / respiradouros da vida eterna) no texto de Dorneus.

O vaso redondo ou o castelo é a cápsula craniana. "O órgão divino, diz o *Liber Quartorum,* é a cabeça, porque ela representa a morada da parte divina, a saber, da alma". Por isso o filósofo "circundou esse órgão com maior solicitude do que os outros órgãos". "Ele atrai (por sua forma redonda) o firmamento, e é atraído por ele; e ele é atraído da mesma forma pelo que atrai, até que a atração alcance o fim ao chegar à inteligência. O homem é mais digno do que os animais e está mais próximo da coisa simples: e isto por sua inteligência". A coisa simples ou o simples (*simplex* ou *res simplex*) é o *Unum* (o Um)[195], a *natura caelestis* (natureza celeste) de Dorneus, o redondo e o perfei-

389

---

194. "Videtisne relucens illud inexpugnabile castrum" (scl. sapientiae)? [Vedes aquele castelo reluzente e inexpugnável (a saber: da sabedoria)?]. (*Theatrum Chemicum* I, 1602, p. 278). – "Veritas est [...] inexpugnabile castrum. Hac in arce verus [...] continetur ille thesaurus, qui [...] asportatur hinc post mortem" (A verdade é [...] um castelo inexpugnável. Neste castelo está contido aquele verdadeiro tesouro que [...] depois da morte será transportado daí), op. cit., p. 458. – O *castellum* (castelo) é uma *allegoria Mariae* (alegoria de Maria). (Venerabilis Godefridus Alb. *Patrologia Latina.* T. CLXXIV, col. 32). – Dorneus distingue quatro castelos, por assim dizer superpostos: o mais inferior é o de cristal e alberga o *Philosophicus amor* (amor filosófico); o segundo é de prata e encerra a *Sophia* (Sabedoria); o terceiro é de diamante (*adamantina*), e somente poucos chegam até ele *per divinum numen assumpti* (assumidos pelo nume divino); o quarto enfim é de ouro, mas invisível (*non cadit sub sensum* – não cai sob os sentidos), um paraíso ("perpetuae felicitatis locus, sollicitudinis expers et omni repletus gaudio perenni" – lugar de felicidade perpétua, livre de cuidados e repleto de toda a perene alegria), (Op. cit., p. 279). – Cf. as quatro etapas da transformação no "Liber Quartorum", explicadas em: *Psychologie und Alchemie (Psicologia e alquimia).* 2. ed., 1952 [OC, 12], p. 359s.

195. No *Elucidarium* de Honório de Autun se diz: "Creatura in divina mente concepta est *simplex, invariabilis et aeterna*, in se ipsa autem multiplex, variabilis, et transitoria" (A criatura concebida na mente divina é simples, invariável e eterna; mas em si mesma ela é múltipla, variável e transitória).

to, o firmamento ou *caelum* (céu) no homem[196]. "Platão acha, diz o texto, que o homem, cuja justiça é a maior, atinge a rica (*largam*) substância superior, quando ele for assemelhado ao lugar supremo pela sua obra"[197]. Aqui se explica em pormenores até que ponto a produção do *caelum* (céu) de uma parte atrai o firmamento e com ele os influxos dos planetas (ou respectivamente dos espíritos deles) para dentro do microcosmo, e de outra parte como por esta mesma operação o homem é aproximado da "substância superior", a saber, da *anima mundi* (alma do mundo), ou respectivamente da *res simplex* (coisa simples) ou do "Um".

390   Na *nigredo* (negrura) o *cérebro* se obscurece. Assim diz uma receita de Hermes, citada pelo *Rosarium:* "Toma o cérebro [...] tritura-o com vinagre forte ou com urina de menino[198], até que ele se torne escuro[199]. Esse escurecimento ou anoitecimento é ao mesmo tempo um estado psíquico que, como já vimos, é designado diretamente como melancolia. Na *Aurelia Occulta* há uma passagem em que a substância da transformação, no estado de *nigredo* (negrura), diz a si mesma: "Eu sou um velho caduco e fraco, com o apelido de dragão; por isso estou encerrado em uma caverna para ser resgatado pela coroa real [...] uma espada ígnea me causa grandes tormentos; mas a morte enfraquece minha carne e meus ossos; [...] Minha alma e meu espírito me abandonaram, um veneno horrível, sou comparado com o corvo negro; pois este é o prêmio da maldade; estou deitado no pó e na terra, para que

---

196. No gnosticismo islâmico se diz que, na era da Virgem, do desejo dela surgiu o anjo Harus. Este tomou os espíritos dos planetas, dos signos do zodíaco, das virtudes do céu e da terra, 360 ao todo, e a partir disso criou o homem Adamanus, de acordo com a forma do céu altíssimo (portanto: redondo!). Como Harus, tinha ele a altura de um gigante. Harus corresponde ao ἄνω ἄνθρωπος (homem superior). Esta concepção mostra claramente a influência dos sabeus (REITZENSTEIN & SCHAEDER. *Studien zum antiken Synkretismus aus Iran und Griechenland*. 1926, p. 114). – Compare ainda com isso ὦ οὐρανὸς κεφαλή (o céu dele é a cabeça), (REITZENSTEIN. *Poimandres*. 1904, p. 16), bem como a descrição do Microcosmus no *Sacramentarium* de Honório de Autun: A cabeça é redonda como o céu, e os dois olhos são o Sol e a Lua.

197. *Theatrum Chemicum* V, 1622, p. 189.

198. Ambos são sinônimos da *aqua permanens* (água eterna).

199. *Artis Auriferae* II, 1593, p. 264.

dos três se forme o 'Um'. Ó alma e espírito, não me abandoneis, a fim de que eu possa novamente ver a luz do dia e de mim surja (*exoriatur*) o herói da paz, a quem poderá enxergar todo o orbe terrestre"[200].

O que nosso texto de Abraham Le Juif descreve a respeito do casal régio se parece com um mitologema: O Sol sai do céu azul, desce para a terra, e vem a noite, na qual ele se une com sua mulher, a terra ou o mar. A imagem arquetípica de Úrano e Geia bem pode ter fornecido o pano de fundo para nosso quadro. Igualmente entra em consideração para o *corvo*, como designação dessa situação, a noite criadora do hino órfico[201], a qual é chamada de uma ave de asas negras, que foi fecundada pelo *vento* (πνεῦμα). O filho dessa união, ao qual aqui já podemos referir-nos, é o *ovo de prata* que, segundo a concepção órfica, encerra em cima o céu e embaixo a terra, e em si é novamente um cosmo, isto é, o *microcosmus* (*microcosmo*). Em linguagem alquímica é o *ovum philosophicum* (ovo filosófico). A alquimia francesa do século XVIII conhecia o rei, isto é, o enxofre (quente) vermelho do ouro e o denominou *Osíris*, e o úmido (*aquosum*) *Ísis*. Osíris era "o fogo escondido da natureza, o princípio ígneo [...] que tudo anima"[202], Isis "o princípio material e passivo de tudo". O despedaçamento de Osíris corresponde à *solutio, putrefactio* (solução, putrefação) etc. Da última diz Dom Pernety[203], de quem provém esta citação: "*Solutio corporis est coagulatio spiritus*" (A dissolução do corpo é a coagulação do espírito). A negrura pertence a Ísis. (Sobre sua vestimenta diz Apuleio:

391

---

200. *Theatrum Chemicum* IV, 1613, p. 569s.

201. O tratado "Introitus apertus" diz: "Moriente leone nascitur corvus" (Morrendo o leão, nasce o corvo). Quando morre o leão, isto é, a *concupiscentia* (concupiscência), então aparece a negrura da morte. "O triste spectaculum et mortis aeternae imago: at artifici dulce nuntium! [...] Nam spiritus intus clausum vivificum scias, qui statuto tempore ab Omnipotente vitam hisce cadaveribus reddet" (Oh! triste espetáculo e imagem da morte eterna; mas para o artífice doce notícia [...] Pois deves saber que o espírito preso dentro dele é vivificante, e no tempo estabelecido pelo Onipotente ele dará novamente vida a esses cadáveres). – Na noite escura da *nigredo* (negrura) atua o espírito vivificante, como sabe o adepto (*Musaeum Hermeticum*, 1678, p. 691).

202. Em geral, ele é considerado como princípio do úmido, o que concorda melhor com a antiga tradição.

203. *Les Fables égyptiennes et grecques* I, Paris: [s.e.], 1758, cap. II, f.

"*Palia nigerrima splendes-cens atro nitore*" [uma pala nigérrima brilhando em negro esplendor]). Quando o céu ou o Sol se inclinarem para ela, serão todos envolvidos pela negrura dela.

392   O relacionamento da fantasia alquímica com os protótipos da mitologia grega é um fato por demais conhecido, de modo que não preciso ocupar-me com isso. O incesto cosmogônico de irmão-irmã[204], como em si toda a criação, era desde sempre o modelo para a grande obra dos alquimistas. Mas procuramos em vão na tradição greco-romana o miraculoso unípede. É verdade, porém, que o encontramos na mitologia védica, e até numa forma extremamente designativa para o nosso texto, a saber, como um atributo do deus Sol *Rohita*[205] (o sol vermelho), que é chamado de bode unípede[206] (*agá ékapāda*)[207]. No hino XIII,1 do *Atharvaveda* ele é enaltecido junto com sua esposa *Rohinî*. Dela se diz: "Levanta-te, ó corcel, que estás nas águas" (1) e "O corcel que está nas águas levantou-se" (2). O hino principia com essa invocação de Rohinî que assim é unida a Rohita, que galgou sua mais alta posição no céu. O paralelo com nosso texto francês é tão manifesto que se deveria concluir que há necessariamente uma dependência literária, se fosse possível provar de qualquer modo que o autor conhecia o *Atharvaveda*. Mas essa prova parece de todo impossível, pois a literatura da Índia de modo geral somente se tornou conhecida na passagem do século XVIII para o XIX, e isso primeiramente apenas na forma do chamado *Oupnek'hat* de

---

204. Cf. KERENYI, K. *Die Mythologie der Griechen*, 1951, p. 23s.

205. Sinônimo de Surya (= Sol). *Atharvaveda*. XIII, 1, 32.

206. Abstraindo-se da *cabra que trepa nos morros*, cabe principalmente ao bode um significado sexual, como também ao pé (cf. acima!). Considerando-se a situação (*coniunctio*), esse aspecto não é desprovido de importância. (Cf. o que anotei acima sobre a Mercurialis.)

207. "Hymns of the Atharva-Veda". *Sacred Books of the East*. Oxford: [s.e.], 1897, vol. XLII, XIII, 1, 6, p. 208. *Ekapada* é também o nome do verso de um só pé (grego: μονοποδία e μονοποδιαῖος). – Agá ékapad tem também o significado secundário de "tocador de rebanho ou pastor", ou ainda de "não nascido" ou respectivamente eterno. ARTHUR A. MACDONELL, A.A. *A Sanskrit-English Dictionary*. Londres: [s.e.], 1893, s.d.v.; *Sacred Books of the East*. Vol. XLII, 1897, p. 664.

Anque-Til Du Perron[208], uma coleção dos Upanishads em língua persa, que ele traduziu para o latim[209]. O *Atharvaveda*, entretanto, só foi traduzido[210] na segunda metade do século XIX. Em consequência disso, se de todo queremos explicar o paralelo, somos remetidos à conexão primordial no arquétipo.

De tudo isso resulta que nossa figura representa a união do espírito com a realidade material. Nisso já não é o *aurum vulgi* (ouro vulgar) que contrai a união, mas o *spiritus auri* (espírito do ouro), que é de certo modo a metade (direita) do *rex* (rei). A rainha é um *sulfur* (enxofre), isto é, igualmente um extrato ou *spiritus* (espírito) da terra ou da água, portanto um espírito ctônico. O espírito "masculino" corresponde à *veritas* (verdade) ou à *substantia coelestis* (substância celeste) de Dorneus, isto é, ao reconhecimento da luz interior, o si-mesmo, a *imago Dei* (a imagem de Deus), que aqui se une com sua correspondente ctônica, o espírito feminino do inconsciente. Este último é personificado empiricamente na figura psicológica da *anima*, que agora não deve ser confundida com a *anima* (alma) de nossos filósofos medievais, que significa apenas uma *anima* vegetativa (alma vegetativa) (filosófica) ou um *ligamentum corporis et spiritus* (ligamento do corpo e do espírito). A *regina* (rainha) dos alquimistas representa uma correspondência para a *anima* psicológica[211]. Conforme tudo isso, a *coniunctio* (conjunção) aparece aqui como a união de uma consciência (espírito) diferenciada pelo autoconhecimento com um sentido ou espírito, que foi extraído de conteúdos antes inconscientes. Este (espírito) pode também ser concebido como uma quintessência das imagens da fantasia, que espontaneamente ou ajudada pela imaginação ativa atingiram a consciência e que em sua totalidade representam uma concepção de natureza moral ou intelectual, a qual

---

208. Viveu de 1731 a 1805. O Oupnek'hat foi impresso de 1802 a 1804. Primeira tradução alemã em 1808.

209. É conhecido que este texto desempenhou papel importante em Schopenhauer. No *Oupnek'hat* há um trecho intitulado Oupnek'hat Naraiin, que apresenta um extrato do Atharvaveda. Mas aí nada se encontra sobre ékapad.

210. GRILL. *Hundert Lieder des Atharvaveda*. 2. ed., Tübingen: [s.e.], 1888.

211. Cf. minha descrição: *Aion*, 1951 [OC, 9/2], p. 27s.

está em relação de contraste ou de compensação com a consciência. Mas estas imagens, primeira e imediatamente, nada têm de "moral" e "intelectual", mas são imagens mais ou menos plásticas e concretas que ainda devem ser interpretadas. O alquimista as usa até como uma espécie de *termini tecnici* (termos técnicos) e procura por meio delas exprimir as propriedades ocultas que ele atribui a suas substâncias químicas. O psicólogo, no entanto, não as considera como alegorias, mas como verdadeiros símbolos que estão a indicar os conteúdos psíquicos não conhecidos, mas apenas pressentidos, que formam o fundo da cena, e as ideias e impulsos do inconsciente, as chamadas "*idées forces*". Esse seu modo de considerar as coisas se fundamenta na experiência feita de que as conexões que não podem ser encontradas na experiência dos sentidos remontam a criações da fantasia, baseadas, por sua vez, em causas psíquicas. Estas, entretanto, não podem ser percebidas diretamente, mas apenas obtidas mediante conclusões. O psicólogo conta para esse trabalho com o material moderno da fantasia, que é produzido em abundância nas psicoses, nos sonhos, e na imaginação ativa no decorrer do tratamento psíquico, possibilitando uma pesquisa exata, pois se pode interrogar o autor das fantasias. Deste modo podem ser determinadas as causas psíquicas. Estas imagens muitas vezes têm semelhança de tal modo espantosa com motivos mitológicos, que não se pode deixar de considerar as causas das fantasias individuais como sendo as mesmas que determinam as imagens coletivas, ou respectivamente mitológicas. Em outras palavras, não há nenhuma razão manifesta para supor que os homens de outras épocas tivessem fantasiado por motivos completamente diferentes, ou que as imagens da fantasia deles tivessem provindo de "*idées forces*" completamente diversas das que atuam hoje em dia. Pode-se reconhecer com suficiente segurança, a partir dos monumentos literários dos séculos e dos milênios precedentes, que ao menos os fatos comumente humanos foram sentidos e pensados em todos os tempos de modo igual ou ao menos muito semelhante. Se isso não fosse assim, então seria impossível toda a historiografia inteligente e toda a compreensão de textos históricos. Certamente há diferenças que exortam a ter prudência em todos os casos, mas essas diferenças são o mais das vezes de natureza superficial e perdem sua importância à medida que se procura penetrar mais profundamente no sentido dos motivos fundamentais.

Assim também a linguagem dos alquimistas, à primeira vista, é completamente diferente de nossa terminologia psicológica e de nossa conceituação. Se, porém, tratarmos os símbolos deles do mesmo modo como o que empregamos nas fantasias modernas, então resulta daí um sentido que já tínhamos desvendado antes, a partir da nossa problemática moderna. Muito facilmente se poderia objetar que possivelmente tivesse sido transferido, sem crítica, para um material histórico o sentido extraído do material moderno da fantasia, ao passo que os alquimistas teriam interpretado isso de maneira completamente diversa; tal objeção, porém, já está refutada pela comprovação de que alquimistas reconhecidos como tais interpretaram, já na Idade Média, seus símbolos de modo filosófico-moral. A "filosofia" deles não é outra coisa senão psicologia "projetada". Naquela época, como já foi dito, o desconhecimento da verdadeira natureza da substância química foi favorável à tendência de projetar. Nunca se especula mais e nunca se têm mais opiniões do que quando se lida com coisas desconhecidas.

394

8. Conteúdo e sentido dos dois primeiros graus da conjunção

Gostaria aqui de advertir meu leitor que não estou divagando, mas que preciso desta explanação, a fim de trazer um pouco de clareza para uma situação aparentemente muito confusa. Esta situação surgiu do fato de que, para a finalidade de amplificação, descrevemos três conexões de símbolos, que se estendem por mais de cinco séculos, a saber, Alberto Magno, Gerardus Dorneus e um anônimo do século XVIII. Estes três autores se ocupam com os acontecimentos e as figuras centrais do *Magisterium* (exercício da arte alquímica), cada um a seu modo peculiar. Seria possível aduzirem-se ainda outras descrições, situadas no período anterior ou intermediário, a respeito do misterioso processo da *coniunctio* (conjunção), com o que somente faríamos crescer a obscuridade. Mas bastam esses três para nossa finalidade de deslindar o tecido da fantasia alquímica e torná-lo acessível à compreensão.

395

Quando, pois, Dorneus fala da libertação da alma presa nas cadeias do corpo, está ele exprimindo, em uma linguagem um pouco diferente, a mesma coisa como Alberto Magno, quando ele trata da transformação artificiosa ou da preparação do *argentum vivum* (pra-

396

ta viva, mercúrio), ou quando o rei em sua veste cor de açafrão se racha ao meio. Em todos os três casos se representa a substância do arcano. Desse modo a gente entra na escuridão, a *nigredo* (negrura), pois o *Arcanum*, o mistério, é escuro. Quando agora, na linguagem da psicologia moderna, designamos a libertação da alma "e *compedibus corporis*" (dos grilhões do corpo), de acordo com as alusões de Dorneus, como sendo um recuo das projeções ingênuas, por meio das quais modelamos a realidade que nos circunda e a própria imagem de nosso caráter, então chegamos de uma parte à "*cognitio sui ipsius*" (conhecimento de si próprio, autoconhecimento), e de outra parte também a uma intuição e a uma concepção do mundo exterior, que é realista e aproximadamente livre de ilusões. O separar a realidade das camadas da ilusão que a envolvem nem sempre é sentido como agradável, mas muito antes como penoso e até doloroso. No tratamento prático esta fase exige muita paciência e tato, pois o desmascaramento da realidade não somente é em geral difícil, mas não raramente é até perigoso. As ilusões não seriam tão frequentes, se elas também não fossem boas para alguma coisa e se ocasionalmente não encobrissem um lugar delicado com uma escuridão salutar, da qual às vezes até se espera que jamais caia sobre ela algum raio de luz. O autoconhecimento não é um processo isolado, mas somente será possível se simultaneamente for reconhecida a realidade do mundo exterior envolvente. Ninguém pode conhecer a si mesmo e distinguir-se de seu próximo, se não tiver uma imagem ainda que deformada acerca dele, como também ninguém pode compreender o outro, se não tiver nenhum relacionamento consigo mesmo. Uma coisa condiciona a outra, e os dois processos caminham de mãos dadas.

397   Não posso descrever aqui o autoconhecimento com todos os seus pormenores. Mas se o leitor deseja fazer uma ideia disso, então o remeto para o vasto domínio dos pressupostos e das dependências infantis, que desempenham papel importante não apenas na psicopatologia, mas até mesmo entre os chamados normais, causando as intermináveis complicações da existência humana. A realização de Freud neste domínio, que não deve ser menosprezada, apenas é prejudicada pelo erro de se ter abstraído dos conhecimentos adquiridos cedo demais para uma teoria, que de sua parte foi empregada como um fio condutor e como uma escala para o autoconhecimento, isto é, as pro-

Mysterium Coniunctionis — Rex e Regina...

jeções somente foram reconhecidas como tais e corrigidas na medida em que correspondiam aos pressupostos das fantasias infantis. Que, além dessas, existam ainda muitas outras ilusões, a respeito disso nada encontramos na psicologia de Freud, e isso pela razão indicada. Como vimos também em Dorneus, existem tantas e tão diversas coisas que são supostas como evidentes em si, mas que de fato não o são, como, por exemplo, neste caso a pressuposição que certas substâncias tenham propriedades mágicas, que na realidade são projeções da fantasia. Ao progredirmos na correção delas, nós nos aproximamos, entretanto, de um limite, que por ora não pode ser ultrapassado. Este limite é posto em geral pelo espírito da época com seu conceito específico de verdade e pelo respectivo estado do conhecimento científico.

O autoconhecimento é uma aventura que conduz a amplidões e   398
profundezas inesperadas. Um conhecimento razoavelmente abrangente da sombra já basta para desencadear considerável perturbação e obscurecimento, pois ele gera uma problemática da personalidade, em que o mais das vezes nem remotissimamente se havia pensado antes. Partindo disso, pode-se compreender por que os alquimistas designaram a *nigredo* (negrura) deles como "*melancholia*" (melancolia ou bile negra), "*nigrum nigrius nigro*" (negro mais negro que o negro), "*nox*" (noite), "*afflictio animae*" (aflição da alma), "*confusio*" (confusão), ou de modo mais atrevido como "corvo negro". Apenas para nós é que o corvo se afigura como uma alegoria algo cômica, mas para o adepto medieval era ele uma conhecida "*allegoria diaboli*" (alegoria do diabo)[212]. Ao avaliar corretamente sua posição psíquica ameaçada, considerava ela como algo muito importante ter como auxiliar no trabalho um *spiritus familiaris* (espírito amigo e prestativo) que lhe fosse favorável, e também dedicar-se assiduamente ao exercício espiritual da oração; tudo isso, para poder enfrentar eficazmente as consequências da colisão entre a consciência e as profundezas tenebrosas da sombra. A confrontação com a sombra também para a psicologia moderna não é uma coisa qualquer desprovida de perigo;

---

212. O corvo é símbolo do diabo em PAULINUS AQUILEIENSIS. *Patrologia Latina*. T. XCIX, col. 253, como *avis noturna* (ave noturna) em Wolbero, abade (Op. cit., T. CXCV, vol. 1.159). Cf. a lenda da "Princesa na Árvore". *Symbolik des Geistes* (*Simbólica do espírito*), 1948, p. 41s.

por isso ela é contornada ocasionalmente com astúcia e cuidado. Somente a contragosto é que permitimos que a sombra se aproxime de nós, e em geral nos contentamos com a ilusão de nossa probidade civil. Com toda a certeza a maioria dos alquimistas lidou com sua *nigredo* (negrura) apenas na retorta, sem suspeitar o que estava manipulando. Mas é igualmente certo que adeptos como Morienus, Dorneus, Michael Majer e outros da mesma espécie sabiam de que se tratava. Em virtude desse saber, e não quiçá pela avidez do ouro, surgiu neles essa premência para realizar o *opus* (obra) aparentemente desprovido de qualquer esperança e ao qual sacrificaram dinheiro, bens e a vida. O *spiritus* (espírito) deles era uma crença na luz, que atraía para si a alma, fazendo-a sair da prisão do corpo; ela, porém, trazia consigo a escuridão do espírito ctônico, que é o inconsciente. A separação era tão importante porque se devia impedir a alma em sua atividade obscura. A *unio mentalis* (união mental) significa, pois, um alargamento da consciência e um domínio sobre os movimentos da alma pelo *spiritus veritatis* (espírito da verdade). Como, porém, é a alma que vivifica o corpo, e com isso representa o princípio de toda a realização, então os filósofos não podiam deixar de observar que nesse caso o corpo e o mundo dele estavam mortos[213]. Por isso eles designaram esse estado como sepulcro, putrefação, *mortificatio* (mortificação) etc.; e aqui surge então o problema da *reanimação*, isto é, de tornar a unir a alma ao corpo desprovido dela. Se eles tivessem realizado a *re-animatio* (re-animação) por via direta, a alma por assim dizer teria recaído em sua ligação anterior, e tudo voltaria a ser como antes. Mas não se podia nem por um instante deixar entregue a si mesmo esse ser volátil, que se achava incluso e guardado cuidadosamente no vaso hermético, isto é, na *unio mentalis* (união mental), porque este *Mercurius* evasivo de outra forma evolaria e retornaria à sua natureza anterior, como, segundo atestam os alquimistas, não raramente acontecia. O caminho direto e natural teria consistido sim-

---

213. O "Tractatus Micreris" anota: "Notum est, quod anima antequam suo corpore misceretur, mortua fuerat, et eius corpus similiter [...]" (É sabido que a alma antes de unir-se ao corpo estava morta, assim como o corpo). (*Theatrum Chemicum* V, 1622, p. 106). Separada do corpo, portanto, a alma parece estar morta.

Mysterium Coniunctionis — Rex e Regina...

plesmente em conceder à alma curso livre, pois ela sempre se volta para o corpo. Como, porém, ela está mais presa ao corpo do que ao espírito, então ela se separaria deste e retornaria ao estado de inconsciência anterior, sem ter levado consigo algo da luz do espírito para dentro da escuridão do corpo. Por esta razão é que a reunião com o corpo constituía um problema. Expresso na linguagem psicológica, isso significaria que o conhecimento adquirido pelo recuo das projeções não suportaria a colisão com a realidade, e em consequência disso não realizaria sua verdade, pelo menos não na medida nem na maneira que seria de desejar. Quanto a ideais considerados corretos, como é sabido, é impossível impô-los por meio de esforço da vontade, por algum tempo e até certo ponto, a saber, até que se manifestem sinais de cansaço e diminua o entusiasmo inicial. Mas então a decisão livre se transforma em espasmos da vontade e a vida reprimida força, por todas as brechas, seu caminho para a liberdade. Esta é lamentavelmente a sorte de todas as decisões tomadas exclusivamente pela razão. Por isso, já desde os tempos mais remotos, os homens em tais situações apelam para artifícios, isto é, para *certas ações rituais,* como danças, sacrifícios, identificação com o espírito dos antepassados etc., em um esforço manifesto para evocar e encantar, ou despertar e fazer recordar aquelas camadas mais profundas da psique, que não podem ser atingidas pela inteligência nem pela força da vontade. Para esse fim foram empregadas concepções mitológicas, ou respectivamente arquetípicas, que exprimem o inconsciente. Assim vem continuando isso até os dias de hoje: o dia da pessoa piedosa começa e termina com a oração, isto é, com um *"rite d'entrée et de sortie".* Esta prática atinge seu fim tanto quanto possível. Se não fosse assim, já há muito tempo estaria ela fora de uso. Se ela alguma vez perdeu seu efeito em maior extensão, isso aconteceu sempre a um indivíduo ou a um grupo da sociedade, cujas concepções arquetípicas já se tinham tornado ineficientes. Ideias desse tipo (as *"représentations collectives"* de Lévy-Bruhl) decerto são sempre verdadeiras por exprimirem arquétipos inconscientes, mas sua forma linguística e figurativa é influenciada em larga escala pelas transformações do espírito da época. Mas os ritos perdem o sentido e se transformam em pura superstição, quando esse espírito se modifica, seja pelo contato com uma cultura estranha, possivelmente superior, seja pelo alargamento da consciência e do horizonte em decorrência de descobertas ou de novos conhecimentos. Exemplos para isso são em grande escala o desaparecimento da antiquíssima cultura do Egito, e o desvanecimento dos deuses da Grécia e de Roma. Fenômeno semelhante de grande abrangência observamos hoje em dia na China.

399   A exigência que surge em tais situações é a de uma nova interpretação dos arquétipos em correspondência com o espírito da época, que represente a respectiva compensação da situação modificada da consciência. Assim, por exemplo, o cristianismo significou uma formulação nova e adequada do mito que exprimia o arquétipo, e por sua vez voltou a dar vigorosa vida ao rito. O arquétipo é uma *ideia viva*, que sempre de novo dá impulso a novas interpretações, nas quais se desdobra. O cardeal Newman reconheceu corretamente este fato quanto ao cristianismo[214]. Também a doutrina cristã é uma nova interpretação e um desenvolvimento de etapas mais antigas, como se pode verificar sobretudo na tradição do Homem-Deus. Essa tradição simplesmente continua a atuar no desdobramento do dogma eclesiástico, e nisso se desenvolvem naturalmente não apenas os arquétipos mencionados nos escritos do Novo Testamento, mas também os parentes mais próximos deles, dos quais somente conhecemos as etapas anteriores pagãs, como, por exemplo, o dogma mais novo de Maria (Assunção ao céu). Este se relaciona de modo inequívoco com a deusa-mãe, sempre unida ao deus que morre cedo. Esta figura nem sequer é puramente pagã, mas já estava pré-figurada perceptivelmente na *Sophia* (Sabedoria) do Antigo Testamento. A definição do novo dogma não ultrapassa o *"depositum fidei"* (depósito da fé), pois no arquétipo do Filho de Deus naturalmente já está incluído o da deusa-mãe, que se desenvolveu de modo correspondente com toda a consequência nos séculos depois de Cristo[215]. O *"depositum fidei"* corresponde na realidade empírica ao tesouro dos arquétipos, ao *"gazophylacium"* (tesouro) dos alquimistas e ao inconsciente coletivo da psicologia moderna.

---

214. *Development of Christian Doctrine*. Londres: [s.e.], 1845.

215. Declaração da Theotókos (Mãe de Deus) no Concílio de Éfeso em 431, e da Conceptio Immaculata (Imaculada Conceição) em 1854.

Não tem consistência a objeção feita do lado católico que o estado final do dogma, em tal desenvolvimento, deveria ser necessariamente mais completo e mais perfeito do que era antes, por exemplo, na era apostólica. Naturalmente, mais tarde a interpretação e a formulação do arquétipo se torna mais diferenciada do que no começo. Basta lançar um olhar na história dos dogmas para ver que já há muito tempo as coisas são essas mesmas. Pense-se, por exemplo, na SS. Trindade, que como tal não se acha comprovada em nenhum lugar dos escritos canônicos. Daí não se conclui de modo algum que porventura os cristãos dos primeiros tempos tivessem tido um conhecimento mais imperfeito das verdades fundamentais. Tal suposição seria equivalente a um intelectualismo pernicioso: para uma vivência religiosa não importa quão explicitamente um arquétipo pode ser formulado, *mas quão profundamente alguém se sente empolgado por ele*. O importante, segundo penso, não é o que ele é, mas como sou empolgado por ele[216]. 400

A "ideia viva" é sempre perfeita e numinosa. A formulação humana nada acrescenta e nada tira, pois o arquétipo é autônomo, e a questão é apenas se o homem é ou não empolgado por sua plenitude. Se ele puder formulá-lo mais ou menos, então ele poderá integrá-lo mais cedo à consciência, falar sobre ele com maior compreensão e, de certo modo, explicar racionalmente o sentido dele. Mas não possuirá nem mais nem de modo mais perfeito do que aquele que não sabe formular sua comoção. A formulação intelectual somente se tornará importante quando a lembrança da vivência original estiver ameaçada de desaparecimento, ou quando a irracionalidade parecer inconcebível à consciência. Ela é apenas um recurso, mas de modo algum a parte essencial. 401

O cristianismo, para retornarmos à nossa consideração acima, tem sido uma "*unio mentalis in superatione corporis*" (uma união mental na superação do corpo). Justamente sob esse aspecto, o rito realizava sua finalidade, até o ponto em que isso é de todo possível à falível condição humana. A corporalidade e a alegria para com a na- 402

---

216. Cf. 1Cor 13,12: ...*cognoscam sicut cognitus sum* (que... eu conheça assim como sou conhecido).

tureza não desapareceram, mas conservaram seu espaço de atuação dentro do registro dos pecados, que em nenhuma época teve sua amplitude diminuída. Quanto ao conhecimento da natureza, aliás, portou-se ele de modo singular. Desde o tempo da Antiguidade ele somente floresceu junto a poucos e às ocultas, mas transmitiu certas concepções antigas através dos séculos e fecundou com elas o interesse pelos corpos naturais que ressurgiu na Idade Média tardia. Se os alquimistas não tivessem tido ao menos um pressentimento oculto de que sua *unio mentalis* (união mental) cristã ainda não tinha realizado a união com o mundo dos corpos, então mal se poderia explicar o impulso de conhecimento por assim dizer místico de sua pesquisa, para nem sequer falar de sua simbólica, que rivalizava com a cristã e que já tinha começado a desenvolver-se desde fins do século XIII. O paralelo *Christus-Lapis* (Cristo-Pedra filosofal) mostra mais claramente do que todo o resto que o mundo dos corpos naturais reclamava igualdade de direitos e com isso a realização do segundo grau da *coniunctio* (conjunção).

403 Desse modo estava lançada a questão acerca da maneira como devia realizar-se a *coniunctio*. Dorneus deu uma resposta propondo, em vez da dominação do corpo, o simples processo alquímico, da *separatio* (separação), *solutio* (solução), *incineratio* (incineração), *sublimatio* (sublimação) etc. a ser feito com o vinho vermelho ou branco; esse processo devia ser feito, para que por meio dele se produzisse uma correspondência corpórea da *substantia coelestis* (substância celeste), que é inata ao homem como *imago Dei* (imagem de Deus) e é reconhecida pelo espírito como a verdade. Seja qual for o nome dado a essa substância misteriosa, que os alquimistas se esforçavam por conseguir, ela era sempre uma *substantia coelestis* (substância celeste), isto é, algo de transcendente, incorruptível em oposição à decomponibilidade de todas as substâncias conhecidas, mortas como o metal ou a pedra, mas ao mesmo tempo dotada de vida como um ser orgânico, e também um remédio universal. Tal corpo evidentemente não podia ser encontrado no domínio da experiência. A teimosia com que os adeptos, durante pelo menos 17 séculos, esforçaram-se por atingir essa meta, decerto somente poderá ser explicada por uma alta numinosidade dessa ideia. De fato, já na antiga alquimia de Zósimo encontramos claras referências ao arquétipo do Ánthropos (ho-

Mysterium Coniunctionis – Rex e Regina... 349

mem)[217], como já mostrei em *Psychologie und Alchemie* (Psicologia e Alquimia), uma imagem que serve de base para a alquimia toda até atingir a figura do *homunculus* (homúnculo ou homenzinho). A concepção do Ánthropos nasce da ideia de que originariamente tudo era dotado de alma, e é por isso que os antigos mestres interpretavam seu Mercurius como a *anima mundi* (alma do mundo); assim como o primeiro era encontradiço em toda a matéria, valia o mesmo para a última. Ela estava impressa em todos os corpos como sua *"raison d'être"* e como a *imagem do demiurgo,* que se encarnou em sua criação e até mesmo ficou prisioneiro dela; com isso se aludia ao mito do homem primordial, que foi devorado pela *Physis* (natureza). Nada parecia mais simples do que identificar essa *anima mundi* (alma do mundo) com a *imago Dei* (imagem de Deus) bíblica. Ela representava a *veritas* (verdade) revelada ao espírito. Para o pensador dos séculos mais antigos a alma não era apenas um conceito intelectual, mas também uma intuição sensível, a saber, um corpo aéreo ou uma substância volátil, mas física, a respeito da qual sem dificuldade se supunha que ela pudesse ser extraída e fixada quimicamente por meio de um processo apropriado. Estava a serviço dessa finalidade o preparo da *phlegma vini* (fleuma do vinho). Como já destaquei, para Dorneus não se trata do espírito e da água do vinho, mas de um resíduo sólido deixado por ele; trata-se, portanto, de algo ctônico e corpóreo, que aliás não se consideraria como a parte essencial e preciosa do vinho.

O que a alquimia tenta para sair de seu dilema é uma operação química, que hoje poderíamos designar como um *símbolo*. O processo que ela segue é manifestamente uma alegoria de sua pressuposição de uma *substantia coelestis* (substância celeste) e da possibilidade de sua representação química. Sob esse aspecto, a operação não é simbólica para eles, mas adequada e racional. Para nós, porém, que sabemos que nenhuma incineração, sublimação ou centrifugação da borra restante do vinho pode resultar em uma quintessência da "cor do ar", o processo é meramente fantástico, quando tomado verbalmente. Para Dorneus mal se pode admitir que ele queria mesmo dizer vinho, mas que ele tinha em vista, de acordo com o costume alquímico,

404

---

217. Cf. o chên-yên em Wei Po-Yang, que viveu cerca de 145 d.C.

o *vinum ardens* (vinho ardente), o *acetum* (vinagre), o *spiritualis sanguis* (sangue espiritual), a saber, o *mercurius non vulgi* (mercúrio não vulgar), que encarnava a *anima mundi* (alma do mundo). Assim como o ar envolve a terra, da mesma forma a *anima mundi* também envolve o mundo, de acordo com a antiga concepção. Como já mostrei em outro lugar, podemos fazer o conceito de *Mercurius* coincidir mais facilmente com o do inconsciente. Se introduzirmos esta expressão na equação, então a receita dará isso: tome-se o inconsciente numa das formas mais à mão, como, por exemplo, uma fantasia espontânea, um sonho, uma disposição irracional de ânimo, um afeto ou algo desse tipo, e opere-se então com isso, isto é, preste-se atenção especial a essa matéria, concentrando-se nela e observando objetivamente as modificações dela. Ninguém se aborreça de dedicar-se assiduamente a essa tarefa e de acompanhar as transformações ulteriores da fantasia espontânea com atenção e cuidado. Cuide-se antes de tudo de não permitir a entrada de nada de fora que não pertença a isso, pois a fantasia tem "tudo em si de que precisa"[218]. Dessa maneira tem-se a certeza de que de modo algum se interveio com arbitrariedade consciente, mas que sempre se deu curso livre ao inconsciente. Em breves palavras, a operação alquímica se nos afigura como o equivalente de um processo psicológico, a saber, a *imaginação ativa*.

405   Não devo supor que meus coetâneos estejam suficientemente informados sobre este processo. De modo geral se sabe apenas sobre a psicoterapia que ela consiste em certa técnica que o médico emprega em seus pacientes. Os especialistas sabem até onde se pode chegar. Dessa maneira se podem curar as neuroses e até as psicoses mais leves, de modo que da doença nada mais reste senão o problema humano comum, isto é, saber até onde queremos nos esquecer de nós mesmos, ou quanto de incômodo queremos suportar, ou quanto devemos proibir ou permitir a nós mesmos, ou quão pouco podemos exigir dos outros, ou até onde podemos renunciar ao sentido de nossa vida, ou qual sentido devemos dar a ela. O médico tem certo direito de fechar sua porta, quando uma neurose já não produz sintomas clí-

---

218. "Omne quo indiget" (tudo de que precisa) é uma declaração acerca do *lapis* (pedra) repetida muitas vezes.

nicos, mas desembocou no estado da problemática humana comum. Quanto menos ele estiver envolvido com isso, tanto maiores oportunidades tem ele para encontrar pacientes relativamente ajuizados, que permitam se lhes tire o costume da *transferência,* que ordinariamente se instala. Mas se o paciente suspeita mesmo de longe que o médico pensa sobre isso um pouco mais do que o que diz, então ele não renunciará tão depressa a isso, mas ficará agarrado a isso, a despeito de toda a razão, o que em si não é totalmente desajuizado, mas até compreensível. Também pessoas adultas frequentemente não sabem absolutamente como lidar com os problemas da vida, e além disso são nesse ponto de tal modo inconscientes que incorrem nessa modalidade pouco crítica, tão logo veja, a mínima possibilidade de encontrar uma resposta certa ou a segurança. Se as coisas não fossem assim, as seitas e "os irmãos" de toda a espécie já teriam morrido em pouco tempo. Mas floresce toda a erva daninha graças à inconsciência, à dependência infantil, à incerteza ilimitada e à falta de independência.

O médico que luta por tudo aquilo que procura ensinar a seus 406
pacientes não consegue esquivar-se tão facilmente do problema da transferência. Quanto mais ele souber quanto lhe custa resolver os problemas de sua própria existência, tanto menos deixará ele de reparar no medo ou na incerteza, ou na leviandade, ou na perigosa falta de crítica da parte de seus pacientes. O próprio Freud já considerou e submeteu a tratamento a transferência como uma neurose de segunda mão. Ele não podia simplesmente bater com a porta, mas se esforçou lealmente para eliminar pela análise a transferência das pessoas. Esse empreendimento, aliás, não é tão simples como parece quando formulado tecnicamente. A práxis se porta de maneira um pouco diferente da teoria. Pois se pretende colocar sobre seus próprios pés o homem todo, e não apenas uma parte dele. Em breve se descobre que não há nada que sirva de sustentáculo para as pessoas, nem existe algo em que possam agarrar-se. O retorno aos pais já se tornou inviável, e por isso elas se prendem ao médico. Elas não podem ir nem para trás nem para frente, pois não enxergam em torno de si nada que lhes possa servir de apoio. Todas as possibilidades chamadas razoáveis já foram experimentadas e se mostraram imprestáveis. Então não poucas delas se lembram da fé em que cresceram, e encontram o caminho de volta para ela, mas nem todas. Elas sabem, talvez, como

tudo deveria ser, mas já experimentaram até à saciedade quão pouco se alcança apenas com a vontade e a intenção, quando o inconsciente não toma parte. Para garantir para si a ajuda indispensável do inconsciente, as religiões já desde sempre recorrem ao mito, ou melhor, o mito já sempre formou a ponte entre a consciência desamparada e as atuantes *"idées-forces"* do inconsciente. Mas ninguém pode crer artificialmente e com esforço da vontade no teor do mito, se já *a priori* (de antemão) não estiver empolgado por ele. Duvida-se da verdade do mito, quando se quer ser honesto, porque a consciência contemporânea não possui nenhum meio para compreendê-la. Critérios históricos ou tirados das ciências naturais não são apropriados para o reconhecimento da verdade mitológica, que somente pode ser apreendida pela intuição da fé ou pela psicologia; mas nesse último caso pode haver o conhecimento sem que ele se torne atuante, se a ele não se juntar a *experiência*. Assim, o homem moderno o mais das vezes não pode nem ao menos produzir aquela *unio mentalis* (união mental) que o capacitaria a realizar o segundo grau da *coniunctio* (conjunção). A orientação médica para entender os enunciados de seu inconsciente nos sonhos etc. pode na verdade criar para ele a necessária compreensão, mas, ao chegar à questão da experiência real, então em princípio o médico não pode continuar a ajudá-lo, mas ele mesmo deve pôr mãos à obra. Ele se encontra então na mesma situação do aluno alquimista que está no aprendizado de um mestre e já adquiriu todos os artifícios do laboratório. Mas um dia deve ele mesmo pôr mãos ao *opus* (obra), coisa que ninguém poderá fazer por ele, como os alquimistas acentuam. Como este também o homem moderno principia com uma *prima materia* (matéria-prima) insignificante, que de maneira inesperada se apresenta a ele, e outra coisa não é senão uma fantasia desprezível; como a pedra que os construtores rejeitaram, também ela é encontrada *"in via ejecta"* (atirada na rua) e é "tão vil" que as pessoas nem ao menos olham para ela. Ele a observará de dia para dia, e verificará as mudanças dela por tanto tempo até que seus olhos se abram ou, como dizem os alquimistas, lhe apareçam os *oculi piscium* (os olhos de peixe) ou as *scintillae*, as faíscas luminosas, na solução escura. Os olhos de peixe estão sempre abertos, e por isso devem enxergar sempre, razão pela qual os alquimistas os empregam como símbolo para a atenção permanente. (Estampas 9 e 10.)

A luz, que lentamente vai surgindo para alguém, consiste em entender sua própria fantasia como um verdadeiro processo psíquico, que aconteceu a ele mesmo. Ainda que de certo modo a pessoa olhe para isso como que de fora e sem participação, no entanto ela própria também é a figura que age e sofre no drama da alma. Este conhecimento significa um progresso tão importante quão imprescindível. Enquanto a pessoa apenas olhar para as imagens da fantasia, é ela como o tolo Parcival que se esquece de perguntar, porque ninguém percebe sua própria participação. Quando então cessar o fluxo das imagens, tudo se parecerá como se nada houvesse acontecido, ainda que se repita mil vezes o processo. Mas desde que a pessoa reconheça sua participação, então ela deverá entrar no processo com sua reação pessoal, como se ela fosse uma figura da fantasia, ou melhor, como se fosse real o drama que se desenrola diante de seus olhos. É na verdade um fato psíquico o acontecimento dessa fantasia. Ele é tão real como a pessoa é um ser psíquico real. Se a pessoa não realizar esta operação, todas as transformações ficam relegadas para as imagens, enquanto ela própria não se transforma. "Mas quem não se torna ele próprio o 'um', também não poderá produzir o 'um'", dizem com razão os alquimistas. Quando a pessoa possui uma fantasia dramática, é possível que ela tome parte no mundo de suas imagens como uma *personalidade fictícia,* impedindo assim uma verdadeira participação, ou que até mesmo ponha em perigo sua própria consciência, por tornar-se vítima de sua própria fantasia, e com isso também das potências do inconsciente, cuja periculosidade é bem conhecida dos médicos. Se, porém, a pessoa entrar com sua realidade na ação, então não apenas esta ganhará em atualidade, mas também a pessoa criará desse modo, por sua crítica, um contrapeso eficaz para a fantasia inclinada ao desregramento. Pois o que agora se realiza é a *confrontação* decisiva com o *inconsciente.* Com isso começa a realizar-se a compreensão ou a *unio mentalis* (união mental). O que se faz agora é o *começo da individuação consciente,* que tem por meta próxima a experiência e a criação do símbolo da totalidade.

Acontece não muito raramente que o paciente simplesmente prossiga a contemplar suas imagens, sem prestar conta a si próprio do que elas significam para ele. Ele pode e deve conhecer o sentido delas, mas isso tem utilidade prática apenas até que ele se persuada

354 Obra Completa — Vol. 14/2

suficientemente do fato que o inconsciente lhe transmite valiosos conhecimentos. Mas desde que esse fato esteja definitivamente reconhecido, deverá ele também saber que recebeu em sua mão uma nova possibilidade de conhecimento, para conseguir sua autonomia e sua independência do médico. Mas justamente essa conclusão ele só a tira a contragosto, e por isso acontece frequentemente que ele fique enredado apenas na contemplação de suas imagens, e que também o médico, por não ter ainda experimentado esse método em si próprio, não consiga fazê-lo transpor esses escolhos, naturalmente pressupondo-se sempre que haja motivos graves para a continuação do processo. Mas neste ponto não existe um "deve" imposto pela medicina ou até mesmo pela ética, mas o que há em dado caso é apenas um dever imposto pelo destino; por isso acontece não raramente que para certos pacientes se instala no desenvolvimento uma parada, que eles não conseguem superar, mesmo que a eles não faltem as capacidades intelectuais necessárias. Visto que esta experiência não é demasiadamente rara, devo daí concluir que a transição de uma atitude meramente estética, isto é, perceptiva, para uma atitude *crítica* não é um passo que simplesmente se deva pressupor. De fato a psicoterapia hodierna chegou aproximadamente até esse ponto, e reconhece a utilidade da percepção das imagens e da expressão delas, seja pela palavra escrita, seja o lápis de desenho ou o pincel, seja pelo barro de modelar. Poder-se-ia também pensar em uma expressão musical, desde que houvesse composição real e anotação escrita. Mas na minha práxis jamais encontrei um caso desta última espécie, ainda que na arte das fugas de Bach pareça encontrar-se um exemplo para isso, como também em Wagner a representação de arquétipos forma uma característica fundamental de sua música. (Entretanto, tais fenômenos provêm menos de uma necessidade pessoal e muito mais de uma compensação inconsciente do espírito da época; mas não gostaria aqui de entrar em pormenores.)

409   Mas o passo a ser dado para além da atitude meramente estética parece ser ainda universalmente desconhecido. Eu mesmo pouco disse a respeito disso até agora, e contentei-me com alusões. Trata-se justamente de uma coisa que não se poderia deixar de levar a sério. Comecei há 30 anos a experimentar esse caminho em mim mesmo e nos outros, mas devo confessar que ele, não obstante ser viável e conduzir a resultados satisfatórios, é também difícil. Sem receio algum pode-se

Mysterium Coniunctionis – Rex e Regina...

aconselhá-lo ao paciente que tiver atingido o grau de conhecimento descrito acima. Se a tarefa for muito difícil para ele, por via de regra ele fraquejará já no início e jamais atravessará o perigoso desfiladeiro. O perigo de um tratamento psíquico da natureza da análise consiste na possibilidade de desencadear uma psicose, desde que para isso haja uma predisposição psicopática. Essa possibilidade muito desagradável se manifesta o mais das vezes já no início do tratamento, quando, por exemplo, se tocar no inconsciente pela análise do sonho. Mas desde que se tenha, sem incidentes graves, chegado ao ponto de o paciente imaginar ativamente e modelar sua fantasia, então geralmente já não haverá nenhum perigo sério. Indaga-se, pois, qual é o medo – se é que se trate de medo – que poderia impedir em dar mais um passo, a saber, a passagem para uma atitude crítica (pressupõe-se naturalmente que o juízo formado seja obrigatório tanto moral como intelectualmente!). Para medo e incerteza existe até certo ponto razão suficiente, porque a participação e o envolvimento voluntário na fantasia se apresentam a uma inteligência ingênua como algo arriscado, pois esse passo significa tanto como uma psicose antecipada.

Na verdade existe uma enorme diferença entre uma psicose an-   410
tecipada e uma verdadeira, que entretanto de início nem sempre é percebida e reconhecida claramente, o que pode dar lugar a uma incerteza angustiante ou até mesmo a um acesso de pânico. No caso da verdadeira psicose, a pessoa envolvida se sente inundada por fantasias incontroláveis, por tratar-se de uma irrupção do inconsciente, ao passo que na atitude crítica se trata apenas de um enredamento voluntário naqueles acontecimentos da fantasia que compensam a situação individual e principalmente também a coletiva da consciência. Esse enredamento ocorre com a finalidade expressa de integrar à consciência os enunciados do inconsciente por causa de seu conteúdo compensativo, e assim realizar esse sentido de totalidade que é a única coisa capaz de tornar a vida digna de ser vivida e de dar a não poucas pessoas a própria possibilidade de viver. Que o enredamento tenha justamente a aparência de uma psicose provém do fato de o paciente integrar o mesmo material da fantasia, do qual se torna vítima o doente mental, porque não o pode integrar, mas é devorado por ele. No mito o herói é o que vence o dragão, e não exatamente o que é devorado por ele. E, no entanto, os dois têm de haver-se com o

mesmo dragão. O herói também não é aquele que nunca se encontrou com o dragão nem aquele que, tendo-o visto uma vez, afirma depois nada ter visto. Da mesma forma descobre e ganha o tesouro, "aquela preciosidade difícil de conseguir", somente aquele que ousa a confrontação com o dragão e não perece. Tal pessoa tem verdadeiro direito à autoconfiança, pois enfrentou a profundeza escura do próprio si-mesmo e desse modo conquistou para si o seu si-mesmo. Esta experiência interna lhe dá força e confiança, a πίστις (pístis, confiança) na capacidade de sustentação do si-mesmo, pois tudo o que o ameaçava provindo do interior, ele o tornou coisa própria sua, adquirindo desse modo certo direito de crer que será capaz de dominar com os mesmos meios tudo o que no futuro ainda possa ameaçá-lo. Desse modo ele adquiriu certa *segurança interior* que o capacita a ser autônomo, como também atingiu o que os alquimistas designam como *unio mentalis* (união mental).

411 Por via de regra, este estado é representado figuradamente pelo *mandala*. Esses desenhos frequentemente encerram alusões claras ao céu e às estrelas, e por isso querem indicar algo como o céu "interior", o "firmamento" ou o "Olimpo" paracélsico, isto é, o microcosmo. Isso é também aquela formação circular, o *"caelum"* (céu)[219] que Dorneus pretende produzir *"assiduis rotationis motibus"* (por continuados movimentos de rotação). Justamente porque não parece provável que ele alguma vez tenha produzido essa quintessência na forma de uma substância química, e porque ele próprio não afirma em nenhum lugar ter feito isso, então se deve mesmo perguntar se ele de fato pensa nessa operação química ou se porventura quer indicar de modo geral o *opus* (obra) alquímico, isto é, a transformação do *Mercurius duplex* (mercúrio duplo), entendido como sinônimo dos vinhos vermelho e branco[220], com o que se alude ao mesmo tempo ao *opus ad rubeum et ad album* (a obra para o vermelho e para o branco). A última possibilidade me parece a mais provável. De qualquer forma se trata de um laboratório. É desta maneira que Dorneus dá

---

219. Cf: *Gestaltungen des Unbewussten (Formações do inconsciente)*. 1950, tabela 50, p. 224, e o centro azul das mandalas indianas.

220. Vermelho (= ☉), e branco(= ☾) são as cores alquímicas.

forma à sua intuição de um centro misterioso que existe *a priori* (aceito de antemão) no homem, que simultaneamente representa um cosmo, isto é, uma totalidade; e ao fazê-lo está consciente de retratar o si-mesmo na matéria. Ele ainda completa a imagem da totalidade pela adição à mistura de mel, ervas mágicas e sangue humano, isto é, os significados correspondentes disso tudo, de modo análogo ao que faria um homem moderno, ao unir numerosos atributos simbólicos a seu desenho do círculo. Também procura o alquimista atrair para sua quintessência a "influência" dos planetas (*stellae inferiores* / estrelas inferiores), conforme o antigo modelo sabeico e alexandrino, ou o *Tartarus* com seu aspecto mitológico de mundo inferior, em nada diferente dos homens modernos[221].

Deste modo Dorneus resolve o problema da *unio mentalis* (união mental), isto é, da união dela com o *corpus* (corpo), e realiza assim o segundo grau da *coniunctio* (conjunção). Diríamos que, com esta realização de um equivalente psíquico, a ideia do si-mesmo tomou forma. Mas ao termo da formação o alquimista une uma concepção mais forte e mais antiga do que a de nossa pálida abstração. Ele sente sua operação como uma ação que atua de modo mágico e confere propriedades mágicas à substância representada. A projeção de propriedades mágicas alude à existência de efeitos correspondentes na consciência, isto é, o adepto sente que um efeito numinoso se desprende do *lapis* (pedra), seja qual for a denominação dada por ele à substância do arcano. Nosso racionalismo, porém, talvez nem conceda tal coisa às imagens que o homem moderno projeta de sua intuição de conteúdos inconscientes. É coisa diferente se se trata da consciência ou do inconsciente. Este último parece de fato ser influenciado por tais imagens. Chega-se a esta conclusão ao analisar mais exatamente as reações psíquicas dos pacientes quanto às suas representações. Estas, com o tempo, exercem um efeito calmante e criam algo como um fundamento interior. Ao passo que o adepto desde sempre procurou fora de si os efeitos de seu *lapis* (pedra), por exemplo, como panaceia ou tintura de ouro ou elixir para prolongar a vida, e

---

221. *Gestaltungen des Unbewussten* (*Formações do inconsciente*), 1950, tabela 13, p. 144.

somente no século XVI passou a aludir a um efeito interno com uma clareza de que já não se podia duvidar, a experiência psicológica acentua em primeiro plano a reação subjetiva na formação das imagens e reserva a si o juízo – *libera et vacua mente* (com a mente livre e vazia de preconceito) – quanto a possíveis efeitos objetivos[222].

9. O terceiro grau da conjunção: *o unus mundus*

413   A produção do *lapis* (pedra) é de modo geral a meta final da alquimia. Dorneus, porém, forma uma exceção importante. Para ele até agora apenas se completou o segundo grau da *coniunctio* (conjunção). Neste ponto concorda ele completamente com a experiência psicológica. Para esta a modelação efetiva e concreta da ideia do si-mesmo significa um simples *"rite d'entrée"*, por assim dizer uma ação propedêutica e uma simples antecipação da realização. A existência de certa segurança interior de nenhum modo já é uma prova da estabilidade do que foi conseguido em oposição às influências perturbadoras e até hostis do mundo ambiente. O adepto tinha de experimentar sempre de novo que a realização de sua *opus* (obra) era impedida ou pelo desfavor das circunstâncias exteriores ou por falha técnica ou por incidentes demoníacos – como lhe parecia – e por isso ele se via obrigado a recomeçar tudo de novo desde o princípio. Quem quer que seja que no tempo hodierno quiser tentar, no caminho análogo, a verificação de sua segurança no confronto com a realidade, fará experiências semelhantes. Mais de uma vez aquilo que ele criou para si despedaçar-se-á na colisão com o mundo, e ele não deverá desanimar por ter de examinar sempre de novo onde sua atitude ainda tem falhas e quais são os pontos cegos no seu campo visual psíquico. Assim como jamais foi produzido um *lapis Philosophorum* com suas forças miraculosas, da mesma forma também não se consegue uma totalidade psíquica empírica, pois a consciência é muito acanhada e muito unilateral para abranger o inventário completo da psique. Devemos sempre de novo recomeçar tudo outra vez. Tanto já sabia o adepto desde sempre, que aqui se tratava da *"res simplex"*

---

222. Aludo aqui à relação existente entre o arquétipo e o fenômeno da sincronicidade.

Mysterium Coniunctionis – Rex e Regina... 359

(coisa simples), e também o homem moderno aprenderá pela experiência que sem a simplicidade maior possível nada terá bom resultado. O simples, porém, é o mais difícil.

O "Um" e o simples é o que Dorneus denomina como "*unus* 414 *mundus*" (mundo uno). Este mundo *uno* é a "*res simplex*" (coisa simples)[223]. O terceiro e mais alto grau da *coniunctio* significa para ele a união do homem total com o "*unus mundus*". Sob esta denominação, como já mostramos, entende ele o mundo potencial do primeiro dia da criação, quando ainda nada existia *in actu* (atualmente), isto é, a duplicidade ou a pluralidade, mas apenas existia o "Um"[224]. A unidade do homem, criada por algum processo mágico, significava para ele a possibilidade de realizar uma unidade também com o mundo, mas não porventura com a realidade múltipla, como a vemos, mas com um mundo potencial, que significa a razão última e eterna de todo o ser empírico, assim como o si-mesmo é a razão e a origem da personalidade individual, abrangendo-a no passado, no presente e no futuro. Com base no si-mesmo reconhecido pela meditação e plasmado pela alquimia, ele "esperava e desejava" a união com o *unus mundus*.

Este mundo potencial é o *mundus archetypus* (o mundo arquetí- 415 pico) dos escolásticos. Suspeito que o modelo imediato para essa concepção de Dorneus se deva procurar em Fílon o Judeu, e precisamente no tratado "*De mundi opificio*"[225]: Assim o Criador, diz o autor, criou no mundo inteligível um céu incorpóreo, uma terra invisível e a ideia do ar e do vácuo.

Por último criou Ele o homem como um "pequeno céu", que 416 carrega em si "as imagens de muitas naturezas semelhantes às estrelas". Desse modo Fílon alude claramente à ideia do microcosmo, e

---

223. Esta expressão é empregada pelo "Liber Quartorum" para designar a matéria do arcano.

224. De modo análogo, S. Tomás concebe a *prima materia* (matéria-prima) como *ens in potencia* (ser potencial – que ainda não existe, mas pode começar a existir). (*Summa Theologica*, 1868, P. I, 66, Art. I.) Cf. a dissertação de M.-L. von Franz no 3º tomo desta obra.

225. A obra de Fílon já constava (Dorneus escreveu em 1590) na edição latina de PETRONILLUS. Lião: [s.e.], 1561, da qual o autor bem poderia ter-se utilizado.

desse modo à ideia da unidade do homem psíquico com o cosmo. A relação do Criador, segundo Fílon, para o *mundus intelligibilis* (mundo inteligível) é a *"imago"* (imagem) ou o *"archetypus"* (arquétipo) para relação do espírito (*mens*) com o corpo. Se Dorneus também conhecia Plotino é incerto. Na 4ª *Enéada* (9,1s.) trata este último do problema se todas as almas individuais constituem uma *única alma*, e julga ter suficientes boas razões para poder responder afirmativamente. A "unidade" da alma corresponde à do ser em geral. Menciono Plotino porque ele é das primeiras testemunhas para a ideia do *unus mundus* (mundo uno). A "unidade da alma" se baseia empiricamente na estrutura fundamental psíquica comum a todas as almas, ainda que ela não seja visível nem palpável como a anatômica, mas tão evidente como a última.

417   A ideia que Dorneus expressa como o terceiro grau da *coniunctio* é universal: é a relação, ou respectivamente a identidade, do *atman* pessoal com o *Atman* suprapessoal e do *tao* individual com o *Tao* universal. Ao homem ocidental essa perspectiva parece ser pouco realista, ou respectivamente "mística" demais, e sobretudo não consegue ele entender como um si-mesmo se teria realizado ao entrar em relação com o mundo do primeiro dia da criação. Ele não pode certamente tomar outro mundo no âmbito de sua consideração, a não ser o empírico. Mais exatamente, o embaraço dele não começa apenas aqui, mas principia já na produção do *caelum* (céu), ou respectivamente da unidade interior. Tais ideias são impopulares e desagradavelmente nebulosas. Não se sabe direito qual é o lugar delas e onde colocá-las. Poderia ser assim, mas também de modo diferente, ou brevemente: sua experiência termina aqui, e com isso, via de regra, termina também sua compreensão e – lamentavelmente – também a prontidão para adquirir mais algum conhecimento. Gostaria, pois, de aconselhar a meu leitor crítico a dispensar por ora seu preconceito e tentar experimentar antes em si próprio os efeitos do processo descrito acima, ou então a suspender de todo seu juízo e conceder que não entende nada disso. Por 30 anos estudei esses processos psíquicos em todas as condições possíveis e me certifiquei de que os alquimistas, como também as grandes filosofias do Oriente, se referem a tais experiências, e que depende principalmente de nossa ignorância em coisas psíquicas se elas se nos afiguram como "míticas".

Em todo o caso, deveríamos ser capazes de entender como e até que ponto a visualização do si-mesmo abre uma "janela" para a eternidade, e que desse modo, tanto para o homem medieval como para o oriental, se abre uma possibilidade para subtrair-se ao aperto sufocante de uma cosmovisão unilateral ou a resistir-lhe. Tão indubitavelmente como o *opus* (obra) alquímico atingia sua meta com a produção do *caelum* (céu), ou respectivamente do *lapis* (pedra), é também a tendência dela para a espiritualização do *"corpus"* (corpo). Isto se exprime claramente na simbólica do líquido que flutua em cima e é da cor do ar. Ele representa nada menos do que um *"corpus glorificationis"* (corpo da glorificação ou glorificado), a saber, o corpo da ressurreição, cuja relação com a eternidade é evidente. 418

Assim como parece natural à inteligência ingênua que a maçã caia da árvore para a terra, mas lhe pareceria absurdo que a terra subisse ao encontro da maçã, da mesma forma ela também acredita sem dificuldade que o espírito pode, por sua parte, espiritualizar o corpo sem ser afetado pela inércia e pela gravidade dele. Todos os efeitos são, porém, recíprocos, e nada modifica o outro sem ser também por ele modificado. Mesmo que o alquimista julgue saber melhor do que qualquer outro que no ato da criação ao menos uma parcela da divindade, isto é, a *anima mundi* (alma do mundo), penetrou na criatura material e nela ficou retida – como um efeito do ato criador – não obstante acredita ele na possibilidade da espiritualização unilateral, sem dar-se conta de que a condição para esse efeito consiste justamente em uma materialização do espírito, a saber, a quintessência azul. Na realidade, entretanto, seu esforço eleva o corpo até à proximidade da espiritualidade, mas também atrai o espírito até à proximidade da matéria. Ao sublimar ele a matéria, materializa ele o espírito. 419

Essa verdade evidente era estranha ao homem medieval, e mesmo para o homem moderno apenas em parte penetrou ela no conhecimento. Mas se em algum lugar e de algum modo deve realizar-se uma união entre opostos como espírito-corpo, consciência-inconsciente, claro-escuro, então isso somente poderá acontecer em uma terceira coisa que não represente um compromisso, mas um *Novum* (coisa nova), assim como os alquimistas viam a luta dos elementos cósmicos apaziguada pela λίθος οὐ λίθος (pedra não pedra), portanto por meio de um ser transcendental que somente podia ser caracte- 420 rizado por um paradoxo[226]. O *caelum* (céu) de Dorneus, que corresponde à pedra, é de uma parte um líquido que pode ser passado para garrafas, mas de outra parte é o próprio microcosmo. Para o psicólogo trata-se do si-mesmo, que de uma parte é o homem assim como ele é, mas de outra parte é a totalidade indescritível e supraempírica desse mesmo homem. Ainda que esta (totalidade) signifique apenas um postulado, contudo é ele intrinsecamente necessário, pois ninguém poderá afirmar que possui um conhecimento completo do homem assim como ele é. Não apenas no homem psíquico existe algo desconhecido, mas o mesmo também ocorre no homem físico; deveríamos incluir isso na imagem completa do homem, mas não o podemos. O próprio homem em parte é empírico, em parte é transcendental; ele próprio é uma λίθος οὐ λίθος (pedra não pedra). Também não sabemos se aquilo que concebemos empiricamente como físico, no desconhecido do além de nossa experiência não seja idêntico com o que no aquém distinguimos do físico como psíquico. Embora saibamos pela experiência que os processos psíquicos estão relacionados com os materiais, contudo não estamos na situação de poder indicar como está qualificada essa relação ou até como ela é mesmo possível. Justamente porque o psíquico e o físico estão em dependência recíproca um do outro, já se formulou mais vezes a conjectura que, no além de nossas experiências feitas até agora, eles se identifiquem um com o outro; entretanto entenda-se isto não no sentido de uma hipótese arbitrária materialista ou espiritualista.

421   Com a aceitação de uma identidade do psíquico e do físico, aproximamo-nos da concepção do *unus mundus* (mundo uno) dos alqui-

---

226. A simbólica da pedra dá provas de idade considerável não apenas por fazer parte do mundo das concepções dos primitivos, que vivem ainda hoje, mas também por aparecer nos documentos de culturas antigas, como, por exemplo, nos textos hurritas de Boghazköy, onde o filho do pai dos deuses Kumarbi é a pedra Ullikummi, uma "terrível" pedra de diorito, que "cresceu na água". A pedra é um paralelo para o mitologema grego da pedra que Crono devorou e que vomitou somente quando Zeus o obrigou a dar de volta os filhos que havia devorado. Zeus a erigiu como objeto de culto em Pytho. Ullikummi é um ser titânico e curiosamente um perigoso inimigo dos deuses (GUETERBOCK, H.G. *Kumarbi*. Instambul Schriften, XVI. Zurique/Nova York: Eu-
   · V., 1946).

Mysterium Coniunctionis – Rex e Regina... 363

mistas, aquele mundo potencial do primeiro dia da criação, quando ainda nada existia de separado. Antes de Paracelsus os alquimistas acreditavam na *creatio ex nihilo* (criação a partir do nada). Para eles era, portanto, Deus mesmo o princípio da matéria. Paracelsus e sua escola, entretanto, admitiram que a matéria é um *"increatum"* (incriado ou não criado), e desse modo, portanto, coexistente e coeterna com Deus. Se eles imaginavam essa concepção como monista ou como dualista, não consegui averiguar. Certo é apenas que para todos os alquimistas a matéria tinha um aspecto divino, seja que Deus estivesse detido na matéria sob a forma de *anima mundi* (alma do mundo) ou a *anima media natura* (alma no meio da natureza), ou seja, que a matéria representasse a "realidade" de Deus. De modo algum a matéria deles era "desdeizada", e de todo não era a matéria potencial do primeiro dia da criação. Parece que somente os paracelsistas se deixaram influenciar pelo dualismo das palavras do Gênesis[227].

Ora, quando Dorneus vê a consumação do *mysterium coniunctionis* (mistério da conjunção) no *caelum* (céu) produzido pela arte alquímica com o *unus mundus* (mundo uno), então pretende ele dizer – *expressis verbis* (expressamente) – não uma mistura ou adaptação do indivíduo a seu mundo empírico ambiente, mas uma *unio mystica* (união mística) com o mundo potencial. Tal opinião de fato nos parece "mística", se quisermos empregar para isto essa palavra na significação abusiva moderna. E não se trata aqui de palavras ditas sem pensar, mas de uma concepção que, a partir de sua linguagem medieval, permite ser traduzida em conceitos modernos. Sem dúvida alguma, a ideia do *unus mundus* se baseia na suposição de que a multiplicidade do mundo empírico repousa no fundamento da unidade dele, e de que dois ou mais mundos separados, por princípio, não podem coexistir nem estar misturados entre si. Conforme essa opinião, tudo o que há de separado ou diferente pertence a um e mesmo mundo, que entretanto não cai sob os sentidos, mas representa um postulado, cuja probabilidade é corroborada pelo fato que até agora ainda não se conseguiu algum outro mundo, no qual fossem invalidadas as leis naturais conhecidas por nós. Que também o mundo psíquico, tão ex-

422

---

227. "A terra estava deserta e vazia e o Espírito de Deus pairava sobre as águas".

traordinariamente diferente do físico, não esteja fundamentado fora do cosmo, se deduz do fato inegável que entre a alma e o corpo há um relacionamento causal, que aponta para uma natureza fundamentalmente uniforme da parte deles.

423   O ser existente não pode ser atingido pelo nosso conhecimento, de modo que não estamos na situação de emitir enunciados de qualquer espécie sobre a natureza do todo. A microfísica caminha às apalpadelas para penetrar no desconhecido da matéria, assim como a psicologia complexa para estudar o desconhecido da psique. Os dois ramos de pesquisa chegam a resultados que somente podem ser expressos por antinomias, e desenvolvem conceitos que em mais de um aspecto são curiosamente análogos. Caso ocorra no futuro que esse desenvolvimento se torne mais marcante ainda, então ganharia em probabilidade a hipótese da unidade do objeto dos dois ramos de pesquisa. Existe, aliás, pouca ou nenhuma esperança de que esse ser uniforme algum dia possa ser expresso de forma palpável, porque a imaginação e a linguagem neste caso apenas permitem afirmações antinômicas. Mas tanto já conhecemos, fora de toda a dúvida, que o fenômeno empírico se apoia em uma base transcendental; é um estado de coisas, como já mostrou Sir James Jeans, que pode ser expresso por meio da alegoria platônica da caverna. O fundo comum da microfísica e da chamada psicologia do profundo é tanto físico como psíquico, e por isso não é nenhum dos dois, mas antes uma terceira coisa, uma natureza neutra, que no máximo pode ser concebida por meio de alusões, pois a natureza profunda dela é transcendental.

424   Aquilo que se oculta por trás de nosso mundo empírico parece de fato ser um *"unus mundus"* (mundo uno). Pelo menos isso é uma hipótese provável, que satisfaz ao axioma da teoria do conhecimento da parte das ciências naturais: *principia explicandi non sunt multiplicanda praeter necessitatem.* (Os princípios de explicação não devem ser multiplicados além da necessidade.) O fundo transcendental psicofísico corresponde ao "mundo potencial", por estarem contidas nele todas as condições que determinam a forma dos fenômenos empíricos. Isso vale evidentemente tanto para a física como para a psicologia, ou mais exatamente para a macrofísica e para a psicologia da consciência.

425   Quando, pois, Dorneus considera o terceiro e mais elevado grau da *coniunctio* (conjunção) na união ou no relacionamento do adepto,

que já produziu o *caelum* (céu), com o *unus mundus* (mundo uno), então poderíamos exprimir isso, do ponto de vista psicológico, como uma *síntese da consciência com o inconsciente*. O resultado dessa combinação ou equiparação não pode ser imaginado teoricamente, porque se combina uma grandeza conhecida com um desconhecido X; na prática, porém, resultam daí modificações muito amplas da consciência, assim como a física atômica causou na física clássica. De que espécie sejam essas modificações da consciência que Dorneus espera do terceiro grau da *coniunctio* (conjunção), isso somente pode ser averiguado indiretamente a partir da simbólica utilizada pelo adepto. O que ele designa como "*caelum*" é, como já sabemos, uma antecipação do si-mesmo. Pode-se concluir que a realização do homem total procurada por meio disso foi considerada justamente como uma *cura* de sofrimentos orgânicos e psíquicos, ao considerar-se o *caelum* (céu) como uma medicina *universalis* (remédio universal, Panacea, *alexipharmacum* ou contraveneno, *medicina catholica* etc.). Ele é igualmente tido também como um *balsamum* (bálsamo) e um *elixir vitae* (elixir da vida), portanto como uma bebida capaz de prolongar, fortalecer e rejuvenescer a vida. Ele é uma "pedra viva", um λίθος ἔμψυχος (Baetylus), uma pedra "que tem um pneuma ou espírito"[228], o *vivus lapis* (a pedra viva) do Novo Testamento[229], que no *Pastor de Hermas* representa o homem vivo, que se agrega como pedra na construção da torre da Igreja. Mais que tudo se exalta a incorruptibilidade dele: ele dura muito tempo ou eternamente, ele é vivo apesar de imóvel; ele irradia uma força mágica e transforma o perecível no imperecível, e o impuro no puro; ele se completa e se multiplica (*multiplicatio* / multiplicação) a si mesmo; ele é o simples e por isso também o universal, a união de todos os opostos; ele está em paralelo com Cristo e é designado como o Salvador do Macrocosmo. O *caelum* significa também a semelhança ou imagem de Deus no homem (*imago Dei*), a *anima mundi* (alma do mundo) existente na matéria, ou simplesmente a verdade. Ele é o céu

---

228. BERTHELOT. *Collection des Anciens Alchimistes Grecs*. III, VI, 5.

229. 1Pd 2,5: "[...] et ipsi tamquam lapides vivi superaedificamini" ([...] e como pedras vivas sereis edificados sobre ele). Cf. ainda Ef 2,20.

de "mil nomes". Ele é o microcosmo, isto é, o homem total (τέλειος ἄνθρωπος), *Chên-yên*, um *homunculus* (homenzinho) e um *hermaphroditus* (hermafrodito). O que aqui apresento de designações e significados do *caelum* representa apenas uma pequena seleção tirada de uma abundância desconcertante.

426 É compreensível que estejamos em certo embaraço a respeito do modo como pôde ser formulado em um conceito racional tal vivência psíquica, pois é justamente disso que se trata aqui. Decerto se quer indicar desse modo algo como a essência da perfeição e da universalidade e consequentemente caracterizar uma vivência de semelhante dimensão. Ao lado disso apenas podemos colocar o *mysterium ineffabile* (mistério inefável) da *unio mystica* (união mística), o *Tao*, o conteúdo do *samadhi* ou a vivência de *Satori* no *Zen*, com o que atingimos a esfera do inimaginável por excelência e do extremo subjetivo, onde falham todos os critérios da razão. Curiosamente esta vivência é empírica, pois tanto do Oriente como do Ocidente, tanto do presente como do longínquo passado, existem declarações concordes que confirmam sua importância subjetiva, que não pode ser ultrapassada. Nosso conhecimento da natureza física não nos oferece nenhum ponto de apoio que nos possibilite a colocar essa vivência em alguma base universalmente válida. Ela é e continua sendo um mistério do mundo psíquico empírico, e somente pode ser entendida como uma vivência numinosa, de cuja realidade entretanto não se pode duvidar, tampouco como o fato de uma luz de determinado comprimento de onda ser percebida como "vermelha", com o que somente não pode simpatizar o daltônico para vermelho-verde.

427 O que significam então as declarações dos alquimistas a respeito do *arcanum* (arcano, segredo) deles, quando o consideramos do ponto de vista da psicologia? Para responder esta questão, devemos lembrar-nos da hipótese de trabalho que estabelecemos para nós mesmos relativa à interpretação dos sonhos: *Imagens oníricas, e em geral qualquer imagem da fantasia, são símbolos, isto é, as formulações melhores possíveis de fatos ainda desconhecidos, ou respectivamente inconscientes, que se comportam de maneira compensatória para com o conteúdo da consciência, ou respectivamente para com a atitude consciente.* Se aplicarmos esta regra fundamental ao *arcanum* (arcano) alquímico, chegaremos à conclusão de que a propriedade mais

destacada dele, isto é, a unidade e a unicidade dele – *unus est lapis, una medicina, unum vas, unum regimen unaque dispositio*[230] (uma é a pedra, um o remédio, um o vaso, um o regime e uma a disposição) – pressupõe uma *consciência dissociada*. Pois ninguém que é um em si mesmo precisa da unidade como remédio, e – podemos acrescentar – da mesma forma ninguém que está inconsciente de sua dissociação, porque é preciso existir uma calamidade *consciente* para evocar o arquétipo da unidade. Pode-se, pois, concluir daí que os alquimistas, que tinham inclinação para a filosofia, eram pessoas que não se sentiam protegidas na cosmovisão daquela época, isto é, na *fides christiana* (fé cristã), não obstante estarem eles convencidos da verdade dela. Não encontramos na literatura da alquimia, tanto latina como grega, declarações do contrário, mas muito antes é grande a abundância de testemunhos da firmeza na convicção cristã, desde que se esteja lidando com tratados cristãos. Como a religião cristã *expressis verbis* (expressamente) é um sistema de "salvação", fundamentado no "plano salvífico" divino, e como Deus representa a unidade por excelência, deve-se levantar a questão: por que os alquimistas ainda sentiam desunião em si e consigo mesmos, uma vez que sua fé, ao que parece, oferecia o suficiente quanto à unidade e à unicidade? (Esta questão nada perdeu de sua atualidade também para o tempo presente, ao contrário até!). A resposta resultará por si mesma, se examinarmos a natureza das demais propriedades atribuídas ao *arcanum* (arcano).

A propriedade seguinte do arcano a ser considerada é a natureza *física* dele. Mesmo que os alquimistas deem grande importância a isso, e que a "pedra" seja a *raison d'être* de sua arte, entretanto ela não pode decerto ser apenas algo físico, pois sempre de novo se acentua que ela é viva e tem *animam et spiritum* (alma e espírito), e até que ela é um homem ou um ser semelhante ao homem. Ainda que também se dissesse de Deus que o mundo era seu aspecto físico, contudo essa opinião panteísta foi rejeitada pela Igreja, pois "Deus é espírito" e não é de nenhum modo matéria. Sendo assim, o ponto de vista cristão corresponde à *unio mentalis in superatione corporis* (união mental na superação do corpo). Por professar a fé cristã, o al-

428

---

230. "Rosarium Philosophorum". *Artis Auriferae* II, 1593, p. 206.

quimista podia saber que ele, segundo sua própria convicção, se achava ainda abaixo do segundo grau de sua *coniunctio* (conjunção), e que a *veritas* (verdade) cristã ainda não estava "realizada". A alma, na verdade, havia sido atraída pelo espírito para as regiões mais elevadas da abstração, mas o corpo estava "desalmado"; e como ele tem pretensão de vida em comum (com a alma), esta situação de insatisfação não poderia escapar ao alquimista. Ele não podia sentir-se como um todo, e fosse o que fosse que sua espiritualidade significasse para ele, assim mesmo não conseguia ele ir além do *hic et nunc* (aqui e agora / realidade concreta) de sua vida corporal no mundo físico. O espírito contradizia a orientação para a *physis* (natureza) e vice-versa. Apesar de todas as afirmações em contrário, Cristo não significava nenhum fator de união, mas sim uma "espada" que separava o homem espiritual do homem físico. Os alquimistas não eram semelhantes a certos homens modernos, mas eram suficientemente prudentes para entender a necessidade e a finalidade de um desenvolvimento mais amplo da consciência; por isso se mantiveram firmes em suas convicções cristãs e não retrocederam para uma etapa inconsciente. Eles não podiam nem queriam contradizer a verdade cristã, e por isso seria também errado acusá-los de heresia. Muito antes queriam eles realizar, por meio da concepção de Deus, a unidade antecipada, ao procurar unir a *unio mentalis* (união mental) com o corpo.

429   Esse empenho partia da sensação viva de que este mundo se achava em um estado doentio e de que, em consequência do pecado original, tudo estava corrompido. Eles entendiam que a alma tinha somente uma possibilidade de salvação, se ela permitisse que o espírito a tornasse estranha à sua afeição natural para o corpo; mas isso em nada mudaria ou de qualquer modo corrigiria o *status* (estado) de sua vida física. O microcosmo, isto é, o homem interior era capaz de receber a salvação, não porém o homem corrupto. Este modo de entender as coisas oferecia razão e oportunidade para uma dissociação da consciência em uma personalidade espiritual e outra física. Podiam todos eles confessar como Paulo: "Infeliz de mim! Quem me livrará deste corpo de morte?"[231] Eles se esforçavam por encontrar aquele

---

231. Rm 7,24.

remédio que cura todos os sofrimentos do corpo e a cisão da alma, aquele φάρμαχον ἀθανασίας (remédio da imortalidade), que liberta o corpo de sua corruptibilidade, e aquele *elixir vitae* (elixir da vida), que confere a longa vida dos primórdios bíblicos ou até mesmo a imortalidade. Como eles o mais das vezes eram médicos, tinham, de modo abundante e contundente, ocasião para se deixarem impressionar pela fragilidade e caducidade da existência humana, e para desenvolver aquela impaciência que não queria aguardar apenas para o além um estado mais suportável e mais adequado à mensagem da salvação. É justamente por meio dessa insatisfação e desse mal-estar premente que se manifestam tanto as reivindicações do homem físico quanto a insuportabilidade da dissociação. Os alquimistas se viam por isso colocados diante de uma tarefa verdadeiramente difícil, que era a de unir o homem físico, que quer outra coisa, com sua verdade espiritual. Como não eram nem descrentes nem hereges, não podiam nem queriam mudar qualquer coisa na verdade espiritual para, por assim dizer, torná-la mais favorável ao corpo. Além disso o corpo se achava na situação de quem não está com a razão, pois em consequência de fraqueza moral havia contraído o pecado original. Por isso era o corpo com sua escuridão que precisava ser preparado. E isso acontecia, como já vimos, pela extração de uma quintessência, que representava o equivalente físico do céu, ou respectivamente do mundo potencial, e por isso era ela chamada de "*caelum*" (céu). Essa era a contribuição essencial do corpo, uma substância incorruptível, e por isso pura e eterna, um *corpus glorificatum* (corpo glorificado), capaz e digno de ser unido à *unio mentalis* (união mental). O que ainda restava do corpo era uma *terra damnata* (terra amaldiçoada), uma escória, que ficava entregue à sua própria sorte. A quintessência, o *caelum*, correspondia entretanto à matéria-prima do mundo, que era pura e incorrupta, o adequado e inteiramente obediente meio de expressão de Deus, cuja produção permitia por isso "desejar e esperar" a *coniunctio* (conjunção) com o *unus mundus* (mundo uno).

Esta solução é um compromisso manifesto em desfavor da *physis* (natureza), mas em todo o caso uma tentativa digna de nota para lançar uma ponte entre o espírito e a matéria. Mas em princípio não constitui ela uma solução, e isso já porque o processo absolutamente não se realiza no objeto próprio, mas representa uma projeção sem esperança de algum resultado, isto é, o *caelum* (céu) na realidade não podia ser fabricado. Era uma esperança que se extinguiu com a alquimia e deste modo, como parece, foi inteiramente retirada da ordem do dia. Mas a dissociação continuava a existir, e realizou, em sentido inverso, de uma parte um conhecimento da natureza e um remédio muitíssimo melhores, e de outra parte "desmontou" em tal medida o espírito, que haveria de paralisar de horror o homem medieval, se lhe fosse dado ver isso hoje em dia. O *elixir vitae* (elixir da vida) da ciência moderna já elevou consideravelmente a expectativa de vida e espera resultados ainda melhores. A *unio mentalis* (união mental), entretanto, esmaeceu-se, e a *veritas christiana* (verdade cristã) se sente na defensiva. A respeito de uma *veritas* (verdade) oculta no homem, já nem se fala. A história impiedosamente recuperou o que o compromisso alquímico havia deixado sem terminar: inesperadamente o homem físico passou para o primeiro plano e se apossou da natureza em uma medida imprevisível. Juntamente com ele também sua alma *empírica* se tornou consciente, ao ter-se libertado do cerco do espírito e ao ter tomado uma forma de tal modo concreta que os traços individuais dela até se tornaram objeto de observação clínica. Há muito tempo ela já não é um princípio vital ou qualquer outra abstração filosófica, mas até se tornou suspeita de ser apenas um epifenômeno da química cerebral. Também já não é o espírito que lhe dá a vida, antes até se suspeita que o espírito deva sua existência essencialmente à atividade psíquica. A psicologia pode hoje denominar-se verdadeira ciência, o que significa uma enorme concessão da parte do espírito. O que ela exigirá das outras ciências naturais fica reservado para o futuro.

10. O si-mesmo e a restrição da parte da teoria do conhecimento

431   Como já expus mais vezes, as declarações sobre o *lapis* (pedra), quando consideradas do ponto de vista da psicologia, descrevem o *arquétipo do si-mesmo*. A fenomenologia dele está representada pela simbólica do mandala. Ela descreve o si-mesmo como uma formação concêntrica, muitas vezes sob a forma da quadratura do círculo. Relacionados com isso se veem toda a sorte de símbolos secundários, que o mais das vezes exprimem a propriedade dos opostos que devem ser unidos. A formação é sentida correntemente como a repre-

sentação de um estado central ou de um centro da personalidade, que é essencialmente distinto do eu. Ela é de natureza numinosa, o que se manifesta pela espécie da representação, ou respectivamente pelos símbolos empregados para a caracterização (Sol, estrela, luz, fogo, flor, gema preciosa etc.). Encontramos aí todos os graus de valoração emocional, desde o círculo abstrato, desprovido de cor e desligado, até a mais alta intensidade de uma vivência iluminadora. Todos esses aspectos já podem ser encontrados na alquimia, apenas com a diferença que eles aí aparecem projetados na matéria, ao passo que aqui são entendidos como símbolos psíquicos. O *arcanum chymicum* (arcano químico) se converteu em um fenômeno psíquico, sem ter sacrificado nada de sua numinosidade original.

Ora, se considerarmos até que ponto a alma se humanizou, ou respectivamente se realizou, poderemos avaliar quanto ela hoje também exprime o corpo, com o qual ela é coexistente. Tem-se aí uma *coniunctio* (conjunção) do segundo grau, com a qual o alquimista no máximo podia sonhar, mas nada podia fazer de consciente. Neste sentido a transformação para o psicológico significa um progresso considerável; mas isto somente se dá *quando o centro vivido se mostrar também como o* spiritus rector *(espírito diretor) da vida diária*. No entanto, sobre isso também os alquimistas já tinham clareza, que alguém podia ter a pedra no bolso, sem ter feito ouro com ela, ou ter o *aurum potabile* (ouro potável) na garrafa, sem ter saboreado alguma vez a bebida doce-amarga; isso, porém, apenas de modo hipotético, pois eles nunca caíram na tentação de usar seu arcanum (arcano, segredo) na realidade, porque também nunca conseguiram prepará-lo. Não se deve, porém, superestimar a importância psicológica desse fracasso. Entre os alquimistas ela por assim dizer passava para o fundo da cena diante da fascinação que se irradiava do arquétipo pressentido e sentido, isto é, aconteceu com a alquimia o mesmo que com o *cristianismo*, o qual também não foi fatalmente perturbado com a não realização da parusia (segunda vinda) do Senhor. A empolgação, que anda sempre de mãos dadas com a vitalidade de uma ideia arquetípica, proporciona, mesmo quando existe apenas um mínimo de conhecimento racional, uma vivência pressentida da totalidade, à qual um conhecimento posterior nada mais de essencial poderá acrescentar, pelo menos quanto à totalidade da vivência. Com certeza, um conhecimento mais bem desenvolvido poderá renovar sempre de novo a vitalidade da experiência original. Pois em vista da inexauribilidade do arquétipo, o conhecimento racional daí derivado significará relativamente pouco, e será preciso uma supervalorização injustificada deste conhecimento para que alguém admita que no estado final a iluminação devida ao conhecimento seja mais elevada do que o estado inicial da vivência numinosa. Fez-se esta objeção contra a concepção do Cardeal Newman a respeito do desenvolvimento do dogma, mas deixou-se de considerar aí que a compreensão racional ou a formulação intelectual nada acrescenta à vivência de totalidade, mas no melhor dos casos apenas favorece ou possibilita a repetição da vivência. A vivência é o essencial, não porém a representação intelectual ou a explicitação dela, que apenas é rica de sentido e auxilia quando está barrado o acesso à vivência original. A diferenciação do dogma não apenas expressa a vitalidade dele, mas também é necessária para a sua conservação. Da mesma forma o arquétipo, que serve de fundamento à alquimia, precisa da interpretação para ilustrar sua vitalidade e numinosidade, e deste modo conservá-lo, ao menos perante nossa ciência. Também o alquimista ilustrou sua vivência tão bem quanto pôde, sem contudo compreendê-la alguma vez a tal ponto como a psicologia hoje consegue explicá-la. Mas a compreensão deficiente da parte dele de modo algum significa uma diminuição quanto à totalidade de sua vivência arquetípica, como também nossa compreensão mais abrangente e mais diferenciada nada poderia acrescentar-lhe.

433 Com a interpretação para o lado psicológico, surge uma grande mudança, pois a partir do autoconhecimento resultam certas consequências éticas, que não são apenas objeto do saber, mas também impelem para uma execução na prática. Sem dúvida, esta depende também da dotação moral de cada um, mas, como ensina a experiência, não convém fiar-se demasiadamente nela. Por via de regra tem ela, porém, da mesma forma limitações tão acanhadas como a inteligência. Depende-se tanto de uma como da outra. O si-mesmo, que gostaria de realizar-se, estende-se para todos os lados, ultrapassando a personalidade do eu; de acordo com sua natureza abrangente ele é ora mais claro ora mais escuro do que esta e assim coloca o eu a tal ponto diante de problemas, dos quais ele bem gostaria de esquivar-se. Fracassa ou a coragem moral ou a compreensão, ou as duas ao mesmo

tempo, até que o destino finalmente acabe por decidir a sorte. Jamais faltam ao eu razões opostas, de natureza moral e racional, que nem se pode nem se deve pôr de lado enquanto elas ainda servem de apoio. Pois somente então alguém se sentirá em um caminho seguro quando a colisão de deveres se resolver como que por si mesmo, e esse alguém se tiver tornado vítima de uma decisão, que foi tomada independentemente de nossa cabeça e de nosso coração. Nisto se manifesta a força numinosa do si-mesmo, que dificilmente poderia ser experimentada de outra maneira. *Por isso a vivência do si-mesmo significa uma derrota do eu.* A enorme dificuldade dessa vivência consiste no fato de que o si-mesmo apenas pelo conceito se distingue do que desde sempre chamamos de "Deus", não porém na prática. Ao que parece, os dois conceitos se baseiam em uma e mesma grandeza numinosa que representa um fato determinante da realidade. Nesta situação o eu somente entra em consideração por poder oferecer resistência, defender sua própria existência e afirmar-se mesmo em caso de derrota. Modelo desta situação é a disputa de Jó com Javé. Com esta alusão pretendo apenas indicar a natureza da problemática emergente. Que ninguém tire desta constatação geral precipitadamente a conclusão que em um caso individual exista cada vez uma *hybris* (soberba) da consciência do eu, que mereça ser subjugada pelo inconsciente. Mas de modo algum o caso é sempre esse, pois ocorre muito frequentemente que tanto a consciência como a responsabilidade do eu são fracas demais e antes estão necessitadas de reforço. Isso, entretanto, são questões de psicoterapia prática, e eu as menciono aqui somente porque já me censuraram de estar menosprezando a importância do eu e deslocando indevidamente o inconsciente para o primeiro plano. Essa insinuação singular me tem sido feita da parte teológica. Manifestamente esse crítico não refletiu que as vivências místicas dos santos se portam da mesma maneira como os outros produtos do inconsciente.

Contrariando o ideal da alquimia, que consistia na produção de uma substância misteriosa, de um homem, da *anima mundi* (alma do mundo), de um deus *"terrenus"* (terreno), que era esperado como um salvador para todas as misérias humanas – a interpretação psicológica (já preparada pelos alquimistas) conduz à ideia da totalidade humana. Esta ideia tem primeiramente importância terapêutica, porque pretende apreender por meio de um conceito o estado psíquico resultante do lançamento de uma ponte para transpor uma dissociação, a saber, a distância entre a consciência e o inconsciente. A compreensão alquímica corresponde à integração do inconsciente na consciência, com o que os dois se modificam. A consciência experimenta antes de mais nada um alargamento pela expansão de seu horizonte. Isso significa primeiro uma melhora essencial da situação psíquica total, pois é eliminada a perturbação da consciência pelo posicionamento oposto por parte do inconsciente. Em troca disso, pois todo o bem deve ser pago a um alto preço, o conflito antes inconsciente foi tornado consciente, e desse modo a consciência foi agravada com uma grande hipoteca, pois agora é dela que se espera a solução do conflito. Mas, para a execução dessa tarefa ela parece estar tão mal equipada e preparada como a do alquimista medieval. Como este também o homem moderno precisa de um método especial, isto é, da exploração e da configuração dos conteúdos inconscientes, a fim de remediar o estado calamitoso de sua consciência. Como já mostrei em outro lugar, pode-se esperar certa vivência do si-mesmo como resultado do empenho terapêutico. A experiência mostra que é justificada essa esperança. Não raras vezes trata-se de uma vivência realmente numinosa. Não compensa fazer qualquer tentativa para descrever o caráter de totalidade dela. Quem já viveu algo dessa espécie, sabe a que estou aludindo. A quem ainda não conhece essa experiência não bastará nenhuma descrição. Além do mais, na literatura universal já há numerosas descrições desta espécie. Mas não tenho conhecimento se também há casos nos quais a simples descrição da vivência a tenha proporcionado.

435   Não há razão para admirar-se se no decurso de um tratamento psíquico sobrevenham vivências numinosas e que elas possam até ser esperadas com certa probabilidade, uma vez que mesmo sem nenhum tratamento elas ocorrem muito frequentemente em estados psíquicos excepcionais ou até mesmo os causem. Elas não pertencem exclusivamente à psicopatologia, mas podem ser observadas também na amplitude do estado normal. Todavia o desconhecimento moderno das vivências psíquicas íntimas e o preconceito que se tem contra elas estão prontos a desfazer-se delas, considerando-as como anomalias psíquicas, e apenas classificando-as no fichário psiquiátrico, sem

ao menos fazer o mínimo esforço para compreendê-las. Mas nem por isso está eliminado do mundo o fato da ocorrência delas, nem tampouco estão elas esclarecidas.

Não é, pois, também para admirar-se se toda a tentativa para   436
uma compreensão adequada, correspondente à natureza numinosa da vivência, veja-se forçada a servir-se de certos conceitos religiosos ou metafísicos que correm em paralelo com ela, pois esses conceitos desde sempre não somente estão associados a ela de modo palpável e sensível, mas também são empregados para formulá-la e ilustrá-la. Mas procedendo-se assim, a tentativa científica para explicá-la cai na situação grotesca de ser então por sua parte acusada de dar explicação metafísica. Entretanto, apenas fará essa objeção quem se considera a si próprio na posse de conceitos metafísicos e pressupõem que eles afirmem a existência dos fatos metafísicos correspondentes ou ao menos que eles as exprimam validamente. A mim parece no mínimo extremamente improvável que, quando um homem diz "Deus", deva por conseguinte existir tal Deus como ele o imagina ou que ele necessariamente esteja falando de um ser real. Em todo o caso, ele nunca poderá provar que do lado metafísico algo corresponda à sua declaração, como também ninguém poderá provar a ele que ele não tem razão. Trata-se, pois, no melhor dos casos de um *non liquet* (não está claro), e por isso me parece mais recomendável, nessas condições e em vista da limitação da capacidade humana, admitir que nossos conceitos metafísicos em primeiro lugar não são outra coisa senão imagens antropomórficas e opiniões, que absolutamente não exprimem fatos transcendentais ou apenas o fazem de maneira muito condicionada. Quanto ao mundo físico circundante, já sabemos que ele em si de modo algum precisa corresponder à imagem que dele percebemos. "*Physical*" e "*perceptual world*" são duas coisas muito diferentes. Esse conhecimento de maneira alguma nos encoraja a ousarmos pensar que nossa imagem metafísica do mundo esteja de acordo com a realidade transcendental. Além disso os enunciados sobre essa realidade são de uma diversidade ilimitada, de modo que mesmo com a melhor boa vontade nem se poderia saber quem é que tem razão. Isso já reconheceram há muito tempo as religiões que professam determinado credo; por isso não apenas cada uma delas tem a pretensão de ser a única verdadeira, mas além disso também a de não

representar nenhuma verdade humana, mas de ser ela a própria verdade inspirada e revelada diretamente por Deus. Todo o teólogo fala simplesmente de "Deus", e com isso faz ele pensar que o "Deus" dele é simplesmente o *único* Deus. Mas um fala do Deus paradoxal do Antigo Testamento, outro do Deus encarnado do Amor, um terceiro de um deus que tem uma noiva celeste etc., e cada um critica o outro, não porém a si próprio.

437 Nada prova melhor a incerteza dos enunciados metafísicos do que a variedade deles. Entretanto, seria agora inteiramente errado afirmar que eles são simplesmente inválidos. Resta, pois, explicar finalmente por que essas afirmações vêm sendo feitas. Deve haver razões para isso. De qualquer modo sente-se o homem motivado a fazer declarações transcendentais. Em que consiste a causa responsável por isso, é assunto controvertido. Apenas sabemos com suficiente certeza empírica que nos casos genuínos não se trata de invenções arbitrárias, mas sim de vivências numinosas involuntárias, que aconteceram ao homem, e que formam a razão e o ensejo para certos enunciados e convicções religiosos. Por isso no início das grandes religiões de credo definido, como também de muitos movimentos místicos menores, está sempre uma personagem histórica determinada, cuja vida se distingue por experiências numinosas. Como me persuadiram muitos exames de ocorrências desta espécie, trata-se de conteúdos até então inconscientes que se defrontam com a consciência e a dominam, da mesma forma como o fazem as irrupções do inconsciente em casos patológicos, acessíveis à observação psiquiátrica. Segundo Marcos 3,21, também Jesus era visto nessa luz por seus próprios parentes. – No entanto, uma diferença importante em relação aos casos meramente patológicos consiste em que as pessoas chamadas de inspiradas, mais dias ou menos dias, sempre encontram seguidores mais ou menos numerosos, e a atuação delas se estende de modo correspondente pelos séculos afora. Quanto ao que aqui se está discutindo, não tem nenhuma importância que esta atuação, que sobreviveu ao tempo, também se baseie na personalidade espiritual destacada dos fundadores das religiões, na vida exemplar e no *ethos* (moralidade) do seu empenho. A personalidade é também apenas uma das raízes do sucesso; houve e ainda há sempre de novo verdadeiras personalidades religiosas, às quais é negado o sucesso. Basta pensar em

Eckhart. Se porventura ocorre o sucesso, então esse critério comprova que a "verdade" expressa por elas encontra um *consensus* (consenso) geral, isto é, que elas proclamam algo que, assim como assim, já "está pairando no ar", e que por isso parece a muita gente como tendo sido dito verdadeiramente "de coração". Isto é, como sabemos à saciedade, o caso tanto no bem como no mal, tanto no verdadeiro como no errado.

O sábio a quem não se ouve é tido por tolo; e o tolo que por primeiro e mais fortemente anuncia a tolice geral é considerado profeta e líder; mas felizmente também ocorre o contrário, pois senão a humanidade já há muito tempo teria perecido por sua própria tolice.

E se o "doente mental", que se caracteriza por sua esterilidade, não proclama nenhuma "verdade", isso não se dá por não ter ele nenhuma personalidade, mas porque ele não encontra nenhum *consensus* (consenso). E quem o encontra, já somente por isso é considerado como aquele que falou a "verdade". Em assuntos metafísicos é verdadeiro o que parece importante, e por isso acontece que com os enunciados metafísicos está sempre unida uma enorme pretensão a reconhecimento e a prestígio, pois o prestígio é sua única prova possível para a verdade, e disso depende inteiramente sua sorte. Todas as pretensões metafísicas de prova são inevitáveis *petitiones principii* (petições de princípio), o que nas provas da existência de Deus parece evidente a toda a pessoa ajuizada.

Para o estabelecimento de uma verdade metafísica não basta naturalmente a pretensão de validade. É preciso também que ela corresponda a uma necessidade violenta da parte de muitas pessoas. Como tal necessidade sempre provém de uma situação de sofrimento, então qualquer explicação deve também examinar a situação psíquica de quem se deixa persuadir por um enunciado metafísico. Disso se evidencia que o enunciado da pessoa inspirada torna conscientes aquelas representações e concepções, que se relacionem de modo compensatório com a situação geral de calamidade psíquica. Essas imagens e concepções de forma alguma foram conscientemente imaginadas ou inventadas pela pessoa inspirada, mas aconteceram a ela sob a forma de vivência, e ela se tornou, quer queira, quer não, uma presa delas. Uma vontade que transcende a consciência a empolgou e ela não podia opor-lhe nenhuma resistência eficaz. É compreensível que ela sinta esse poder superior como "divino". Absolutamente nada tenho a opor a esta designação, mas não posso considerá-la, com a maior boa vontade, como uma prova para a existência de um Deus transcendente. Concedamos o caso em que de fato um Deus bondoso tenha inspirado uma verdade salvífica, mas como será isso nos casos em que foi "soprada" uma meia-verdade ou até mesmo uma ilusão perniciosa, e isso tenha encontrado pronto seguimento? Neste caso decerto entraria em consideração um demônio ou – conforme a tese: *omne malum ab homine* (todo o mal vem do homem) – o próprio homem. Esta explicação metafísica do tipo "ou... ou" é um pouco mais difícil em sua aplicação, pois a maioria das inspirações caem entre os dois extremos, não sendo nem totalmente verdadeiras nem totalmente falsas, e em consequência disso – teoricamente – deveriam sua realização à cooperação das potências boa e má. Então, por assim dizer, dever-se-ia supor um plano de ação comum orientado para certa meta boa, mas a meio caminho; ou admitir que uma potência atrapalharia a obra da outra; ou ainda um terceiro caso: que o homem é capaz de frustrar com um poder por assim dizer demoníaco a intenção de Deus para inspirar uma verdade perfeita – pois estaria excluída a "inspiração" de meia-verdade. Mas nestas circunstâncias em que situação se encontraria a onipotência divina?

441 Por isso me parece mais prudente manter a avaliação mais conservativa, e não tomar logo para todos os casos o mais alto valor metafísico, mas de maneira mais modesta responsabilizar pelas inspirações e ocorrências semelhantes uma *grandeza* psíquica inconsciente, ou respectivamente *psicoide*[232]. Com isso se toma em conta de maneira melhor não apenas a mistura imperscrutável de verdade e de erro na maioria absoluta dos casos de inspiração, mas também as numerosas contradições achadas na Sagrada Escritura. A aura psicoide que envolve a consciência nos provê de possibilidades explicatórias melhores e menos graves em consequências, e além disso ela está situada no domínio empírico. Ela apresenta um mundo de "imagens" relativamente autônomas, entre as quais se encontram também as mais variadas imagens de Deus, que são denominadas "Deus" pelo homem ingênuo,

---

232. Cf. *Von den Wurzeln des Bewusstseins* (*Das raízes da consciência*), 1954, p. 523s.

sempre, onde e como elas surjam, e que em vista de sua numinosidade (equivalente à autonomia!) são consideradas de fato como tais. As diversas confissões religiosas apoiam esta antiga maneira tradicional de conceber, e seus teólogos acreditam, em vista da Palavra de Deus inspirada, estarem na situação de poder fazer enunciados válidos sobre Deus. Tais enunciados têm sempre a pretensão de ser definitivos e indiscutíveis. Por isso qualquer desvio, por menor que seja, da aceitação reinante provoca um cisma intransponível. Sobre um objeto indiscutível não se pode nem se deve pensar. Somente se pode afirmá-lo, e por isso não pode haver união entre as diversas afirmações divergentes; e assim o cristianismo – considere-se: a religião do amor fraterno – oferece lamentavelmente o espetáculo de um grande cisma e de outros menores, nos quais cada facção acabou por ficar presa sem salvação na armadilha do exclusivismo de sua única verdade.

Acredita-se que se pode aceitar a Deus, defini-lo, julgá-lo e distingui-lo como o único Deus verdadeiro entre todos os outros deuses. Seria desejável que cada um se conscientizasse que, ao falar de Deus ou dos deuses, está-se falando de imagens discutíveis do domínio psicoide. A existência de uma realidade transcendental é decerto evidente em si, mas é dificílimo para a nossa consciência construir os modelos intelectuais que deveriam ilustrar a "coisa em si" de nossas percepções. Nossas hipóteses são incertas e tateantes, e nada nos oferece a garantia de que elas sequer possam estar definitivamente certas. Que o mundo, tanto por fora como por dentro é sustentado por bases transcendentais, é algo tão certo como nossa própria existência, mas também é igualmente certo que a intuição do mundo arquetípico interior pelo menos tão dubitavelmente verdadeira como a do mundo físico exterior. Quando estamos convencidos de conhecer a verdade definitiva sobre coisas metafísicas, isso não significa outra coisa senão que imagens arquetípicas tomaram posse de nossa faculdade de pensar e de sentir, com o que essas faculdades perderam seu caráter como funções disponíveis. Essa perda se manifesta pelo fato de o objeto da intuição tornar-se absoluto e indiscutível e envolver-se a tal ponto por um tabu sentimental, de modo que todo aquele que se atrever a refletir sobre isso se torna imediatamente herege e blasfemo. Em todas as outras coisas importantes cada um achará razoável manter franqueada a uma crítica objetiva a imagem subjetiva que esboçou sobre um objeto. Perante a possessão ou a empolgação cessa toda a razão, pois o arquétipo numinoso se mostra em caso dado como sendo o mais forte, uma vez que ele pode reportar-se a uma necessidade vital. Isso se dá regularmente onde ele compensa uma situação aflitiva que não pode ser abolida por nenhuma inteligência deste mundo. Sabemos que um arquétipo pode irromper com violência superior em uma vida humana individual, como também na existência de um povo. Não é, pois, para admirar se ele seja designado como "Deus". Como ninguém se acha sempre em situação aflitiva imediata ou nem sempre a sente como tal, há também momentos calmos dados pelo destino, nos quais é possível a reflexão. Ao considerarmos então um caso de possessão, ou respectivamente de empolgação, sem preconceitos, devemos conceder que do fato da κατοχή[233] nada de unívoco pode provir que caracterize de modo confiável a natureza de quem ou daquilo que toma posse, ainda que o caso também pertença ao grupo dos fenômenos que façam alguém sentir-se impelido a fazer as respectivas afirmações. Verdade e erro estão situados muito próximos, e se mostram frequentemente tão semelhantes até o ponto de se confundirem entre si; por isso ninguém, em estado de sã razão, ousaria *não* duvidar das coisas que o acometem durante o estado de empolgação. 1João 4,1 nos exorta: "Não acrediteis em qualquer espírito. Examinai primeiro se os espíritos são de Deus". Essa advertência foi feita em uma época em que havia abundante ocasião para observar os estados psíquicos de exceção. Ainda que se julgue, como naquela época, estar de posse de critérios seguros de distinção dos espíritos, entretanto é preciso de certo modo duvidar da verdade dessa persuasão, pois nenhum juízo humano pode reclamar para si a infalibilidade.

443   Neste estado de coisas extremamente incerto, parece-me, entretanto, muito mais prudente e razoável tomar em consideração o fato que existe um inconsciente tanto psíquico como psicoide, antes que alguém se arrogue o direito de fazer juízos metafísicos, que são desproporcionados para a inteligência humana. Não é preciso temer que por

---

233. O estar tomado ou possuído; possessão.

isso a experiência interior sofra diminuição em realidade e vitalidade. Por meio de uma atitude um pouco mais prudente e mais modesta não se impede nenhuma experiência interior, até pelo contrário.

É um fato inegável que, pela maneira psicológica de considerar **444** as coisas, o homem tenha sido deslocado para o centro do campo visual como a medida de todas as coisas. Mas com isso não se atribui a ele nenhuma importância injustificada. Já as grandes religiões mundiais, o budismo e o cristianismo, cada uma a seu modo, indicaram uma posição central para o homem, e o cristianismo ainda destacou essa sua tendência simbolicamente pelo dogma de que Deus mesmo se tornou homem real. Nenhuma psicologia deste mundo poderia ultrapassar essa dignificação.

Posfácio

A alquimia, pela abundância de seus símbolos, proporciona-nos **445** uma visão no esforço feito pelo espírito humano, que se poderia colocar em paralelo com o rito religioso, ou respectivamente com o *Opus Divinum* (obra divina), mas com a diferença que o "trabalho" dela não representa uma atividade coletiva e rigorosamente definida quanto à forma e ao conteúdo; muito antes, apesar de toda a semelhança dos princípios fundamentais, é ela um empreendimento individual, em que cada homem empenha a totalidade de seu ser, a fim de conseguir a meta transcendental da produção da *unidade*. É uma obra da reconciliação dos opostos aparentemente incompatíveis, os quais de modo típico devem ser entendidos não apenas como a inimizade natural dos elementos físicos, mas simultaneamente também como conflito moral. Como o objeto do esforço é considerada tanto externa como internamente, tanto física como psiquicamente, essa obra por assim dizer se estende pela natureza inteira e sua meta consiste em um símbolo, que tem um aspecto físico e ao mesmo tempo um transcendental.

Assim como a alquimia, por assim dizer apalpando no escuro, por **446** meio de infindas variações de seus pressupostos teóricos e de seus experimentos práticos, foi tateando seu caminho no decorrer de muitos séculos, de modo semelhante a psicologia do inconsciente, iniciada por C.G. Carus, retomou a pista perdida pela alquimia. Isto aconteceu curiosamente no momento da história em que a aspiração dos alquimistas alcançava sua máxima expressão poética no *Faust* de Goethe. Quando Carus escreveu, ele na verdade não suspeitava que estava lançando uma ponte filosófica para uma futura psicologia empírica, que de certo modo devia retomar verbalmente a receita antiga da alquimia: *in stercore invenitur* (é encontrado no monturo); desta vez, entretanto, não estava isso projetado na vil e insignificante substância química, que rejeitada por todos podia ser encontrada em toda a parte caída na estrada, mas na penosa escuridão da alma humana, que entrementes se havia tornado acessível à observação clínica. Aí se encontravam então todas aquelas oposições, aqueles fantasmas grotescos e aqueles símbolos vulgares, que tinham fascinado o espírito dos alquimistas, tanto confundindo-os como iluminando-os. E apresentava-se ao psicólogo o mesmo problema que já por 1.700 anos havia feito a alquimia prender o fôlego: Que fazer com todas essas coisas tão opostas entre si? É possível rejeitá-las e livrar-se delas? Ou é preciso reconhecer a presença delas, e é nossa tarefa colocá-las em harmonia, e do seu aspecto múltiplo e cheio de contradições estabelecer uma unidade, que naturalmente não resulta por si mesma, mas por meio do esforço humano – *Deo concedente* (com a graça de Deus)?

447   Cabe a Herbert Silberer, infelizmente falecido cedo demais, o mérito de ter descoberto por primeiro os fios ocultos que correm da alquimia para a psicologia do inconsciente. No entanto, o estado do conhecimento psicológico de então era ainda muito primitivo e enredado em pressupostos muito pessoais, de modo que o problema total da alquimia ainda não podia ser apreendido do ponto de vista psicológico. Mas antes era preciso pôr fim ao menosprezo convencional tanto da alquimia como da alma. Hoje em dia estamos na situação de qual foi o serviço prestado pela alquimia à psicologia do inconsciente, de uma parte por ter deixado, ainda que não intencionalmente, pelo acúmulo de seus símbolos, um material intuitivo extremamente precioso, e de outra parte por haver indicado intencionalmente, por meio de seus esforços de síntese, os processos simbólicos que tornamos a descobrir nos sonhos de nossos pacientes. Podemos ver hoje como a totalidade do processo alquímico dos opostos, que expus na parte precedente, pode da mesma forma representar o caminho da

individuação de cada pessoa, mas com a diferença, que não se deve deixar de considerar que uma única pessoa jamais atinge a plenitude e a extensão da simbólica alquímica. A vantagem desta consiste no fato de ter sido construída através de séculos, enquanto o caso individual, em vista da breve duração da vida, dispõe apenas de limitadas experiência e capacidade de descrição. É, pois, uma tarefa tão difícil quão ingrata descrever em caso dado a parte essencial do processo de individuação. Nos casos individuais sempre só pode ser apresentada uma ou outra versão ou fase, porque aí se destaca ora mais isso, ora mais aquilo, e um começa mais cedo e outro mais tarde, e além disso os pressupostos psíquicos acusam variantes em número incalculável. Nenhum caso individual de minha experiência é tão geral que apresente todos os aspectos e possa ser considerado como uma visão clara do conjunto. Quem quisesse tentar uma descrição casuística do processo de individuação, deveria contentar-se com um mosaico de segmentos, sem começo nem fim; e quanto à compreensão estaria dependendo um um colaborador tão experimentado como ele no mesmo setor. A alquimia me prestou, pois, um serviço incalculavelmente grande, ao oferecer-me seu material, em cuja extensão minha experiência encontra espaço suficiente, e assim me possibilitou descrever o processo de individuação em seus aspectos mais importantes.

Apêndice

Palavras e locuções latinas

ablutio	ablução
adamah (hebraico)	terra vermelha
aequanimitas	equanimidade, isenção de ânimo
aer	ar
albedo	brancura
alba	branca
alexipharmacum (grego)	contraveneno
allegoria Christi	alegoria de Cristo
allegoria diaboli	alegoria do diabo
androgynus (grego)	andrógino, dos dois sexos, hermafrodito
anima	sopro, respiração, princípio vital, alma
anima generalis	alma geral da natureza
anima media natura	alma no meio da natureza
anima mundi	alma do mundo
anima universalis	alma universal
animus	princípio pensante, ânimo, coragem
anser	ganso
ante lapsum	antes da queda (no pecado)
antiquus dierum	o antigo dos dias
anthropos (grego)	homem
apex	cume, ápice, culminância
a priori	(juízo) formulado já antes de se estudar a questão; de antemão. Oposto: a posteriori
appetitus	apetite, desejo, paixão
aqua	água
aqua auri	água do ouro ou régia

aqua permanens	água eterna
arbor philosophica	árvore filosófica
arcanum	arcano, mistério, segredo
argentum	prata
argentum vivum	prata viva, mercúrio
artifex	artífice, operário, alquimista
artificium	artifício, profissão de alquimista
assumptio	assunção
aurum	ouro, sol
aurum philosophicum	ouro filosófico ou alquímico
avis	ave, pássaro
benedicta viriditas	bendito verdor
caelum	céu, a parte superior da retorta
calculus vini	pedrinha do vinho, tártaro
caminus	fogão, forno
canalis	canal, cano
canis rabidus	cão raivoso ou hidrófobo
canonicus	cônego
caput	cabeça, princípio
caput corvi	cabeça de corvo
caput mortuum	cabeça morta
caterva	turba, bando
cauda pavonis	cauda de pavão
causa efficiens	casa eficiente ou que produz alguma coisa
chemia	alquimia, química
chemista	alquimista, químico
cibatio	ação de alimentar
cibus	alimento, comida
cibus immortalitatis	alimento da imortalidade
ciconia	cegonha
circulus	círculo, disco
circulus Lunae	círculo da Lua, o disco da Lua
cognitio ipsius	conhecimento de si mesmo, autoconhecimento
coincidentia oppositorum	coincidência dos opostos
color	cor

commixtio	mistura
communio	comunhão, união
conceptualismus	conceptualismo (na filosofia)
condicio sine qua non	condição sem a qual nada se faz
coniugium	conjúgio, casamento, união
coniunctio	conjunção, união
connubium	conúbio, casamento
consensus	consenso, acordo
consolamen, consolamentum	consolação, consolo
contradictio in adjecto	contradição resultante do acréscimo de outra palavra
cor	coração
corona	coroa
corpus	corpo
corpus mysticum	corpo místico (de Cristo); a Igreja
corpus rotundum	corpo redondo
correspondentia	correspondência
cranium (grego)	crânio
crucibulum	candeeiro antigo de quatro braços em cruz
crux	cruz
crux nigra	cruz negra
cucurbita	abóbora, retorta
cygnus	cisne
demonstratio	demonstração
Deo adjuvante	com ajuda de Deus
Deo concedente	por concessão de Deus
depositio	deposição, eliminação
dilecta	a amada
dilectus	o amado
distractio	separação por meio de tração
draco	dragão
dynamis (grego)	força, virtude
ecclesia	igreja
effusorium	vertedouro; tubo para tirar líquido
empiria (grego)	experiência, prática

eones	os "eternos"; as emanações da divindade no gnosticismo
fides christiana	fé cristã
filia	filha
filius	filho
filius regalis ou regius	filho do rei
fistula	cano, canudo
foedus pacis	aliança da paz
fornax	fornalha
fortis	forte
frutex	rebento de uma árvore, ramagem, árvore
gallina	galinha
gallus	galo
gazophilacium (grego)	gazofilácio, tesouro
generatio aequivoca	geração espontânea
glorificatio	glorificação
granum	grão, semente
hermaphroditus (grego)	hermafrodito, dos dois sexos, andrógino
hierodula (grego)	prostituta sagrada nos templos
hierosgamos (grego)	matrimônio sagrado
hoc est (h. e.)	isto é
homo	homem, ser humano
homo maximus	o homem máximo
homoousia (grego)	igualdade de essência ou de natureza
homunculus	homúnculo, homenzinho
humiditas	umidade
hypostasis (grego)	personificação
ibidem (ibid.)	aí mesmo, nesse lugar
id est (i. e.)	isto é
ignis	fogo
ignis gehennalis	fogo da geena ou do inferno
illuminatio	iluminação
imago	imagem
imago Dei	imagem de Deus
imbibitio	ação de embeber, embebição

imolatio	imolação
inneffabilis	inefável, indizível
inferiora	as coisas do mundo inferior
in praxi	na prática
intelligentia	inteligência
iris	íris ou arco-íris
iubente Deo	por ordem de Deus
lapis	pedra, lápide
lapis exilis	pedra vil
lapis philosophorum	pedra filosofal
lapsus calami	engano do lapis, descuido
leo	leão
leo viridis	leão verde
leprositas metallorum	oxidação dos metais
libido	desejo físico ou erótico
lixivium	lixívia, barrela, água de cinza
loco citado (l.c.)	no lugar já citado
logos (grego)	fala, palavra, conversa; cálculo, inteligência. Termo filosófico-religioso: a inteligência (divina) personificada
lumen naturae	luz natural da inteligência
macroprosopos (grego)	de rosto comprido
mactatio	ação de matar ou de sacrificar; imolação
magisterium	profissão de alquimista
maleficus	malfazejo
mare	mar
mas	macho
materia villis	matéria vil ou ordinária
matrix	fêmea grávida, útero
matrona	mãe de família, mulher, esposa
medicina	arte médica, remédio
membrum	membro
mens	o princípio pensante, inteligência, razão, sentido, espírito

miraculum	milagre
mundus minor	mundo menor, homem, microcosmo
mysterium (grego)	cerimônias secretas em honra de uma divindade, mistério, segredo
natura	natureza
nigredo	negrura, negrume
nitrum	salitre
non liquet	não está claro, não convence
novilunium	novilúnio, lua nova
nutu Dei	por disposição ou indicação de Deus
nutritio	nutrição
oculi	olhos
oleum	óleo
optio	opção, escolha
opus ad album	a obra no estado de brancura
opus ad rubeum	a obra no estado de vermelhidão
opus	obra, processo alquímico
ortus	o nascer de um astro
ortus solis	o nascer do Sol
panis	pão
pars	parte
passim	em muitas outras passagens (de escrito)
passio	paixão, sofrimento
peccatum originale	pecado original
per definitionem	por definição
peregrinatio	peregrinação
perfectio	perfeição
phlegma vini	flegma ou fleuma (resíduo) do vinho destilado
physis (grego)	natureza
pietas	piedade
plenilunium	plenilúnio, Lua cheia
plumbum	chumbo

plumbum nigrum	chumbo negro
pneuma (grego)	sopro, vento, espírito
positio	posição
praeparatio	preparação
prima materia	matéria-prima (em filosofia)
princeps facierum	o príncipe das faces
propinquus	próximo, parente
psyche (grego)	psique, alma
pullus	pintinho, filhote de ave
quaternio	quaternidade, grupo de quatro
quid?	o quê?
quidproquo	quiproquó, troca, confusão, equívoco
quis?	quem?
regimen	regime, processo alquímico
regina	rainha
res	coisa
resina terrae	resina da terra
resolutio	ação de dissolver, solução química
rex	rei
rex marinus	rei marinho
ros	orvalho
rotunda figura	forma redonda
rosarium	roseiral
rubedo	vermelhidão
sal armoniacum	sal amoníaco
salsura	salgamento
saphyra (grego)	safira
sapientia	sabedoria
sapientia Dei	sabedoria de Deus
scabellum	escabelo
scaturigo	fonte que jorra
scientia	ciência, conhecimento
scilicet (scil.)	isto é, a saber
scintilla	faísca, centelha
separatio	separação
sermo	sermão, prédica

serpens	serpente, dragão
serpens mercurialis	serpente mercurial
shechinah (hebraico)	brilho, glória
sic	assim, deste modo, sim
simplicitas	simplicidade
simulacrum	imagem
solificatio	iluminação, aclaramento
solutio	solução
solvere	dissolver
sophia (grego)	sabedoria, a sabedoria (divina) personificada
spagyricum (grego)	espagírico ou alquímico
spiratio	sopro, espiração, respiração
spiritus	sopro, vento, alma, espírito
spiritus vegetativus	espírito (ou alma) vegetativo ou do crescimento
spiritus familiaris	espírito amigo e prestativo
sponte sua	espontaneamente
sponsa	noiva
sponsus	noivo
statua vivens	estátua vivente
suasu spiritus	por conselho do espírito
sulphur (grego)	enxofre
summa	soma, resumo
summus	o mais alto
superiora	as coisas do mundo superior união, conjunção,
syzigia (grego)	conjunção de astros, sizígia
tabula	tábua, mesa
tabula smaragdina	mesa de esmeralda
tartarum	tártaro, tartarato ácido de potássio
telum	dardo
tenebrositas	escuridão
terra alba foliata	terra branca folheada
terrenus	terreno
tertium comparationis	terceiro termo usado para comparar dois outros

tinctura	tintura, solução alcoólica
tristitia	tristeza
unio	união
unio mentalis	união mental
unio mystica	união mística nas religiões
unus mundus	o mundo uno (antes da criação)
uterus	útero
validus	válido
vas	vaso, recipiente
venter	ventre
verbum	palavra; tradução para o grego "logos"
Verbum Dei	o Verbo de Deus ou Jesus Cristo homem (apenas
vir	o macho em oposição à mulher)
vir a foemina circumdatus	o homem circundado pela mulher
viridis	verde
viriditas	verdor, a cor verde
virgo	virgem
virgultum	arbusto
virtus	virtude, força
vitrum	vidro
vultur	ave de rapina, abutre

Palavras e expressões gregas

ἀγγελικός	anglikós	angélico
ἄγγελος	ángelos	anjo
ἅγιον πνεῦμα	hágion pneuma	o Espírito Santo
ἀγνωσία	agnosia	ausência de conhecimento ou de inteligência (no gnosticismo)
Ἀδαμας	Adámas	Adão
αἰών	Aión	tempo, duração da vida, eternidade
ἀληθινός	aletinós	verdadeiro, real
ἀληθινὸς προφήτης	aletinós prophetes	verdadeiro profeta
ἀλεξιφάρμακον	alexiphármakon	contraveneno
ἀνδριάς	andrias	estátua humana
ἀνδριάντες	andriantes	estátuas humanas
ἀνήρ	anér	homem marido
ἀνδρογύνης	androgynes	andrógino
ἄνθρωπάριον	anthropárion	homúnculo, homenzinho
ἄνθρωπος	ánthropos	homem
ἅπαξ λεγόμενον	hápax legómenon	expressão que ocorre uma só vez
ἁπλοῦν	haploun	o simples, a coisa simples
ἀπαθῶ	apathó	sem sofrer ou padecer
ἀπνοῦν	apnoún	inconsciente
ἀποκατάστασις πολυχρόνιος	apokatástasis polychrónios	restauração definitiva
ἀρσενόθηλυς	arsenóthelys	masculino-feminino

Mysterium Coniunctionis – Rex e Regina...

ἀρχή	arché	começo, governo
ἀσάλευτος	asáleuton	imóvel, parado
βασιλεύς	basileús	rei
γενεά	geneá	nascimento, geração
γῆ	gé	terra
δύναμις	dynamis	força, virtude
ἐγκέφαλος	enképhalos	encéfalo, cérebro
ἐγκέφαλος μυελός	enképhalos muelós	medula contida na cabeça
εἶδος	eídos	aspecto, imagem, figura
εἰκῶν	eikón	estampa, imagem
εἰκόνας	eikónas	imagens
ἐπιστήμη	epistéme	saber, conhecimento
ζῶον	zóon	ser vivo, animal
θεῖος	theíos	divino
καθαρός	katharós	puro, imaculado
καθάρσις	kathársis	purificação
καθολικός	katholikós	universal
καλλαπισμός	kallapismós	ornamento
κατοχή	katoché	ação de segurar, comoção, possessão
κεραία	keraía	risco, vara, risquinho
κεφαλή	kephalé	cabeça
κoiliva	koilía	ventre, barriga
κόσμος	kósmos	ordem, ornamento, mundo
λίθος	líthos	pedra
λίθος ἐγκεφαλικός	líthos enkephalikós	pedra cerebral
λίθος οὐ λίθος	líthos ou líthos	pedra não pedra
λόγιον	lógion	dito, palavra
λόγος	lógos	fala, palavra, conversa, inteligência
μακρόκοσμος	makrókosmos	macrocosmo, grande mundo
μακροπρόσοπος	makroprósopos	de rosto comprido

μικρόκοσμος	micrókosmos	microcosmo, pequeno mundo, homem
μόλυβδος	mólybdos	chumbo
μύρον	myron	óleo perfumado, bálsamo
μυστήριον	mystérion	mistério, segredo
νοερός	noerós	espiritual, intelectual
ουσία	ousía	essência, existência, posse
πάντα ρεῖ	pánta rei	tudo corre
πίστις	pístis	confiança, fé, fidelidade
πλάσμα	plasma	formação, imitação
πνεῦμα	pneúma	sopro, vento, espírito, alma
προσαρτήματα	prosartémata	acréscimo
προσφυής	prosphyés	acrescido, inerente
προσφυής ψυχή	prosphyés psyché	alma acrescida
προφήτης	prophétes	profeta
σάρξ	sárx	carne
σοφία	sophía	habilidade, prudência, ciência, sabedoria
στῦλος	stylos	coluna
σύμβολον	symbolon	marca, contrato, símbolo
σύνοδος	synodos	reunião, deliberação, conjunção
τέλεος, τέλειος	téleos ou téleios	terminado, completo, perfeito
τέλειος ἄνθρωπος	téleios ánthropos	o homem perfeito
τελείωσις	teleíosis	perfeição
τετράπολις	tetrápolis	cidade quádrupla
ὕβρις	hybris	soberba
υἱοθεσία	hyiothesía	filiação
φάρμακον	phármakon	veneno, remédio
φωτισμός	photismós	iluminação

φύσις	physis	natureza, mundo
χαρακτήρ	charaktér	cunho, caráter, propriedade
χαρακτηριστικός	charakteristikós	característico
χαρακτηρίζειν	charakterizein	caracterizar
χημεῖα	chemeía	alquimia, química
χοικός	choikós	feito de barro ou de terra, terreno
χρυσέα κεφαλή	chryséa kephalé	cabeça de ouro
ψυχή	psyché	espírito vital, ser animado, alma, ânimo

Referências

A. Coleções de textos alquímicos de diversos autores

Observação: o grifo indica a forma comum de citação.

DE ALCHEMIA, Opuscula [Opúsculos de alquimia]. Nürnberg, 1541.

I Gebrus Arabs (Geber): Summae perfectionis [Gebro Árabe ou Geber: Resumo da perfeição] (p. 20-205).

II Tabula smaragdina Hermetis Trismegisti [Tabela de esmeralda de Hermes Trismegisto] (p. 363).

ARS CHEMICA, quod sit licita recte exercentibus, probationes doctissimorum iurisconsultorum [Arte química. Comprovações de doutíssimos jurisconsultos que ela é lícita para os que a exercem retamente]. Estrasburgo, 1566.

I Septem tractatus seu capitula Hermetis Trismegisti, aurei [Sete tratados áureos ou capítulos de Hermes Trismegisto] (p. 7-31).

II *Consilium coniugii* de massa solis et lunae, cum suis compendiis [Conselho de casamento da massa do Sol e da Lua, com seus compêndios] (p. 48-263).

ARTIS AURIFERAE, quam chemiam vocant... [Da arte aurífera que denominam química]. 2 volumes. Basileia, 1593.

Volume I

I Turba philosophorum [A turba dos filósofos] em duas versões (p. 1-65; e 65-139).

II Allegoriae super librum Turbae [Alegorias sobre o livro da Turba] (p. 139-145).

III Aenigmata ex visione Arislei philosophi, et allegoriis sapientum (*Visio Arislei*) [Enigmas da visão do filósofo Arisleu e das alegorias dos sábios / Visão de Arisleu] (p. 146-154).

IV In Turbam philosophorum exercitationes [Reflexões sobre a Turba dos filósofos] (p. 154-182).

V Aurora consurgens: quae dicitur aurea hora [O surgir da aurora, chamado hora de ouro] (p. 185-246).

VI Rosinus ad Euthiciam [Rosino a Eutícia] (p. 246-277).

VII Rosinus ad Sarratantam episcopum [Rosino ao bispo Sarratanta] (p. 277-319).

VIII Practica Mariae prophetissae in artem alchimicam [Exercícios práticos da profetisa Maria referentes à arte alquímica] (p. 319-324).

IX Liber secretorum alchemiae compositus per Calid Filium Iazichi [Livro dos segredos da alquimia composto por Calid, filho de Iazicho] (p. 325-351).

X Liber trium verborum Kallid acutissimi [Livro dos três discursos do inteligentíssimo Kalid] (p. 352-361).

XI Tractatulus Aristotelis de practica lapidis philosophici [Tratadozinho de Aristóteles sobre a obtenção prática da pedra filosofal] (p. 361-370).

XII Authoris ignoti philosophici lapidis secreta metaphorice describentis, opusculum [Opúsculo de autor desconhecido que descreve em metáforas o segredo da pedra filosofal] (p. 389-392).

XIII Merlini allegoria profundissimum philosophici lapidis arcanum perfecte continens [Alegoria de Merlin, que contém com perfeição o segredo profundíssimo da pedra filosofal] (p. 392-396).

XIV Rachaidibi, Veradiani, Rhodiani et Kanidis philosophorum regis Persarum: De matéria philosophici lapidis, acutissime colloquentium fragmentum [Rachaidib, Veradiano, Rodiano e Kanid, filósofos do rei da Pérsia: Fragmento de colóquios profundíssimos acerca da pedra filosofal] (p. 397-404).

XV Tractatulus Avicennae [Tratadozinho de Avicena] (p. 405-437).

XVI Clangor buccinae [O clangor da trombeta] (p. 448-544).

XVII Liber de arte chimica incerti authoris [Livro de autor incerto sobre a arte química] (p. 575-631).

Volume II

XVIII Liber de compositione alchemiae quem edidit Morienus Romanus (De transmutatione metallorum) [Livro sobre a composição da alquimia editado por Morieno Romano / Sobre a transformação dos metais] (p. 3-54).

XIX Scala philosophorum [Escala dos filósofos] (p. 107-170).

XX Tractatus opus mulierum et ludus puerorum dictus [Tratado apelidado de trabalho de mulheres e brinquedos de criança] (p. 171-204).

XXI Rosarium philosophorum [Rosal dos filósofos] (p. 204-384).

XXII Arnaldi de Villa Nova... Thesaurus thesaurorum et rosarium philosophorum [Arnaldo de Vila Nova: Tesouro dos tesouros e rosal dos filósofos] (p. 385-455).

MANGETUS, Johannes Jacobus: Bibliotheca chemica curiosa seu rerum ad alchemiam pertinentium thesaurus instructissimus... [João Jacó Mangeto: Cuidadosa biblioteca química ou tesouro ordenadíssimo das coisas pertinentes à alquimia...] 2 volumes. Genebra, 1702.

Volume I

I Hoghelande, Theobaldus de: De alchimiae difficultatibus [Teobaldo de Hoghelande: Das dificuldades da alquimia] (p. 336-368).

II Hermes Trismegistus: Tractatus aureus de lapidis physici secreto [Tratado áureo do segredo da pedra física] (p. 400-445).

III Artefius: Clavis maioris sapientiae [Artéfio: Chave para maior sabedoria] (p. 503-509).

IV Altus: Mutus liber, in quo tamen tota philosophia Hermetica, figuris hieroglyphicis depingitur [...] [Alto: Livro mudo, no qual toda a filosofia hermética é exposta por meio de figuras hieroglíficas] (p. 938-953).

Volume II

V Petrus Bonus: Margarita pretiosa, novella correctíssima, exhibens introductionem in artem chemiae integram [Pedro o Bom: Pérola preciosa, nova e corretíssima, que apresenta uma introdução para toda a arte química] (p. 1-80).

VI Aurelia occulta philosophorum, cum tractatulo *Senioris Zadith* de chymia [A oculta Aurélia dos filósofos, com o pequeno tratado de Zadith Senior sobre a química] (p. 198-235).

VII Anonymi veteris philosophi *consilium coniugii*, seu de massa solis et lunae [Conselho de casamento, de um antigo filósofo anônimo, ou da massa do Sol e da Lua] (p. 235-266).

VIII Arcanum Hermeticae philosophiae... (D'Espagnet) [Arcano da filosofia hermética...] (p. 649-661).

IX Barnaudus Nicolaus: In aenigmaticum quoddam epitaphium Bononiae... commentariolum [Nicolau Barnaud: Pequeno comentário sobre certo epitáfio enigmático de Bolonha] (p. 713-718).

MUSAEUM HERMETICUM reformatum et amplificatum [Museu hermético corrigido e ampliado). Frankfurt, 1678.

I Aureus tractatus de philosophorum lapide [Tratado áureo de pedra filosofal] (p. 1-52).

II Madathanus, Hinricus: Aureum saeculum redivivum [Henrique Madatano: O século áureo redivivo] (p. 52-72).

III Hydrolithus sophicus seu *Aquarium sapientum* [Fonte pétrea dos filósofos ou bebedouro dos sábios] (p. 73-144).

IV Mehung, Joannes a: Demonstratio naturae [João de Mehung: Demonstração da natureza] (p. 145-171).

V Flamellus, Nicolaus: Tractatus brevis, sive summarium philosophicum [Nicolau Flamel: breve tratado ou sumário filosófico] (p. 172-179).

VI Gloria mundi, alias paradysi tabula [Glória do mundo, ou tabela do paraíso] (p. 203-304).

VII De lapide philosophico perbreve opusculum (*Liber Alze*) [Opúsculo muito breve sobre a pedra filosofal / Livro de Alze] (p. 325-335).

VIII Lambsprinck: De lapide philosophico [Lambsprinck: Sobre a pedra filosofal] (p. 337-372).

IX Basilius Valentinus: De magno lapide antiquorum sapientum [Basílio Valentim: Da grande pedra dos antigos sábios] (p. 337-431).

X Sendivogius, Michaelis: Novum lumen chemicum, e naturae fonte et manuali experientia depromptum [Miguel Sendivógio: Novo lume químico, tirado da fonte da natureza e da experiência manual] (p. 545-600).

XI Novi luminis chemici tractatus alter de sulphure [Segundo tratado do novo lume químico sobre o enxofre] (p. 601-645).

XII Philalethes: Introitus apertus ad occlusum regís palatium [Entrada aberta para o palácio real fechado] (p. 647-699).

XIII Fons chemicae philosophiae [Fonte da filosofia química] (p. 799-814).

XIV Helvetius, Johannes Fridericus: Vitulus aureus [João Frederico Helvécio: O bezerro de ouro] (p. 815-863).

THEATRUM CHEMICUM, praecipuos selectorum auctorum tractatus... continens [Teatro químico, que contém os principais tratados de autores selecionados]. Volume I- III, Ursel, 1602; IV-VI, Estrasburgo, 1613, 1622, 1661.

Volume I

I Hoghelande, Theobaldus de: De Alchemiae difficultatibus liber [Teobaldo de Hoghelande: Livro das dificuldades da alquimia] (p. 121-215).

II Dorneus, Gerardus: *Speculativa philosophia*, gradus septem vel decem continens [Geraldo Dorneo: Filosofia Especulativa, que contém sete ou dez degraus] (p. 255-310).

III Tractatus de naturae luce physica, ex Genesi desumpta (*Physica Genesis*) [Tratado da luz física da natureza tirada do Gênese / Física do Gênese] (p. 367-404).

IV Physica Trismegisti [Física de Trismegisto] (p. 405-437).

V Physica Tritheniii [Física de Tritêmio] (p. 437-450).

VI De *philosophia meditativa* [A filosofia meditativa] (450-472).

VII De philosophia chemica ad meditativam comparata [A filosofia química comparada com a meditativa] (p. 472-517).

VIII De tenebris contra naturam, et vita brevi [Sobre as trevas contrárias à natureza e a brevidade da vida] (p. 518-535).

IX De duello animi cum corpore [Sobre o duelo entre a alma e o corpo] (p. 535-550).

X Congeries Paracelsicae chemiae de transmutationibus metallorum [Compilação da química de Paracelso sobre as transformações dos metais] (p. 557-646).

XI Penotus, Bernardus G.: De vera praeparatione et usu medicamentorum chemicorum [Bernardo Penoto: Sobre o correto preparo e uso dos medicamentos químicos] (p. 672-772).

XII Bernardus Trevisanus: De secretissimo philosophorum opere chemico (De chemico miraculo, quod lapidem philosophiae appellant) [Bernardo Trevisano: Da obra química secretíssima dos filósofos / Do milagre químico chamado pedra filosofal] (p. 773-803).

XIII Zacharius, Dionysius: Opusculum philosophiae naturalis metallorum cum annotationibus Nicolai Flamelli [Dionísio Zacarius: Opúsculo da filosofia natural dos metais, com as anotações de Nicolau Flamel] (p. 804-901).

Volume II

XIV Aegidius de Vadis: Dialogus inter naturam et filium philosophiae [Egídio de Vadis: Diálogo entre a Natureza e o filho da filosofia, isto é, a pedra filosofal] (p. 95-123).

XV Philosophi artem potius occultare conati sunt quam patefacere... [Os filósofos tentaram muito mais esconder a arte do que manifestá-la... / *Tabela dos símbolos*] (p. 123).

XVI Riplaeus, Georgius: Duodecim portarum axiomata philosophica [Jorge Ripleu: Axiomas filosóficos das doze portas] (p. 123-139).

XVII Hollandus, Isaacus: Fragmentum de lapide philosophorum [Isaac Holando: Fragmento sobre a pedra filosofal] (p. 142-146).

XVIII Penotus, Bernardus G. (alias B. a Portu Aquitanus): Quaestiones et responsiones philosophicae [Bernardo G. Penoto, ou Bernardo do Porto Aquitano: Perguntas e respostas filosóficas] (p. 146-150).

XIX Dee, Joannes: Monas hieroglyphica [João Dee: Mônada hieroglífica] (p. 203-243).

XX Ventura, Laurentius: De ratione conficiendi lapidis [Lourenço Ventura: Da maneira de preparar a pedra] (p. 244-356).

XXI Mirandula, Joannes Picus (Giovanni Pico della Mirandola): Opus aureum *de auro* [Obra áurea do ouro] (p. 357-432).

XXII Albertus Magnus: Super arborem Aristotelis [Alberto Magno: Sobre a árvore de Aristóteles] (p. 524-527).

Volume III

XXIII Liber de magni lapidis compositione et operatione [Livro sobre a composição e atuação da grande pedra] (p. 1-56).

XXIV Rupescissa, Joannes de: Liber... de confectione veri lapidis philosophorum [João de Rupescissa: Livro... sobre a confecção da verdadeira pedra filosofal] (p. 191-200).

XXV Hollandus, Joannes Isaacus: Opera mineralia sive de lapide philosophico [João Isaac Holando: Trabalhos com minerais ou da pedra filosofal] (p. 320-564).

XXVI Greverus, Iodocus: Secretum nobilissimum et verissimum [Iodoco Grevero: Segredo nobilíssimo e veríssimo] (p. 783-810).

XXVII Alani philosophi dicta de lapide philosophico [Ditos do Filósofo Alano sobre a pedra filosofal] (p. 811-820).

XXVIII Barnaudus, Nicolaus: Commentariolum in quoddam epitaphium Bononiae... [Nicolau Barnaud: Pequeno comentário sobre certo epitáfio de Bolonha] (p. 836-848).

Mysterium Coniunctionis — Rex e Regina...

XXIX Delphinas: Liber secreti maximi [Delfinas: Livro do maior segredo] (p. 871-878).

Volume IV

XXX Lullius Raymundus: Theorica et practica [Raimundo Lulo: Teorias e práticas] (p. 1-191).

XXXI Artefius: Clavis maioris sapientiae [Artéfio: Chave para maior sabedoria] (p. 221-240).

XXXII Aphorismi Basiliani sive canones Hermetici [Aforismos Basilianos ou cânones herméticos] (p. 368-371).

XXXIII *Aurélia occulta* philosophorum [A oculta Aurélia dos filósofos] (p. 525-581).

XXXIV Villanova, Arnaldus de: Speculum alchymiae [Espelho da alquimia] (p. 583-613).

XXXV Hermetis Trismegisti *Tractatus aureus* de lapidis physici secreto [Tratado áureo de Hermes Trismegisto sobre o segredo da pedra física] (p. 672-797).

XXXVI Lagneus, Davidus: Harmonia chemica [Davi Lagneo: Harmonia química] (p. 813-903).

XXXVII Albertus Magnus: Liber... de lapide philosophorum [Livro... da pedra filosofal] (p. 948-971).

XXXVIII Valentinus: Opus praeclarum [Valentino: Obra preclara] (p. 1061-1075).

XXXIX Petrus de Silento: Opus [Obra de Pedro de Silento] (p. 1.113-1.127).

Volume V

XL Allegoriae sapientum: Supra librum Turbae [Alegorias dos sábios: Sobre o livro da Turba] (p. 64-100).

XLI Tractatus Micreris suo discipulo Mirnefindo [Tratado de Micrere para seu discípulo Mirnefindo] (p. 101-113).

XLII Platonis libri quartorum... [Livro de Platão sobre os quádruplos] (p. 114-208).

XLIII Senior: De chemia [Senior: Sobre a química] (p. 219-266).

XLIV Mennens, Guilielmus: Aurei velleris... libri tres [Guilherme Mennens: Três livros... sobre o velocino de ouro] (p. 267-470).

XLV *Consilium coniugii* seu de massa solis et lunae [Conselho de casamento ou da massa do Sol e da Lua] (p. 479-566).

XLVI Petrus Bonus: Margarita pretiosa novella correctissima [Pedro o Bom: Pérola preciosa, nova e corretíssima] (p. 589-794).

XLVII Tractatus Aristotelis alchymistae ad Alexandrum Magnum, de lapide philosophico [Tratado de Aristóteles alquimista sobre a pedra filosofal, dirigido a Alexandre Magno] (p. 880-892).

XLVIII Epistola... ad Hermannum archiepiscopum Coloniensem, de lapide philosophico [Carta ao arcebispo de Colônia Hermann sobre a pedra filosofal] (p. 893-900).

Volume VI

XLIX Vigenerus, Blasius (Blaise de Vigenere, ou Vigenaire): De igne et sale [Brás de Vigenere: sobre o fogo e o sal] (p. 1-139).

L Christophorus Parisiensis: Elucidarius artis transmutatoriae metallorum [Cristóvão de Paris: Exposição da arte de transmudar os metais] (p. 195-293).

LI Grasseus, Joannes: Arca arcani artificiosissimi de summis naturae mysteriis [João Grasseo: Arca do segredo mais artificioso sobre os sumos mistérios na natureza] (p. 294-381).

LII Orthelius: Epilogus et recapitulatio... in novum lumen chymicum Sendivogii [Epílogo e recapitulação... para o novo lume químico de Sendivógio] (p. 430-458).

LIII Discursus [Dissertação] (p. 470-474).

THEATRUM CHEMICUM BRITANNICUM... collected with annotations by Elias Ashmole [Teatro químico britânico... coligido e anotado por Elias Ashmole]. Londres 1652. Nesta obra vem citado: Norton, Thomas: The Ordinall of Alchemy... [Tomás Norton: Ordinário de Química] (p. 3-106).

DEUTSCHES THEATRUM CHEMICUM [Teatro Químico Alemão] organizado por Friedrich Roth-Scholtz. 3 volumes. Nürnberg, 1732. Nesta obra vem citado: Vol. III.

Mysterium Coniunctionis — Rex e Regina...

B. Bibliografia geral

ABEGG, E. *Der Messiasglaube in Indien und Iran, auf Grund der Quellen dargestellt*. Berlim/Leipzig: Walter de Gruyter & Co, 1928.

ABRAHAM ELEAZAR (Abraham le Juif). *Uraltes Chymisches Werk* etc. 2. ed. Leipzig: [s.e.], 1760.

_____. Cf. códices e manuscritos: Paris: Bibliothèque Nationale.

ABT, A. Die Apologie des Apuleius von Madaura und die antike Zauberei. In: *Religionsgeschichtliche Versuche und Vorarbeiten*. IV/2, p. 75-345. Giessen: [s.e.], 1908.

ABU'L-QASIM MUHA'MMAD IBN AHAMAD AL-IRAQI. *Kitab al-' ilm almuktasab fi zira at adh-dhahab* (Book of Knowledge acquired concerning the Cultivation of Gold.). Paris: Paul Geuthner, 1923 [HOLMYARD, E.J. (trad. e org.)].

Acta Apostolicae Sedis, Commentarium officiale, Acta Pii PP. XII: Constitutio Apostólica *Munificentissimus Deus*. Annus XXXII, series II, vol. XVII, p. 735-773.

Acta Archelai. Cf. HEGEMONIUS.

Acta Ioannis. Cf. Apokryphen, Neutestamentliche.

AELIANUS, C. *De natura animalium*. 2 vols. Leipzig: [s.e.], 1864/1866 [HERCHER, R. (org.)].

AGNOSTUS, I. [Pseud. Friedrich Grick]. *Prodromus Fr. R. C.* [Rhodostauroticus]. Rodez: [s.e.], 1620.

AGRIPPA AB NETTESHEYM, H.C. *De incertitudine et vanitate scientiarum declamatio invectiva*. Colônia: [s.e.], 1584.

AIGREMONT. *Fuss- und Schuhsymbolik und Erotik*. Folkloristische und sexualwissenschaftliche Untersuchungen. Leipzig: [s.e.], 1909.

ALDROVANDUS, U. *Dendrologiae libri duo*. Frankfurt: [s.e.], 1671.

[AMBROSIUS (de Milão)]. Commentarius in Cantica Canticorum e scriptis S. Ambrosii a Guillelmo, quondam abbate S. Theodorici, collectus. In: MIGNE. *Patrologia Latina* XV col. 1.851-1.962.

_____. De excessu fratris. In: *Opera*. Pars VII [FALLER, O. (org.)]. (*Corpus scriptorum ecclesiasticorum Latinorum* LXXIII p. 209-235) Viena: [s.e.], 1955.

_____. Epistolae. In: MIGNE. *Patrologia Latina* XVI, col. 875-1.286.

_____. Explanatio Psalmorum XII. In: *Opera*. Pars VI, [PETSCHENIG, M. (org.)]. (*Corpus scriptorum ecclesiasticorum Latinorum*. LXIV) Viena/Leipzig: [s.e.], 1919.

_____. *Hexaemeron cum aliis opusculis*. Milão ca. 1477. Também in: MIGNE. *Patrologia Latina* XIV col. 123-274.

ANGELUS SILESIUS (Johann Scheffler). *Sämtliche poetische Werke*. Vol. I; *Die Geschichte seines Lebens und seiner Werke*. 3 vols. 2. ed. Munique: Allgemeine Verlagsanstalt, 1924 [HELD, H.L. (org.)].

Anthologia Graeca epigrammatum Palatina c. Planudea. 3 vols. Leipzig: [s.e.], [I] 1894, [II/1] 1899, [III/1] 1906 [STADTMUELLER, H. (org.)].

ANTONIUS PATAVINUS (Antônio de Pádua). *Sermones dominicales et in solemnitatibus*. 3 vols. Pádua: [s.e.], 1895- 1913 [LOCATELLI, A.M. et all. (org.)].

Apokryphen, Die, und Pseudoepigraphen des Alten Testaments. 2 vols. Tübingen: [s.e.], 1900, reed. 1921 [KAUTZSCH, E. (trad. e org.)].

Apokryphen, Neutestamentliche. 2. ed. Tübingen: J.C.B. Mohr (Paul Siebeck), 1924 [HENNECKE, E. (org.)].

APTOWITZER, V. (Avigdor): Arabisch-jüdische Schöpfungstheorien. In: *Hebrew Union College Annual*. VI, Cincinnati, 1929, p. 205-246.

APULEIUS (Lucius Apuleius Madaurensis). Metamorphosis sive lusus asini. In: *Opera*. I. 2 vols. Altenburg: [s.e.], 1778.

Arabic Treatises, Three, on Alchemy by Muhammad bin Umail [TURAB, A.M. (org.)]. In: *Memoirs of the Asiatic Society of Bengal*. XII, Calcutá: [s.e.], 1933, p. 1-116.

_____. Cf. HOLMYARD.

Arcanum Hermeticae philosophiae opus. Genebra: [s.e.], 1653.

ARISTOTELES. *De anima*. Em alemão: *Schrift über die Seele*. 2.ed. Berlim/Schöneberg: [s.e.], [s.d.] [BENDER, H. (trad. e org.)].

ARTEMIDORUS (de Daldis). *Symbolik der Träume*. Viena/Pest/Leipzig: [s.e.], 1881[KRAUSS, S. (trad. e org.)].

Atharva-Veda, Hymns of the [BLOOMFIELD, M. (trad. e org.)]. In: *Sacred Books of the East* XLII. Oxford: [s.e.], 1897.

Mysterium Coniunctionis — Rex e Regina... 411

Atharvaveda, Hundert Lieder des. 2.ed. Tübingen: [s.e.], 1888 [GRILL, J. (trad. e anotações)].

ATHENAEUS, A. *Deipnosophistei.* 4 vols. Leipzig: [s.e.], 1858-1867 [MEINEKE, A. (org.)].

ATHENAGORAS. Legatio pro Christianis. In: MIGNE. *Patrologia Graeca* VI, col. 889-972.

AUGUSTINUS (S. Aurelius Augustinus). *Opera omnia* - Opera et studio monachorum ordinis S. Benedicti e congregatione S. Mauri. 11 vols. Paris: [s.e.], 1836-1838:

———. *De civitate Dei contra paganos libri viginti duo.* Tom. VII [todo o vol.].

———. *Confessionum libri tredecim.* Tom. I [p. 133-410].

———. *Contra Faustum Manichaeum libri triginta tres.* Tom. VIII [p. 313-718].

———. *De actis cum Felice Manichaeo libri duo.* Tom. VIII [p. 725-766].

———. *De natura boni contra Manichaeos liber unus.* Tom. VIII [p. 773-798].

———. *Enarrationes in Psalmos.* Tom. IV.

———. *Epistolae ducentae septuaginta duo.* Tom. II.

———. *Quaestionum in Heptateuchum libri Septem.* Tom. III [p. 603-964].

———. *Sermones ad populum*: In appendice, sermones supposititii. Tom. V/2 [p. 2.281s.].

———. *In Ioannis Evangelium tractatus* CXXIV. Tom. III/2 [p. 1.677-2.474].

AVALON, A. Cf. *Serpent Power, The.*

BAADER, F.X. von. Obra Compl. 10 vols. Leipzig: [s.e.], 1851-1860.

BÄCHTOLD-STÄUBLI, H. Cf. *Handwörterbuch des deutschen Aberglaubens.*

BAYNES, H.G. "On the Psychological Origins of Divine Kingship". In: *Folklore* XLVII, Londres: [s.e.], 1936, p. 74-104.

BECKER, F. *Die Darstellung Jesu Christi unter dem Bilde des Fisches.* Breslau: [s.e.], 1866.

BEER, P. *Geschichte, Lehren und Meinungen aller bestandenen und noch bestehenden religiösen Sekten der Juden und der Geheimlehre oder Kabbalah.* 2 vols. Brünn: [s.e.], 1822/1823.

[BERNARDINO DE SAHAGUN (Fray)]. *Einige Kapitel aus dem Geschichtswerk des Fray B' de S'.* Stuttgart: Strecker und Schröder, 1927 [SELER, E. (trad. do asteca). SELER-SACHS, C. (org.)].

BERNOULLI, R. Seelische Entwicklung im Spiegel der Alchemie und verwandter Disziplinen. In: *Eranos Jahrbuch* III (1935). Zurique: Rhein-V, 1936.

BEROALDE (DE VERVILLE), F. *Le Tableau des riches inventions... qui sont représentées dans le Songe de Poliphile.* Paris: [s.e.], 1600.

BERTHELOT, M. *La Chimie au moyen âge.* 3 vols. Paris: [s.e.], 1893.

_____. *Collection des Anciens Alchimistes Grecs.* 3 vols. Paris: [s.e.], 1887/1888.

_____. *Les Origines de l'alchimie.* Paris: [s.e.], 1885.

BEZOLD, C. Cf. *Me' arrath Gazze.*

BISCHOFF, E. *Die Elemente der Kabbalah.* 2 vols. Berlim: [s.e.], 1913.

BÖHME, J. *Des gottseligen, hocherleuchteten J' B' Teutonici Philosophi alle Theosophischen Schriften.* 3 vols. Amsterdã: [s.e.], 1682:

_____. *Aurora. Morgen-Röte im Aufgang, das ist...* Amsterdã: [s.e.], 1656.

_____. [Drey principia] *Beschreibung der drey Principien Göttliches Wesens.*

_____. *Hohe und tiefe Grunde von dem dreyfachen Leben des Menschen.*

_____. *Mysterium magnum.*

_____. *Quaestiones theosophicae, oder Betrachtung göttlicher Offenbarung...* [s.l.]: [s.e.], 1730.

_____. *Tabula principiorum, von Gott und von der grossen und kleinen Welt.* In: *De signatura rerum.* Amsterdã: [s.e.], 1682.

_____. *Von der Menschwerdung Jesu Christi.* Amsterdã: [s.e.], 1682.

_____. *Zweyte Apologia wider Balthasar Tilken.* Amsterdã: [s.e.], 1632.

BONAVENTURA. *Tria opuscula*: Breviloquium; Itinerarium mentis in Deum; De reductione artium ad theologiam. 4. ed. Florença: Quaracchi, 1925.

BOUCHÉ-LECLERCQ, A. *L'Astrologie grecque.* Paris: [s.e.], 1899.

BOUSSET, W. *Der Antichrist in der Überlieferung des Judentums, des Neuen Testaments und der alten Kirche* - Ein Beitrag zur Auslegung der Apokalypse. Göttingen: [s.e.], 1895.

Mysterium Coniunctionis — Rex e Regina...

_____. *Hauptprobleme der Gnosis*. Göttingen: [s.e.], 1907.

_____. Die Himmelsreise der Seele. In: *Archiv für Religionswissenschaft*. IV.Tübingen/Leipzig: [s.e.], 1901, p. 136-169.

BRANT, S. *Hexastichon... in memorabiles Evangelistarum figuras*. Pforzheim: [s.e.], 1502.

BREASTED, J.H. *Development of Religion and Thought in Ancient Egypt*. Nova York/Londres: [s.e.], 1912.

BRENTANO, C. *Gesammelte Schriften*. 9 vols. Frankfurt: [s.e.], 1852-1855 [BRENTANO, C. (Org.)].

Brihadaranyaka Upanishad, cf. Upanishads.

BRUCHMANN, C.F.H. *Epitheta Deorum quae apud poetas Graecos leguntur* - Ergänzung zu: Ausführliches Lexikon der griechischen und römischen Mythologie. [Cf. Lexikon, Ausführliches]. Leipzig: [s.e.], 1893.

BRUGSCH, H. *Religion und Mythologie der alten Ägypter nach den Denkmälern bearbeitet*. Leipzig: [s.e.], 1891.

BUDGE, E.A.W. *Coptic Apocrypha in the Dialect of Upper Egypt*. Londres: [s.e.], 1913.

_____. *The Egyptian Heaven and Hell*. 2 vols. Londres: [s.e.], 1905/1906.

_____. *The Gods of the Egyptians or Studies in Egyptian Mythology*. 2 vols. Londres: [s.e.], 1904.

_____. *Osiris and the Egyptian Resurrection*. 2 vols. Londres: [s.e.], 1911.

CAESARIUS HEISTERBACENSIS (Cäsar von Heisterbach). *Dialogus miraculorum*. 2 vols. Colônia: [s.e.], 1851 [STRANGE, J. (org.)].

CAMPBELL, C. *The Miraculous Birth of King Amon-Hotep III and other Egyptian Studies*. Edinburgh/Londres: [s.e.], 1912.

CAPELLE, P. *De luna stellis lacteo orbe animarum sedibus*. Halle: [s.e.], 1927.

CARDANUS, H. (Geronimo Cardano). *De subtilitate*. Basileia: [s.e.], 1611.

CASSEL, P. *Aus Literatur und Symbolik. Abhandlungen*. Leipzig: [s.e.], 1884.

CASSIODORUS, M.A. Expositio in Cantica Canticorum. In: MIGNE. *Patrologia Latina* LXX, col. 1.055-1.160.

_____. Expositio in Psalterium. In: MIGNE. *Patrología Latina LXX,* col. 25-1.056.

CAUSSINUS, N. *Polyhistor Symbolicus.* Paris: [s.e.], 1618.

_____. *De symbolica Aegyptiorum sapientia.* Colônia: [s.e.], 1623.

CEDRENUS, G. Historiarum compendium. In: MIGNE. *Patrologia Graeca.* CXXI [todo o vol.] e CXXII col. 9-368.

CHRISTENSEN, A. Les types du premier Homme et du premier Roi dans l'histoire légendaire des Iraniens. In: *Archives d'Etudes Orientale* XIV. Estocolmo: [s.e.], 1917.

CHRYSOSTOMUS, cf. JOANNES CHRYSOSTOMUS.

CHWOLSON, D. *Die Ssabier und der Ssabismus.* 2 vols. Petersburgo: [s.e.], 1856.

Chymische Hochzeit, cf. ROSENCREUTZ.

CÍCERO, M.T. De natura Deorum [fasc. 45]; De officiis [fasc. 48]. In: *Scripta quae manserunt omnia.* 3 vols. Leipzig: [s.e.], 1880-1908 [MUELLER, C.F.W. (org.)].

CLEMENS ALEXANDRINUS (Clemente de Alexandria). Stromata. In: *Werke.* 3 vols. Leipzig: [s.e.], 1906-1909 [STÄHLIN, O. (org.)].

CLEMENS ROMANUS (Clemente de Roma). *De constitutionibus apostolicis libri* VIII. Antuérpia: [s.e.], 1564.

_____. *Epistulae.* Leipzig: [s.e.], 1866 [HILGENFELD, A. (org.)].

_____. *Homiliae.* Stuttgart: [s.e.], 1847 [SCHWEGLER, A. (org.)].

Códices e manuscritos:

Berlim. Cod. Berolinensis Latinus 532. (Folios 147^v-164^v, "Commentum beati Thomae de Aquino super... codice[m] qui et Turba dicitur Phylosophorum").

Florença. Biblioteca Medicea-Laurenziana. Ms. (Ashburnham 1.160) "Miscellanea d'alchimia", séc. XIV.

Munique. Staatsbibliothek. Codex Germanicus 598. "Das Buch der heiligen Dreifaltigkeit..." 1.420.

Oxford. Bodleian Library. Ms. Ashmole 1.394. Contém duas versões de RIPLEY'S "Cantilena", fol. 2-12, 41-44.

Oxford. Bodleian Library. Ms. Ashmole 1.479. Contém RIPLEY'S "Cantilena", fol. 223^v-225^v.

Oxford. Bodleian Library. Ms. Bruce 96 (Codex Brucianus). Cf. BAYNES, C.A. A Coptic Gnostic Treatise Contained in the Codex Brucianus. Cambridge, 1933.

Oxford. Bodleian Library. Ms. Digby 83, séc. XII. Contém "Epistola Ethelwoldi ad Gerbertum papam, de circuli quadratura", fol. 24. Paris. Bibliothèque de l'Arsenal. Ms. 3.022. "Vision advenue en songeant à Ben Adam..."

Paris. Bibliothèque Nationale. Ms. 2.327. "Livre sur l'art de faire l'or". 1.478.

Paris. Bibliothèque Nationale. Ms. français 14.765. Abraham le Juif: "Livre des figures hiéroglyphes".

St. Gallen. Codex Germanicus Alchemicus Vadiensis, séc. XVI. Küsnacht (Zurique). C.G. Jung Bibliothek. Ms. "Figurarum Aegyptiorum secretarum" [Provavelmente século XVIII].

CORDOVERO, M. Cf. *Kabbala denudata*.

Corpus Hermeticum, cf. *Hermetica.*

Corpus Inscriptionum Latinarum - Consilio et auctoritate Academiae Litterarum regiae Borussiae editum. 15 vols. Berlim: [s.e.], 1863s.

CRASSELAME, M., cf. TACHENIUS.

CRAWFORD, J.P. Wockersham: El Horóscopo del Hijo del Rey Alcaraz en el "Libro de Buen Amor". In: *Revista de Filologia Española* XII, Madri, 1925, p. 184-190.

CRAWLEY, A.E. *The Idea of the Soul.* Londres: [s.e.], 1909.

CUMONT, F. *Textes et monuments figurés relatifs aux mystères de Mithra.* 2 vols. Bruxelas: [s.e.], 1896/1899.

CURTIUS, E.R. *Europäische Literatur und lateinisches Mittelalter.* 2. ed. Berna: Francke, 1954.

————. *James Joyce und sein Ulysses.* Cf. *der Neuen Schweizer Rundschau.* Zurique: [s.e.] 1929.

CYRILLUS (de Jerusalém). Catéchèses mystagogicae. In: MIGNE. *Patrologia Latina* XXXIII, col. 1.066-1.128.

DALE, A. Van. *Dissertationes de origine ac progressu idololatriae et superstitionum*. Amsterdã: [s.e.], 1696.

DAMASCIUS DIADOCHUS. *Damascii successoris dubitationes et solutiones de primis principiis in Piatonis Parmenidem*. 2 vols. Paris: [s.e.], 1889 [RUELLE, C.E. (org.)].

DE GUBERNATIS, A. Cf. GUBERNATIS.

DELATTE, L. *Textes latins et vieux français relatifs aux Cyranides*. Bibliothèque de la Faculté de Philosophie et Lettres de l'Université de Liège CXIII. Liège, 1942.

De promissionibus et praedictionibus Dei. [Atribuído a PRÓSPERO DE AQUITANIA.] In: MIGNE. *Patrologia Latina* LI, col. 733-858.

DEUSSEN, P. *Allgemeine Geschichte der Philosophie* - Mit besonderer Berücksichtigung der Religionen. 2 vols. Leipzig: [s.e.], 1906/1914.

_____. *Die Geheimlehre des Veda* - Ausgewählte Texte der Upanishad's, aus dem Sanskrit übersetzt. 3. ed. Leipzig: [s.e.], 1909.

DIELS, H. *Die Fragmente der Versokratiker griechisch und deutsch*. 2 vols. 3.ed. Berlim: [s.e.], 1912.

DIODORUS SICULUS (Diodoro da Sicília). *Bibliotheca historica*. 5 vols. Leipzig: [s.e.], 1866-1868 [DINDORF, L. (org.)].

DIONYSIUS AREOPAGITA. De coelesti hierarchia. In: MIGNE. *Patrologia Graeco-Latina* III col., 119-320.

_____. De divinis nominibus. In: MIGNE. *Patrologia Graeco-Latina*. III col. 585-996.

DIOSCORIDES (Pedanius Dioscórides Anazarbeus). *De medica materia libri sex*. Lião: [s.e.], 1554.

DÖLGER, F.J. *Antike und Christentum*. 5 vols. Münster i. W.: [s.e.], 1929-1936.

_____. *Die Sonne der Gerechtigkeit und der Schwarze; eine religionsgeschichtliche Studie zum Taufgelöbnis*. Münster i. W.: [s.e.], 1918.

DREXELIUS, H. (Jeremias Drechsel). *Opera*. Munique: [s.e.], 1628.

DU CANGE, C. du F. *Glossarium ad scriptores mediae et infimae Graecitatis*. Acc. Etymologicum linguae Gallicae. 2 vols. Lião: [s.e.], 1688.

_____. *Glossarium mediae et infimae Latinitatis*. 10 vols. [IX/X]. Niort: [s.e.], 1883-1887.

Mysterium Coniunctionis – Rex e Regina... 417

DU PERRON, A. Cf. *Oupnek'hat, Das.*

ECKERT, E.E. *Die Mysterien der Heidenkirche, erhalten und fortgebildet im Bunde der alten und der neuen Kinder der Wittwe...* Schaffhausen: [s.e.], 1860.

ECKEHART, MEISTER. *Schriften und Predigten* - Aus dem Mittelhochdeutschen übersetzt und hg. von Hermann Büttner. 2 vols. 2. ed. Jena: [s.e.], 1909/1912.

_____. Cf. MEERPOHL.

_____. Cf. *Mystiker, deutsche.*

EISLER, R. *Weltenmantel und Himmelszelt* - Religionsgeschichtliche Untersuchungen zur Urgeschichte des antiken Weltbildes. 2 vols. Munique: [s.e.], 1910.

_____. Zur Terminologie und Geschichte der jüdischen Alchemie. In: *Monatsschrift für Geschichte und Wissenschaft des Judentums* LXX / n. F. XXXIV, Dresden: [s.e.], 1926, p. 194-201.

ELEAZAR, A. Cf. ABRAHAM ELEAZAR.

ELIADE, M. *Le Chamanisme et les techniques archaïques de l'extase*. Paris: Payot, 1951. Em alemão: *Schamanismus und archaische Ekstasetechnik*. Zurique: Rascher, 1957.

ELIEZER, cf. GANZ.

Encyclopaedia Judaica: das Judentum in Geschichte und Gegenwart. 15 vols. Berlim: Eschkol V., 1928s. [KLATZKIN, J. (org.)].

Encyclopaedia of Religions and Ethics. 13 vols. Edinburgh: T. & T. Clark, 1908-1926 [HASTINGS, J. (org.)].

EPHRAEM SYRUS (Efrém o Sírio). *Hymni et sermones*. 4 vols. Mecheln: [s.e.], 1882-1902 [LAMY, T.J. (org.)].

_____. *Opera omnia. Ins Lateinische übersetzt und g. von G. Voss.* 3. ed. Colônia: [s.e.], 1616. [De paenitentia, p. 561-584.]

EPIPHANIUS. *Ancoratus* [vol. I, p. 1-149]; *Panarium.* [vol. I, p. 169; vol. III, p. 496]. 3 vols. (Escritores cristãos gregos) Leipzig: [s.e.], 1915-1933 [HOLL, K. (org.)].

ERMAN, A. *Die Religion der Ägypter, ihr Werden und Vergehen in vier Jahrtausenden.* Berlim/Leipzig: Walter de Gruyter & Co., 1934.

418   Obra Completa — Vol. 14/2

EUCHERIUS LUGDUNENSIS (Euquério de Lião). Liber formularam spiritalis intelligentiae [De spiritalibus formulis]. In: *Divi Eucherii Episcopi Lugdunensis Commentarii in Genesim...* Roma: [s.e.], 1564.

EUSEBIUS. Constantini oratio ad sanctorum coetum. In: MIGNE. *Patrologia Graeco-Latina* XX, col. 1.233-1.316.

EUSTATHIUS MACREMBOLITES. *De Hysmines et Hysminiae amoribus libri* XI. Viena: [s.e.], 1876 [HILBERG, I. (org.)].

EUTHYMIOS ZIGADENOS. Panoplia dogmática. In: MIGNE. *Patrologia Graeco-Latina* CXXX [todo o vol.].

FERGUSON, J. *Bibliotheca chemica.* 2 vols. Glasgow: [s.e.], 1906.

FICINUS, M. (Marsilio Ficino). *Opera.* 2 vols. Basileia: [s.e.], 1576.

FIERZ-DAVID, L. *Der Liebestraum des Poliphilo* - Ein Beitrag zur Psychologie der Renaissance und der Moderne. Zurique: Rhein V., 1947.

FIGULUS, B. (Bento o Oleiro). *Rosarium novum olympicum et benedictum.* Basileia: [s.e.], 1808.

FIRMICUS MATERNUS, J. Liber de Errore profanaram religionum. In: *M. Minucii Felicis Octavius et Julii Firmici Materni Liber de errore profanaram religionum* (Corpus Scriptorum Ecclesiasticorum Latinorum II). Viena: [s.e.], 1867 [HALM, K. (org.)].

_____. *Matheseos libri* VIII. 2 vols. Leipzig: [s.e.], 1897/1913 [KROLL, W., SKUTSCH, F. e ZIEGLER, K. (org.)].

FLAMMEL, N. Cf. ORANDUS.

FRANCE, A. *L'Ile des pingouins.* Paris: [s.e.], 1908.

FRANZ, M.-L. von. *Aurora consurgens* - Ein dem Thomas von Aquin zugeschriebenes Dokument der alchemistischen Gegensatzproblematik [= vol. III da ed. original deste semivolume]. Zurique: Rascher, 1957.

_____. *Die Passio Perpetuae* - Versuch einer psychologischen Deutung. In: JUNG, C.G. *Aion.* Zurique: Rascher, 1951.

FRAZER, J.G. *The Golden Bough.* 12 vols. 3.ed. Londres: [s.e.], 1911-1915. (Part II: Taboo and the Perils of the Soul, Vol. III; Part III: The Dying God, Vol. IV; Part IV: Adonis, Attis, Osiris, Vol. V/VI; Part VII: Balder the Beautiful, Vol. X/XI).

Mysterium Coniunctionis – Rex e Regina... 419

FRESNOY. Cf. LENGLET DU FRESNOY.

FROBENIUS, L. *Das Zeitalter des Sonnengottes*. Berlim: [s.e.], 1904.

GALENUS, C. De simplicium medicamentorum facultatibus libri XI. In: *Epitome Galeni Pergameni operum...* Estrasburgo: [s.e.], 1604.

GANZ, R.D. *Chronologia sacro-profana*. Lião: [s.e.], 1644.

GARNERUS DE SANCTO VICTORE. Gregorianum. In: MIGNE. *Patrologia Latina* CXCIII, col. 9-462.

GEFFCKEN, J. *Die Oracula Sibyllina* (Escritores cristãos gregos). Leipzig: [s.e.], 1902.

[Gemma gemmarum.] *Dictionarium quod gemma gemmarum vocant, nuper castigatum*. Hagenau: [s.e.], 1518.

GEVARTIUS, J.C. *Electorum*. Libri III. Paris: [s.e.], 1619.

GHAZALI, A. *Die kostbare Perle im Wissen des Jenseits*. Hannover: [s.e.], 1924 [BRUGSCH, M. (org.)].

GIKATILLA, J. ben. *Shaare ora*. Offenbach: [s.e.], 1715.

Ginzā – Der Schatz oder das Grosse Buch der Mandäer. Übersetzt und erklärt von Mark Lidzbarski. Göttingen - Vandenhoeck & Ruprecht/ Leipzig: J.C. Hinrichs, 1925.

GLAUBER, J.R. *Tractatus de natura salium*. Amsterdã: [s.e.], 1658.

_____. *Tractatus de signatura salium, metallorum et planetarum*. Amsterdã: [s.e.], 1658.

GODEFRIDUS (Gottfried, abade de Admont). Homiliae dominicales. In: MIGNE. *Patrologia Latina* CLXXIV, col. 21-632.

GOETHE, J.W. von. *Werke*. 31 vols. Stuttgart: Cotta, 1827-1834. [Edição completa definitiva].

GOETZ, B. *Das Reich ohne Raum*. Potsdam: [s.e.], 1919. Reedição [com um comentário de Marie-Louise von Franz]. Zurique: Origo V., 1962.

GOLDSCHMIDT, A. *Die deutsche Buchmalerei*. 2 vols. Munique: Kurt Wolff, 1928.

GOLDSCHMIDT, G. Cf. Heliodori carmina.

GOODENOUGH, E.R. The Crown of Victory in Judaism. In: *Art Bulletin*. XXVIII/3. Yale: [s.e.], 1946, p. 139-159.

420   Obra Completa — Vol. 14/2

GRILL. Cf. *Atharvaveda, Hundert Lieder des.*

GOURMONT, R. De. *Le Latin mystique* - Les poètes de l'antiphonaire et la symbolique au moyen âge. 2. ed. Paris: Crès & Co., 1922.

GRATAROLUS (Guglielmo Gratarolo). *Verae alchemiae artisque metallicae, citra aenigmata...* Basileia: [s.e.], 1561.

GREGORIUS (Gregório Magno, papa). *Opera.* 2 vols. Paris: [s.e.], 1586.

Também:

_____. Homiliae in Ezechielem. In: MIGNE. *Patrologia Latina* LXXVI, col. 786-1.072.

_____. In librum primum Regum expositiones. In: MIGNE. *Patrologia Latina* LXXIX, col. 17-468.

_____. In septem Psalmos poenitentiales. In: MIGNE. *Patrologia Latina* LXXIX, col. 549-658.

_____. Moralia in Iob. In: MIGNE. *Patrologia Latina* LXXV, col. 509-LXXVI col. 782.

_____. Super Cantica Canticorum expositio. In: MIGNE. *Patrologia Latina* LXXIX, col. 471-548.

GRENFELL, B.P. & HUNT, A.S. *New Sayings of Jesus and Fragment of a Lost Gospel.* Oxford: [s.e.], 1904.

GRILL, J. Cf. *Atharvaveda, Hundert Lieder des.*

GRIMM, J. *Deutsche Mythologie.* 3 vols. 4. ed. Gutersloh: [s.e.], 1835 [MEYER, E.H. (org.)].

GRIMM, J. & WILHELM. Cf. *Kinder- und Hausmärchen.*

GRUENBAUM, M. *Jüdisch-deutsche Chrestomathie.* Leipzig: [s.e.], 1882.

GRUNWALD, M. Neue Spuk- und Zauberliteratur. In: *Monatsschrift für Geschichte und Wissenschaft des Judentums.* LXXVII / n. F. XLI. Dresden: [s.e.], 1933, p. 161-172.

GUBERNATIS, A. de. *Die Thiere in der indogermanischen Mythologie.* Trad. 2 partes. Leipzig: [s.e.], 1874.

GÜTERBOCK, H.G. *Kumarbi* - Mythen vom churritischen Kronos aus den hethitischen Fragmenten zusammengestellt, übersetzt und erklärt (Istambul Schriften XVI). Zurique/Nova York: Europa V., 1946.

Mysterium Coniunctionis — Rex e Regina... 421

HALLER, M. Das Hohe Lied. In: *Handbuch zum Alten Testament*. Tübingen: Mohr, 1940 [EISSFELDT, O. (org.)].

Handwörterbuch des deutschen Aberglaubens. 10 vols. Berlim: Walter de Gruyter & Co., 1927-1942 [BÄCHTOLD-STÄUBLI, H. (org.)].

HAMBURGER, J. Cf. *Real-Encyclopädie des Judentums*.

HARDING, M.E. *Woman's Mysteries*. 2. ed. Nova York: [s.e.], 1955. Em alemão: *Frauen-Mysterien – einst und jetzt*. (Com prefácio de C.G. Jung). Zurique: Rascher, 1949.

HARNACK, A. von. *Lehrbuch der Dogmengeschichte*. 3 vols. 5. ed. Tübingen: J.C.B. Mohr, 1931.

HASTINGS, J. Cf. *Encyclopaedia of Religion and Ethics*.

HEGEMONIUS. *Acta Archelai* (Os escritores cristãos gregos dos três primeiros séculos) Leipzig: [s.e.], 1906 [BEESON, C.H. (org.)].

HEILER, F. *Das neue Mariendogma im Lichte der Geschichte und im Urteil der Ökumene* (Ökumenische Einheit II). Munique/Basileia: E. Reinhardt, 1951.

HELD, H.L. Cf. ANGELUS SILESIUS.

[HELIODORÜS]. *Heliodori Carmina quattuor ad fidem codicis Casselani* (Religionsgeschichtliche Versuche und Vorarbeiten XIX/2). Giessen: Alfred Töpelmann, 1923 [GOLDSCHMIDT, G. (org.)].

HELLWIG, C. von. *Neu eingerichtetes Lexicon Medico-Chymicum, oder Chymisches Lexicon*. Frankfurt/Leipzig: [s.e.], 1711.

HENNECKE, E. Cf. *Apokryphen, Neutestamentliche*.

HENOCH. Cf. *Apokryphen, Die, und Pseudoepigraphen*.

[HERMAS]. *Hermae Pastor*. Graece add. vers. Lat. ... e cod. Palatino recens. Ose. de Gebhardt, Ad. Harnack (Patrum apostolicorum opera, fasc. III) Leipzig: [s.e.], 1877.

Hermetica. 4 vols. Oxford: Clarendon Press, 1924 até 1936 [SCOTT, W. (org.)].

HERODOTUS. *Historiarum*. Libri IX. 2 vols. Leipzig: [s.e.], 1899/1901 [DIETSCH, H.R. (org.)], [KALLENBERG, H. (org.)].

HERZOG, J.J. & HAUCK, A. Cf. *Realencyklopädie*.

HIERONYMUS. Epistola II ad Theodosium et caeteros anachoretas. In: *Opera* I/1, Epistolarum pars I (Corpus Scriptorum Ecclesiasticorum Latinorum LIV). Viena/Leipzig: [s.e.], 1910 [HILBERG, I. (org.)].

HILARIUS PICTAVORUM (Hilaire de Poitiers). In Evangelium Matthaei commentarius. In: *Opera* [col. 609-752]. Paris: [s.e.], 1693.

_____. Tractatus super Psalmos. In: MIGNE. *Patrologia Latina* IX, col. 231-908.

_____. De Trinitate libri XII. In: MIGNE. *Patrologia Latina* X, col. 25-472.

HILKA, A. *Der altfranzösische Prosa-Alexanderroman nach der Berliner Bilderhandschrift.* Halle: [s.e], 1920.

HIPPOLYTUS. *Elenchos* [= Refutatio omnium haeresium]. (Os escritores cristãos gregos dos primeiros três séculos) Leipzig: [s.e.], 1916 [WEND-LAND, P. (org.)].

HOCART, A.M. *Kings and Couneillors* (Egyptian University: Collection of Works published by the Faculty of Arts XII). Cairo: [s.e.], 1936.

HOFFMANN, E.T.A. Die Elixiere des Teufels. In: *Werke* II. Ao todo 5 vols. Zurique: Atlantis V., 1946.

HOLMYARD, E.J. Abu'l Qāsim al'-Iraqi. In: *Isis* VIII. Cambridge: Mass., 1926, p. 402-426.

_____. Cf. ABU'L-QASIM.

_____. Cf. Kitäb al-''ilm.

HOMERO. *Werke.* 2 vols. Stuttgart/Tübingen: [s.e.], 1842 [VOSS, J.H. (trad.)].

HONORIUS (de Autun). Opera. In: MIGNE. *Patrologia Latina* CLXXII:

_____. *Elucidarium* [col. 1.109-1.176].

_____. *Expositio in Cantica Canticorum* [col. 347-496].

_____. *Liber duodecim quaestionum* [col. 1.177-1.186].

_____. *Sacramentarium* [col. 737-806].

_____. *Sermo in Dominica in Palmis* [col. 913-922].

_____. *Sermo in Epiphania Domini* [col. 843-850].

_____. *Speculum de Mysteriis Ecclesiae* [col. 813-1.108].

HORAPOLLO NILIACUS. *The Hieroglyphics.* (Bollingen Series XXIII) Nova York: [s.e.], 1950 [BOAS, G. (trad.)].

[HORÁCIO (Quintus Horatius Flaccus)]. *Q' H' F' erklärt von Adolf Kiessimg.* 3 partes. Berlim: [s.e.], 1955-1957.

Mysterium Coniunctionis − Rex e Regina... 423

HORNEFFER, E. *Nietzsches Lehre von der ewigen Wiederkunft.* Leipzig: [s.e.], 1900.

HUGO DE S. VICTORE. De laude caritatis. In: MIGNE. *Patrologia Latina* CLXXVI, col. 969-976.

HURWITZ, S. Archetypische Motive in der chassidischen Mystik. In: *Zeitlose Dokumente der Seele* (Estudos de C.G. Jung-Institut III). Zurique: Rascher, 1952.

HUXLEY, A. *Grey Eminence* - A study in religion and politics. Londres: Chatto & Windus, 1941. Em alemão: *Die graue Eminenz* - Eine Studie über Religion und Politik. Zurique: Steinberg, 1948.

I Ging – Das Buch der Wandlungen. Jena: Eugen Diederichs, 1924 (Edição de bolso (6) Düsseldorf/Colônia: [s.e.],1960) [WILHELM, R. (trad. e org.)].

IGNATIUS VON LOYOLA. *Geistliche Übungen* - Übersetzung von Alfred Feder. Freiburg im Breisgau: Herder & Co., 1939 [FRENTZ, E.R. von. (org.)].

IRENAEUS (bispo de Lião). *Contra omnes haereses libri quinque.* Londres: [s.e.], 1702 [GRABE, J.E. (org.)].

ISIDORO DE SEVILHA. *De natura rerum.* Berlim: [s.e.], 1857 [BECKER, G. (org.)].

_____. *Liber etymologiarum.* Basileia: [s.e.], 1489.

IZQUIERDO, S. *Practica di alcuni esercitij spirituali di S. Ignatio.* Roma: [s.e.], 1686.

JACOBSOHN, H. *Die dogmatische Stellung des Königs in der Theologie der alten Ägypter* (Ägyptologische Forschungen VII). Glückstadt/Hamburgo/ Nova York: [s.e.], 1955.

JAFFÉ, A. Bilder und Symbole aus E.T.A. Hoffmanns Märchen Der Goldene Topf. In: *Gestaltungen des Unbewussten* (Psychologische Abhandlungen VII). Zurique: Rascher, 1950.

JASTROW, M.Jr. *Die Religion Babyloniens und Assyriens.* Trad. 3 vols. Giessen: [s.e.], 1905-1912.

JOEL, D.H. *Die Religionsphilosophie des Sohar.* Leipzig: [s.e.], 1849.

JOANNES CHRYSOSTOMUS. *Opera.* 5 vols. Basileia: [s.e.], 1522, IV: 1521 [CRATANDER, A. (org.)]

424 Obra Completa — Vol. 14/2

[JOHANNES VON KREUZ (Juan de la Cruz)]. *Des Heiligen J' v. K' sämtliche Werke*. 5 vols. Munique: Theatiner V., 1924-1932 [P. ALOYSIUS AB IMMACULATA CONCEPTIONC. (org.)].

João, Atos de. Cf. *Apokryphen, Neutestamentliche*.

JOSEPH BEN GIKATILLA. Cf. GIKATILLA.

JOYCE, J. *Ulysses*. Engl. Originalausgabe. Hamburgo/Paris/Bolonha: [s.e.], 1932. *Vom Verfasser geprüfte, definitive deutsche Ausgabe von Georg Goyert*. 2 vols. Zurique: Rhein V., 1930.

JUNG, C.G. * *Diagnostische Assoziationsstudien* - Beiträge zur experimentellen Psychopathologie. Vol. I. Leipzig: Barth V., 1906; Vol. II, 1909. Reedições em 1911 e 1915, respectivamente [*Ges. Werke* II].

_____. "Die transzendente Funktion". Escrito em 1916, e publicado a primeira vez in: *Geist und Werk*. Zurique: Rhein V., 1958 [*Ges. Werke* VIII (1967)].

_____. *Analytische Psychologie und Erziehung*. Heidelberg: Kampmann, 1926. Reedição: Zurique: Rascher, 1936 [*Ges. Werke* XVII].

_____. Geist und Leben. In: *Form und Sinn* II/2. Augsburg: [s.e.], 1926. Reedição in: Seelenprobleme der Gegenwart (*Psychologische Abhandlungen*. III). Zurique: Rascher, 1931. Reedições 1933, 1939, 1946 e 1950 [*Ges. Werke* VIII (1967)].

_____. *Die Beziehungen zwischen dem Ich und dem Unbewussten*. Darmstadt: Reichl, 1928. Reedições: Zurique: Rascher, 1933, 1935, 1939, 1945, 1950, 1960 e 1966 (broch.) [*Ges. Werke* VII (1964)].

_____. Instinkt und Unbewusstes. In: *Über die Energetik der Seele*. Cf. aí.

_____. Die Struktur der Seele. In: *Europäische Revue* IV/1. Berlim: [s.e.], 1928. Reedição in: *Seelenprobleme der Gegenwart*. Zurique: Rascher, 1931 [*Ges. Werke* VIII (1967)].

_____. *Über die Energetik der Seele* (*Psychologische Abhandlungen* II). Zurique: Rascher, 1928. Reedição ampliada: *Über psychische Energetik und das Wesen der Träume*. Zurique: Rascher, 1948 e 1965 (broch.) [*Ges. Werke* VIII (1967)].

_____. Ulysses. In: *Europäische Revue* VIII. Berlim: [s.e.], 1932. Reedição in: *Wirklichkeit der Seele*. Zurique: Rascher, 1934. Reedições 1939 e 1947 [*Ges. Werke* XV].

---

*Obras citadas neste volume em ordem cronológica.

_____. Bruder Klaus. In: *Neue Schweiser Rundschau* n. P. I/4. Zurique: [s.e.], 1933. [*Ges. Werke* XI (1963)].

_____. *Allgemeines zur Komplextheorie* (Kultur- und staatswissenschaftiliche Schriften der ETH XII). Aarau: Sauerländer, 1934. Reedições in: *Über psychische Energetik und das Wesen der Träume* (*Psychologische Abhandlungen* II). Zurique: Rascher, 1948 [*Ges. Werke* VIII (1967)].

_____. *The Interpretation of Visions* - Hektographierter Seminarbericht 1934.

_____. Vom Werden der Persönlichkeit. In: *Wirklichkeit der Seele*. Zurique: Rascher, 1934 [*Ges. Werke* XVII].

_____. Zur Empirie des Individuationsprozesses. In: *Eranos Jahrbuch* I (1933). Zurique: Rhein V., 1934. Reedição ampliada in: *Gestaltungen des Unbewussten* (*Psychologische Abhandlungen* VII). Zurique: Rascher, 1950 [*Ges. Werke* IX/1].

_____. Über die Archetypen des kollektiven Unbewussten. In: *Eranus Jahrbuch* II (1934). Zurique: Rhein V., 1935. Reedição in: *Von den Wurzeln des Bewusstseins* (*Psychologische Abhandlungen* IX). Zurique: Rascher, 1954 [Ges. Werke IX/1].

_____. Über den Archetypus, mit besonderer Berücksichtigung des Animabegriffes. In: *Zentralblatt für Psychotherapie* IX/5. Leipzig: [s.e.], 1936. Reedição in: *Von den Wurzeln des Bewusstseins* Zurique: Rascher, 1954 [Ges. Werke IX/1].

_____. Einige Bemerkungen zu den Visionen des Zosimos. In: *Eranos Jahrbuch* V (1937). Zurique: Rhein V., 1938. Reedição ampliada in: *Von den Wurzeln des Bewusstseins* (*Psychologische Abhandlungen* IX). Zurique: Rascher, 1954 [*Ges. Werke* XIII].

_____. *Psychologie und Religion*. Die Terry Lectures 1937, gehalten an der Yale University. Zurique: Rascher, 1940. Reedições 1942, 1947, 1961 e 1962 (broch.) [*Ges. Werke* XI].

_____. Die verschiedenen Aspekte der Wiedergeburt. In: *Eranos Jahrbuch* VII (1939). Zurique: Rhein V., 1940. Reedição ampliada "Über Wiedergeburt" in: *Gestaltungen des Unbewussten* (*Psychologische Abhandlungen* VII). Zurique: Rascher, 1950 [*Ges. Werke* IX/1].

_____. *Paracelsica* - Zwei Vorlesungen über den Arzt und Philosophen Theophrastus. Zurique: Rascher, 1942 [*Ges. Werke* XIII e XV].

_____. Das Wandlungssymbol in der Messe. In: *Eranos Jahrbuch* VIII (1940/1941). Zurique: Rhein V., 1942. Reedição ampliada in: *Von den Wur-

zeln des Bewusstseins (*Psychologische Abhandlungen* IX). Zurique: Rascher, 1954 [*Ges. Werke* XI (1963)].

_____. Zur Psychologie der Trinitätsidee. In: *Eranos Jahrbuch* VIII (1940/1941). Zurique: Rhein V., 1942. Reedição ampliada "Versuch zu einer psychologischen Deutung des Trinitätsdogmas" in: *Symbolik des Geistes*. Zurique: Rascher, 1948. Reedição 1953 [*Ges. Werke* XI (1963)].

_____. Der Geist Mercurius. In: *Eranos Jahrbuch* IX (1942). Zurique: Rhein V., 1943. Reedição ampliada in: *Symbolik des Geistes* (*Psychologische Abhandlungen* VI). Zurique: Rascher, 1948 e 1953 [*Ges. Werke* XIII].

_____. Zur Psychologie östlicher Meditation. In: *Mitteilungen der Schweiserischen Gesellschaft der Freunde ostasiatischer Kultur* V. Berna: [s.e.], 1943. Reedição in: *Symbolik des Geistes* (*Psychologische Abhandlungen* VI). Zurique: Rascher, 1948. Reedição 1953 [*Ges. Werke* XI].

_____. *Psychologie und Alchemie* (*Pychologische Abhandlungen* V). Zurique: Rascher, 1944. Reedição ampliada 1952 [*Ges. Werke* XII].

_____. Der philosophische Baum. In: *Verhandlungen der Naturforschenden Gesellschaft Basel* LVI/2. Basileia: [s.e.], 1945. Reedição in: *Von den Wurzeln des Bewusstseins* (*Psychologische Abhandlungen* IX). Zurique: Rascher, 1954 [*Ges. Werke* XIII].

_____. Vom Wesen der Träume. In: *Ciba Zeitschrift* IX/99. Basel: [s.e.], 1945. Reedição in: *Über psychische Energetik und das Wesen der Träume.* (*Psychologische Abhandlungen* II). Zurique: Rascher, 1948 [*Ges. Werke* VIII].

_____. *Die Psychologie der Übertragung* - Erläutert an Hand einer alchemistischen Bilderserie, für Ärzte und praktische Psychologen. Zurique: Rascher, 1946 [*Ges. Werke* XVI (1958)].

_____. Zur Psychologie des Geistes. In: *Eranos Jahrbuch* XIII (1945). Zurique: Rhein V., 1946. Reedição "Zur Phänomenologie des Geistes im Märchen" in: *Symbolik des Geistes* (*Psychologische Abhandlungen* VI). Zurique: Rascher, 1948 e 1953 [*Ges. Werke* IX/1].

_____. Über Mandalasymbolik. In: *Gestaltungen des Unbewussten* (*Psychologische Abhandlungen* VII). Zurique: Rascher, 1950 [*Ges. Werke* IX/1]. Cf. tb. JUNG, C.G. e WILHELM, R.

_____. *Aion* – Untersuchungen zur Symbolgeschichte (*Psychologische Abhandlungen* VIII). Zurique: Rascher, 1951 [*Ges. Werke* IX/2].

_____. *Antwort auf Hiob*. Zurique: Rascher, 1952. Reedições 1953 (revista), 1961 e 1967 (broch.) [*Ges. Werke* XI (1963)].

Mysterium Coniunctionis — Rex e Regina...

_____. *Symbole der Wandlung* - Analyse des Vorspiels zu einer Schizophrenie. 4. ed. refundida de "Wandlungen und Symbole der Libido" (1912). Zurique: Rascher, 1952 [*Ges. Werke* XII].

_____. Über Synchronizität. In: *Eranos Jahrbuch* XX (1951). Zurique: Rhein V., 1952 [*Ges. Werke* VIII]. Cf. tb. JUNG, C.G. e PAULI, W.

JUNG, C.G. & KERÉNY, K. *Einführung in das Wesen der Mythologie* - Das göttliche Kind / Das göttliche Mädchen. Zurique: Rhein V., 1951. [Escritos de JUNG in: *Ges. Werke* IX/1.]

JUNG, C.G. & PAULI, W. *Naturerklärung und Psyche* (Estudos de C.G. Jung- Institut IV). Zurique: Rascher, 1952. [Escritos de JUNG in: *Ges. Werke* VIII (1967).]

JUNG, C.G. & WILHELM, R. *Das Geheimnis der Goldenen Blüte*. Munique: Dorn V., 1929. Zurique: Rascher, 1938. Reedições 1939, 1944, 1948 e 1957. [Escritos de JUNG in: *Ges. Werke* XIII e XV.]

Obras de C.G. Jung citadas neste volume, traduzidas para o português e publicadas pela Editora Vozes:

_____. *Psicologia do inconsciente*. Petrópolis: Vozes, 2011 [OC, 7/1].

_____. *A energia psíquica*. Petrópolis: Vozes, 2011 [OC, 8/1].

_____. *Psicologia e religião*. Petrópolis: Vozes, 2011 [OC, 11/1].

_____. *O símbolo da transformação na missa*. Petrópolis: Vozes, 2011 [OC, 11/3].

_____. *Psicologia e alquimia*. Petrópolis: Vozes, 2011 [OC, 12].

_____. *Aion*: Estudos sobre o simbolismo do si-mesmo. Petrópolis: Vozes, 2011 [OC, 9/2].

_____. *Resposta a Jó*. Petrópolis: Vozes, 2011 [OC, 11/4].

_____. *Símbolos da transformação*. Petrópolis: Vozes, 2011 [OC, 5].

_____. *Sincronicidade*: Um princípio de conexões acausais. Petrópolis: Vozes, 2011 [OC, 8/3].

_____. *O segredo da flor`de ouro*: Um livro de vida chinês (JUNG, C.G. & WILHELM, R.).

428 Obra Completa — Vol. 14/2

Kabbala denudata. 2 vols. Sulzbach/Frankfurt: [s.e.], 1677/1884 [ROSEN-ROTH, K. von (org.)].

Katha-Upanishad. Cf. *Upanishads.*

KAUTZSCH, E. Cf. *Apokryphen, Die, und Pseudoephigraphen.*

KEES, H. *Der Götterglaube im alten Ägypten (Mitteilungen der Vorderasia-tisch-ägyptischen Gesellschaft XLV). Leipzig: [s.e.], 1941.*

KERÉNYI, K. *Das Ägäische Fest* – Die Meergötterszene in Goethes Faust II. (Albae Vigiliae XI). Amsterdã/Leipzig: Pantheon Akad. Verlagsanstalt, 1941.

_____. *Der göttliche Arzt. Studien über Asklepios und seine Kultstätte.* Zurique: Conzett & Huber, 1948 [CIBA AG. (org.)].

_____. *Die Mythologie der Griechen*: Die Götter- und Menschheitsges-chichten. Zurique: Rhein V., 1951.

_____. *Töchter der Sonne* - Betrachtungen über griechische Gottheiten. Zurique: Rascher, 1944.

_____. Cf. JUNG, C.G. e KERÉNYI.

KHUNRATH, H. *Amphitheatrum sapientiae.* Hanau: [s.e.], 1609.

_____. *Von hylealischen... Chaos.* Magdeburgo: [s.e.], 1597.

Kinder- und Hausmärchen, gesammelt durch die Brüder Grimm. Jubiläumsa-usgabe. 2 vols. ("Die Märchen der Weltliteratur"). Jena: [s.e.], 1912.

Kitäb al-'ilm al-muktasab fi zirä-'at adh-dhahab. (Book of Knowledge acqui-red concerning the Cultivation of Gold.). Paris: Librairie orientaliste Paul Geuthner, 1923 [HOLMYARD, E.J. (trad. e org.)].

KIRCHER, A. *Oedipus Aegyptiacus.* 3 vols. Roma: [s.e.], 1652-1654.

KÖHLER, R. *Kleinere Schriften zur erzählenden Dichtung des Mittelalters.* 3 vols. Berlim: [s.e.], 1898-1900.

KOEPGEN, G. *Die Gnosis des Christentums.* Salzburgo: [s.e.], 1939.

KOHUT, A. Die talmudisch-midraschische Adamssage in ihrer Rückbezie-hung auf die persische Yima- und Meshiasage. In: *Zeitschrift der Deutschen Morgenländischen Gesellschaft XXV.* Leipzig: [s.e.], 1871, p. 59-94.

KOPP, H. *Die Alchemie in älterer und neuerer Zeit.* 2 vols. Heidelberg: [s.e.], 1886.

KORAN, D. 4. ed. Bielefeld: [s.e.], 1857 [ULLMANN, L. (trad. do árabe e anotações)].

KNORR VON ROSENROTH. Cf. *Kabbala denudata.*

KRIEG, C.W. *Chinesische Mythen und Legenden.* Zurique: Fretz & Wasmuth, 1946.

LAJARD, F. Mémoire sur une représentation figurée de la Vénus orientale androgyne. In: *Nouvelles Annales de l'Institut Archéologique.* Section française, I. Paris: [s.e.], 1836, p. 161-212.

_____. *Recherches sur le cuite de Vénus.* Paris: [s.e.], 1849.

LAO-TSÉ. *Tao te King; das Buch des Alten vom Sinn und Leben.* Jena: [s.e.], 1911 [WILHELM, R. (trad. do chinês e notas)].

LARGUIER, L. *Le Faiseur d'or Nicolas Flamel* ("L'Histoire inconnue" IV). Paris: [s.e.], 1936.

LEISEGANG, H. *Der heilige Geist* - Das Wesen und Werden der mystischintuitiven Erkenntnis in der Philosophie und Religion der Griechen. Leipzig: [s.e.], 1919 [public., apenas vol. 1/1].

_____. *Die Gnosis* - Kröners Taschenausgaben XXXII. Leipzig: [s.e.], 1924.

LENGLET DU FRESNOY, P.N. *Histoire de la philosophie hermétique.* 3 vols. Paris/Haia: [s.e.], 1742.

LEO HEBRAEUS (Jehuda Abravanel). *Dialoghi di Amore.* Vinegia: [s.e], 1552.

LESSER, F.C. *Lithotheologie, oder natürliche Historie und geistliche Betrachtung der Steine.* Hamburgo: [s.e.], 1735.

Lexikon, Ausführliches, der griechischen und römischen Mythologie. Berlim: [s.e.], 1884s. [ROSCHER, W.H. (org.)].

LICETUS, F. *Allegoria peripatetica de generatione, amicitia et privatione in Aristotelicum aenigma Elia Lelia Crispis.* Pádua: [s.e.], 1630.

LIDZBARSKI, M. *Das Johannesbuch der Mandäer.* Giessen: [s.e.], 1915.

_____. Cf. *Ginzá.*

LIPPMANN, E.O. von. *Entstehung und Ausbreitung der Alchemie.* 3 vols. [s.l.]: [s.e.], 1919-1954.

LOHMEYER, E. Vom göttlichen Wohlgeruch. In: *Sitzungsberichte der Heidelberger Akademie der Wissenschaften.* Phil.-Hist. KL, IX. Heidelberg: [s.e.], 1919.

LORICHIUS, J. *Aenigmatum libellus.* Marburgo: [s.e.], 1540.

LULLUS, R. (Ramón Lull). *Liber qui codicillus seu vademecum inscrititur.* Colônia: [s.e.], 1563.

_____. Cf. *Theatrum chemicum britannicum.*

LU-CH'IANG-WU. Cf. WEY PO-YANG.

LUCIANUS (Samosatensis). *Opera.* Ex recognit. Caroli Iacobitz. 3 vols. Leipzig: [s.e.], 1884-1887:

_____. *Alexander s. Pseudomantis* [II p. 115-143].

_____. *De Dea Syria* [III p. 341-363].

[LUCIANO]. *Scholia in Lucianum.* Leipzig: [s.e.], 1906 [RABE, H. (org)].

Mabinogion, The. Londres: Every Man's Library, 1949 [JONES, G. e JONES, T. (trad.)]. ["Peredur son of Efrawg", p. 183s.] Em alemão: *Die vier Zweige des Mobinogi. Ein keltisches Sagenbuch.* Leipzig: Insel V., 1922 [BUBER, M. (trad. e org.)].

MACDONELL, A.A. *A Sanskrit-English Dictionary.* Londres: [s.e.], 1893.

MACROBIUS, A.A.T. *In somnium Scipionis.* Lião: [s.e], 1556.

_____. *Saturnalia.* Lião: [s.e.], 1556.

MAITLAND, E. *Anna Kingford* – Her Life, Letters, Diary, and Work. 2 vols. Londres: [s.e.], 1896.

MAJER, M. *Atalanta fugiens, hoc est, emblemata nova de secretis naturae chymica.* Oppenheim: [s.e.], 1618.

_____. *De circulo physico, quadrato, hoc est auro.* Oppenheim: [s.e.], 1616.

_____. *Jocus Severus.* Frankfurt: [s.e.], 1617.

_____. *Secretioris naturae secretorum scrutinium chymicum.* Frankfurt: [s.e.], 1687.

_____. *Symbola aureas mensae duodecim nationum.* Frankfurt: [s.e.], 1617.

MÂLE, E. *L'art religieux du XIIe siècle en France.* 2. ed. Paris: [s.e.], 1924.

MALVASIUS, C. (Carlo Cesare Malvasio). *Aelia Laelia Crispis non nata resurgens.* Bolonha: [s.e.], 1683.

MANGET(US), J.J. *Bibliotheca chemica curiosa.* Genebra: [s.e.], 1702.

Manichäische Handschriften der Staatlichen Museen Berlim. Stuttgart: [s.e.], 1935-1939 [SCHMIDT, C. (org.)]. [Public, apenas o vol. I].

Märchen, Kaukasische ("Die Märchen der Weltliteratur") Jena: [s.e.], 1920 [DIRR, A. (org.)].

MARSILIUS, F. Cf. FICINTTS.

MARTIAL(IS), M.V. *Epigrammaton libri.* 2 vols. Leipzig: [s.e.], 1886 [FRIEDLÄNDER, L. (trad. e org.)].

MEAD, G.R.S. *Thrice Greatest Hermes.* 3 vols. Londres: [s.e.], 1949.

MEERPOHL, F. *Meister Eckharts Lehre vom Seelenfünklein* (Abhandlungen zur Philosophie und Psychologie der Religion X). Würzburg: C.J. Becker V., 1926.

MEIER, C.A. *Antike Inkubation und moderne Psychotherapie* (Estudos de C.G. Jung-Institut I). Zurique: Rascher, 1949.

MEISTER ECKEHART. Cf. ECKEHART.

Merlin. Roman en prose du 13ᵉ s. 2 vols. Paris: [s.e.], 1886 [PARIS, G. e ULRICH, J. (org.)]. Em alemão: *Die Sagen von M' mit der Prophetia Merlini des Gottfried von Monmouth und der Vita Merlini.* Halle: [s.e.], 1853.

Midrash Rabbah. 10 vols. Londres e Bournemouth: [s.e.], 1951 [FREEDMAN, W. e SIMON, M. (org.)].

MORET, A. *Du caractère religieux de la royauté pharaonique.* Paris: Thèse, 1902. (In: *Annales du Musée Guimet* XV, 1922.)

_____. *Mystères égyptiens.* Paris: [s.e.], 1922.

MORRIS, R. *Legends of the Holy Rood.* Londres: [s.e.], 1871.

MÜLLER, E. *Der Sohar und seine Lehre* - Einführung in die Kabbalah. Viena: [s.e.], 1920.

_____. Cf. tb. *Sohar, Der.*

MURMELSTEIN, B. Adam. Ein Beitrag zur Messiaslehre. In: *Wiener Zeitschrift für die Kunde des Morgenlandes* XXXV. Viena: [s.e.], 1928, p. 242-275; e XXXVI (1929), p. 51-86.

MYLIUS, J.D. *Philosophia reformata.* Frankfurt: [s.e.], 1622.

Mystiker, Deutsche, des 14. Jahrhunderts. 2 vols. Leipzig: [s.e.], 1845/1857 [PFEIFFER, F. (org.)].

NEIHARDT, J.G. *Black Elk Speaks* - Being the Life Story of a Holy Man of the Og[a]lala Sioux. Nova York: [s.e.], 1932.

NELKEN, J. Analytische Beobachtungen über Phantasien eines Schizophrenen. In: *Jahrbuch für psychoanalytische und psychopathologische Forschungen* IV. Leipzig/Viena: [s.e.], 1912.

NESTLE, E. Der süsse Geruch als Erweis des Geistes. In: *Zeitschrift für die neutestamentliche Wissenschaft* VII. Giessen: [s.e.], 1906, p. 95/96.

NEUMANN, E. *Ursprungsgeschichte des Bewusstseins.* Zurique: Rascher, 1949. [Com prefácio de C.G. Jung].

NEWMAN, J.H. (Cardeal). *An Essay on the Development of Christian Doctrine.* Londres: [s.e.], 1845.

NIEDNER, F. *Edda.* Götterdichtung und Spruchdichtung ("Thüle" II). Jena: [s.e.], 1920.

NIETZSCHE, F. *Also sprach Zarathustra.* Werke VI. Leipzig: [s.e.], 1901.

Nova Acta Paracelsica. *Jahrbuch der Schweizerischen Paracelsus-Gesellschaft* V. Einsiedeln: [s.e.], 1949.

ORANDUS, E. *Nicholas Flammel* - His Exposition of the Hieroglyphical Figures... Londres: [s.e.], 1624.

ORÍGENES. Contra Celsum. In: MIGNE. *Patrologia Graeco-Latina* (= P.G.-L.) XIV, col. 637-1.632.

_____. De oratione. In: *Migne. P.G.-L.* XI, col. 415-562.

_____. In Cantica Canticorum homiliae. In: MIGNE. *P.G.-L.* XIII, col. 37-58.

_____. In Exodum homiliae. In: MIGNE. *P.G.-L.* XII, col. 297-396.

_____. In Ezechielem homiliae. In: MIGNE. *P.G.-L.* XIII, col. 665-768.

_____. In Genesim homiliae. In: MIGNE. *P.G.-L.* XII, col. 145-262.

_____. In Leviticum homiliae. In: MIGNE. *P.G.-L.* XII, col. 405-574.

_____. In Numeros homiliae. In: MIGNE. *P.G.-L.* XII, col. 585-806.

_____. In Librum Regnorum homiliae. In: MIGNE. *P.G.-L.* XII, col. 995-1.027.

_____. Peri Archon libri IV. In: MIGNE. *P.G.-L.* XI, col. 115-414.

OROSIUS, P. Ad Aurelium Augustinum commonitorium. In: *Priscilliani quae supersunt... accedit Orosii commentarium de errore Priscillianistarum et Origenistarum* (Corpus Scriptorum Ecclesiasticorum Latinorum). Praga/Leipzig/Viena: [s.e.], 1889.

Orphica. Leipzig/Praga: [s.e.], 1885 [ABEL, E. (org.)].

Oupnek' hat, Das. Die aus den Veden zusammengefasste Lehre von dem Brahm.. Dresden: [s.e.], 1882 [MISCHEL, F. e PERRON, A. du (org.)].

OVÍDIO (Publius Ovidius Naso). Metamorphoseon. In: *P' O' Nasonis opera.* Amsterdã: [s.e.], 1630.

PACHYMERES, G. Cf. DIONYSIUS. *De coelesti hierarchia.*

Pandora, das ist die edlest Gab Gottes... Basileia: [s.e.], 1588 [REUSNER, H. (org.)].

Papyri Graecae Magicae. Die griechischen Zauberpapyri. 2 vols. Berlim: B. G. Teubner, 1928-1931 [PREISENDANZ, K. et al. (trad. e org.)].

Pariser Zauberpapyrus, Der Grosse. Cf. *Papyri Graecae Magicae.*

Passio Sanctarum Perpetuae et Felicitatis. Nijmegen: M.J. van Beek, 1936 [CORNELIUS IOANNES (org.)].

_____. Cf. FRANZ, M.-L. von. *Die Passio Perpetuae.*

PAULINUS (de Aquileia). Liber exhortationis ad Henricum Forojuliensem. In: MIGNE. *Patrologia Latina* XCIX, col. 197-282.

PAULINUS (de Nola). Poema 25. In: MIGNE. *Patrologia Latina* LXI, col. 633-638.

PAULY-WISSOWA. Cf. *Realencyclopädie, Paulys.*

PAUSANIAS. *Graeciae Descriptio.* 5 vols. Leipzig: [s.e.], 1822-1827 [SIEBELIS, C.G. (org.)].

PERNETY, A.-J. *Dictionnaire Mytho-Hermétique.* Paris: [s.e.], 1758.

_____. *Les Fables égyptiennes et grecques.* 2 vols. Paris: [s.e.], 1758.

PFEIFFER, F. Cf. *Mystiker, Deutsche.*

PHILO IUDAEUS (Alexandrinus). *Opera quae supersunt.* 7 vols. Berlim: [s.e.], 1896-1926 [COHN, L. e WENDLAND, P. (org.)].

PICINELLUS, P. (Filipo Picinello). *Mundus symbolicus.* 2 vols. Colônia: [s.e.], 1687.

PICO DELLA MIRANDOLA, G. *Opera omnia.* Basileia: [s.e.], 1557.

Pirkê de Rabbi Eliezer. Cf. GANZ.

Pistis Sophia. Londres: [s.e.], 1955 [MEAD, G.R.S. (trad. e org.)]. Edição alemã de SCHMIDT, C. Leipzig: [s.e.], 1925.

PITRA, G.B. *Analecta sacra spicilegio Solesmensi praeparata*. 8 vols. Paris: [s.e.], 1876-1891.

PARACELSUS (Theophrastus Bombastus von Hohenheim). *Sämtliche Werke*. 14 vols. Munique/Berlim: R. Oldenbourg, 1922-1935 [SUDHOFF, C. (org.)]. Escritos citados neste volume:

_____. *Liber Azoth*. XIV, p. 547-595.

_____. *Deutsche Originalfragmente zu den fünf Büchern De vita longa* III, p. 293-308.

_____. *De generationibus rerum naturalium* (Livro I de "De natura rerum") XI, p. 312-320.

_____. *Von dem honig*. II, p. 193-204.

_____. *Labyrinthus medicorum errantium* XI, p. 161-220.

_____. *Lumen apothecariorum spagirorum* II, p. 192.

_____. *De natura rerum* XI, p. 307-403.

_____. *Das Buch Paragranum* VIII, p. 135-221.

_____. *Vorrede und erste beide Bücher des Paragranum* VIII, p. 31-113.

_____. *De pestilitate* XIV, p. 597-661.

_____. *De occulta philosophia* XIV, p. 513-542.

_____. *Philosophia ad Athenienses* XIII, 387-423.

_____. *Scholia et observationes in Poëmata Macri* III, p. 381-424.

_____. *Von den ersten dreien Principiis oder Essentiis* III, p. 1-11.

_____. *Das Buch von den tartarischen Krankheiten* XI, p. 15-121.

_____. *De vita longa* III, p. 247-291.

PIO XII (Papa). Cf. *Acta Apostolicae Sedis*.

PLATO. *Sämtliche Werke*. 3 vols. Heidelberg: Lambert Schneider, 1957.

PLINIUS, S.C. *Naturalis historiae*. Libri XXXVII. Rec. Car. Mayhoff. 6 vols. Leipzig: [s.e.], 1875-1906. Em alemão: *Die Naturgeschichte des P' S' C'*. 6 vols. Leipzig: [s.e.], 1881/1882 [WITTSTEIN, G.C. (org.)].

PLOTINUS. *Opera*. 2 vols. Paris: Desclée de Brouwer & Co., 1951 [HENRY, P. e SCHWYZER, H.R. (org.)]. I. Porphyrii Vita Plotini; Enneades I-III. II: Enneades IV-V.

Mysterium Coniunctionis — Rex e Regina...

[PLUTARCO]. *P' Chaeronensis quae supersunt omnia; cum adn. varior.* ... *Opera Joa. Geo. Hutten.* 14 vols. Tübingen: [s.e.], 1791-1804.

PORDAGE, J. *Sophia.* Amsterdã: [s.e.], 1699.

PORPHYRIUS, M. *Ad Marcellam. Gr. et Lat. declar. A. Maius.* Milão: [s.e.], 1816.

PREUSCHEN, E. *Antilegomena.* Giessen: [s.e.], 1901.

PROCLUS. *Commentarius in Piatonis Timaeum Graece Recens.* Pressburg: C.F. Chr. Schneider, 1847.

RABANUS MAURUS. Allegoriae in Sacram Scripturam. In: MIGNE. *Patrologia Latina.* CXII col. 849-1.088.

RADHA-KRISHNAN, S. *Indian Philosophy.* 2 vols. Londres/Nova York: G. Allen & Unwin/Mcmillan & Co., 1923. Em alemão: *Indische Philosophie.* 2 vols. Darmstadt: Holle, 1955.

RAHNER, H. Antenna Crucis II Das Meer der Welt. In: *Zeitschrift für katholische Theologie* LXVI. Innsbruck: [s.e.], 1942, p. 89-118.

_____. Das christliche Mysterium von Sonne und Mond. In: *Eranos Jahrbuch* X (1943). Zurique: Rhein V., 1944, p. 305-404.

_____. Flumina de ventre Christi. In: *Biblica* XXII. Roma: [s.e.], 1941, p. 269-302, 367-403.

_____. Die Gottesgeburt. In: *Zeitschrift für katholische Theologie* LIX. Innsbruck: [s.e.], 1935, p. 333-418.

_____. Mysterium Lunae. In: *Zeitschrift für katholische Theologie* LXIII. Innsbruck: [s.e.], 1939, p. 311-349, 428-442; LXIV (1940), p. 61-80, 121-131.

_____. Die seelenheilende Blume. In: *Eranos Jahrbuch* XII (1945). Zurique: Rhein V., 1946, p. 117-239.

[RAMANUJA]. *The Vedanta-Sutras with the Commentary of Ramanuja* (Sacred Books of the East XXXIV, XXXVIII, XLVIII). 3 vols. Oxford: [s.e.], 1890-1904 [THIBAUT, G. (trad.)].

READ, J. *Prelude to Chemistry* - An Outline of Alchemy... G. Londres: Bell & Sons Ltd., 1936.

Real-Encyclopädie des Judentums. 2 partes e 6 supl. 3 vols. Strelitz i. M./Leipzig: [s.e.], 1896-1901. [Elaborada por HOMBERGER, J.]

Realencyclopädie, Paulys, der classischen Altertumswissenschaft. Stuttgart: [s.e.], 1894s. [WISSOWA, G. (refund. e org.)].

Realencyklopädie für protestantische Theologie und Kirche. 24 vols. Leipzig: [s.e.], 1896-1913 [HERZOG, J.J. e HAUCK, A. (org.)].

REITZENSTEIM, R. *Die hellenistischen Mysterienreligionen* - Ihre Grundgedanken und Wirkungen. Leipzig/Berlim: [s.e.], 1910.

_____. *Poimandres* – Studien zur griechisch-ägyptischen und frühchristlichen Literatur. Leipzig: [s.e.], 1904.

_____. *Zwei religionsgeschichtliche Fragen* - Nach ungedruckten griechischen Texten der Strassburger Bibliothek. Estrasburgo: [s.e.], 1901.

REITZENSTEIM, R. & SCHAEDER, H.H. *Studien zum antiken Synkretismus aus Iran und Griechenland.* Leipzig/Berlim: B.G. Teubner, 1926.

REUCHLIN, J. *De arte cabbalistica.* Hagenau: [s.e.], 1517.

_____. *De verbo mirifico.* Lião: [s.e.], 1552.

REUSNER, H. Cf. *Pandora.*

RHINE, J.B. *New Frontiers of the Mind.* Nova York/Toronto: Farrar & Rinehart, 1937. Em alemão: *Neuland der Seele.* Stuttgart: Deutsche Verlagsanstalt, 1938.

_____. *The Reach of the Mind.* Londres: Faber & Faber, 1948.

RIESSLER, P. *Altjüdisches Schrifttum ausserhalb der Bibel.* Augsburgo: [s.e.], 1928.

Rgveda, Lieder des. Göttingen: [s.e.], 1913 [HILLEBRANDT, A. (trad. e org.)].

RIPLAEUS, G. (George Ripley). *Chymische Schriften.* Erfurt: [s.e.], 1624.

_____. *Omnia opera chemica.* Kassel: [s.e.], 1649.

ROHDE, E. *Psyche.* Seelenkult und Unsterblichkeitsglaube der Griechen. 2 vols. Freiburg im Breisgau/Leipzig: [s.e.], 1890/1894.

ROSCHER, W.H. Cf. *Lexikon, Ausführliches.*

ROSENCREUTZ, C. *Chymische Hochzeit.* Estrasburgo: [s.e.], 1616.

ROUSSELLE, E. Drache und Stute. Gestalten der mythischen Welt chinesischer Urzeit. In: *Eranos Jahrbuch* II (1934). Zurique: Rhein V., 1935, p. 11-33.

RULAND(US), M. *Lexicon alchemiae sive dictionarium alchemisticum*. Frankfurt: [s.e.], 1612.

RUPESCISSA, J. de. *La Vertu et la propriété de la quintessence*. Lião: [s.e.], 1581.

RUSKA, J. *Buch der Alaune und Salze* (De speciebus salium). Berlim: [s.e.], 1905.

_____. Die Vision des Arisleus. In: *Georg Sticker Festschrift*: Historische Studien und Skizzen zur Natur- und Heilwissenschaft. Berlim: [s.e.], 1930.

_____. Studien zu Muhammed ibn Umail. In: *Isis* XXIV. Brügge: [s.e.], 1935-1936, p. 310-342.

_____. *Tabula Smaragdina* – Ein Beitrag zur Geschichte der hermetischen Literatur. Heidelberg: Carl Winters Universitätsbuchhandlung, 1926.

_____. *Turba Philosophorum* – Ein Beitrag zur Geschichte der Alchemie. Berlim: Julius Springer, 1931.

Saint-Graal, Le, ou le Joseph d'Arimathie. Première branche des romans de la table ronde. 3 vols. Le Mans: [s.e.], 1875-1878 [HUCHER, E. (org.)].

SCHAEDER, H.H. Urform und Fortbildungen des manichäischen Systems. In: *Vorträge der Bibliothek Warburg 1924/1925*. Leipzig: [s.e.], 1927, p. 65-157.

SCHEFFLER, J. Cf. ANGELUS SILESIUS.

SCHEFTELOWITZ, I. *Die altpersische Religion und das Judentum*. Giessen: [s.e.], 1920.

_____. Das Fischsymbol in Judentum und Christentum. In: *Archiv für Religionswissenschaft* XIV. Leipzig: [s.e.], 1911, p. 321-385.

SCHMIDT, C. Cf. *Manichäische Handschriften*.

SCHMIEDER, K.C. *Geschichte der Alchemie*. Halle: [s.e.], 1832.

SCHOLEM, G.G. *Das Buch Bahir* (Quellen und Forschungen zur Geschichte der jüdischen Mystik I). Leipzig: [s.e.], 1923.

_____. *Major Trends in Jewish Mysticism*. Jerusalem: Schocken Publishing House, 1941.

_____. Zu Abraham Eleazars Buch und dem Esch Mazareph. In: *Monatsschrift für Geschichte und Wissenschaft des Judentums*. LXX / n. F. XXXIV. Dresden: [s.e.], 1926, p. 202-209.

SCHREBER, D.P. *Denkwürdigkeiten eines Nervenkranken, nebst Nachträgen.* Leipzig: [s.e.], 1903.

SCHULTZ, W. *Dokumente der Gnosis.* Jena: [s.e.], 1910.

SCHULTZE, F. *Psychologie der Naturvölker.* Leipzig: [s.e.], 1900.

SCHWARTZ, C. Explanatio inscriptionis cuiusdam veteris. In: *Acta Eruditorum.* Leipzig: [s.e.], 1727, p. 332-335.

SCHWEITZER, A. *Geschichte der Leben-Jesu-Forschung.* 5. ed. Tübingen: J.C.B. Mohr, 1933.

SCOTT, W. Cf. Hermetica.

SENIOR (Zadith filius Hamuel). *De chemia senioris antiquissimi philosophi libellus.* [s.l.]: [s.e.], [s.d.] [1566?].

Serpent Power, The... Two works on Tantrik Yoga, translated from the Sanskrit, with introduction and commentary by Arthur Avalon. Londres: [s.e.], 1919.

[SERVIUS]. *Servii Grammatici qui feruntur in Vergilii Carmina commentarii.* 3 vols. Leipzig: [s.e.], 1878-1902 [THILO, G. e HAGEN, H. (org.)].

SIECKE, E. *Beiträge zur genauen Kenntnis der Mondgottheit bei den Griechen.* Berlin: [s.e.], 1885.

SILBERER, H. *Probleme der Mystik und ihrer Symbolik.* Viena/Leipzig: [s.e.], 1914.

[SOCRATES SCHOLASTICUS]. Socratis Sch'i et Hermiae Sozomeni historia ecclesiastica. In: MIGNE. *Patrologia Graeco-Latina* LXVII [todo o vol.].

Sohar, Der. Das heilige Buch der Kabbala. Viena: V. Dr. Heinrich Glanz, 1932 [MÜLLER, E. (org.)].

———. Cf. tb. MÜLLER, E.

SPIEGELBERG, W. Der Gott Bait in dem Trinitätsamulett des Britischen Museums. In: *Archiv für Religionswissenschaft* XXI. Leipzig/Berlim: [s.e.], 1922, p. 225-227.

SPITTELER, C. *Olympischer Frühling.* 4 partes. Leipzig: [s.e], 1900-1905.

Splendor Solis. Cf. TRISMOSIN.

SPON, J. & WHELER, G. *Voyage d'Italie, de Dalmatie, de Grèce et du Levant fait aux années 1675 et 1676.* 2 vols. Amsterdã: [s.e.], 1679.

STADTMUELLER, H. Cf. *Anthologia Graeca*.

STAPLETON, H.E. & HUSAIN, M.H. Muhammad bin Umail: His Date, Writings, and Place in Alchemical History. In: *Memoirs of the Asiatic Society of Bengal* XII. Calcutá: [s.e.] 1933.

STEEB(US), J.C. *Coelum Sephiroticum Hebraeorum*. Moguncia: [s.e.], 1679.

STEINER(US), H. *Dissertatio chymico-medica inauguralis De Antimonio*. Basileia: [s.e.], 1699.

STOLCIUS DE STOLCENBERG, D. *Viridarium chymicum figuris cupro incisis adornatum*. Frankfurt: [s.e.], 1624.

SUIDAS. *Lexicon*. 5 partes (Lexicographi Graeci I). Leipzig: B.G. Teubner, 1928-1938 [ADLER, A. (org.)].

TABERNAEMONTANUS, J.T. *Neu vollkommen Kräuterbuch*. 2 vols. Basileia: [s.e.], 1731.

Tabula smaragdina. Cf. RUSKA.

TACHENIUS, O. [Marcantonio Crasselame]. *Lux obnubilata suapte natura refulgens*. Vera de lapide philosophico theorica metro italico descripta... Veneza: [s.e.], 1666.

Talmud, Der babylonische. Hebräisch und deutsch. Mit Einschluss der vollständigen Misnah. 9 vols. Leipzig/Den Haag: [s.e.], 1899-1935 [GOLDSCHMIDT, L. (org.)].

Tao te King. Cf. LAOTSE.

TERESA DE AVILA (Teresa de Cepeda, de Jesu). *Sämtliche Schriften*. Trad. segundo a edição espanhola de Silverio de S. Teresa... Alkofer. 6 vols. Munique: Kösel, 1956-1963.

TERSTEEGEN, G. *Geistliches Blumengärtlein inniger Seelen*. Frankfurt/Leipzig: [s.e.], 1778.

TERTULLIANUS. De monogamia. In: MIGNE. *Patrologia Latina* I e II [o vol. todo, ambos].

TETZEN, J. de (Johannes Ticinensis). Processus de lapide philosophorum. In: *Johannes Ticinensis, Anthonii de Abbatia, Edoardi Kellaei Drey chymische Bücher*. Hamburgo: [s.e.], 1670.

THEODORETUS CYRENSIS (bispo de Cyrus). Haereticarum fabularum compendium. In: MIGNE. *Patrologia Graeco-Latina* LXXXIII, col. 335-556.

THEOPHILUS ANTIOCKENSIS (bispo de Antioquia). Opera. In: MIGNE. *Patrologia Graeco-Latina* VI.

THOMAS AQUINAS (de Aquino). *Summa theologica* (Edição alemã de Santo Tomás). Salzburg/Leipzig [mais tarde Verte, Heidelberg e Styria, Graz]: Pustet, 1933s.

THORNDIKE, L. *A History of Magic and Experimental Science*. 8 vols. Nova York: [s.e.], 1923-1958.

THORPE, B. A Dialogue between Saturn and Solomon. In: *Analecta Anglo-Saxonica*. Londres: [s.e.], 1834, p. 95-100.

Tomé, Atos de. Cf. *Apokryphen, Neutestamentliche*.

TONIOLA, J. *Basilea sepulta retecta continuata*. Basileia: [s.e.], 1661.

TRAUBE, L. O Roma nobilis. Philologische Untersuchungen aus dem Mittelalter. In: *Abhandlungen der philosophisch-philologischen Classe der Königl. Bayerischen Akademie der Wissenschaften* XIX. Munique: [s.e.], 1892, p. 299-392.

TRISMOSIN, S. *Aureum vellus, oder Guldin Schatz und Kunstkammer*. Rorschach: [s.e.], 1598 [tractatus III: Splendor Solis].

TSCHARNER, E.H. von. Das Vermächtnis des Laotse. In: *Der Bund*. 13 e 20 junho. Berna: [s.e.], 1934.

Turba philosophorum. Cf. RUSKA.

TYLOR, E.B. *Primitive Culture*. 2 vols. Londres: [s.e.], 1871.

Upanishads, The. Partes I, II (Sacred Books of the East I, XV). Oxford: [s.e.], 1879, 1884 [MÜLLER, M. (org.)].

USENER, H. *Das Weihnachtsfest*. Bonn: [s.e.], 1911.

VALENTINUS, B. *Chymische Schriften all...* Hamburgo: [s.e.], 1700.

VAN BEEK, C.I. Cf. *Passio SS. Perpetuae...*

[VAUGHAN, T.]. *The Works of Th' V*: Eugenius Philalethes. Londres: [s.e.], 1919 [WAITE, A.E. (org.)].

VERANIUS, C.F. *Pantheon argenteae elocutionis*. Frankfurt: [s.e.], 1712.

Verus Hermes. [Não disponível.]

VIGNON, P. *The Shroud of Christ*. Westminster: [s.e.], 1902. [Traduzido do francês.]

VITUS, R.B. (Richard White of Basingstoke). *Aelia Laelia Crispis epitaphium quod in agro Bononensi adhuc videtur*. Dortrecht: [s.e.], 1618.

Volksmärchen, Chinesische. ("Die Märchen der Weltliteratur") Jena: [s.e.], 1917. [Trad. e introd. de Richard Wilhelm.]

WAITE, A.E. *The Holy Kabbalah* – A Study of the Secret Tradition in Israel. Londres: Williams & Norgate, 1929.

_____. *The Real History of the Rosicrucians*. Londres: [s.e.], 1887.

_____. Cf. VAUGHAN.

WALCH, C.W.F. *Entwurf zu einer vollständigen Historie der Ketzereien...* 11 partes. Leipzig: [s.e.], 1762-1783.

WEGMANN, H. Das Rätsel der Sünde. In: *Gottesglaube und Welterlebnis* (III). Leipzig: [s.e.], 1937.

WEI PO-YANG. Cf. WU e DAVIS.

WEIL, G. *Biblische Legenden der Musulmänner*. Frankfurt: [s.e.], 1845.

WELLING, G. von. *Opus Mago-Cabbalisticum et Theosophicum*. Hamburgo: [s.e.], 1735.

WERNER, E.T.C. *Myths and Legends of China*. Londres: G.G. Harrap & Co., 1922.

WHITE, V. The Scandal of the Assumption. In: *Life of the Spirit* V. Oxford: [s.e.], 1950, p. 199-212.

WICKES, F.G. *The Inner World of Man*. Nova York/Toronto: Farrar & Rinehart, 1938. Em alemão: *Von der inneren Welt des Menschen* (Com introdução de C.G. Jung). Zurique: Rascher, 1953.

WIELAND, C.M. *Dschinistan, oder auserlesene Feen- und Geistermärchen*. 3 vols. Winterthur: [s.e.], 1786-1789 [Der Stein der Weisen: I, p. 218-279].

WILAMOVITZ-MOELLENDORFF, U. von. *Isyllos von Epidaurus* (Philologische Untersuchungen IX). Berlim: [s.e.], 1886.

WILHELM, R. *Das Geheimnis der Goldenen Blüte* – Ein chinesisches Lebensbuch (Com um comentário europeu de C.G. Jung). Zurique: Rascher, 1929 [5. ed. 1965].

_____. Cf. *Volksmärchen, Chinesische*.

WINTER, J. & WÜNSCHE, A. *Die jüdische Literatur seit Abschluss des Kanons*. 3 vols. Trier: [s.e.], 1894-1896.

WITTEKINDT, W. *Das Hohe Lied und seine Beziehungen zum Istarkult.* Hannover: Orient-Buchhandlung H. Lafaire, 1926.

WOLBERO (abade de S. Pantaleão, Colônia). Commentaria super Canticum Canticorum. In: MIGNE. *Patrologia Latina* CXCV, col. 1.001-1.278.

WÜNSCHE, A. *Die Sagen vom Lebensbaum und Lebenswasser* (Ex Oriente Lux 1/2 e 3). Leipzig: [s.e.], 1905.

_____. *Salomos Thron und Hippodrom* – Abbilder des babylonischen Himmelsbildes. (Ex Oriente Lux II/3). Leipzig: [s.e.], 1906.

_____. *Schöpfung und Sündenfall des ersten Menschenpaares im jüdischen und moslemischen Sagenkreise* (Ex Oriente Lux H/4). Leipzig: [s.e.], 1906.

WU, L.-C. & DAVIS, T.L. An Ancient Chinese Treatise on Alchemy entitled T'san T'ung Ch'i. In: *Isis* XVIII. Bruges: [s.e.], 1932, p. 210-289.

ZIMMER, H. *Der Weg zum Selbst* – Lehre und Leben des indischen Heiligen Ramana Maharshi aus Tiruvannamalai. Zurique: Rascher, 1944.

ZÖCKLER, O. *Das Kreuz Christi* – Religionshistorische und kirchlicharchäologische Untersuchungen. Gutersloh: [s.e.], 1875.

ZÓSIMO. Cf. BERTHELOT.

Em obras mais recentes (de 1920 em diante), quando possível, também se indica o nome da editora.

Índice onomástico*

Abbeg R_5: *190*
Abelardo R_5: *268*
Abraham C.I., cf. Herrera
Abraham le J. 377
Abu'l Q. 49/ R_4: *112, 186/* R_6: *40*
Acta A., cf. Hegemonius
Adler, A. R_4: *405*
Aegidius de V. R_6: *8, 130*
Aelianus R_6: *173*
Aenigmata Philosophorum, cf.
Visio Arislei
Aesch M. R_5: *297*
Africanus R_4: *15*
Agostinho 60, 233/ R_4: *139, 248,
415/* R_5: *40, 78, 170*
Aigremont R_6: *151*
Al' Iraqui R_6: *170*
Alberto Magno 371, 372, 373,
395, 396/ R_4: *92, 391, 243/* R_5:
249/ R_6: *149, 162*
Alcorão R_5: *31*
Allegoria Merlini 10, 18, 61, 65,
83/ R_4: *30/* R_6: *59*
Allegoria Sapientum R_4: *22, 34/*R_6:
100, 101
Ambrósio, S. 25, 139/ R_4: *70*

Amphitheatrum Sapientum R_4: *24,
121, 122, 123, 278*
Ancoratus R_4: *291, 292*
Angelus S. 87, 106/ R_4: *245, 247*
d'Anjou, R. 312
Anquetil du P. 392
Apparatus R_5: *297*
Aptowitzer, V. R_5: *155, 172*
Apuleio 66, 391/ R_4: *169, 408*
Aquarium Sapientum 54, 127,
150,159, 248/ R_4*18, 217, 357, 380*
Arcanum Hermeticae Philosophiae
Opus R_4: *194, 392*
Areopagita, cf. Dionísio
Arfultus 36
Aristóteles R_4: *262/* R_6: *162*
Aristóteles (Ps.) 290/ R_5: *226*
Arnaldo V. 290/ R_4: *276*
Ars Chemica R_4: *41, 221, 388*
Artefius 65/ R_4: *164/* R_6: *77, 87*
Artemidor 139
Artis Auriferae R_4: *29, 75, 161,
210, 269, 276, 283, 393, 404,
421, 443/* R_5: *3, 213, 244, 246,
256, 266/* R_6: *9, 24, 31, 38, 81,
140, 168, 169, 176, 178, 180,
199, 230*

---

* 1) Para o texto principal indica-se o número de parágrafo em redondo. 2) Para as notas de rodapé indica-se o capítulo (R_4, R_5, R_6) seguido do número da nota em grifo,
pois a série recomeça para cada um dos três capítulos.

Artus R$_4$: *30*
Ashmole, E. R$_4$: *107*
Atharvaveda 392/ R$_6$: *205, 207, 209, 210*
Aurei V. R$_4$: *287*/ R$_5$: *238*
Aurélia O. 390
Aurora C. 50, 105, 133, 157, 197, 258/ R$_4$: *37, 40, 75, 432, 443*/ R$_5$: *17, 337*
Avalon, A. R$_6$: *134*
Avicenna R$_4$: *276*
Axioma de Maria, cf. Maria Prophetissa

Baader, F. von 245/ R$_5$: *137, 138*
Bach, J. S. 408
Baechtold-Staeubli R$_6$: *114, 117*
Bahir, livro R$_5$: *236*
Bardesanes R$_4$: *414*
Basilides 152, 323/ R$_4$: *78*
Basílio Valentim, cf. Valentim
Baumgardt, D. R$_5$: *138*
Baynes, H.-G. R$_4$: *9*
Beer, P. R$_5$: *94*
Beeson, C.H. R$_4$: *94, 95, 266*/ R$_5$: *69*
Benedictus F. R$_4$: *200, 215*
Ben Sira R$_5$: *163*
Bernardus T. 13, 235/ R$_4$: *282*
Beroalde de V. R$_4$: *402, 403*
Berthelot, M. 5/ R$_4$: *14, 15, 16, 17, 111, 116, 207, 208, 274, 364*/ R$_5$: *20, 39, 47, 48, 147, 175, 196, 239, 240, 243, 251, 345*/ R$_6$: *7, 21, 46, 53, 81, 100, 138, 154, 170, 176, 226*
Bezold, C. R$_5$: *27, 41, 148, 157, 334.* Cf. tb. Schatzhöhle
Bíblia
- Antigo Testamento
-- Cântico dos Cânticos 215, 258, 276, 290, 291, 292/ R$_4$: *69, 188,*

297/ R$_5$: *187, 200, 221, 235, 288, 351*
-- Daniel 29/ R$_5$: *240*
-- Deuteronômio 306/ R$_4$: *383*
-- Eclesiástico R$_4$: *43, 54*
-- Êxodo 274/ R$_4$: *383*
-- Ezequiel 266, 274, 308/ R$_5$: *191, 336, 338*
-- Gênesis 141, 383/ R$_4$: *315, 316, 345, 375, 383, 386*/ R$_5$: *234, 352*
-- Isaías 150, 386/ R$_4$: *133, 221*/ R$_5$: *318, 330*
-- Jó 159/ R$_4$: *329*/ R$_5$: *123, 172, 228, 297, 299, 305, 318, 330, 333*
-- Juízes R$_5$: *315*/ R$_6$: *115*
-- Levítico R$_5$: *185*
-- Malaquias 24
-- Oseias 312
-- Provérbios R$_5$: *290*
-- Sabedoria R$_4$: *248, 382*
-- Salmos 73, 134, 149, 150, 254, 293, 310/ R$_4$: *286, 341*/ R$_5$: *262, 310, 318, 348, 349*/ R$_6$: *170, 173*
-- Zacarias R$_5$: *263, 318, 324*
- Novo Testamento
-- Apocalipse 73, 84, 132, 148, 192, 274, 299/ R$_4$: *175, 220, 227, 236*/ R$_5$: *25, 332*
-- Atos dos Apóstolos 139, 148, 150/ R$_4$: *130*
-- Epístolas
--- Colossenses 252, 261/ R$_4$: *310, 437*
--- Coríntios 233, 258/ R$_5$: *78, 186, 243*/ R$_6$: *216*
--- Efésios 139, 150, 229
--- Filipenses 150
--- Gálatas 185
--- Hebreus 150
--- Pedro (1ª) 68, 140, 150/R$_6$: *229*
--- Romanos 150, 260/ R$_4$: *310*/ R$_6$: *231*

Mysterium Coniunctionis — Rex e Regina... 445

-- Evangelhos
--- João 57, 141, 148, 196, 442/ R_4: 317/ R_5: 212, 360/ R_6: 62
--- Lucas 139, 150, 200/ R_4: 296, 383/ R_6: 62
--- Marcos 150, 437
--- Mateus 140, 150, 190, 200, 310/ R_4: 226, 357, 422/ R_6: 62
- Apócrifos e Pseudoepígrafos
-- Atos de Tomé 163
-- Evangelho dos Egípcios 193
-- Livro de Bartolomeu R_4: 327
-- Livro de Enoc R_6: 116
- Traduções
-- Septuaginta R_6: 173
-- Vulgata 134, 141, 233, 310/ R_4: 124, 125/ R_5: 191, 232, 279/ R_6: 173
Boaventura, J.F. 30, 375/R_6: 141
Bodenstein, A. von 307
Boehme, J. 244, 245, 298/ R_4: 316, 345, 357, 415
Boetus, o Árabe R_4: 296
Bouché-Leclercq R_4: 360, 365
Bousset, W. R_4: 389/ R_5: 111, 148,154, 190
Brant, S. 120, 121/ R_4: 260
Breasted, J.H. R_4: 260
Bruchmann, C.F.H. R_4: 219
Brugsch, H. R_4: 335/ R_5: 155
Budge, Sir W. R_4: 326
Bury, R.G. R_4: 61

Camerarius G. R_4: 224
Campbell, C. R_4: 27, 28,
Cantilena 23, 24, 46, 54, 65, 73, 74, 82, 84, 87, 88, 89, 95, 96, 97, 106, 110, 113, 124, 130, 131, 163, 170, 171, 174, 176, 189
Cardano 139
Carus, C.G. 446
Cassiodoro 36/ R_4: 128

Caussinus, N. R_4: 306, 314/ R_6: 173
Celso 238, 239, 242
Cesário de Heisterbach R_4: 161
Christianos R_6: 100
Chwolsohn, D. R_5: 87, 88, 89/ R_6: 99
Chymische Hochzeit 387/ R_4: 141/ R_5: 243/ R_6: 188
Cirânidas R_4: 139/ R_5: 51
Cirilo de Jerusalém 139
Clangor B. R_5: 266
Clemente de Alexandria 193/ R_5: 272
Clemente de Roma 139, 237, 249
Clementinas Etíopes 221
Codicillus R_5: 54
Consilium Coniugii 127, 323/ R_4: 161, 225, 387/ R_6: 176
Corpus Hermeticum R_4: 60
Crasselame, F.M. 142/ R_4: 324
Crawley, A.E. R_4: 395
Crisóstomo, J. 82
Cristóvão de Paris R_5: 54
Cumont, F. R_4: 340
Curtius, E.R. 120/ R_4: 80

Dale, A. van R_5: 163
Damáscio R_5: 117
Dante 158/ R_4: 363
Davis, T.L. R_4: 352
De Alchemia R_5: 90
De Arte Chemica, cf. Líber
De Chemia Senioris R_5: 49, 64
Dee, J. 210
De Gubernatis 58
Delatte, L. R_4: 139
Demócrito 5/ R_4: 21/ R_6: 53
Demócrito (Pseudo) 6
De Philosophia Occulta R_6: 81
De Promissionibus 148
De Revolutionibus Animarum 226, 267, 268/ R_5: 46, 246
De Sulphure (Sendivogius) 320

De Transmutatione Metallorum R_4: *132, 161, 421*/ R_4: *4*
Deussen, P. R_5: *190*
Dialogus inter naturam et filium philosophorum R_6: *8, 130*
Dieta Alani 13
Diodoro R_4: *98*
Dionísio Areopagita (Pseudo) 223, 229, 233, 310/ R_5: *72*
Dioscorides R_6: *81, 83*
Djabir, cf. Geber
Doelger, F.J. R_6: *160*
Dorneus, G. 14, 16, 17, 50, 58, 77, 151, 158, 159, 210, 219, 235, 253, 307, 324, 327, 328, 331, 334, 337, 343, 346, 347, 348, 358, 359, 370, 373, 387, 389, 395, 396, 397, 398, 403, 411, 414, 417, 422/ R_4: *43, 45, 69, 143, 171, 211, 212, 229, 368, 370, 373, 422, 423, 433*/ R_5: *11*/ R_6: *20, 27, 62, 77, 79, 81, 84, 194, 225*
Dschabir, cf. Geber
Dschelaleddin, cf. Jalaludin
Du Cange R_6: *132*

Eckhart, Mestre 34, 105, 108, 437/ R_4: *296*
Edda 147
Efrém o Sírio R_4: *81*/ R_5: *66*
Eisler, Robert R_5: *217*
Eleazar, A. (Le Juif) 257, 260, 278, 297, 298, 310, 377, 391/ R_4: *173, 359*/ R_6: *178, 212, 222*/ R_6: *146*
El-Habib R_6: *176*
Epifânio 134, 137, 139, 149/ R_4: *314, 343, 358*/ R_6: *170*
Epistola Arnaldi R_5: *266*
Epistola ad Hermannum 307
Euquério de Lião R_6: *173*
Eusébio R_4: *15*
Euthymios Zigadenos R_5: *170*

Exercitationes in Turbam R_4: *393, 394*/ R_6: *16, 23, 38*

Fausto 130, 163, 312
Ficinus, Marsilius 233
Figuraram Aegypt. Secretarum R_4: *131*/ R_5: *12*/ R_6: *147, 148*
Fílon 5, 252, 258, 415/ R_5: *340*/ R_6: *225*
Firmicus Maternus 383, / R_4: *5*/ R_5: *226*/ R_6: *156*
Flamel, N. 68, 74, 257/ R_4:*150, 196*/ R_5: *179*
Fragmentum Oxyrhynchos R_4: *412*
Franz, M.-L. von R_6: *161, 224*
Frazer, J.G. R_4: *5, 28, 395*
Freud, S. 338, 397, 406/ R_4: *405*/ R_5: *215*
Frobenius, L. R_4: *326*

Gabir Ibn Hayyan, cf. Geber
Geber 217/ R_5: *19, 274*
Ganz, R.D. R_5: *25, 37, 45, 86*
Gervasius von Schwartzburg R_5: *178, 218*
Ghazali R_5: *155*
Glauber, J.R. 253
Gloria Mundi 64, 210, 235/ R_4: *19, 218*/ R_5: *7, 266*
Godefridus, A. R_6: *194*
Goethe, J.W. von 72, 80, 325, 446/ R_6: *53*
Goetz, B. R_4: *183*
Goldschmidt, A. R_4: *416*
Gourmont, R. de R_6: *170*
Grasseus, J. 196/ R_6: *84*
Grande Papiro Mágico de Paris R_4: *165, 169*
Gregório Magno 243, 246, 308/ R_4: *88, 430*/ R_5: *342*
Grenfell e Hunt R_4: *412*
Grill, J. R_6: *210*

Mysterium Coniunctionis — Rex e Regina... 447

Grimm, Irmãos 238/ R₄: *206*/ R₅: *103*
Grimm, J. R₄: *332*/ R₅: *29*
Grünbaum, M. R₅: *149*
Grunwald, M. R₅: *94*
Guest, C.E. R₅: *243*
Gueterbock, H.G. R₆: *226*

Halm, K. R₄: *5*
Harnack, A. v. 181
Hastings R₅: *96*
Hegemonius 37, 154, 232/ R₄: *94,*
95, 266/ R₅: *70*
Heiler, F. R₆: *56*
Hellwig, J. R₆: *101*
Helvetius, J.F. R₆: *233*
Hermes Trismegistus 74, 127, 158,
161, 199, 201/ R₄: *41, 178*/ R₆: *115*
Heródoto R₄: *116*
Herrera 267/ R₅: *197, 202*
Hieroglyphica R₄: *306. 308*
Hilário 388
Hildegard von Bingen R₆: *170*
Hipólito 34, 152, 293, 318/ R₄:
134, 336, 365, 400, 417/ R₅: *168,*
243, 258/ R₆: *33, 157, 158, 170*
Hocart, A.M. R₄: *1, 4*
Hoghelande 49, 67/ R₄: *18, 106,*
426/ R₅: *9*
Holmyard, E.J. R₄: *186*/ R₆,: *40*
Homero 348
Honório de Autun 68, 78, 200/ R₄:
133, 328, 339/ R₆: *195, 196*
Horapollo 139/ R₆: *132*
Hornefferl, A. R₄: *336*
Horus R₄: *30*
Hugo de S. Vítor 215
Hurwitz, S. R₅: *172, 189, 272, 324*
Huser, J. R₆: *80, 81*
Huxley, A. R₄: *425*

I Ching 61/ R₄: *125*/ R₅,: *300*
Inácio de Loyola 157, 367

Incipit Figurarum R₄: *131*
Introitus Apertus 45, 53, 68, 74,
75, 127, 131, 132, 135, / R₄: *126,*
257/ R₅: *266*/ R₆: *20, 23, 201*
Irineu 238, 359/ R₄: *318*/ R₅: *118,*
148, 166, 207, 353/ R₆: *115*
Isidoro de Sevilha 29/ R₅: *30, 330*

Jacobsohn R₄: *2, 3, 6, 7, 8, 9, 10,*
11, 12, 35/ R₆:*164*
Jalaludin Rumi 217
Jeans, Sir J. 423
Jeremia ben Eleazar, 254
Jewish Encyclopaedia R₅: *25, 26,*
30, 31, 38, 65, 94, 142, 148, 159,
189
Jodocus Greverus R₅: *270, 271*
João da Cruz R₅: *62*
Joyce James 120, 121
Juliano Apóstata 166

Kabbala Denudata 301/ R₅: *46, 73,*
185, 189, 193, 198, 201, 202,
214, 236, 280, 301, 307, 312,
324, 338, 341
Kautzsch, E. R₅: *44*/ R₆: *116*
Kees R₄: *28*
Kerényi, K. R₆: *37, 204*
Khunrath, H.K. 7, 51, 52, 75, 127,
137, 139, 140, 160, 225, 236,
363/ R₄: *18, 66, 121, 163, 188,*
204, 276, 313/ R₅: *276*/ R₆: *139*
Knorr von Rosenroth 258, 306/ R₅:
185, 186, 192, 195, 297/ R₆,: *36*
Koehler, H. R₅: *20*
Koehler, L. R₄: *313*
Kohen R₅: *65*
Kohut, A. R₅: *28, 141, 148*
Komarios 5, 224/ R₆: *170*
Köpgen, G. 192, 193, 194, 196/
R₄: *418*
Kopp, H. R₅: *218*

Krates, livro de 75
Krieg, C.W. R_5: *105*

Lagneus, D. 50, 347
Lajard, F. R_4: *197, 201*
Lambsprinck R_4: *18, 149, 398*
Leisegang, H. R_4: *351/* R_5: *113, 116*
Lenglet, D. 123
Levy-Bruhl 398/ R_6: *107*
Lexicon Alchemiae R_6: *125*
Liber Alze R_6: *170*
Liber de Arte Chemica R_5: *271/* R_6: *176*
Liber de Magni Lapidis Compositione R_5: *265*
Liber Platonis Quartorum 322, 389/ R_4: *146, 368/* R_5: *243, 247/* R_6: *11, 110, 186, 189, 195, 223*
Lidzbarski, M. R_5: *169, 173/* R_6: *116, 170*
Lippmann, E.O. von 320/ R_4: *32/* R_5: *19/* R_6: *165*
Livre des Balances 217/ R_5: *147*
Lohmeyer, E. R_6: *116*
Lu-Ch'iang Wu e T.L. Davis R_4: *352/* R_6: *11*
Luciano R_6: *338/* R_5: *167/* R_6: *116*
Lúlio, R. 225/ R_4: *153, 276/* R_5: *54/* R_6: *130*
Lurja, I. 222/ R_5: *189*

Maack R_4: *141*
Mabinogion, P. do R_5: *243*
MacDonell, A. R_6: *207*
Macróbio R_5: *266/* R_6: *115*
Maimônides 235
Majer, M. 54, 74, 131, 132, 225, 235, 274, 302, 398/ R_4: *36, 38, 60, 153, 155, 156, 157, 158, 193, 285, 288, 289, 359, 440/* R_5: *54, 180, 262, 265/* R_6: *12, 57, 153*
Mangetus, J.J. 173/ R_4: *192/* R_6: *77*

Mani, K. 232
Maria Prophetissa 238, 287, 321/ R_6: *176*
Masudi 217
Mayhoff R_4: *298*
Mectildes de Magdeburgo R_6: *53*
Meir, R. 217
Melchior, N.
Membranáceo (séc. XVIII) R_4: *12*
Mennens, W. R_5: *223, 273*
Merculinus 10/ R_4: *31*
Merlinus 10, 18
Merula 59
Midrasch Bereschith Rabba R_5: *154*
Midraxe dos 10 Reis 258/ R_5: *324*
Mirandola, P. della 257
Mirandula, J.F. R_5: *330*
Mohammed ben Isch'Aq En-Nedim R_6: *99*
Monoimos R_5: *324*
Moret, A. 11/ R_4: *28, 59*
Morienus 153, 398/ R_4: *161, 358, 404*
Mortos, Livro Egípcio dos R_4: *327*
Ms. Egerton R_4: *86*
Ms. Francês do século XVIII 274
Ms. Maniqueus do Museu Oficial de Berlim R_5: *70*
Ms. Sloane R_4: *87*
Müller, E. R_5: *187, 200*
Mundus Symbolicus R_4: *138*
Murmelstein, Benj. 172, 324
Musaeum Hermeticum R_4: *109, 130, 149, 150, 161, 174, 177, 185, 187, 191, 199, 217, 218, 267, 268, 270, 282, 284, 344, 359, 380, 398/* R_5: *6, 7, 8, 79, 83, 144, 266, 333/* R_6: *13, 17, 18, 23, 26, 27, 28, 58, 109, 167, 174, 201*
Mutus Liber 96/ R_4: *238*
Mylius, J.D. 49, 127, 232, 289, 368/ R_4: *91, 107, 143, 148, 151, 162, 205, 216, 254, 430/* R_5: *21,*

Mysterium Coniunctionis — Rex e Regina...

67, 82, 266, 330/ R_6: 34, 140, 170, 176, 188

Nelken, J. 33/ R_4: 83/ R_5: 5
Nestle, E. R_6: 116
Newman, Cardeal 399, 432
Niedner, F. R_4: 331
Nietzsche 123/ R_4: 333, 402
Norton, T. 48, 227/ R_5: 55, 56
Novum Lumen Chemicum 384

Öhler R_4: 290
Olimpiodoro 158, 383/ R_4: 111
Onomasticon 307
Orígenes 25, 48, 239, 246, 249, 252/ R_4: 68/ R_5: 104, 106, 110, 114, 119, 122, 180, 190
Orthelius R_6: 86
Ortulanus R_4: 276

Panarium R_4: 290
Pandora, cf. Reusner
Papiros de Leyden, cf. Preisendanz
Papyrus Mimaut, cf. Preisendanz
Paracelsus 59, 212, 225, 307, 328, 337, 338, 358, 411, 421/ R_4: 162, 211, 212, 324/ R_5: 10, 126, 136, 326, 328/ R_6: 80, 81, 84, 98, 105
Paragranum 307
Paulino de Nola 30
Paulinus Aquileiensis R_6: 212
Paulinus a Nola 30
Penotus, J.B. 196, 292/ R_5: 254/ R_6: 80
Pernety, Dom A.J. 173, 391/ R_4: 197, 348/ R_5: 54/ R_6: 148, 203
Petasios 158
Petronillus R_6: 225
Pfeiffer, F. R_4: 248, 250, 296
Pherekydes R_5: 266
Philaletha, Eirenaeus, cf. Introitus Apertus

Philosophia Chemica R_4: 119
Philosophia Reformata R_5: 67, 225/ R_6: 140
Physica Trismegisti R_4: 369, 370
Physica Trithemia 16
Picinellus 59/ R_4: 136, 137, 224, 305, 308/ R_5: 316, 335
Pirke Rabbi Eliezer 117, 121, 235/ R_5: 37, 45
Pistis Sophia 255/ R_4: 12/ R_6: 169
Pitra, J.B. R_6: 115
Platão 129, 253, 258, 386, 389/ R_4: 368, 430
Platonis Liber Quartorum, cf. Liber
Plínio 139 R_6: 188
Plotino 416
Plutarco 363/ R_4 10/ R_6: 155, 159
Poliphilo R_4: 402
Post, L. van der R_6: 99
Preisendanz R_4: 165/ R_6: 132
Preuschen, E. R_4: 412
Prophetia Merlini R_4: 30

Rabanus Maurus R_6: 115, 170, 173
Rabe R_5: 167
Rahner, H. 25/ R_4: 67, 68, 71, 80, 84/ R_5: 266/ R_6: 170
Rasiel, livro de R_5: 94
Reitzenstein R_6: 163, 196
Reitzenstein e Schaeder R_5: 158, 190/ R_6; 196
Reuchlin, J. 257/ R_6: 176
Reusner 360, 361/ R_5: 330/ R_6: 51
Rhine, J.B. 327/ R_4: 181/ R_6: 45
Richelieu R_5: 179
Riessler, P. R_5: 43
Ripley, G. 21, 22, 23, 29, 33, 34, 38, 43, 46, 64, 83, 96, 106, 171/ R_4: 37, 141, 155, 158, 362/ R_5: 25, 30, 86
Rodochaeus de Geleinen Husio, G.P. 307
Rohde, E. 326

Romanus R_6: *115*
Rosarium Philosophorum 4, 207, 289, 292, 390/ R_4: *31, 57, 161, 276/* R_5: *140, 244, 265/* R_6: *68,168, 169, 230*
Roscher, W. R_4: *100, 365/* R_5: *167*
Rosencreutz, C. 64, 75, 76, 130, 158, 323/ R_5: *243/* R_6: *183*
Rosinus ad Euthiciam 210
Rosinus ad Sarratantam 76/ R_4: *269/* R_6: *9, 31*
Rousselle, E. R_5: *300*
Ruelle R_5: *117, 299*
Rulandus, M. 7, 210, 212/ R_4: *61, 129, 360/* R_6: *81, 83, 84, 85, 101, 129*
Rumi 217
Rupescissa, J. de R_6: *76, 170*
Ruska, J. R_4: *91, 178, 195, 271, 376/* R_6: *3, 81, 170*

Saturninus R_4: *336*
Schaeder R_5: *158*
Schaerf R_4: *2/* R_5: *45, 188*
Scharff, A. R_6: *164*
Schatzhöhle, S. 217, 220, 253, 308/ R_5: *27, 41, 148, 157, 334*
Scheftelowitz, J. R_5: *143, 155*
Schiur, K. 258
Schmidt, C. R_4: *12/* R_5: *70, 169*
Schmieder, K.C. R_4: *289*
Scholem, G.G. 274/ R_5: *188, 206, 215, 218, 236*
Schopenhauer R_6: *209*
Schultze, F. R_4: *395*
Schwartzburg, J.G. R_5: *178*
Scriptum Alberti R_4: *92, 391/* R_5: *243/* R_6: *162*
Scrutinium Chimicum R_6: *58*
Sendivogius, M. 320, 384
Senior (Mohammed ibn Umail) 24, 225, 233/ R_4: *64, 101, 183, 361, 392, 418/* R_5: *49, 64, 265, 266*

Silberer, H. 320, 447
Silvestre, Papa 292/ R_5: *241*
Simon ben Jochai 274
Siphra de Zeniutha 309
Sohar 232, 257, 263, 274, / R_5: *94, 152, 187, 189, 200, 201, 272, 288, 318, 361*
Sophe, Livro de 5, 127/ R_4: *80*
Spiegelberg, W. 4/ R_4: *13*
Spitteler, C. 84
Splendor Solis 131, 292
Stapleton, H.E. R_5: *50*
Steebus, J.C. R_5: *245/* R_6: *115*
Steiner, Henricus R_6: *182*
Strunz, F. R_5: 325
Sudhoff, K. R_6: *107*
Symbola Aureae Mensae R_5: *81, 180, 306*

Tabari 217
Tabernae Montanus R_6: *81, 82*
Tabula Smaragdina 158/ R_4: *178/* R_6: *115*
Talmud R_5: *22*
Temple, Dr. R_4: *246*
Teodoro Estudita R_6: *116*
Teófilo de Antioquia R_5: *72*
Teresa, S. R_5: *61*
Tertuliano 82
Tetralogias platônicas 292
Tetzen, J. de R_5: *233*
Theatrum Chemicum R_4: 39, 42, 47, 92, 106, 108, 115, 118, 119, 132, 143, 146, 164, 166, 170, 171, 196, 211, 212, 229, 296, 325, 368, 369, 370, 373, 378, 391, 422, 426, 428, 429/ R_5: *1, 4, 23, 32, 33, 35, 54, 55, 71, 77, 80, 90, 92, 152, 223, 226, 243, 247, 248, 249, 255, 265, 266, 271, 329, 330, 332/* R_6: *8, 11, 20, 22, 24, 25, 28, 30, 35, 39, 48, 49, 50,*

60, 65, 67, 69, 77, 78, 80, 84, 86, 92, 95, 100, 102, 110, 128, 130, 162, 170, 176, 178, 179, 186, 189, 194, 197, 200, 213
Theatrum Chemicum Britannicum R_4: *107*
Thorndike, L. R_5: 241
Thorpe, B. R_5: 29
Tomás de Aquino R_5: 85/ R_6: 224
Tractatus Aristotelis Alchimistae 49/ R_4: 115
Tractatus Aureus (Hermes Trismegistus) in "Ars Chemica" 74, 127, 161, 199, 201/ R_4: 41, 282
Tractatus Avicennae R_4: 276
Tractatus duodecim Portarum (Riplaeus) 64
Tractatus Hermetis R_6: *170*
Tractatus Micreris 217, 323/ R_5: 266/ R_6: 100, 213
Trismosin, Salomon R_5: 238
Tscharner, E.H. R_5: 300
Turba Philosophorum 37, 74, 127, 159, 217/ R_4: 91, 108, 261, 363, *413*/ R_6: 3, 15, 25, 81, 115, 170
Tylor, E.B. R_4: 395

Upanishads 392
Uraltes Chymisches Werck R_4: *442*/ R_6: 146
Valentim, B. 34, 64, 75, 210/ R_4: 187, 188, 198, 289, 418

Vaughan, T. cf. Philaletha
Ventura, L. R_4: 166/ R_5: 243/ R_6: 25, 28, 29
Verus Hermes R_4: 359
Vida de Adão e Eva 221
Vigenerus, B. 219, 233/ R_4: 296
Vignon, P. R_4: 417
Visio Arislei 41, 69, 94, 131, 292/ R_4: 57, 283/ R_5: 256

Wagner, Rich. 408
Wegmann, H. R_4: 47
Wei Po-Yang 155, 160/ R_4: 140,147, 352/ R_6: 11, 63, 127, 217
Weil, G. R_5: 155
Werner, E.V.C. R_5: 101
Wieland, M. 66/ R_4: 168, 222
Wilhelm e Jung R_5: 105
Winkler, H. R_5: 145, 148
Wittekindt, W. R_4: *188*/ R_5: *221*
Wolbero R_6: 212
Wolfram von Eschenbach 2/ R_5: *217*
Wuensche, A. R_5: 14, 15, 145, 148, 171, 189, 272

Zadit Senior, cf. Senior
Zósimo 5, 6, 29, 256, 257, 292, 403/ R_4: 254, 353/ R_5: 39, 174/ R_6: 46, 81, 188

Índice analítico[*]

Abelha 305

Abismo 133, 141[316], 296[316], 306[318], 329

Abismo intransponível entre o bem e o mal 339

Ablução / ablutio 13, 38, 274

Abóbora (retorta) / Cucurbita 69

Aborrecimento afetivo 365

Abraão 3[10], 121, 236, 236[95], 253, 319[358]

Abstração 412, 428

Abutre 290[136], 302

Acaso, como produto da *anima* 83

Achaia Pharis 225

Achamoth (Sophia, Sabedoria) na oitava esfera 141[318], 240, 240[16]

Adam, forma latina para Adão 174[401]

Adam, como sinônimo de homem 266[191]

Adam primus (Adão) 230, 258, 278

Adam secundus (Cristo) 149, 191, 217[17], 230, 243, 258, 266, 278, 293, 297, 305, 206[324], 314

Adam primus et secundus 230, 232, 232[66], 258, 259, 278

Adamah (hebraico), como terra vermelha 251[148], 290, 290[231], 298, 299, 304

Adām Kadmōn (o Adão da Cabala) 157, 164[392], 258, 258[186], 258[187], 258[189], 264, 266, 267, 268[206], 274, 276, 278, 285, 286, 314, 318
- como alma do Messias 258[186]
- como alma universal 267
- como o amado do Sol 276
- como amante-filho 274
- androginia de 318, 319
- como a árvore das Sephiroth 258
- colocado em paralelo com Cristo 314, 315
- como coroa máxima 258[189]
- cosmogonia de 319
- como distinto do homem primordial 258[187]
- como o generalíssimo Um 268, 268[206]
- como o homem interior 213
- como o homem psicopneumático 286
- como o homo maximus 213, 258[189]
- como o homem primordial espiritual 264
identificado com Cristo pelos alquimistas 274
- e o lapis 306
- como o Logos 258[187]

---

[*]1) Os números indicam os parágrafos do texto. 2) O número das notas de rodapé vai indicado como expoente.

-como mediador entre En Soph e as Sephiroth 258
- nascimento de 276, 313
- como personificação da árvore 318
- como primeira emanação de Deus 258[186], 258[189]
- como processo de transformação 267
- como protótipo da criação 258[189]
- como segundo Adão não cristão 258[186], 313
- como um segundo deus 258[189]
- como o si-mesmo 267
- como a totalidade das Sephiroth 258[189]
- como unidade e pluralidade da natureza 267, 268
- como o "velho" Adão 260, 264, 314
Adamanus, como homem redondo e gigante 253, 389[188]
Adamas, como o Adão do gnosticismo 255, 255[166]
- como Sabaoth Adamas (Pistis Sophia) 255
Adão 75, 118[401], 127, 158[365], 190, 209, 210, 210[1], 210[3], 210[4], 211, 212, 216, 217, 231[63], 235, 235[82], 235[84], 235[86], 235[89], 236[94], 236[96], 240, 247, 248, 251, 255, 255[169], 256, 256[172], 258[186], 266[193], 293, 296[166], 298, 318
- sua alma foi criada milhares de anos antes do corpo 254
- como alma de todos os homens 256
- como a alma geral do povo de Israel 266
- como alma universal 256
- como alma vivente 258
- androginia ou hermafroditismo de 191, 210, 210[4], 215, 230, 243, 245, 253, 254, 318
- como anima universalis 256

- antes da queda 258, 277, 314
- como ánthropos 255, 256[189], 264, 278
- como aqua permanens 210
- ascensão e renascimento de 235[80]
- no banho 74, 75, 210[8]
- como "cabeça de éon" 255[169]
- casamento de 216
- "com cauda" na tradição rabínica 255, 270
- celeste e terrestre (São Paulo) 258
- em quem estavam contidos todos os seus descendentes 256[172]
- o corpo de 253, 308
- coluna vertebral de 259[155]
- como o corpo do povo de Israel 266
- as costas de Adão 253, 253[155]
- criação de 216[14], 217, 217[22], 217[25], 219, 220, 231, 235, 253
- e Cristo 191, 230, 245, 258
- descendentes de 253[151]
- dotes extraordinários de 248, 250
- duplicidade ou oposições em 210, 244, 245, 251, 252, 254, 256
- dupla natureza (corpo e alma) 210, 251
- ensinou a Enoc o mistério da intercalação 325, 325[86]
- como estátua corporal inanimada 231
- estátua gigante de 220[37], 256[172]
- e Eva 2, 191, 209, 210, 211, 216, 218[34], 221, 235, 245, 246, 246[140], 258, 274, 276, 283, 312, 318
- expulsão do paraíso 235
- figura luminosa de 251
- formando um só corpo com Eva 210, 210[5]
- como evidenciação da divindade 223
- feito de barro 217, 252, 252[150], 253[151], 255

Mysterium Coniunctionis – Rex e Regina... 455

- feito à imagem e semelhança de Deus 252[150], 253[151]
- feito de terra preta, vermelha, branca e verde 219, 220
- feito de terra vermelha (adamah) 251[149]
- como figura luminosa 251
- como filho da anima 312
- filosófico 210[4]
- como homem alto 212
- como homem hílico-psíquico 286
- como o homem primordial 222[46], 235[84], 258[186], 264
- como homem primordial perfeito 258
- como homo maximus 210[22], 256, 260
- identificado com Cristo pelos elquesaítas 319[358]
- como o lapis 210, 234, 248, 253
- como o macrocosmus 256
- como o microcosmus 217
- como o mysterium dos mundos 256
- de natureza contraditória 251, 253, 254
- de natureza corpórea e espiritual 254
- de natureza divino-humana 246
- de natureza tetrádica e ogdaédrica 218
- como nome coletivo para todos os homens 266, 266[191]
- nome derivado de adamah, na interpretação agádica 251, 298
- como nosso homem interior 252, 265
- como pai primitivo 210[5]
- paralelismo com Cristo 220
- pecado de 312
- perfeito antes do pecado 278
- como o poderoso na guerra 235[80]
- como prima materia 217, 234, 255
- como o primeiro adepto 235, 236, 237

- como o primeiro Adão 262, 278, 309[341]
- produzido pela terra 231[63]
- como profeta 235, 237, 249
- como protótipo de Cristo 191
- como a psique por execelência 222, 223
- como projeção do homem interior...
- como o quaternário 220
- quaternidade de 222
- queda no pecado 235, 236, 251, 216[14], 245, 264, 276, 346
- como rei 211
- relacionado com Satã 255
- renascimento de 149, 211, 215, 235[80], 312
- representado pelo círculo 253
- que reúne em si as almas de todos os homens 266[193]
- como rochedo 294
- com rosto duplo 216[14], 253, 254
- saber e sabedoria 235, 236, 237, 247, 248
- segundo, como o espírito vivificante 258
- de cujo sêmen provieram fantasmas e demônios 255
- sepultamento de 221
- sepultura na dupla gruta de Macpela 221
- sepultura na caverna do tesouro (no Gólgota) 220, 221, 319[358]
- os sete filhos de Adão 218[30]
- simbolismo das quatro letras de ADAM 220
- como símbolo do espírito 246
- como símbolo do si-mesmo 223, 266
- como o si-mesmo do povo de Israel 266
- como sinônimo bíblico de Mercurius 230

- e a Sulamita 258, 262, 264, 278, 313
- como substância de transformação ou do arcano 209, 210, 211, 215, 217, 217[24], 223, 234
- e as tábuas de pedra usadas por Deus no Sinai 235
- como a totalidade 213, 266, 267, 268
- representado pelo número três (ternarius) 219
- a trindade de 218[34]
- como o "velho" Adão 159[380], 164[392], 215, 257, 260, 261, 262, 263, 264, 269, 270, 278, 283, 285, 312, 313, 314
- o "velho" Adão equiparado a Adam Kadmon 360
- o "velho" Adão correspondente ao homem primitivo 270
- o "velho" Adão correspondente à "sombra" 270
- e Vênus no banho 75, 211, 212, 213
- como virgem masculina 191[415]
Adech como o "homem grande" (Paracelsus) 212
- como o homem interior e invisível 212, 213
Adepto 19, 106, 122, 155, 157, 158, 159, 160, 265, 292, 301, 320, 322, 329, 330, 342, 347, 350, 353, 354, 356, 357, 360, 362, 364, 366, 391[201], 398, 403, 412, 413, 425
Adoção 40, 40[96], 43, 46, 95, 96, 170
- rito da adoção 43, 96
Adonai 274[215], 306
Adoni-bezek / Adoni-zedek 2[3]
Adonis (Deus pranteado) 2[3], 190
Adrop como leão verde 64[161]

Aélia Laelia Crispis (allegoria alchymica) 291[237]
Afetividade 335
Afeto / emoção 174, 176[403], 356, 404
- animal afetivo 176[403]
- ataque dos afetos como tempestade 347
- defesa contra o 347
- incorporação dos conteúdos dos próprios afetos 176[403]
- objetivação de afetos e instintos 335
- como ponto de partida para a imaginação ativa 365, 404
Aflição 158, 159, 159[380], 267[200], 271, 272
- como "afflictio animae" 158[358], 339, 347, 398
- compensação psíquica da 440
- consciente 427, 434
Afogamento do rei 63
Afogamento interno (hidropisia) 13
Ágada 256[172]
Agathodaemon como serpente 146[326]
Agente e paciente 320, 321
Agnosia como a inconsciencia primordial na gnose 325, 327
Água (cf. tb. aqua) 10, 11, 11[34],12, 13, 13[30], 14, 15[45], 17, 17[54], 18, 19, 25, 25[66], 36, 64, 82, 94, 131, 131[285], 159[383], 217, 220, 226, 226[54], 235, 274, 289, 290, 292, 293[262], 298[273], 299, 301[296], 306[318], 308, 308[395], 309, 320, 351, 374, 383, 384, 386, 386[161], 393, 403, 421[227]
- abençoada 384[170]
- como água-mãe 100
- como allegoria Christi 308
- do ar 323, 323[34]
- aspecto maternal da 374

Mysterium Coniunctionis — Rex e Regina...

- beber sua própria água 10, 83
- "do bom Deus" 301
- o choco da a. na criação do mundo 143
- na cabala 301, 308, 309
- concepção da água 374
- como curso de água 301[300]
- divina 61[443], 226[54]
- esférica 301, 301[295]
- espiritual 323
- etérea 77[214]
- eterna ou perene 371
- como filia Matredi 301
- como "flumina de ventre Christi" 25
- como fonte da sabedoria 25
- da graça 25
- como "grandes águas" 73[184]
- como hydor theion (água divina) (conceito) 11[33]
- como hydor theion (referência) 11[33], 61[143], 348, 374
- mágica 374
- do mar (tifônica) 19, 25
- do mercúrio 301
- mobilidade da 308[328]
- do Nilo 12, 374
- do ouro 301
- pôntica 19
- "águas profundas" 131[285], 131[286]
- relacionada com o sacrifício 13
- significado eclesial e alquímico da 348, 374
- como substância do arcano por excelência 210
- da subversão 301
- como águas superiores 292, 303[308]
- tartárica 351
- como tipo do inconsciente 17, 18, 374
- da vida 371
- viva 25[66]

- e vinho 346
Aguardente 11
Águia 64, 75, 76[211], 116, 158, 158[359], 158[362], 237[98], 239, 302, 305
- como cabeça do rei 158[362]
- como devoradora das próprias asas ou penas 158, 158[362], 302
- como etapa logo acima do leão 116[256]
- e serpente como símbolo do ciclo do tempo 148[336]
aion como filho dos deuses 34
Akori 4
Alá 276
Alabastron 292
Albaon como mineral 298[275]
Albedo (brancura) 48, 94, 278, 296[266]
- como luna plena 94, 292, 296[266], 299
- como primeiro estado da perfeição 94
- como meta ou escopo 48, 77
- e rubedo 48, 50[118], 61[143], 77, 94
Álcool 11[32], 343
Alecrim como contraveneno 348
- flores do 345, 348, 361, 362, 364
- e a conjunção 361
Alegoria ou alegórico 13, 38, 70, 106, 275, 293, 305, 337
- platônica da caverna 423
Alegórica eclesiástica e patrística 30, 36, 61, 90, 94, 189, 190, 309
Alegria da existência 358, 364
Alexandre 148[338]
Alexandrino 10, 18, 19, 20, 322
Alexipharmacum (contraveneno) 138, 249, 345[82], 348, 361, 425
Alfa e ômega 82, 148[336]
Algir 257
Aliança da paz 300[282]
Alimentação 61, 82
Alimento imortal 60

Allegoria Christi (alegoria de Cristo) 36, 87, 120, 131, 139, 148, 149, 150[347], 153[259], 385, 385[173], 386

Alma 7, 25[69], 50[117], 59, 59[136], 64, 71, 74, 75, 105, 105[248], 107, 137[296], 140, 150, 152, 158, 159, 164[383], 170, 174, 175, 176, 178[406], 192, 201[438], 219, 224, 226[54], 231, 232, 232[67], 232[69], 234, 238[108], 242, 244, 253[165], 266, 274, 296[265], 323, 335, 337, 338, 359, 364, 369, 379, 387, 388[188], 396, 398, 416, 428

- como abstração filosófica 430
- "acrescida" (Isidoro) como presente na natureza toda 29, 70, 84
-- como projeção do inconsciente 29
- afeição da a. para o corpo 429
- alteração da 158
- alma ameaçada pela ciência como epifenômeno do cérebro 430
- anatômica 416
- animal 269
- aprisionada na physis (natureza) 338, 339, 356, 379
- anatomia da 338
- caráter andrógino da (Orígenes) 246
- cisão da 429
- coexistente com o corpo 432
- como conceito intelectual 403
- concupiscível dos platônicos 258[185]
- conhecimento completo da 322
- conjunção da a. com o corpo 141, 201, 343[77], 350, 356, 396
- conjunção com o espírito 353
- conscientização da 430
- como corpo aéreo e volátil 403

- e corpo, o homem como formado de 11, 140, 141, 175, 201, 219, 224, 234, 254, 343[77], 356, 398
- corpo e espírito, o homem como formado de 7, 201, 201[438], 217, 224, 300, 328, 329, 335, 338, 346, 351, 353, 390, 392, 398, 428, 430
-- libertação da alma 159, 338, 339, 356, 359, 369, 379, 396, 398, 428
-- relação causal entre 422
- depreciação da 174, 175, 447
-- divina acorrentada aos quatro elementos 5, 6, 145
- divina 5, 7, 29
-- ou pneuma, libertação da (extractio animae) 6, 11, 77, 356, 358, 359, 360, 379, 387, 388, 403
- drama da 407
- empírica 430
- como epifenômeno da química cerebral 430
- e espírito 201, 328, 329, 335, 337, 338, 390, 395, 412
-- libertação de 430
- no estado de "perdição na matéria 338
- extractio a partir da prima materia 78
- figurativa dos filósofos 258[185]
- como fonte do mal 170
- no "fora do eu" 70
- o fundo da 25
- "gravidez" da 83
- histórica 139[304]
- escuridão da a. humana 446
- "humanização" da 432
- infusão da a. no corpo 127[276]
- imortal 338
- instintiva simbolizada por répteis 213
- liberta do cerco do espírito 430

Mysterium Coniunctionis – Rex e Regina... 459

- e a livre escolha 335
- como alma-mater 83
- mistério de 153
- morta 398[213]
- mortal 152
- negra 312, 388[188]
- da natureza, cf. anima mundi
- como nephesch (hebraico) 258, 258[185], 258[189]
- como órgão do espírito 335
- pacto da a. com Deus ou com o diabo 350, 362
- perfeição e beleza interna da 59
- pluralidade de almas no indivíduo 167[395]
- presa mais ao corpo do que ao espírito 398
- problema da reunião com o corpo 398
- produtos da a. 83
- racional 185, 292, 338
- realidade da 296, 338, 407
- realização da 432
- recanto da 365
- revivifica o corpo morto 61[144]
- simbolizada pela rainha 201
- simplicidade da 292
- situada entre o bem e o mal (Dorneus) 335, 338
- com tendência para o corpóreo, sensível e emocional 338
- com traços individuais 430
- unicidade da alma (Plotinus) 253[155], 416
- universal 256[172], 267
- valor da 175
- vegetativa dos filósofos 258, 258[185]
- o "ventre" da 25
- vivificação da alma pelo espírito 335, 338
- vivificante do corpo 335, 338, 398

Almíscar 131
Alquimia 5, 14, 30, 36, 37, 38, 41, 56, 61, 66, 74, 78, 85, 90, 95, 97, 106, 121, 123, 130, 135, 136, 148,148[334], 150, 172, 176, 176[403], 194, 209, 225, 234, 253, 274, 275, 277, 280, 281, 290, 292, 292[241], 292[257], 293, 296, 296[265], 303, 306, 307, 309, 310, 318, 327, 328, 329, 331, 334, 339, 345[84], 364, 366, 371[132], 373, 375, 383, 404, 414, 430, 431, 445, 446, 447
- alexandrina 180, 322
- antiga 403
- e arquétipo 139[304]
- e assimilação do cristianismo139[304]
- e astrologia 158[360]
- e a atuação do Espírito Santo 196
- e a cabala 257, 318
- caráter simbólico da 320, 354, 404
- chinesa 63, 155, 292, 370[127], 373
- concepções alquímicas 5, 97[239], 151[348], 157[357], 309, 314, 354
- coniunctio (conjunção) como a meta da 427
- alquimia e contaminação de conteúdos 61
- e cristianismo 5, 25, 77, 83, 139[304], 148, 151, 152, 171, 172, 255, 257, 296, 299, 309, 315, 329, 334, 348, 364, 432
- e desconhecimento da natureza das substâncias químicas 320
- dinâmica afetiva da 107
- como empreendimento individual 445
- escopo físico e simbólico: produção do lápis ou de seus equivalentes 434
- escopo principal: a coniunctio 414, 427, 445
- especulação alquímica 280

- esquema alquímico 278, 281, 285, 286
- estátua na 224, 232, 234
- extinta há 200 anos 334
- o filius da a. ocidental 155
- filosófica 29, 72, 139[304]
- florescimento e decadência 173
- francesa 273, 391
- e gnosticismo 6, 293
- grega 112, 292, 322, 372, 375, 386, 392, 427
- e heresia 172, 428
- histórica 57
- a homoousia na 62
- a ideia do ánthropos na 72, 256
- ideias fundamentais da 274
- identificação da sabedoria com o Espírito Santo 90
- implicação psicológica na (Dorneus) 334
- importância do conceito do si-mesmo na 373
- e o inconsciente 78
- e judaísmo 257
- latina 75, 112, 427
- lendas alquímicas 78[222]
- linguagem da 6, 29, 106, 185, 308, 307, 377, 391, 394
- literatura alquímica 229[59], 320, 377, 427
- mais antiga 337
- mais tardia 257, 322
- manuscritos alquímicos 377
- como Mater Alchymia 13, 18[59]
- medieval 83, 105
- menosprezo convencional da 447
- mistério da 305
- e a mitologia antiga 61, 151, 151[348], 337, 391, 392
- e o motivo da cabeça dourada 291, 291[235], 291[240], 292, 292[243], 305, 387
- e operação alquímica 353, 404

- orientação gnóstico-filosófica 6
- origem pagão-gnóstica 5, 6, 257
- o ouro como símbolo da alquimia 6
- paralelo entre a transformação alquímica e a psíquica 188
- peculiaridade de suas declarações 152
- o pensar alquímico 256
- práxis alquímica 6
- problemática da 196
- processo de assimilação na 121
- e psicologia 322, 340, 341, 342, 347, 354, 367, 396, 404, 405, 427, 431, 432, 434
- e química 107, 151, 320, 330, 337, 347, 352, 411
- saber secreto da 370
- as projeções da a. e as concepções dogmáticas 157
- simbólica da 158[360], 187, 194, 299, 402
- símbolos como alegorias 299, 337
- e os símbolos religiosos 121[262]
- e teologia 333
- tradição alquímica 328, 354
- transformação alquímica como paralelo à Paixão de Cristo 150, 151, 157
- transformação em psicologia 432
- textos alquímicos 140, 263
- os três domínios de fontes da 257
- e visão gnóstica de Deus na a. 29
Alquimistas 25, 29, 34, 41, 60, 62, 82, 83, 83[229], 85, 97, 104, 106, 107, 108, 122, 127, 133, 139[318], 145, 145[322], 151, 157, 169, 171, 175, 177, 180, 185, 186, 194, 194[422], 197, 215, 223, 225, 230, 232, 251, 253, 264, 274, 276, 289, 292[255], 293[260], 296, 306, 309, 328, 329, 329[53], 330, 336, 337, 342, 348, 361, 364, 367, 370,

377, 386, 393, 394, 398, 399, 402, 403, 407, 410, 411, 412, 419, 420, 421, 427, 428, 429, 432, 434, 446
- aluno alquimista 406
- gregos 292[243]
- imbuídos de espírito cristão 151, 337
- impulso místico de conhecer entre os 402
- como "minister lapis" 186
- repetem a obra criadora de Deus 217
- e as representações religiosas 157
- transformação simultânea das substâncias e do alquimista 38
Alúmen 371
Aluno e sua estrutura moral (Dorneus) 337
Amada 158[325], 208, 267[200], 291
- como amada-mãe 81, 199[432], 276
- negra 278
Amado 197, 258, 267[200], 276, 291, 296[266], 300[288]
Amadurecimento pessoal 329
Amálgama 320
Amalgamação 374
Amana (montanha) 288[221]
Amante 70
Amante-filho 276
Ambiguidade 83[229], 140, 263
Amenophis IV 9[28]
Amente como o inferno egípcio 147, 147[327]
Amniótico, líquido 39
Amon como deus pai 2[3]
Amor 81, 197, 198, 200, 224, 289
- escudo e couraça do 76[211]
- filosófico 388[194]
- espiritual conjugal 198, 364
- secreto 289
amplificação 395

- espontânea de conteúdos luminosos 320
Amun 3[7]
Anabatistas 174
Anacronismo 261
Análise de conteúdos psíquicos 365, 406
- como dissolução 365
- efeitos da a. do inconsciente 367
- perigos da 405, 409
- dos sonhos 70, 365, 409
- e síntese 365, 378
Analogia 5, 25, 31, 38, 41, 157, 200, 240, 309, 316, 325, 332, 333, 337, 361
- dos quatro rios do paraíso 49
- com Deus ou Cristo 140
Anamnese 271, 273
Anão 70, 237
Anatomia terrestre 296[271]
Ancião 13, 30, 31, 32, 37, 235[84]
- sacratíssimo 309[340]
- relacionado com a árvore 37
- como substância da transformação 390
- transformação do 30, 37
- os 24 anciãos 52
Andorinha 345[81]
- erva de a. 345[81]
- pedras de 345[81]
Androginia (cf. tb. hermafroditismo) 190, 191, 245
- de Cristo (Koepgen) 189, 191, 192, 193, 201, 230, 243
- divina 245
- da Igreja (Koepgen) 192, 193
- do lapis 191
- de Mercurius 371[132]
Anguitenens (constelação) 158[365]
Aníada paracélsica 358
Anima como alma (sentido comum) 6, 48, 81, 83, 335[60], 339, 350[98], 351, 393

- como "anima in compedibus" 112
- animae transitus 242
- e animus 279, 283, 335
- como arquétipo do vivente 312
- extração a partir da prima materia 61[144]
- extração a partir do lapis 25
- libertação da 145[322]
- como ligamentum entre o corpo e o espírito 300, 392
- mundi (alma do mundo platônica) 7, 25, 27, 29, 51, 51[122], 238, 240[118], 289, 359, 364, 376, 386, 389, 403, 419, 421, 425, 434
-- como anima media natura 112, 386, 386[177], 421
-- aprisionamento na matéria 359, 419, 421, 425
-- extraída da matéria inerte 364
-- extraída do Mercurius 359, 360
-- como força germinativa 289
--- e o homem 389
-- como a imago Dei bíblica 403
--- Mercurius como a a. m. 112, 300, 323, 359, 376, 403
-- as scintillae a. m. 7, 75[204], 363
- como parte do caos primitivo 81
- e spiritus na separação do corpo 351, 428
- retorno ao corpo morto 145[322]
- universalis 256
- vegetativa dos filósofos medievais 392
Anima (sentido jungueano) 163, 165, 201, 204, 244, 279, 283, 312, 338, 393
- arquétipo da 74[188], 203
- aspecto negativo da 204
- aspecto negativo e positivo 280
- ativação da 83
- comparada com a mulher real 283

- conceituação jungueana 283, 293
- conscientização da 163
- como o feminino no homem 163, 203, 204, 205, 267, 279, 280, 312, 390[390]
- e animus 279
- como o inconsciente 258, 312
- como mediadora entre a consciência e o inconsciente 163, 205
- negra como o aspecto feminino do homem primordial 313
- como personificação do inconsciente 203, 258, 267, 393
- os produtos da a. ativada 83
- projeções da 313
- como portadora da totalidade 165
- possessão do indivíduo pela 204
- e o redondo 165
- como sedutora ou condutora 205
- como contaminação de mãe, filha, noiva, esposa e prostituta 74[179]
Animal 1, 65[167], 78, 170[398], 235, 245, 270, 313, 317, 320[8], 389
- ctônico 148[336]
- dois a. em luta 68, 170[398], 334
- natureza a. do homem 145
- quaternidade de a. simbólicos 137, 274
- de rapina 174, 175
- simbólico 237
- simbiose de a. e planta 270
- como símbolo dos afetos 176[403]
Animismo da natureza 403
Ânimo 72[183], 235[84], 335[60]
Ânimo disposição irracional de 88, 404
Animus (sentido jungueano) 163, 279, 280, 283
- comparado com o homem real 283

Anjo 52, 58, 140, 150, 236, 237[98], 240[11], 246, 248, 253, 255, 289[196], 292[243], 366
- da luz 239
- da morte 217
- os sete arcontes como anjos 239
Ánthropos 72, 112, 152, 153, 156, 164, 237, 256, 273, 306[324], 313
- Adão como o a. 255, 256, 259[189], 264, 278
- alquímico não coincidente com Cristo 6, 72, 152, 157
- arquétipo do 57, 153, 264, 273, 403
- autonomia do a. alquímico em relação ao dogma 157
- concepção do 403
- cósmico 112
- Cristo como 57, 152
- divino 6
- doutrina do 155[353]
- doutrina do a. entre os chineses 155[385]
- filius philosophorum como o 152, 155
- como figura de fundo egípcio, persa e helenístico 185
- como o homem espiritual interior (Basilides) 152
- rei como o 149, 150, 151
- e o tetramorphos de Ezequiel 237[98]
- vivência do a. pela alquimia 158
Anticristo 78, 78[223], 120
- como filho da meretriz e do demônio 78
Antigo Testamento 52, 312, 386, 399
Antiguidade 29, 85, 158[365], 166, 174, 174[401], 190, 192, 271, 296[266], 374, 384, 402
- concepções antigas 402
- conflito apolíneo-dionisíaco 192
- pré-cristã 329

- sincretismo da A. tardia 166
Antimônio 386[179]
- carro triunfal do 133, 133[289]
- dos filósofos como substância do arcano 132, 235
- pentassulfeto de a. (sulfur do ouro) 132, 132[288], 133, 137
- sulfeto como corante para cabelos (kohol) 132
- virtude curativa do 235[81]
antinomia, enunciado por
antinomias 372, 423
Antiquus dierum (O Antigo dos dias) 28, 28[73], 29, 29[74], 32, 34, 36, 65, 96
- senex como o 96
Anúbis 12
Apis 8[28]
Apocalipse 75, 299, 300
Apokatastasis (restauração)
prefigução da 147[327]
Aposento fechado 92, 97
Apoteose 127, 189, 278
Aqua divina 40[143]
- doctrinae 25, 348, 374
- gratiae 25
- permanens 10, 11, 12, 25, 61, 61[143], 62, 100, 170, 320, 320[16], 323, 345[82], 348, 361, 374, 389[196], 390[198]
-- como anima ou spiritus extraído da matéria 10, 62, 145[322]
-- como arcanum 374
-- aspecto feminino-ctônico da 170
-- "occidit et vivificat" 13
-- extractio da 25
-- Mercurius como 320[16], 323, 361
-- sangue como 61, 78, 350
-- como símbolo ou postulado filosóficso 320
-- como substância úmida da alma 62

-- como substância da transformação 25, 62, 210
-- como urina de criança 83[228]
Aqua pontica / água marinha 19, 348
Aqua vitae 348
- própria 48
Ar 15[45], 36, 217, 237, 274, 306[318], 320, 374, 415
- "aqua aeris" 323, 323[34]
- "cor do ar" ou do céu 308, 308[336], 343, 343[76], 351, 354, 362, 404, 417
- ígneo 118
- incriado e incorruptível 237[100]
Árabe 69[178], 105, 225, 235, 253, 292, 322
Ararat (monte) 235
Arca da aliança 201[350], 258[485]
- de Noé 220
Arcano da alquimia 127, 339, 371, 371[132], 396, 427, 431, 432
- de natureza física 428
- de natureza simbólica 342, 373, 374
- propriedades do 427, 428
- químico 431
- substância do arcano 25, 306, 307
- unidade e unicidade do 427
Arcanum chymicum como acontecimento psíquico 431
Arco-íris 49, 49[110], 51, 52, 52[124], 52[125], 53, 57, 381
Arcontes como anjos 141, 166, 239
- pai e mãe dos 240
- os sete arcontes 239, 240
Areia vermelha do mar 320[13]
Argentum vivum (prata viva ou mercúrio) 76, 301, 371, 372, 375
- preparação do 396
Ariadne, coroa de 158[365]

Arisleu, cf. visio Arislei
Aristeas 388[188]
Aristóteles 83[229], 121[262]
- assimilado pela Igreja 121[262]
Armadilha 69, 72[183]
Armata 74[197]
Armillus, o filho da pedra 306[324]
Arquétipo 1, 8, 74[188], 139[304], 153, 166, 174, 175, 187[410], 280, 293, 313, 338, 360, 398, 408, 416
- da anima 74[188], 203
- do ánthropos 153, 264, 273, 403
- autonomia do 333, 401
- atuante sentido como "Deus" 441, 442
- a mandala como centro da totalidade dos arquétipos 325
- concepções arquetípicas 338, 339, 398
- conexão primordial no 392
- da consciência 169
- constância extraordinária do 325
- empolgação pelo 400, 401, 432, 441, 442
- expresso no mito 399
- forma arquetípica 33
- formulação intelectual do 400, 401
- do hierósgamos 334
- do homem primordial 313
- como ideia viva 399, 401
- imagens arquetípicas 6, 61, 62, 442
- do inconsciente 166, 169, 398
- inexauribilidade do 432
- inflação e deflação como sensação arquetípica 187[410]
- integração dos arquétipos 301
- interpretação dos arquétipos 400
- irrupção do a. na vida do indivíduo 442
- jogo de motivos arquetípicos 61
- mundo arquetípico interior 442

Mysterium Coniunctionis — Rex e Regina...

- do número sete 243
- numinosidade do 71[182], 223, 401, 442
- perfeição do 401
- arquétipos planetários 169
- plenitude do 401
- do quaternio de casamentos 279
- regularidade natural do 61
- reinterpretação do 399
- do rei 1, 8, 190
- da renovação de "deus" 32, 171
- representação do 408
- revitalização do 153, 170
- do sacrifício do rei 190
- do si-mesmo 431
- simbólica arquetípica 334
- sincronicidade 412[222], 414[224]
- tesouro dos arquétipos 399
- unidade do 314, 326, 427
- de Urano e Geia 391
- vitalidade do 139[304], 432
Arqueu como espírito vital 258[185]
Arte alquímica ou espagírica 17, 61[141], 83[229], 129, 144, 145, 177, 180, 201[440], 208, 245[86], 322, 343, 371, 372, 373, 380, 384
- cabeça ou começo da 384, 384[168], 386[176]
- e o drama psíquico do alquimista 208
- geomântica 364[128]
- segredo da 207
- como a rainha do coração do artífice 208
- sete artes liberais 235, 248
Ártemis 274
Artífice / artifex 38, 41, 107, 141, 185, 186, 201[439], 217, 292[243], 388[189], 391[201]
Artifício 104, 398, 406
Artus 10[30]
Árvore 36, 37, 37[92], 37[94], 38, 39, 221, 235, 302[303], 419

- aspecto maternal da 37, 38, 39
- cabalística 274
- de cedro 12
- do conhecimento ou da ciência 37, 220[40], 274
- o córtex da 257[179]
- de Cristo 36, 38
- filosófica 36, 37, 48, 53, 60
- de flores multicoloridas 49
- genealógica 36
- Jessod como tronco ou arbusto 301
- Mercurius como 301
- do paraíso 36, 37, 37[92]
- relacionada com o banho 39, 63
- renascimento da 37[92], 39
- sobre a sepultura de Adão 221
- das Sephiroth 258, 318
- a serpente na 148[337]
- como substância do arcano 64
- da transgressão do mandamento 220[40]
- odor da árvore da vida 361[116]
Asa 24, 24[64], 61[140], 141[314], 302, 302[304], 384
- comer as próprias asas ou penas 61[140], 61[143], 158
- do sol da justiça 24
- dos spiritus volatiles 48
Ascensão ao céu e a coniunctio 150, 190[411], 240, 386
- e descida 145[322], 145[326]
- etapas da (Dorneus) 16, 17
- mística (Dionísio Areopagita) 310
Ascese, atitude ascética dos alquimistas 337, 369
Ásia Menor 190
Asklepios ou Esculápio 148, 148[338], 158[365]
- como salvador 158[365]
Asophol como ouro 290, 290[227]
"Aspereza" ou caráter de base química 351

Assassínio 11, 188[411]
Assírios 235[84]
Assumptio Mariae (dogma) 104, 329, 331, 333, 399
- e a ideia da união 334
- como festa de núpcias 329
Assurbanípal 44
Astrologia 50, 137[296], 141[319], 158[60], 169
- terrestre 296[271]
- e alquimia 158[360]
Astronomia 158[365], 235
Atarah (coroa) 318
Ateísmo moderno 178
Atenção permanente simbolizada pelos olhos de peixe 406
Átis, o polimorfo 174[401], 293[259], 319[359]
Atitude anticristã 151
- consciente 151
- crítica 408, 409
- estética ou perceptiva 408, 409, 410
- espiritual 108
- psíquica 365
- prudente 443
- religiosa do aluno 337
Atman pessoal 370, 417
- identificado com o a. superpessoal 417
- superpessoal (Deus) 417
Átomo 41, 212
- física atômica 325, 424
Aton 9[28]
Aura psicoide 441
Aurichalcus ou bronze de ouro 299[279]
Aurora consurgens 164
- mística 164
Autoamplificação 320
Autoconfiança 410
Autoconhecimento 15, 15[45], 17, 182, 322, 322[19], 322[20], 346, 356,

366, 367, 368, 369, 370, 393, 396, 397, 398, 433
- consequências éticas do 433
- como dotação moral 433
- como denominação do estado inicial 367
- promoção e resistência 356, 358, 397
Autogenes 255[166]
Autonomia 408, 410, 441
Avatar 33
Ave ou pássaro 56, 56[133], 158, 61[140], 139, 148[336], 290, 290[232], 302
Ave escarlate 60[140], 61[141]
- negra 387, 391
- noturna 384, 398[212]
- e a serpente, o par clássico 148[336]
- sem asas 56
- e verme como par de opostos clássico 148[336]
Avezinha de Hermes 51, 302, 384
Axioma de Maria profetisa 238, 267, 320
Azi-Dahaka de três cabeças 306[324]
Azinhavre 389
Azoch ou Azoth como Mercurius 210, 210[2]

Babilônia 3[10], 68, 78, 78[223], 217[22]
- a grande meretriz 78[223]
- a "Grande" 68, 68[175], 78
Bach, fugas de 408
Bait 4, 5[13]
Baetylus 425
Bakcheus 174[401]
Balança 168[205]
Bálsamo (da vida) 115, 163, 197, 328, 330, 343, 358, 361[115], 372, 425
- como aqua permanens 328[46]
- essencialmente espiritual 328
- paracélsico 328

Mysterium Coniunctionis – Rex e Regina... 467

- como remédio para o corpo e para o espírito 328
- como substância etérea 328
Banheira do rei 37, 38
Banho 13, 13[35], 75, 202, 320, 320[16]
- Adão e Vênus no banho 74, 211, 212, 214
- batismal 374
- coniunctio ou hierósgamos no b. 13, 320[16], 343[77]
- da rainha 202
- de regeneração 348
- do rei 13, 38, 63, 75, 131[282], 169, 202, 211, 301
- renovação no b. 211, 348
- significado maternal do 39
- de suor 18
báratro 296[273]
Barba 225[51]
Barbeliotas 255[166]
Basilidanos, doutrina dos 57, 309, 328
Bata, lenda de 12
Batismo 13, 13[40], 31, 38, 63, 191[416], 292
- banho batismal 374
Beberagem 364
Behemoth 238
Belial 306[324]
Belti, a "hieródula do céu" 74[188]
Barro/lutum 217, 346
Bem e mal 339, 340
-- a alma entre 335, 338
Benedicta viriditas 269
Berissa como remédio 61[143]
Bestial, o b. primitivo no homem 70
Betel, pedra de 234
Beya 18[57], 69, 212
Bezerro 67[170]
Bíblia 30, 361
Bile estragada 351[100]
Binah 309[340]

Binarius como o demônio 219
Biologia 123
Blasfêmia 120
Blasfemo 442
Bode 225[51]
- fedorento 77[215]
- como símbolo sexual 392[206]
- unípede 392
Boghazköy 420[226]
Boi 237[98]
Bola, cf. esfera
Bogomilos, doutrina dos 255
Bolsa de dinheiro 107
Bórax 350[99]
Bósnia 45
Brancura/albedo 102
Branqueamento/dealbatio 48
Bridlington 30
Bronze incandescente 299
Bronze, tábuas de bronze 55
Buda, reforma religiosa de 185
Budismo 444
Búfalo 65[167]
Burro 66, 66[169], 239
- como emblema do Sol 66[169]
- de ouro 66
Bússola 348

Caaba, construída por Adão 248
Cabala (kabbala) 213, 216, 223, 231, 232, 233, 235[84], 236[94], 257, 258, 264, 266, 306, 307, 309, 318
- escritos cabalísticos 258[187]
- o "homem perfeito" na 235[85], 264
- influência da 257
- sexualismo da linguagem 274
Cabalistas 258[186]
Cabeça 29[74], 52, 52[124], 62, 80, 141[314], 184[407], 207, 217[25], 225[49], 237, 240, 256[172], 275, 290, 291, 292, 292[249], 298, 308, 309[340],

350[99], 360, 377, 383, 384, 386, 387, 389[196], 433
- de corvo/caput corvi 51, 383, 384, 386, 386[179], 387, 388
- caixa da 292[243]
- como caput mortuum 282[243], 351[100], 383, 384, 386, 387, 387[182]
- coniunctio na 296
- como corpo redondo 292
- dourada ou de ouro 291, 291[235], 291[240], 292, 292[243], 305, 387
- duas cabeças 306[324]
- do etíope 292[143], 383[162], 386
- para fazer oráculo 292, 350[99]
- de homem 388
- o "interior" da 164[392], 257, 265, 274, 275, 292
- como morada da alma 389
- morta 386[182]
- de mouro 292[243], 386
- como órgão divino 389
- de Osíris 387
- separação da 387, 387[186]
- da serpente 293
- surgimento do ouro na 292[249]
- como vaso 388
Cabeleira 291[235]
Cabelos 29[74], 119, 127, 256[172], 290, 299
- crespos 291
- prateados 291, 292, 305
- na produção do lapis 10
- tintura oriental para (koho) 132
- vermelhos como ouro 306[324]
Cabiros itifálicos 255
Cabra 78[222], 392[206]
Cadáver 10, 19, 221, 225, 350[99], 383[157], 391[201]
Cadinho 10
Caduceus 68, 148
Caelum (cf. tb. céu) 196, 353, 425, 436
- como bálsamo 425

- como cura dos sofrimentos 425
- como elixir vitae 425
- como a imago Dei no homem 425
- como a essência da perfeição 426
- como o homem total
- a incorruptibilidade do 425
- como a medicina universal 425
- como a panaceia 425
- como a "pedra viva" 425
- produção do céu (Dorneus) 411, 417, 420, 422, 425, 429
- como o si-mesmo 425
- sinonimia múltipla e variada 425, 426, 427
- como unidade interior 417, 429
- como a "verdade" 425
Caldeus 158[360], 231[63], 235[86]
Cálice de ouro babilônico (Apocalipse) 73, 84
- de mármore ou de serpentina 351[101]
- da missa 22
Calvário 221
Câmara 10, 18, 233[77], 233[78]
- do nascimento 8, 91
- de pudor 47
Camea 301, 301[289]
Camelo 67[170]
Camponeses, guerra dos 174
Canaã 257, 287
Canela 197
Cantilena 23, 24, 46, 54, 65, 73, 74, 82, 84, 87, 88, 89, 95, 96, 97, 106, 110, 113, 124, 130, 131, 163, 170, 174, 176, 189
Cão 67, 170[395], 218[31], 239
- raivoso 67
Caos 18[60], 27, 41, 81, 159, 170, 217, 240, 298, 321, 367, 375
- águas negras do c. como a inconsciência 175
- aspecto materno para com os metais 74, 170

Mysterium Coniunctionis — Rex e Regina... 469

- como estado inicial do autoconhecimento 367
- como estado de separação dos elementos 159, 321, 375
- como a inconsciência 356
- interior 48, 367
- irrupção do 174
- como massa confusa original 317
- como prima materia 41
- o retorno ao caos e o opus 41
- o surgimento do 142, 237
Capela subterrânea 225
Caprichos e a possessão pela anima 204
Capricornus 6
Cápsula craniana 388, 389
Caput corvi 51, 56, 58, 150, 159, 381, 383[162], 386, 386[179], 387, 388
Caput mortuum 192[243], 351[100], 383, 384, 386, 387, 387[182]
Caráter 70, 71, 339, 366, 396, 420
- batismal 38
Carbúnculo (pedra preciosa) 7, 127, 164[392], 233[78], 257, 275, 275[217]
- como sinônimo do lapis 275
Carisma 134
Carmesim 78[221]
Carne, como corpo humano 6, 7, 54, 94, 127, 159[380], 176, 200, 234, 246[140], 390
- como mundo no sentido moral 6
Carrasco negro 387
Carvalho, aspecto maternal-feminino 37, 63
Carvão 386[179]
Casa redonda 27
- do renascimento 60
- de vidro (retorta) 70, 292
Casamento/matrimônio/núpcias 70, 75, 104, 188[411], 233[78], 323[34], 329
- alquímico 43, 72, 323, 329, 334, 337, 362

-- aspecto psicológico do 334
-- e tradição pré-cristã 329
-- na retorta 337
- amplexo matrimonial 329[52]
- apocalíptico 190
- caráter nefasto na descida 190[411]
- celeste 124, 130, 190
- croscousin-marriage 329[52]
- duplo 267
- do espiritual com o material 329
- identificado com a morte 323
- como matrimônio místico ou teológico 329
- místico entre rainha-mãe e deus-pai 8
- como núpcias apocalípticas do Cordeiro 72, 189, 190, 193, 329
- régio 70, 206, 234, 323
-- mistério do 55, 207
-- como símbolo da união da consciência e do inconsciente 206
- simbólica do 334
- vínculo do sagrado matrimônio 324, 324[39], 362
Castelo 140, 300[287], 388, 388[194], 389
- como allegoria Mariae 288[194]
- cápsula craniana como 389
- como "castrum sapientiae" 388
- quatro c. superpostos (Dorneus) 388[194]
- como símbolo feminino 17
- vaso como 389
Catarse 365
Catecismo de Heidelberg 4[12]
Cauda 62, 147[328], 177
- devorar a própria cauda 48, 83
- pavonis 48, 51, 52, 53, 56, 57, 88, 94
causalidade, lei da 327
- e sincronicidade 327
Cavalgar ao redor como exorcismo 8[28]

Cavalo 10, 13, 13[38], 67[170]
Caveira, lugar da 221
Caverna 213, 288[221], 390
Caverna do tesouro 217, 220, 253
Cedarenos 257[183]
Cegonha 37[92], 163[391]
Cegueira dos filhotes da andorinha 348[81]
- noturna, cura da 345[81], 347
Ceia como Santa Ceia 82, 176
Celidônia/chelidonia 345, 345[81], 347, 358, 360, 364
- como pseudônimo do ouro 345[81]
- sal de c. como emenagogo 345[81]
- como remédio para as doenças mentais 345[81]
Cena, fundo inconsciente da cena 365, 393
Cenas no palco 365, 366
Centrifugação 343[75], 351, 404
Centro ou meio 138, 238[107], 322[20], 371
- do céu e da Terra 346
- existente a priori no homem (Dorneus) 411, 431
- a mandala como centro comum dos arquétipos 326
- a Terra como 221, 240
- o "unarius" como centro 158
- centro vivido 432
Cerebelo 293
Cérebro 274, 292, 292[248], 293, 294, 297, 332, 390
- escurecimento do 292[244], 390
- e a esfericidade da cabeça 293
- exercitação do 299
- e Lua 292
- e pedra cerebral 292
- do rex marinus 292
- como sede do espírito 292
- como sede da consciência e da inteligência 292, 388, 388[189]
- como substância do arcano 292

Césares romanos 1, 6
Cetro real 100, 127, 377, 378
Céu 6[19], 15[45], 35[85], 50, 51[121], 58, 93[237], 98, 118, 127, 127[272], 137[296], 150, 197, 200, 217, 219, 225[49], 237, 238, 240, 244, 246, 253, 257, 258, 287, 296[164], 300, 307, 308, 329, 343, 344, 346, 348, 357, 363, 382, 383, 383[164], 383[170], 388[189], 389[196], 391, 392, 411
- aspecto feminino do 199
- como ave de Hermes 384
- cor do céu ou do ar 308, 308[336], 343, 343[76], 351, 354, 362, 404, 417, 418
- o equivalente físico do 429
- espagírico ou secreto 343
- espiritual 137[296], 296[271]
- humano 343[76]
- incorpóreo 415
- interior 411
- como a mãe dos deuses 384
- as quatro direções do 221
- químico 357
- da Santíssima Trindade 296, 296[271]
- como substância celeste oculta no corpo humano 343
- superior e inferior
- surgimento do 351, 363, 365, 389
- e Terra 219, 237, 240, 272, 274, 300[282], 323, 323[34], 343, 346, 391
- e terra, separação entre 272, 274
- o "Unum" como o céu no homem 389
- como a "veritas" ou a "substantia caelestis" (Dorneus) 353, 357, 365, 393, 403
- como a virtude do vinho filosófico 343, 351
Chanoch 236
Chave filosófica 345

Chawwa 258
Cheiro do inferno
- ou perfume de flores 90, 163, 323, 361
- dos sepulcros 90
Chemista (alquimista) 15
Chên-yên como arquétipo do ánthropos 403[217]
-- como homem perfeito 155, 370[127], 425
-- 155, 370[127], 403[217], 425
Cheyri 358
- flor de 358[107]
Ch'i divino 241[63]
Chifre 237, 275[217]
China e chinês 61[140], 155[355], 237, 292
- alquemia chinesa 373
- desvanecimento lento dos deuses 398
- doutrina do ánthropos entre os chineses 101[355]
Chipre 76[21]
Chokhmah (hebraico) ou Sabedoria 267[201], 309[340]
Choque 342
Chrysopoee (fabricação do ouro) como transformação espiritual e moral 6
Chumbo 25[66], 137, 137[296], 158, 210, 235, 242, 312, 386[179]
- calcinado como sangue de uvas negras 345[86]
- derretido 48
- como água sulfurosa 137[296]
- cores espectrais do chumbo derretido 48
- como o maléfico 137[296], 158
- mudança do ch. em ouro 283
- negro 298[275], 305, 312
- como prima materia 302, 363
- como purificador 137[296]
- relacionado com Saturno 137, 137[296], 242, 363

- dos sábios como substância do arcano 137, 158[366], 383
- vermelho 320
Chuva 49[110], 58, 225[49], 384, 385[170]
Cibatio (alimentação) 48, 61, 64, 83, 292[243]
Ciclo do tempo ou o eterno retorno 148[336]
Ciência 25, 283, 296[171], 432
- divina 194
- empírica 317
- e fé 317
- moderna 430
- oculta aos homens 194
- o odor da 161[115]
- responsabilidade científica 196
Ciências naturais 107, 108, 121, 123, 317
-- critério das 406
Cientificismo objetivo 339
Cila e Caribdes 131[285]
Cima, "em cima" e "embaixo" como opostos 339
Cinismo 339, 365
Cinismo "científico" 342
Cinza 127[276], 139, 150, 164, 296[265], 351, 351[100], 381
- extraída da cinza 296[265]
Cinzas, quarta-feira de 187
- sinônimos de 164
Círculo 99, 100, 111, 238, 238[106], 238[107], 240, 240[119], 253, 411, 431
- concêntricos 238, 240, 241, 258[189], 268, 431
- dez c. no diagrama dos ofitas 238, 238[106], 240, 258[189]
- dez c. das Sephiroth 258[189], 268
- formar um c. consigo mesmo 174
- lunar 163, 163[391]
- do mundo 296, 296[271]
- dos planetas 241
- quadratura do 99, 292[241], 431
- como símbolo de Adão 253

- como símbolo do ouro e do Sol 253
- como símbolo da totalidade 321
Cirrose 11
Cirurgia, pequena 178
Cisão interior 175, 429
- política 174
- do rei 396
Cisma, grande c. do cristianismo 441
Cisne 56, 163[391], 302
Citrinitas 50[118]
Claravidência 327
Cleópatra 224
Clérigos não alquimistas 104, 171
Coagulação 307, 391
Cobre 127, 128[56], 199[279], 320
- como rei na Terra 5
- relacionado com Vênus 76[211], 320
Coesão 371[135]
Cognoscível, limites do 183
Cohabitatio 215, 244
Cohabitatio permanens 244
Coincidência cheia de sentido ou sincronicidade 327
Coincidentia oppositorum 205
"Coisa em si (a)" 442
Col (medida) 300[282]
Colcotar, como composto vermelho de ferro 386
Colírio 345[81]
Colisão do mundo paterno com o materno 170
Coluna vertebral 237
- sem vida 224, 231, 232
Combate, motivo do 335
Combinação química 330, 347
- de S e Hg 320
Combinações químicas como protótipo da coniunctio 320, 347
-- nomes secretos das 337
Comer e beber a si próprio 82, 84, 176, 177
Comoção íntima 106, 157, 401

Comparações arcaicas produzidas por dementes 210
Compensação 17, 283, 365, 366, 399
- pela consciência 204, 399
- pelo inconsciente 135, 151, 157, 166, 170, 178, 366, 393, 410
- do impulso pela religião 271
- de uma situação aflitiva 440, 442
Complementação 129[280], 365, 366, 378
Complexo inconsciente, projeção do 151
Complexo, a intensidade do c. tomada como valor dele 280
Composto hermético 359[380]
Compreensão (ato) 207, 365, 401, 406, 407, 432, 434, 447
- (faculdade) 158, 207, 356, 417, 432
Comunhão sob as duas espécies 297
Concentração 367, 404
Concepções alquímicas 384[170]
- amalgamação ou liga de 123
- antigas 404
- arquetípicas 338, 339, 398
- cabalísticas 267
- cristãs 189, 237, 296
- dogmáticas 123, 153
- islâmicas 254
- míticas ou mitológicas 146, 398
- primitivas 146, 420[226]
- psíquicas e a metafísica 437
- religiosas 332
- religiosas, a fenomenologia psíquica das 123
Conceptualismo 296[268]
Concílio de Éfeso 399[215]
Concubina 76
Concupiscência 18, 37, 37[94], 84, 174, 175, 176, 177, 338
Concupiscibile (Platão) 258

Conexão universal dos acontecimentos (sincronicidade) 327

Confissão religiosa 157[357], 178

Confessionalismo 109

Conflito 17, 20, 86, 174, 175, 176, 178, 178[403], 271, 335, 365
- consciente 178, 339, 434
- conscientização do 178, 434
- entre o corpo e o espírito 335, 339
- entre o homem natural e o espiritual 339
- inconsciente 263, 434
- infrutífero 181
- moral 445
- entre a personalidade consciente e a inconsciente 365
- projetado 174, 176
- psíquico 339
- entre religião e o impulso 271
- solução do 339, 434

Confrontação do eu com seu antagonista 170, 365
- do eu com a sombra 366, 367, 398
- com o inconsciente 366
- com o "outro" em nós 365

Conhecimento ou ciência 15, 64, 71, 151, 153, 154, 160, 176[403], 182, 197, 219, 235, 264, 320, 329, 338, 339, 340, 343, 346, 347, 356, 357, 397, 398, 406, 407, 408, 409, 417, 420, 426, 432, 436
- árvore do 37, 37[94]
- capacidade de 182, 338
- científico 121, 339, 397
- crítica do 330
- de Deus (cognitio Dei) 15, 17, 122, 318, 322, 322[19], 346
- em Dorneus 14, 15, 346
- filosófico 16

- impulso místico de 402
- meditativo 345
- objetivo 369
- projeção do 356
- racional 432
- de si próprio, cf. autoconhecimento
- do si-mesmo 369, 393, 414, 431, 432, 433
- da sombra 398
- do tempo primordial 5
- teoria do 123, 431, 432, 433
- pela fé ou pela psicologia 406

Conjunção (cf. tb. coniunctio e união) 320, 321, 322, 334, 343, 349
- na cabeça 296
- conteúdo e sentido da 334, 395, 396, 397
- do espírito com a alma 353
- etapas da 328, 329, 334, 335, 336, 341, 413
- paradoxalidade de 335
- representações da 4

Conjunctio (cf. tb. conjunção e união) 52, 62, 74, 141, 189, 190, 197, 320, 322, 323, 329, 335, 341, 343, 348, 361, 392, 393, 402, 403, 429
- da alma com o corpo 11, 140, 141, 175, 201, 219, 224, 234, 254, 347[77], 356, 398
- da consciência com o inconsciente 393
- consumação do mysterium coniunctionis 329, 421
- espírito com o corpo 150, 158, 246, 300, 320, 329, 346, 347, 420
- do espírito com a alma 328, 337, 353, 395, 412
- do espírito com a matéria 430
- essência paradoxal da ideia da 355

- 1ª etapa da c. (conceito): união do espírito com a alma ou unio mentalis 328, 329, 337, 353, 395, 412
- 1ª etapa da c. (referência) 328[50], 336, 366, 412
- 2ª etapa da c. (conceito): união do espírito e da alma com o corpo (o homem total) 328, 329, 330, 341, 347, 354, 366, 395, 396, 412, 414
- 2ª etapa da c. (referência) 328[50], 342, 347, 366, 402, 406, 412, 413, 428, 432
- 3ª etapa da c. (conceito): união do homem total com o "unus mundus" dos primórdios 328, 329, 341, 413, 414
- 3ª etapa da c. (referência) 328[50], 375, 413, 414, 417, 425
- 3ª etapa da c. e suas representações figurativas 329
- e o hierósgamos arquetípico 329
- como a ideia central do processo alquímico (Silberer) 320
- na matrix, vaso natural ou útero 322
- e o meio químico de união 323
- da mulher com o dragão no sepulcro 322[25], 334
- mysterium coniunctionis 141, 327, 329, 331, 332, 334, 335, 347, 395, 421
- o mysterium coniunctionis e o Tao 327
- o mysterium coniunctionis e a sincronicidade 327
- como protótipo da combinação química 320
- realização da c. segundo Dorneus 403
- relacionamento do adepto com o "unus mundus" 225
- na retorta ou in vitro 322, 336, 403
- simbólica esotérica da 138[411], 335, 348
- símbolos da 2ª etapa 337
- como síntese psíquica 190, 322, 329
- o sistema das Sephiroth como símbolo da 318
- Solis et Lunae 96, 181, 189, 197, 291[236], 296[266]
- as três etapas da c. segundo Dorneus (referência) 329, 334, 341, 342, 347, 375, 413
- como união de filho-mãe ou irmão-irmã 334
- com o "unus mundus" 328, 329, 341, 413, 429
Consagração 82
Consciência 17, 83, 86, 132, 135, 136, 139[304], 151, 163[390], 166, 167, 168, 169, 170, 171, 178, 180, 183, 185, 270, 271, 274, 275, 281, 292, 315, 325, 335, 356, 357, 365, 366, 374, 393, 401, 406, 407, 412, 413, 434, 442
- alargamento da 85, 86, 121, 398, 428, 434
- atitude da 107, 170, 427
- autoconsciência de sua verdade 167
- com sede no cérebro 293
- como claridade diurna da psique (no homem) 166
- o complexo da 166
- confronto com os afetos e instintos 335
- confronto com a sombra 178
- contemporânea 406
- como um dos arquétipos do inconsciente 166
- e a criação 166
- "desenvolvimento" da 271, 428

Mysterium Coniunctionis — Rex e Regina...

- diferenciação da 271, 335
- dirigida por Cristo 364
- dissociação da 427, 429
- dominada por conteúdos até então inconscientes 437
- dominada pelo eu 364
- a dominante da 83, 121, 136, 163, 166, 169, 178, 180, 181, 188, 190, 203
- efeitos "mágicos" na 412
- envolvida pela aura psicoide 441
- da época 357
- do eu 157, 160, 166, 177, 181, 185, 203, 313, 356, 364
- o eu e a 166, 185[409], 282
- escapada da totalidade divina 292
- espiritual 364
- expansão e diversificação da 271
- feminina e a imagem da anima 267
- fortalecimento da 367
- as quatro funções orientadoras da 222
- da Idade Média 107, 296, 356, 357
- e inconsciência como par de opostos 166, 426
-- como a totalidade psíquica 185, 315
- e inconsciente 17, 18, 20, 182, 188, 204, 325, 333, 338, 393, 412, 427, 437
-- atitude crítica da consciência 365, 407
-- conflito e síntese 170, 188, 190, 204
-- confrontação dos dois 398, 407, 437
-- mistura de 20
-- defesa da consciência 367
-- dissociação entre 434
-- influência da parte do inconsciente 169, 204

-- o mito como mediador entre os dois 406
-- modificações recíprocas 434
-- relação compensatória entre os dois 135, 170, 178, 204, 393, 427
- união ou síntese dos dois 17, 182, 184, 189, 205, 266, 367, 393, 425, 434
- integração na 401, 410
- luminares secundários da 169
- como má juíza em causa própria 170
- masculina e figura masculina 267, 283
- masculina e feminina 267, 283
- moderna 173, 357, 413
- modificações conhecidas 182, 399, 425
- moral 274, 339
- ou personalidade do eu 366
- perturbações causadas pelo inconsciente 434
- ponto de vista da 181
- posição da 365
- primitiva 322
- processo de integração do inconsciente 434
- as quatro funções da 122
- renovação pelo mergulho no inconsciente 184, 185, 187
- renovada e o Filho 185
- renovada e o rei 185
- masculina simbolizada pelo Sol 84, 166
- situação coletiva da c. 410
- Sol como arquétipo da consciência 163, 166, 169
- transformação da 168, 425
- tendência para conscientização do inconsciente 151
- e sua união com a sombra 178
- e a unidade real 170

Consciente 157, 171, 205, 238, 263, 306, 313, 314, 335, 339, 340, 342, 364, 365, 369, 379, 411, 430, 432, 440
- atitude 151
- calamidade 427
- só o consciente é corrigível 395
Conscientização 84, 88, 151, 163, 169, 314, 356
- da anima ou do animus (sentido jungueano) 281
- espontânea de conteúdos inconscientes 107, 163, 169
- de conteúdos reprimidos 178[405]
Consenso geral 437, 438
Constelação (astronomia) 158[365]
Contaminação de conteúdos psíquicos 61, 62, 120, 258, 262, 264, 269, 325
Contemplação 365, 368, 408
Conteúdo numinoso e a autoamplificação 320
- pessoal 71[182]
- projetado 70, 369
- psíquico 123, 183, 374[215]
- psíquicos, fenomenologia dos 183
Contraveneno 138, 148, 249, 271, 345[82], 361, 425
Conversão 38, 178
Convicção, força de 83
- religiosa e cristã 429
Cópula 197[426], 245, 320, 362
Cópula permanente 244
Cor 10, 49, 49[108], 50, 50[116], 53, 73, 141[314], 241, 257[182], 431
- amarela 50, 50[118], 75[199], 345[81], 347, 358, 377, 382
- amarela de açafrão 382, 393
- amarela como cor do intelecto 50
- amarela das flores da Celidônia 345[81], 358
- do ar ou do céu 308, 308[336], 343, 343[76], 251, 354, 362, 404, 417, 418

- azul 53, 58, 348[170], 364[343], 378, 380, 381, 382, 411[219]
- branca 29[74], 48, 50[118], 56, 75[189], 77, 77[215], 77[216], 79, 101, 145[325], 164[392], 217[25], 218[71], 220[37], 257, 285, 292, 292[255], 294, 296, 299, 310[348], 314, 320[13], 377, 386[175], 403, 411, 411[202]
- cinzenta 290, 291
- dourada ou de ouro 50, 50[116], 60[139], 141[314], 241, 274, 291, 305, 345[83], 358, 381, 387
- escarlate 78, 78[221]
- de esmeralda 141[314]
- esverdeada 255
- de fogo 274
- de jacinto 141[314]
- de laranja 132
- negra ou preta 50[118], 52, 88, 101, 132, 145[325], 150, 159, 164[392], 202[441], 217[25], 218[31], 220[37], 248, 257, 257[183], 258, 264, 267[200], 273, 274, 276, 290, 291[235], 291[243], 317, 345[81], 345[86], 351[100], 378, 381, 383, 383[162], 384, 386, 386[175], 386[178], 387, 388, 388[188], 391
- negra mais negra que o negro 398
- policrômica 161
- prateada ou argêntea 50[116], 141[314], 241, 371
- purpúrea 53, 54, 56[133], 74
- purpúrea e o mysterium dominicae passionis 54
- rosada 77, 77[212], 77[214], 78[219], 78[222], 150[347], 151
- rubra 74, 75[197]
- de safira 148, 307[330]
- tiríaca (purpúrea) 74
- verde 50, 52[124], 53, 55, 74[190], 88, 217[25], 218[31], 220, 220[37], 288, 289, 289[223], 290, 298, 306[324], 381, 391, 426
- verde, como esperança e futuro 290

Mysterium Coniunctionis — Rex e Regina...

- verde, como perfeição na alquimia 290
- verde, o simbolismo do verde 51, 289
- verde venusina 53
- vermelha 6[19], 50, 50[118], 56, 74, 74[190], 77, 77[215], 78, 78[221], 88, 127[276], 217[25], 219[31], 220[37], 290, 290[232], 298, 306[324], 309, 309[341], 320[13], 345, 345[91], 349, 362, 364, 364[123], 377, 378, 386, 403, 411, 411[220], 426
- vermelha, como opus ad rubeum 74
Cores 48[106], 49, 49[108], 49[109], 50[117], 54, 58, 59, 61[143], 81, 241, 242[121], 262, 305, 308
- e a alma 50
- do arco-íris 49, 49[110], 51, 52, 53, 57, 381
- e astrologia 50
- branca e preta 101, 257
- branca e vermelha 48, 56, 320, 345, 349, 371[127], 377
- da cauda pavonis 48, 51, 52, 53, 56, 57
- as cinco cores na China 61[140]
- espectrais 48
- da íris dos olhos 49
- jogo de cores 88, 141[314]
- do lapis 49, 161
- negra, vermelha e branca 386[176]
- quaternio de cores: azul, vermelha, amarela e verde 50
- quatro cores como símbolo da totalidade 50, 217, 218
- as quatro cores principais e os temperamentos 50
- e as plantas 50
- as sete cores usuais 50, 217, 218, 242
- e seus significados na alquimia 50, 77

- e seus significados psicológicos 48, 50, 88
- síntese das cores 48, 50, 52, 57
- do sulfur 64, 65[162], 377
- todas as cores 48, 49, 49[108], 51, 52, 57, 57[134], 58, 381
- as 3 ou as 7 cores 218
Coração 12, 16, 17, 36, 51[121], 164[392], 170, 197, 198, 214, 215, 225, 226, 233, 257, 275, 292[248], 439
- do Leo (astrologia) 158[360]
- de Mercurius 348
- como substância do arcano 158[360]
Cordeiro como animal do sacrifício 190
Coroa 1, 64, 80, 131, 141[314], 163[392], 164, 184[408], 199, 199[430], 207, 309[340], 318, 377, 381, 382, 390
- boreal 159[365]
- de diamantes 199[434]
- de estrelas 199[434]
- como o feminino 164
- como Kether 258[189]
- como o redondo 164
- a sacra e a profana 378
- relacionada com o Sol 1
- da vitória 296[265]
Coroação como coincidentia oppositorum 205
Corozaim 78[223]
Corpo (humano) 7, 24[65], 25, 37, 46, 61[143], 69, 74, 80, 127[276], 139, 140, 147[327], 150, 158, 200, 201, 201[438], 212, 217[25], 219, 220, 224, 231, 232, 253, 260, 268[206], 292[248], 297, 328, 328[48], 329, 330, 335, 337, 338, 341, 343, 345[80], 346, 355, 357, 366, 367, 370, 379, 396, 398, 428, 429
Corpo (qualquer) 64, 64[15], 127[269], 159, 164, 198, 210[4], 290, 296[265], 351, 353, 354, 371, 391, 403

478   Obra Completa – Vol. 14/2

- aéreo 354
- afetividade aprisionada no 335
- e alma - homem formado de 11, 140, 141, 175, 201, 219, 224, 234, 254, 343[77], 356, 398
- e alma e espírito
- homem formado de 7, 201, 201[438], 217, 224, 300, 328, 329, 335, 338, 346, 351, 353, 390, 392, 428, 430
- e alma, relacionamento causal entre 422
- e alma, união de 141, 201, 347[77], 350, 356, 398
- apetites do corpo 335[60]
- corruptibilidade do 5, 403, 429
- desalmado 398, 428
- dissolução do c. no espírito 323[34]
- divino e incorruptível 96
- doente 125
- dominação do corpo pelo espírito 328, 328[50], 335, 403
- escuridão do 398
- esfera turbulenta do 335
- e espírito
- homem formado de 150, 158, 246, 300, 320, 329, 346, 377, 420
- e espírito, transformações recíprocas 346
- e espírito como opostos 300, 320, 323, 335, 346, 416, 420, 430
- e espírito, influência recíproca 335, 346, 419
- e espírito, separação de 329, 335, 379
- e espírito, união de 150, 158, 246, 300, 320, 328, 329, 337, 341, 343[77], 346, 393, 420
- espiritualização do corpo 347, 418, 419
- como ferramenta ou instrumento da alma 335, 338
- glorificado 7, 95

- como guerra dos quatro elementos 235[80]
- incorruptível 94, 100, 190
- inércia do 338, 419
- influência do 356
- de morte 429
- "morto" 11, 61[144], 78, 150, 398, 398[213]
- nobre 158[359], 257[180]
- prisão do 395, 398
- químico 330
- reanimação do c. 398
- da ressurreição 418
- superação do corpo pela unio mentalis 328, 328[50], 335, 403
- como terra 219, 382
- e a *unio mentalis* 328[50], 329, 341, 347, 350, 354, 366, 387, 398, 402, 412, 428
- vivo 328, 342
Corporalidade 402
Corporeidade materna 329
Corpus glorificationis 418, 429
- immundum 64
- mysticum como a Igreja 193, 200, 297, 298
- rotundum 371[127], 387
-- como cabeça e cérebro 292, 293, 388
- - como o homem 387
-- como símbolo da totalidade 163
Correspondência, doutrina da c. nos 3 (ou 4) mundos 83, 335
Corrupção 344, 346
Córtex de árvore 257
Coruja 385[173]
Corvo 159[383], 291[235], 383, 384[168], 388[188], 391, 391[201]
- como alegoria cômica 398
- como allegoria Christi 385[173], 386
- como allegoria diaboli 383, 384[171], 398, 398[212]

Mysterium Coniunctionis — Rex e Regina...

479

- como cabeça ou princípio da arte 384, 384[168], 386[176]
- cabeça de/caput corvi 51, 56, 58, 150, 159, 381, 383[162], 386, 386[179], 387, 388
- dois c. em luta 388
- crucificação do 385[173]
- envelhecido 385[173]
- como o homem pecador 386
- como nigredo 384, 386, 398
- negro 390, 398
- noturno 385
- três ou quatro c. 386[176]
- os 7 corvos na lenda de Grimm 238
- como símbolo negro da alma 388[188]
Cosmo 27, 166, 391, 411, 420
Cosmovisão 281, 283, 327
- científica 327
- cristã ou dogmática 83, 171, 339
- materialista e a realidade da alma 338
- medieval cristã em transformação 171, 283, 427
- a medieval e a moderna 284
Cova 69, 72[183]
Crânio 292[243], 388[189]
- falante 292[243]
- atração mútua entre ele e o céu 389
- como vaso 388
Crença popular egípcio-helenística 5
Criação como o ato criador 419
- como creatio ex nihilo 421
- história da 145[322]
- do mundo 27, 72, 142, 145, 232, 237, 306, 306[324], 359, 392
- o primeiro dia da c. (Dorneus) 414, 415, 421
- a primeira criação 158[365]
- a segunda criação 158[365]
- o superior e o inferior da 273

Criador (do mundo) 15, 148, 210[4], 415, 416
Criança 43, 92, 96, 105, 120, 127, 148, 148[334]
- predeterminação do sexo 345[83], 347, 362
Criancinha 30, 31, 32, 277
Criatura 145, 149[341], 225[51], 233[78], 237, 389[195]
- as sete qualidades da 150[345]
Cristal 253, 308, 309, 309[341], 388[194]
- gelo como c. 308[338]
Cristão 4, 5, 29, 237, 257, 298, 312
Cristianismo 38, 148, 178, 185, 190, 191, 232, 309, 312, 399, 444
- e a alegoria da serpente 148
- e alquimia 5, 25, 77, 83, 139[304], 148, 151, 152, 171, 172, 257, 296, 299, 309, 315, 329, 334, 348, 364, 432
- reinterpretação de mitos pagãos 139[304], 399
- convicção cristã 427
- fronteiras do C. histórico 333
- judeu-cristão 237
- mudança na cosmovisão cristã 171
- mundo cristão das ideias 34, 145, 316
- origem parcial da dogmática cristã 5
- como religião do amor fraterno 441
- como fides cristiana 427
- e a religiosidade egípcia 148
- simbólica cristã 402
- como suprema instância para a renovação do mundo 185
- tradição cristã 74[188], 384
- como a unio mentalis in superatione corporis 401
- vitalidade do 139[304]

"Cristificação" 195
Cristo (cf. tb. Jesus) 1, 3^{10}, 4^{12}, 25, 29, 30, 36, 54^{130}, 77, 82, 120, 127, 139, 150, 150^{145}, 151, 157^{357}, 171, 172, 173, 176, 177, 195, 233^{78}, 236^{95}, 274, 292^{349}, 293, 293^{259}, 299, 305, 309, 337, 364
- acentuação de sua presença espiritual 153
- como Adam *secundus* 149, 191, 217^{17}, 230, 243, 258, 266, 278, 293, 297, 305, 306^{324}, 311
- e Adam Kadmon 274, 314
- as *allegoriae Christi* 36, 87, 120, 131, 139, 148, 149, 150^{347}, 193^{259}, 308, 337, 385, 385^{153}, 386
- androginia de Cr. segundo Boehme 244, 245
- *androgynia mystica Christi* segundo Koepgen 189, 191, 192, 193, 201, 230, 244
- como *ánthropos* 57, 152
- apocalíptico 189, 274, 299
- árvore de 35^{85}, 36, 37^{94}
- na arte religiosa com caracteres femininos 191
- assume o lugar do "eu" na vida mística 364
- *Christus-Lapis* como figura mista 172, 309^{342}
- e a cruz de cada um 176
- comparado ao cristal (gelo) 308
- o corpo imaculado de 29
- o corpo morto do Crucificado 120, 139
- *corpus Christi* 297, 298, 305
- corvo noturno como *allegoria Christi* 385
- e o demônio 385
- descida ao inferno e ressurreição 139, 139^{304}, 140
- desvanecimento da figura histórica 153

- como Deus uno 82
- dogmático 153, 171, 172
- encarnação de 150, 235, 238, 255
- como esmagador da serpente 244
- como "espada" 428
- como Filho de Deus 56^{133}, 127
- como Filho do Homem 57, 156
- e o filius philosophorum 77
- e o filius regius 171, 172
- como fator de união
- historicidade de Cr. 171
- e o homem interior 360, 364
- como homem primordial 274
- e a Igreja 246, 249, 258, 297
- e a Igreja na alma humana 246
- como imago Dei 252
- a imitação de Cr. 157
- imolação de Cr. 297
- Jó como prefiguração da paixão de Cristo 159
- e o leão 150^{347}
- como a luz do mundo 364
- *mactatio Christi* 297
- místico 305
- nascimento de Cr. 163^{391}
- nascimento do Filho na alma humana (Meister Eckhart) 108, 153
- e a imolação de si mesmo 82, 139, 197
- como oitavo profeta 237, 238, 243
- o opus como um paralelo para a paixão de Cr. 151, 157
- a paixão de Cr. 54, 113, 151, 157, 159, 308
- paralelo entre Cr. e o lapis 7, 17^{56}, 57, 77, 150, 172, 232, 274, 309, 402, 425
- como a pedra angular 77, 127, 151
- presente na hóstia (consagrada) 305

- *puer regius* como *allegoria Christi* 131
- rainha do Sul identificada com Cr. 201
- como Rei do Universo 1
- renascimento de Cr. 158[365]
- ressurreição de Cr. 56[133], 139, 140, 147[327], 232
- "rio de nosso Salvador" (Orígenes) 25
- como salvador do microcosmo 336
- sangue de Cr. 77, 82, 297
- e Satã (opostos ebionitas) 285
- como o servo de Deus sofredor 150, 159
- e o seu si-mesmo 157
- símbolos alquímicos para Cr. 171, 398, 364
- como Theanthropos (Deus-Homem) 127
- transformação da imagem de Cr. 173
- transpassado ou ferido 25
- a unir em sua pessoa o masculino e o feminino (Koepgen) 192
- como "*verdadeiro homem*" 157
- e sua volta apocalíptica (parusia) 432
- como "vir a foemina circumdatus" 199
- vivência de Cr. na matéria 171
- como vivificador 240[118]
Crítica 123, 338, 407
- ausência de 185
- fortalecimento da 185
- psicológica 185
- objetiva 442
- textual 123
Cross-cousin-marriage 329[52]
Crucificação 274
Crucificação como *coniugium* (S. Agostinho) 220[40]
Crucificado 274

Cruz 36, 38, 75, 80, 150, 159, 176, 191[414], 220, 220[40], 274, 376
- árvore como 221
- de Cristo no centro da superfície da Terra 220
- "fornalha da cruz" 159
- como leito nupcial 233[78]
- negra 164[392], 257, 260, 274, 315
- de rosas 80
- como símbolo do cristianismo 38
- como símbolo dos quatro elementos 376[143]
- sinal da cruz 75
Cubricus ou Gabricus 69, 212
Cucurbita ou retorta 69, 70, 72, 93[237], 94
Culpa, reconhecimento da 175, 258, 274
Culto cristão a Deus 192
Cultura 156, 270, 338, 398
- antiga 420[226]
- árabe 292
Cupido 74, 75, 84, 158
- seta de 158
Cura pelo suor 18
Cyllenius 75, 303
Cythera 75

Daimon como divindade inferior (boa ou má) 29, 60, 139, 158, 255, 292
Daltônico para vermelho-verde 426
Dan, tribo de 78[223]
Dança 80, 398
Daniel 292[240]
Dardo da paixão 47[104]
Davi 3[10], 134, 266
- filho de 266[195]
Déa ou deusa, aplicado a Maria 329[53]
Decapitação como símbolo da separação da inteligência 387

Decisão moral 367, 398
Decisão exclusivamente da razão 398
- vítima de decisão fortuita 433
- livre 398
- racional 365
- declaração por antinomias 372, 423
Decomposição 93, 94, 158
Defectus originalis 24, 27, 29
Deformação de si próprio 159
Deliquescência 351
Delírio furioso (fúria) 158
Demiurgo 141[318], 163, 187[410], 240[216], 240, 403
- aprisionado na criação 403
- criado por Achamot 141[318], 187[410]
- gnóstico e Deus 187[410]
- imagem do d. nos corpos 403
- como Ogdoas 240[116]
- como o primeiro da criação 403
Demócrito 375
Demônio 29, 54, 58, 78, 78[223],147, 159, 159[383], 231, 246[140], 292[257], 309, 347, 384, 413, 440
- como binarius 219
- e a morte no inferno 147
- pacto com o 158, 350, 362
- possessão demoníaca 158
- como a "antiga serpente" 147
- representação teriomórfica 133, 147, 159, 384, 398
- Satã e a pedra em Roma 306[324]
- como serpens quadricornutus 159
Dependência infantil 405
- sensação de 185
Depositum fidei na Igreja 399
Depressão do adepto 160
Descida/descensus 84, 136, 173, 188[411]
- aos infernos 84, 173

Descida e subida (modelo cristão e gnóstico) 188[411]
Desenvolvimento, parada no 408
Deserto 139[383], 161, 257, 274, 386
Desfiladeiro 409
Despedaçamento 2[5], 14, 18, 18[57],158, 159, 274, 290
Destillatio/destilação 11, 351, 354, 364
Destino 175, 340, 408, 433, 442
Deus (monoteísmo) 7, 29, 30, 38, 52, 57, 59, 61[141], 87, 95, 103, 105, 106, 109, 111, 112, 127,127[276], 129, 131[276], 140, 149[341], 153, 159, 159[383], 160, 171, 180, 190[412], 194, 194[423], 199[430], 204, 216[14], 217, 219, 220, 221, 235, 235[94], 236, 244, 245, 250, 252[180], 253, 254, 255, 256[172], 258[186], 258[189], 274, 290, 290[239], 291, 292[243], 293, 296[271], 298, 299, 306, 312, 315, 322[30], 328, 335, 343, 346, 366, 371, 386[177], 421, 441, 442
- o abandono de 149[341]
- o amor a 312
- o amor a Sião 258[187]
- do amor no Novo Testamento 30, 171, 436
- e o animal 269
- o arco-íris como mensageiro de 52, 57
- o arquétipo de D. e a figura divina 153, 406
- auxílio divino 337[65]
- como o bom Deus El 301
- cognitio Dei per fidem 16
- e nossa concepção acerca dele 428, 436
- concepção mística de 29
- conhecimento de 15, 17, 122, 318, 322, 322[19], 346
- como criador do mundo 60[139], 345[84], 372

Mysterium Coniunctionis — Rex e Regina...

- culto da Mãe de Deus 173
- e o demiurgo gnóstico 187[410]
- Deus-homem (Cristo) 7, 150
- diálogo com D. como meditação 366
- enunciados válidos sobre Deus 441
- "encarnação" de D. na alquimia 309
- encarnação no cristianismo 32, 444
- escondido na hóstia consagrada 29
- espírito de Deus (ruach Elohim) 7, 51, 383, 421[227]
- esplendor indizível de 199[430]
- existência de um Deus transcendente 440
- expressão de 429
- Filho de Deus 7, 104, 305[318], 329, 364
- Filho – como criança recém-nascida 31, 32, 34
- filiação divina no homem (Eckhart) 108
- que habita no dilúvio 293
- imagem e semelhança de D. na criação 85, 252, 252[150], 252[151], 346, 425
- como increatum 336
- intervenção divina 271
- ira de Deus 150[345]
- de Israel 308
- Mãe de Deus (cf. tb. Maria) 87, 120
- a matéria como a "realidade" de Deus 421, 428
- a mente divina 389[195]
- nascimento no homem (Eckhart) 105, 105[248], 153
- nome de Deus no judaísmo (JHWH 267, 267[199]
- nume divino 388[194]
- onipotência de 127, 142, 161, 296[271], 391[201], 440

- os opostos em Deus 274
- Pai – como um ancião 31, 34
- Pai e Filho da mesma essência 185
- Pai, Filho e Espírito Santo (Trindade cristã) 4[12], 329
- paradoxal do Antigo Testamento 30, 171, 436
- como paranymphus 216
- parcela aprisionada na matéria 29, 421
- parcela como quintessência da physis 29
- plano salvífico divino 427
- presente até na matéria reles 29, 52, 59
- provas metafísicas da existência de Deus 439
- como puro espírito 428
- realeza de Deus 1
- Reino de Deus ou dos céus 10, 40[96], 41, 54[130], 158[367]
- como o Santo 296[272], 306[318]
- como Sanctus Benedictus 235[89]
- semelhança de D. na criação 85, 109, 244, 252
- como senex et puer 171
- o servo de Deus 159
- e o si-mesmo (distinção) 223, 370, 433
- transformação no conceito de 30, 171
- unidade por excelência 328, 335, 427
- a unio mentalis em Deus 335
- a vida trinitária e o homem 105
- um único e verdadeiro Deus 442

Deus (politeísmo) 1, 2[2], 11, 29, 44, 78[219], 148, 174[401], 180, 220, 229[60], 274, 320, 398, 420[226], 440, 441, 442
- aparecimento de d. no mundo (Egito) 4

- arquétipo do filho de Deus 399
- arquétipo da renovação de deus (Egito) 32
- desvanecimento da ideia de deus na Grécia e em Roma 398
- deus-homem como rei no Egito 2, 3, 4
- "deus maldito" como o criador do mundo 239
- o deus "morto" (Penotus) 55, 399
- o deus Sol 2^5, 392
- o deus-touro 2^5
- e deusa 320
- as encarnações de deus-pai (Egito) 3^9
- envelhecimento e renovação de deus (Egito) 30, 33, 83, 180, 183
- como deus-filho (Egito) 2^3
- deus-filho com seu Ka 3
- geração de deus na retorta 104
- grego da saúde 148
- no hierosgamos 72, 349
- identidade entre o pneuma divino e o rei (Egito) 6
- lamentação pelo deus perdido (Pã) 174, 190
- mãe de deus (no Egito) 2^3, 3, 4
- morte de deus (Nietzsche) 174^{401}
- a morrer cedo 399
- "não existente" (Basilides) 57
- como substância da transformação 29
- terrestris 337, 434
- tradição do homem-deus 399
- a trindade egípcia 3^8, 4
- trindade dupla 4
- o velho rei como deus 180
deusa 82, 96, 163, 320
- do amor 17^{54}, 78, 213
- celeste, perfume da 163
- como deusa-lua 8^{28}
- como deusa-mãe 2^3, 3, 4, 63, 384, 399

- deusa-mãe, o odor da d. m. em Hierápolis 361^{116}
- negra 274
- deuses 232
- alheamento dos 272
- ctônicos e a serpente 148
- estatuetas de deuses dentro das estátuas 329
- favoráveis 272
- geração divina 8
- greco-romanos 185
- infernais 148, 292
- maldade dos 273
- dos metais 141^{319}
- panteão de milhões de 185
- dos planetas 228
- o pai dos deuses Kumarbi 420^{226}
- prejudiciais 272
Dia em filius *unius* diei 137, 137^{295}, 139, 141, 375, 375^{139}, 375^{141}
- em *"um"* dia 137, 139, 140, 141, 375
Diadema 6^{19}, 74, 118, 127, 127^{269}, 198, 351^{100}
Diagrama dos ofitas 238, 238^{107}, 238^{108}, 239, 240, 242, 252^{189}
Diana 13, 68, 70
Dies Solis como dia do Sol ou domingo 375
Dieta da gravidez 48, 85
Dilema de cosmovisão 342
- moral 342
Dilúvio 13^{37}, 17, 52, 159^{383}, 220, 235, 291, 293, 296^{266}
- águas negras do 274
Dinâmica afetiva 107
Dionísio (escritor eclesiástico) 229^{59}
Dioniso (deus) 2^5, 18, 34, 78, 158^{365}, 255
Direções, as cinco direções dos chineses 61^{140}

Mysterium Coniunctionis — Rex e Regina...   485

Disputa de Jó com Javé 433
Dissociação, compensação da 427
- transposição da 234
- neurótica 339
Dissolução 14, 17, 41, 151, 169,
322, 371
Distractio 335, 339[68]
- mentis a corpore 335
Divindade ou deidade 4, 29, 61[143],
87, 137[296], 140, 150, 181, 224,
292, 296[292], 335
- definições da 181
- misteriosa 81
- partícula da d. inerente à matéria
359, 419, 421
Divisão 159, 378
Doença 104, 158, 161, 232, 347,
405
- mental 158, 174, 345[81], 347,
410, 439
Doente mental 199, 210, 439
Dogma 71, 140, 151, 153, 174,
316, 329, 331, 332, 398, 399, 400
- e alquimia 5, 25, 77, 83, 139[304],
148, 151, 152, 172, 255, 296,
299, 309, 315, 329, 334, 348, 432
- e amplificação da vivência da
opus pelo dogma 157
- assimilação do dogma pela opus
157
- da Assunção 104, 329, 331, 334,
399
- ataque ao dogma 83
- compreensão racional do 432
- definição solene do 333
- desvanecimento do dogma na
alma 153, 173
- da descida de Cristo aos infernos
140[312]
- desenvolvimento do dogma
(Newman) 432
- diferenciação do 153, 432
- da encarnação de Deus 444

- fascinação pelo dogma 83
- formulação intelectual 432
- história dos dogmas 400
- e o mito 151
- resistência ao 151
- vitalidade do 173, 432
Dogmática cristã 5, 140
Domador 65
Dominante da consciência (alusão)
170, 174, 180, 181, 182, 183,
188, 201, 204
-- (conceito) 83
-- aspecto negativo da 138
-- a substância do arcano como a
132
- como concepção suprema 169
-- destruição da 121, 174
-- em luta com o inconsciente 170
-- "envelhecimento" da 121, 169,
170, 180, 185, 188, 201
-- lei da 181
-- "místico" 185
-- de raízes históricas
-- rex (rei) como 83, 136, 163,
166, 169, 180, 184, 188, 203
-- relativização da 121, 169
-- renovação da 163, 169, 180,
188, 190
-- e a sombra 178
- cristã afunda no inconsciente 132
- efetiva, necessidade da 185
-mítica 185
- capaz de possuir o homem 186
Domínio cristão-gnóstico 71
Domínio psicológico-moral 342
Domínio psíquico 152, 364
Domínio de si 339
Dorminhocos, os 7 d. da lenda
218[30]
Doutrina paulina acerca de Adão
259
Dragão 6[19], 59, 61[143], 64, 68, 68[172],
74, 75, 78, 137, 145, 148[333], 149,

158, 158[359], 170[398], 211[8], 237, 238, 293, 298, 301[300], 322[25]
- como personificação da alma instintiva 213
- do Apocalipse 75
- artificial 148
- babilônico 68, 78
- cauda do 158[359]
- confrontação com o 410
- coroado 137
- despedaçamento do 64, 158
- como devorador das próprias asas 61[143], 64[153], 158
- como o diabo 68[172]
- como draco magnus na designanação de Jesod 302
- dois dragões 68
- como dragão-baleia 147[327]
- como etapa prévia do leão 158
- estirpe do 148[333]
- ígneo 298
- o matador do 147, 410
- como nigredo 390
- como Uróboro 148[336]
- como a primeira etapa do rei 138
- sangue do 74
- de sete cabeças 75, 147, 147[327], 147[328]
- como símbolo da autodestruição e da transformação 158
- como velho dragão 74, 213
- venenoso 6[19], 158
Drama salvífico divino 310
Dualismo (Deus e matéria) 421
- do Gênesis 421
Duenech verde como o leão verde 64[161]
Dúvida 15, 16, 17, 342, 346, 367, 406
- fé na questão da verdade 317, 406

Eau de vie 343
Ecbátana, os sete muros de 50[116], 241

Eclipse do Sol e da Lua 63, 322[26]
- solar como morte em comum 322
Écrivain como apelido de Vênus 75
Edda 147
Éden do paraíso 292[243]
Edfu 12
Édipo 383[158]
Edom 56[133]
Edomita 306[324]
Efeito psicocinético (Rhine) 327
Éfeso, Concílio de E. e a Mãe de Deus 399[215]
Egípcio 214[12], 225, 259
Egito 2, 2[5], 3, 4, 5[15], 12, 30, 69[178], 225, 274, 323, 383
- como fonte para a concepção do homem primordial 259
- o lento extinguir-se da cultura do 398
Egoísmo 17, 18, 204
Eidolos, o fantasma 384
Ekápada como verso de um só pé 392[201]
El como Deus 301[296]
El-chai como nome divino para Jesod 274[215]
Elementos no sentido antigo 6, 14[40], 36, 41, 64, 217, 235[80], 235[81], 364, 386[181]
- atuação dos pares do quaternio 320
- como os componentes do caos primitivo 235[80]
- os cinco e. dos chineses 60[140]
- os cinco e. dos maniqueus (vento, luz, água, fogo, matéria) 39, 39[95], 127
- combinação dos quatro 320[11], 322, 371[130]
- disposição circular dos 112, 219, 220

Mysterium Coniunctionis – Rex e Regina... 487

- em luta no caos 41, 100, 159, 170, 174, 217, 235[8], 274, 321, 375, 420, 445
- como prisão da psique divina 6
- quaternidade dos ocidentais (fogo, ar, água, terra): 18[60], 49[114], 111, 112, 159, 217, 219, 235, 274, 320, 321, 322, 376, 376[143]
- as quatro propriedades dos 274
- representação medieval por quatro círculos 112
- como totalidade do mundo físico 322
- união (apaziguamento) dos 100, 274, 335, 335[80], 420
Elixir vitae 104, 106, 127, 225, 235[82], 328, 412, 425, 429, 430
- balsamum como o 328, 425
Elquesaíta 319[358]
Emanação, doutrina da e. no gnosticismo 300
Emancipação do pensar 387
Embebimento ou embebição, 61, 82
Embrião 16
- tecido embrional não diferenciado 216
emoção ou emocionalidade 64, 65, 237[96], 335, 431
- explosões emotivas 64, 64[152], 65
- turbulência emocional 356
- valoração emocional 431
Empíreo 118
Empirismo como origem dos conceitos psicológicos 206
- da pesquisa 108
Empolgação 106, 432, 440, 442
- a priori 406
- pelo arquétipo 400, 432, 442
Emundatio/purificação 310, 315
Enantiodromia catastrofal 135
Encantamento 68, 158[385], 343[77], 398

Encantamento amoroso e o alecrim 361
- os sete meios de 236[94]
Energia, acontecimento energético 365
- libido como pressuposição da e. psíquica 366
- psíquica 365, 366
Engenho (capacidade) 158
Engonasi (constelação) 158[365]
Enigma 123, 127[276]
Ennoia 255[166]
- como introdutor do ano bissexto 235[86]
Enoc (Henoch) 212[10], 235[86], 236[95]
En Soph (ou Aen Soph) 258, 264, 268, 268[206], 309[340]
Enunciados metafísicos 332, 342, 436, 437, 440, 443
- religiosos 29, 436, 441, 442
- transcendentais feitos por antinomias 372
Enxofre, cf. sulphur
Éons ou emanações da divindade no gnosticismo 253, 255
Epilepsia 60[139]
Época alexandrina 180
- alquímica 335, 364[123], 394
- áurea 232
- e o conceito específico da verdade 397
- helenística 65, 83
Equanimidade 335
Equilíbrio morto 367
Era cristã 153
Erataoth, arconte em forma de cão 239
Erecteu 146[326]
Erythia (ilha) 318
Eros 271, 329
Eros como representante do sentimento 329
Erva das bruxas (celidônia) 360

- daninha 405
- mágica 353, 362, 364, 411
Esaú 56[133]
Escada como transitus animae 242
Escaravelho (scarabaeus) 371[132]
Esclarecimento ou Iluminismo 173, 185
Escolástica (filosofia) 83
Escolásticos 415
Escória 133, 429
Escorpião (constelação) 53, 167, 158[365]
- venenoso 158[365]
Escroto 33
Escuridão 188[411], 267[200], 347, 396
Esfera ou bola 26[72], 205[443], 240, 292[243], 386
- do divino 180
- esfera corporal 374
- de ouro 292[243], 387
- psíquica 357, 374
- do imaginável 426
- dos símbolos 343
- ser primitivo esférico (Platão) 253
- as sete e. dos arcontes 240, 240[113]
- dos planetas 240
Esmeralda 52, 52[124], 141[317]
Espada 74[197]
- na boca 148, 299
- ígnea 390
Espagírico (etimologia do termo) 346[90]
Espagiro ou alquimista 358[107]
Esperança 107, 197, 290, 291, 430, 434
Esperma 35
Espírito 2[5], 25, 30, 53, 64, 64[156], 64[160], 75, 75[204], 120, 127, 139[304], 139[383], 150, 158, 159, 170, 178, 201[438], 210[4], 224, 232, 246[140], 254, 256[172], 274, 275, 296[266], 330, 335, 338, 343, 346, 351, 351[101], 354, 356, 358, 359, 369, 371,
376, 382, 383, 384, 390, 391, 393, 403, 419, 428, 429, 430, 442
- e afetividade 335
- das águas supracelestes 292[245]
- e alma 201, 328, 329, 335, 337, 338, 390, 395, 412
- e alma formam a mente 61[143]
- ambivalente na forma arquetípica 385
- como anima rationalis 338
- anoitecimento do 347
- dos antepassados 398
- e corpo - homem formado de 150, 158, 158[359], 239, 246, 300, 320, 329, 346, 347, 420
- e corpo e alma - homem formado de 7, 201, 201[438], 217, 224, 300, 328, 329, 335, 338, 346, 351, 353, 300, 392, 398, 428, 430
- e corpo, influência recíproca, 335, 346, 419
- e corpo como opostos 30, 323, 335, 346, 416
- e corpo com relações complementares 379, 416
- corpo, separação de 329, 335, 338, 379
- corpo, transformação recíproca 346
- e corpo, união de 150, 158, 246, 300, 320, 328, 329, 337, 341, 342, 343[77], 393, 420
- ctônico (Mercurius) 347, 358, 393, 398
- dependente da atividade psíquica 430
- de Deus (Ruach Elohim) 7, 51, 389, 421[227]
- "desmontagem" do 430
- como Deus 310
- diretor 432
- da discrição 160

Mysterium Coniunctionis – Rex e Regina...

489

- duelo crônico entre e. e corpo 335
- egípcio-helenístico 4
- da época 120, 121, 397, 398, 408
- da época, compensação 408
- da época, transformações 398, 399
- escuridão do e. ctônico 198
- espagírico ou alquímico 328[49]
- como "espírito do ouro" 5, 393
- os espíritos na prisão 140
- como "fantasma" 255, 371, 384
- feminino do inconsciente 393
- forma primitiva e arquetípica do 385
- hermético 374
- história do 155[355], 333
- humano, produtos do 139[304], 445
- impuros 255
- imortal como alma racional 338
- inato primitivo e seminal 258[185]
- como "janela para a eternidade" 335, 338, 388, 418
- "livre" 312
- luz do 398
- masculino 393
- e matéria, ponte entre os dois 430
- materialização do e. pelo contacto com a matéria 419
- medieval 347, 372
- de Mercurius 158[359], 159, 300, 323, 325, 360
- dos mortos 71, 146, 148
- "morto" 353[101]
- natural 85
- e natureza 329
- ocidental 83
- ocidental e oriental 108
- pagão 127
- personificação do 320
- dos planetas 343[77]
- e a *physis* 379, 428
- primitivo 71, 355

- projeção do 356
- pureza interior do 59
- religioso 107, 108
- como "respiradouro" da vida eterna 335
- revestido de carne 6
Espírito Santo 4[12], 25[69], 51, 55, 90, 104, 105, 106, 134, 150, 152, 180[407], 195, 196, 243, 314, 323, 361
- carisma do 90, 104
- doutrina do 105, 105[246]
- como espiração 106, 328, 329, 332, 361
- sob a forma de pomba 4, 429
- gerador da vida 289
- inspiração da parte do 332
- como ligamento do corpo e da alma 361
- nuvem como "consolo" do 384[170]
- pavão como símbolo do 51
- como paráclito 195
- perfume do 90, 361
- religião do 195, 312
- os sete dons ou forças 243
- como sósia de Cristo 4[12]
- como spiratio (espiração) do Pai e do Filho 329, 361
- o verde como a cor do 51, 55, 289
- (*animus*) como a totalidade das capacidades morais 338
- união do e. com a matéria 392
- do vale 301[300]
- vermelho 74[190], 320
- vivificante 391[201]
- vivificante da alma 335, 338
- vital 258[185]
- vivo ou de vida 6, 148, 391[201]
Espiritualidade 419, 428
Espiritualismo 420
Espiritualização 283, 419
- duradoura e os santos 335
Esponja 117

Esposa 95, 267
Esposa-irmã 30, 41
Esposo 207, 257
Esprit du vin 343[76]
Essência 3[6], 105, 133, 135, 267[206], 293, 318, 328, 343, 347, 347[93]
- celeste 343[69]
- da perfeição e da universalidade 426
Estado de agregação 374
- de divisão e ruptura interiores 367
- de penúria ou de calamidade 271
- perfeito 297
- superior 94
- cósmico primordial 327
Estátua 184[408], 224, 225, 226, 227, 228, 229, 229[60], 231, 231[63], 232, 232[69], 233, 234
- água extraída do coração das estátuas 225, 225[49]
- na alquimia e na cabala 224, 231, 232, 233, 234
- andrógina 191[414]
- coração da 225, 225[49], 226, 233
- Dei 233, 234
- do homem primordial 232
- como imagem 225
- como o nome do corpo humano criado pelo diabo 231
- de pedra 225
- com os pés de barro 292[240]
- viva 232, 232[67]
Estela 233[74]
Esterco 29[76]
Esterilidade psíquica 439
Estigmas 157, 195
Estio 77[215]
Estrela (cf. tb. planeta) 58, 80, 127, 131, 132, 147[328], 152, 166, 240, 301, 301[295], 411, 416, 431
- espirituais 137[296]
- inferiores e superiores 343

- da manhã 131, 133
- sete estrelas 131, 132, 137[296], 207, 299
- como símbolo do si-mesmo 431
Estrumeira 137
Estufa 91, 106
Éter como substância subtilíssima 114, 296[266]
Eternidade 105, 335[62], 418
- "janela" para a 335, 338, 388, 418
Eterno retorno como ciclo do tempo 148[336]
Ethos 191[417], 437
Ética 408
Etíope 383, 383[162], 386, 388
Etnólogo 355[104]
O "eu" 15[45], 163[390], 185[409], 203, 313, 366, 433
- e "alguém outro" que sofre e padece em mim 157, 158
- aspectos positivos e negativos 280
- assume o papel do rei na consciência 185
- como centro de referência da consciência 325
- como um dos complexos da psique 167, 182, 280
- e a consciência do eu 157[356], 166, 167, 182, 185[409], 203, 213, 433
- como um "eu" pessoal 185
- feminino e o animus 280
- e o "fora do eu" ou o "não eu" 70, 71, 185
- e a hybris (soberda) da consciência do "eu" 433
- importância do "eu" 433
- e o inconsciente 182, 280, 433
- masculino e a anima 280
- e o "não eu" como estrutura simbólica do gnosticismo 71
- e um "não eu" superior 185

Mysterium Coniunctionis − Rex e Regina... 491

- pode resistir ao si-mesmo 433
- e os produtos do "não eu" 71[182]
- propriedade paradoxal do "eu" 167
- e o relacionamento psíquico com o sexo oposto 280
- relativação da consciência do "eu" 169
- responsabilidade do "eu" 433
- restaurar-se pelo mergulho no inconsciente durante o sono 188
- e o si-mesmo 15[46], 364, 370, 414, 431, 433
- como sujeito e objeto de seu saber 167
- e o "superego" (Freud) 338
- a totalidade dos conteúdos da consciência se referem ao eu 325
- e a vontade 178, 187
Eucaristia 82, 305[316]
Euphorion (no Fauto) 130
Europa 373
Eva 209, 210[3], 210[4], 210[5], 218[11], 220, 253, 255, 257, 258, 312, 318
Eva e Adão 2, 191, 209, 210[5], 211, 216, 218[34], 221, 235, 258, 274, 276, 283, 312, 318
- criação de 191, 245
- a dualidade de 218[34]
- e o quadrado 253
- como a Terra 210
- pecado de 258, 276
- os quatros filhos de 220
- como símbolo da carne 246
Evangelho 120, 299
Evangelho dos egípcios 193
Evangelistas, símbolo dos 120[260]
Evaporação 254, 256, 257, 258
Evocação 398
Exercícios espirituais inacianos 157, 367
Exercícios espirituais de contemplação 375

Existência, certeza da própria e. 442
Exogamia pura 329[52]
Exorcismo 75
Experiência 15, 107, 131, 151, 153, 179, 262, 283, 316, 339, 346, 372, 393, 403, 406, 413, 420, 433, 434, 447
- psicológica, efeitos subjetivos e objetivos 312
- interna 15, 178, 410, 417, 433, 443
- numinosa 437
- psíquica do "caelum" 426
- religiosa 172, 437
- da verdade mitológica 412
- vitalidade da e. original 432
Experimentador 158, 162
Experimentos ESP de Rhine 71[181], 327
Expressão visual ou auditiva do interior 408
Extractio (extração) da alma ou do espírito a partir da matéria 11, 356, 358, 359, 379, 387, 388, 403
Ezequiel 308

Faculdades dominadas pelo arquétipo 442
Falcão 148, 290[232]
Falo (phalus) 274[215], 303
Familiaris, spiritus 366, 384, 398
Fantasia (faculade) 151, 347, 393, 404, 407, 410
- contância das imagens da 393
- dramática 407
- envolvimento voluntário da 409, 410
- figura da 407
- imagem da 365, 393, 407, 408, 427
- inclinação para o desregramento 407

- (como produto) alquímica 392, 395
- barroca 212
- concepções alquímicas 347
- como criação da mente 317, 332, 333, 338, 347, 353, 354, 365
- deformação fantasiosa 121
- de desejos 338
- desprezível 406
- espontanêo 353, 393, 404
- como formulação de fatos inconscientes 427
- incestuosas 70
- incontroláveis 410
- individual e coletiva 393
- infantis 338, 397
- modena 394
- e motivos mitológicos 393
- como ponto de partida para a imaginação ativa 365, 404, 406, 407
- como prima materia do opus 406
- como produto da anima 83
- projeção de 338, 397
- como realidade psíquica 407
- representação de 412
- na vigília 333

Fantasma 4^{12}, 154, 353, 384, 446

Faraó 2^2, 2^3, 3^{10}, 4, 8, 11
- como filho do deus criador 2^2
- nascimento, coroação, heb-sed e morte 8
- após a morte identificado com deus-pai 8

Farmacopeia europeia 225

Fascinação 120, 327, 432

Fausto 130, 163, 312, 323, 329^{53}
- descida para as mães 170
- transformação do 130, 158, 205^{443}

Fé 16, 38, 331, 406, 427
- na atuação de hormônios, choques etc. 342

- e ciência empírica 317
- como confiança no si-mesmo 410
- cristã 428
- "depositum fidei" 399
- e dúvida na questão da verdade 317, 406
- intuição da 406
- representações da fé como atos psíquicos 121^{262}
- representações da fé e seu significado transcendente 121^{262}
- sistema de fé: renascimento e transformação 122
- supre a realidade empírica 331

Febo-Apolo 96^{238}, 127

Febre 72^{183}
- erótica 72^{183}

Fedor 68, 137

Feiticeiro 72^{183}

Fel 79^{224}

Felizardo 375

Fêmea alada 24

Feminino 83, 164, 165, 328
- número quatro como f. 228
- "um" de caráter feminino 386
- como o demônio (Dorneus) 232
- duplicidade arquetípica do 267
- como o feminino eterno 165
- e masculino como opostos 51, 182^{205}, 201^{438}, 320, 324, 348
- como o suporte da totalidade desejada 165

Fênix (Phoenix) 37^{92}, 53, 56, 56^{133}, 137, 137^{291}, 139, 139^{314}, 140, 147, 148, 237, 302, 302^{306}, 385^{173}
- como alegoria da peregrinação da alma 139
- como alegoria da ressurreição de Cristo 56^{133}, 139, 385^{173}
- como alegoria da ressurreição e do renascimento 37^{92}, 55, 139, 140
- como etapa da transformação 137

Mysterium Coniunctionis — Rex e Regina... 493

- na forma de verme 137, 137[292], 148
- o "Ortus" como 141[314]
- penas da 137[292], 302
- renasce da própria cinza 137, 137[292]
- como símbolo da restauração duradoura do mundo 139
- como sinônimo do lapis 56
Fenômeno 83, 168, 327[45], 335[104], 408, 412[222]
- coletivo 83
- empírico 317, 423, 424
- empírico com base transcendental 423
- físico 327
- fenômeno psíquico 172, 174, 183, 333, 431
- fenômeno psíquico: numinosidade do 431
- de ordem religiosa 178
Fenomenologia 183, 207, 431
Fermento 82, 127[269]
Ferro 131, 228[56], 320
- como Marte 320
Ferrolho 47
Fertilidade e lua 296[266]
- da terra ligada ao rei 2, 11, 190
Festa egeia, conteúdo arquetípico da 323
Feto 94
- espagírico ou alquímico 96
Fidji 2[1], 2[4]
Figura 220, 258, 377, 407
- do homem 235[84]
Filha 83, 164, 207, 208, 301
- dos filósofos 208
Filho 2[3], 2[5], 3[6], 46, 62, 76[210], 77, 91, 91[236], 98, 100, 123, 140, 141, 233, 240[112], 258, 264, 277, 296[266], 320[16], 337[65], 346, 391
- adotivo 96, 97
- como Filho de Deus 108[250]

- de deus mitológico ou gnóstico 2[2], 3[6], 4[12], 37, 97[239]
- filho do homem 132, 152, 159, 253, 299, 299[280], 300, 301, 304, 310
- homoousia com o pai no mito do rei egípcio 3, 7, 32
- da meretriz 78
- nascimento do 101, 145[322]
- nascimento do Filho de Deus na alma humana (Eckhart) 108
- como salvador 30
- como símbolo da totalidade da consciência com o inconsciente 185
- trino do grande mundo 127
- unigênito do mundo maior 77[214]
- vermelho 101[243]
Filhote 385[173]
Filiação dupla 152
- homoousia com o deus não existente 57
- tríplice filiação no gnosticismo 57
Filius macrocosmi 7, 27, 77, 77[14], 127, 360
- *philosophorum* (lapis) 152, 255, 235[80], 277, 363
-- como filho do Sol e da Lua 277
-- como o *ánthropos* gnóstico 152
- regius 18[57], 36, 57, 104, 127, 138, 140, 153, 172, 173, 180, 187, 188
-- apoteose do 127, 189
-- como o *hermaphroditus* 188
- *Solis et Lunae* 291
- *unius (sui) diei* 137, 139, 375, 375[139]
Filoquímicos 306[321]
Filosofia 6, 417, 427
- aristotélica, desprezo da 83, 83[229]
- chinesa 108, 334
- escolástica 83
- especulação filosófica 185, 330

- estoica 335
- helenístico-judaica (Fílon) 5
- hermética 373
- hermético-platônica 83
- indiana 108
- meditativa 328, 328[50], 337
- oriental 370, 417
Filósofos (alquimistas) 14, 16, 25[69], 64[155], 75, 83[229], 127, 127[269], 131[286], 132[288], 150, 159, 171, 217, 232[67], 235, 237[99], 258[185], 296[270], 306[321], 320, 322, 328, 342, 343, 366, 396[176], 389, 398
- (verdadeiros) 355, 393
- medievais 393
Firmamento 58, 246, 292[243], 308, 383, 388, 389, 411
- no homem 389
Física atômica 325, 372, 423
- atômica e clássica 425
- enunciados antinômicos da 372
- micro e macrofísica 423
- moderna 372
Fison (rio) 49
Flauta 229
Flor 49, 90, 107, 127, 197, 358, 361, 431
- do campo 197
- do fogo 127
- de quatro pétalas amarelas 345[81], 358
- "safírica" 307[330]
- como símbolo do si-mesmo 431
Fogo 10, 18[60], 29[74], 36, 46, 72[183], 74[197], 75[199], 127, 127[263], 150, 151, 159, 217, 226, 226[54], 232[69], 274, 29[228], 290[230], 292[272], 298, 298[273], 298[274], 299, 304, 305, 306[318], 320, 346, 351, 354, 371, 372, 374, 431
- ou ardor máximo 158[360]
- central 298
- do espírito de Deus 298

- como ignis gehennalis (fogo do inferno) 298, 309
- "inferior" 299
- da "ira divina" 150, 150[345], 298
- como leito nupcial 72[183]
- oculto no centro da luz 150[345]
- resistência ao 372
- como símbolo do si-mesmo 431
- Sol como f. celeste 233[71]
Folclore 61
Fons sapientiae et scientiae 25
Fonte 25, 61[143], 74, 267[201], 302[302], 303[305], 371
- animal 61[143]
Força/virtus/dynamis 39[95], 67, 127, 150, 334, 346
- assimiladora 280
- do espírito 121
- germinativa 289
- da gravidade 94, 419
- ígnea 289
- medicinal 225
- unitiva 361, 362
- unidade das forças 344
- vital 121
Fórcides 383[158]
Forma animal ou teriomórfica 65
- universal
Formiga 253[155]
Forno 299
- Malchuth como 304
Fortaleza 17, 343[70], 388
- inexpugnável 14
Four-kin-system 280
Fracasso 432, 433
Fragmentação 307
França, "cisma" moderno anticristão 173
Fumaça 18[60], 323
Função, quaternidade das f. Elementares 50, 222
Fundamento 301[283], 306[334], 412

Mysterium Coniunctionis – Rex e Regina... 495

Furor (mania) como loucofuror
158
Fusão, mistura por fusão 120, 121,
121[262], 169, 170

Gabhatha 221
Gabricus e Beja 41, 69, 212
Gabriel, arconte em forma de águia
105, 239, 248, 250
Gajomard (ou Gayomart) 153,
218[31], 253, 259
Galo 61[140]
Galo e galinha 68
Gamonymus 353
Ganso 163[391], 184[166], 302
Garrafa 75, 75[206], 432
Gáudio com alegria 257[180]
Gebhurah, fogo da 299[280], 304[314]
Gedeão 361[115]
Gema (pedra preciosa) 127[272],
233[78], 431
Gêmeos, o homem e seu protótipo
celeste 258[189]
Genza mandaica 231[64], 255[170]
Geena 299[280]
Geração 55, 105, 349
- espagírica 346
- específica 16
- espiritual 96
- espontânea 57
- poder generativo 33
Geryones dividido em três partes
318, 318[355], 319
Gigante 233[78]
Gnose/gnosticismo 6, 70, 90,
121[262], 149, 191, 255, 258, 292[257],
293, 309, 361[155], 389[196]
- ánthropos-noous na 155
- e a doutrina do homem
primordial hermafrodito 191
- e o homem primordial Adamas
255

- influência hermético-gnóstica na
alquimia 374
- islâmica 389[196]
- judaica e mística cristã 258
- relacionamento amoroso entre
Nous e Physis 213
- sistema complexo não uniforme
70
Gnósticos 25, 34, 71, 153, 225,
235[80], 240[119], 314[353], 359, 361
Gólgota 221, 319[358]
Gorgo 318[355]
Graça (no sentido teológico) 106,
133, 140, 199, 297
Gral, lenda do 10[30], 22, 30
Gralha com penas de pavão 58
Grande mundo ou macrocosmo
127
Grão 343, 345
Gravidez ou incubação 59, 86,
170, 237, 240[119], 337, 379, 386
- o engravidar-se a si mesmo 83
Grego 75, 207, 224, 292
Grifo (animal) 67[107]
Guerra 64, 159

Hades 147, 347
Halo 360
Harpócrates, o deus dos mistérios
34, 383
Harranos e harrânico 65[164]
Harus (anjo) 389[196]
Hator 2[3], 4, 148
Hebdômade 240, 240[117]
Hebraico/hebreu 5, 257
Hebron 221[45], 235
Heb-sed, festa no Egito 8, 8[28], 11
Helena no Fausto 130
Hélio 55, 65, 166, 318
Hemisfério 127
Hen to pan (o todo uno) 82
Hera 44, 318
Hércules (Herakles) 44, 318

Herege 429, 440
Heresia 428
Herma 229, 229[60]
Hermafroditismo 320[6]
- do lapis 189, 191
- das substâncias 320
- do rei 75
- de Vênus 75
- aspectos hermafrodíticos da substância do arcano 137
- estátua do 191[414]
- naturae como substância do arcano 137, 141
- no sistema das Sephiroth 318
Hermenêutica alquímica 19
- patrística 123, 139, 139[304], 309
Hermes 6[19], 51, 64[161], 127[276], 142, 148, 159, 219, 221, 225, 229, 230, 253, 292, 296[295], 348, 383, 384
- ave de 302, 384
- itifálico dos pelágios 255, 348, 383
- Kyllenios 293, 348
- "pintinho" de 302
- princeps 61[141]
- e a serpente (ou dragão) 148
- subterrâneo 145
- Trismegistus 75, 225, 235, 374
-- estátua de 225, 229, 230
-- tradição de 374
Hermon 288[221]
Herói 146, 147[327], 148, 184, 290, 305, 410
- e o dragão 410
- mudado em serpente após a morte 146[326], 147
- hóstia como "alimento dos heróis" 305
- nascimento do 296[266]
- da paz 390
Heterodoxia inconsciente 296
Hevilat, região de 49

Hidropisia do rei 11, 13, 13[37]
Hierápolis 361[116]
Hierósgamos 9, 70, 72, 216, 329, 334, 349
- na água 13
- arquetípico 329, 334
- na cabala 233
- dos deuses 72, 349
- da mãe divina com o filho 72
- natureza incestuosa do 72, 329
- do Sol e da Lua 276
- das substâncias 70
- versão cristã do 329
Himalaia (Himavat) 288
Hipóstase metafísica 29
Hipótese 207, 423, 424, 426, 442
Hissopo 225[51], 274
Histólise (desintegração) do senexpuer 96
História 1, 182, 223
Historiografia inteligente 393
Hod (beleza) 300, 300[286], 300[287], 303[308]
Homem (vir) 137, 149[341], 156, 192, 231, 245, 246[140], 249, 253, 279, 283, 292[243], 313, 314, 318, 320, 337[64], 364
- homem apocalíptico 274, 299, 310
- "circundado pela mulher" 75, 199
- criado pelos anjos como um verme 148[336]
- como figura de barro 252[150], 293
- como "filho do homem" 152, 159, 299
- como *homo maximus* 237, 266, 273
- e mulher 75, 199, 215, 253, 320, 323[34]
-- como opostos supremos 279, 320, 321
- primitivo, renascimento do 312
- primordial 39, 39[75], 127, 164, 217[25], 232, 250, 251, 256, 258,

262, 266, 269, 274, 293, 312, 313, 318[34]
-- como Adam Kadmon 258[139], 264, 265, 269, 414
-- arquetípico 313
-- "circundado pela mulher" 39, 127
-- como coluna 232
-- como Cristo 274
-- luminoso 274, 278
-- perfeito 283
-- origem dessas concepções 259
-- redondo 388
-- como substância da transformação 213
-- transformação do 313
- o segundo homem 218[34]
- vermelho e mulher branca 320[13], 362
- como *vir unus* (Dorneus) 61[149], 155
Homem (homo) 1, 15[45], 16, 36, 37, 50, 54, 54[130], 59, 65, 65[167], 70, 72, 105, 106, 108[248], 109, 127, 136, 145, 149, 150, 152, 153, 158[372], 159, 159[380], 174, 175, 177, 181, 182, 184, 185, 220, 232, 235[84], 259[180], 266, 267, 270, 272, 280, 307, 310, 313, 343, 345[84], 346, 351[101], 353, 374, 377, 388, 389, 398, 401, 411, 420, 434, 437, 440, 445
- antropocentrismo 444
- no budismo 185
- caracterizado pelo "eu" 186
- carnal 256
- centro misterioso no 411
- o céu e a terra do 219
- consciente total 364
- no cristianismo 185
- dissociação existente no 427, 428, 429, 430
- o drama de Cristo no 316

- empírico 260, 313, 315, 388, 420
- espiritual e o h. físico 428
- estrutura do indivíduo 280
- o fenômeno homem 182
- filiação divina 108
- filosófico 137, 141, 217[17]
- físico 420, 428, 429, 430
- "grávido de Deus" (A. Silesius) 105
- hílico-psíquico e o pneumático 258
- como homem animal 270
- como homem-deus 2
- imagem de Deus impressa no 343
- como imagem do grande mundo 219
- como imagem paradoxal da totalidade 342
- o imortal no h. 353[102]
- interior 252[150], 265, 293
- interior e Cristo 360
- interior e espiritual dos gnósticos 151, 152, 155, 212, 256, 294
- interior e a totalidade salvadora 266
- justo 50
- luminoso 256
- como "medida de todas as coisas" 344
- medieval 180, 417, 420, 430
- meramente natural 335
- moderno 29, 270, 274, 317, 406, 411, 412, 420, 428
- moderno e o desconhecimento de vivências 435
- moderno como *mundus minor* ou microcosmo 217, 219, 296[266], 416, 429
- natureza animal do 245
- negro e pecador 260, 264, 388
- novo 159[380]
- ocidental 368, 417
- *omne malum ab homine* 440
- oriental 418
- pecador 269

- pecador e ressuscitado 59
- como "pedra viva" 425
- como "pequeno céu" 416
- perfeito ou total 232, 319, 370[127], 388, 425
- como portador do drama de Cristo 221
- e a posse da natureza 430
- possibilidade da identificação entre o físico e o psíquico 420
- primitivo 265, 269, 270
- psíquico 420
- "psíquico e sua transformação em h. espiritual" 283
- realização do h. total 341, 425
- revelação do Filho do Homem 156
- "superior e espiritual" 213
- terreno e o celeste 258
- a totalidade do 158, 280, 342, 406, 414, 420, 434
- a totalidade paradoxal do 341, 420
- transcendental em parte 420
- a unidade do 414
- "uno" como a união da mente (espírito e alma) com o corpo 61[143]
- a unidade fundamental da natureza humana 422
- unidade do h. psíquico com o cosmo 416
- e o "unus mundus" 414
- como o "velho homem" carregado de pecados 260, 261
- o verdadeiro 155, 156, 157
Homero e a Moly como planta mágica 348
Homoousia ou igualdade de essência 2[6], 3, 4, 7, 8, 32, 61, 62, 82
- de imagens arquetípicas 62
- do pai e do filho no mito egípcio do rei 3, 4[12], 32, 82

- das substâncias 62
Homúnculo 17, 72, 91, 106, 130, 155, 217, 403, 425
- hermafrodito 360
Hormônios 342
Hortus conclusus e Maria 77
Horus (espírito e anjo) 2[3], 4, 10[30], 34, 253
Hóstia consagrada 29, 305, 386[173]
Humanistas 257
Humores, os quatro 218
Hurritas, textos 420[226]
Hydor theion (água divina ou sulfurosa) 11[33], 61[143], 348, 374

Iconologia tântrica 244
Idade Média 29, 30[30], 64, 83, 107, 171, 173, 275, 282, 293, 296, 355, 360
-- consciência da 107, 296, 355
-- desconhecimento do conceito moderno de "psíquico" 296, 330
-- desconhecimento da natureza 83, 402
-- desconhecimento da química 320, 330, 347, 349
-- linguagem da 422
-- e a mística alquímica 173
-- e a romântica medieval 284
-- tardia 402
-- e a transformação na cosmovisão 171
Ideia 136, 153, 155, 157, 201, 204, 232, 237, 244, 246, 253, 280, 296, 347, 364, 417
- especulativa 330
- espontânea e livre 354
- fundamental do mysterium coniunctionis 331
- como "idées forces" 393, 406
- mágica 270
- numinosidade da 403
- súbita e feliz 187

Mysterium Coniunctionis — Rex e Regina... 499

- e sentimento, constância através dos séculos 393
- surgimento das 333
Ignis gehennalis 298
Igreja (Ecclesia) 30, 104, 105, 120, 122, 127, 189, 196, 200, 426
- alegórica e simbólica eclesiástica 30, 36, 79, 189, 200, 309, 328
- androginia da (Koepgen) 192
- e a assimilação de Aristóteles 121[262]
- canonização pela I. 235
- cerimônias eclesiásticas 122
- conivência da I. medieval e moderna no dogma da Assunção 333
- como "corpus mysticum" de Cristo 190, 193, 200, 297
- doutrina eclesiástica 83, 134
- dogma eclesiástico 399
- e a filosofia pagã 121[262]
- e gnosticismo 121[262]
- identidade da Igreja com Cristo 193
- linguagem eclesiástica 68, 189, 308, 361
- Luna como alegoria da I. 96, 189, 190
- como a mãe Igreja 95
- núpcias da sponsa Ecclesia (Luna-Ecclesia) 104, 189
- tradição eclesiástica 78
- como vaso da anima Christi 200
Iliastes como Mercurius 145[324]
Illuminatio/iluminação 83, 265, 274, 276, 310, 315, 346, 432
Iluminação divina, faíscas da 346
- as três etapas da i. conforme S. Boaventura 375
Ilusão 170, 396, 398, 440
Imagem 79, 91, 123, 124, 127, 150, 152, 173, 229[60], 231[63], 231[64], 240, 416
- alquímica 170

- da anima 267
- autonomia das 316, 441
- caráter numinoso da 178, 441
- compensadora 83
- de Deus 232, 233, 234, 252, 292[243], 364, 365, 370, 375, 375[141], 393, 403
- eternas 174
- expressão original da 120
- da fantasia 393, 407, 427
- fluxo das i. 407
- formação das 412
- do homem adâmico superior 235[82]
- interpretação das 393
- intersecção das i. na mitologia 61
- onírica 427
- poder psíquico da 173
- percepção das 408
- perda eterna das 173, 174
- plásticas e concretas 393
- projeção das imagens 412
- surgidas do inconsciente 61
- trinitária 386[175]
Imaginação (faculdade) 423
- ativa 107, 365, 393, 404, 407, 409
- e o desconhecido 183, 332, 360
- (produto) 267, 332
Imanência 372
Imbecilidade (stoliditas) 158
Imbibitio/embebição 61, 64, 74, 81, 83, 150
Imersão 13, 38
Immolatio de si mesmo 82, 139
Imortalidade 60, 96, 177, 237, 429
Imperador 125, 127, 210[7]
- e imperatriz como personificação dos opostos 2
Impulso 270, 271[210], 335, 338, 369
- e compreensão psíquica 270
- diferenciação do 170, 270
- e rito 170, 271

- fisiológicos, satisfação dos 338
- união entre imagens e 271
- e religião 271
Incerteza angustiante 410
Incesto 41, 61, 170, 188[411], 277, 329
- como ato sacral 70
- cosmogônico 392
- de irmão-irmã 62, 392
- de mãe-filho 62
- pai-filha 62
- encoberto 70, 170
- régio 70
- como tabu 70
- como união de opostos 329
- simbólica do 170, 229[52]
Incineração 351
Incineratio 403, 404
Incomensurabilidade 135, 357
Inconsciência 64[152], 83, 123, 174, 293[261], 398, 405
- animal 356
- artificial 235
- censura da 123
- divina do universo 327
- da implicação psicológica do opus 337
- como nigredo 356
- primordial 325, 356
Inconsciente (parte da psique) 61, 61[145], 62, 70, 88, 132, 135, 139[304], 151, 163, 165, 166, 170, 173, 174, 175[402], 176, 177, 178, 181, 182, 185, 188, 190, 199, 203, 207, 293, 311, 315, 325, 333, 335, 338, 340, 360, 365, 366, 367, 373, 374, 398, 404, 406, 407, 409, 412, 420, 425, 433, 434, 443, 447
- água como o 17, 18, 374
- análise do 367
- como anterior à consciência 325
- arquétipos do 166, 181, 223, 325

- ascensão do 188
- assentimento do 182
- autorrevelação inesperada do 182
- caráter compensatório do 83, 135, 151, 157, 178, 365, 366, 393, 410, 427
- caráter lunar e maternal-feminino do 17, 163, 393
- centrismo do 325
- certa unidade entre os conteúdos 325
- certa luminosidade entre os complexos do 167
- coletivo 1, 25, 29, 30, 33, 70, 86, 163[389], 325, 399
- complexos do i. 151
- confrontação com o 407
- e consciência 135, 151, 157, 166, 170, 178, 325, 365, 393, 410, 427
-- oposição entre os dois 325, 333, 393, 434
- conscientização ou "aclaramento" do i. 88, 107, 163, 167, 365
- contaminação dos conteúdos 20, 61, 325
- conteúdos do 70, 107, 157, 270, 325, 393
- conteúdos irracionais 335
- conteúdos hodiernos, mas de aspecto arcaico 270
- elevação do potencial 174
- enunciados do 406, 410
- estrutura arquetípica 182, 223
- e o "eu" 280, 433
- e as vidas já sem sentido 340
- exploração do 157
- fenomenologia do 182
- *idées forces* do 393
- ideias e impulsos do 393
- o feminino lunar como o 17
- imagens do 365
- impulso do i. para tornar-se consciente 163, 294

Mysterium Coniunctionis — Rex e Regina...

- integração do i. na consciência 434
- irrupção patológica do i. na consciência 367, 410, 437
- luminosidades múltiplas ou *scintillae* do 167, 360
- mãe como o 165
- mar como o i. coletivo 25
- Mercurius como o 199, 325, 360, 404
- mergulho do "eu" no inconsciente 188
- modificações seculares desconhecidas 182
- motivos ou tipos do 325
- paradoxalidade do 360
- penetra na consciência pelos símbolos 333
- periculosidade das potências do 407
- personificação do 173
- potencial do 174
- produtos objetivos do 369, 433
- projeção do 70, 177
- psicoide 443
- renovação do 170, 213
- revolta dos arquétipos oprimidos pela consciência 170
- simbolizações para o 398
Inconsciente (adjetivo) 1, 107, 123, 151, 163, 170, 187[409], 196, 205, 207, 231[63], 238, 258, 263, 266, 267, 270, 281, 293, 296, 335, 340, 356, 365, 369, 393, 405, 427, 428, 434, 437, 441
- compensação 408
- conhecimento de conteúdos i. 64
- conflitância i. 263
-- conteúdos i. despontam na consciência 235
- dissociação i. 427
- estado i. 65, 70, 203, 322
- exploração de conteúdos i. 434
- fatos i. escapam à correção 235, 427

- fator parcialmente i. 293
- identidades i. 356
- intuição de conteúdos i. 412
- motivos inconscientes reprimidos 365
- símbolos do estado i. 213, 233
- tendências i. 333
Incorruptibilitas 61[144], 320, 403
Incorruptível, a síntese do 321
- a quintessência i. 320, 321
Increatum, a divindade como o 336
- Uróboro como o 145
- de Paracelsus e dos alquimistas 237[100], 244[126]
Incubação ou choco 386
Index 192
Índia 18, 367, 392
Indiano 75, 244, 259, 274
Individuação 282, 283, 335, 336, 342, 407, 447
- consciente 407
- cruz da individuação 342
- integração aproximada e possível 283
- processo da i. ou totalização 6[21], 208, 282, 316, 334, 447
Individualidade, o lapis como meta 190
- e massa 174
- como portadora do mysterium 196
Indivíduo 83, 156, 167[395], 173, 176, 190, 333, 337, 343, 398, 421
- complementação do 283
- estrutura do 280
- psicológico 280
Inércia material inata ao corpo 338, 419
Infalibilidade do papa e da Igreja 333
Infans noster 277
Infante 148[334]

Infantilismo 338, 397
- dependência infantil 405
inferno 131, 147, 147[330], 296[273], 363, 386[177]
- descida de Cristo aos infernos 140
- descida ao 158, 173
- fedor do 133, 361
- fogo infernal 137
- habitado pela morte e pelo diabo 147
- portas do 147[329]
Inflação psíquica 187
Influxo divino 338
Inspiração ou "sopro" 106, 290[233], 437, 440, 441
Instância espiritual acima do "eu" 185
Instintividade 335
Instintos e impulsos como fatos psíquicos 270
-- e sua formulação fisiológica ou biológica 270
- o momento psíquico do 270
- e a personificação da alma instintiva 213
Insulina, choque de 342
Integração de conteúdos inconscientes 84, 177, 369, 410
- na personalidade 85, 369
- de todas as qualidades 51, 52
Inteireza primordial 358
Intelecto 50, 219, 267[102], 296, 329, 365
- e eros 329
- o falhar do 365
- formulação intelectual do arquétipo 400, 401
- o amarelo como cor do 50
Intelectualismo pernicioso 400
Inteligência 15, 25, 50, 70, 123, 158[367], 170, 178, 178[406], 182, 210[4], 219, 232[66], 235, 250, 309[340],

347, 353, 386, 388, 399, 409, 442, 443
- evadida da divindade 292
- ingênua 409, 419
- limitações da 433, 436
- moderna 29, 347
- e moral 409, 433
Interpretação 158[365], 432
- psicológica 433
Intervenção cirúrgica 178
- divina 271
Introspecção 151, 322[22], 338, 369
Introversão 338
Intuição 107, 333[54], 442
Íris, a mensageira de Juno 58
Íris do olho 49, 51, 57
Irmã 30, 147[330], 216, 233[76], 383
Irmã-esposa 276
Irmão 233[76], 383
Irmão e irmã, incesto deles 334, 392
Irmão-esposo 276
Irracionalidade e consciência 401
Isaac 221, 237[95], 306[318], 319[358]
Isabel, santa 79
Ishtar 2[3], 17[54], 276, 288, 312
- como a esposa do Cântico dos Cânticos 74[188]
- como a hieródula do céu 74[189]
- como virgem-mãe 74[188]
- como a Negra 74[188]
Ísis 2[5], 3, 3[7], 55, 274, 276, 383, 384, 391
- mistérios de 184[408]
- e Osíris 2[5], 383, 384, 391
Islamismo 253, 253[155], 276
Isopsephia ou computação de nomes 301, 301[298]
Israel/israelita 217[22], 266, 266[193]
- como o povo de Israel 233[76], 256, 266, 267[201], 274, 386
- como o "robustus Jisrael" (Knorr) 300[286]

Jacinto, cor de j. (azul) 53, 141[314]

Jacó 56[139], 221, 233[74], 236[95], 319[358]

Jaldabaoth, o arconte supremo e filho do caos 141, 240, 240[112]

"Janela" para a eternidade (Dorneus) 335, 333, 388, 418

Jaspe 52

Javé ou JHWH, nome de Deus em hebraico 171, 266[191], 267, 433

- *tetragrammaton* e axioma de Maria 267, 267[203]

Jehová (Celso) 239, 240

Jerusalém 238

Jesod (fundamento) 74, 300, 300[288], 300[289], 301, 302, 302[303], 303, 304

- como a água do ouro 301

- apelidos diversos de 274[215], 300, 303

- como falo ou pênis 274, 274[215], 302[304], 303

- como fonte em jato 303

- como a força geradora do universo 274

- como "Jezoth le Juste" 274, 300, 303

- como membro da aliança ou da circuncisão 274[215]

- como prata viva 274[214]

- como a nona Sephira 274[215]

- como tronco de árvore ou arbusto 301, 302[303]

- como vertedor de água 303

Jesus (de Nazaré) 4[12], 157, 159[383], 171, 190[412], 200, 200[437], 214[12], 232, 318, 437

- a alma de 192

- como a árvore do paraíso 37, 37[95]

- genealogia de 3[10]

- na opinião de seus parentes 437

- como personalidade histórica 171

- como profeta judeu 133

- como reformador judeu 185

- como unidade andrógina de homem e virgem 191[417]

- virginal 191[417]

Jona (pomba) 290

Jó 159, 433

João Batista 345[80]

- Evangelista 137[296]

-- simbolizado pela águia 120[260]

- São João da Cruz 230[62]

Jordão 13[40]

Josué 257

Jota (jod) 267, 306[324]

Judaísmo, fontes judaicas da tradição 235, 237

Judeu/judaico 257, 361

Judeus no deserto 384[170]

Juízo ou julgamento 296[271], 344, 409, 412, 417, 442

Juliano apóstata 166

Juno 58

Júpiter (planeta) 137[296]

Júpiter (deus), trono de 163[392]

Ka ou Ka-Mutef como o genitor divino no Egito 2, 2[3], 3, 4, 4[12], 7

Ka, Os 14Ka do deus criador 3, 3[9]

Ka, como as almas dos antepassados do faraó 3, 3[9], 8

Kadmos, mito alquímico de 148[337]

Kallirhoë, oceânida 318[355]

Katábasis ou descida 158

Katholikon ou universal 7

Kedar 164[392], 257

Kether (coroa) 258[189], 309[340], 318

Kirath arbah (cidade dos quatro) 221

Kohol, corante oriental para cabelos 132

Korybas 174[401], 255, 293

- paralelos para 293[259]

Krates 75

Kronos (deus) 240, 240[117], 363, 420[226]
- acorrentado no Tártaro 363

Lã branca 29[74], 78[221], 299
Labirinto 160
Laboratório 51[121], 107, 352, 362, 365, 406, 411
Lacerta viridis (lagarto verde) 55
Laconicum (banho de suor) 18
Lado aberto (de Cristo) 77[214]
Lama ou lodo 131[286], 133, 134
Lâminas finas 48
Lapis philosophorum (pedra filosofal) 6[19], 7, 14, 17, 25, 30, 36, 48, 57, 74, 75, 77, 78, 94, 104, 141, 142, 150, 155, 157, 161, 190, 210[4], 217, 230, 232, 233, 235[82], 274, 292, 293[263], 305, 322, 330, 331, 339, 342, 346[91], 357, 370, 372, 373, 376, 404[218], 413
- Adão como 210, 234, 253
- aereus et volatilis 384
- como algo mais que uma combinação química 337
- como alimento imortal 190
- como analogia de Cristo 397
- androginia do 189, 191
- e o ánthropos 57
- de aspecto físico e transcendental 445
- caráter paradoxal do 336
- as cores do 48, 49, 57, 161
- como corpo vivo 141
- e o corpo humano 357
- como Cristo ressuscitado 232
- como derivado físico-metafísico do homem 315
- como deus terrestre 306, 336, 434
- efeito interior no homem 412
- efeitos externos 412
- como elixir vitae ou panaceia 104, 412, 434
- encontrado em qualquer homem 292[249]
- esfericidade do 57
- espírito, alma e corpo do 94, 190, 428
- esquartejado 274
- *exilis* 22, 406
- como filho do Sol e da Lua 189
- como foemina (mulher) 69
- como "força do destino" 306
- como fundamento da criação do mundo 306
- como ideal para o indivíduo 190
- incorruptibilidade do 425
- matéria-prima do 74
- Mercurius como o l. 230, 370, 376
- mestre do 180
- como a meta do opus 190, 224, 315, 371, 434
- como mistério precioso de cada um 190
- mistério do l. revelado a Adão 248
- não é ofuscamento da figura de Cristo 216
- numinosidade do 106, 412
- como oposição ao mistério cristão 309
- paradoxalidade do 315
- paralelo com Cristo 7, 17[56], 57, 77, 104, 150, 172, 232, 309, 337, 402
- como pedra mágica 69, 70
- como posse mística da alquimia 309
- como prima materia 371
- produção do 10, 413
- como o próprio Deus 306
- como rei 6, 6[19], 127[270], 127[272], 127[276], 186

Mysterium Coniunctionis — Rex e Regina... 505

- restauração do 189
- como salvador 104, 434
- ser semelhante ao homem 428
- alquimista como servo do 186
- como ser vivo 6, 190
- significado do l. na alquimia 6[19], 306, 339, 412, 431, 434
- significado do l. na cabala 306
- como símbolo 309, 315
- como símbolo do si-mesmo 17, 189, 315, 374, 431
- como substância do arcano 6[19], 14, 307, 339, 412, 434
- como tintura ou medicina 350
- triunidade do l. (terrestre, celeste e divina) 7
- como a união dos 4 elementos 274
- como a união do masculino e feminino 233
- unidade do 17, 57, 148[334], 189, 217, 427
- como o *unum* ou o *unus mundus* 217, 326, 371
- variados sinônimos do 6, 127, 275, 434
- e Vênus 75
Lapis sapphireus vel sapphiricus 308
Lapsus calami 262
Latim 207, 233, 392
Latino 112, 214, 268
Laton como terra vermelha 290[231]
Laudanum 225[51]
Leão 46, 61[141], 64, 65[165], 67, 68, 68[172], 69[180], 70, 71[182], 76[211], 78, 84, 116[256], 133, 141, 158[359], 171[398], 175, 176, 176[403], 237[98], 239, 240[111], 288[221], 290, 305, 305[315]
- como alegoria do Anticristo 68, 148
- como *allegoria Christi* 87, 120, 148, 150[347]

- como *allegoria diaboli* 68, 68[172], 133
- adormecido 68[173]
- animal afetivo 176[403]
- animal régio 63, 65
- aspecto erótico do 68, 75, 84
- "caçada do leão" de Marchos 46, 69, 70, 72[183]
- como a concupiscência 175, 391[201]
- coroação do 158[201]
- dragão como etapa prévia do 158
- como etapa de transformação de Helios 64
- como estátua de Hermes 64[161]
- esterco de l. como solvente fortíssimo 62[146]
- leão ígneo 64
- como *leo antiquus* 65
- e leoa como etapa prévia da *coniunctio* 68
- como o mal 68
- mutilação do 141, 158, 176[403]
- como a emocionalidade passional 64
- par de l. em luta 64, 65, 68, 74, 158, 170[398], 176
- par de l. como enxofre branco e vermelho 65[162]
- sem asas e leoa alada 64
- como sinônimo de Mercurius 64, 141, 323
- simbolismo do leão 72
- como o Sol 65
- como sponsus 72[183]
- como substância do arcano 64, 64[161]
- transformação do l. em rei 205
- e Vênus 133
- verde 47, 47[103], 61, 61[141], 61[143], 63, 64, 64[153], 64[155], 64[161], 65, 68, 73, 75, 77, 87, 87[232], 116, 117, 120, 137, 138, 158[361], 320, 323

-- sangue do 46, 60, 61[141], 64, 73, 77, 116, 176
- vermelho 65, 137, 138
-- e o enxofre vermelho 65[162]
- voador 64[150]
- do zodíaco 158[360]
Legenda como sagrada legenda 120, 157
Leite 87, 87[232], 94, 116, 360, 371
- da virgem 371
Leito 99, 100, 101, 197
- de carvões 69
- de doente 188
- nupcial 69, 72[183], 75
Leme, roda do 127
Lenda de bata 12
- do espírito na garrafa 75[206]
- fisiológicas 332
- islâmica 276
- judaicas 216[14]
- midráxica de Armillus 306[324]
- muçulmanas 216[14]
- de P'an Ku 237
- da pedra dos sábios 66
- persa 306[324]
- da princesa na árvore 398[212]
- dos sete corvos 238
Lenker, menino L. no Fausto 130
Leprositas Metallorum 289
Leviatã 238, 238[106], 238[107], 238[108], 240, 274[215], 302
Lia 221
Líbano 288[221]
Liber (divindade itálica) 2[5]
Liberdade 347, 387, 388, 398
Libertação das cadeias 337
- da alma 387, 388
Libido 84
- endógama 329[52]
Liga de ferro e cobre 320
Lilith (melusina) como um aspecto de Adão 255

- como a soberana dos espíritos 255
Linguagem conceptual 71[182]
- eclesiástica 25
- pneumática ou espiritual 6
- da sexualidade 274[215]
Líquido 343, 350, 351, 374, 418, 420
Lírio 66[169], 345[84]
- antera como contraveneno 345[84]
- entre os espinhos 137
- branco feminino 349
- suco como mercurial 345[84]
- dos vales 197
- vermelho 345, 349, 362, 364
- vermelho masculino 349, 362
- vermelho como a quintessência do enxofre 345[84], 362
Literatura, a bela l. e as contaminações 120
- medieval 59
- patrística 384[171]
Liturgia 329, 384[170]
Livro de casca de árvore 377
- dos mortos 147[327]
Lixívia 351
Lobo 170[398], 175
Lógica 61
- conceptual 185
- *tertium non datur* 339, 365
Lógion (dito) de Jesus 149[341], 193[419], 296[272]
Logomaquia 262
Logos/Verbum (do Ev. de João) 34, 57, 141, 143, 171, 255[166], 388[157]
- da visão de Poimandres 18[60]
- (rio) 25
- macrocosmos 309[340]
Loucura (vesânia) 120[260], 158
Lua 3[10], 17, 64, 74, 93, 94, 96, 97, 99, 100, 102, 103, 104, 114, 163, 164, 217, 228, 237, 242[121], 291, 292, 383[164]

Mysterium Coniunctionis — Rex e Regina...

- albedo como 94, 292, 299
- como alegoria da Igreja 96, 189, 190
- como amada e noiva 296[266]
- aspecto feminino e maternal da noite 17, 94, 97[96], 163
- cheia 163, 296[266]
- "círculo lunar" 49
- corpo celeste da L. 319
- "corno da Lua" (Hipólito) 319, 319[359]
- dardos da 215
- como estátua 233[72]
- e o inconsciente 17, 163, 164, 165
- como "Luna odorífera" 323[32]
- luz "úmida" da L. 312, 361[115]
- como mãe dos corpos humanos 296[266]
- e a Mãe de Deus 296
- como mãe-lua 74, 163
- nova, conjunção da 97[239]
- como parceira arquetípica do Sol 197
- periculosidade da 97, 215
- plenilúnio 292
- como prata 228
- como a coisa redonda 163
- relação com a fertilidade 296[266], 312
- como saliva e areia vermelha do mar 320[13]
- como símbolo da anima do homem 163, 164, 165
- e Sol 94, 96, 96[238], 97, 131, 163, 170, 237, 257, 277, 291[236], 296[266], 310, 361[115], 371, 389[196]
- como sombra do Sol 371
- como a Sophia gnóstica 163
- como spiritus 94
- como substituta da Beata Virgo 96
- como Terra etérea 296[266]

Lúcifer 150[345], 292[257], 298, 310, 386[177]
- como espírito imitador 310
- reconciliação de L. com o Espírito 310
Lúcio 66
Lugar "fora de si próprio" 70
Lúmen naturae 83
Luminárias 246, 375[140]
Luminosidade dos complexos do inconsciente 167, 360
Lunática (berissa) como planta lunar 61[143]
Lux spontanea 142
Luz 18[60], 108[250], 141, 146, 148, 151, 161, 184, 224, 255, 267[201], 275, 329, 345[86], 347, 360, 375, 375[141], 390, 407, 426, 431
- como ondas e corpúsculos 372
- criação da 141, 142, 148[334], 375
- moderna 393
- luz do mundo 141[317]
- raio de 237
- como símbolo do si-mesmo 431
- e trevas 18[60], 141, 148[334], 161, 170

Maçã 419
- como símbolo do reinado 1
Maceração 54, 350[99]
Macho e fêmea 24, 24[64], 268[205], 296[272]
- sem asas e fêmea alada 24
Macpela, dupla gruta de 221, 221[45]
Macrocosmo 7, 15[47], 77, 77[214], 127, 256, 258[189], 360, 425
- como filho do ovo do mundo 127
- *filius macrocosmi* 7, 360, 364
- e microcosmo 7, 336
- mistério do 307[330]
- como rei coroado 127
- salvador do 425
macroprosopos 309, 309[340], 309[341]

Madona com seu manto protetor 95

Mãe 26[72], 40[96], 41[97], 46, 60, 62, 70, 72[183], 74, 75, 83, 92, 94, 95, 97, 97[239], 98, 99, 100, 120, 147[327], 147[330], 163, 164, 197, 208, 237, 243, 249, 253, 257, 258, 258[185], 309[340]
- alquímica e a Sophia gnóstica 163
- como aspecto feminino do filho-pai 62
- como aspecto feminino-maternal do inconsciente 17, 163
- como aspecto feminino-maternal do vaso 199
- como aspecto maternal da árvore 37
- como nutriz 24
- na Cantilena Riplaei 47, 60, 61, 62, 63, 64, 92, 170, 176
- o caos como mãe 74
- de Deus cristã 72, 87, 245, 399
- de deus na religião egípcia 2[3], 4, 58, 73
- de deus e a trindade na religião egípcia 4
- doença e languidez da 174
- e filho 72, 98, 277, 320, 334, 383
- gravidez da 176
- como o inconsciente 165
- como "mãe-pai" no conceito gnóstico 141[318]
- como mãe-rainha 4, 58, 82, 84
- como virgem-mãe 164
- como "mater vitae" dos maniqueus 39
- como prima materia 81
- do Rei Marchos 46, 70
- renovação pela 58
- e o redondo 163, 164, 165
- ventre materno 76[210], 78[223]
Magia/mágico 148[338], 169, 243, 270, 292, 350, 364, 372, 414, 425

- artes m. 338
- corpos m. 372
- correspondência m. 17
- efeito m. 348
- força m. 330, 425
- finalidades m. 350
- meios m. 320, 350, 358, 362, 374, 412
- intervenção m. 180
- plantas m. 358
- prática m. 350
- processo m. 414
- propriedades m. das substâncias químicas 350, 412
- ritos m. dos sabeus 387[186], 388
- sentenças m. do I Ching 61
- truque de m. 292[243]
Magisterium 10, 370, 371, 377, 393
Magnésia 74[196]
Magneto como o si-mesmo 360
Mago 127, 384
- sonho com um m, preto e outro branco 379[149]
Majestade 1
Mal, integração simbólica do 310
- leão como o 68
- supressão do 158
Malchuth (reino, reinado) 233, 234, 274, 304, 306, 306[324], 309[341], 318, 333[76]
- como escabelo dos pés de Jesod 304
- como fornalha 304
- como mãe de tudo 233[76]
- como noiva 233[76]
- como personalidade "mana" 185
- sinônimos de 258, 304, 308, 318
- como a Terra 304
- e Tiphereth como irmã e irmão 233, 233[76], 258, 272[211], 274[215], 300, 300[282], 300[285], 300[288]
Maleficus/malfeitor 68, 138
Maná 292[255], 358[105]

Mana, personalidade 185
Mandaica, doutrina 231, 256, 361[116], 384[170]
Manda d'Haje como o salvador no mito caldaico 231
Mandala 188, 220, 238, 241[120], 325, 326, 364, 364[123], 374, 411
- como centro de unidade dos arquétipos 325, 326
- e a concentração da consciência 325
- dos elementos 112, 220
- fundamentalmente como círculo 431
- indiana 411[219]
- e o lapis 326
- moderna 411
- de natureza numinosa 431
- como reflexo do esforço de concentração 325
- simbólica da 431
- como símbolo do mundo e do homem 220
- como símbolo do si-mesmo 431
- símbolos secundários da 431
- como símbolo da unidade 326, 374, 411
- surgimento espontâneo 325, 364
Mandeísmo 361[115]
Mandeus 256
Mani (do maniqueísmo) 232
Manifestação ou revelação divina 104
Maniqueísmo 37, 39, 39[95], 127, 232
- os cinco elementos maniqueus (vento, luz, água, fogo, matéria) 39, 39[95], 127
- combate das trevas no 39, 127
Maniqueus 37, 39, 232
- concepções escatológicas 232
- a *mater vitae* dos 39

Manto cravejado de pedras preciosas 1
- fulgurante de estrelas 118
- protetor de Maria 45, 95
- preto 381
- purpúreo 74
- vermelho 127
Mar 60, 131, 131[285], 164, 202, 292, 324, 348, 383, 384, 384[170]
- areia vermelha do mar e a Lua 320[13]
- escória do mar (Mercurius) 384
- como esposa do Sol 391
- e o inconsciente coletivo 25
- dos indianos 323
- do meio-dia 323
- misterioso e filosófico 320
- orvalho do mar e rosmaninho 361
- profundo 132[288], 257
- sinônimos de 164, 323, 348
- do sono e dos sonhos 166
- tifônico (de Tiphon) 18[57]
- Vermelho, travessia do 63
Marchos (rei) 70, 72[183]
- e a "cacada do leão" 46, 69
- e o diálogo com a mãe 46
Marcos miliários, os três 68
Marcos evangelista 181
Marez 164[392], 257
Marfim ustulado 386[179]
Margarida no Fausto 130
Maria (profetisa copta ou judia), o axioma do 3 e do 4. 238, 267, 320
- deusa negra 274
- (Virgem Maria) 4[12], 87, 105, 120, 245, 318, 329, 399
- alegorias de 77, 388[194]
- Assumptio de 104, 329, 331, 333, 399
- candura ilesa de 308
- Conceptio Immaculata de 333, 399[215]

- Coroação no céu 120, 124, 329
- como dea (no Fausto) 329[53]
- como Madona do manto protetor 45, 95
- como Mãe de Deus 72, 87, 245, 399
- como personificação da humanidade 87
- como "Pietà" 120
- como Maria-Sophia 329[53]
Mark (rei depravado) 66
Mármore 231[64], 351, 351[101]
Marte 53, 320
- regimen Martis 53
Máscara 365
Masculino 382
- número três como 228
- e feminino como opostos 51, 74, 182[205], 201[438], 203, 244, 296[272], 320, 324, 348
-- síntese ou união dos dois 17, 193, 203, 296[272], 318, 322, 323, 348
Massa e individualidade 174
- como sede do poder 135
- confusa ou caos 41, 216, 356, 375
Mata virgem 65, 65[167]
Matéria 64[161], 106, 107, 134, 150, 235[81], 302, 335, 364, 372, 385[178], 403, 411, 419, 421, 431
- a alma da 360, 364
- animação química das imagens dogmáticas 173
- do arcano 413[223]
- aspecto divino da m. na alquimia 421
- atuação mágica da 337
- celeste 343
- coeterna e coexistente com Deus 421
- concepção moderna da 372
- o desconhecido da 423

- "desdeizada" 421
- distinção entre matéria e psique 359, 420
- descontinuidade da matéria e da energia 373
- e energia em lugar de Deus 29
- espiritualização ao contato do espírito 419
- fascinosa e mágica 173
- como o *increatum* (Paracelsus) 421
- mais nobre (ouro régio) 6
- materialização do espírito ao contato da matéria 419
- parcela da divindade inerente à matéria 359, 419, 421
- potencial do primeiro dia da criação 421
- primordial como totalidade indivisível 372
- como a "realidade" de Deus 421
- sublimação ou elevação da 419
- união da matéria e da forma 320
- vilis 217
- vivência de Cristo na matéria 172
Mater vitae dos maniqueus 39
Matredi, filius M. (ourives) 301
Matrimônio, cf. casamento matrix 10, 374
- como origem do filius philosophorum 363
- como vaso 322
Matriz ou útero 322[23]
Matrona 220[40], 233
Maturação 137[292]
Mediador 125, 226[54], 258, 292, 300
Medicina (remédio), cf. isso
- antiga 345[84], 361
- como ciência 51[121], 127, 361, 408, 430
- egípcia e alexandrina 10, 20
- herdada por Adão 235

Mysterium Coniunctionis — Rex e Regina...

Médico 10, 18, 18[57], 158[365], 179, 364, 365, 405, 407
- Asklepios (Esculápio) 148, 148[338], 158[365]
- como empírico 179
- discussão dos médicos (allegoria Merlini) 10
- egípcios e alexandrinos 10, 18, 19, 20
- e paciente 405, 406, 408
Meditação/Meditatio 338, 346, 352, 366, 366[125], 367, 368, 369, 375, 414
- em círculos filosófico-religiosos 367
- como diálogo interior 366
- como confrontação com o inconsciente 366
- exigências morais para a m. 338, 346
- finalidade da 367
- e contemplação no Ocidente 368
- "suja" 134
Medo de prosseguir na análise 409
Mel 290[305], 345, 345[80], 347, 358, 364, 411
- como aqua permanens 345[80]
- elixir de mel 345[80]
- como o "doce ou a douçura da terra" 345[80], 347, 358
- favos de mel 305[316]
- e sua mudança em veneno (Paracelsus) 345[80], 347, 348, 364
- como oposto ao azedo 345[80]
- como resina da terra 345[80]
- silvestre 358[105]
- sinônimos de 345[80], 347
Melampo 383[158]
Melancolia 161, 161[387], 289, 347, 367, 383
- nigredo como 50[118], 107, 158, 161[387], 274, 367, 383, 390, 398
Melquisedec 2[3], 221
- altar de M. 221

Melusina 36, 350[98]
Menina divina 163
Menino 148[334], 300[288]
- régio 127, 131, 132
Mênstruo da meretriz 74, 115
Mente 61[143], 335[60], 375[141]
- doenças da 158
Mercurialis (planta) 345, 345[83], 347, 348, 362, 364, 392[206]
- como emenagogo 345[83]
- e o sexo da criança a nascer 345[83]
Mercurius 7, 10, 13[39], 25, 44[99], 46, 47[104], 48[106], 61[143], 62, 63, 65, 74, 76, 84, 112, 116, 138, 141, 143, 144, 158, 159, 193, 199, 215, 229, 230, 253, 274, 300, 301, 302, 303, 320, 320[16], 322, 345[81], 345[83], 348, 359, 361, 366, 371[129], 375, 383, 384, 398
- adâmico dos sábios 210[4]
- Adão como 210, 230, 253
- como água espiritual 323, 374
- como água eterna 61[143]
- como aliança da paz 300
- como alma do ouro e da prata 371
- dos alquimistas como personificação do inconsciente coletivo 325
- ambivalência de 199, 300, 319, 320[8], 359, 374, 383
- androginia de 112, 274, 320[16], 371[132], 383
- como anima a ligar o corpo e o espírito 300, 323
- como anima mundi 112, 359, 376, 403, 404
- como aqua permanens 61[143], 320[16], 329, 361
- como argentum vivum 320[8], 359, 371, 372
- e a arte da transformação 274[214]
- como artifex 61[143]
- como árvore 300

- aspecto psicológico do 373
-- sulfúreo do 74, 143
-- fálico 274
-- feminino de 199
-- psicológico de 374
-- como auxiliar pouco confiável 366
- caduceus de 68
- conceito alquímico do 359
- coroação de 348
- como corpo mágico 372
- Cyllenius 75, 303
- descida de 143
- como deus terrenus 359
- como o diabo 347, 383
- duplex 64, 75, 145, 210^2, 300, 320, 359, 377, 383, 411
- como ocidental e oriental 63^{147}
- como elixir da brancura e da vermelhidão 61^{143}
- como erva da ablução 61^{143}
- o espírito de 158^{359}
- como espírito aprisionador da alma da *physis* 359
- como espírito ctônico por excelência 347
- como espírito de luz 145
- como espírito e matéria 373
- como espírito vivo 145
- como espírito vivente 143, 145, 371, 372
- estátua de 229, 230
- como estrela 301
- extração a partir da alma 347, 358
- como "filho extremamente velho da mãe" 374
- como filho do Sol e da Lua 189, 375
- como *filius unius diei* 375
- como *filius regius* 138
- filosófico 371, 210^1, 210^4

- como fundamento da arte da transformação 301
- hermaphroditus 75, 230, 274, 320^{16}, 383
- como Illiastes 145^{324}
- como o inconsciente coletivo 199, 325, 360, 404
- inflamado 68
- e Jesod 300
- como o lapis 230, 371, 372, 376
- como leão alado e leão sem asas 64^{150}
- leão como cavalgadura de 75
- leão verde 61^{143}
- como leite da virgem 61^{143}
- como lux (luz moderna) 375
- como matéria primordial 372
- como matéria seminal do masculino e do feminino 324
- como meio de união 323, 324
- menstrual como união do m. masculino e do m. feminino 324
- menstrual como "aqua" 320^{16}, 324
- como a meta do opus 371
- como m. *non vulgi* 371, 404
- como *microcosmus* 10
- natureza espiritual de 323
- como natureza venenosa 68
- pelo *opus* transforma-se no *lapis* 230
- paradoxalidade de 199, 360, 374
- philosophorum (*caput mortuum*) 384
- como planeta (mais próximo do Sol) 44^{99}, 375
- em posição intermediária 213, 321, 323, 348, 374, 376
- preparo pela sublimação 345
- como prima materia dos metais 371, 372
- como quaternidade 376
- como rainha 199

Mysterium Coniunctionis — Rex e Regina...   513

- e seu relacionamento com os metais 371, 372, 377
- como *res subtilis* 158
- como *sagitarius* 84[231]
- e sal 320
- como ser espiritual e material 359
- e a *serpens mercurialis* 137, 257, 292, 298, 309
- como serpente 146[326]
- como servator macrocosmi 348
- simbolizado pelo leão 69
- como símbolo de uma ideia transcendente 372
- como símbolo do si-mesmo 373
- sinônimos de 274, 323, 348
- como *spiritus* 158[359], 159, 300, 323, 359
- como *spiritus familiaris* 366
- como substância do arcano 328
- transformação e símbolos 64, 230, 411
- umidade de 345[81], 347
- como o unicórnio 371[132]
- como o *unus mundus* 325
- volátil 299, 302
meretriz 74, 75, 76, 78
- cavalgadura da 75
- "a grande Babilônia" como 78,
- a meretrix magna (do Apocalipse) 73, 74
- e sponsa, antiquíssima contradição entre 74[186]
Meroe, labirinto de 55
Mesech 257
Messias 104, 220[46], 258[186], 266, 274[215]
- ben Josef como Jesod 274[215]
Metafísica 182, 223, 296, 296[269], 317, 332, 436
- conceitos metafísicos 332, 336
- crítica à 436
- disfarçada 317

- diversidade de enunciados metafísicos 436, 437
- enunciados metafísicos 332, 342, 436, 437, 439, 440, 443
- especulação metafísica 332
- explicação metafísica 436, 440
- e fatos psicológicos 317, 332, 436
- juízos metafísicos 443
- pretensões de provas 439
- e psicologia 223, 296, 315, 317, 332, 436
- valor metafísico 440
- verdade metafísica 439
Metáfora eclesiástica 25
Metal 120, 133, 137[296], 235, 242[121], 309, 371, 372, 403
- na alquimia 74, 158, 169, 372, 403
- deuses dos metais 141[319]
- imperfeito 76[210]
- mercúrio como o pai dos m. 372
- rei dos m. ou *regulus* 133
- ouro como rei dos m. 6, 7, 131, 377, 393
- os sete metais 228
Microcosmus 7, 15[45], 72, 210[1], 210[4], 266[193], 296[166], 326, 389, 389[196], 391, 411, 416, 420, 425, 429
- *caelum* como (Dorneus) 425
- o homem como o m. ou *mundus minor* 217, 219, 296[266], 411, 416
- como o homem interior 429
- ovo de prata como 391
- como representação da mandala 411
- como sinônimo do lapis 326
Microfísica e a psicologia do profundo 423
Microsopus 235[85]
Midraxe 253
Miguel, arconte em forma de leão 239, 240

Milagre 10, 38, 68, 94, 95, 104, 120[260], 158, 287, 292
- forças miraculosas 413
Mineral, força mineral máxima no homem 292[249]
Minera/minérios 6, 149, 151, 159, 177[404], 202[441], 235, 320[8], 372
- ustulado 386[179]
Mirra escolhida 197
Miséria com vinagre 257, 260, 274
Misoginia 216
Missa, cálice da 22
- mistério da transubstanciação na 30, 95
Mistério 68[175], 77[215], 82[226], 96, 127[296], 137, 173, 177, 206, 224, 232, 232[67], 301, 301[295], 302[303], 316, 327, 331, 335, 371, 372
- alquímico 346, 395
- antigos com caráter nupcial e sepulcral 323
- batismal 292
- cristão 309
- de Deus Pai e de Cristo Jesus 200[432]
- da fé 83, 85, 177
- da fé copiados na natureza 83
- hermético 329
- o iniciado nos mistérios 41
- da letra Jod (no hebraico) 306[324]
- importância do 190, 248
- de Mitra 242
- da natureza 343, 346
- o portador do 196
- da substância química 173
- "superior" (do Sohar) 236
Mística 178, 215, 274, 417, 422
- do Cântico dos Cânticos 258
- criativa 196
- cristã da alquimia 173
-- e o racionalismo 173
-- e a *unio mystica* 274, 422

-- e as vivências místicas dos santos 327
- do rei 6
- as três etapas da ascensão mística (Dionísio) 310
Místicos 108, 195
- criativos como cruz para a Igreja 196
- e a identidade com Cristo
- movimentos m. 437
Mistura por fusão (nos sonhos) 121, 121[262], 130, 169, 170
Mito 61[145], 130, 139[304], 151, 283, 383, 406, 410
- alquímico 157, 170
- e arquétipo 139[304], 399
- caldaico 231
- continuidade do m. através do tempo 139[304]
- do dragão-baleia 147[327]
- empolgação pelo 406
- expressão do 139[304]
- da fênix e sua aceitação no cristianismo 56[133], 138, 139
- do herói 184
- do herói a sobreviver como serpente 146
- do homem primordial devorado pela physis 403
- interpretação do 139
- o rei como portador do mito 1
- da renovação de deus 184
- da renovação do rei 131, 170, 184
- da renovação de si mesmo 139
- o sonho e o 61[145]
- e a superação do dragão 410
- vitalidade do 139[304]
Mitologema 33, 81, 83, 151, 185, 203, 206, 390
- de Abraham Le Juif 391
- do casamento 205
- renascimento autóctone do 33

Mysterium Coniunctionis — Rex e Regina...

- do ressurgir 31, 32, 33
Mitologia 332, 337
- e alquimia 61, 151, 151[348], 152, 337, 391, 392
- aspecto mitológico 411
- concepções mitológicas 398
- como expressão do inconsciente 399
- figurantes mitológicos 283
- formações mitológicas 22
- germânica 147
- grega 383[158], 392, 420[226]
- védica 392
- verdade mitológica 406
Mitra (episcopal) 377, 381
Mitra, os mistérios de 6, 242
- orientação mítrica 6
Mitraísmo 6
Modelo, antigo m. sabeico e alexandrino 411
Moisés 25, 159[383], 236[95], 237[97]
- de "chifres" 237[97]
Moly 61[143], 345[83], 348
Monas (dos alquimistas e gnósticos) 25
Monismo, identificação entre deus e matéria 421
Monocalus 371
Monocolus (alberto) 377, 378, 379, 382, 392
Monokaulos, monocolus, monocauleus, monocerus 371[132]
Monstro 147[327], 360
Monte 257, 287, 300, 325[40], 334, 386[176]
Moral, atitude m. dos alquimistas 337
- caráter "moral" das imagens inconscientes 393
- coragem moral 433
- decisão moral 338, 409
- exclusão da m. por cientificismo ou cinismo 339

- ponto de vista m. 48, 75, 109
- sentido "moral" do processo alquímico 364
- transferência moral-espiritual 6
Mória, rochedo de 306[318]
Morte 2[3], 25[85], 94, 127, 140, 147[327], 150, 158, 188[411], 199, 232, 232[66], 232[67], 305[416], 306, 320, 339, 340, 345[80], 353, 363, 371, 384[170], 388, 388[194], 390
- na Allegoria Merlini 10, 11, 335
- coniunctio como 322
- dissolução como 41, 94
- espiritual 159, 340
- eterna 391[201]
- figurada 41, 339
- identidade de casamento e morte 323
- e perdição aparentes 170
- do rei (na mística egípcia) 8
- e renascimento 61[144]
- simbólica da 335
- vencedor da 147
- voluntária 335, 339[69]
Mortificatio 11, 61[144], 159, 188[411], 378, 384, 398
- como homicídio do rei 11
Mortos representados como serpentes 146[326]
Mostarda, grão ou semente de 57, 158, 158[367]
Motivo da aflição 160[385]
- do afogamento 13
- da cabeça de ouro 292
- dos cabelos crespos 290[236]
- do despedaçamento 2[5], 14, 158,159, 274
- do envelhecimento 33
- da guerra 159
- da luta 335
- do manto protetor de Nossa Senhora 45
- da morte violenta 11, 340

- da multiplicação 36
- da mutilação 54, 158, 176[403], 384
- da ocultação 45
- do pai desconhecido ou ausente 31
- da perda da capacidade generativa 33
- do rei que envelhece 29, 30, 60, 151, 169, 187, 188
- do rei a suar no banho 11, 18
- do renascimento a partir da árvore 37[92]
- da ressurreição 140, 384
- da tortura 113[254]
- taoista-alquímico 237[101]
- da viagem marítima 323

Mouro 386, 387, 388
Movimento circular continuado 343, 364
Mudança, cf. transformação
mulher 69[180], 73[184], 75, 96, 97, 140, 192, 201[439], 246, 279, 283, 292[243], 301, 304[314], 313, 318, 320
- alada 24
- coroada de estrelas 290[236]
- descendência da 244
- como femina candida 362
- a figura da mulher onerada na alquimia 97
- e o mundo corpóreo 329
- natureza abissal do feminino 313
- como nuvem 384[170]
- como "pedra" 69, 69[180]
- sepultada com o dragão 322[25]
- sepultada com o marido morto 322[25]
Multiplicatio/multiplicação 36, 129, 129[280], 148, 148[334], 190, 320, 425
Multiplicidade 343, 446
Múmia 225, 225[51], 226[54]
Mundo 7, 54, 57, 70, 71, 104[245], 112, 123, 127, 135, 153, 159, 174, 194[421], 217, 220, 231, 232, 233[78], 235, 235[90], 240, 267[201],

296[266], 301[193], 305[316], 306, 306[318], 322, 325, 327, 353, 361[115], 364, 369, 371, 404, 428, 442
- ambiente 163[390], 413
- arquetípico interior 442
- como o aspecto físico de Deus 428
- babilônico 147[327]
- bases transcendentais do 442
- centro do 220, 306[318]
- colisão com o 413
- criação do mundo 5, 306[318], 372
- criação e renovação 104[245]
- emanativo no gnosticismo 309[340]
- empírico, a multiplicidade no 422
- físico dos corpos 329, 376, 422, 428, 442
-- e a percepção que se tem dele 436
- como imagem e símbolo de Deus 83[230]
- inferior 147, 296[265], 411
- infernal 148
- o Logos como o criador do 57
- a ordem superior do 338
- "physical and perceptual world" 436
- potencial (do primeiro dia da criação) 388, 414, 417, 421, 422, 424, 429
-- como o mundus archetypus dos escolásticos 415
-- o "céu" químico como equivalente do 429
-- como o fundo transcendental psicofísico do universo 424
-- e o mundo real 324
- psíquico 322, 422
-- empírico, mistério do 426
- a realidade transcendental do 436
- representativo cristão 82, 133
- sublunar 114, 164, 170
- superior 170, 197, 288, 388

Mysterium Coniunctionis — Rex e Regina...

- o umbigo do 306[318]
- "uno" 324, 414
- união mística com o mundo potencial 422
- unidade do 422
- visão espiritual do m. ou cosmovisão 281
Mundus archetypus (escolásticos) 415
- *intelligibilis* (Fílon) 415, 416
- *unus* 325, 327, 375, 414, 421, 429
Myste (iniciado nos mistérios) 240, 240[111]
Mysterium 194[421], 196, 316
- *coniunctionis* 327, 329, 331, 421
-- consumação do (Dorneus) 422
- fidei 122, 177
- *ineffabile da unio mystica* 426
- o opus como 194[421], 201
- *reginae* 201
- *typicum* 7

Naamã, o leproso, como alegoria do batismo 13, 13[40]
Naas, a serpente do gnosticismo 292[257]
Naassenos (ramo de gnósticos) 49, 174[401], 231, 235[84], 253, 292[243], 293, 318, 383
Nabucodonosor, visão onírica de 292[240]
Narcóticos 342
Nascimento 46, 86, 89, 127, 276, 277
- anunciação do n. pela transformação 88
- de Deus no homem (Eckhart) 105[248]
- duplo 196[266]
- eterno 105[248]
- do filho 98, 104
- lugar do 7[22], 39

- novo n. 164
- primeiro n. 257, 276
Natureza/*physis* 2[5], 6[21], 18[60], 36, 49, 51[121], 58, 61, 74, 76, 76[310], 83, 106, 122, 127, 135, 136, 160, 174, 210[4], 264, 267, 273, 296[271], 298, 312, 320, 328, 335, 339, 346, 347, 358, 359, 365, 371, 372, 374, 375, 376, 379, 384, 387, 398, 402, 405, 416
- abissal do homem e da mulher 313
- e alma 387
- animal 66, 69, 245
- aspecto sombrio e ctônico da 85
- cadeias da 387
- conhecimento da 121, 402, 430
- dos conteúdos projetados 320
- como contrafatura ou semelhança com Cristo 127
- desarmonia na 339
- física da luz 372
- leis da 422
- livro ou espelho da n. 7, 127, 160
- luminosidade da 83
- misteriosa das substâncias 320
- "a natureza vence a natureza" 158
- neutra transcendental 423
- natureza selvagem exige tato 65[167]
- significado místico da 122
- ou substância 329[53]
- superação da n. (Demócrito) 6[21], 375
- e a "terceira coisa" entre dois opostos 339
- união das naturezas 320
Nebo 44, 44[99]
Necessidade vital 442
Néctar divino 150
Negras, deusas 274
Negrume/negrura/nigredo 257, 258, 312, 384[168]
- da culpa 258, 274

- do rei 288, 382
- da Sulamita 258, 264, 267[200], 276, 278, 285, 286, 288, 305, 312
Nephesh (hebraico)/alma 258, 258[185], 258[189]
Nereidas 323
Neurose 159, 170, 365
- cura da 405
- sintomas neuróticos 107, 170, 356, 405
- de segunda mão 406
Neve 29[74], 78[221], 299, 310[348]
Nezach (força vital) 300, 300[286], 303[308]
Nigredo/negrura/negrume 52, 102, 107, 131, 132, 136, 158, 158[359], 159, 161[387], 257, 273, 276, 288, 313, 367, 371, 378, 379, 382, 383, 383[162], 384[170], 386, 386[180], 389, 391, 391[201], 396
- ablução da 274
- como corvo 384, 386, 398
- dragão como 390
- como escuridão do inconsciente 312
- como estado psíquico 390
- como melancolia 50[118], 107, 158, 161[387], 274, 367, 383, 390, 398
- como noite escura da alma 379
- como primeira etapa da opus 367, 386
- como putrefactio, decomposição e morte 131, 158, 371, 378
- sinônimos da 367, 378
- sol niger 386
- como terra 386
- da substância do arcano 396
Nilo 2[5], 12, 309, 323, 374
Ninfa 68
Ninho 385[172]
Nínive 46
Nirvana (nirdvandra) ou livre de oposições 370

Nitrum alexandrino 10
Noé 13[37], 159[383], 220, 235, 236[95], 274, 291, 296[266]
- pomba de 291
Noite 384[168], 391[201]
- aspecto maternal da 163
- criadora do hino órfico 391
Noiva 207, 233[76], 233[78], 258, 274, 288[221], 291, 371
- celeste 278
Noivo 233, 233[77], 233[78], 258, 291, 371
Nome essencial de Deus em hebraico 267, 267[199]
Norte, polo norte 348
- e sul 220
Nossa Senhora, o manto protetor de 45
Nous (espírito) 374
- como ánthropos 155
Novilunio 97
Novo Testamento 52, 399, 400, 425
Novum (coisa nova) na união dos opostos 420
Nume, vivência numinosa
- divino 388[194]
Número um 219, 219[32], 267, 267[201], 324, 325
- dois 1, 2, 3, 4, 10, 15, 96, 117, 130, 135, 140, 175, 179, 232
- três 218[31], 219, 219[32], 244, 267, 290[233], 306[324]
- incerteza entre três e quatro 218, 218[31], 267
- quatro 44, 111, 112, 159, 217, 220, 221, 221[45], 235, 237[98], 267, 267[203], 274, 279, 292[243], 320, 322, 358, 388[194]
- cinco 395
- seis 220[40]
- sete 14, 74[190], 75, 131, 132, 136[54], 137[296], 147[327], 147[328], 217,

218[31], 228, 235, 238, 239, 240[113], 241, 243, 293[363], 299, 306[318], 306[324]
- oito 217[31], 237, 240, 242, 243, 301
- nove 75
- dez 238, 238[106], 258[189]
- doze 228[58], 240[119]
- dezesseis 274, 301
- quatorze 3, 3[9], 3[10]
- vinte e quatro 52
- trinta 248
- quarenta 159, 159[383], 386
- sessenta e quatro 301, 301[300]
- cento e cinquenta 89
- trezentos e sessenta 253
Numinosidade ou caráter numinoso 71[182], 178, 223, 320, 374, 431, 441
- do arquétipo 401, 442
- de experiências arquetípicas 71[182]
- numinosidade original da vivência 431
Núpcias, cf. casamento do Cordeiro 188, 189, 190, 193
Nut 2[3]
Nuvem 58, 131, 237, 296[265], 384, 384[170]
- água da n. como *mercurius* 384[170]
- na ascensão de Cristo 384[170]
- coluna de nuvens e Cristo 384[170]
- como a consolação do Espírito Santo 384[170]

Oanes dos assírios igualado a Adão 235[84]
Obra, cf. opus
Obscuridade/obscurecimento 158, 170, 309, 395, 398
Obsessão 158, 204, 442
Ocidente 2, 61[140], 63[147], 108, 367
Oculi piscium como símbolo da atenção permanente 406

Ocultação, motivo da 45
Odor do corpo incorrupto dos santos 78
Ofitas 238, 258[189]
- diagrama dos 238, 238[107], 238[108], 239, 240, 242
Ogdôade 238, 240, 240[217]
Ogdoas 240[116]
Oitava musical e a série de oito 238, 239, 240, 243, 246
Óleo 129[28], 350[99]
- tirado do coração da estátua 226, 226[54]
- vivo 371
Oleum lini 10
Olho 49, 58, 69[179], 78, 81, 119, 158, 197, 256[172], 290[233], 293[263], 299, 305, 310[349], 319, 347, 358, 389[196]
- e suas cores 49
- íris do 49, 49[111]
- de um só olho 383[158]
- os sete o. 293[263], 306[318], 306[324]
- de peixe 406
- Sol e Lua como olhos do céu 310
- vesgos e vermelhos 306[324]
Olimpo paracélsico 411
Oliva 303[308]
Oliveira, folha de 290, 291
- Monte das Oliveiras 150
Onoel como aronte em forma de burro 239
Ophir/ophirizum (ouro puro) 307, 307[330]
Ophiuchos (daimon) 158, 158[365]
Oposição 133, 134, 253, 254, 264, 271, 274, 325[40], 366, 446
Opostos 51, 61[143], 135, 136, 145, 148, 148[336], 157, 170[398], 177, 203, 204, 245, 268[205], 274, 299, 337, 365, 370, 377, 384, 431, 447
- abraço dos 193

- aproximação dos o. pela luta entre si 170
- como dois aspectos da mesma coisa 135, 269
- assimilação dos 177, 446
- compensação dos 365
- compensação dos o. *in superatione corporis* 335
- conflito dos 158, 170, 271
- coincidentia oppositorum 135, 205
- constelação dos o. pela análise 365
- contaminação dos 264
- extremos 149[341], 376
- masculino e feminino como opostos 51, 182[205], 201[438], 296[272], 324, 348
- pares de o. 148[336], 158[359], 197[426], 320, 379, 380
- reconciliação dos 445
- representação teriomórfica 170[398]
- tensão e energia entre os 271, 365
- união dos 102, 179, 182, 190, 207[206], 233, 269, 320, 335, 365, 420
- união (em Abraham Le Juif) 378, 393
- união como processo transcendente da consciência 207
Opus alquímico ou espagírico 14, 15[45], 48, 50, 52, 54, 57, 76, 96, 107, 113, 142, 155, 157, 158, 159, 160, 162, 163[392], 173, 186, 201, 210, 230, 232, 234, 322, 329[53], 337, 371, 389, 398, 406, 411, 418, 445
- *ad rubeum* 74
- *ad rubeum et ad album* 411
- conclusão da obra 57, 68, 94, 158, 158[368], 322[22]

- consciência do envolvimento do alquimista no opus 162
- cura pelo opus 158, 159
- efeitos psíquicos do 106, 157
- as etapas do 48[105]
- como a grande obra do alquimista 75[199], 367
- a interpretação psicológica do 354, 355, 393
- as metas do 57, 108, 232, 235[80], 320, 418
- como mysterium 194[421], 201
- comparável à paixão de Cristo 151, 157
- em paralelo com a missa 61[142], 173
- as quatro etapas do 217
- a primeira parte do (segundo Dorneus) 17, 48
- realização do 201[440], 413
- como repetição da criação 143, 148[334], 232
- os sete graus do 14
- vivência característica do 157
Oração 398
Oráculo 225, 292
- cabeça para 292, 350[99]
Orcos 298[273]
Ordem superior no mundo 338
Oriente 63[147], 76[211], 370, 417
Oriente Próximo 373
Oriente e Ocidente 156, 220, 426
Ornitorrinco 317
Ortus como fênix 141[314]
Ortus (nascimento dos astros) 127[269]
Orvalho 49, 484
- como aqua permanens 345[82]
- contém o néctar melífluo do céu 361[115]
- cristalino 309, 349[341]
- como o Cristo 361[115]
- de Gedeão 361[115]
- orvalho da graça 348

Mysterium Coniunctionis — Rex e Regina...

521

- luminoso (no gnosticismo) 361[115]
- de maio 358[105]
- marinho e rosmaninho (*ros marinus*) 348, 361
Oseias 312
Osíris 2[5], 7, 8[28], 174[401], 276, 293[259], 383, 383[164], 384
- como celeste corno da Lua 319[359]
- cabeça de O. como *caput mortuum* 384
- como o demônio 383
- despedaçamento de 2[5], 3[10], 18, 18[57], 174[201], 391
-- como homem-deus 259, 383
- *hermaphroditus* 383
- identificado com Hermes 383
- morte e ressurreição de 383, 384
- e Osíris-Seth como irmãos 385
- colocado em paralelo com Cristo 383
- como prima materia 383
- como negro ou etíope 383
- ressurreição de 2[5], 55, 276, 383
- como a semente do trigo 383[156]
- símbolos de 383, 386
- e Ísis 2[5], 383, 384, 391
- como o tímido O. 7
Ourives, a arte de 257, 301
Ouro 7, 11, 47[104], 49, 50, 75, 76, 104, 106, 127, 127[272], 131, 159, 197, 207, 226[54], 235, 242, 253, 291[235], 291[236], 292, 294, 296[365], 306[324], 307[33], 320, 330, 345[81], 346, 353, 358, 371, 377, 382, 386, 383[194], 391, 432
- como *aurum non vulgi* 6, 36, 290
- *aurum nostrum* 290, 308, 320
- *aurum potabile* (cheyri) 358, 432
- *aurum vulgi* 159, 280, 320, 392
- avidez do 398
- cabeça dourada ou de ouro 291, 291[235], 292, 292[243], 305, 387
- dezesseis sinais do ouro (Sol) 301

- dissolução pelo mercúrio 75
- e o espírito 5, 393
- filosófico 6, 296[365], 347, 358
- como meta física do opus 106, 320
- obtenção espiritual do 6
- *obrizum aurum* (ouro puro) 307[330]
- e prata 6[18], 36[91], 76[210], 197, 227, 371, 379, 389[194]
- produção do 76, 346
- como quaternidade 127
- como rei dos metais 6, 7, 377, 393
- régio como matéria mais nobre 6
- dos sábios 296[265]
- semelhante ao cristal 308[332]
- como símbolo da química 6
- como o Sol 128, 242, 275
- *sulphur auratum antimonii* 132, 133, 377
- surgimento do o. na cabeça 292[249]
- tintura do 331, 412
- vivo e o lapis 6, 36
Outro, aceitar o outro dentro de si próprio 176, 185
Ovelha 156
- desgarrada 109
Ovo 59[136], 148, 148[338], 237[96], 296[365], 391
- filosófico 391
- do mundo 127, 137, 138
- de pavão 57, 57[134], 60[139]
- de prata 391

Pã, morte de 174, 174[401]
Paciente 178, 179, 281, 329, 356, 365, 408, 409, 412, 447
- deve ter também autonomia 408
- e sua independência conquistada 407
Padres da Igreja 329
Padrinhos, deuses como 96

Pai 1^2, 2^3, 3^6, 62, 74, 102, 147^{327}, 212, 232^{66}, 240^{112}, 249, 253, 257, 258^{185}, 277, 278, 296^{266}, 309^{340}
- Deus como Pai Celeste 2^2, 39, 39^{95}, 61^{143}, 150, 195, 200, 310^{350}
- e filho 4, 83, 277
-- homoousia no mito egípcio do rei 3, 4, 32
- "mãe-pai" como conceito gnóstico 141^{318}
- primordial (Nelken) 33
- transformação em filho 37
- como velho pai gerador 298
Paixão 18, 84, 150, 157, 308^{338}, 364
- e morte (do Senhor) 54, 54^{128}, 113, 151, 157, 308
- simbolizada pelo leão 64
- *telum passionis* 47, 54, 75, 84, 215
Pala nigérrima 391
Palavra como Cristo 200
Palmeira 17^{54}, 184^{408}, 291^{235}
Panaceia 14, 106, 328, 342, 343, 344, 357, 403, 412, 425
- como medicina católica 425
Pânico, acesso de 410
P'an ku, anão lendário chinês 237, 237^{96}
Panspermia ou seminalização universal na gnose 309
Panta rei (tudo corre) 168
Panteísmo, condenado pela igreja 428
Pantera 288^{221}
Pão 294, 299, 300
Papa 174^{401}
- declaração papal 333
Papiro 160
Par amoroso 72^{183}
- divino unido pelo hierosgamo 349

-- como lírio branco e vermelho 349
- gerador como Sol e Lua 296^{266}
- de irmãos no inferno: morte e diabo 147
- como irmão-irmã 292, 383
- como mãe-filho 383
- régio 1, 64
-- a morte do 339^{68}
- teriomórfico 68
Parábola 18, 19, 21, 22, 120^{260}, 131^{282}, 309
Paracelsista 347
Paráclito (o Espírito Santo) 105
Paradoxalidade da alquimia 85, 299, 315, 374
- do inconsciente 360
- do lapis 315
- com símbolos teriomórficos 85
Paradoxo 182, 226, 269, 315, 420
- como enunciações paradoxais 374
Paraíso 25^{69}, 103, 104, 140^{311}, 141, 215, 235, 235^{82}, 244, 248, 250, 292^{243}, 296^{271}, 298, 388^{194}
- abertura do 104
- castelo como 389^{124}
- expulsão do 274
- como o fundo da alma (Santo Ambrósio) 25
- perdido 274
- os quatro rios como os quatro sentidos 49, 292^{243}
- terra do 296^{271}, 298
Paranoia 33
Parapsicologia 327
Parcival 30, 407
Paredros 384
Participation mystique como identificação inconsciente 355
Parusia do Senhor e sua não realização 432
Parvati 274, 276, 288

Páscoa 140, 141, 386
Pássaro, cf. ave
Patriarca 127
Paulo 429
Pavão 48, 51, 53, 54, 55, 56, 59, 59[136], 82, 84, 88, 141[314], 177
- como avis sacerrima 60[139]
- analogia com Nossa Senhora 59
- como beleza interior 59
- carne de p. como dieta da rainha 47, 47[104], 48, 60, 61, 82, 83, 176
- carne que não apodrece 60, 60[139]
- cauda pavonis 48, 51, 52, 53, 56, 57, 88, 94
- e a poção de amor 60[139]
- emblema do renascimento 60
- excremento cura a epilepsia 60[139]
- fêmea do 96
- como "homem justo" 59
- sua importância na alquimia 59
- ovo de 57, 57[134], 60[139]
- penas salpicadas de olhos 58
- sangue do p. e o diabo 60[139]
- como símbolo do Espírito Santo 51
- como símbolo da transformação 59
- como sinônimo do lapis 56
Pé 299, 378, 406
- alados 343
- direito do rei 382[151]
-- como masculino e promissor de felicidade 382[151]
- do Filho do Homem apocalíptico 299, 304
- significado fálico do 382[151], 392[206]
- de um só pé 377, 380, 381, 392
- verdes 306[324]
Pecado 13[40], 17, 59, 134, 137, 232[66], 248, 258, 260, 264, 276, 402
- de Adão 232[66], 251, 264, 276, 346
- e cor vermelha 78

- estado doloroso de suspensão do p. 274
- feiura do 312
- névoa do 147[328]
- original 17, 24, 30, 264, 429
Pedra 25[68], 53, 69, 69[179], 69[180], 74, 127[269], 194[423], 197, 210[4], 212, 225[49], 233, 233[74], 235, 235[82], 290, 293[263], 305, 306[318], 315, 371, 372, 403, 420[226], 432
- adâmica 210[4]
- aérea e volátil 384
- angular rejeitada 127, 293, 306, 306[313], 306[324], 309, 346, 406
- atirada na rua 406
- de Betel 233[74], 234
- branca 292[255], 296[266]
- candente 290[233]
- cerebral 292
- citérea 75
- desprendida da montanha 309
- duríssima 351[101]
- como "encarnação" de deus 310
- com espírito ou pneuma 425, 428
- com espírito e alma 309
- filosofal, cf. lapis philosophorum
- fundamental 293[264], 306[318], 306[324]
- camea 301
- de Crono 420[226]
- mágica que engole o leão 69, 70
- como matéria feminina 309
- morta 164[393]
- não pedra 292, 309, 420
- preciosa 14, 115, 127[272], 141[314], 233[78], 248, 275, 276, 301[239], 336, 346, 353
-- como símbolo do si-mesmo 431
- como raison d'être da alquimia 428
- em Roma 306[324]
- dos sábios (lapis) 148[393], 151
- semelhante ao homem 428

- como o Senhor e Salvador na linguagem sacra 309[342]
- com sete olhos 293[263], 306[318], 306[324]
- a simbólica da 420[226]
- "una" 17
- Ullikummi 420[226]
- vil 406
- viva do Novo Testamento 425, 425[229]

Peixe, rabo de p. 360
Pelego 270[207]
Pelicano 74
Pena 58, 302, 302[303], 302[306]
Pênis 3, 274, 274[215]
Percepção 71[182], 158, 442
Perdição 108
Peregrinação mística 348
Perfectio / telesmós / perfeição 235, 287, 310, 315, 318
- definitiva inatingível 283
- estado de 41, 59
- ideal da 283
Perfeito 388, 389
Perfume 49, 69, 163, 197, 323, 361[115]
- de flores primaveris como símbolo da vida que surge 90
Pergaminho 160
Pérola citérea 75
- preciosa 190
Persa 237, 242, 253, 259
- língua 392
Perscrutação 338
Persona (Jung) 163[390]
- determinação superior à pessoa 205
- identificação da anima com a 204
Personagem histórica 437
- régia 387
Personalidade 1, 88, 261, 364, 366, 369, 398, 429, 439
- consciente 166, 366
- consciente e inconsciente 281

- dissociação da 335, 367
- dissociada em espiritual e física 429
- espiritual 429, 437
- o "eu" como centro da 364
- fictícia 407
- física 429
- imagem fictícia da própria 339
- integração da 50, 83, 177
- lado sombrio da 338
- natureza complexa da 365
- religiosa 437
- secundárias 167
- o si-mesmo como centro da 364
- síntese da 365, 367
- subjetiva do "eu" 166
- transformação pela conscientização 281
- valor energético e moral da 281
Peso do si-mesmo 176
Pesquisa 123, 194, 402, 422
Pessoa 346, 365, 380, 407, 439
- inspirada 437, 440
Petição de princípio 439
Phlegma / fleuma / flegma 351, 351[100], 354, 355, 363, 403
Physis / Natureza 6, 29, 359, 379, 428, 430
- e espírito como oposição 6, 29, 359
- e espírito, relação complementar 379
Phyton 158[359], 298
Pia sententia 133
Piedade 15, 16, 322, 322[20], 346
Pistis 410
Pixe 386[179]
Planetas 119, 166, 168, 169, 253, 389
- alegoria dos 166
- e a astrologia 50
- banho dos 169
- e caráter individual 50

Mysterium Coniunctionis — Rex e Regina...

- ciranda dos 166
- deuses dos 228
- influência dos 169, 389, 411
- espírito dos p. 169, 253, 343[77], 389[196]
- os sete p. 74[190], 137[296], 240
Planta 57, 235, 248, 317, 348
- mágica (cheyri) 358, 360
-- de Homero 348
- medicinal 360
Platão e platônicos 83[229], 258[185]
Plêiades 243
Pléroma como o reino da luz do gnosticismo 238
Plumagem 58
Pneuma 11, 112, 391
- divino aprisionado na criação 112
- doador da vida 7
- libertação do pneuma de suas cadeias na carne 6
- misturado com a carne 5, 7
Pó 217, 220, 257, 390
Poder e as forcas celestes 150, 343
- impulso do 135
- sempre fora da sede da sabedoria 135
- superior sentido como divino 440
Poetas gregos 74[219]
Poimandres, visão de 18[59]
Polo norte do céu 348
Pomba 68, 70, 197, 291, 315, 388[188]
- branca 25[66], 198, 314
- de Diana 68, 68[173], 70
- como representação do Espírito Santo 4, 329
- de Noé 291
- luta entre a p. e o corvo 388[188]
- como símbolo luminoso da alma 388[188]
Ponte para o passado 139[304]
Ponto, como "punctum internum" (knorr) 267[201]

Posicionamento espiritual superior 335
Positivismo 338
Possessão 442
Postulado 420, 422
Prata 127[272], 131, 296[265], 383[194]
Prata viva (mercúrio) 301[295]
- Luna como 76, 228
- e ouro 6[18], 76[210], 197, 227, 371, 379[149], 389[194]
Praxis 232[67], 406, 408
Prazer de matar 174
Precipitado (químico) 363
Pré-história 1
Pré-julgamento 317, 417
Presépio 127
Pressuposições teológicas 1
Pressuposto inconsciente 151, 152
Pressupostos psíquicos 155[355], 447
Pretensão a reconhecimento e validade 439, 441
Preto, cf. negro
Prima materia 40[96], 41, 62, 77, 78, 81, 177, 201[441], 217, 245[86], 257, 292[243], 346, 347, 414[224], 429
- Adão como 217, 234, 235
- aspecto feminino-maternal da 258
- como o caos 217, 235[80]
- como chumbo 302
- como a coisa simples 292[243]
- e o diabo 383
- *cranium* como lugar de origem da 292[243]
- como algo dificilmente encontrável 216
- como estado inicial da opus 406
- extração a partir da alma 61[144], 78
- homem como 177, 346
- identificação com o vaso 62
- como algo insignificante 406
- como massa confusa 217
- mistério da 177

- *mortificatio* da 61[144]
- como "múmia" 225
- em paralelo com a "grande Babilônia" 78
- personificação feminina da 258
- como Saturno 302, 363
Primavera 348, 358
Primitividade profunda 1
Primitivos, psicologia dos 167[395], 269, 355[104]
Primogênito 252
Primórdios bíblicos 429
Primus homo 27
Princípio ativo 75[204]
Princípio transcendental 370
Princípio vital 365
Prisão, motivo da 112
Probidade civil 398
Problemas humanos comuns (conceituação) 405, 406
Problemática da personalidade 398
Problemática moderna 394
Processo 53, 207, 226, 356, 365, 372, 375, 407, 408, 430
- afetivo 322
- alquímico 107, 151, 342, 347, 348, 349, 352, 353, 357, 403, 447
-- em quatro etapas 217
-- o lapis como resultado do 225
- de assimilação 121
- circular 177
- destrutivo 121
- físico 6
- inconsciente 213, 238, 369
- de individuação 6[19], 311, 316, 334, 365, 447
- psíquico ou psicológico 38, 223, 334, 347, 357, 364, 365, 404, 407, 417
- químico 6, 50, 222, 334, 337, 347, 354, 357, 365
-- como imagem da paixão e do triunfo de Cristo 151

- de regeneração 91
- de salvação 232
- secreto 364
- sentido psicológico do processo 100
- simbólico 447
- sintético 70
- de transformação 267, 315
Profeta 120, 437
- do Antigo Testamento 312
- oito encarnações de p. 237
Profundeza escura 131[285], 134, 369
Projeção 29, 70, 107, 151, 169, 171, 173, 174, 177, 185, 283, 338, 339, 342, 356, 369, 379, 394, 396, 412, 430, 446
- de Adão interior 266
- como conscientização indireta 151
- conscientização e recolhimento 185, 336, 394, 398
- de conteúdos inconscientes 70, 107, 320, 357, 358, 369
- nos corpos 342
- efeitos terapêuticos da 107
- entraves da parte da consciência 151
- da feminilidade inconsciente 313
- figuras projetadas 365
- forma projetiva 172
- gênese da 151, 152, 153
- inconsciência das projeções 107, 151, 175, 337
- não surgem arbitrariamente 151
- do processo de integração 266
- resistência à compreensão da 339
- nas substâncias químicas 151, 357, 394, 431
- das transformações da cosmovisão medieval 171
Propriedades, as quatro p. Fundamentais dos elementos 217
Prostituição 73[184]
Prostituta 68[175], 73[184]

Mysterium Coniunctionis – Rex e Regina...

Protestantismo 108, 173
Proteu 325
Próton 373
Prunicus comparada à mulher de
fluxo sanguíneo 240[119]
Prunicus como virgem 240, 240[119]
Psicanálise 174[215]
Psicoide, aura p. 441
- grandeza p. inconsciente 441
- imagens discutíveis do domínio p.
442
Psicologema 66, 213, 317
- estrutura lógica do p. 317
Psicologia 97, 107, 123, 174, 180,
182, 205, 280, 313, 330, 332,
333, 335, 343, 356, 406, 432, 444
- e alquimia 265, 340, 341, 342,
347, 354, 367, 396, 404, 405,
431, 432, 434, 437
- analítica 170, 270
- animal 269
- e as ciências naturais 183, 280,
285, 430
- científica 280, 285, 293, 332,
450
- complexa 347, 423
- comparada das religiões 121[262]
- e seu conceito de "valor" 280
- da consciência e macrofísica 424
- cristã 159, 261, 335
- desconhecimento na Idade Média
296, 330
- do divino 269
- e doutrina cristã 121[262], 123
- empírica 123, 189, 206, 280, 317
- esquema psíquico 278, 279, 280,
282, 283, 286
- experiência psicológica 412, 413
- do homem primitivo 1, 269, 270
- do inconsciente 355[104], 367, 373,
446
- do inconsciente e alquimia 447

- interpretação psicológica 433,
434
- linguagem psicológica 370, 396,
398
- médica 107, 178
- e metafísica 223, 296, 315, 317,
332, 436
- e mito 406
- moderna 342, 354, 367, 398, 399
- ponto de vista psicológico 48, 64,
83, 88, 107, 185, 223, 258, 312,
353, 358, 360, 425, 427, 431, 447
- do profundo e a metafísica 423
- e a relação com as cores 50
- e religião 121[262], 123
- resistência à 174
- e símbolos religiosos 121[262], 123
- e teologia 121[262], 183, 316, 433
- psicologismo 332
Psicólogo (moderno) 153, 320,
393, 420, 446
Psicopatologia 167, 397, 435
Psicose (latente) 120, 159, 367,
405, 409, 410
- antecipada e real 409, 410
- intervalo psicótico 367
- predisposição para 409
Psicoterapia 71[182], 107, 170, 178,
281, 333, 339, 356, 364, 405, 435
- e conscientização da
personalidade 281
- exigência da 339
- meta da 178, 356
- moderna 235, 364, 408
- "pequena" p. 178
- prática 433
- problemática religiosa na 178,
179
- técnica da 280, 281, 282, 336,
393, 394, 405
Psique (cf. tb. alma) 1, 11, 70, 74,
123, 158, 158[185], 347, 413
- análise do estado psíquico 185

- anomalias psíquicas 356, 435
- o *a priori* psíquico 1
- camadas profundas da 398
- combate das potências psíquicas 170
- constelação da 167
- conteúdos psíquicos 274[215], 317, 358, 365, 379, 393
- distinção insuficiente entre p. e matéria 359, 420, 421
- divina 269
-- aprisionada nos elementos 6
- Adão como a p. por excelência 222
- energia psíquica 271
- o "espaço" da 70
- estado psíquico 185, 364, 366, 434
--- excepcional 167, 435
- estrutura psíquica 268, 281, 283
- extração da 11
- factiva 222[46]
- fator psíquico 177, 317, 407
- o "fora do eu" psíquico 70, 71
- as 4 funções fundamentais e as cores 50
- fundamentos desconhecidos da 332
- e a identificação dos opostos 269
- inconsciente 367, 369, 373
- e o inconsciente psicoide 443
- e matéria 241, 359, 420, 423
- o "não eu" psíquico 71
- posição psíquica ameaçada 398
- princípio vital psíquico 225
- processos psíquicos 123, 317, 364
- a quaternidade do si-mesmo 358
- e a realidade pessoal 296, 317, 407
- relacionamento entre o psíquico e o físico 420, 421
- "segunda" psique 29

- síntese psíquica e a *coniunctio* 322
- a totalidade da p. 170, 207, 413
- tratamento psíquico 178, 393
- como irredutível ao cérebro ou à metafísica 232
- como unidade estrutural 416
Psiquiatria e fichário 435
Ptahil como o criador do mundo no mito caldaico 231
Ptolomeu, sistema de 240
Pulverização 18
Purgatório, alma no 354
Purusha-Atman 153, 259, 370
Putrefactio / putrefação 16, 150, 159, 371, 378, 384, 391, 398
- como nigredo 371, 378, 384

Quadrado 99, 100, 101, 253, 370[127]
Quadrangular 49
Quadratura do círculo 100, 431
Quadrilátero 49, 99, 320, 321
Quantum (de energia) 373
Quaternarius 220
Quatérnio / quaternidade 50, 100, 159, 220, 222, 267[203], 274, 278, 280, 321, 376
- de animais 237, 274, 376
- arquetípica 267, 278, 280
- de casamentos 221, 267, 279
- das cores principais 50, 217
- cósmica, o centro da 476
- das direções 274, 322
- dos elementos 6, 18[60], 49[114], 100, 159, 274, 320, 321, 377
- das etapas do opus 217
- das funções fundamentais da consciência 222
- dos humores 218
- como juízo de totalidade 280
- das pétalas 358
- pontos cardeais 220
- dos rios do paraíso 49, 292[243]

Mysterium Coniunctionis – Rex e Regina...

- como a serpente de quatro chifres 159
- do si-mesmo 358
- e trindade 296
Queda de água une o "em cima" e o "embaixo" 339, 365
Quiliasmo 71, 232
Química 158[359], 225[49], 257[180], 330, 352
- cerebral 430
- combinação química 320, 337, 347
- como fruto da alquimia 107
- operação química 48[105], 404, 411
- projeção nas substâncias químicas 151, 357, 394, 431
- dos protídios 123
- representação q. das substâncias celestes 404
- relação com o fato psíquico 322, 329, 334
- símbolos químicos 5
Quina 92
Quintessência 49[105], 51, 51[121], 100, 111, 112, 113, 320, 321, 342, 343, 343[76], 347, 348, 351, 353, 354, 355, 358, 362, 376, 393, 404, 411, 420
- como a Beata Virgo 114
- da cor do ar ou azul 343, 364, 404, 419
- produção da 320, 321, 343, 344, 345, 347, 355, 363, 429
- como Luna 114
- a virgem como a 112
Quiproquó 383

Ra / Rê 3[9], 383[164]
- e o barco da serpente 147[327]
Rabi, fontes rabínicas 235
Racionalismo 173, 270, 412, 433
- conhecimento racional 338, 412, 433

- preconceito racionalístico 179
- e suas irracionalidades 335
Rafael como arconte em forma de serpente 239
Rainha 2[3], 44, 61, 73, 74, 75, 83, 85, 86, 87, 88, 95, 188, 197, 198, 199, 329[53], 381, 393
- adúltera 78[222]
- e alimento animal 47, 60, 61, 82, 85
- apoteose da 120, 189, 199, 205
- como banho 202
- como coroa do rei 199
- dissolução no banho 202
- gravidez da alma 83, 86
- identificada com o rei 201
- identificação com a Mãe de Deus 87
- jogo de cores 88, 188
- longa doença da gravidez 86, 87, 113, 188
- como Luna 197
- mistérios da r. (opus) 201, 201[440], 207
- de Sabá 198, 200, 207, 208
-- identificada com Cristo 200, 201
- como símbolo da alma 201
- serpente como etapa prévia da 205
- do Sul (Austri) 200, 201
- como vaso maternal do Sol 199
Rainha-mãe 58, 59, 61, 113
- como mãe de deus no Egito 2[3]
- como Mãe de Deus 58
- rejuvenescida 113
Raison d'être dos corpos 403
Rasiel, preposto dos mistérios superiores 236
- Sefer Rasiel como antigo livro da cabala 236[34]
Rastau, o vermezinho de 147[327]
Razão 329, 335, 356, 365, 398, 426, 437, 442

- e convenção corno atitude 365
- critérios da 426
- e os dados irracionais do inconsciente 335
- e eros 329
- o falhar da 426, 442
- e o inconsciente
Reação moral 339, 407
- subjetiva 412
Realeza 1, 164, 167, 182, 207
- parafernália da 1
- do Oriente Próximo 1
- teologia da r. no Antigo Egito 2
Realidade 157, 283, 333, 365, 367, 372, 396, 399, 407, 443
- da alma 296, 338, 407
- confronto com a r. 411
- desmascaramento da 396
- e ilusão 396, 398
- do mundo 324, 396
- e multiplicidade 324
- transcendental 436
- transcendente e a imagem metafísica do mundo 436
Reanimação do corpo 398
Rebanho de animais (orígenes) 48
Rebeca 221
Rebis (de duas cabeças) 51
Recalque 339, 365
Redenção 41, 113, 151
Redentor 308[328]
Redondeza (forma redonda) 27, 292[243], 388
Redondo (adjetivo) 100, 101, 163, 164, 188, 292, 388, 292[343]
- como o ser redondo (lapis) 57
Redondo (substantivo) 127, 128, 137, 273, 292, 293, 294, 389
- como símbolo da totalidade 27, 164, 165
- como cabeça e cérebro 292, 293, 294, 388

- ou *corpus rotundum* como o homem 388
Região dos mortos egípcia e cristã 147
Regina, cf. rainha
Regulus (do signo Leo) 158[360]
- como o rei dos metais 133
Rei 1, 2^3, 2^4, 4^{12}, 6, 6^{19}, 7, 7^{22}, 8, 9, 10, 11, 13, 17^{55}, 18, 20, 21, 25, 27, 36, 38, 41, 44, 46, 61, 63, 64, 65, 69, 70, 74, 75, 76, 83, 85, 95, 96, 98, 119, 125, 126, 127^{279}, 131^{285}, 132, 133, 136, 137, 137^{296}, 139^{318}, 158^{359}, 164, 180, 182, 185, 198, 202, 210^7, 377, 378, 381, 382, 391, 393
- afogamento do 18^{59}, 18^{60}, 131^{285}
- que afunda na alma 18^{59}, 131, 132, 151, 181^{85}
- como ánthropos 149, 150, 151
- arquétipo do rei 1, 8, 190
- alma animal do 138
- como o "antiquus dierum" 36
- apoteose do 163, 163^{391}, 205
- e sua ação na fertilidade 2, 11, 190
- banho do 13, 37, 63, 75, 131^{282}, 169, 202, 211, 301
- casal régio 391
e caçada do leão 46, 69
- cisão do r. ao meio (Abraham Le Juif) 396
- conceito alquímico do 6
- como a "consciência" ou sua dominante 163, 166, 170, 185
- como a consciência renovada 185, 188
- coroação do 8
- coroado 6^{19}, 127, 127^{269}, 127^{276}
- cura do 21, 22
- desaparece no seio da mãe 188
- despedaçamento do 10, 14, 18
- deus-rei-ka na concepção egípcia da trindade 3^8, 7

Mysterium Coniunctionis — Rex e Regina...

- como deus encarnado 6,8
- dissolução do 18[57], 94, 114, 188, 202, 334, 378
- divindade do r. no Egito 1, 2, 2[1], 3, 6, 8, 180, 190
- doente 10, 22, 29, 30, 131, 187, 188
- como a dominante da consciência 203, 439
- envelhecimento do 29, 30, 60, 151, 169, 187, 188
- esterilidade do 131
- etapas ctônicas do 65
- como figura alquímica 283
- como filho de Deus 2, 185
- como fonte mágica do bem-estar do povo 1, 190
- da glória 149, 149[341]
- grito por socorro 18[60], 131, 131[286], 134
- festa do heb-sed no Egito 8
- como homem-deus 2
- imbibitio do r. (allegoria Merlini) 10, 18, 61, 64
- imolação do r. para o bem do povo 11, 190
- lado sombrio do 131, 132, 133, 136
- como lapis 6, 6[19]
- o leão como etapa prévia do 133, 205
- a mais antiga menção do 6
- marinho (visio Arislei) 18[59], 131, 292
- dos metais 133
- mística do r. no Egito 6, 7, 8
- moribundo 47, 157, 188
- morte do r. em favor do povo 2, 2[7], 3, 10, 11, 131, 175
- morte violenta do 11, 157
- morte e ressurreição do 2[7], 157, 164
- dos mouros 76

- do mundo 257
- nascimento do 8
- negrura do 382, 388
- como "ouro vivo" personificado 6, 7
- como símbolo do espírito 201
- como o Sol 6, 83, 166, 377, 382
- parábola do 10, 127, 130
- problemática religiosa do rejuvenescimento 178, 179, 180
- projeção do 185
- e rainha 1, 2, 3, 4, 42, 201, 202, 205, 235, 258[187], 388, 388[188]
-- com cauda de dragão 158[259]
-- e a pomba do Espírito Santo 4
-- como coincidentia oppositorum 209
-- correspondência psíquica 201, 393
-- morte do par régio 339[68]
- reinado pela graça de Deus 1
- rejuvenescimento ou renascimento 7, 11, 18, 20, 21, 36, 60, 83, 85, 86, 88, 89, 90, 100, 104, 112, 127, 136, 151, 163, 169, 171, 177, 180, 183, 184, 187
- ressurreição do 10, 20, 164
- salvação do 171[285]
- como secreto fogo infernal 131
- sepultado no mar 13[36], 18[59]
- simbólica do 5
- Sol (Rex Sol) 67, 127, 163, 164, 166, 168, 169, 170
- como substância do arcano 132, 137, 377
- como suporte ou portador do mito 1
- da Terra 73[184], 131
- teologia do r. no Egito 1, 2, 32, 82, 259
- totalidade do 27, 170
- transformação do r. na alquimia 9, 20, 41, 65, 131

- transpassado por Mercurius 25
- triunfante 128
- do universo 164[392]
- como velho rei 65, 66, 94, 180
Reino de Deus 41, 353
- infantil 174
Rejuvenescimento 18, 20, 21, 34, 60
- de deus 34, 180, 184
- do pai transformado no filho 34
Relativização de pontos de vista da consciência 179
Religião 6, 139[304], 250, 273, 306[321], 334, 436
- como compensação para o impulso 271
- e confessionalismo 107
- e confissões religiosas 441
- de confissão definida 436, 437
- conteúdos psíquicos da 123
- e conversão 178
- e convicções religiosas 437
- cristã como sistema de salvação 427
- enunciados religiosos 29, 437, 441
- fundadores de 437
- grandes religiões mundiais 444
- e instinto, compensação ou conflito 271
- e mito 139[304], 406
- obscuridade das imagens religiosas 123
- psicologia comparada das religiões 121[262]
- vitalidade da 139[304]
Religiosidade 195
- egípcia 148
- indiana e chinesa 108
Remédio / medicina 10, 28[73], 59, 59[136], 61[141], 104, 107, 123, 126, 127, 138, 158, 159, 179, 180, 302[306], 337, 337[67], 344, 345[81],

350, 353, 354, 360, 361, 364, 371, 403, 429, 430
- alecrim como 345[82], 348, 361
- bálsamo como 115, 197, 328, 330, 343, 358, 361[115], 365, 372, 425, 429
- berissa como 61[143]
- Celidônia como 345, 345[81], 347, 358, 360, 364
- cheyri como 358
- contraveneno 138, 148, 249, 345[82], 361, 425
- espagírico ou alquímico 158, 328, 328[49], 337, 353
-- como algo de físico 337
- fortíssimo 350
- incorruptível 346
- da imortalidade 429
- lírio como 345, 345[84], 349, 362, 364
- moly como 61[143], 345[83], 348
- preparo do 354, 371
- psíquico de Dorneus 337, 347
- universal 403, 425
- remédio da vida 384[170]
Renascença 120, 312
Renascimento 7[23], 31, 37[92], 60, 61[147], 74, 98, 131, 237
- símbolos do 60, 139
Renovação 56, 58, 65, 66, 83, 120, 139, 168, 169, 177, 178, 235
- por meio da mãe 59
- pelo inconsciente 213
- religiosa pela tradição 185
Representação dogmática 135
- figurada 51
- religiosa 95, 120, 157
- sagrada e a contaminação 120
- superior 83
- teriomórfica do diabo 133, 147, 159, 384, 398
-- dos opostos 68
-- do rei 67, 68

Mysterium Coniunctionis — Rex e Regina... 533

Représentations collectives
(Levy-Bruhl) 398
Réptil macho 231[64]
Res simplex (a coisa simples) 389,
413, 414
-- como prima materia 292[243]
Resíduo 298[273], 351[101]
Resignação 365
Resistência ou aversão psíquica 70,
174, 339
Resseção do estômago 178
Ressentimento 338, 365
Ressurreição 36, 55, 56, 95, 139,
140, 150, 199, 232[66], 296[271],
308[338], 384
- motivo da 140, 384
Restauração 152
Retângulo 99, 100
Retorno aos pais 406
Retorta (cucurbita) 7[22], 69, 70, 94,
104, 106, 157, 354, 357, 364, 398
Revelação 127, 403
- assimilação da 153
- do espírito 154
- natural 122
- renascimento do sistema de fé
revelado 122
Revolução Francesa 173, 174
Rex, cf.: rei
Rhea (Reia) 240, 240[117]
Richelieu 257[179]
Rinoceronte 65[167]
Rios, os quatro rios do paraíso,
292[243]
Riqma 164[392], 257, 257[182]
Rito 173, 209[270], 271, 272, 297,
298, 402
- de adoção 43
- de entrada como antecipação da
realização 413
- eclesiástico 297
- harrânico 292
- mágico sabeu 387[186]

- matrimonial e alecrim 361
- mitização dos 270[209]
- a opus como um paralelo aos r.
eclesiásticos 61[142], 173
- ortodoxo-grego 297
- e sua perda de sentido 398
- religioso 445
- como *rite d'entrée et de sortie*
398, 413
- simbólico 365
Rochedo 293
- percutido por Moisés 25
Rohita como o deus Sol indiano
392
- e Rohini 392
Roma 306[324]
Ros (orvalho como sinônimo de
aqua permanens) 345[82]
- marinus (orvalho marinho),
rosmaninho ou alecrim 345[82], 348
Rosa 67[169], 74, 74[189], 77, 79, 79[224],
80, 81
- como alegoria de Nossa Senhora
79
- branca 78[218]
- branca e vermelha 77, 77[215]
- nobre 78[218]
- simbolismo da 79, 80
- sinônimos da 267[201]
Rosarium (roseiral) 77, 77[215]
Roseira 17[54]
Rotação / *circulatio* 258, 304, 343,
343[75], 351, 364[123], 404, 411
Ruach elohim (o espírito de deus)
7, 51
Rubedo, cf. vermelhidão
Rubeus, cf. vermelho
Rubi 7, 163[392]

Sabaoth, a força de s. 5
Sabbath 302
Sabedoria (cf. tb. sophia) 5, 10[43],
17, 19, 25, 104, 107, 127, 135,

136, 196, 200, 207, 208, 217, 235, 236, 240, 244, 267[210], 309, 309[340], 309[241], 322[22], 337, 337[67], 388[194]
- a chave da s. (no Sohar) 236
- espagírica 337
- Espírito da S. (Ruach Chokh-mah-El) 51[121]
- odor da 361[115]
- do tempo primordial 5
- personificada (Dorneus) 17
Saber e execução prática 433
Sabeus 350, 388, 389[196]
Sábios 105[248], 127, 207, 255, 238, 328, 328[50], 343, 346, 353, 438
Sacerdote 377
Sacerdócio virginal 191[417]
Sacramento 106
Sacrifício 3[5], 11, 12, 190, 398
- de Cristo 82, 139, 297
- para a fertilidade da terra 11, 190
- humanos dos sabeus 350, 388
- e refeição totêmica 190
- do rei 11, 190
- sacrilégio 272
Safira, flor safírica 307
- pedra safírica 306, 307, 308, 308[336]
Sagittarius, *Mercurius* como 75
Sagrada Escritura 6, 120, 127, 333, 341
Saia 43
Sair fora de si (o) 70
Sal 7, 17[53], 19, 164, 222, 320, 351, 377
- *armoniacum* 10, 19
- aspecto feminino do 164, 377
- como "cinza" 164
- como mar tifônico 363
- sal natural de todas as coisas 351
- nitri (salitre) 19
- propriedade conservadora do 19
- como paciente 321

- sapientiae 363
- *Saturni* (de chumbo) 25[66], 75[204], 363
- tartari 351, 363
- Veneris (de cobre) 75[204], 363
Salamandra 298
Salgamento 10, 19
Salomão 274[215]
- e Saturno 227[29]
- e a rainha de Sabá 198, 200, 207
salvação 24, 127, 174, 185, 221, 232, 346, 429
- drama salvífico divino 310
- de Lúcifer 310
- da matéria 310
Salvador 104, 220, 243, 306[324], 308, 384[170], 434
- provindo da Terra 364
Samadhi 426
Sangue 50[118], 56[133], 62[146], 63, 73[184], 74, 78, 82, 87, 116, 127, 147[327], 154, 158[359], 158[361], 176, 176[403], 200, 201, 233[78], 258[185], 290, 292[243], 297, 349, 350[90]
- como alma 78, 258[185], 350, 364
- ou dam (hebraico), quando coagulado 251[149]
- ebriedade de 174
- como etapa prévia do lapis 345[83]
- fervente 351[100]
- do homem ruivo 345[85]
- humano 345, 349, 350, 351, 364, 411
- do leão verde 47, 47[104], 61, 63, 73, 77, 82, 116, 176
- como meio de união entre a alma e o corpo 350
- no pacto com Deus ou o demônio 350, 362
- para a produção da totalidade 411
- proibição do sangue como alimento (Bíblia) 257[185]

Mysterium Coniunctionis – Rex e Regina... 535

- rosado do leão verde 76, 77, 77[212], 77[214], 83
- como sangue de Cristo 30, 82, 297
- como *sanguis spiritualis* 404
- como *spiritus* 61[141]
- simbólica do 63, 78, 350
-- eclesiástica e alquímica 61
- como tintura vermelha 345[83]
- como sinônimo da *aqua permanens* 61, 78, 345[85], 350
Sansão 290, 305
- enigma de 305
Sapientia / sabedoria 10[43], 1790, 105[245], 208, 240
- como Chokhmah (hebraico) 202[201]
- Dei 139[308], 196
- *sal sapientiae* 363
Saponária 61[143]
Sara 221
Sarcófago 39, 225
- romano 323
Sardônica 52
Sarepta, a viúva de 129[280]
Satã, cf. demônio
Satanael como irmão de Jesus 255
Satanás 299
Saturno 137, 137[296], 138, 227[19], 240, 240[117], 240, 242, 302, 312, 363
- astrológico 137[296], 169, 240[111]
- como *Saturnus calcinatus* 345[86], 347
- como Chumbo 137[296], 242, 312, 363
- como *filius unius diei* 137, 141
- como o *maleficus* 137[296], 138, 141, 347, 363
- como paredros (companheiro) 169
- como *prima materia* 302, 363
- como pureza angelical no céu da alma 137[296]

scintilla (faísca) 7, 360, 406
- *animae mundi* 8, 75[204], 363
- do inconsciente 360
- *oculi piscium* como *scintillae* 406
Scriptum Alberti 136, 152, 162
Scroll (rolo) (*Riplaeus*) 36
Segurança interior 410, 413
Seio 40[96], 87, 116, 230[62]
Seitas 405
Sem 221
Semana, os dias da 243
Semelhança com deus 109
Sêmen 16, 76[210], 231[64], 257, 274[215], 300[289], 304[314]
- fluxo noturno do 255[164]
- da mulher 245
- do mundo 225[52]
- da serpente 245
Semente 16, 57, 255, 296[270], 343, 345
- Cristo como a descendência da mulher 244
- "interior" da Sulamita 257, 276
- de mostarda 57
- do Sol e da Lua 296[266], 296[270]
Semiótica 337
Senex, histólise do 96
- *et puer* 32, 96, 130
Senex-draco 158[359], 211, 213
-- como personificação da alma intuitiva 213
Senilidade 338
Senir 288[221]
Sensualidade 219
Sentidos 388, 388[194], 422, 432
- interior 365, 393, 394
- prazer dos 364
- os quatro (!) sentidos 292[243]
Sentimento 280, 329
- estético ou religioso 120
- de incompletude 170
- opostos entre si 48
Separatio / separação 159, 335, 337, 346, 356, 378, 384, 398, 408

- como afastamento da realidade sensível 338
- como o desprender-se do corpo 335, 338, 379
Sephira (pl. Sephiroth) 258, 258[189], 274, 300, 302[303], 306, 318, 319
- sistema das Sephiroth 318
Sepulcro 18, 39, 94, 140, 147, 150, 220, 221, 322[25], 334, 371, 383[157], 398
- como a caverna do tesouro 220
- cheiro dos 80, 323[32], 361
- coniunctio no 322
- retorta como s. 7, 18, 94, 322
- de vidro (retorta) 6[19]
Ser (substantivo) 136, 145, 150, 182, 230, 254, 268[204], 268[206], 283, 325, 335, 336, 360, 365, 384
- empírico 411
- existente, incognoscível como um todo 423
- físico 327
- humano 350
- orgânico 403
- potencial 414[224]
- primitivo nas cavernas da Terra 213
- capaz de unir todos os opostos 336
- primitivo redondo (Platão) 253
- psíquico real 407
- transcendental 420
- unidade do ser e da alma (Plotino) 416
- uniforme 423
- unidade ou unicidade do 416
- vivo ou vivente 136, 186, 210[4], 309, 320, 388, 403
- vivo como dotado de corpo, alma e espírito 6, 94
- vivo, manifestação pelo espírito 335
Seres vivos de Ezequiel 308
Série dos sete e o oitavo 238, 243

Serpentarius ou Ophiuchos 158[365]
Serpente 36, 64, 97, 138, 147, 147[327], 148, 148[333],158[266], 239, 244, 246[140], 257, 274, 293[259], 301[300], 357, 360, 371, 374
- e águia como símbolo do ciclo do tempo 148[336]
- alada 4
- ameaça pela 274
- Apep 147[327]
- na árvore 36, 148[337]
- e ave como par de opostos 148[336]
- barco da 147[327]
- de bronze 257, 274[218]
- diabo como a "antiga serpente" 147
- duas serpentes 68
- encantador de 158[365]
- o esmagador da s. como Cristo 244
- espírito dos mortos em forma de 146
- de Hermes (caduceu) 68, 145
- Naas do gnosticismo 292[257]
- do paraíso 36, 97
- como primeira etapa da vida do rei 138
- de quatro chifres ou cornos 159
- relacionada com o cérebro 292[257]
- sagrada 148
- serpens mercurialis, cf. Mercurius
- de sete cabeças 147
- transformação da serpente em rainha 205
Serpentina 351[101]
Servator / salvador 348
Servo rubeus 362, 364
Seta / sagitta 214, 215, 229
- de Cupido 75
- telum passionis 47, 54, 75, 84, 215
Seth herdou de Adão a medicina 235, 236

Sexo 74, 137, 192, 320[8]
- determinação do sexo antes da concepção 345[83], 347, 362
Sexualidade 192, 193, 274, 362, 364
- ato sexual 197[426], 320[16], 362
- força atrativa da 348
- simbolismo sexual (Knorr) 300[289]
Sexualismo 274
Shakti 199, 244, 338
Shalom (paz) 258[187]
Shechinah (habitação de Deus) 300, 318
Shemesh (sol) 291[238]
Shiva 199, 244
- e Parvati 288
Sião 258[187], 293, 293[263]
Signo Leo 158[360]
- do zodíaco 119, 158[365], 389[196]
Silenos 229, 381
Silvestre (papa), legenda de 148, 292
Simbiose de animal e planta 270
Simbólica 180, 189, 331, 418, 425
- alquímica 22, 189, 315, 329, 447
- cristã 190
- eclesiástica 61, 189, 190, 329, 334, 348
- esotérica 335
- da mandala 431
- da morte e do sepulcro 335
- das plantas na alquimia 350
- psicológico-alquímica 188, 189, 190
Simbolismo 77, 309, 373
- da mistura por fusão 120
- sexual 300[289]
Simbolização 371[130]
Símbolo 6[19], 8[28], 65, 82, 85, 97, 131, 150, 158[361], 174, 175, 177, 178, 196, 274[215], 309, 315, 332, 333, 333[54], 335, 337, 342, 343, 354, 360, 361, 364, 371, 372, 386, 393, 394, 395, 404, 427, 445

- alquímico 332, 376[143]
- ambiguidade de muitos 79
- acúmulo de s. alquímicos 447
- compreensão psicológica dos 332, 333, 342
- como a melhor formulação para o desconhecido 427
- lapis como 315, 431, 445
- paradoxalidade do 85, 315
- teriomórficos 85
Si-mesmo 15[45], 17, 25, 164, 188, 189, 213, 335, 360, 364, 369, 370, 373, 397, 411, 414, 418, 420, 431, 432, 433
- Adam Kadmon como o si-mesmo na cabala 267
- arquétipo do 431, 432
- como centro do inconsciente coletivo 25
- como centro da personalidade 431
- conceito empírico do 374
- na conceituação de Jung 17, 164, 189, 267, 315, 431
- conhecimento do 369, 393, 414, 431, 432, 433
- a conquista do 315, 410
- e Cristo 157
- e Deus, confusão na vivência 223, 433
- como distinto do "eu" 15[46], 157[356], 187, 370, 431, 433
- encarnação do 213
- a fenomenologia do 431
- como *filius regius* 213
- força numinosa do 433
- como formação concêntrica 431
- ideia do 412, 413
- imagem do 358, 431
- lapis como símbolo do 17, 189, 315, 375, 431
- na matéria 411

- mais abrangente do que o "eu" 433
- numinosidade do 431
- paradoxalidade do 315
- possibilidade de ser percebido 213
- profundeza escura do 410
- problemática do si-mesmo e o "eu" 433
- quaternidade áurea do 188, 358
- como razão e origem da personalidade individual 414
- realização do 433
- renascimento do 213
- símbolo do 17, 188, 189, 315, 374, 376, 431
- símbolo da redondeza do 188
- simbolizado pelo relacionamento de *Nous* e *Physis* 213
- simbolizado por Adão e Vênus 213
- como totalidade supraempírica do homem 164, 189, 213, 364, 373, 420, 430
- ultrapassa a personalidade do "eu" 433
- visualização do 418
- vivência do 433, 434
- vivência do si-mesmo como derrota do "eu" 439
Similia similibus curantur 348
Simples (o) 158[367], 413, 414
- como a ideia e o inteligível 158[367]
Simplex ou *res simplex* (a coisa simples) 158[367], 389, 413, 425
- a doutrina do 158[367]
- como prima materia 292[243], 292[248]
Simplicitas 292
Sinal da cruz 75
Sincrasias pessoais 356
Sincretismo helenístico 153, 166
- pagão 257
Sincronicidade 70, 327, 412[222]

- coincidência plena de sentido de acontecimentos distantes e sem nexo causal 327
- e a lei da causalidade 327
Síntese das quatro ou sete cores 50
- psíquica 322, 365
- superior 109
- como união 365, 378, 477
Sírio 217, 220, 253
Sirius ou Isis 8[28]
Sistema azilútico 309[340]
- de fé, força assimiladora do 121[262]
Sizigia clássica do Sol e da Lua 197
Soberba 177, 346
Sobriedade 283
Sociedade humana 83, 333
Sócrates 229
Sofisma 83[229]
Sohar (cabalístico) na alquimia 274[215]
Sol 1, 2[5], 5, 13[38], 23[63], 49, 49[110], 52[124], 58, 59, 64, 74, 74[195], 74[197], 75, 83, 93, 94, 96, 103, 104, 127, 131, 133, 145, 147, 148, 150, 163, 164[392], 166, 167, 168, 169, 184[408], 197, 198, 199, 207, 217, 228, 233, 237, 242, 242[121], 251, 253, 257, 291, 292[243], 298[273], 299, 304, 386, 391, 431
- asas do Sol da Justiça 23[69], 24
- celeste e terrestre 5, 198
- como consciência (do homem) 83, 163, 164, 165, 166, 184
- como deus natural 167
- como deus Rohita 392
- disco solar alado 24
- eclipse solar 228
- e enxofre 75
- como estátua de Deus 233[71]
- como fogo celeste 233[71]
- como imagem de Deus 233, 233[71], 233[72]
- da justiça 24, 299[280]

Mysterium Coniunctionis — Rex e Regina...

- e Lua 96, 96[238], 97, 131, 170, 237, 257, 276, 291[236], 296[261], 310, 361[115], 371, 389[196]
-- coniunctio do 97, 181, 197, 291, 291[136], 296[266], 297
-- filho deles 181, 189, 277, 291, 296[266], 360, 361[115], 364
-- dos filósofos 296[270]
-- hierósgamos de 276, 277
-- como símbolos de Deus e do homem 233[72]
- como mundo espiritual do pai 170
- negro (sol niger) 382, 386
- como olho do mundo 5, 127, 233, 233[71]
- ouro como s. 228, 242, 275
- princípio ativo do 377, 382
- raios solares 296[273]
- renovação do 58
- representação teriomórfica do 65
- como rex Sol 5, 67, 127, 163, 164, 166, 168, 169, 170, 184, 190
- como símbolo do si-mesmo 431
- Lua como sombra do Sol 371
- como *sponsus* 94, 233
- como tríade 64, 386[176]
- união do s. com o mar 391
- união com a Terra 391
- a vomitar fogo 103
Solidão 59[136], 288
Solidificação 134
Solificatio (aclaramento) 102, 184[408], 265, 274, 275
Solução (química) 14, 16, 17, 18, 41, 62, 94, 96, 97, 100, 159, 307, 378, 384, 391, 406
- de Gabricus 212
- da rainha no banho 201
- do rei 94, 170, 188, 201, 330, 378
solução (figurada) 15, 185, 346, 365, 430

- e conhecimento 15, 16
- moral-espiritual (Dorneus) 17
Soluto 94
Solvente 62[146], 94
Sombra (psicológica) 177, 270, 312, 338, 365, 366, 398
- e a anima 312
- assimilação e integração da 177
- confrontação com a s. 178, 338, 365, 367
- conhecimento da 365, 366, 398
- como oposição à personalidade consciente 366
- como personalidade inferior 312
- projeção da 177
Sonhador 166, 262
Sonho 61[145], 70, 83, 120, 123, 166, 167, 168, 169, 170, 174, 262, 269, 311, 325, 333, 365, 367, 393, 404, 406
- alusão objetiva do 367
- análise do 70, 365, 406, 409
- apresentam descrição crítica do complexo do "eu" 166, 167
- contaminação dos s. 24, 120, 269, 325
- da escada do céu (Jacó) 233[74]
- estrutura do 362
- imagem onírica como representação de fatos ainda inconscientes 427
- e imaginação ativa 365, 367
- interpretação do 427
- com dois magos, um preto e outro branco 379[149]
- e mito 61[145], 393
- de olhos abertos 365
- no processo de individuação 311
- como produto da anima 83
- psicologia do 269
- símbolos oníricos 223, 333, 427
- o símbolo do si-mesmo nos 223

Sophia / sapientia / sabedoria 17[54],
17[55], 133, 174[401], 238, 240, 240[118],
314, 359, 388[194]
- do Antigo Testamento 386, 399
- como a videira 17[54]
Spiraculum vitae aeternae 335, 388
Spiritus 398
- corporalis (bálsamo) 247, 358
- *extractio spiritus* 360
- *spiritus familiaris* (pneuma
paredros) 180[407], 366, 384, 398
- mercurialis 360
- como ser alado 360
- *vegetativus* 274, 301
- *veritatis* 398
Sponsa (noiva) 17[54], 74, 76, 95,
113, 267[201]
- como casta *sponsa* 74
- como casta noiva e meretriz 81
Sponsus 69, 276
- e *sponsa* 72, 216, 291, 371
Subida e descida (modelo
alquímico) 145
Sublimação 345, 351, 354, 355,
363, 403, 404, 419
Substância 41, 61, 62, 64, 75, 84,
96, 127[279], 133, 169, 177, 268[206],
275, 292, 347, 364, 365, 371,
372, 389
- do arcano (ou da transformação)
25, 38, 61, 64, 74, 132, 157,
158[366], 209, 210, 213, 217, 292,
306, 322, 371, 377, 396, 412, 428
-- (conceito) 209, 210
-- Adão como 209, 217, 217[24], 234
-- alimentação da 48
-- água como s. do a. por
excelência 210
-- como antimônio dos filósofos
132
-- *aqua permanens* como 374
-- na forma caótica 74
-- caráter simbólico da 342

-- cérebro como 292
-- como concepção arquetípica 399
-- coração do leão como 158[360]
-- *corpus rotundum* como 292
-- corrompida 30
-- chumbo como 158[366], 383
-- como homem interior 213
-- interpretação da 373
-- lapis como 6[19], 14, 307, 339,
412, 434
-- leão como 64, 64[161]
-- Mercurius como 328
-- meretriz como 74, 276
-- "morta" 61
-- natureza psíquica da 427
-- nigredo da 394
-- numinosidade da 431
-- padece a crucifixão 157
-- produção teórica da 371
-- rei como 6[19], 132, 377
-- sinônimos da 64, 213
-- terra como 64, 298
-- transformação da 38, 431
-- unidade e unicidade da 427
-- Vênus como 74
- composta de forma e matéria 320
- desconhecimento das s. químicas
na alquimia 320
- etérea 328[48]
- homoousia das substâncias 62
- incorruptível 429
- mágica 342, 367, 397
- misteriosa dos alquimistas 320,
403, 434
- de natureza celeste no indivíduo
337, 343
- natureza hermafrodita da 320
- numinosidade da 320
- preciosa 229, 275
- química 38, 157, 347, 354, 357,
358, 365, 374, 393, 394, 411, 446
- simples 235[81]
- superior 389

- de transformação 29, 48, 210, 390
-- identificada com a divindade 29
- transcendental 372
- úmida da alma 62
Substantia caelestis, correspondência corpórea da 403
-- inata no homem como imagem de Deus 403
-- como "veritas" (Dorneus) 353, 357, 365, 370, 372, 375, 393, 403, 404
Suicídio, tentativa de 158
Sulamita 257, 258[187], 264, 265, 274, 276, 277, 288[221], 291, 312, 314[353]
- e Adão 257, 262, 264, 276, 313
- aprisionada pelas montanhas 287, 288
- como geratriz maternal 276
- como hieródula de Ishtar 276, 312
- iluminada 278, 286
- como mãe negra 264, 278
- negrura da 258, 264, 285, 286, 291, 305, 310, 312, 314
- significados da 312
- como a Terra 258, 264, 274, 276, 312
- transformação da 274, 278, 285, 291, 311
Sulphur 7, 67, 68, 75, 133, 320, 377, 378, 379, 382, 393
- como agente 321
- anima de s. 158[359]
- cheiro de O_2S e H_2S 133
- *auratum* (sulfeto de antimônio) 132, 132[288], 377
- como enxofre da arte 371
- expulsão do 151
- como Mercurius 377, 382
- natureza dupla do 64, 320, 377, 391

- natureza ígnea do 67, 391
- como ouro 377
- parábola do 13
- como substância do arcano 371
- como substância ativa solar 67, 133, 377
- tríade de sulphur, mercurius e sal 7, 64
- vermelho e branco 64, 65[162], 377
- vermelho e branco relacionado com Sol e Lua 377
- vermelho do ouro 382, 391
Superego (Freud) 338
Superiora et inferiora 170, 235[84], 306, 343, 348
Superstição 398
Suriel, arconte em forma de touro 239
Surya (sânscrito) como o Sol 392[205]
Sweat lodge da Índia 18

Tabu 270
- sentimental 442
Tábuas de pedra, as sete t. com as artes liberais 235
- (da lei) provindas do paraíso 235, 235[89]
Taça 72[183], 73[184]
- de ouro 84
- da prostituição 73[184], 84
Tálamo 6[19], 7, 46, 47[103], 69, 91, 94, 233[77]
Tammuz (deus pranteado) 190
Tao, identidade entre o tao pessoal e o Tao universal 417
Tao universal 272, 301[300], 327, 370, 417, 426
Taoísmo 237, 237[99], 238, 272
Targum 220
Tarpeia, rocha 148
Tártaro 345, 347, 351, 363, 364, 411
- marmóreo 351[101]
- no mel 345[80]

- mortal 345[80]
- como sal tartari 363
Tartarus como mundo inferior e reino dos mortos 363
Tartaruga 237
Técnica tifônica 19
Telepatia 327
Telhado de vidro 69
Telum passionis 47, 47[104], 54, 75, 84, 215
Temperamento, traços menos desejáveis do t. 338
- e as respectivas cores 50[128]
Tempo mítico 185
Tensão psíquica 365, 366
Tentyra 148
Teofania 314
Teologia 123, 183, 334
- crítica teológica 121[262]
- disfarçada 317
- formulação teológica 29
- egípcia 1, 2, 32, 82, 259
- monstruosidade teológica 123
- e psicologia 121[262], 183, 316, 433
Teólogo 123, 306[321], 360, 411, 436
Teoria do conhecimento, axioma da 424
Teosofia 296[269]
- exercícios teosóficos 367
Terapia 364, 367
- importância terapêutica 434
- intenção terapêutica 339, 356
- psíquica 170
"Terceira coisa" (ou termo) na união dos opostos 323[27], 324[89], 365, 420, 423
Teresa, Santa T. de Ávila 79, 230[62]
Terminologia mitológica na alquimia 337
Termo, meio-termo incomensurável 365

Ternarius como número de adão 219
Terra (globo terrestre) 6, 15[45], 39[95], 49[110], 68[175], 116[256], 118, 127, 131, 133, 150, 159[381], 161, 166, 198, 200, 213, 217, 221, 228, 237, 238, 240, 246, 253, 254, 257[181], 274, 276, 298[273], 300, 304, 360, 382[196], 404, 419, 425[227]
- os quatro cantos ou partes da 217, 221
- centro da (superfície) da Terra no conceito antigo 220
- centro da 298[273], 346, 346[91]
- dos espíritos e do além 72
- entranhas da 24
- como escabelo do Filho do Homem 304
- filhos da 364
- como a humanidade 296[271]
- imóvel como centro do universo 240
- invisível 415
- e Lua 296, 296[266]
- como mãe 264, 296[266]
- natureza aquosa da terra 383
- como nutriz e lugar maternal 320
- profundezas da 150
- seio escuro da 364
- tenebrosa e abissal 85
Terra (barro) 6, 36, 64, 127[272], 219, 258, 274, 290[228], 290[229], 296[265], 320, 321, 371, 374, 384[170], 386[182], 386[185]
- abençoada 95
- como adamah (hebraico) 251, 298
- e Adão 217
- como terra alba foliata 292, 293, 296[265]
- amaldiçoada 386[182]
- branca 275, 276, 292, 296[265]
- damnata 386, 429

- estéril 131
- fétida 76[210]
- e fogo 298, 304
- lunar 295
- negra, branca e vermelha 217
- negrura da 202[441], 351[101], 381, 382[151], 386, 386[180]
- como substância do arcano 64, 298
- torrão de 360
- vermelha 305
- virgem 53[126], 296[266]
Terremoto na morte e na ressurreição de Cristo 140
Terribles simplificateurs 282
Tesouro 14, 17, 25, 77[215], 127, 190, 199, 236, 337[65], 346, 347, 353, 354, 388[194], 410
- caverna do t. 220
- dos filósofos 308
- dos sábios 199, 200, 201
Testículo 33, 300[288], 303[308], 371[132]
Tetas, quatro tetas 44
Tétrade ou quaternidade 267
Tetrádico 218
Tetragrammaton como o nome de deus em hebraico JHWH 267, 267[203]
Tetrameria 267
Tetramorfo de Ezequiel 237[98]
Tetrápolis 221[45]
Thauthabaoth como arconte em forma de urso 239
Theocosmus 127
Theologoumenon 29
Theotokos como mãe de Deus 399[215]
Thot 75
Tiamat 147[327]
Tifônico, figura tifônica 306[324]
Tinctura 24[65], 25, 36, 36[91], 48, 64, 77, 127, 151, 226[54], 235[81], 276, 345[85], 350
Tintura azul 363

- do ouro 306, 331
- rósea 150[347]
- vermelha 127[276]
Tipheret (beleza) 233, 234, 299[280], 300[288], 300[289], 302, 304, 309
- e Malchuth 233, 233[76], 258, 272[211], 274[215], 300, 300[282], 300[285], 300[288]
Tohu vabohu (informe e vazia) 7
Torrentes do ventre de Cristo 25, 25[66]
Totalidade 27, 85, 165, 170, 296, 315, 321, 336, 410, 411, 445
- consciente, realização da 342
- criação do símbolo da 407
- divina 292
- experiência do símbolo da t. 407
- humana e dissociação 434
- imagem da 411
- máxima 301[300]
- paradoxal do homem 342
- e perfeição 283
- psíquica empírica 413
- quaternidade como 280, 296
- reivindicação da 109
- símbolos da 48, 165, 321, 407
- como síntese do masculino com o feminino 321
- supraempírica do homem 158, 164, 213, 280, 341, 324, 373, 414, 420, 434
- dos valores intelectuais e éticos transmitidos 339
- vivência da 432, 434
Totalização ou individuação 282
Totem 271
Toth-Mercurius 75
Touro 74[197], 237[93], 239
Tradição 5, 22, 57, 141[318], 185, 190, 223
- antiga 216, 229, 235, 259, 391[201]
- árabe 235, 248
- cabalística 223

- cristã 185, 333
- dogmática 189, 333
- eclesiástica 230
- espiritual como base de reforma 186
- greco-romana 392
- judaica 235, 236, 253
- judeu-cristã 237
- maometana 217
- rabínica 255
- secreta 296[272]
Transcendência 372, 403
- declarações transcendentais 437
- existência de uma realidade transcendental 442
- fatos transcendentais 372
- ideias transcendentais 372
- incorruptibilidade das substâncias Transcendentes 371
- modelos intelectuais para a "coisa em si" 442
- ponto de vista transcendente da verdade 317
- princípio transcendente 370
Transferência psíquica 405, 406
Transformação 38, 41, 88, 92, 274, 275, 276, 278, 280, 282, 287, 289, 346, 371, 372, 384, 387, 396, 404, 407
- na alquimia 53[127], 55, 88, 141, 169, 174, 204, 205, 280, 286, 310, 313, 371, 372, 384
- na alquimia grega 224
- na alquimia como um paralelo à paixão de Cristo 151, 157, 173
- em Angelus Silesius 106
- concepção psicológica da t. 6, 88, 281, 282
- da consciência 167, 168, 172, 281, 282, 415
- decisiva 94
- dois esquemas: o alquímico e o psicológico 274, 278, 279, 286

- espiritual-moral 6, 88, 281, 282
- do espírito 399
- no Fausto 130, 158, 205[443]
- do homem primordial 313
- da imagem de Deus 29
- individual 83
- miraculosa 106
- processo de 38, 95, 170, 281, 282
- psíquica 6, 83, 166, 167, 178, 281, 282, 289, 313, 404, 407
- as quatro etapas de 388[194]
- química 29, 151
- do rei (na mística egípcia) 9, 10
- da substância do arcano 38, 157, 200, 431
Transitus animae (a passagem da alma) 242
Transubstanciação na missa 95
Trevas 18[60], 39[95], 108[250], 119, 131, 133, 141, 141[316], 142, 151, 158, 161, 163, 224, 274, 321, 375, 384[170]
- combate às trevas no maniqueísmo 39, 127
- da morte 147[328]
- precedem à luz na criação 141
- príncipe das 147[328]
Tríade 64, 187[176], 218, 219, 267, 300, 309[340], 318
- formada por Mercurius, Sol e Sulphur 64
- e unidade 390
- relacionamento com a prata 228
Triangular 4
Tribulação, fornalha da 159[380]
Trimeria 267
Trindade (de Deus) 4[12], 235, 296, 309, 329, 361, 400
Trindade de deus no Egito (deus, rei e ka) 3[8], 4, 7
- alquímica clássica (sulphur, sal e mercurius) 321

Mysterium Coniunctionis — Rex e Regina...

- amuleto da t. no Egito tardio 4, 5[13]
- dupla (divina e humana) no Egito 4
- do filho do grande mundo 127
- inferior 309
- primeira tríade do sistema azilútico 309[340]
- processo vital trinitário e o homem 105
- e quaternidade 228, 238, 267

Triunidade da matéria 309
Trofônio 146[326]
Troia 381
Trono 1, 6[19], 7, 29[74], 52, 52[124], 131, 137[296], 291[236], 308
Tsaddik (justo) 274, 303
Túmulo 225
Turco 45
Turim 191[417]
Tutmés 2[3]
Typhon (Tífon) 3[10], 363

Ullikummi (pedra) 420[226]
Um (número) 219, 268, 324
O um (substantivado) 158, 171, 177, 182, 217, 268, 268[206], 320, 324, 328[50], 335, 346, 370, 407, 414, 427
- formado dos três (espírito, alma e corpo) 390
- como *filius "unius" diei* 137, 137[295], 139, 141, 375, 375[139], 375[141]
- interior como a *unio mentalis* 335
- transformação no "um" 49
- naquele "um dia" 137, 139, 140, 141, 375
O Um como Deus 52, 335, 414
Uma só coisa 224
Umbigo do mundo 306[318]
Umidade radical 225[52]
Unarius 159, 219
Unguento dos filósofos 226[54]
Unha 10

União (cf. tb. *coniunctio*) 74, 86, 122, 150, 177, 188[411], 224, 258, 273, 300, 320, 321, 322, 323, 330, 331, 332, 335, 336, 371, 375, 378, 382, 383, 392, 393
- alquímica dos opostos 320, 321, 322
- do "caelum" com o "unus mundus" 422
- das coisas superiores com as inferiores 348
- do consciente com o inconsciente 266, 365, 393
- da consciência com a sombra 178
- do corpo com a alma 141
- dos elementos 100, 375
- espagírica do homem com a mulher 16, 17
- do espírito com a alma 328, 346
- do espírito (ou da alma) com o corpo 329, 343[77]
- de forma e matéria 320, 320[8]
- do homem total com o "unus mundus" (Dorneus) 414
- como ideia central do processo alquímico 320
- meio de união 323, 324
- meramente espiritual (unio mentalis) 328
- mercúrio como meio de 323
- mistério da 332, 334
- como morte em comum 322
- com o mundo dos corpos 402
- natural entre a alma e o corpo 335
- ou combinação das "naturezas" 320
- como operação filosófica 320
- símbolos da 334, 366
- simplicidade da 158[367]
- três princípios atuantes (fogo, ar e água) 320
- dos opostos 207, 320, 323, 329, 335, 343, 365, 370

-- como de espírito e matéria 420
-- *coincidentia oppositorum* 205
-- como processo transcendente da consciência 207
-- psicológica 207
-- simbólica da 318, 336
- sobrenatural entre o espírito e a alma 335
- total dos opostos 336
- com a unidade primordial 328[50]
Unicórnio 31, 217, 237, 275, 371[132]
Unidade 15[45], 178, 203, 217, 219[34], 228, 324, 325, 326, 327
- antecipada 428
- apriorística de todos os acontecimentos 327
- dos elementos 114, 182, 235[80], 274
- formada de espírito-alma-corpo 68, 69, 233, 234, 240, 243, 313
- estado latente de 170
- do homem psíquico com o cosmo 416
- interior 17, 417
- do lapis 17, 57, 148[334], 189, 217, 427
- do mundo (*unus mundus*) 325, 326, 327, 328, 341, 371, 414, 415, 416
- como meta da opus 178, 407
- multiplicidade 148
- original do mundo 324
- da personalidade 347
- primordial 328[50]
- como remédio 427
- do ser 327
- da *virtus caelestis* 343
Unilateralidade 134, 136, 176, 418
- compensação pelo inconsciente 135
Unio mentalis (conceituação) 329, 330, 331, 347, 379
- (alusão) 328, 328[50],329, 330, 331, 335, 336, 339, 340, 341,

347, 350, 354, 355, 366, 370, 387, 398, 402, 406, 407, 410, 412, 428, 429
- como alargamento da consciência 398
- como antecipação espiritual 331
- como atitude do homem moderno 406, 410, 430
- como atitude espiritual e moral 347
- como autoconhecimento 369
- cristã 402
- esmaecimento da 430
- como meta 338
- e motivo da morte 340
- como 1ª etapa da coniunctio 329
- problema da 412
- produção da u. m. (Dorneus) 379, 387, 407
- *in superatione corporis* 328, 336, 387, 402, 428
- representação simbólica da 329, 330
- as três etapas do processo 329, 331
- como o "um" interior ou a individuação 335
- como a união do espírito e da alma com o eros (sentimento) 329
- e sua união com o corpo 328, 328[50], 329, 330, 336, 339, 341, 347, 350, 354, 366, 387, 398, 402, 412, 428
Unio mystica com o mundo potencial 422
-- como *mysterium ineffabile* 425
- *naturalis* e *supernaturalis* 335
- *oppositorum* (cf. *coniunctio* e união dos opostos)
Unípede 377, 382, 383, 383[158], 392
Unitio, mistério da 300
Universais, luta em torno dos universais 296[268]
Universo (esquema antigo) 240, 246, 268, 274

Mysterium Coniunctionis — Rex e Regina...

- (esquema moderno) 27, 220, 268[206]
- como homem primordial ressuscitado 104
- totalidade do 372
Univocidade 135
O uno (substantivado) 100, 148, 175[402], 235[80]
- o todo uno 82
O Uno como Deus 148
Unum / una res 158, 171, 346, 370, 389, 413, 414, 415
- lapis como 217, 326
- nirvana como 370
- como unum incorruptibile 320
Unum como Deus 158[372]
Unus como Cristo 171
Unus mundus como especulação metafísica (Plotino) 324, 325, 327, 328, 329, 341, 375, 413, 414, 415, 416, 421, 422, 424
- como o inconsciente 325
- (conceito): o mundo potencial antes da criação (Dorneus) 325, 329, 414
- potencial e extratemporal 375
- o mandala como correspondente empírico para 326
- lapis como correspondente alquímico para o 326
- a sincronicidade como correspondente parapsicológico para 327
- como unidade latente do mundo 329
Urano e Geia 391
Uraei, os sete Uraei 147[327]
Urina de menino 83[228], 390
Uróboro 48, 61[143], 63[147], 64, 82, 83, 87, 145, 148[336], 177, 302, 375
- a "aseidade" do 61[143]
- o ciclo do 148[336]
- como o devorador da cauda 48, 177, 375
- e a divindade 61[143]

- como o increatum 145
- como meta do processo 375
- se mata e vivifica, fecunda e pare 61[143], 177, 371
- proveniente da teologia egípcia 82
- rainha e leão 87
- representado por dois leões em luta 64
- como símbolo pagão muito antigo 82
- como símbolo da assimilação da sombra 177
- como símbolo da autorrenovação e da imortalidade 61[143], 177
- como símbolo da união dos opostos 375
- como o "um" resultante da união dos opostos 177
Ustulação dos minérios 150[346], 151, 320
Útero 7, 29, 32, 39, 92, 322, 322[28]
- doença do 76[210]
- virginal 7
Uva 345
- bagos de uva 300[287]
- semente de 343[73]

O vácuo 415
Valentinianos 141[318], 240[118], 270[207]
Valor 183, 184, 280, 358, 364
- conceito espiritual de valor na transformação 280
- conceito de valor na psicologia 280
- energético 281
- ordem de valores 280
- moral 281, 317, 339
- perda dos valores do homem 175
- religioso 317
- de sentimento 48
- vital da solução encontrada 179
Valoração 281, 431
- como função do sentimento 280

Vaso 12, 13[39], 59, 62, 81, 92, 100, 102, 129[280], 150, 200, 267[206], 292[243], 322, 351, 389, 398
- babilônico 47, 47[104], 73, 84
- como cálice da missa 22
- identificado com o conteúdo 100, 102
- como cucurbita ou retorta 69, 93[237], 94
- hermético 27, 91, 398
- maternal 199
- natural ou útero 322, 322[23]
- redondo 27, 388[189], 388[192], 389. 392[343]
- como sepulcro 7, 18, 94, 322
- simbólica do v. na alquimia 27, 100
- místico da transformação 22, 30, 388
Vegetais 320[8]
Velho caduco e fraco 390
Veneno 47, 59, 68, 147, 148[333], 158[365], 257, 276, 364, 371, 390
- como substância do arcano 64
Vento, fecundação pelo vento 391
Ventre materno 41, 96
Vênus 74, 74[190], 74[195], 75, 76, 76[210], 76[211], 77, 78, 79[224], 88, 158, 210[8], 212, 228
- como alma vegetativa no sulphur 75
- androginia de V. como muito antiga 74, 75[201]
- como anima ou regina 74
- como anima ou aspecto feminino do rei 75
- apelidos de 74[186], 75[204]
- no banho 74, 75, 211, 212
- branca e vermelha 320
- caráter de 76[211]
- combatente 74
- descida até V. 158
- como enxofre de vitríolo 75[204]
- como fonte, mãe e noiva do rei 74, 212

- como leão vermelho e verde 75[204]
- e o *leo viridis* 75
- ligada a Marte 74[197]
- como mãe do lapis 74[188]
- como meretriz 74, 76
- como mercúrio estragado 76[210]
- *regimen Veneris* 53, 54, 55
- relacionamento com as cores 53, 74, 78, 320
- como sal de Saturno 75[204]
- como sal Veneris 75[204]
- segunda casa de V. 74, 74[188]
- como substância do arcano 74
Verbo como Cristo 7, 244
Verdade / veritas 14, 15, 19, 25, 83[229], 158[367], 160, 174, 183, 201[440], 206, 237, 330, 343[71], 345, 346, 393, 398, 406, 420
- cristã 428, 430
- definitiva 442
- espiritual 429
- eterna 135
- humana 436
- como a imagem de Deus impressa no homem 343, 375
- "inspirada" 437, 439
- libertação da v. aprisionada nas coisas sensíveis 15
- e erro 160, 440, 442
- "meia" verdade 440
- metafísica 436
- mitológica 406
- oculta no corpo 14, 343, 372
- como panaceia 343
- pesquisa da 15, 16
- ponto de vista transcendente da 223, 317
- revelada por Deus 83, 121, 122, 436
- do Senhor 375[141]
- o exclusivismo da 441
Verdor, como força germinativa 289, 289[223]
Vergonha 250

Veritas 15[43], 19, 330, 335, 355, 357, 365, 403
- o espírito masculino como 393
- idêntica em Deus, no homem e na matéria 335
- como imago Dei 343, 365, 403
- na matéria 330, 335, 365
- oculta no homem ou na matéria 330, 355, 357, 372, 430
- realização da v. cristã 428, 430
- como *sapientia* 15, 15[43], 17, 19, 25, 355, 375, 425
- secreta 353, 355
- substancial 355
Verme 137, 137[292], 139, 141, 145, 146, 147, 147[330], 148, 149, 149[341], 158
- como *allegoria Christi* 149
- como forma arcaica de vida 148[336]
- e ave como par de opostos clássico 148[336]
- identidade entre verme-serpente 147
- negro 158[359]
- Phyton 158[359], 298
- por excelência no inferno 147
Vermelhidão / rubedo 74, 77, 102
- rubedo e albedo 48, 50[118], 61[143], 77, 94, 411
- rubedo como o segundo estádio da perfeição 94
Vestimenta 29[74], 56[133], 79, 96, 127, 197, 198, 207, 232, 357, 377, 382, 391, 395
- como vestes reais 127[276]
- como veste da vergonha 193, 296[272]
Viagem marítima 323
Vida 1, 2, 4, 39[95], 55, 58, 74, 78, 90, 105, 150, 159, 185, 199, 212, 232, 232[67], 272, 291, 302[302], 306, 307, 308, 308[338], 312, 319, 323[34], 325[42], 398, 410
- como assimilação 121[262]

- conservação da 179
- divina no mundo 112
- espírito vivo ou da vida 292[201], 289, 301
- essência da 174
- expectativa de 430
- impulso de 358
- longa 127, 258, 429
- princípio vital 323, 383
- problemas comuns da 405
- reprimida 398
- sentido da 174, 405
- surgimento a partir da morte 323
- valor da videira 175[322], 197
Vidro 64[161], 308, 351
- cinis (cinza) como 313
- como retorta 322[23]
- como sinônimo de alma 64[161]
Vinagre (*acetum*) 164[392], 257, 257[180], 260, 274, 292[244], 345[80], 390, 404
- miséria com vinagre 257, 257[180]
Vinha 17[54]
Vinho 11[32], 73, 87, 230[62], 343, 343[69], 345, 351, 363, 381, 403, 404, 411
- como bálsamo 328[49]
- borra ou resíduo 351, 354, 363, 403, 404
- "céu" do vinho 345, 351, 353, 363
- destilação do 354
- filosófico 328[49], 343, 349[69], 351
- pedrinha do 351
- da prostituição 73[184]
- como sangue de Osíris 383
- temperado 257[184]
- vulgar 328[49]
Vinum ardens 404
Viperinus conatus 97[239]
Vir unus 48
Virgem 104[245], 116, 164, 197, 198, 200, 233[78], 237, 244, 253, 389[196]
- a branca como 370[127]

- celeste 120
- da luz 232
- masculina 191[415], 192
- redimida 111
Virgem (Maria) 59, 96, 114, 148, 200
- apoteose da Virgem-Mãe 329[53]
Virgindade 289[223]
- ideal da 191[417]
- viril 192
Virgo, mãe-rainha rejuvenescida 113
- no 5º círculo 109, 113
- a quintessência como 111
Virtude 59, 61[143], 79, 240[119], 343[70], 366, 389[196]
- curativa 179, 235[81]
Virtus 11, 29, 308[336], 343
- *caelestis* 343
-- unidade da 343, 353
- divina 29
- como *summa virtus* 353
visão 83, 107, 274
- de Ezequiel 308
- de Hermes Trismegistus (Senior) 75
- onírica 292[240]
- como produto da anima 83
Visio Arislei 18[57], 41, 60, 69, 94, 131, 292
Visões de Zósimo 113[254]
Vitalidade 443
Vitríolo de ferro (sulfato de ferro) 386
Vivência 106, 157, 440
- de que "alguém outro" sofre em mim 157, 158
- arquetípica 71[182]
- concreta 71[182]
- empírica 426
- de iluminação 431
- expressa por conceitos metafísicos 435
- explicada pela metafísica 435
- expressa por conceitos religiosos 435

- genuína 157
- importância subjetiva da 426
- irracional 179
- mística 106, 179, 433
- numinosa 426, 432, 434, 435
- numinosa involuntária 437
- ocorrência de 435
- original e sua vivacidade 401, 432
- psíquica 172, 178, 426, 435
- religiosa, empolgação da 157, 158, 400
- representação intelectual da 432
- repetição da 432
- do si-mesmo 433, 434
- de Satori no Zen 426
- tentativa de explicação científica 435
- da totalidade 432
- vomitar, motivo do 147[327]
Vontade 135, 178, 187, 398, 406
- esforço da 398, 406
- espasmos da 398
- que trascende a consciência humana 440

- Wagner, música de 408

Yang como dragão que ocupa o leste 63[147]
- e yin 53[127], 63, 63[147], 237, 274, 327, 334
-- como condutores do carro 63[147]
-- como Sol e Lua 63[147]
-- os vários sentidos de 334
-- combinação de 327
Yima 306[324]
Yin como tigre que ocupa o oeste 63[147]

Zarathustra 148[338], 174[401]
Zeus 420[226]
Zodíaco, signos do 119, 158[365], 389[196]
Zooologia 312
Zorobabel 293[263]

Estampas

Estampa 3: O homem primordial

Estampa 4: Os dois unípedes

Estampa 5: A "revelação do oculto"

Estampa 6: O poder civil e o eclesiástico

Estampa 7: O par régio

Estampa 8: A nigredo

Estampa 9: O motivo do olho em representação moderna

Estampa 10: O motivo do olho em representação moderna